吉林鹤大高速公路科技示范创新实践

吉林省交通科学研究所　组织编写

人民交通出版社股份有限公司

北 京

内 容 提 要

本书以交通运输部长白山区鹤大高速公路资源节约循环利用科技示范工程建设成果为依托，全面系统地介绍了该科技示范工程创新攻关和集成应用的技术内容、实施示范成果和组织管理经验，为今后的公路工程建设提供借鉴和参考，也为更好地发挥科技创新对交通运输高质量发展提供引领和支撑。

本书可供从事公路工程科研、设计、施工与管理等技术人员使用，也可供大中专院校相关专业的师生参考。

图书在版编目(CIP)数据

吉林鹤大高速公路科技示范创新实践 / 吉林省交通科学研究所组织编写. — 北京 : 人民交通出版社股份有限公司, 2021.11

ISBN 978-7-114-16982-3

Ⅰ.①吉… Ⅱ.①吉… Ⅲ.①高速公路—道路工程—技术革新—研究—吉林 Ⅳ.①U412.36

中国版本图书馆 CIP 数据核字(2020)第 246440 号

Jilin Heda Gaosu Gonglu Keji Shifan Chuangxin Shijian

书　　名：吉林鹤大高速公路科技示范创新实践
著 作 者：吉林省交通科学研究所
责任编辑：黎小东　王海南　周佳楠　侯蓓蓓
责任校对：席少楠
责任印制：张　凯
出版发行：人民交通出版社股份有限公司
地　　址：(100011)北京市朝阳区安定门外外馆斜街 3 号
网　　址：http://www.ccpcl.com.cn
销售电话：(010)59757973
总 经 销：人民交通出版社股份有限公司发行部
经　　销：各地新华书店
印　　刷：北京盛通印刷股份有限公司
开　　本：787 × 1092　1/16
印　　张：25.75
字　　数：617 千
版　　次：2021 年 11 月　第 1 版
印　　次：2021 年 11 月　第 1 次印刷
书　　号：ISBN 978-7-114-16982-3
定　　价：100.00 元

《吉林鹤大高速公路科技示范创新实践》

编　写　组

主　　编： 鲁亚义

副 主 编： 陈志国

参编人员： 王晓兵　谢玉田　李长江　秦卫军　王书娟　郑纯宇
吕东冶　孔亚平　王新军　刘学欣　孙鹏程　崔巍武
张广庆　于丽梅　曹春梅　成　铭　郑继光　时成林
栾　海　周钟钧　叶静辉　董丽丽

前　言

鹤大高速公路为国家高速公路网、东北区域骨架网中的纵一线，纵贯东北三省，全长1394km，是区域内外联系的主动脉，是黑吉两省进关达海的南北快速通道，同时也是东部边疆地区国防建设的重要通道。鹤大高速公路吉林境内小沟岭至抚松段、靖宇至通化段里程共339km，投资250亿元，于2016年10月竣工通车。该项目地处长白山区腹地高纬度、高海拔地带，路线所经过区域地质条件复杂，桥隧构造物多，易产生路基冻胀融沉、路面开裂冻融破坏，桥涵、隧道构造物混凝土抗冻耐久性问题突出，长白山生态环境脆弱，植物保护工作艰巨，是吉林省迄今为止里程最长、投资最大、施工技术难度最高、环境保护任务最重的高速公路建设项目。

为充分发挥科技的支撑作用和促进成果转化推广应用，2013年8月，长白山区鹤大高速公路被交通运输部确定为资源节约循环利用科技示范工程，成为我国首个季冻区新建高速公路科技示范工程。长白山区鹤大高速公路科技示范工程以资源节约和循环利用为核心，紧扣“抗冻耐久、生态环保、循环利用、低碳节能”主题，围绕建设理念、规划设计、组织管理、工程实施，努力打造行业科技创新与应用的“范本”，立足季冻区、生态敏感、长白山景观核心区、民族地区等特点，积极打造行业科技发展的鲜活“标本”。

长白山区鹤大高速公路科技示范工程开展了7个专项、22个子项的科技攻关和集中应用示范，共投入科研经费5966万元，在科研、设计、施工、管理全体参建人员的共同努力下，通过理念创新、科技创新、管理创新，取得了丰硕的成果，为总结科技示范工程的创新成果和管理经验编写本书。

本书共分为10章。第1章为科技示范工程实施背景、目的和意义、实施内容和思路及工程实施规模；第2章为基于全寿命周期成本理念的季冻区高速公路建设关键技术，包括湿地路基修筑关键技术、柔性组合基层结构应用技术、路基路面长期使用性能研究、结构混凝土抗冻耐久关键技术、隧道保温防冻技术；第3章为地产筑路材料升级利用技术，包括地产资源分布、填料型火山灰改性沥青技术、火山灰作为胶凝材料在大体积结构水泥混凝土中的应用、填料型硅藻土改性沥青混合料技术；第4章为高速公路低碳节能技术，包括寒区高速公路房屋建筑工程节能保温技术、隧道及服务区照明节能与智慧控制技术；第5章为高速公路建设生态恢复与民俗旅游融合技术，包括植被保护与恢复技术、民俗文化及旅游服务与沿线设施景观融合技术；第6章为废旧材料改性沥青混合料关键技术，包括应对极端气候的橡胶粉SBS（苯乙烯-丁二烯-苯乙烯嵌段共聚物）复合改性沥青成套技术、植物沥青混合料应用技术、油页岩沥青混合料应用技术；第7章为工程废弃材料综合利用成套技术，包括寒区公路边坡生态砌块及道面铺装技术应用、弃渣弃方巨粒土路基填筑技术、机制砂在寒区结构混凝土中应用技术、尾矿渣筑路技术应用、煤矸石筑路技术；第8章为公路建设水环境保护技术，包括季冻区服务区污水处理与回用技术、基于生态补偿的湿地营造技术；第9章为示范工程实施及效果；第10章为成果与经验总结。

由于编写时间仓促，水平有限，书中难免存在疏漏和不足之处，恳请专家和广大同仁予以谅解，敬请提出宝贵意见。

作　者

2021年8月

目　录

第1章　概　　述

1.1　科技示范工程实施背景、目的和意义

1.1.1　实施背景

党的十八大以来,党中央、国务院把生态文明建设和环境保护提到更加突出的战略位置,交通运输部立足于交通运输发展特征,提出"四个交通"的发展理念,将生态文明建设融入交通运输发展的各个方面和全过程,以前所未有的力度加快推进绿色交通发展,推进专项科技示范工程,树立行业典型。为加快交通运输行业科技成果转化,充分发挥科技在转变发展方式、发展现代交通运输业中的支撑和引领作用,交通运输部依托国家高速公路等重大工程建设,组织实施了一批科技示范工程,使公路建设理念和内容不断丰富,资源节约、循环利用、低碳环保等举措得到有效落实,公路建设管理水平再上新台阶。

2013年,交通运输部印发《加快推进绿色循环低碳交通运输发展指导意见》,提出"加强资源循环利用,加强能源节约利用、加强土地等集约利用、加强生态环境保护"等主要任务,更加注重统筹公路建设全过程,更加注重公路与环境、社会多系统的统筹协调,更加注重资源节约、环境友好等要求的贯彻和落实,更加注重公路建设及运行管理的质量和效率,更加注重需求引领下公路的服务提升。

吉林省为全国生态省建设试点,省委、省政府高度重视绿色交通发展,并提出"突出发挥吉林生态资源优势,加强生态环境保护和资源利用转化,加快绿色发展"的发展战略。吉林省交通运输厅主动适应绿色发展需求,结合高速公路建设需求,积极申报"长白山区鹤大高速公路资源节约循环利用科技示范工程"。该工程于2013年被列为交通运输部科技示范工程,2014年被列入交通运输部绿色公路主题性项目,成为我国公路交通建设领域首个季冻区新建公路"双示范"工程,开启了吉林省绿色公路转型的新征程。

鹤岗至大连高速公路(G11)为国家高速公路网、东北区域骨架网中的纵一线,起于黑龙江省鹤岗市,止于辽宁省大连市,全长1394km,纵贯东北三省,主要承担区域间、各省间以及大中城市间的中长距离运输,是区域内外联系的主动脉。

鹤大高速公路小沟岭至抚松段、靖宇至通化段,位于吉林省境内,全长339.384km,工程概算250.31亿元。全线按双向四车道高速公路标准建设,设计速度80km/h,路基宽度24.5m。全线共设置特大桥4座(5380m),大桥87座(31892m),中小桥40座(2547m),涵洞497道,隧道18座(30802m),互通立交15处、分离立交23处,通道164处,天桥31座,服务区7处,连接线43.832km。项目于2014年4月开工,2016年10月建成通车。该项目的建成,对吉林省东部地区融入环渤海经济圈,对推进东北区域经济一体化乃至吉林省融入"一带一路"建设意义重大。

项目途经的长白山区，是我国著名的国家级自然保护区，也是吉林省乃至东北地区的水系发源地，丰富的生物资源、多彩的自然景观和脆弱的生态环境是该区的典型特征。长白山区鹤大高速公路（以下简称“鹤大高速公路”）是吉林省迄今为止投资额最大、里程最长、施工技术难度最高、环境保护要求最严的高速公路项目。作为我国公路交通建设领域首个季冻区新建公路“双示范”工程，其具有以下典型的工程特点：

——抗冻耐久需求突出。地处季节性冰冻地区，年极端最低气温为 -41.9℃，最大积雪深度46cm，山间苔地和湿地分布广泛，特殊的气候和水文地质条件使这一地区公路工程极易因冰冻产生严重破坏，路基冻胀变形，路面冻胀隆起、低温开裂，尤其是在反复的冻融循环条件下，路基强度衰减，严重影响路面结构的使用寿命，桥涵、隧道混凝土因冻融破坏导致蜕皮、松散、盐冻和盐蚀等破坏严重，结构耐久性降低等问题普遍，且隧道工程出现衬砌冻胀、开裂和脱落现象，影响行车安全，公路工程抗冻耐久需求突出。

——资源节约空间大。项目地处山区，建设里程长，建筑材料需求量大，运输成本高。公路沿线火山灰、硅藻土等地产材料资源丰富，山区隧道出渣量大，尾矿、煤矸石等可利用工程及工业废旧材料多，公路建设因地制宜合理利用地产材料及循环利用废旧材料空间大。

——节能降耗需求突出。全线共设服务区7处、收费站14处、隧道18座，特大桥、大桥91座，与之配套的照明设施规模大、数量多，且通风、采暖等设施能耗高，据估算，仅照明一项年耗电将达1000万kW·h以上，日常运营中电量的消耗巨大，因此节能降耗需求突出。

——生态环保和人文资源保护问题突出。路线贯穿长白山腹地，沿线生态环境敏感，途经7处自然保护区和水源保护地，跨越25处敏感水体河流，涉及湿地路段40km；沿线山地地表植被有国家重点保护的植物红松、黄檗、水曲柳等；且全线7处服务区生活污水处治难达标，影响周围环境；同时，沿线地域文化资源独特，长白山、敦化古渤海国、清朝皇室发祥地、靖宇红色旅游及朝鲜族民俗文化等得天独厚的地域文化交汇融合，建设中生态环保和人文资源保护问题突出。

特殊的冰冻气候特点、资源条件及敏感的生态环境，使鹤大高速公路建设面临“抗冻耐久、资源节约、循环利用、生态环保”多重技术需求。基于上述需求，鹤大高速公路科技示范工程以资源节约和循环利用为核心，以耐久、生态、环保、节地、节能、节材及废旧材料综合利用为重点，集成应用多年来交通运输行业科技创新研究和技术攻关中所取得的各项新技术、新材料、新工艺、新装备，切实解决高速公路设计、建设、运营过程中的各种问题，推动节约型、循环型公路建设和可持续性发展，促进交通运输行业技术进步和高速公路建设理念的创新。鹤大高速公路科技示范工程主要从以下几方面打造亮点，突出特色。

（1）着眼季冻地区的气候特点，探索基于全寿命周期成本理念的高速公路建设抗冻耐久示范技术。

针对鹤大高速公路地处典型的季冻地区，公路路基冻胀翻浆、路面低温开裂、桥隧结构混凝土冻融损伤和隧道抗冻耐久问题突出的特点，在工程建设中实施系列抗冻关键技术，提高公路工程冰冻稳定性。对于湿地路段路基工程，采用相应的处置对策，控制路基冻胀与稳定性，确保水系连通；对于路基路面结构，开展长期使用性能观测及监测，掌握路基路面使用性能长期演化规律，进而提出合理的路面结构、材料的设计指标与方法，同时，采用组合式基层路面结构，减少路面开裂；对于桥涵构造物采用抗冻混凝土，提高结构混凝土的抗冻耐久性；对于隧道工程,采用集防渗、排水、保温于一体的综合抗冻技术,保证隧道运营安全。

(2)着眼丰富的区域资源,探索地产材料、废弃材料循环利用示范技术。

针对火山灰、硅藻土、油页岩等资源丰富,弃渣弃方、煤矸石、废旧轮胎和农业废弃物多的特点,在路面中改变传统的火山灰利用方式,采用火山灰、硅藻土作为沥青改性材料,利用油页岩灰渣作为集料,实现对路面使用性能的综合提高;利用隧道开挖产生的大量弃渣弃方开展生态砌块生产工艺及应用研究,利用生态砌块进行边坡防护和道面铺装,利用铁矿尾矿填筑路基,利用煤矸石作为路面基层,实现废旧资源的再利用。以上技术可节约占地,减少环境的污染,体现因地制宜资源节约的理念,突出就地取材的项目特色。

(3)着眼于公路建设运营能源消耗特点,贯彻低碳节能的建设理念,探索节能减排示范技术。

针对鹤大高速公路服务区和隧道多、日常运营电量消耗巨大的特点,全线隧道和服务区采用LED照明和智慧供电控制技术,面向环境感知与智慧控制的高速公路服务区综合照明节能技术方案,开发研制相关技术装备及系统,构建服务区照明节能平台,在满足照明需求的基础上,最大限度降低照明能耗并提高照明效率,实现节能降耗的系统建设目标,实现照明用电的使用行为减量和使用效率提升,大幅降低公路照明运营成本,减少运营能耗,体现节能减排的理念。

同时在高速公路服务区、收费站建设中开展了房屋建筑工程节能保温技术,将被动式技术理念引入高速公路服务区建筑工程,推广应用了寒区高速公路服务区节能关键技术。通过采用集成式建筑模式、门窗节能优化设计、预制窗台板技术,增强建筑物保温性能,减少能源消耗。

(4)着眼于长白山区环境特点,探索生态敏感区高速公路建设环境保护和人文资源保护示范技术。

针对沿线环境敏感、旅游资源丰富的特点,实施全线路域范围内植被保护与恢复、湿地保护与补偿、服务区污水处理与回用,采取有效措施最大限度地减少公路建设过程中对原生植被及湿地的破坏、节约占地、保护珍稀生物资源以及降低对敏感水环境的不利影响,保护区域生态平衡。同时,充分利用长白山区独特的自然风光,通过民俗与景观融合技术,满足公共服务需求,保护这种独特的文化资源,弘扬具有独特内涵的民族文化,带动环长白山旅游业及靖宇红色旅游业的发展,拉动区域经济发展。

1.1.2 实施目的

鹤大高速公路科技示范工程以提高工程质量和服务水平为核心,落实国家“生态文明建设”和交通运输行业“绿色、循环、低碳”的发展要求,建设“技术先进、资源节约、抗冻耐久、生态环保”的现代化高速公路,确保实现路与自然环境的和谐、路与社会环境的和谐,实现建设过程的低碳节约、运营过程的节能高效。

主要表现为三个方面:一是实现精品工程打造,提高高速公路建设质量和使用性能,延长使用寿命,降低养护维修费用,贯彻寿命周期成本理念。二是实现资源节约、循环利用,通过地产筑路材料开发应用和废旧材料在公路工程中的综合利用,推进“资源节约型、环境友好型社会”的建设。三是实现路与自然和谐的理念,使公路和长白山自然景观、人文环境相融合。

通过科技示范工程项目,推广应用成熟的技术成果,结合相关问题开展科技创新,形成系列标准和工法,解决公路建设过程中的复杂工程问题,提升工程建设项目的科技含量和技术水平，实现“抗冻耐久、资源节约、低碳节能、生态环保”的建设目标，对吉林省高速公路建设起到示范和引领作用，对全国季冻区高速公路的建设起到示范和带动作用，为以“三低三高”（低能耗、低排放、低污染、高效能、高效率、高效益）、“一耐久”（抗冻耐久）为特征的绿色基础设施体系的建设提供有效的技术支撑，为美丽中国和生态文明建设提供支撑保障。

1.1.3 实施意义

鹤大高速公路地处长白山区腹地高纬度、高海拔地带，路线所经过区域地质条件复杂，桥隧构造物多，公路建设难度大；路基冻胀融沉、路面开裂冻融破坏严重，桥涵、隧道构造物混凝土抗冻耐久性问题突出，长白山生态环境脆弱，植物保护工作艰巨。因此，通过实施以“资源节约、循环利用”为主题的科技示范工程，集成应用全国交通行业多年科技创新技术，结合项目建设需求，开展公路工程抗冻耐久性建设技术和高寒生态敏感区公路建设生态环境保护技术等科技攻关与集成创新，解决工程建设中遇到的技术难题，集中展示科技成果对交通行业技术进步的引领和推动作用，从而提升工程建设质量，实现“资源节约、循环利用”典型示范工程的建设目标，并且对实现交通运输部提出的“绿色、循环、低碳”为主题的公路建设目标具有重要作用。通过项目的实施，将形成系列的研究成果和技术标准体系，为交通运输行业标准《季节性冻土地区公路设计与施工技术规范》（JTG/T D31-06—2017）的编制提供技术支撑，进而有效带动提升全国季冻地区高速公路的建设质量和服务水平。

1.2 科技示范工程实施内容、思路和规模

1.2.1 实施内容

依据交通运输部办公厅《关于同意吉林省交通运输厅组织实施长白山区鹤大高速公路资源节约循环利用科技示范工程的函》（厅函科技〔2013〕132 号文件），鹤大高速公路科技示范工程以资源节约和循环利用为主题，以耐久、生态、环保、节地、节能、节材及废旧材料综合利用为重点，遵循“减量化、再利用、资源化”原则，以促进科技成果转化为目的，着力于新技术的集成应用和关键技术的科技创新，计划实施 7 个专项、22 个子项目（表 1.2-1）。

鹤大高速公路科技示范项目一览表　　表 1.2-1

<table>
<tr><th>主题</th><th colspan="2">技术类型</th><th>项目名称</th></tr>
<tr><td rowspan="2">资源节约</td><td rowspan="2">一、基于全寿命周期成本理念的季冻区高速公路建设关键技术</td><td rowspan="2">推广</td><td>1. 季冻区柔性组合基层沥青路面合理结构形式的推广应用
(1)高速公路柔性基层沥青路面优化组合设计的推广应用
(2)沥青路面边缘合理结构形式与施工工艺的推广应用</td></tr>
<tr><td>2. 结构混凝土抗冻耐久关键技术推广应用
(1)抗冻融循环次数的确定方法
(2)抗冻混凝土技术指标要求
(3)提高抗冻混凝土集料密实性的方法
(4)抗冻水泥混凝土配合比设计方法优化
(5)优选或研发性能良好外加剂
(6)混凝土外观质量辅助产品及防护涂料的优选</td></tr>
</table>

续上表

主题	技术类型		项目名称
资源节约	一、基于全寿命周期成本理念的季冻区高速公路建设关键技术	推广	3. 高寒山区隧道保温防冻技术推广应用 (1)隧道冻害分类分级技术推广应用 (2)隧道综合保温技术推广应用 (3)隧道立体防渗漏技术推广应用
		攻关	4. 生态敏感路段湿地路基修筑关键技术研究应用 (1)季冻区公路建设对湿地影响调查及评价 (2)鹤大高速公路沿线湿地分布及水文地质、工程特性 (3)季冻区生态敏感路段湿地路基修筑技术 (4)季冻区生态敏感路段湿地路基监测与评定 (5)鹤大高速公路依托工程修筑与监测
			5. 季节性冻土地区高速公路路基路面长期使用性能研究应用 (1)鹤大高速公路路基路面使用性能分析 (2)冻胀融沉条件下公路路基使用性能监测技术 (3)季冻区公路路面使用性能监测技术 (4)气候条件及公路交通荷载组成监测技术 (5)季冻区公路沥青路面结构长期使用性能评定
	二、地产筑路材料升级利用技术	推广	6. 填料型火山灰改性沥青混合料技术推广应用 (1)火山灰特性研究 (2)填料型火山灰改性沥青胶浆特性研究 (3)填料型火山灰改性沥青混合料配合比优化方法推广应用 (4)填料型火山灰改性沥青混合料路用性能验证 (5)填料型火山灰改性沥青混合料施工工艺推广应用
			7. 火山灰作为胶凝材料在大体积结构水泥混凝土中的推广应用 (1)火山灰掺合料技术标准研究 (2)掺用火山灰材料的水泥混凝土配合比优化设计 (3)掺用火山灰的水泥混凝土性能研究 (4)掺用火山灰的水泥混凝土的施工工艺及质量检测
			8. 填料型硅藻土改性沥青混合料技术推广应用 (1)硅藻土在沥青混合料中的合理掺量研究 (2)硅藻土沥青混合料路用性能研究
	三、高速公路低碳节能技术	推广	9. 寒区高速公路房屋建筑工程节能保温技术推广应用 (1)延边朝鲜族自治州敦化南服务区综合楼节能65%的确定 (2)建筑围护结构节能保温技术 (3)热桥部位保温技术 (4)空气源热泵采暖技术
		攻关	10. 基于环境感知的高速公路隧道及服务区照明节能与智慧控制技术研究应用 (1)基于环境感知的高速公路隧道照明节能与智慧控制技术研究 (2)基于环境感知的高速公路服务区照明节能与智慧控制技术研究
	四、高速公路建设生态恢复与民俗旅游融合技术	推广	11. 植被保护与恢复技术推广应用 (1)路域原生植物筛查和分级保护 (2)分步清表施工中保护范围的控制和管理 (3)表土用于边坡和临时用地植被恢复技术的适用性

续上表

主题	技术类型		项目名称
资源节约	四、高速公路建设生态恢复与民俗旅游融合技术	推广	12. 民俗文化及旅游服务与沿线设施景观融合技术应用 (1)发展现状及相关概念 (2)民俗文化、旅游服务与服务区景观融合 (3)民俗文化及旅游资源调查研究 (4)服务区选址布局及场地布置优化研究 (5)服务区专项设计研究
循环利用	五、废旧材料改性沥青混合料关键技术	攻关	13. 应对极端气候的橡胶粉 SBS 复合改性沥青成套技术研究与应用 (1)适合于鹤大高速公路气候和交通荷载条件的橡胶粉 SBS 复合改性沥青及沥青混合料路用性能研究 (2)鹤大高速公路橡胶粉 SBS 复合改性沥青混合料力学性能研究 (3)鹤大高速公路橡胶粉 SBS 复合改性沥青混合料施工工艺研究 (4)温拌橡胶粉 SBS 复合改性沥青混合料技术研究
			14. 植物沥青混合料路用性能研究与应用 (1)植物沥青与石油沥青的相容共混机理及改性机理研究 (2)混合植物沥青及改性混合植物沥青的路用性能评价 (3)混合植物沥青混合料设计方法研究及性能评价 (4)植物沥青试验路示范工程设计、实施及评估
			15. 油页岩沥青混合料路用性能研究与应用 (1)油页岩概况调查研究 (2)油页岩废渣单质材料基本性质分析 (3)油页岩废渣在沥青混合料中的合理应用形式研究 (4)油页岩废渣沥青混合料路用性能研究 (5)油页岩废渣沥青实体工程实施
	六、工程废弃材料综合利用成套技术	推广	16. 寒区公路边坡生态砌块及道面铺装成套技术推广应用 (1)现有护坡混凝土砌块配合比及施工工艺改良 (2)橡胶集料、引气剂对混凝土抗冻性的影响研究 (3)边坡条件模拟与稳定性分析 (4)公路工程水泥混凝土生态砌块应用技术指南 (5)生态型边坡砌块防护及服务区停车区道面铺装设计方案
			17. 弃渣弃方巨粒土路基填筑技术推广应用 (1)大粒径填料分类、分级技术推广应用 (2)粒料规格分层位填筑技术推广应用 (3)填料开挖、运输、碾压技术推广应用 (4)质量控制及评定标准技术推广应用
			18. 机制砂在寒区结构混凝土中的推广应用 (1)水泥混凝土用机制砂材料技术指标推广应用 (2)机制砂水泥混凝土配合比设计优化提高混凝土抗冻性技术的推广应用 (3)机制砂混凝土施工工艺及质量检验技术推广应用

续上表

主题	技术类型		项目名称
循环利用	六、工程废弃材料综合利用成套技术	推广	19. 尾矿渣筑路技术推广应用 (1)尾矿渣材料调查,重点是白山、通化地区分布的铁尾矿渣材料 (2)尾矿渣材料化学及物理性质分析及自然条件下的稳定性分析 (3)室内试验及现场试验对比分析 (4)尾矿渣路基填筑的路基断面、结构组合和排水等设计方法 (5)尾矿渣路基工程稳定性数值模拟分析 (6)尾矿渣路基材料施工级配、压实厚度、压实工艺和质量控制指标 (7)尾矿渣路基施工技术及效益分析
			20. 煤矸石筑路技术推广应用 (1)煤矸石分级标准在公路工程的推广应用 (2)煤矸石路面基层合理配合比的推广应用 (3)煤矸石施工工艺及质量评价标准的推广应用
	七、公路建设水环境保护技术	推广	21. 季冻区服务区污水处理与回用技术推广应用 (1)季冻区污水处理及回用技术 (2)污水处理及回用设施冬季稳定运行技术 (3)污水处理及回用设施管理养护技术
		攻关	22. 基于生态补偿的湿地营造技术研究应用 (1)宏观尺度的公路建设对湿地环境影响研究 (2)微观尺度的公路建设对湿地环境影响研究 (3)高速公路沿线湿地保护研究 (4)高速公路湿地营造技术研究

1.2.2 实施思路

鹤大高速公路科技示范工程实施思路主要针对工程所处的特殊冰冻气候特点、筑路资源短缺形势、节能减排任务重及生态环保要求高的特点,围绕“抗冻耐久、资源节约、低碳节能、生态环保”的目标,在公路工程设计、施工、运营全过程集成应用了全国交通运输行业多年科技创新技术,开展公路工程抗冻耐久性建设技术、公路建设地产材料资源升级利用技术、废旧材料资源循环利用技术以及生态环境保护技术等全方位的科技攻关与集成创新,并发动建设管理单位、设计科研单位、施工单位、监理单位等参建各方全员参与,进行了各项技术的工程示范应用,取得了系列创新成果,通过总结提升,复制推广应用,成为行业关键技术创新与应用的典范,对吉林省未来高速公路建设起到示范和引领作用。

具体技术路线如图1.2-1所示。

1.2.3 实施规模

在申报交通运输部的实施方案中,22个重点支撑项目均设立了具体的目标。在工程实施之初,吉林省交通运输厅组织省内外专家针对各个项目的实施规模召开推进会,结合项目实际情况讨论研究并最终确定工程实施规模,具体如表1.2-2所示。

典型工程特点
公路建设需求
技术创新与集成应用
研究手段
示范工程
示范理念
示范目标
鹤大高速公路工程建设需求
长白山区鹤大高速公路资源节约循环利用科技示范工程
抗冻耐久要求高
•季节冰冻地区
•路基冻胀隆起
•路面冻胀开裂
•路基强度衰减
•路面低温开裂
•桥隧混凝土冻融破坏
•隧道衬砌开裂
资源需求大
•资源需求量大
•地产材料火山灰丰富
•地产材料硅藻土丰富
•隧道弃渣量大
•油页岩储量大
•尾矿渣资源丰富
•煤矸石资源丰富
•汽车产业大省
•玉米种植业大省
建设运营能耗高
•隧道、服务区、收费站等设施多
•照明耗电量大
•采暖能耗高
生态保护、
人文资源保护要求高
•穿越自然保护区
•湿地分布众多
•服务区污水处理难达标
•珍稀植物资源丰富
•旅游资源丰富
•民族风情浓郁
实施抗冻耐久关键技术，提高公路工程寿命，降低全寿命周期成本
合理利用沿线地产材料，循环利用工业及工程废弃料
应用节能减排示范技术，提高能源利用效率
保护珍稀植物及敏感水环境，展示独特的民族文化
专项一：基于全寿命周期成本理念的季冻区高速公路建设关键技术
季冻区柔性组合基层沥青路面合理结构形式的推广应用
结构混凝土抗冻耐久关键技术推广应用
高寒山区隧道保温防冻技术推广应用
生态敏感路段湿地路基修筑关键技术研究应用
季节性冻土地区高速公路路基路面长期使用性能研究应用
专项二：地产筑路材料升级利用技术
填料型火山灰改性沥青混合料技术推广应用
火山灰作为胶凝材料在大体积水泥混凝土中的推广应用
填料型硅藻土改性沥青混合料技术推广应用
专项三：废旧材料改性沥青混合料关键技术
应对极端气候的橡胶粉SBS复合性改性沥青成套技术研究与应用
植物沥青混合料路用性能研究与应用
油页岩沥青混合料路用性能研究与应用
专项四：工程废弃材料综合利用成套技术
寒区公路边坡生态砌块及道面铺装成套技术推广应用
弃渣弃方巨粒土路基填筑技术推广应用
机制砂在寒区结构混凝土中的推广应用
尾矿渣筑路技术推广应用
煤矸石筑路技术推广应用
专项五：高速公路低碳节能技术
寒区高速公路房屋建筑工程节能保温技术推广应用
基于环境感知的高速公路隧道及服务区照明节能与智慧控制技术研究应用
专项六：高速公路建设生态恢复与民俗旅游融合技术
植被保护与恢复技术推广应用
民俗文化及旅游服务与沿线设施景观融合技术应用
专项七：公路建设水环境保护技术
季冻区服务区污水处理与回用技术推广应用
基于生态补偿的湿地营造技术研究应用
现场勘察
室内外试验
数值模拟
现场勘察
室内外试验
机理分析
机理分析
室内外试验
设备研发
室内外试验
室内外试验
理论分析
仿真试验
现场调查
室内试验
现场勘察
室内外试验
机理分析
示范工程实施
工程总结
跟踪观测与评价
效益分析
• 全寿命
• 全过程
• 全方位
• 全员参与
建设管理单位
科研设计单位
施工单位
监理单位
抗冻耐久、资源节约、低碳节能、生态环保
图1.2-1　技术路线

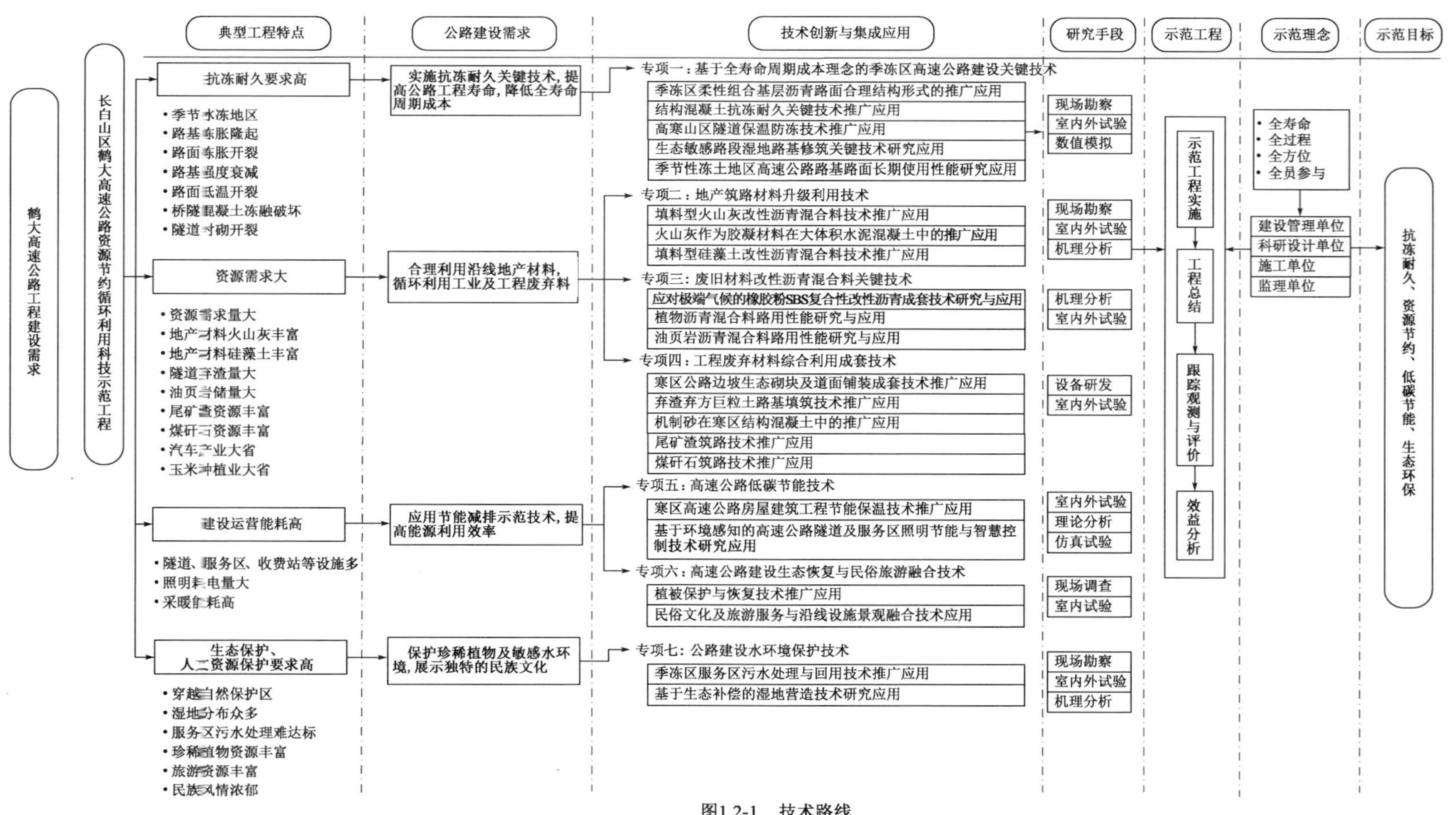

示范工程实施规模一览表 表 1.2-2

序号	项目名称	实施规模
1	季冻区柔性组合基层沥青路面合理结构形式的推广应用	在高速公路主线的中央分隔带两侧全部使用垂直式边部结构，整个柔性基层技术在示范工程全线进行推广应用
2	结构混凝土抗冻耐久关键技术推广应用	全线主线桥梁共计推广抗冻混凝土 65579.61m^3，硅烷131850.17m^2，透水模板布 10371.84m^2
3	高寒山区隧道保温防冻技术推广应用	根据专家意见，进行保温设计动态调整，全线时实施保温层的隧道共 10 座，3 座隧道保温层缓做，6 座隧道保温层可暂时不设
4	生态敏感路段湿地路基修筑关键技术研究应用	在小沟岭至抚松 K692 +649 ~ K705 +623 露水河段及靖宇至通化 K283 +314.5 ~ K283 +695 东风湿地段实施湿地路基修筑技术，累计长度 13.35km
5	季节性冻土地区高速公路路基路面长期使用性能研究应用	构建了 7 个监测断面集结构响应、气象环境、荷载信息于一体的季冻区路基路面长期性能实时在线监测系统，并进行了 10km 试验段及对比段的裂缝、FWD(落锤式弯沉仪)弯沉观测
6	填料型火山灰改性沥青混合料技术推广应用	在靖宇至通化段 11.723km 下面层 AC-20 沥青混合料中进行推广应用，共使用填料型火山灰改性剂约 1760t
7	火山灰作为胶凝材料在大体积结构水泥混凝土中的推广应用	火山灰在露水河互通匝道桥及旧鹤大线分离立交桥承台 410m^3 大体积水泥混凝土中应用
8	填料型硅藻土改性沥青混合料技术推广应用	在泉阳连接线 7.998km 下面层 AC-20 沥青混合料中进行推广应用，共使用填料型硅藻土改性剂 65t
9	寒区高速公路房屋建筑工程节能保温技术推广应用	敦化南服务区综合楼总建筑面积 2922.5m^2，按建筑节能 65% 的标准，采用了 EPS(聚苯乙烯泡沫)模块、预制外窗台板、窗安装在墙外、电采暖、太阳能辅助供热及控温技术
10	基于环境感知的高速公路隧道及服务区照明节能与智慧控制技术研究应用	7 处服务区和 18 处隧道实施节能照明，17 座隧道实现了智慧控制。高丽沟隧道长 300m 左右，不满足智慧控制的条件，故没有应用智慧控制技术
11	植被保护与恢复技术推广应用	在示范工程全线 339.429km 进行了技术推广，重点在靖宇保护区段、山谷洼地的林下和农田等腐殖土肥沃的路段，以及互通立交、服务区、隧道洞口等大型节点位置进行了分步清表施工，保护沿线植被
12	民俗文化及旅游服务与沿线设施景观融合技术应用	在服务区进行技术推广，提出每个服务区的设计主题，并分别打造各自的文化特色，并形成一套完整的解说系统
13	应对极端气候的橡胶粉 SBS 复合改性沥青成套技术研究与应用	示范工程主线 81km 橡胶粉改性沥青路面
14	植物沥青混合料路用性能研究与应用	在敦化连接线实施植物沥青路面施工长度为 1480m
15	油页岩沥青混合料路用性能研究与应用	实施路段为露水河连接线 LK5 +150 ~ LK7 +183，原材料选用汪清的油页岩半焦，经磨细处理后替代 50% 矿粉作为该路段下面层沥青混合料的填料
16	寒区公路边坡生态砌块及道面铺装成套技术推广应用	填方生态砌块 870370m^2，桥头路基及锥坡生态砌块 35965m^3，挖方采用生态砌块 367176m^2

续上表

序号	项 目 名 称	实 施 规 模
17	弃渣弃方巨粒土路基填筑技术推广应用	项目共计推广利用石方填筑 18178379m^3，其中雁大段利用石方填筑 12046587m^3、大抚段利用石方填筑 3249023m^3、靖通段利用石方填筑 2882769m^3
18	机制砂在寒区结构混凝土中的推广应用	小沟岭至抚松 HDZT03 标段 6 座桥梁下部结构的桥台、台身、搭板、耳墙中，共 819m^3 水泥混凝土
19	尾矿渣筑路技术推广应用	ZT-16 标段 K316 ~ K317 近 1km 路段作为试验路段，将铁矿铁尾矿渣作为路基填筑材料，应用尾矿渣约 80000m^3
20	煤矸石筑路技术推广应用	实施路段为抚松连接线底基层 4.98km，选用湾沟已燃煤矸石，采用水泥稳定煤矸石代替原设计水泥稳定碎石底基层
21	季冻区服务区污水处理与回用技术推广应用	在示范工程沿线 7 处服务区进行了应用，设计采用多介质生物生态协同处理工艺，总处理规模达到 1000t/d，其中有 3 处污水处理后可达到回用水标准，其他服务区均可达到国际一级排放标准
22	基于生态补偿的湿地营造技术研究应用	在雁鸣湖、贤儒服务区实施了潮汐流人工湿地技术及土壤渗滤技术

第2章　基于全寿命周期成本理念的季冻区高速公路建设关键技术

鹤大高速公路地处典型的季节性冰冻地区,气候条件恶劣,温差大,冻融循环频繁,导致公路路基冻胀翻浆,路面结构强度衰减,沥青路面开裂,桥隧结构混凝土冻融损伤严重;且由于长白山区降雨量大,隧道围岩低温赋水,极易出现衬砌冻胀、开裂,影响公路工程的使用寿命;同时由于特殊的水文地质条件,使得鹤大高速公路沿线湿地分布众多,生态环境敏感,导致敏感路段湿地路基的稳定性方面面临问题。针对上述问题,基于全寿命周期成本理念,在鹤大高速公路建设中实施了系列抗冻关键技术,如路基抗冻技术、路面抗裂技术、结构混凝土抗冻技术和隧道保温防冻技术以及湿地路基建设稳定技术,以控制路基冻胀,减少路面开裂,提高结构混凝土的抗冻耐久性和隧道运营耐久性,实现湿地公路路基的稳定及路基两侧水系连通,切实提高了工程质量,节约了全寿命周期成本。

2.1　湿地路基修筑关键技术

2.1.1　湿地路段工程病害及其对湿地影响的调查及评价

从湿地的特点和功能角度,以及公路建设与湿地间互相影响的关系出发,通过文献检索和实地调查,对湿地路段公路工程病害进行了分析,梳理了存在的问题,采用湿地路基水系连通性试验分析了高速公路建设对湿地生态的影响,提出了综合评估的方法。另外,针对道路工程湿地生态影响评价存在的问题,提出了建议和对策。

选取以草炭土为代表的沼泽湿地,是因为其对路基路面的竖向沉降稳定性和抗冻水稳定性有较高的要求。该项目调查了季冻区典型代表区域的湿地分布和湿地资源情况,发现公路的建设加剧了湿地斑块的严重化,削弱了湿地的功能,进而影响了湿地生物的多样性,是湿地资源不断减少和恶化的主要因素之一。由于公路建设对湿地生态的影响,在直接占用、干扰水系格局的同时,公路的阻隔作用及道路污染物的排放对湿地生物造成严重的破坏性影响。研究表明,浅层的含水率高达900%以上,孔隙比达到10,液塑限及液塑性指数也非常大,如果处治措施不力,施工不当,容易造成路堤失稳、路基后期残余沉降导致沉陷、开裂,对行车舒适性带来严重影响。从路堤填筑高度、交通量、通车年限、沥青或水泥混凝土路面等方面考虑,具体选择了国家公路珲乌线,省级公路朝长线、安二线、环长白山公路以及国家公路鹤大线共计5条路线。对这些典型代表路段进行了使用状况调查、测定和必要的勘察试验,通过对未经处理和特殊处理的路基进行比较分析和客观评价(图2.1-1、图2.1-2),初步明确了产生病害的原因。

为了验证路基修筑对湿地的阻隔效应,结合2009年通车的珲乌高速公路黄松甸八家子段实体工程(该段为典型的林下湿地段,与鹤大高速公路示范工程段地质特性相似),利用野外与室内试验分析填筑路基对湿地土壤渗透系数的影响,对路基两侧水系连通性恢复技术进行研究,以实现在路基稳定的前提下,补偿路基两侧潜层水及地表水的连通性,从而间接改善因路基填筑对路域植物生长环境的破坏程度,达到最大限度保护区域生态环境的目的。

图 2.1-1　未经特殊处理的较矮路堤及路面病害现场图

图 2.1-2　经特殊处理的路况良好现场图

试验场地草炭土盆地地下水主要有上部草炭土层的潜水和下部粗砂层中的承压水,如图 2.1-3所示。根据现场静水位观测,浅部草炭土层中的地表水位高出地表 0.30m,承压水位埋深地表下 0.12m。

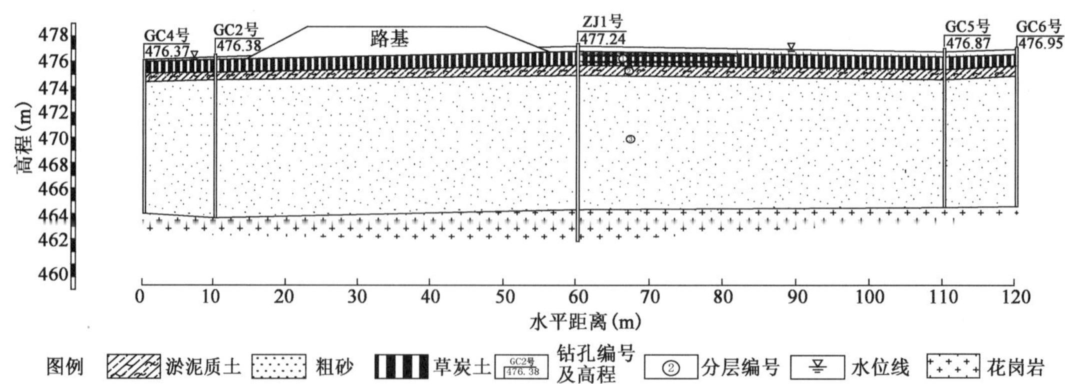

图 2.1-3　草炭土盆地工程地质剖面图

试验表明，该盆地区天然状态下草炭土垂向渗透系数数量级为 10^{-5}cm/s，水平向渗透系数较竖向渗透系数的稍大，在 10^{-4} ~ 10^{-5}cm/s 数量级之间。渗透系数由表层向下逐渐减小。这是因为草炭土的渗透性与植物残体组成及草炭土的分解度有关，草炭土上部植物根系较多，植物纤维较多，土的结构相对疏松，渗透系数大。下部草炭土植物根系细小，土的结构相对密实，渗透系数小。

通过模拟施加路基附加压力，模拟高速公路路基修建后草炭土渗透系数的变化。路基荷载压密后，草炭土层的渗透系数有较大降低，渗透系数数量级降为 10^{-6}cm/s，表明路基的修筑，对其下部草炭土的渗透性影响较大，路基两侧的草炭土层水力连通能力降低。由此可知，路基的修筑对湿地的阻隔影响很大。但目前湿地生态影响评价还不完善，存在一定的问题，如缺乏对湿地水文特征相关指标的调查和评价、遥感图像解译对湿地的判读存在差异、主要生态问题调查和评价不足、工程通过形式缺乏科学论证等。为此，结合室内试验和实体工程建设，提出了如下相应对策：

(1)充分发挥路网规划环评的作用，从源头控制湿地退化、丧失和破碎化。通过改变流域内的水文条件、营养物质的流动或野生动物的分布格局来影响湿地功能。研究流域内现有路网对湿地景观和功能的影响，开展系统的回顾性评价，可为路网规划布局和规模控制提供技术支撑，从降低湿地生境破碎化程度、缓解对湿地水文条件和生态系统功能影响的角度提出优化建议。

(2)加强道路工程湿地生态影响评价关键技术研究，建立科学的评价体系。在环境影响评价工作中，空间信息技术(遥感、地理信息系统)应用于生态制图，较传统的地面调查具有相对客观、经济和快速等优势。探讨无人机在湿地现状调查中的应用，改进湿地遥感信息提取技术以提高识别率和精确度等。

(3)积极开展环境影响后评价，做好湿地恢复和补偿工作。通过全面评估湿地水文条件和生态系统结构、功能的变化情况，提出并实施道路工程改造和湿地修复方案，恢复湿地自然水文条件、维持栖息地功能和生境连续性。

2.1.2　沿线湿地分布及工程地质与水文地质特性研究

(1)全面分析了长白山区鹤大高速公路沿线湿地分布情况(表2.1-1)，掌握了沿线湿地类型及资源特点。

鹤大高速公路沿线湿地分布情况　　表2.1-1

湿地段落	长度(m)	湿地类型	地名	所在湿地名称
K540+105 ~ K540+365	260	草炭土湿地	马鹿沟岭	斑块湿地
K586+080 ~ K586+260	180	草炭土湿地	翰章湿地	斑块湿地
K692+649 ~ K705+623	12974	林下湿地、草炭土湿地	露水河	长白山熔岩台地沼泽区
K272+000 ~ K283+950	11950	林下湿地、草炭土湿地	靖宇(东风)	靖宇湿地
K302+000 ~ K302+300	300	塔头、草炭土湿地	六道羊岔	哈尼湿地
K333+600 ~ K334+600	1000	塔头、草炭土湿地	兴林	哈尼湿地
K335+600 ~ K337+000	1400	塔头、草炭土湿地	兴林(互通)	哈尼湿地

(2)通过对露水河、砬子河段落湿地4个典型断面的补充地质勘察(图2.1-4)及室内试验分析,进一步了解湿地软土不同层间物理化学性质,为路基修筑方案设计提供基本参数。淤泥质层天然密度和相对密度要大于草炭土层,分别约为1.49倍和1.45倍;草炭土层含水率和有机质含量要远大于淤泥质层,约为1.6倍和1.96倍。

图2.1-4　现场钻探取样

(3)4个典型断面开展的压缩试验和剪切试验表明,草炭土地基具有较大的可压缩性及一定的抗剪能力。整体而言,草炭土(淤泥质土)压缩系数在2.22 ~ 6.52MPa^{-1}之间,压缩模量在0.96 ~ 2.19MPa之间,压缩性较大。测得抗剪指标要远小于砂土及砾石的指标。

(4)通过室内渗透试验分析表明,天然状态下草炭土垂向渗透系数数量级为10^{-5}cm/s,水平向渗透系数在10^{-4} ~ 10^{-5}cm/s数量级之间。路基压密后,渗透系数数量级降为10^{-6}cm/s,说明路基的修筑,对其下部草炭土的渗透性影响较大,路基两侧的草炭土层水力连通能力降低。

(5)通过草炭土层提水试验表明,草炭土的平均渗透系数为4.49×10^{-5}cm/s。草炭土层提水试验成果与室内试验结果基本一致。

(6)通过砂层抽水试验分析表明,路基两侧砂层的渗透系数较为接近,说明路基的修筑对砂层地下水流通基本无影响。砂层的平均渗透系数为7.12×10^{-3}cm/s。

(7)采用抽水试验稳定前数据,按照非稳定流Theis配线法求解砂层平均导水系数为141m^2/d,平均释水系数为2.61×10^{-4}。

(8)通过砂层抽水试验判断,该盆地砂层的连通性好,基本不受路基的影响。通过示踪试验判断,草炭土与砂层之间连通性差,草炭土层与砂层之间的淤泥质土层为隔水层,上部草炭土层潜水和下部砂层承压水之间基本不会产生越流补给。

2.1.3　湿地路基稳定技术

季冻区湿地不仅具有软土的性质,还有更高的含水率及有机质,是有一定承载能力的饱和地基,同时考虑到区域冻胀及减小对环境的影响,地基处理需要考虑的因素很多。化学加固法是用机具将化学浆液灌入地基土中,化学浆液与地基土发生化学变化,胶凝形成新的高模量物质,从而提高地基强度,减少沉降量,主要方法有搅拌桩法、灌浆法等。此种方法将会对路域带内水和土壤造成化学污染，严重影响生态环境。排水固结法是指在软土地基内设置竖向排水体（如排水板、砂井等），铺设水平排水垫层，并对地基施加固结压力达到加固的目的。此种方法使得湿地的地表水和潜水层的水将被排出，不利于路基两侧植物的成长。强夯置换法由于不适合高含水率的泥炭土，并且施工时容易产生强噪声污染。

因此，结合软土湿地特点，从国内成熟的技术成果分析，湿地地基的处理主要可以采用直接填筑（垫层）法、粒料桩挤密法，如图2.1-5、图2.1-6所示。

图2.1-5　直接填筑及加铺碎石垫层

图2.1-6　粒料桩施工

软土地基上路堤的稳定性分析，通常采用圆弧滑动面法。即假定路堤填土连同软土地基沿同一圆弧破裂面滑动，计算作用在该圆弧上的总抗滑力矩和总滑动力矩，或者计算作用在该圆弧上各点的总滑动力和总抗滑力，求其稳定系数。圆弧滑动面法主要是Sarma法、Janbu法和Bishop法。在搜索的潜在滑动面中，所有断面稳定性系数均大于1.35，满足现行路基设计规范中路堤和地基稳定性的设计要求。

根据项目研究，总结提出了湿地地基的垫层法和粒料桩法处治技术，可通过路基填料的选择以及采用土工格栅和轻质材料的方法稳定路基本体。提出了湿地公路路基水系连通保护技术，基于碎石盲沟+波纹钢管组合技术申请并获得了国家实用新型专利，创造性提出了组合结构的入口端、出口端防淤泥堵塞技术，实现了湿地路基两侧浅层水系连通结构系统运行的长期有效性。采用分层总和法计算了湿地路段软土地基的沉降,结果表明:由于草炭土压缩性较高,其在整个沉降固结过程中起主要作用;主固结沉降量占较大比例,次固结沉降占较小比例,瞬时沉降量居中。

在季节冻土地区湿地软土路段,路基面临着自身稳定性和生态环境协调性两方面问题,温度、湿度和荷载作用下路基的抗冻稳定性和防护结构自身的稳定性,直接影响路基的服役性能。该项目对既有的设计方案,结合湿地路段路基的工程特征,建立了湿地软土路段路基的温度、湿度和应力分析模型,进而分析了换填路基的抗冻性、波纹管涵结构的稳定性、EPS 换填台背的保温性、轻质性等,为季冻区湿地软土路段路基的综合设计奠定了理论基础。

2.1.4 湿地路基设计与施工工艺

为减小段落间沉降差异,对与湿地段落相邻、地质情况和路基设计高程相近的零散段落进行整合,采用优化设计方案以增加路段整体稳定性。原设计中清除表土,变更为直接填筑。对于软土地基高填方与桥涵构造物结合段,为减小结合部位的竖向不协调变形,换填轻质 EPS 块以降低路基自重。对于软土厚度在 0 ~ 2m 路段,采取直接填筑;对于软土厚度大于 2m 路段,地基处理采用原设计方案,即加设水泥粉煤灰碎石桩(CFG 桩)或碎石桩;此外,加设碎石盲沟 + 波纹钢管组合处治方案,碎石盲沟可作为波纹钢管的基础。为减少工程造价,增大路基底部渗透系数及增强路基抗冻性,在小沟岭至抚松段中,将原设计采用的 50cm 风化碎石 + 10cm 素水泥垫层段落改为 70cm 风化碎石。靖宇至通化段中采用碎石桩处治特殊路基段落,桩顶加铺 70cm 碎石垫层,垫层顶面铺土工格栅,对于路基填高小于 2m 段落,加铺防水土工布阻隔毛细水上升。

(1)粒料桩加固软基路段

根据工程地质特性,露水河段设计中采用 CFG 桩,东风湿地段设计中采用碎石桩。CFG 桩与碎石桩均采用直径 50cm,桩长穿透厚度较薄的湿地软层或达到较稳定的软土夹层。CFG 桩间距 1.5m,按等边三角形布置,填料采用粒径为 5 ~ 10cm 的未风化碎石或砾石;碎石桩间距同原设计。桩径、桩长、桩密度设置需满足规范要求的工后沉降指标。碎石桩(CFG 桩)断面示意图如图 2.1-7 所示。

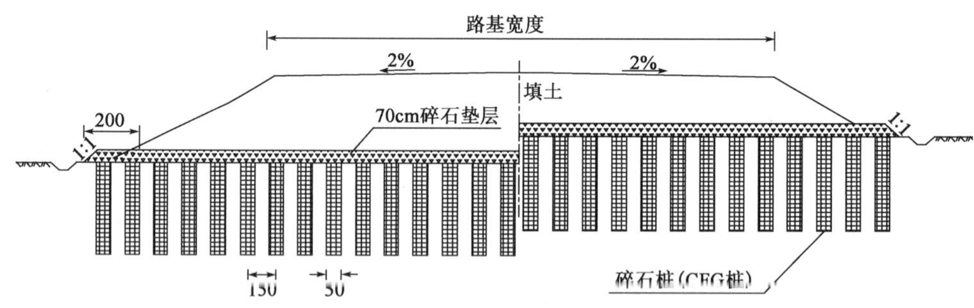

图 2.1-7　碎石桩(CFG 桩)断面示意图(单位尺寸:cm)

(2)横向碎石盲沟加强潜水层水系连通

为保证湿地植物根系水系的连通,在桥涵两侧各 50m 以外增加修建横跨路基的碎石盲沟。盲沟宽度为 120cm,高度为 80cm,盲沟进出水口两端设喇叭形端口以增加汇水面积,过渡段长度不小于1m，喇叭口处盲沟截面尺寸为160cm×120cm。盲沟底部距地表面为100cm（60～100cm的地下水埋深为植物生长理想区间），结构底部铺设片石基础，其上设直径为20cm的多孔隙中空塑料管形成复合盲沟增加渗流。

碎石盲沟布设应充分考虑地形地貌，盲沟纵坡与路线两侧原地形保持一致，平面上与路线正交，如遇路基两侧高差变化明显，则采用适当的平面交叉角并结合水系走势综合确定。对于设置了边沟、排水沟等排水设施的路段，碎石盲沟端部宜跨越排水设施，盲沟端部与坡脚或排水设施边缘距离不小于2m。

碎石采用粒径3～5cm、水稳定性好的砾石为宜，端口用碎石填筑，盲沟外围用透水土工布包裹。

（3）波纹钢管涵辅助地表水连通

对于汇水面积较大地段，为保证路基两侧植物根系水系的连通性，在桥涵两侧各50m外，平均每间隔60m增加修建横跨路基的波纹钢管。钢管采用直径为75cm的波纹钢管，洞口设计为平头式洞口，并延伸至坡脚外2m，洞口加盖钢筋网过滤杂草、树枝等异物。钢管轴向设置预拱度，沿轴向采用双向0.8%横坡度，以防止地基沉降盆对钢管排水性能的影响，管底与原地面高程相同。

波纹钢管布设应充分考虑地形地貌，波纹钢管纵坡与路线两侧原地形保持一致，平面上与路线正交，如遇路基两侧高差变化明显，则采用适当的平面交叉角并根据水系走势综合确定。

安装时从一侧排放第一根管节，使其管中心和基础纵向中心线平行；管壁内外涂沥青，沥青涂层的总厚度应不小于1mm；波纹钢管基底采用有一定级配的天然砂砾，利用碎石盲沟作为管底基础，设置波纹钢管的碎石盲沟宽度为120cm（其余指标与未设置波纹钢管的碎石盲沟一致），最大粒径不超过50mm，小于0.075mm细颗粒含量不超过5%；每节波纹管必须为一整体。各管节间连接强度必须满足施工中路基填土及压实机械（15t振动压路机）作业荷载压力要求，不得有变形错位现象。波纹钢管螺栓孔距、边距及布置要求见表2.1-2，波纹钢管涵施工现场如图2.1-8所示。

波纹钢管螺栓孔距、边距及布置要求　　表2.1-2

名　称	位置和方向		最大值（取两者的较小值）	最　小　值
中心间距	外排		$8d_0$ 或 $12t$	$3d_0$
	中间排	构件受压力	$12d_0$ 或 $18t$	
		构件受拉力	$16d_0$ 或 $24t$	
中心至构件边缘的距离	顺内力方向		$4d_0$ 或 $8t$	$2d_0$
	垂直内力方向	切割边		$1.5d_0$
		轧制边		$1.5d_0$

注：d_0 为螺栓的孔径；t 为外层较薄板件的厚度。

（4）EPS块路段

不良地基软土厚度超过5m，路基填高大于4m，利用EPS块优良的低密轻质性、较好的稳定性等工程特性降低路基自重，减轻高填方路基对湿地的切割，进而起到保护湿地作用。

回填路基两侧各保留1m进行路基回填作为块体的保护层，即将EPS完全置于路基中，不裸露。EPS块下宜平铺5cm保护砂，砂垫层采用中粗砂，含泥量不大于3%，要求砂垫层铺设达到厚度均匀、表面平整,平整度采用3m直尺进行控制,顶面平整度误差为±10mm。在保护砂上平铺EPS块,四角用"U"形锚钉与周围EPS块连成整体。由于EPS的抗压强度相对较低,在施工过程中特别是使用传统的压实设备时,必须谨慎作业,以防损伤材料。

图2.1-8 波纹钢管涵施工现场

项目在一个断面上采用了EPS块换填涵洞两侧填土的处治措施。桩号为K694+110的涵洞尺寸为1-4×3(m),新设计为左右两侧各6m换填EPS块以降低路基自重,减小路基与涵洞搭接处的不均匀变形。典型横断面图如图2.1-9所示,EPS块换填施工(露水河段)如图2.1-10所示。

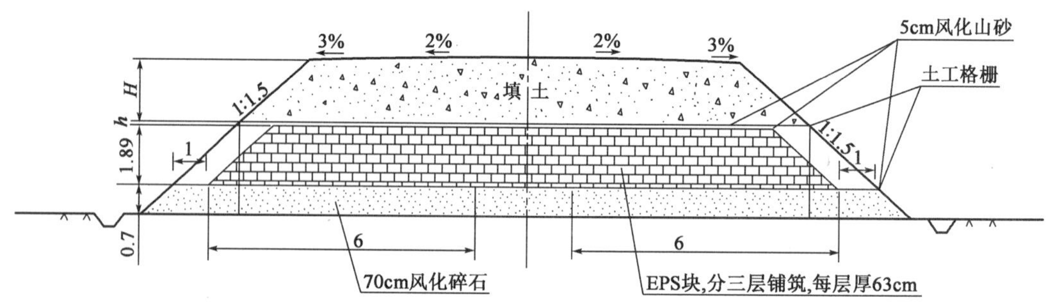

图2.1-9 换填EPS块断面示意图(尺寸单位:m)

图2.1-10 EPS块换填施工(露水河段)

2.1.5　湿地路基修筑的生态影响及评价体系

该项目重点综述湿地水文过程研究、湿地功能评估研究以及湿地生态系统健康研究的主要成果，对各研究领域提出的主要评价指标体系进行梳理。湿地水文、植被和土壤是定义和识别湿地的 3 项指标，其中湿地水文是决定性因素，对土壤环境、物种分布及植被组成具有先决作用。同时，湿地生态系统功能的改变又会通过多种机制反作用于湿地水文过程。

生态敏感性评价指标体系建立的原则主要是三点：一是科学性原则。生态敏感性评价指标体系的建立，要明确评价内容，考虑指标体系的完整性、科学性和正确性，具有一定的科学内涵；其中，简洁与聚合常常被作为是评价指标体系建立的重要原则，简洁使指标容易使用，聚合有助于全面反映问题。二是定性与定量相结合原则。生态敏感性评价采取定性与定量结合的方法进行，量化指标能够增加评价的准确性，评价指标要尽可能采用量化指标，难以量化的指标可进行半定量半定性的描述。三是可操作性原则。生态敏感性评价指标体系要能根据生态系统的生态价值、区域可持续发展需要来理性调控，其评价指标的选择要具有可操作性，选择主要的、可获得的、具有代表性的评价指标。理论框架图如图 2.1-11 所示。

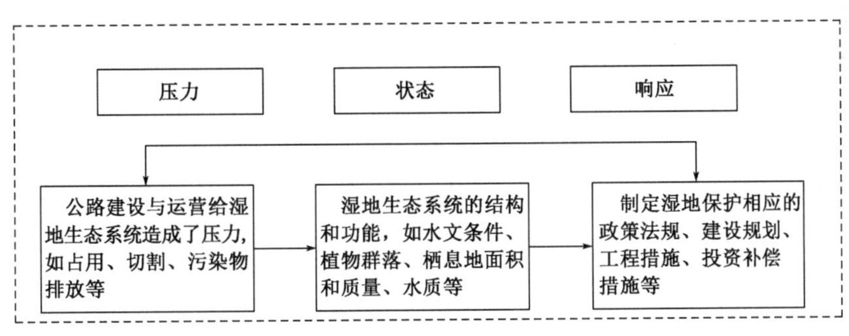

图 2.1-11　公路的湿地生态效应及其 P-S-R 模型示意图

通过综述湿地水文过程研究、湿地功能评估研究以及湿地生态系统健康研究的主要成果，系统梳理各研究领域提出的主要评价指标体系，结合高速公路建设对湿地生态影响的特点，从湿地水文、土壤、野生动植物、功能等方面提出了适用于公路项目的湿地生态影响评价指标。为了验证该项目建立的评价指标在鹤大高速公路沿线生态敏感湿地路段生态影响评价的可操作性和适用性，探讨评价标准如何确立，对露水河—靖宇段高速公路路基处理路段（共 6 个路段）建设中期和后期的路域生态环境进行了连续 3 年的监测，选取了土壤、水质、湿地植被等指标进行影响评价。以国道鹤大线、吉林省环长白山旅游公路和某穿越湿地的公路案例为参考，结合案例研究成果，针对工程的设计、施工和运营，从维持湿地水力联系和生态功能的角度提出了遵循避让、减缓和补偿的三个基本原则。

2.2　柔性组合基层结构应用技术

2.2.1　长寿命沥青路面结构组合设计原则

长寿命沥青路面结构组合设计需遵循以下原则：

(1)沥青路面面层层位间力学特性的协调

由于柔性路面随面层温度的升高,面层抗剪强度逐渐降低。因此,由于形状改变而可能产生的流动型车辙,仅在如下两种状态可能发生,即升温到上中面层温度很高、下面层温度较低,或降温到上、中面层温度较低而下面层温度较高,此时需要注意控制柔性基层的最小刚度。

对于层间力学特性的协调,关键在于防止各层次面层在不利最高温度状态下劲度过低,这恰恰符合以往通过材料途径控制车辙的基本思想。因此,其结构协调易于控制、实现。

对半刚性基层沥青路面,由于荷载、环境与结构的耦合作用决定屈服面的层位分布,各层位均可能产生过大的形状变化类流动型车辙。因此,对于典型的半刚性基层沥青路面,除控制基层刚度、保证层间连续之外,尤其要结合该路段实际荷载谱,在重载出现的主要时间段,确定其温度场基本特征,从而按照准黏弹体系结构演化近似分析法,深入分析结构状态的演化历程与特征,有效地防止层位间的不利组合。

例如,在气温升高阶段,重载频率较高,务必防止上、中面层在低劲度的同时,具有过大的泊松比μ,尤其在下面层具有劲度大、μ值小的状况下,若层位间力学特性未能实现协同工作,则可能在中、下面层出现严重的流动型车辙。

(2)基于层位力学状态控制的沥青混合料结构特性协调

目前的路面设计流程,往往在确定结构组合方案之后,首先确定各层材料类型、实测其力学指标,进行结构验算,反复调整直至满足要求为止。但对与施工过程联系最为紧密的设计流程,即材料类型的选择,往往是模糊的,大多直接照搬规范推荐值,其力学指标实测的现状与资料累积,也是令人堪忧的。这样使得结构设计与材料设计缺乏有机联系,在设计初期也罕有考虑该层材料在环境、荷载、结构中的力学性状,确定沥青混合料的具体指标、标准,乃至与沥青混合料类型的选择都是随机的。

因此,在承接结构演化近似分析、强度理论应用以及结构力学状态调控基础上,有必要进一步讨论沥青混合料结构特性的协调。此处所谈的结构,包括原材料类型、配合比、细观空隙、相态结构,以及其微观界面、空隙分布等内容,即沥青混合料自身的宏观、细观与微观结构。鉴于当前的技术基础,下面将着眼于面层力学状态的基本特征与要求,尤其是对流动型车辙的控制,从混合料宏观、细观力学特性同自身组成结构的关系入手,重点探讨这些力学特性的矛盾与协调原则,主要包括沥青混合料弹性模量E与泊松比μ的协调、黏聚力c与内摩擦角φ的协调,以及其黏性特征与弹性特征的协调等三大问题。

(3)沥青面层E与μ的协调

沥青路面流动型车辙的发育程度以及层位分布、各层贡献率,是环境、荷载与结构耦合因素导致的。具体表征为高次抛物面重载、高温下不利弹性模量组合,以及混合料泊松比μ的大幅度提高。为进一步明确这一结论,以及沥青混合料E与μ的协调原则,增加两类对比分析。

对耦合分析中的7层连续体系半刚性基层路面结构,在模量比演化过程完全相同的情况下,指定各层的μ均为0.25。在荷载集度均为$p=0.9\text{MPa}$情况下,对比荷载类型系数$m=1.3$与$m=1.0$两类情况的影响,再次进行这一结构在此两种不同荷载作用下的近似演化过程、关键阶段特征分析。具体计算各种结构面层的剪应力τ_{max}空间分布。

①荷载类型系数m与荷载集度p的增加,是使得应力水平大幅提高的基本诱因之一;但m的提高,还使得荷载边界效应逐渐变弱,而转变为荷载下方结构层的显著屈服现象。

②在泊松比μ仅为0.25时,即使其他环境、荷载因素完全相同,但屈服面主要分布于中面层,而且不会出现下面层最为不利的情况。

为进一步明确这一结论,再增加计算方案,取三层泊松比均为0.25的结构组合为JG34335,三层泊松比分别为0.45、0.45、0.15的结构组合标记为JG44335,计算面层的τ_{max}。从中可以发现,当三层的侧向位移水平相当时,仍然以中面层为屈服的主要区间,但当上、中面层侧向位移显著大于下面层时,则最不利层位完全出现在下面层,这种耦合作用的条件较为苛刻。

为进一步明确基层类型的影响,拟定柔性路面结构,进行相近的计算分析。其中结构层厚度组合,均为4+5+6+16+22+22(cm)。JG31715,泊松比分别为0.25、0.25、0.25;JG11715,泊松比分别为0.40、0.40、0.30;JG41715,泊松比分别为0.45、0.45、0.15;JG41775,泊松比同样分别为0.45、0.45、0.15,但$E_5=750\text{MPa}$(即进一步增加沥青层厚度)。连续状态下,面层的τ_{max}明显小于半刚性基层沥青路面;但对层间结合条件更为敏感;而荷载、环境与结构耦合作用下层位的变化,其规律与半刚性基层沥青路面类似。当然采用这种全厚式路面,可以有效降低剪应力水平,防止面层出现显著的塑性屈服,但其经济造价显然将大幅度提高。因此,有必要采用前述的基层与过渡层调控措施,实现对沥青路面车辙的结构控制,进而达到技术经济的优化设计。

由上可见,泊松比μ作为环境、荷载、结构耦合作用的关键指标,与弹性模量E的协调十分重要。为防止严重的流动型车辙,必须注意以下结构组合原则。

①沥青混合料在高温、高应力水平下,应保证μ不过大。

②为防止对某一结构层极为不利的状况,必须防止以下状态的发生:

E_2与E_1远小于E_3时,即路面升温过程中,要控制μ_1与μ_2不宜过大、μ_3不过小,否则对下面层十分不利。

E_2与E_1远大于E_3时,即路面降温过程中,要控制μ_1与μ_2不宜过小、μ_3不过大,否则对上面层与中面层十分不利。

E_2远大于E_1与E_3时,要控制μ_3不宜大,μ_1与μ_2不宜过小,否则对中面层十分不利。

(4)沥青面层c与φ的协调

依据第三强度理论进行的耦合分析,确定了流动型车辙最为不利的4种状态,因此选择涵盖车辙最不利层位典型情况的5类半刚性基层沥青路面,并与相应柔性路面对比,深入分析材料的设计原则。

根据莫尔强度理论,材料的剪切破坏与破坏面上的剪应力和正应力二者有关,且取决于σ_1和σ_3。由莫尔圆可得破坏面上的剪应力τ_a和正应力σ_a:

$$\tau_a=\frac{1}{2}(\sigma_1-\sigma_3)\cos\varphi \tag{2.2-1}$$

$$\sigma_a=\frac{1}{2}[(\sigma_1+\sigma_3)-(\sigma_1-\sigma_3)\sin\varphi] \tag{2.2-2}$$

根据库仑理论,材料的抗剪强度τ_R取决于材料的黏聚力c与内摩擦角φ,以及破坏面上的正应力σ_a,即用式(2.2-3)表示:

$$\tau=c+\sigma_a\cdot\tan\varphi \tag{2.2-3}$$

定义抗剪安全系数 K 表征面层材料抗剪能力与破坏面上剪应力之间的关系，见式(2-4-4)，显然 K 值越大，该点受力状态下更加安全。

$$K = \frac{\tau_R - \tau_a}{\tau_a} \times 100\% \tag{2.2-4}$$

显然，面层失效的概率，不仅与材料的抗剪指标 c、φ 有关，还受该点主应力状态的影响，其中结构组合因素自然显得更为突出，即对半刚性基层沥青路面与柔性路面，各层沥青混合料在不同状态下，其 c、φ 应确定具体原则，才能实现材料与结构的优化、协调。

分析表明，半刚性基层加剧了剪切失稳的概率，而且层位间抗剪安全系数差异更大，因此对层位的内聚力 c 与内摩擦角 φ 组合原则，受到结构状态影响更为复杂，务必引起重视。柔性路面的最危险层位仅是中面层；但半刚性基层沥青路面，则可能是中面层，上面层，中、上面层，下面层。

最后，按 c 与 φ 如何优先选择、必须保证哪一项指标，以及每项指标具体要求，提炼出如下原则：

①“以 φ 为主”，表示此时提高 c 值，对于垂直荷载下流动型车辙意义不大。

②“高 c、低 φ”，表示采取高的黏聚力的同时，需控制 φ 值不可过大。

③“保证 c 值、可提高 φ”，表示对于沥青混合料的 c 值，不可忽视，此时 φ 值提高，一般会有助于提高抗剪稳定性，但个别情况下，其效果很小。

④所列原则，仅为基于准黏弹性结构近似演化分析理论研究的结论，无论是理论自身完备性，还是参数的合理性，都有待工程实际检验。

⑤路面各层位抗流动型车辙的 c、φ 组合原则见表 2.2-1。但从第 6 种状态可以看出，对于三层面层状态相同的结构，无论柔性路面，还是半刚性基层沥青路面，都比较容易实现抗剪的稳定；同时以提高沥青混合料的内摩擦角为主要对策；三层之间的可靠性基本一致，以中面层最为薄弱；其中柔性路面表面层，不可使用黏聚力过小的沥青混合料。这些结论，与过去传统的流动型车辙的控制原则，是基本一致的。

⑥具体材料选择原则，还需兼顾高温抗推移、拥包稳定性，低温抗裂性能、疲劳性能、水稳定性等各项路用性能综合确定。

路面各层位抗流动型车辙的 c、φ 组合原则　　表 2.2-1

状态序号	半刚性基层沥青路面			柔性路面		
	上面层	中面层	下面层	上面层	中面层	下面层
3	保证 c 值 可提高 φ	高 c 低 φ	以 φ 为主	保证 c 值 可提高 φ	高 c 可提高 φ	以 φ 为主
5	以 φ 为主	保证 c 值 可提高 φ	高 c 可提高 φ	保证 c 值 可提高 φ	高 c 低 φ	以 φ 为主
6	以 φ 为主	以 φ 为主	以 φ 为主	保证 c 值 可提高 φ	以 φ 为主	以 φ 为主
8	高 c 低 φ	保证 c 值 可提高 φ	以 φ 为主	高 c 可提高 φ	保证 c 值 可提高 φ	以 φ 为主
9	高 c 低 φ	高 c 低 φ	以 φ 为主	保证 c 值 可提高 φ	高 c 低 φ	以 φ 为主

2.2.2　沥青稳定碎石的组成设计及设计标准

(1)组成设计方法特点

按照密实型沥青稳定碎石混合料的功能要求和组成原则，设计出具有一定防水功能、一定承载力、能够延缓半刚性基层沥青路面反射裂缝，同时重载下具有抵抗永久变形能力的沥青碎石混合料。

沥青混合料的力学特性及其功能的实现，不仅依赖于沥青胶浆的特性，而且依赖于矿质混合料的级配组成。国外研究发现，沥青混合料的高温抗车辙能力60%依赖于矿料级配的嵌挤作用。沥青稳定碎石混合料结构强度主要来源于粗集料间的骨架嵌挤作用，因此，为保证沥青碎石混合料的功能要求，应充分发挥骨架对沥青混合料的积极作用，而混合料的组成设计必须考虑材料与碾压工艺的相互作用，以便混合料形成最佳的组成结构。其组成设计方法特点如下：

①采用最佳振动压实工艺。研究表明，当粗集料含量大于63%时，振动压实可明显提高压实效果。因此，对粗集料含量较多的沥青稳定碎石，在振动压实基础上，根据材料特点，选择最佳振动压实工艺，使混合料达到稳定的骨架结构。

②按粗骨架与填充细料设计的新原则进行设计。在体积法设计思想的基础上，混合料的空隙体积不仅考虑了粗集料形成的空隙、细集料形成的空隙，而且考虑了填充系数 K 的影响。

③采用动载压入试验方法(动态加州承载比 CBR)。以粗集料嵌挤作用为主的 LSAM(大粒径沥青混合料)，准确评估其抗变形能力则必须要有侧限 σ_3 存在，而动态荷载可分离出弹性、永久变形，得到反映材料力学特性的变形指标和强度指标，因此采用了具有侧限、能反映沥青混合料三向受力状态的动载压入试验。

(2)密级配沥青稳定碎石混合料(ATB)的组成设计

由上述沥青稳定碎石的功能分析和主要设计原则可知，对于 ATB 而言，其强度和抗永久变形能力的形成关键在于主骨架的稳定和强度。因此，在针对最大公称粒径为31.5mm的沥青混合料设计时，首先选择三种粗集料骨架结构，并测定了相应的松装空隙率(表2.2-2)。根据体积设计法设计出不同的填隙系数，并对设计出的 ATB 和规范中值的混合料(见表2.2-3)进行对比试验，采用抗压强度与抗压模量(20℃，养护24h)及其极限变形来评价力学性能，最后确定一个较好的级配。

主骨架级配与空隙率　　表2.2-2

主骨架编号	不同孔径(mm)的通过率(%)							松装空隙率(%)
	37.5	31.5	26.5	19.0	16.0	13.2	9.5	
1	100	92	75	60	35	20	0	43.2
2	100	90	70	50	45	30	0	41.9
3	100	85	65	35	35	20	0	40.5

混合料级配组成 表 2.2-3

级配编号	级配类型	不同孔径(mm)的通过率(%)													
		37.5	31.5	26.5	19.0	16.0	13.2	9.5	4.75	2.36	1.18	0.6	0.3	0.15	0.075
1	1-0.7	100	94	81	70	51	40	25	21	—	18	13	10	7	5
2	1-1.0	100	95	84	74	57	47	34	28.5	—	24	17	13	9	6
3	1-1.3	100	95	85	76	61	52	40	33	—	28	19	14	10	6
4	2-1.0	100	93	80	66	62	52	32	26.5	—	22.5	16	12	8	5.5
5	3-1.0	100	90	76	55	48	41	31	26	—	22	17	11	7	4.5
6	规范中值	100	95	85.5	74	68	62	53	42	33.5	25	19	13	9	5

注:级配类型前为主骨架编号,后为填隙系数。

根据沥青混合料设计的粗集料空隙填充法设计大粒径沥青混合料,粗集料与细集料的百分含量计算公式如下:

$$\begin{cases} q_c + q_f + q_p = 100 \\ K\dfrac{q_c}{100\rho_{sc}}(V_{vc} - V_{vs}) = \dfrac{q_f}{\rho_{tf}} + \dfrac{q_p}{\rho_{tp}} + \dfrac{q_a}{\rho_a} \end{cases} \tag{2.2-5}$$

式中:q_c、q_f、q_p、q_a——粗集料、细集料、矿粉以及沥青用量百分数;

ρ_{sc}——粗集料松装密度;

ρ_{tf}、ρ_{tp}——细集料、矿粉的表观密度;

ρ_a——沥青密度;

V_{vc}、V_{vs}——主骨架松装空隙率百分数及沥青混合料设计目标空隙率百分数;

K——填隙系数。

细集料按泰波指数 $n=0.5$ 设计,振动参数选择为6kN、45Hz、0.476mm,有的级配细集料根据试验结果进行了适当调整。

对上述6种级配采用振动成型的方法(振动工艺:激振力7kN、振动频率30Hz、振幅0.957mm和振动时间2.5min)制备试件,分别开展物理指标及抗压强度、回弹模量试验,结果见表2.2-4。

级配对比试验结果 表 2.2-4

级配编号	级配类型	密度(g/cm^3)	空隙率(%)	试件高度(mm)	抗压强度(MPa)	极限变形(mm)	回弹模量(MPa)
1	1-0.7	2.418	6.2	156.2	1.96	6.05	1418.15
2	1-1.0	2.445	4.3	152.1	2.78	4.93	2061.93
3	1-1.3	2.463	1.9	94.8	3.65	2.92	2544.20
4	2-1.0	2.456	4.7	151.2	2.83	4.76	2004.82
5	3-1.0	2.463	4.3	152.4	3.07	3.50	2355.06
6	规范中值	2.380	5.7	150.8	2.70	4.22	1961.11

通过不同级配性能对比(图2.2-1)分析可知,能满足骨架-密实型空隙要求的是主骨架1、2、3,填充系数均为1.0。其中主骨架3、填充系数1.0的ATB的性能最好,抗压强度最大(3.07MPa),回弹模量值最大(2355.06MPa),而极限变形值最小。各方面性能明显优于其他两个骨架结构和规范级配中值。因此确定了最大公称粒径为31.5mm的ATB级配组成见

表 2.2-5,级配曲线如图 2.2-2 所示。

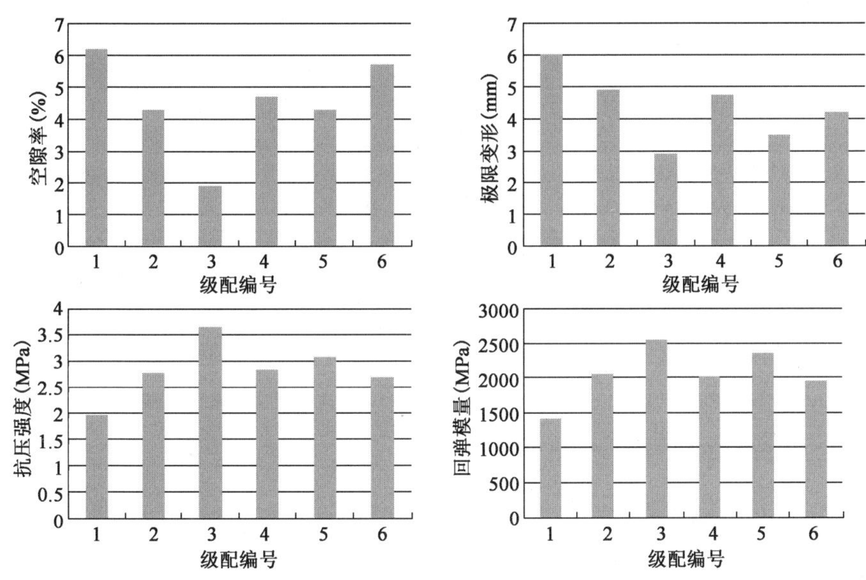

图 2.2-1 不同级配性能对比

混合料级配组成 表 2.2-5

粒径(mm)		37.5	31.5	26.5	19.0	16.0	13.2	9.5	4.75	2.36	1.18	0.6	0.3	0.15	0.075
通过率(%)	振动成型方法确定的较好级配	100	90	76	55	48	41	31	26	26	22	17	11	7	4.5
	规范中值	100	95	85.5	74	68	62	53	42	33.5	25	19	13	9	5

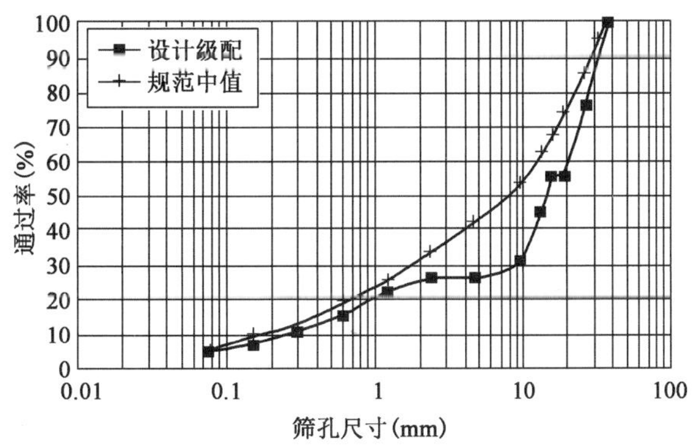

图 2.2-2 设计级配与规范中值级配曲线图

(3)最佳沥青用量的确定

ATB-30 采用振动成型方法成型试件,测定试件的物理指标,进而采用体积指标 VV、VMA、VFA 来综合确定其最佳沥青用量。试验结果如表 2.2-6 所示。

ATB-30 确定最佳沥青用量的试验结果　　表 2.2-6

沥青用量(%)	密度(g/cm³)	VV(%)	VMA(%)	VFA(%)	目标空隙率(%)	最佳沥青用量(%)
3.0	2.457	4.4	11.5	62.2	4	3.3
3.5	2.461	3.5	11.8	70.5		
4.0	2.488	1.7	11.3	84.8		
4.5	2.481	1.3	12	89.4		
规范要求	—	3～6	≥11	55～70	—	

通过上面的试验数据可知，ATB-30 沥青混合料的物理指标 VV、VMA 和 VFA 均满足规范的规定要求。由试验数据确定的最佳沥青用量为 3.2%，但考虑到粒径较大且粗集料含量多，沥青混合料拌和过程中易出现花料，因此应适当提高沥青用量(3.3%)及拌和时间(混合料拌和1.5min，加入单独加热的矿粉继续拌和 3min 至均匀为止，共拌和 4.5min)。

2.2.3 沥青稳定碎石的力学性能

由于成型方法将影响沥青稳定碎石的力学性能，因此该项目对 ATB-30 的振动成型方法和大型马歇尔成型进行了对比试验，进而更加明确沥青稳定碎石的成型工艺及相应的力学性能。对两种成型方法下的试件进行了强度(抗压强度及回弹模量)、水稳定性(浸水残留抗压强度、冻融抗压强度)、低温拉伸性能(小梁抗弯拉强度)及永久变形(动载贯入式重复加载试验)的对比试验研究。

(1)物理指标

对两种成型方法下的沥青混合料试件采用表干法测定其密度，并按相应计算公式计算出 VV、VA、VMA 和 VFA 等物理指标，具体计算结果见表 2.2-7。

ATB-30 两种成型方法的物理指标对比　　表 2.2-7

成型方式	试件编号	密度(g/cm³)	VV(%)	VA(%)	VMA(%)	VFA(%)
振动压实	Z-1	2.486	3.0	7.9	10.9	72.5
	Z-2	2.460	4.0	7.9	11.9	66.1
	Z-3	2.483	3.1	7.9	11.1	71.6
	Z-4	2.473	3.5	7.9	11.4	69.3
	Z-5	2.478	3.3	7.9	11.2	70.5
	Z-6	2.458	4.1	7.9	11.9	65.7
	均值	2.473	3.5	7.9	11.4	69.3
大型马歇尔击实	J-1	2.471	3.6	7.9	11.5	68.7
	J-2	2.486	3.0	7.9	10.9	72.5
	J-3	2.477	3.3	7.9	11.3	70.3
	J-4	2.483	3.1	7.9	11.1	71.6
	J-5	2.481	3.2	7.9	11.3	70.0
	J-6	2.455	4.2	7.8	12.1	65.0
	均值	2.476	3.4	7.9	11.4	69.7

由 ATB-30 振动法与击实法物理指标对比（图 2.2-3）可知，振动压实与大型马歇尔击实制备的试件其密度、空隙率、矿料间隙率和沥青饱和度等指标差别甚微，大型马歇尔击实法稍微优于振动压实，说明两种成型方法均可以使沥青混合料达到密实状态。

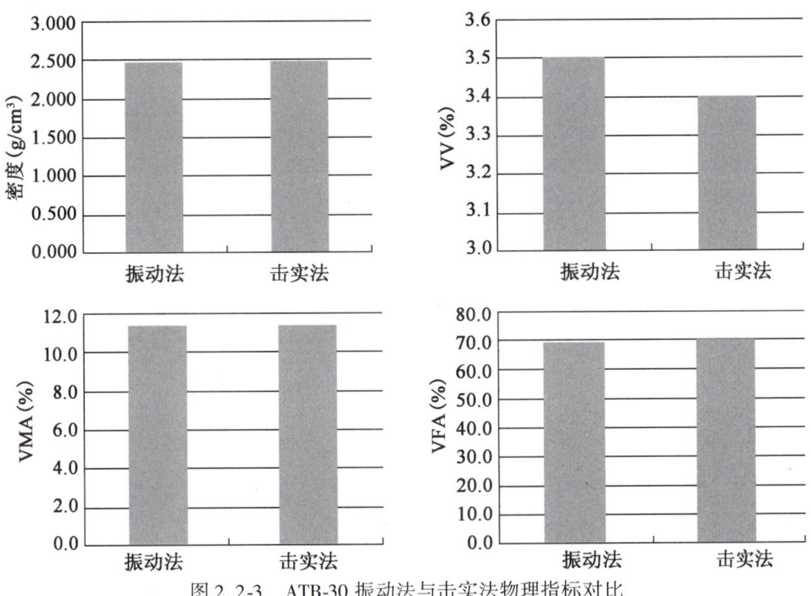

图 2.2-3　ATB-30 振动法与击实法物理指标对比

（2）强度性能

ATB 的强度性能以单轴压缩试验的抗压强度和回弹模量指标来评定。该试验按照《公路工程沥青及沥青混合料试验规程》（JTG E20—2011）规定的试验方法进行。

试件尺寸：直径 152.4 ±2.0mm，高 152.4 ±2.0mm。

养护条件：20℃，24h。

试验条件：温度 20℃时，加载速率 2mm/min。

试验设备：MTS-810 及其附加设备。

试验结果：根据方差检验，所有数据均有效。结果如表 2.2-8、表 2.2-9 和图 2.2-4、图 2.2-5所示。

ATB-30 单轴压缩抗压强度试验结果　　表 2.2-8

成型方式	试件编号	高度（mm）	密度（g/cm^3）	空隙率（%）	破坏荷载（kN）	抗压强度（MPa）	抗压强度均值（MPa）
振动压实	A1	150.8	2.473	3.5	63.50	3.548	3.302
	A2	152.0	2.454	4.2	55.11	3.079	
	A3	149.8	2.478	3.3	57.42	3.208	
	A4	151.3	2.460	4.0	60.37	3.373	
大型马歇尔击实	B1	149.5	2.465	3.8	52.28	2.921	2.905
	B2	151.4	2.476	3.4	45.86	2.562	
	B3	150.9	2.460	4.0	53.06	2.964	
	B4	152.1	2.481	3.2	56.79	3.173	

ATB-30 单轴压缩回弹模量试验结果　　表 2.2-9

成型方式	试件编号	高度(mm)	密度(g/cm^3)	空隙率(%)	回弹模量(MPa)	回弹模量均值(MPa)
振动压实	A5	151.2	2.454	4.2	3056.5	3175.8
	A6	150.4	2.471	3.6	3212.9	
	A7	152.2	2.455	4.1	2891.4	
	A8	151.5	2.466	3.8	3542.6	
大型马歇尔击实	B5	149.6	2.468	3.7	2302.5	2099.9
	B6	152.8	2.460	4.0	1897.6	
	B7	150.4	2.476	3.4	2126.4	
	B8	150.9	2.471	3.6	2073.1	

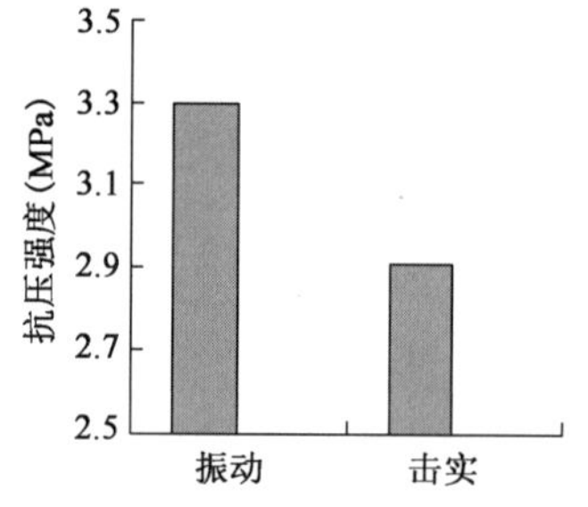

图 2.2-4　振动法和击实法抗压强度对比

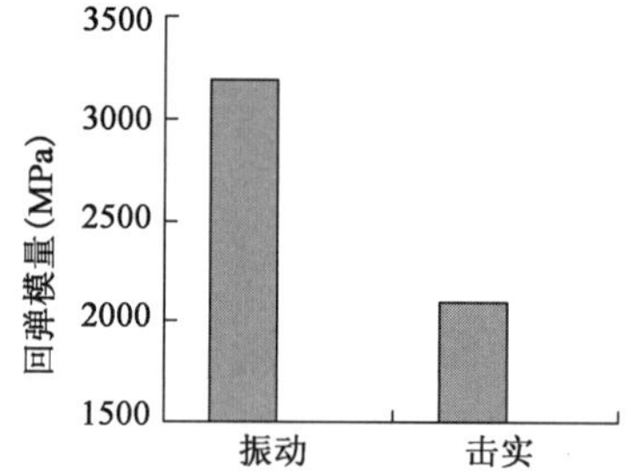

图 2.2-5　振动法和击实法回弹模量对比

由强度对比图可看出，振动成型的抗压强度提高了 14%，回弹模量提高了 51%。因此，沥青混合料由于压实方式不同，造成其内部结构的排列组合不同，从而表现出力学性能上的差异。从能量分析来看，大型马歇尔每一次单位面积上的击实功明显大于振动成型的击实功。而且在试验过程中观察到试件表面有轻微泛油现象，细集料有浮在表面的倾向，这都与其压实方式有关。大型马歇尔击实仪依靠重锤的惯性力冲击被压混合料，由于其每一次单位面积上的作用功大，很可能压碎粗集料达到进一步密实状态。因此可能造成试件具有足够的密实度，而力学性能却不能与之匹配。而振动压实每一次单位面上的压实功远小于大型马歇尔，但从总的做功来看却大于大型马歇尔。说明振动压实每次接触试件时施加的能量相对来说小，可以确保粗集料少被压碎的前提下，利用快速、连续、反复的冲击波作用，使材料处于振动状态，减少材料颗粒间的内摩阻力，使混合料内部结构发生变化，颗粒移到更稳定位置。而且振动压实作用时间长(3min)，总能量较大，促使试件进一步达到密实状态。由于在振动作用下，混合料易形成嵌挤骨架结构，因此其力学性能也相应提高了。由此说明振动成型有利于 ATB 在保证压实效果的前提下，促使粗集料形成稳定的嵌挤-骨架结构，从而较大幅度地提高试件的强度和刚度。

(3)水稳定性

沥青路面水损害的发生，主要是由于水分破坏了沥青与石料的黏附，沥青路面在有水存在的条件下，经受交通荷载和温度胀缩的反复作用，水分逐步侵入到沥青与集料界面上，在水动力的作用下，沥青膜渐渐从集料表面剥离，使路面局部结构发生破损。在环境因素的进一步作用下,破损面积逐步增大,最终导致沥青路面出现大面积破坏,丧失整体的承载能力。我国评价沥青混合料水稳定性的方法主要有两种,浸水马歇尔试验是常用的方法,另一种方法是冻融劈裂法,该法是对 Lottman 法加以改进得到的评价方法,易于反映不同石料及不同黏附性的差别,较全面地体现了北方寒冷地区沥青路面的实际工作状况。考虑到 ATB 所在层位的受力状态还是以压应力为主,因此,室内评价方法采用的是浸水残留抗压强度比和冻融抗压强度比来评价其水稳定性。

①浸水试验。

本试验采用振动成型的大型马歇尔试件尺寸为 152.4mm×95.3mm,以 5 个平行件作为一组。一组置于 60℃恒温水槽中保温 30～40min;另一组置于 60℃恒温水槽中保温 48h。然后测试抗压强度值,具体试验数据如表 2.2-10 和图 2.2-6 所示。

ATB-30 浸水抗压强度试验结果　　表 2.2-10

成型方式	振动压实					大型马歇尔击实				
试件编号	A9	A10	A11	A12	A13	B9	B10	B11	B12	B13
60℃,0.5h 抗压强度(MPa)	0.905	0.860	0.858	0.810	0.817	0.764	0.829	0.794	0.845	0.753
试件编号	A14	A15	A16	A17	A18	B14	B15	B16	B17	B18
60℃,48h 抗压强度(MPa)	0.777	0.806	0.817	0.742	0.843	0.632	0.756	0.686	0.737	0.727
浸水抗压强度均值(MPa)	0.797					0.708				
抗压强度均值(MPa)	0.850					0.797				
残留抗压强度(%)	93.8					88.8				

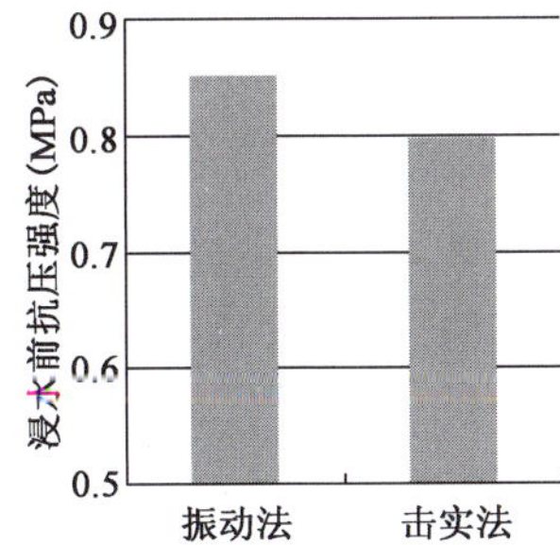

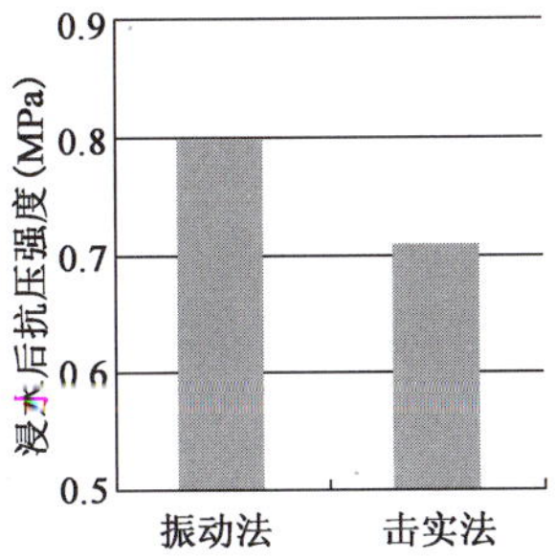

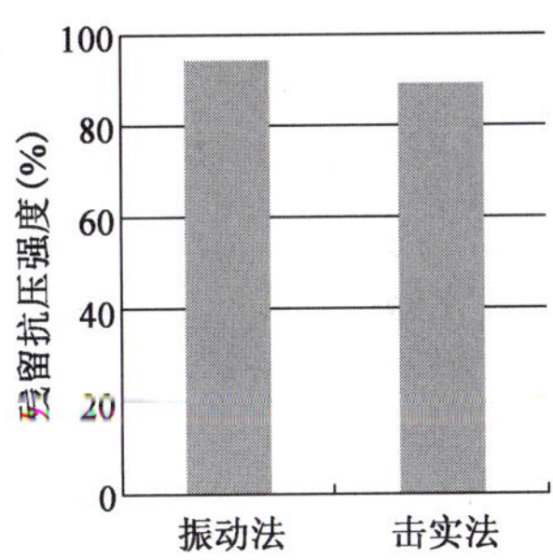

图 2.2-6　振动法和击实法浸水试验对比

由表 2.2-10 可知,振动成型可明显提高 ATB 的水稳定性。高温浸水 0.5h 后的抗压强度,振动成型的比击实成型的提高 6.6%,而高温浸水 48h 后的抗压强度,振动成型的比击实成型的可提高 12.6%。说明振动成型不仅有利于骨架嵌挤,同时有利于沥青胶浆的裹覆作用,增加结构沥青膜厚度,表现为高温浸水后其抗压强度提高。残留抗压强度比也提高了 5.6%。

②冻融试验。

按照《公路工程沥青及沥青混合料试验规程》(JTG E20—2011)的方法,调整冻融试验为:将沥青混合料试件分为两组。一组在 25℃水浴中浸泡 2h 后测试抗压强度;另一组先在 25℃水中浸泡 2h,然后在 0.09MPa 浸水抽真空 15min,再在 -18℃冰箱中置放 16h,而后放到 60℃水浴中恒温 24h,再放到 25℃水中浸泡 2h 后测试其抗压强度。最后计算其残留抗压强度比来评价混合料的水稳定性能。

试件尺寸为152.4mm×95.3mm,压缩试验加载速率为2mm/min。试验结果见表2.2-11。

ATB-30 冻融抗压试验结果 表2.2-11

成型方式	试验方式	试件编号	高度(mm)	空隙率(%)	抗压强度(MPa)	抗压强度均值(MPa)	残留强度(%)
振动压实	冻融	A19	153.8	8.5	0.87	0.84	79.3
		A20	151.9	6.3	0.90		
		A21	152.5	6.1	0.81		
		A22	153.2	7.1	0.77		
	未冻融	A23	152.8	7.1	1.12	1.06	
		A24	150.9	6.7	1.07		
		A25	152.3	7.5	1.09		
		A26	154.2	8.2	0.96		
大型马歇尔击实	冻融	B19	151.4	7.6	0.70	0.69	67.6
		B20	153.6	7.3	0.77		
		B21	150.4	8.0	0.69		
		B22	152.8	7.0	0.59		
	未冻融	B23	151.6	6.8	1.20	1.02	
		B24	153.2	7.5	0.96		
		B25	152.4	7.8	0.78		
		B26	150.6	7.2	1.14		

由表2.2-11可以看出,两种成型方法试件的空隙率相差不大,说明两种成型方法的作用功大体相同,均可以使试件达到相同的密实状态,而且成型后ATB混凝土的抗压强度也基本相同。但经过冻融循环后,击实成型试件抗压强度降低幅度较大,约为32.4%,而振动成型的试件仅降低20.8%。残留强度比,振动成型的优于击实成型的,约为17.3%。振动法的冻融强度优于击实法,分析可能是振动促使沥青材料充分与集料渗透、揉合,使集料更进一步被沥青包裹住,形成沥青膜,不宜被水侵害,因此冻融后强度还较高。由表2.2-11对比分析可知,振动成型试件的浸水残留强度比相对于击实成型提高了5.6%,而冻融残留强度比提高了17.3%。这主要是因为,浸水试验是在充分压实的基础上测得的,其空隙率在3%~4%范围内,而这个空隙范围,水分不能充分进入试件的空隙中,水对沥青混合料的侵蚀作用不大。因此,两种成型方法得到的残留浸水抗压强度值都较高(图2.2-7),这与实际工程中路面的损坏程度有一定的差距,说明对于密实型结构来说,浸水试验未能充分地反映出水分对混合料的侵蚀作用。而从冻融抗压试验数据来看,其强度有明显下降,说明经过真空饱水后,可以有效地提高水分在空隙中的填充程度,经过冻融后,加速了水对沥青膜的侵蚀作用,从而使抗压强度降低。因此,冻融强度试验比浸水强度试验更能实际地反映水损害的作用。

同时针对振动成型试件进行了多次冻融损伤试验,试验数据见表2.2-12。由表中数据可以看出,沥青稳定碎石混合料抗压强度随着冻融循环次数的增加而降低,降低幅度在前5次冻融循环中较大,5 次循环后下降幅度不大。5 次冻融循环后的残留强度比仍能满足规范 70% 的要求,说明设计良好的沥青稳定碎石混合料具有良好的冰冻稳定性。

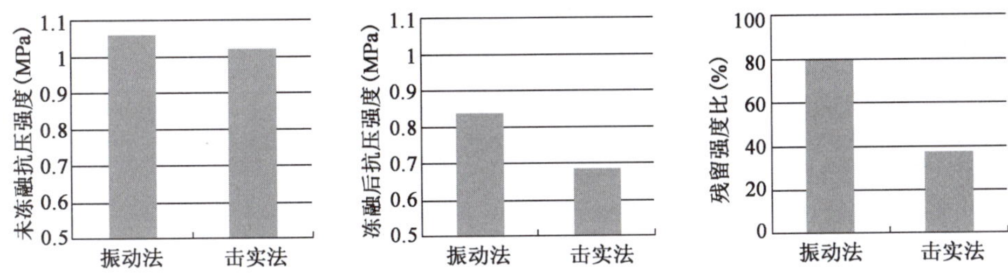

图 2.2-7　振动法和击实法冻融试验对比

ATB-30 不同冻融循环次数的残留强度比　　表 2.2-12

级配类型	空隙率(%)	冻融循环次数(次)	抗压强度(MPa)	残留强度比(%)
ATB-30	7.4	0	1.06	—
	7.0	1	0.84	79.3
	7.6	5	0.76	71.7
	7.8	10	0.72	67.9
	7.4	15	0.69	65.1
	8.0	20	0.71	67.0
	7.8	25	0.68	64.2

③高温稳定性。

在评价 ATB 的高温稳定性方面,采用了动载压入试验。试验选用的方法是利用 MTS 试验机施加半正弦波的动荷载,按照一定的加载频率逐级加载,保持荷载作用一定次数。通过连接于应力应变传感器的 *X-Y* 位移记录采集系统,获得动荷载作用次数下的总变形与回弹变形。具体试验数据见表 2.2-13。振动法和击实法动载压入试验结果对比如图 2.2-8 所示。

ATB 动载压入试验结果　　表 2.2-13

成型方式	应力(kN)	动应力(MPa)	回弹变形(mm)	回弹模量(MPa)	永久变形(mm)	累积永久变形(mm)
振动压实	5	2.55	0.188	468.00	0.225	0.225
	10	5.10	0.300	585.00	0.375	0.600
	15	7.64	0.400	658.13	0.500	1.100
	20	10.19	0.475	738.95	0.700	1.800
	25	12.74	0.525	835.71	—	—
大型马歇尔击实	5	2.55	0.250	351.00	0.350	0.350
	10	5.10	0.363	484.14	0.550	0.900
	15	7.64	0.413	638.18	0.860	1.760
	20	10.19	0.425	825.88	1.245	3.005

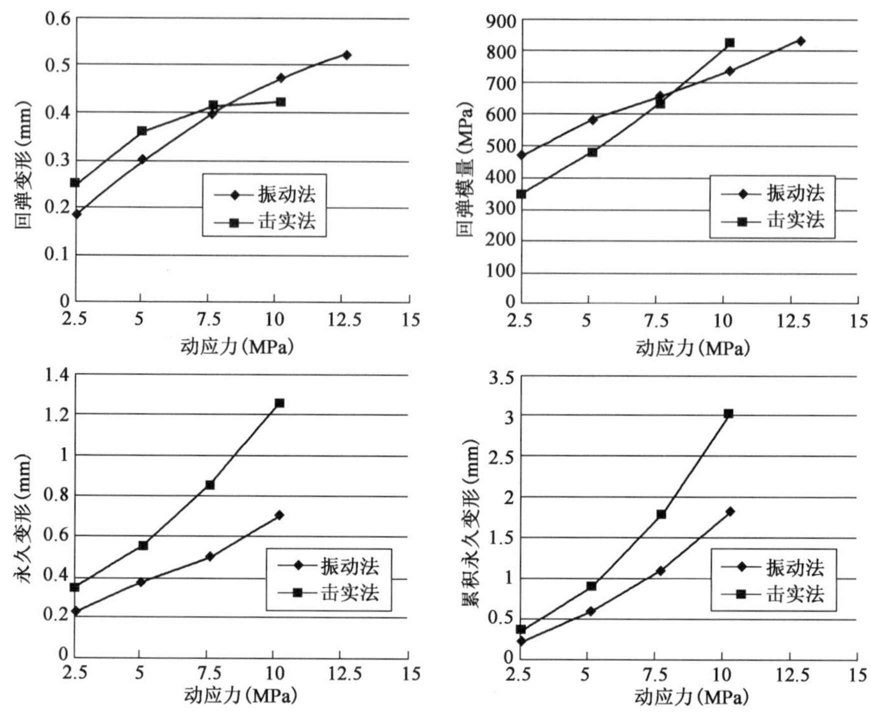

图 2.2-8　振动法和击实法动载压入试验结果对比

从贯入式重复加载试验来看，振动法在动应力达到 12.74MPa 时，试件发生破坏，而击实法在动应力达到 10.19 时即发生破坏。从动弹模量值来看，两种成型方法的模量值均随应力的增大而增大，当动应力达到最大值时，动弹模量也随之达到极限值。相比而言，振动法的回弹变形增长速度较缓，最大动弹模量略高于击实法的。从塑性变形（即永久变形）来看，振动的永久变形增长幅度小于击实的。在每一级动应力，重复加载 200 次作用下，振动的塑性变形都小于击实的，说明振动成型的试件结构比较稳定，永久变形相对来说小。因此，在评价沥青混合料时，不仅要考虑其较高的动弹模量，还要考虑其永久变形的大小。

2.2.4　不同最大公称粒径沥青碎石的力学性能

(1) ATB-40 力学性能

最大公称粒径为 37.5mm 的 ATB-40 级配组成见表 2.2-14。成型方法采用的是振动成型，成型工艺如下：激振力 7kN，频率 30Hz，振幅 0.957mm，振时 2.5min。试件尺寸为 ϕ150mm × 95.3mm。其力学性能考察指标与上述的类似，即抗压强度和回弹模量（表 2.2-15 和图 2.2-9），还包括浸水试验、冻融试验和动载压入试验相关指标。

ATB-40 级配组成　　表 2.2-14

粒径(mm)	50	37.5	31.5	26.5	19	16	13.2	9.5	4.75	2.36	1.18	0.6	0.3	0.15	0.075
体积法设计的级配(%)	100	95	90	76	55	50	43	33	26	—	22	15	11	7	4.5
国外级配(%)	100	—	—	70	—	—	50	—	32	23	—	—	9	—	2.5

ATB-40 抗压强度试验结果 表 2.2-15

级配类型	试件编号	密度（g/cm³）	空隙率（%）	试件高度（mm）	抗压强度（MPa）	回弹模量（MPa）
体积法设计的级配	1	2.460	4.4	153.2	2.914	2186.40
	2	2.469	4.0	152.1	2.843	2389.74
	3	2.463	4.3	150.8	2.658	2435.15
	4	2.458	4.5	151.2	3.214	2051.91
	均值	2.463	4.3	151.8	2.907	2265.80
国外级配	5	2.441	4.8	152.4	2.643	2894.23
	6	2.453	4.1	150.8	2.760	2476.12
	7	2.463	3.8	150.5	3.043	2138.75
	8	2.449	4.3	151.6	3.425	2678.22
	均值	2.452	4.3	151.3	2.968	2546.83

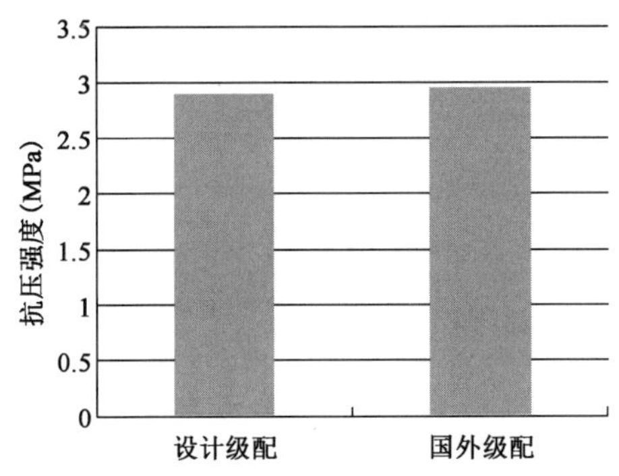

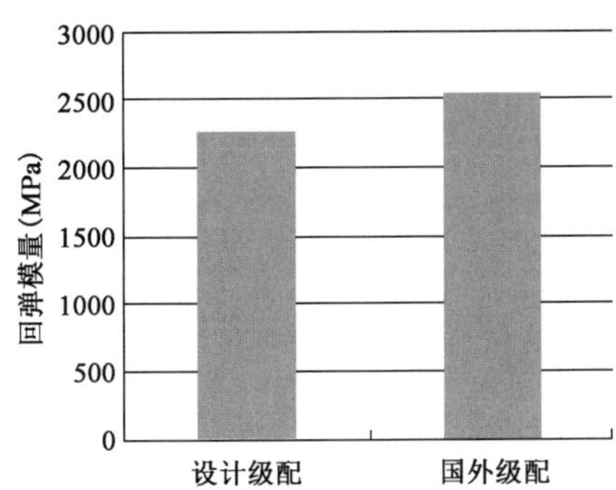

图 2.2-9 两种级配的抗压强度和回弹模量对比

经对比试验（抗压强度及回弹模量）分析可知，采用体积设计法设计的 ATB-40，其性能与国外实体工程使用性能较好的级配的性能相当。说明体积设计法设计出来的级配能够保证其具有良好的使用性能。同时，对该级配进行了其他力学性能的验证，试验结果见表 2.2-16 ~ 表 2.2-18。由试验数据可以看出，最大公称粒径为 37.5mm 的沥青混合料具有很好的水稳定性，浸水残留强度比可达 92.1%、冻融劈裂强度比为 88.6%。冻融循环对材料的强度造成损伤的机理主要有三种：冻胀机理假说、温度应力假说和微冰晶抽吸假说。其中，冻胀机理假说认为，水变成冰后体积膨胀 9%，由此产生膨胀力。随着循环次数的增加，对材料的强度造成损伤。而大粒径沥青混合料由于大粒径含量较多，虽然总体空隙率为 7% 左右，但粗颗粒间的空隙相对较大，使得水变成冰时有足够的膨胀空间，因而材料受到的膨胀力较小，使得材料在冻融循环作用下的强度损伤较小。这种损伤随着最大公称粒径的增大而有降低的趋势。即具有较大公称粒径的沥青混合料，其冻融劈裂强度比较大，同时其在高温动载压入试验具有较小的永久变形。

ATB-40 浸水抗压强度试验结果

表 2.2-16

试件编号	D1	D2	D3	D4	D5
60℃,0.5h 抗压强度(MPa)	1.184	1.201	1.325	0.974	1.031
试件编号	D6	D7	D8	D9	D10
60℃,48h 抗压强度(MPa)	1.245	0.876	0.943	0.987	1.229
浸水抗压强度均值(MPa)	1.056				
抗压强度均值(MPa)	1.143				
残留强度(%)	92.1				

ATB-40 冻融试验结果

表 2.2-17

试验方式	试件编号	高度(mm)	空隙率(%)	抗压强度(MPa)	抗压强度均值(MPa)	残留强度(%)
冻融	D11	154.2	7.9	0.989	0.990	88.6
	D12	153.6	7.5	1.166		
	D13	150.4	8.1	1.007		
	D14	152.8	7.4	0.798		
未冻融	D15	151.6	7.6	1.127	1.117	
	D16	153.2	7.9	1.345		
	D17	152.4	7.2	0.849		
	D18	150.6	7.0	1.146		

ATB-40 动载压入试验结果

表 2.2-18

成型方式	应力(kN)	动应力(MPa)	回弹变形(mm)	回弹模量(MPa)	永久变形(mm)	累计永久变形(mm)
振动压实	5	2.55	0.175	501.43	0.625	0.625
	10	5.10	0.275	638.18	0.525	1.150
	15	7.64	0.325	810.00	0.575	1.725
	20	10.19	0.425	619.00	1.050	2.775

(2)ATB-25 力学性能

最大公称粒径为 26.5mm 的 ATB-25 级配组成见表 2.2-19。成型方法采用的是振动成型,成型工艺如下:激振力 7kN,频率 30Hz,振幅 0.957mm,振时 2.5min。试件尺寸为 ϕ150mm × 95.3mm。其力学性能考察指标与上述的类似,即抗压强度和回弹模量(表 2.2-20 和图 2.2-10),还包括浸水试验、冻融试验和动载压入试验相关指标。

ATB-25 级配组成

表 2.2-19

粒径(mm)	31.5	26.5	19	16	13.2	9.5	4.75	2.36	1.18	0.6	0.3	0.15	0.075
体积法设计的级配(%)	100	94	82	70	54	43	27		24.5	18	12.5	9	5.5
国外级配(%)	100	95		80	65	50	32.5		24.5		10		4.5

ATB-25 抗压强度试验结果　　表 2.2-20

级配类型	试件编号	密度 (g/cm^3)	空隙率 (%)	试件高度 (mm)	抗压强度 (MPa)	回弹模量 (MPa)
体积法设计的级配	C1	2.477	3.0	150.8	3.075	2176.45
	C2	2.449	4.1	152.3	3.642	2324.50
	C3	2.473	3.2	151.6	3.830	2279.52
	C4	2.466	3.5	151.7	3.285	2380.57
	均值	2.466	3.5	151.6	3.458	2290.26
国外级配	C5	2.404	5.5	153.2	2.632	2201.49
	C6	2.432	4.4	150.8	3.451	2178.54
	C7	2.427	4.6	152.8	3.184	2278.40
	C8	2.442	4.0	151.6	2.845	1928.53
	均值	2.426	4.6	152.1	3.028	2146.74

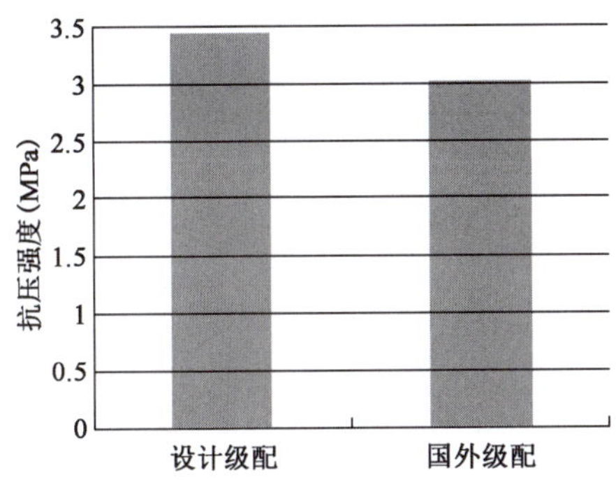

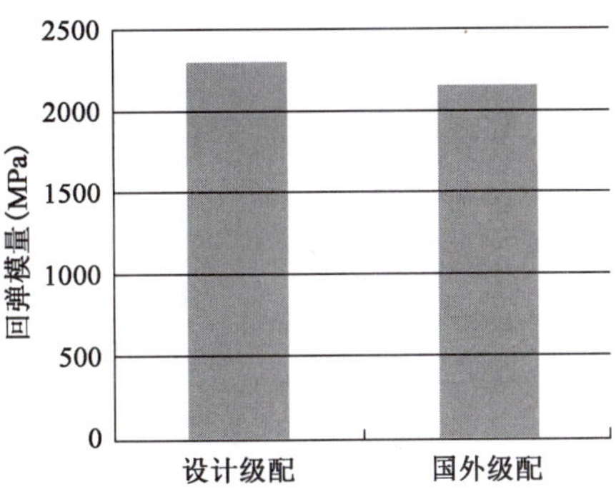

图 2.2-10　两种级配的抗压强度和回弹模量对比

经对比试验(抗压强度及回弹模量)分析可知,体积法设计的最大公称粒径 26.5mm 沥青混合料的抗压强度和回弹模量值均优于国外使用性能优良的沥青碎石混合料,说明按照项目提出的体积设计方法能够设计出使用性能良好的沥青碎石混合料。同时,对该级配进行了其他力学性能的验证,试验结果如表 2.2-21 ~ 表 2.2-23 所示。由试验数据可以看出,最大公称粒径为 26.5mm 的沥青碎石混合料具有良好的水稳定性,浸水残留强度比可达 87.3%。测试冻融劈裂强度时,将空隙率严格控制在 7% ±1% 的范围内,而这个范围对沥青混合料的冰冻稳定性影响最大,水进去出不来,因此更容易产生冻胀破坏,使得集料间的黏结力明显下降,导致强度降低,因此其冻融后的残留强度比明显降低,大致为 71.4%。

ATB-25 浸水抗压强度试验结果　　表 2.2-21

试件编号	D1	D2	D3	D4
60℃,0.5h 抗压强度(MPa)	1.084	1.201	1.168	1.119
试件编号	D6	D7	D8	D9
60℃,48h 抗压强度(MPa)	0.897	1.056	1.124	0.915

续上表

试件编号	D1	D2	D3	D4
浸水抗压强度均值(MPa)	0.998			
抗压强度均值(MPa)	1.143			
残留抗压强度(%)	87.3			

ATB-25 冻融试验结果 表 2.2-22

试验方式	试件编号	高度(mm)	空隙率(%)	抗压强度(MPa)	抗压强度均值(MPa)	残留强度(%)
冻融	D11	154.2	7.9	0.906	1.048	71.4
	D12	153.6	7.5	1.189		
	D13	150.4	8.1	1.072		
	D14	152.8	7.4	1.025		
未冻融	D15	151.6	7.6	1.389	1.468	
	D16	153.2	7.9	1.547		
	D17	152.4	7.2	1.408		
	D18	150.6	7.0	1.528		

ATB-25 动载压入试验结果 表 2.2-23

成型方式	应力(kN)	动应力(MPa)	回弹变形(mm)	回弹模量(MPa)	永久变形(mm)	累计永久变形(mm)
振动压实	5	2.55	0.195	450.00	0.525	0.525
	10	5.10	0.265	662.26	0.725	1.250
	15	7.64	0.345	763.04	0.875	2.125
	20	10.19	0.445	591.18	1.225	3.350

从表 2.2-23 可以看出,随着动应力的增加,回弹模量也随着增大,而且存在一个应力临界值。从动应力与永久变形图中也可看出,当应力超过临界应力时,永久变形变化较大。当应力小于临界应力时,永久变形增长幅度仅有 8.7%,而当应力大于临界应力时,永久变形增长幅度为 82.7%,说明应力大于临界应力后,结构已经发生破坏,永久变形急剧增大。

(3)不同最大粒径 ATB 路用性能对比

对三种不同最大粒径的 ATB 路用性能进行了对比分析,如表 2.2-24 和图 2.2-11所示。

不同最大公称粒径 ATB 路用性能指标 表 2.2-24

指标	最大粒径(mm)		
	37.5	31.5	26.5
抗压强度(MPa)	2.91	3.30	3.46
回弹模量(MPa)	2265.80	3175.80	2290.26
浸水残留抗压强度比(%)	92.1	93.8	87.3
冻融残留抗压强度比(%)	88.6	79.3	71.4
20kN 累积永久变形(mm)	2.78	1.80	3.35

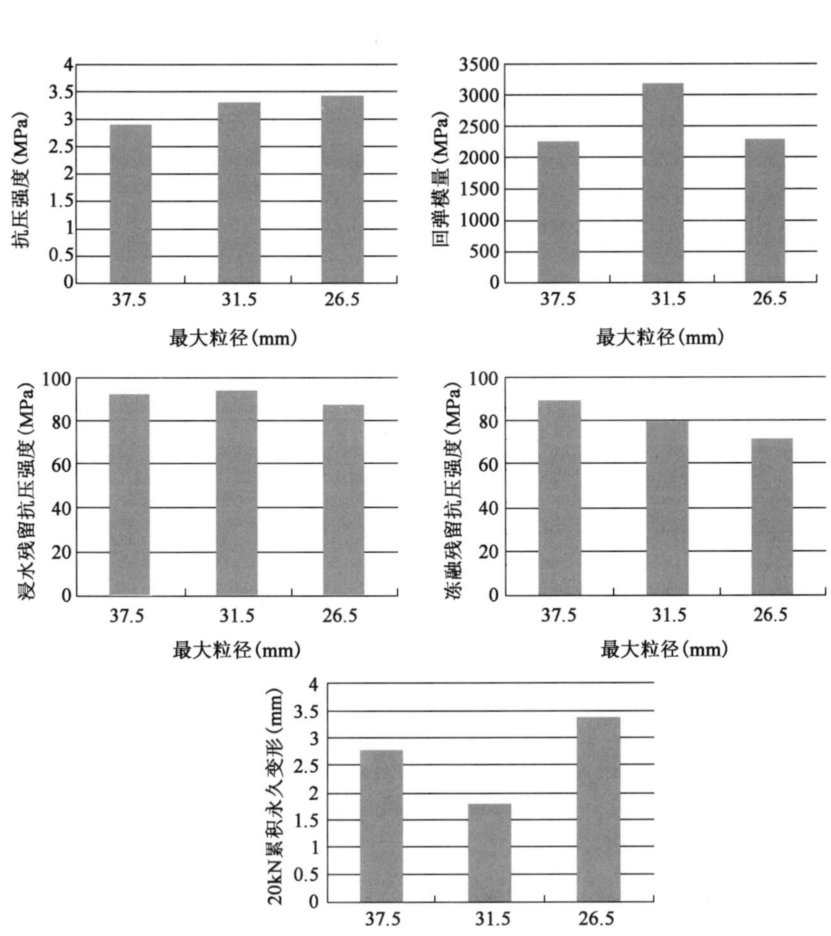

图2.2-11　不同最大粒径LSAM路用性能对比

由以上试验数据可知,抗压强度随着最大粒径的降低而增大,最大粒径为31.5mm的回弹模量值最大,其他两者性能相当。浸水残留抗压强度比,三种不同最大粒径沥青混合料的相差不大,均大于85%。而冻融残留抗压强度随着最大粒径的减小而降低。高温抵抗永久变形能力,最大粒径为31.5mm的LSAM性能最好,其次为37.5mm。总体而言,粒径较大时,性能相对来说较好,但要考虑级配组成问题以及施工均匀性,粒径越大越容易造成离析现象。因此,采用大粒径时,进行级配设计时重点考察级配的均匀性,从而才能保证沥青混合料的整体性能和稳定性。建议沥青稳定碎石混合料的最大粒径为31.5mm,其各项性能表现较好,而且施工均匀性较易控制,能够保证施工质量。

2.2.5　推荐沥青稳定碎石的设计标准

通过以上研究成果以及实体工程的实测数据,推荐密实型沥青稳定碎石的技术标准如表2.2-25~表2.2-27所示。

密级配沥青稳定碎石混合料(ATB)配合比设计技术指标　表2.2-25

试验指标	单位	ATB		
公称最大粒径	mm	大于或等于26.5		
试件尺寸	mm	ϕ152.4×95.3		
空隙率VV	%	3~6		
稳定度,不小于	kN	18		
流值	mm	2~5.5		
沥青饱和度VFA	%	55~70		
矿料间隙率VMA,不小于	%	ATB-40	ATB-30	ATB-25
		10.5	11	11.5

密级配沥青稳定碎石混合料(ATB)性能技术要求　表2.2-26

试验指标	单位	ATB
公称最大粒径	mm	大于或等于26.5
20℃无侧限抗压强度,不小于	MPa	2.5
动稳定度,不小于	次/mm	1500
渗水系数,不大于	mm/min	120
马歇尔残留强度比,不小于	%	80
冻融劈裂残留强度比,不小于	%	75

沥青稳定碎石混合料设计参数　表2.2-27

材料名称	抗压模量(MPa)		15℃劈裂强度(MPa)
	20℃	15℃	
ATB-25	1200~1600	1500~2000	0.6~1.0
ATB-30	1000~1400	1200~1600	0.6~1.0

2.2.6 沥青路面边部结构推荐形式

根据理论分析和实体工程验证,高等级公路通常采用较厚的刚性、半刚性沥青路面结构,在有相应配套施工工艺条件及能够满足规范施工质量要求的情况下,路面两侧的边部结构完全可以设计成垂直形式。研究成果表明,在通常道路上可能遇到的超重荷载临边停驻的情况下,这种边部结构是安全稳定的。

(1)侧向余宽

垂直式的路面边部结构,保持逐层向下有一定的侧向余宽,对边部结构的稳定是有利的。考虑边部施工时路基边缘的压实质量及材料铺筑碾压质量的控制性较差,同时边部结构容易受到外界自然因素的影响,也为满足施工作业的方便,因此,研究结果推荐:

①垂直式边部结构基层比面层的侧向余宽不小于0.10m。

②在通常交通条件、良好的路基土质、良好的自然环境、设有专门的硬路肩带,路面结构为刚性基层或为良好的水泥稳定碎石基层或良好的二灰稳定碎石基层等诸多有利条件时,底基

层比基层的侧向宽度可多取 0 ~0.10m(施工条件允许)。

③当交通组成中重载车较多、路基土质稳定性容易受外界自然因素影响,降雨冲刷严重、冰冻影响严重、路面结构相对较弱、路面宽度不大等诸多不利条件时,建议底基层比基层的侧向宽度应不小于 0.15m。

(2)土路肩宽度

土路肩具有很好的保护路面边缘结构稳定的作用,因此保持土路肩的稳定和留有必要的宽度都是十分重要的。理论分析和实际验证后推荐:

①重要道路或交通组成中大车比例较大时,同时其他不利因素较多(如雨水较大,边坡植被条件不好、冲刷严重、水土保持不良、冰冻条件严重、坡面未做坡面防护时,路堤相对较高等情况),应适当加宽土路肩宽度,一般取土路肩宽度不小于 0.75m。

②交通量相对小,重载车辆不多,或设有专门的硬路肩,其他自然条件也相对较好的情况下,路肩宽度可缩减为 0.5m。

2.2.7　柔性基层沥青路面使用性能分析程序

沥青路面使用性能分析模型同结构层设计参数、层状弹性体系理论有机整合,形成多指标沥青路面设计方法,这是当前沥青路面设计规范修订的客观趋势。基于此,在 C + + 平台上、结合数据库管理系统 Microsoft Access 开发“柔性基层沥青路面使用性能分析系统”专业软件,实现基于多指标设计方法的理论、参数、指标体系的柔性基层沥青路面力学响应分析与性能预估,供路面材料选择、结构选型、制订全寿命运营管理方案等参考。

分析系统由四个主要功能模块组成,即项目信息模块、分析参数设置模块、力学性能分析模块和性能预估模块,整体设计框架见图 2.2-12。

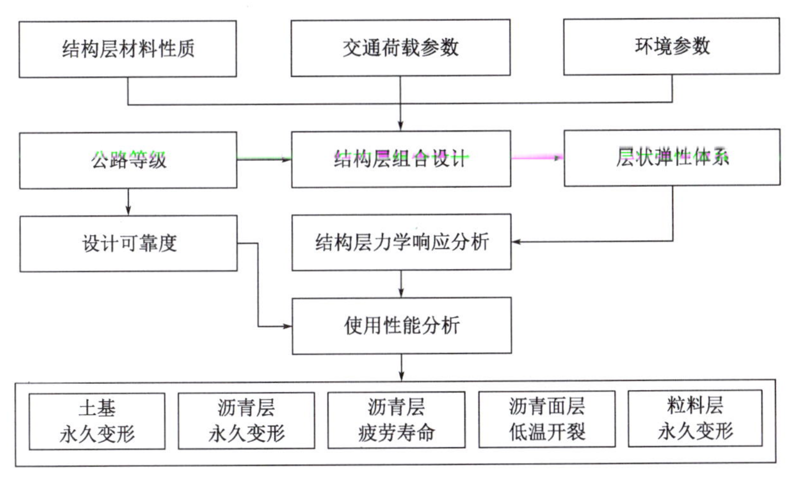

图 2.2-12　柔性基层沥青路面使用性能分析系统设计框架

(1)沥青路面结构层材料性质

沥青混凝土的设计参数,以“沥青路面设计指标和参数研究”中由华南理工大学张肖宁教授等对沥青混合料动态模量的研究成果为基础,结合“沥青面层设计参数与试验方法”的专题研究,采用沥青混合料动态回弹模量作为设计参数;沥青碎石混合料,以“基于多指标的沥青路面设计方法研究”中由山东交通科学研究院王林研究员等对沥青碎石回弹模量的研究成果为基础，结合“沥青碎石基层研究”的专题成果，采用沥青碎石动态回弹模量作为设计参数。

第一设计水平，要求实测沥青混合料 20℃、10Hz 的动态压缩模量。

第二设计水平，实测沥青混合料与沥青结合料的物理、力学参数，用经验公式预估动态压缩模量，其中沥青混凝土的预估方程可参照“沥青面层设计参数与试验方法”的专题研究提出的式(2.2-6)选用。

$$\lg|E^*| = 4.8417 - 0.0451T + 0.0406f - 0.1558P_a + 0.0210\mathrm{VV} \tag{2.2-6}$$

式中：$|E^*|$——沥青混合料动态模量(MPa)；

T——试验温度(℃)；

f——加载频率(Hz)；

P_a——沥青用量(%)；

VV——空隙率(%)。

沥青碎石的预估方程参照王林研究员等提出的式(2.2-7)选用。

ATB 类：

$$|E| = 16364 - 899.3v_a \tag{2.2-7}$$

第三设计水平，则在所推荐的参数范围内选择设计值。

(2)粒料层与路基材料性质

级配碎石层的设计参数，以“沥青路面设计指标和参数研究”中由同济大学凌建明教授等对级配碎石的研究成果为基础，结合专题“级配碎石强度与变形特性研究”的结论，采用级配碎石动态回弹模量作为设计参数。

路基的设计参数，以“基于多指标的沥青路面设计方法研究”中由同济大学凌建明教授等的研究成果为基础，采用路基动态回弹模量作为设计参数。

(3)交通荷载参数

进行沥青路面结构力学计算时，采用《公路沥青路面设计规范》(JTG D50—2006)的标准轴载及其参数。

累计轴次的计算，以“基于多指标的沥青路面设计方法研究”中由大连理工大学赵延庆等的研究成果为基础，进行三层次设计水平下的计算。

(4)环境参数

当量温度与当量温度系数，以“沥青路面设计指标和参数研究”中由交通运输部公路科学研究院田波研究员、“基于多指标的沥青路面设计方法研究”中由同济大学谈至明教授等的研究成果为基础，进行三层次设计水平下的计算。

湿度调整系数，以“沥青路面设计指标和参数研究”中由同济大学凌建明教授的研究成果为基础，进行三层次设计水平下的计算。

(5)层状弹性体系力学响应分析

在现行规范的理论体系基础上，进一步完善力学理论体系与计算方法，实现可计算多圆综合荷载作用下层状弹性体系静力分析，输出各点应力、应变、变形，并可进行正应力、主应变、最大剪应力等分析。

整合上述系统与路面性能分析模型,开发专用系统软件后,并撰写了系统使用说明,可供技术人员使用。

2.3　路基路面长期使用性能研究

2.3.1　路基路面长期使用性能观测基地架构

路基路面工程长期暴露于自然环境之中,经受车辆荷载及外部气候耦合作用,其物理、力学性质不断发生衰变,影响使用性能和寿命。一直以来,路基路面实际工作状态及其长期性能演变规律研究,主要通过定期或不定期的裂缝、车辙、松散等表观指标调查、测试及评估进行。由于这种方式比较宏观、唯象和间断,无法获取路基路面的真实受力状态,并和复杂的气候环境及交通荷载建立量化关系,导致路基路面长期使用性能研究进展缓慢。

为满足路基路面长期性能研究的需要,依托鹤大高速公路修筑典型沥青路面结构试验路,在此基础上搭建集路基路面响应、气象、轴载信息于一体路基路面长期性能实时在线监测系统,进行路基路面结构性能的监测。同时,定期收集路面表面功能数据,并开发路基路面长期性能数据库,提供路基路面内部响应、气候、荷载的连续监测数据,配合表观指标的测试,为季冻区高速公路沥青路面长期性能研究提供有力的数据支持。

路基路面长期使用性能观测基地架构见图 2.3-1。

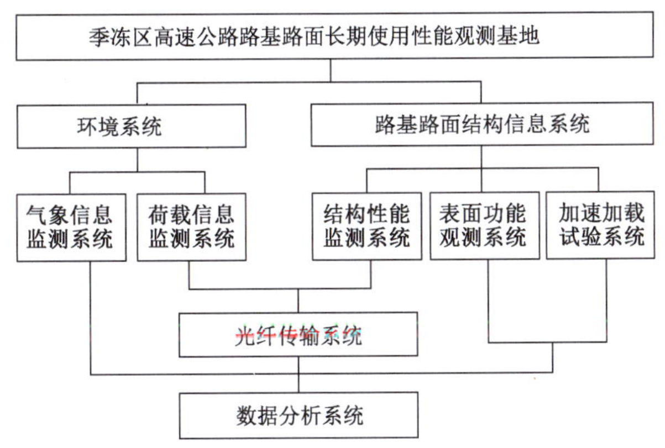

图 2.3-1　路基路面长期使用性能观测基地架构

路基路面长期使用性能观测基地包括环境系统、路基路面结构信息系统、光纤传输系统和数据分析系统四部分,具体内容如下。

(1)环境系统

包含气象信息和荷载信息两部分。其中:①气象信息系统用于监测气温、湿度、降雨、辐射等 14 个区域环境参数,还用于道路冻深、路面工作温度环境、沥青混合料性能老化等分析,为评价典型路面结构在相应气候条件下的响应提供支持;②荷载信息系统用于收集车辆的轴重、轴数、总重、当量轴次等交通信息数据,为客观评价典型路面结构在荷载作用下的响应提供保障。

(2)路基路面结构信息系统

包含结构性能监测系统、表面功能观测系统和加速加载试验系统三个方面。其中:①结构性能监测系统通过埋设的传感器采集路基温湿度状态、应力应变等性能；②表面功能观测系统包含典型结构试验路位置、路面结构类型、材料性质及施工工艺等，并采用传统方式调查收集弯沉、裂缝、车辙、坑槽等信息；③加速加载试验系统是利用美国 ARA 公司生产的大型路面加速加载设备进行试验获取路基路面性能的数据，作为长期监测和观测数据的对比。

(3)光纤传输系统

为保证数据的连续性和可靠性，项目采用光纤传输方式，即将监测断面和动态称重系统的数据，通过横向光纤传至路中央纵向光纤，并引致贤儒管理处，由光纤解调仪进行控制。

(4)数据分析系统

以结构性能监测系统为主，将气象、称重、观测等信息集成到一个系统中。

2.3.2 高速公路典型沥青路面结构选定及设计

为保障修筑的试验路沥青路面结构具有代表性，项目充分考虑国内外、季冻区及吉林省沥青路面的发展使用过程。国外半刚性基层路面结构一般只用于中、轻交通道路，柔性基层和全厚式沥青路面结构性能优良且易维修，得到广泛应用，但造价较高。受经济条件制约，我国高速公路建设从 20 世纪 80 年代开始，至今路面结构仍以半刚性基层为主，但沥青层厚度不断增加，中上面层沥青得到大规模应用，并且组合式基层、长寿命沥青路面的实体工程也得到了一定规模的修筑。吉林省高速公路 1993—2002 年广泛应用半刚性基层沥青路面，2008 年至今高速公路普遍采用 SMA + AC + ATB + 半刚性基层结构的形式，沥青层厚度明显增加，并且改性沥青技术在上下面层中应用普遍。珲乌、大广等高速公路使用性能观测结果显示，2008 年以来路面使用质量得到明显改善，坑槽、开裂数量明显减少，说明对季冻区气候具有较好的适用性(图 2.3-2、表 2.3-1)。

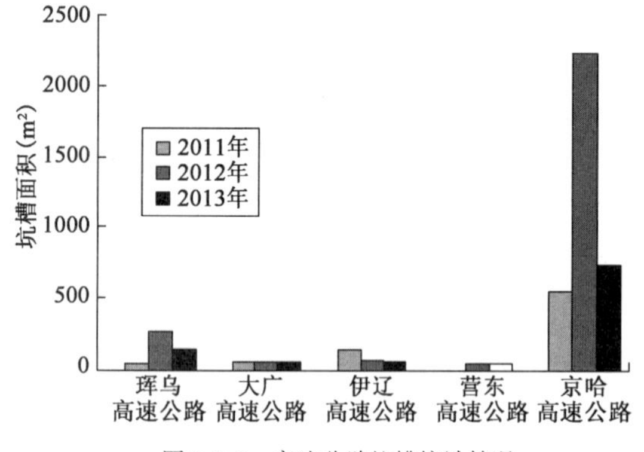

图 2.3-2 高速公路坑槽统计情况

吉林省高速公路路面开裂情况调查数据　　表 2.3-1

高速公路名称	调查时间	裂缝间距(m)
吉延高速公路	2011 年	34.5
	2012 年	32.1
	2013 年	30.9
长松高速公路	2011 年	91
	2012 年	47.4
	2013 年	17.9
松白高速公路	2011 年	88.1
	2012 年	57.7
	2013 年	51

由吉林省沥青路面结构发展过程可知，随着沥青路面的不断发展，沥青层厚度有所增加、组合式基层与柔性基层趋于广泛应用、长寿命沥青路面研究越来越受到重视，造成路面厚度整体增加，并且大粒径沥青混合料、级配碎石及应力吸收层等新材料也得到不断的推广应用。由此提出季冻区高速公路路基路面长期使用性能试验段典型路面为半刚性基层、抗冻少裂、柔性基层、组合式基层、长寿命共五种沥青路面结构形式。

由于鹤大高速公路小沟岭至抚松段兼具典型的季节性冰冻气候特点和特重交通荷载等级，适宜作为季冻区典型路面结构长期性能研究的依托工程。在具体路段位置、路段长度的选取上，项目组遵循了以下原则：

(1)适当规模

为满足车辙、裂缝、松散、坑槽等路面表面功能观测的需要，以及施工的可操作和稳定性，确定五种路面结构每种修筑2km(单幅)。

(2)可比性

五种典型路面结构试验路段的路线平纵面、路基高度、基础及相关处治情况应基本相同。

(3)突出季冻区要求

为检验典型路面结构适宜路基冻害的能力，监测断面选择在低填、挖方及细粒土填筑路段。

(4)可靠性和经济合理

目前沥青路面结构性能监测主要以电阻式传感器为主，基于光纤传感技术的沥青路面结构性能监测正在兴起，前景良好。因此，典型路面结构性能监测采用电阻式和光纤式传感器相结合的方式。由于沥青路面光纤监测必须铺设光缆至具有220V电压的管理处、服务区等地，为降低光缆的长度及铺设费用，五种结构应尽量连续，并靠近管理处、服务区等地，避免和隧道及大桥重合。

依据上述原则，将季冻区典型沥青路面结构试验路段设置于K610~K620段。该路段以低填为主，地质概况：表层为种植土，下层为粉质黏土，特殊路基主要为林地、塔头地、旱田及水田。纵坡较小，最大为1.498%。K610+678处设有贤儒管理处，可提供220V稳定电源，并且铺设电缆比较经济。

鹤大高速公路设计使用年限为15年，设计交通量弯沉累计轴载3294.7万次，弯拉累计轴载3551.9万次(BZZ-100)。利用路面专用程序(PADS)，对试验段典型路面结构进行弯沉及层底拉应力计算。确定典型路面结构厚度、路段分布见表2.3-2。除结构三柔性基层沥青路面外，所有路面结构路床顶面回弹模量要求干燥路段不低于50MPa；中湿路段不低于45MPa；潮湿路段不低于40MPa。结构三柔性基层沥青路面路床顶面回弹模量要求不低于120MPa。

典型路面结构厚度、路段分布　　表2.3-2

结构一：抗冻少裂	结构二：长寿命	结构三：柔性基层	结构四：组合式	结构五：半刚性
4cm SMA-13	4cm SMA-13	4cm SMA-13	4cm SMA-13	4cm SMA-13
12cm AC-25	6cm AC-20	6cm AC-20	6cm AC-20	6cm AC-20
2cm SMA-5	15cm ATB-30	8cm AC-25	8cm AC-25	8cm ATB-25
34cm 水稳碎石	30cm 水稳碎石	15cm ATB-30	10cm ATB-25	34cm 水稳碎石

续上表

结构一:抗冻少裂	结构二:长寿命	结构三:柔性基层	结构四:组合式	结构五:半刚性
16~18cm 低剂量水稳碎石	16cm 低剂量水稳碎石	20cm 级配碎石	20cm 级配碎石	16~18cm 低剂量水稳碎石
20cm 级配碎石	—	20cm 级配碎石	30cm 水稳碎石	20cm 级配碎石
沥青层厚 18cm	沥青层厚 25cm	沥青层厚 33cm	沥青层厚 28cm	沥青层厚 18cm
路面总厚 88cm	路面总厚 71cm	路面总厚 73cm	路面总厚 78cm	路面总厚 88cm
K616~K618	K610~K612	K612~K614	K614~K616	K618~K620

2.3.3 公路路面使用性能监测技术

(1)季冻区公路路面使用性能监测指标确定

由于沥青路面动力响应受外界环境(包括温度、湿度等)、荷载条件(包括车速、轴重、接地压力分布、作用位置等)的影响。特别是荷载的作用位置及接地压力分布,同时由于数据噪声的存在,导致沥青路面动力响应的时程曲线千差万别。因此,项目通过建立典型沥青路面三维瞬态动力分析模型对沥青路面动力响应的一般规律及五种结构性能进行了对比分析,以确定长期使用性能监测指标。

模型加载区域宽度为48cm、长度为126cm,考虑荷载运动到模型中间时,荷载影响范围在7倍长度以内;加载区域外侧设置影响区域,除加载面积以外,行车方向两侧各留30cm,垂直于行车方向两侧各留36cm。模型尺寸纵向186cm、横向120cm、竖向(路面结构厚度)160cm,如图2.3-3所示。当进行瞬态动力响应分析时,在模型的四周加入无限单元以反映无反射边界条件,同时由于结构中存在能量消散装置-黏弹材料,基层及土基结构阻尼系数取0.05。模型边界条件四周法向固定,底部三向固定。

典型有限元模型如图2.3-4所示。五种路面结构材料参数表、沥青混合料Prony参数表见表2.3-3、表2.3-4。

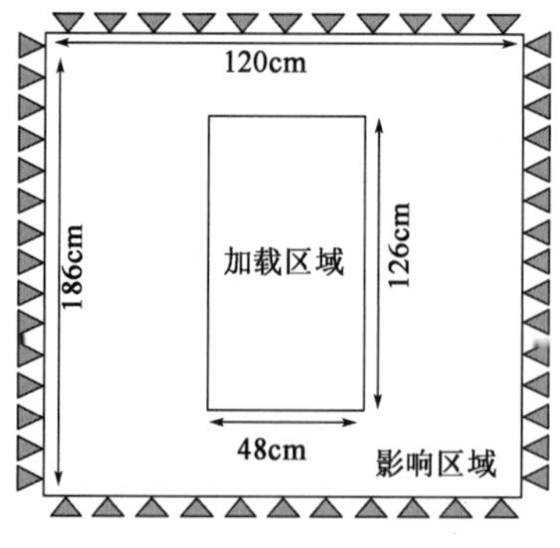

图2.3-3 有限元模型平面尺寸

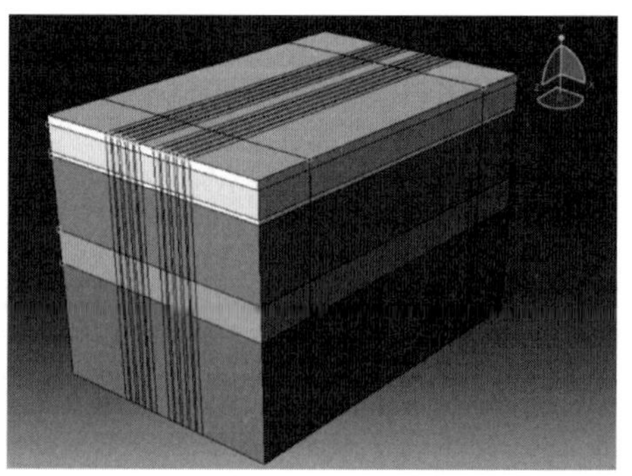

图2.3-4 典型有限元模型

五种路面结构材料参数表　　表 2.3-3

结　构　一	结　构　二	结　构　三	结　构　四	结构五(原结构)
4cm SMA-13 7850MPa	4cm SMA-13 7850MPa	4cm SMA-13 7850MPa	4cm SMA-13 7850MPa	4cm SMA-13 7850MPa
12cm AC-25 14300MPa	6cm AC-20 10550MPa	6cm AC-20 10550MPa	6cm AC-20 10550MPa	6cm AC-20 10550MPa
2cm SMA-5 6000MPa	15cm ATB-30 8550MPa	8cm AC-25 14300MPa	8cm AC-25 14300MPa	8cm ATB-25 10350MPa
34cm 水稳碎石 10000MPa	30cm 水稳碎石 10000MPa	15cm ATB-30 8550MPa	10cm ATB-25 10350MPa	34cm 水稳碎石 10000MPa
16cm 水稳碎石 10000MPa	16cm 水稳碎石 10000MPa	20cm 级配碎石 2000MPa	20cm 级配碎石 2000MPa	16cm 水稳碎石 10000MPa
土基 160MPa	土基 160MPa	20cm 级配碎石 2000MPa	30cm 水稳碎石 10000MPa	土基 160MPa
		土基 240MPa	土基 180MPa	

注：表中材料参数为动态模量试验中瞬态模量(对应 100Hz 加载频率)。

沥青混合料 Prony 参数表(25℃)　　表 2.3-4

τ_i	SMA5	SMA-13	AC-20	AC-25	ATB-25	ATB-30
0.00001	0.49117	0.10803	0.11122	0.16362	0.21448	0.22576
0.0001	0.2519	0.14154	0.12866	0.12715	0.14413	0.14371
0.001	0.16395	0.24917	0.22027	0.1827	0.18757	0.18358
0.01	0.05048	0.26977	0.25687	0.20204	0.18361	0.17811
0.1	0.01795	0.14293	0.16647	0.15569	0.12872	0.12598
1	0.00617	0.05177	0.06543	0.08466	0.06729	0.06743
10	0.00138	0.00975	0.02175	0.03747	0.03097	0.03139
100	0.00169	0.01059	0.01092	0.01594	0.01289	0.01374
1000	0.00055	0.00005	0.00043	0.00867	0.00825	0.00841

通过设计荷载、超载、路面材料损伤及路基强度冻融衰减后对路基路面使用性能的影响分析发现，五种结构受力各有特点。结构一设置了厚中面层和应力吸收层，使得应力、应变分布规律与其他结构不同，相应的材料设计应予以重视；结构三作为柔性基层，沥青层厚度最大使得其各类响应均较小，厚度次之的组合式结构四也如此，而作为对比原始结构五，无论分析哪类力学病害可能性，产生的响应都为不利状态；土基冻融循环作用对中面层、沥青层底、不同层位中部的响应没有明显影响，而对路表弯沉和路基顶面压应变具有明显影响；路表弯沉和路基顶面受土基模量的影响程度与沥青层厚度有关，沥青层越厚，路表弯沉的影响程度越小，路基顶面的影响程度越大。结构一竖向应变空间分布如图 2.3-5 所示，路基顶面竖向压应变时程曲线如图 2.3-6 所示，结构二冻融前后路基顶面竖向应变对比如图 2.3-7 所示。

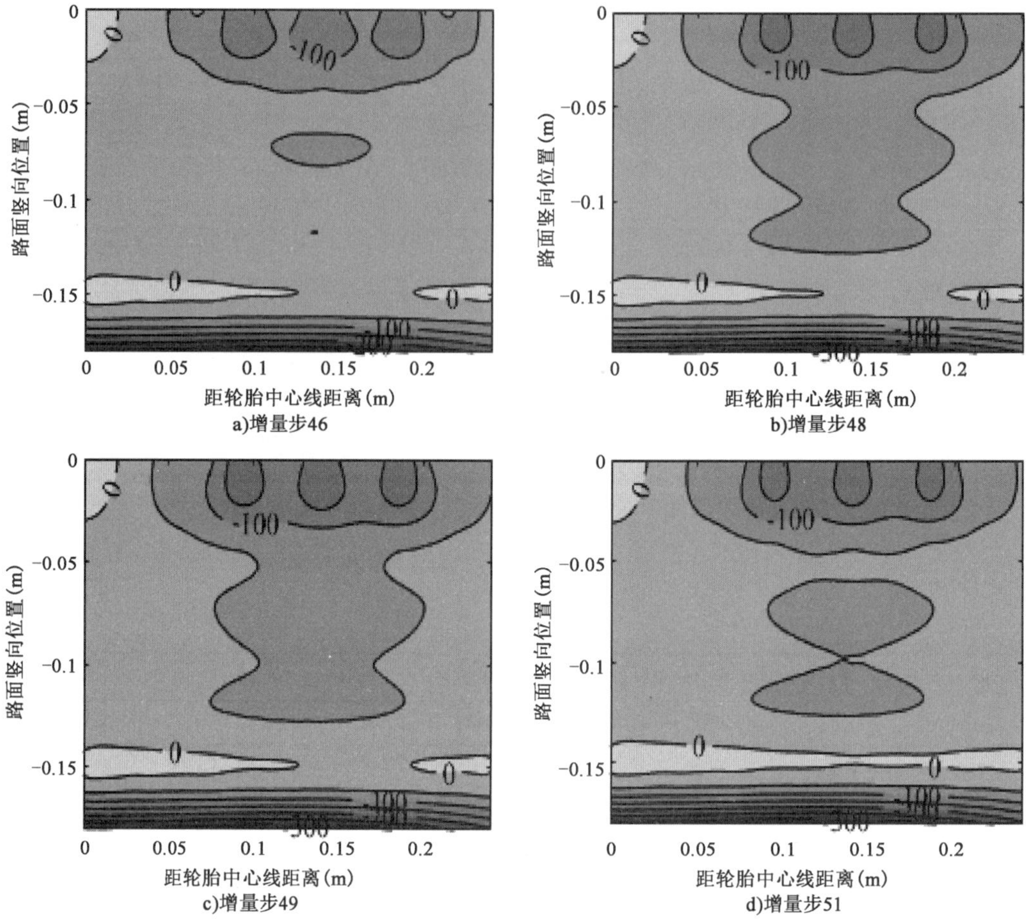

a)增量步46　b)增量步48

c)增量步49　d)增量步51

图 2.3-5　结构一竖向应变(με)空间分布

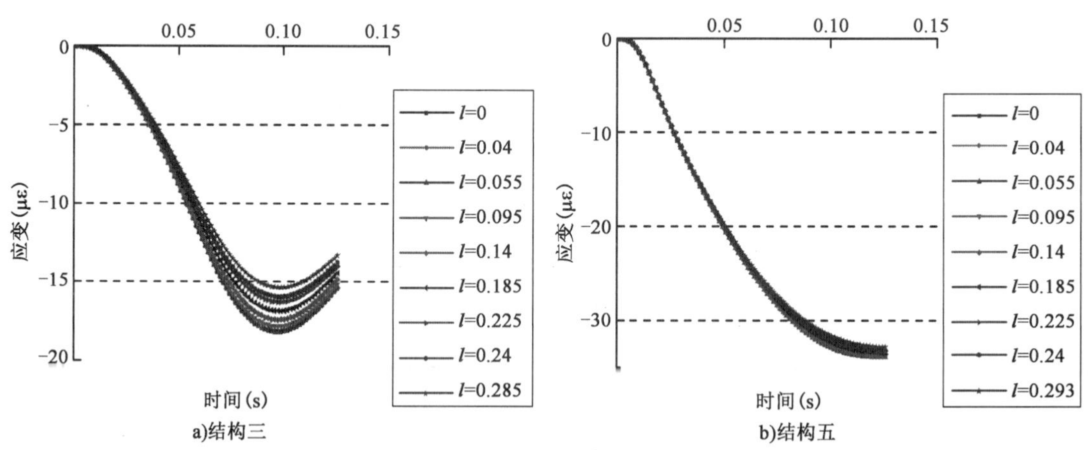

a)结构三　b)结构五

图 2.3-6　路基顶面竖向压应变时程曲线

基于路面力学响应规律分析,结合路面结构温湿度监测需要,确定路面长期使用性能监测指标主要为针对车辙和疲劳等病害相关的力学和环境指标。表 2.3-5 列出了季冻区公路路面使用性能监测指标。

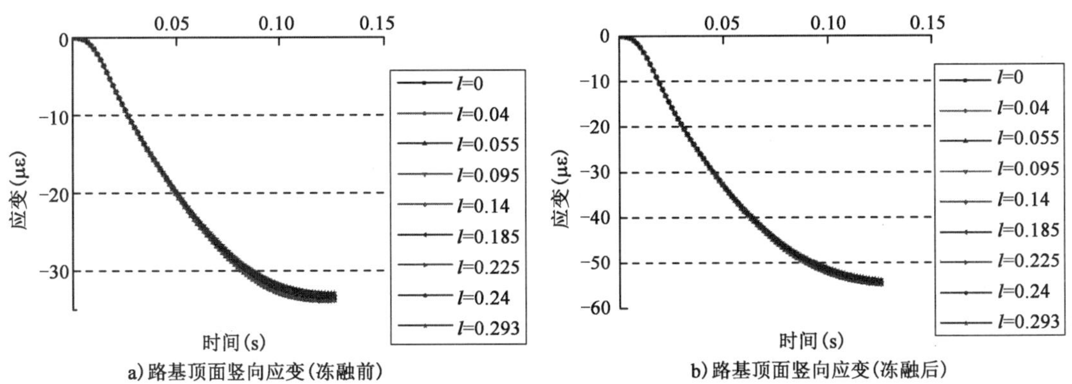

图 2.3-7　结构二冻融前后路基顶面竖向应变对比

季冻区公路路面结构长期性能监测指标表　　表 2.3-5

层位	上面层	中面层	下面层	功能层/柔性基层	上基层	下基层	土　基
结构一	温度	竖向压应变 竖向压应力 温度	—	层底拉应变 温度	温度	竖向压应力 温度	顶面竖向压应变 顶面竖向压应力 孔隙水压力 温度
结构二	温度	竖向压应变 竖向压应力 温度	层底拉应变 温度	—	温度	温度	顶面竖向压应变 顶面竖向压应力 孔隙水压力 温度
结构三	温度	竖向压应变 竖向压应力 温度	层底拉应变 温度	层底拉应变 孔隙水压力 温度	竖向压应力 温度	温度	顶面竖向压应变 顶面竖向压应力 孔隙水压力 温度
结构四	温度	竖向压应变 竖向压应力 温度	层底拉应变 温度	层底拉应变 孔隙水压力 温度	竖向压应力 温度	温度	顶面竖向压应变 顶面竖向压应力 孔隙水压力 温度
结构五	温度	竖向压应变 温度	层底拉应变 孔隙水压力 温度	温度	温度	温度	顶面竖向压应变 顶面竖向压应力 孔隙水压力 温度

(2)季冻区公路路面使用性能监测方案设计

由沥青路面结构响应监测的发展可知,一直以来电阻式应变传感器占据了主导地位(美国众多大型公路试验基地都采用电阻式应变计进行路面响应测量),而光纤光栅传感器正在兴起,两者优缺点并存。该项目采用以电阻式监测技术为主、光纤式监测技术为辅,两者相互结合的思路布设方案。在鹤大高速公路 K610 ~ K620 右幅试验段,共设置了 7 个监测断面(表 2.3-6),其中 5 个断面为电阻监测断面,2 个断面为光纤监测断面。

监测断面分布

表 2.3-6

结构类型	施工段落	监测断面
结构二:长寿命沥青路面	K610 ~ K612	K610 +800(光纤) K611 +600(电阻)
结构三:柔性基层沥青路面	K612 ~ K614	K613 +000(电阻)
结构四:组合式基层沥青路面	K614 ~ K616	K615 +300(光纤) K615 +650(电阻)
结构一:抗冻少裂沥青路面	K616 ~ K618	K617 +600(电阻)
结构五:半刚性基层沥青路面	K618 ~ K620	K619 +000(电阻)

由于 K610 +678 处设有互通,为保证监测断面承受的交通荷载和称重系统采集的轴载信息一致,并考虑到动态称重系统对 220V 电源的取电需求,将动态称重系统设置于 K611 +600 断面处。

由于气象站需要设置在开阔的场地,考虑到除雪车对气象信息采集设备的影响及对 220V 电源的取电需求,将气象站设置在贤儒管理处。

以结构一为例,传感器布设平面图如图 2.3-8 所示,传感器横断面布置图如图 2.3-9 所示。

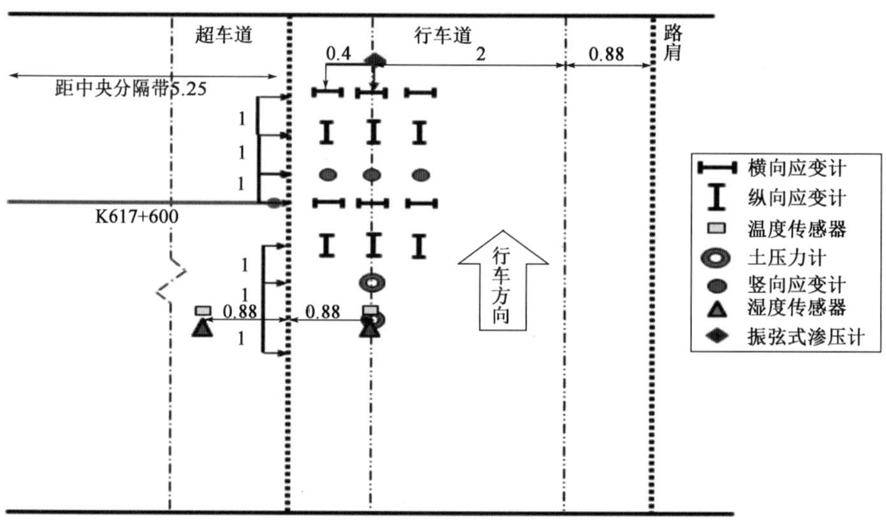

图 2.3-8　结构一传感器布设平面图(尺寸单位:m)

温湿度监测考虑道路多年最大冻深和地下水影响范围。路基温湿度监测方案如图 2.3-10 所示。

为避免行车荷载对路面的重复加载干扰,足尺加速加载试验路选择在 K610 ~ K620 右幅,共有 5 处,每处均位于路面结构电阻式监测断面附近,距硬路肩 2m 处(图 2.3-11)。

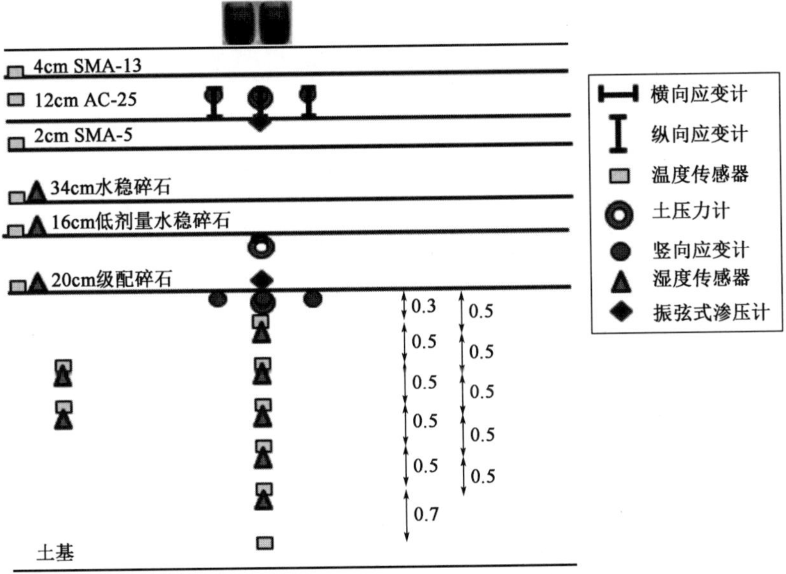

图 2.3-9　传感器横断面布置图(尺寸单位:m)

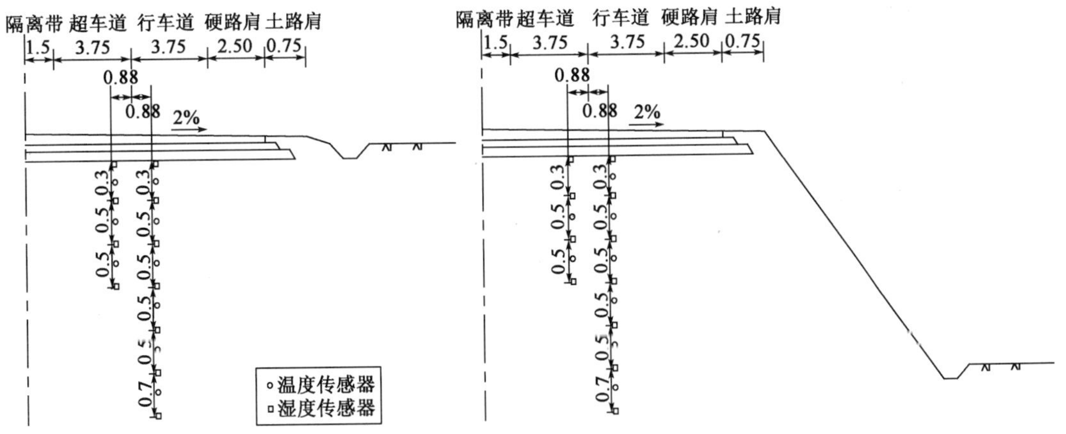

图 2.3-10　路基温湿度传感器布设图(尺寸单位:m)

在路面结构层布设了水平应变传感器、竖向应变传感器、土压力计、渗压计(图 2.3-12),并结合路面加速加载设备 PAPLS 的有效加载长度 8～10m,将传感器布设在 6m 的范围之内。土基和气候环境的影响将结合气象站和监测传感器的数据,通过模拟分析软件进行系统分析,从而实现足尺加速加载试验路和监测路段相辅相成的目的。

(3)季冻区公路路面使用性能监测设备选型

综合考虑监测设备和路基路面材料的协调性、气候适应性、测量精度与范围、施工过载能力、耐久性及经济性因素,对监测仪器设备(包括应变传感器、土压力传感器、温度传感器、土壤水分传感器、渗压计、光纤光栅解调仪等)进行了充分的调研、综合比选,确定以电阻类传感器为主、光纤传感器为辅的传感器使用原则。路面响应类传感器主要采用日本 TML 的竖向和水平应变计、意大利 SISGEO 公司的土压力计、基康及泰达尔公司的光纤土压力计与应变传感器，环境类传感器选用了国产 PT100 铂电阻温度传感器和 FDS100 湿度传感器，如图 2.3-13 ~ 图 2.3-16 所示。

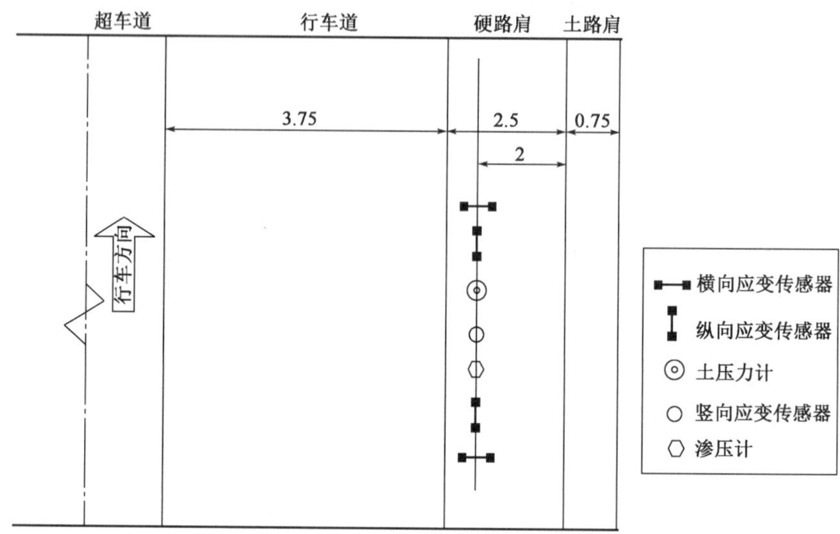

图 2.3-11　鹤大高速公路足尺加速加载试验路平面布置图(尺寸单位:m)

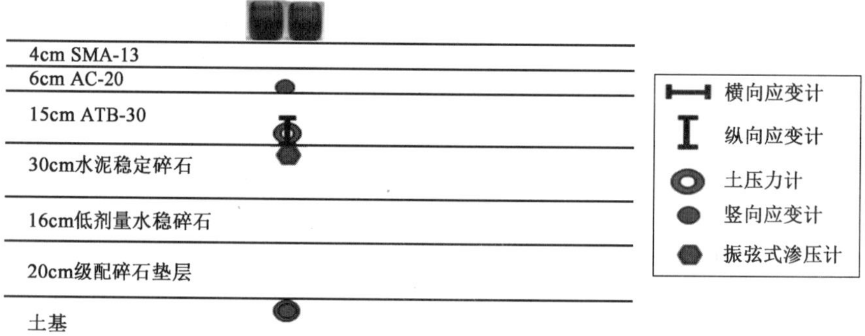

图 2.3-12　长寿命沥青路面结构加速加载试验传感器布设方案

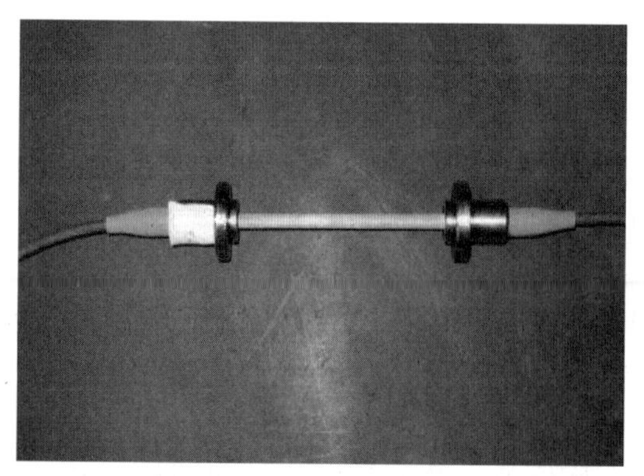

图 2.3-13　光纤类应变传感器

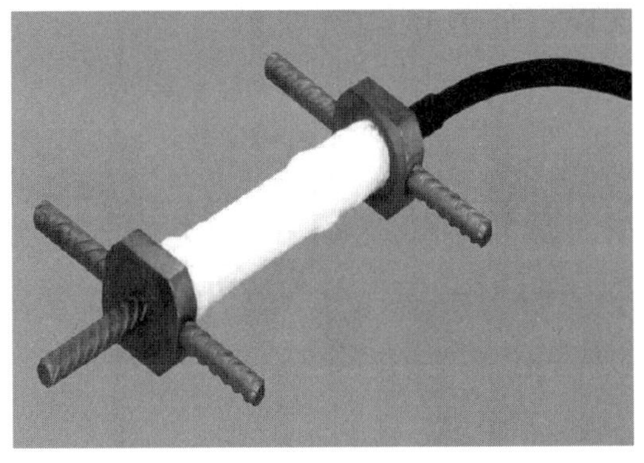
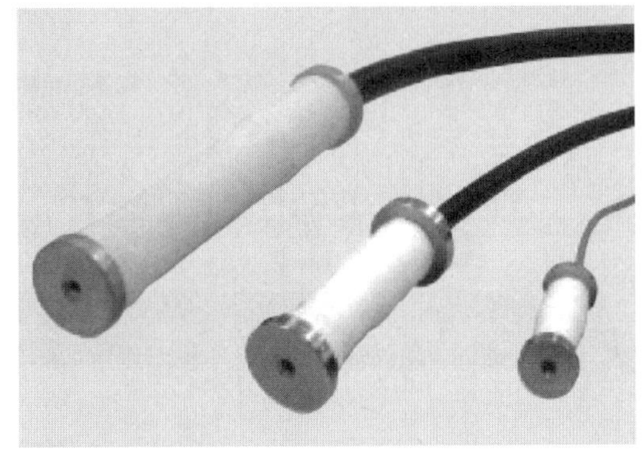

图 2.3-14　电阻式沥青应变计

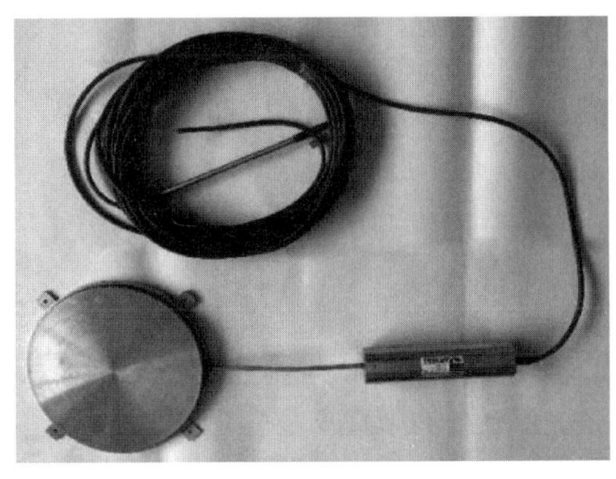

图 2.3-15　BGK-FBG-4800SGT 土压力计

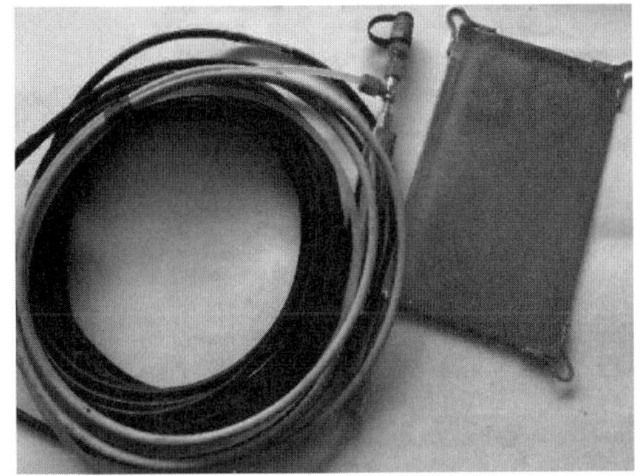

图 2.3-16　SISGEO P252A 土压力计

(4)季冻区公路路面使用性能监测系统实施

在土基和基层顶部以及沥青层底部进行了传感器的现场安装,共埋设了 103 个温度传感器(光纤温度 8 个、电阻温度 95 个),150 个应变传感器(光纤竖向 18 个、光纤水平 30 个、电阻竖向 30 个、电阻水平 72 个),42 个土压力传感器(12 个光纤土压力计、30 个电阻土压力计),63 个土壤水分传感器,9 个渗压计(4 个光纤渗压计、5 个电阻渗压计),如图 2.3-17 所示。

土压力计

应变计

渗压计

图 2.3-17　现场传感器埋设图

为保证海量监测数据的传输,采用 4 处风光互补、3 处弱电方式为电阻类传感器的静态数据采集单元和动态采集单元进行供电,并铺设 96 芯专用光纤将监测数据传至管理处服务器,如图 2.3-18、图 2.3-19 所示。

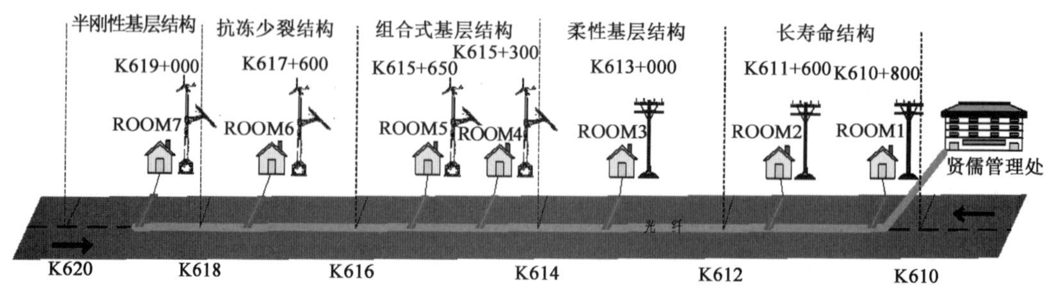

图 2.3-18　监测系统供电及传输示意图

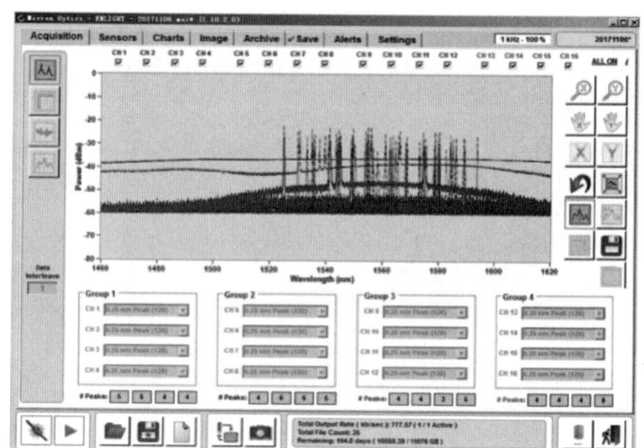

图 2.3-19　服务器、光纤解调仪及采集数据

系统集成后，对传感器进行了成活率统计，电阻类监测断面传感器统计结果见表 2.3-7，光纤类传感器总体成活率为 89.0%。

电阻类监测断面成活率统计结果　　表 2.3-7

序　号	传感器类型	传感器总数	未成活数量	成活率(%)
1	温度	95	23	76
2	湿度	63	11	83
3	沥青应变	72	2	97
4	竖向应变	30	2	93
5	土压力	30	2	93
6	渗压计	5	0	100

本着“稳定高效”的系统设计理念，设计了以 C/S、B/S 双架构结合为基础的路基路面长期使用性能监测系统的总体框架（图 2.3-20）及基于 TCP/IP 网络协议的数据传输模式，开发了季冻区高速公路路基路面长期使用性能监测系统，实现了监测数据的有效采集、传输、储存及分析。信息展示子系数登录界面如图 2.3-21 所示。

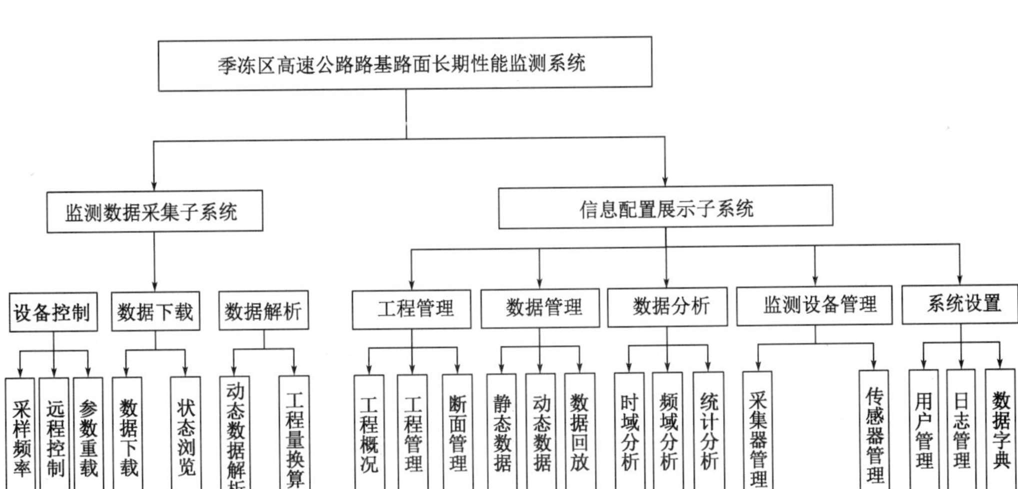

图 2.3-20　季冻区高速公路路基路面长期性能监测系统总体框架

图 2.3-21　信息展示子系统登录界面

考虑环境对路基冻融循环、干湿循环及对路面紫外线照射老化、雨水冲刷、冻融的影响，项目选用了采集气压、温度、露点温度、湿度、光照强度、风速、风向、降雨量、太阳辐射、紫外辐射等十四个要素的小型自动气象监测系统，用于环境的监测，并在鹤大高速公路贤儒管理处进行了安装，如图 2.3-22 所示。

图 2.3-22　TRM-ZS7 型高速公路自动气象站

针对路基路面长期使用性能对高速行驶车辆称重需求，比较分析了弯板、压电和电阻应变三种动态称重传感器性能、价格，在此基础上选择了精度高、价格适中的压电式称重传感器，并在鹤大高速公路（G11）的 K697 +200 处（鹤岗至大连方向）进行了安装工作，目前已经实现了设备的远程传输和网络连接工作，可进行车辆信息的获取和网络查询统计。获取的数据显示，目前试验段大客车及中型以上货车交通量为 453 辆/车道，属于轻交通，通过布设传感器行车道的车辆比例为 88.54%，并且大货车和货车均存在超载现象，如图 2.3-23 所示。

图 2.3-23　JYX-I-Y 型交通流量数据分析采集仪

2.3.4　公路路面使用性能观测技术

（1）季冻区沥青路面长期使用性能观测指标体系

已有沥青路面长期使用性能研究从不同的角度提出了观测指标，但未体现出季冻区气候的特点。考虑到季节性冰冻气候影响下，沥青路面低温开裂、冻融损害突出，路基冻胀融沉变形和冻融强度衰减典型的问题，以及病害产生的时间特征，在相关研究成果的基础上，提出了季冻区沥青路面长期使用性能观测指标体系（表 2.3-8）。

季冻区沥青路面长期使用性能观测指标体系　　表 2.3-8

观测大类	评定指标	观测指标	观测内容	观测频率
季冻区路面长期使用性能观测指标	路面破损状况评价	横向开裂	断面桩号、检测时间、数量（处）、严重等级	竣工验收时进行1次，每年5月、10月份各进行1次
		纵向开裂	断面桩号、检测时间、长度（m）、严重等级	
		网状裂缝	断面桩号、检测时间、长度（L）、面积（m^2）	
		路面龟裂	断面桩号、检测时间、数量（处）	
		温度裂缝	断面桩号、检测时间、面积（m^2）、数量（处）	
		松散	断面桩号、检测时间、面积（m^2）、数量（处）	
		坑槽	断面桩号、检测时间、面积（m^2）、数量（处）	

续上表

观测大类	评定指标	观测指标	观测内容	观测频率
季冻区路面长期使用性能观测指标	路面破损状况评价	车辙深度	断面桩号、检测位置、轮迹位置(左/右)、横断面内最大车辙深度、车辙类型	竣工验收时进行1次,每年5月、10月份各进行1次
	路面行驶质量评级	路面平整度	断面桩号、检测日期、测试速度、左/右幅、IRI(km/h)	
	路面抗滑性能评价	宏观构造深度	断面桩号、检测时间、轮迹位置、铺砂面积(m^2)、测点平均值、标准差、变异系数	
	路面结构承载能力评价	动态弯沉值	断面桩号、路表温度、检测时间、车道、轮迹位置、各测点动态弯沉值	
		渗水系数	断面桩号、检测时间、测点平均值	每月测量1次
季冻区路基长期使用性能观测指标	路基冻胀	冻胀率、路基总冻胀值	断面桩号、检测日期、冻结深度、路面宽度方向内各测点冻胀值	每年11月份至次年2月份
	路基融沉	路基回弹弯沉值	车道、轮迹位置、路表温度、检测日期、车型、平均弯沉值、标准差、检测点数、弯沉代表值	每年4月份至7月份
		路基压实度	断面桩号、左/右幅、检测日期、沉降差	
季冻区沥青路面材料长期性能室内评价指标	沥青	流变性能	60℃黏度/基质沥青、135℃黏度/改性沥青	1. 通车前3年,每年10月份取1次试样; 2. 通车前4~10年,每隔2年的10月份取1次试样; 3. 通车10年后,每隔5年的10月份取1次试样
			复数剪切模量、相位角	
		老化性能	复数剪切模量老化指数、沥青质含量变化、羰基官能团指数、亚砜基官能团指数、C=C键官能团指数	
	沥青混合料	单轴直接拉伸疲劳性能	破坏应变、疲劳寿命,累计耗散能	
季冻区沥青路面材料长期性能现场取样评价指标	沥青	DSR、TLC-FID、FTIR	复数剪切模量老化指数、沥青质含量变化、羰基官能团指数、亚砜基官能团指数、C=C键官能团指数	1. 通车前3年,每年10月取1次试样; 2. 通车前4~10年,每隔2年的10月取1次试样; 3. 通车10年后,每隔5年的10月取1次试样
	沥青混合料	单轴压缩试验	抗压强度、回弹模量	

季冻区沥青路面长期使用性能观测指标体系中的沥青路面材料长期性能现场取样评价指标,是考虑到试验路段沥青及沥青混合料使用性能评价需要在通车后每隔一段时间从路面取样进行使用性能评价,而传统的沥青老化评价方法和沥青混合料性能评价方法需要的样品数量较多,取芯无法满足试验要求。因此,项目研究提出了基于DSR、TLC-FID和FTIR试验的复数剪切模量老化指数-沥青质含量变化-官能团指数演变一体化评价体系,以及采用单轴直接拉伸循环加载疲劳试验的沥青混合料长期使用性能评价指标。

基于动态剪切流变仪DSR、棒状薄层色谱-氢火焰离子探测仪TLC-FID和傅立叶变换红外光谱仪FTIR试验的复数剪切模量老化指数-沥青质含量变化-官能团指数演变一体化评价体系提出的依据是:沥青经过 PAV、UV、RTFOT 三种老化试验后性能衰变规律一致,可采用复数剪切模量老化指数、沥青质含量变化、羰基官能团指数、亚砜基官能团指数、C = C 键官能团指数表征沥青的老化程度。胶粉 SBS 复合改性沥青的老化性能试验结果见表 2.3-9,胶粉 SBS 复合改性沥青老化前后的官能团指数见表 2.3-10,胶粉 SBS 复合改性沥青的 G^*(老化后、老化前复数剪切模量之比)如图 2.3-24 所示。

胶粉 SBS 复合改性沥青的老化性能试验结果 表 2.3-9

指　　标	单　　位	实 测 值
RTFOT		
残留针入度比(25℃)	%	81.53
残留延度比(5℃)	%	67.10
软化点变化量	℃	-2.0
黏度老化指数(135℃)	—	1.35
PAV		
残留针入度比(25℃)	%	58.63
残留延度比(5℃)	%	21.32
软化点变化量	℃	-3.8
黏度老化指数(135℃)	—	1.71
UV		
残留针入度比(25℃)	%	66.29
残留延度比(5℃)	%	34.58
软化点变化量	℃	1.5
黏度老化指数(135℃)	—	1.39

胶粉 SBS 复合改性沥青老化前后的官能团指数 表 2.3-10

官能团指数	$I_{S=O} = A_{1032}/\sum A$	$I_{C=C} = A_{966}/\sum A$
胶粉 SBS 复合改性沥青	0.0146	0.0152
RTFOT	0.0235	0.0126
UV	0.0443	0.0102
PAV	0.0571	0.0094

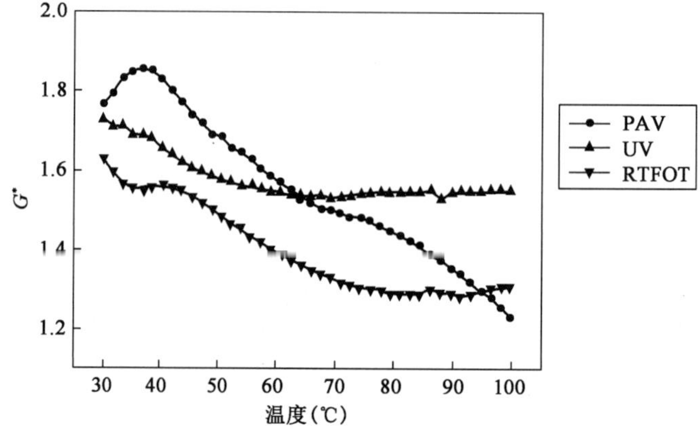

图 2.3-24 胶粉 SBS 复合改性沥青的 G^*(老化后、老化前复数剪切模量之比)

采用单轴直接拉伸循环加载疲劳试验的沥青混合料长期使用性能评价指标的依据为：在单轴直接拉伸循环加载疲劳试验 G^R 破坏标准模型中，G^R 与疲劳寿命次数 N_f 之间的相关性系数 R^2 较高，AC-20 为 0.98509，SMA-13 为 0.99858。在四点弯曲疲劳试验中，总耗散能 W_f 与疲劳寿命次数 N_f 之间的相关性系数 R^2 较高，AC-20 为 0.98465，SMA-13 为 0.95309。显而易见，对于 AC-20 和 SMA-13 这两种沥青混合料，G^R 与疲劳寿命次数 N_f 之间的相关性均好于总耗散能 W_f 疲劳寿命次数 N_f 之间的相关性。两种试验方法模型对比见表 2.3-11。

两种试验方法模型对比　　表 2.3-11

试验方法	模型
单轴直接拉伸循环加载疲劳试验	损伤特征曲线拟合模型 $C=1-C_{11}S^{C_{1Z}}$
四点弯曲疲劳试验	残余劲度模量比拟合模型 $\frac{S_i}{S_0}=1-\left(1-\frac{S_f}{S_0}\right)\left(\frac{N_i}{N_f}\right)^m$
单轴直接拉伸循环加载疲劳试验	G^R 疲劳破坏模型 $G^R=\gamma N_f^{\delta}$
四点弯曲疲劳试验	耗散能模型 $W_f=AN_f^Z$

(2)季冻区高速公路路基路面长期性能数据库建立

参照美国 LTPP 数据库的设计方法和结构模块，建立了季冻区路基路面长期性能数据库，包括工程概况和测试桩段两大版块，在测试桩段中按照路面结构形式的不同继续划分了 5 个子版块。每一个子版块中进一步包括了交通荷载、环境状况、水文地质、路面材料、路面结构组合形式、原材料质量控制、施工工艺、质量检验评定标准、路基路面性能检测、路面养护与维修方案等相关内容图。

利用 MySQL 管理系统，建立了基于鹤大高速公路的沥青路面 LTPP 数据库(图 2.3-25)。其功能层包括项目介绍和测试桩段选择两部分，结构层分为八大模块设计，包括路面结构设计、材料测试、传感器及数据采集系统设计、施工工艺、路面性能、环境特点、交通量与荷载组

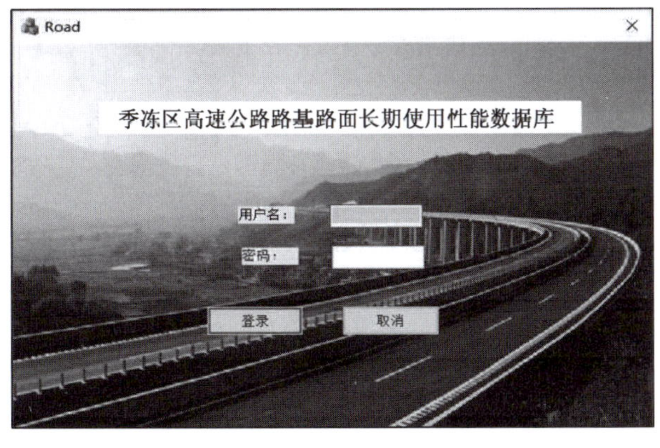

图 2.3-25　数据库登录界面

成、路面养护与维修方案(图 2.3-26)。该数据库的建立实现了对数据的规范化存储,为长期性能数据的分析提供了便利,同时为路面结构寿命模型的预估提供了数据积累和技术支持。

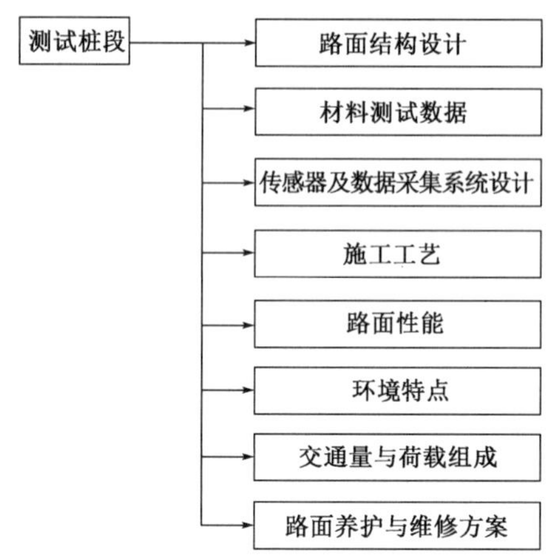

图 2.3-26　数据库结构层模块设计

2.4　结构混凝土抗冻耐久关键技术

2.4.1　水泥混凝土有害冻融次数的研究

混凝土冻融破坏,尤其是混凝土的表面剥蚀破坏,主要是由于冻融频繁交替导致的损伤积累以及疲劳应力所致。冻融次数是造成混凝土破坏的主要外部因素之一,掌握冻融次数是正确、合理地进行混凝土抗冻性设计的前提,因此,准确确定我国各地域混凝土的年冻融次数具有重要意义。

混凝土构件阴面和阳面温度监测结果表明(图 2.4-1 和图 2.4-2),处于阳面的混凝土遭受到冻融次数多于处于背阴面的混凝土,靠近表面的混凝土遭受的冻融次数多于中部的混凝土,试件棱角部位受到的冻融次数多于试件中间部位。

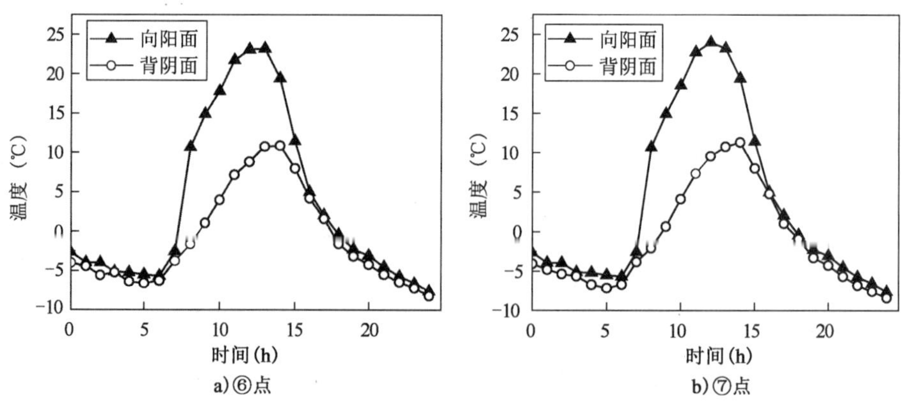

图　2.4-1

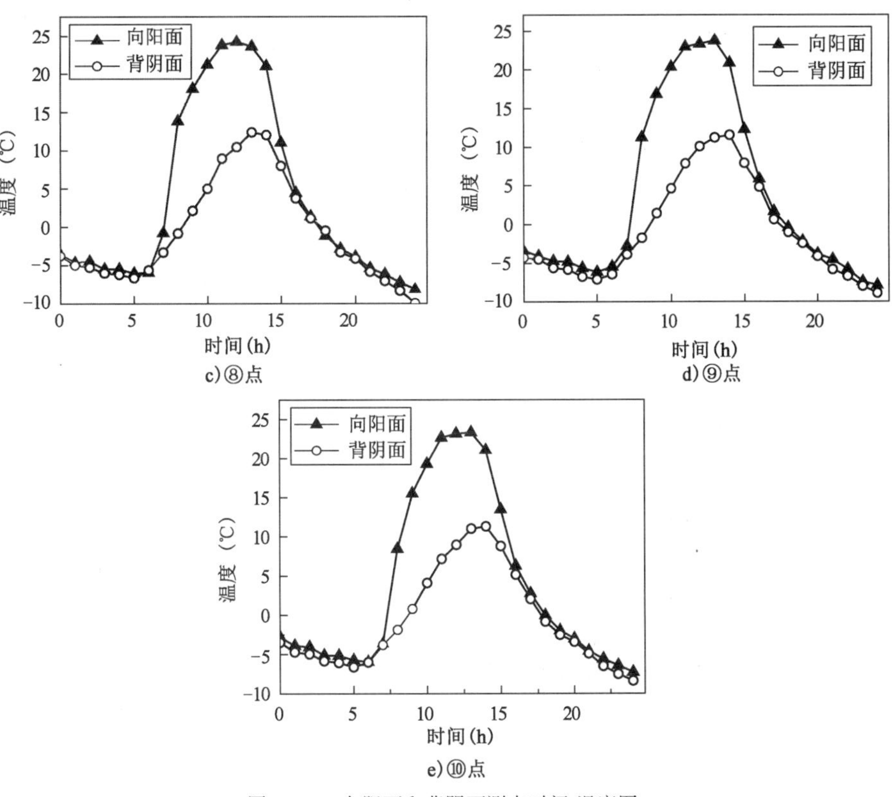

c)⑧点　d)⑨点　e)⑩点

图 2.4-1　向阳面和背阴面测点时间-温度图

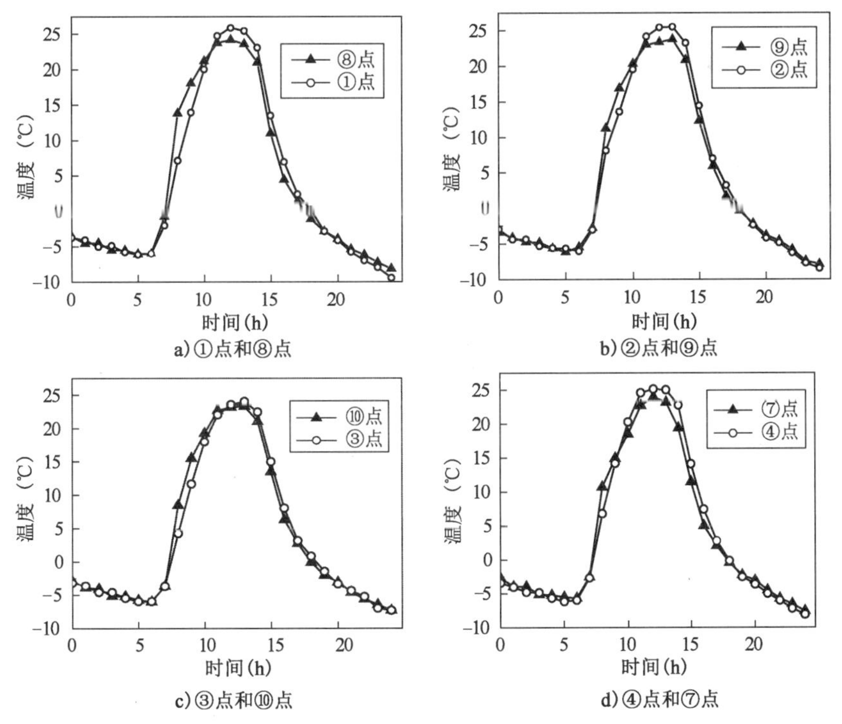

a)①点和⑧点　b)②点和⑨点　c)③点和⑩点　d)④点和⑦点

图　2.4-2

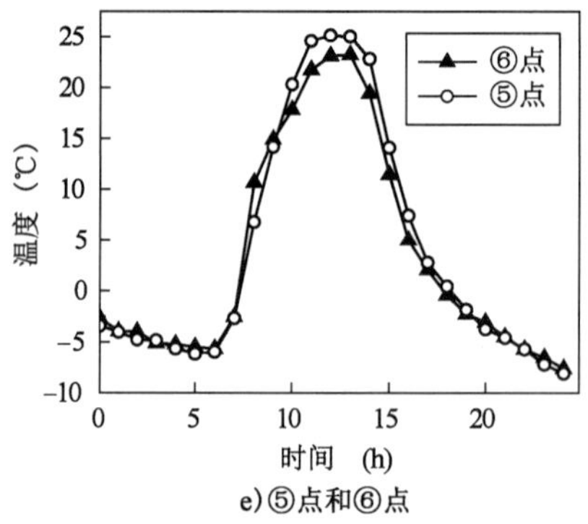

图 2.4-2　向阳面测点温度-时间图

水泥混凝土孔溶液的实际冻结温度难以获得。研究表明，由于水泥混凝土并非处于纯水环境，混凝土的孔溶液杂质导致混凝土实际冻结温度为 -2℃，其对应于大地地表温度为 -3℃，以此来确定水泥混凝土的冻结温度，融化温度为0℃。当一日的最低地表温度≤ -3℃（冻点），同时该日的最高地表温度 >0℃时，则混凝土即受到 1 次冻融作用。确定了混凝土受冻发生的地表温度，可根据气象资料来确定某一区域的水泥混凝土有害冻融循环次数。我国华北、东北、西北典型区域的冻融次数见表 2.4-1。

我国华北、东北、西北典型区域的冻融次数　　表 2.4-1

观测站名称	省区	1月份平均气温（℃）	地表极端最低温度（℃）	1月份平均地表温差（℃）	最低地表温度 <0℃时的地表最大温差（℃）		最高地表温度 >0℃时，最低地表温度低于 T℃的天数（d）		
					日温差	年温差	T<0℃	T≤ -3℃	T≤ -6℃
承德	河北	-9.1	-37.9	26.5	56	84.6	174.3	154.2	133.0
秦皇岛	河北	-4.8	-31.1	21.1	42.8	67.2	146.3	122.4	84.9
石家庄	河北	-2.2	-25.8	21.1	53.3	73.8	132.6	103.4	69.4
漠河	黑龙江	-29.6	-53.9	17.5	88.6	101.3	107.8	80.2	60.6
呼玛	黑龙江	-26.2	-52.3	17.4	54.4	102.4	107.6	84.9	63.2
塔河	黑龙江	-25.3	-49.6	16.5	65.6	95.0	120.5	95.6	72.9
嫩江	黑龙江	-24.1	-47.2	18.9	59.1	99.2	114	92.8	72.3
大兴安岭	黑龙江	-23.2	-49.1	18.2	59.4	99.8	116.8	91.5	68.0
黑河	黑龙江	-23.2	-48.8	15.0	47.3	84.0	104.2	73.9	52.8
齐齐哈尔	黑龙江	-18.6	-41.6	21.7	57.6	90.5	137.6	117.1	99.4
佳木斯	黑龙江	-18.5	-45.1	20.4	53.8	90.2	120.1	97.2	74.4
哈尔滨	黑龙江	-18.3	-40.9	20.2	55.0	91.9	124.2	101.2	79.5
绥芬河	黑龙江	-16.6	-37.7	20.0	59.1	92.3	142.9	115.4	90.4
白城	吉林	-16.4	-45.4	23.5	55.5	91.8	152.3	133.5	116.0
长春	吉林	-15.1	-41.5	20.8	52.5	89.7	132.2	110.6	89.7
通化	吉林	-15.8	-42.8	21.6	53.5	90.2	135.3	117.7	91.2
四平	吉林	-14.2	-39.6	17.7	49.6	86.2	118.6	91.9	76.5

续上表

观测站名称	省区	1月份平均气温(℃)	地表极端最低温度(℃)	1月份平均地表温差(℃)	最低地表温度<0℃时的地表最大温差(℃)		最高地表温度>0℃时,最低地表温度低于T℃的天数(d)		
					日温差	年温差	T<0℃	T≤-3℃	T≤-6℃
敦化	吉林	-17.0	-47.1	26.2	54.2	91.4	157.7	138.4	120.3
沈阳	辽宁	-11	-36.2	20.5	50.2	81.8	151.3	119.9	92.7
大连	辽宁	-3.9	-21.9	17.2	48.4	64.8	131.7	102.5	68.3
图里河	内蒙古	-28.7	-50.8	20.7	59.2	102.3	131.5	109.7	83.3
满洲里	内蒙古	-23.3	-48.4	17.5	58.3	93.4	133.8	116.4	96.2
海拉尔	内蒙古	-21.6	-48.0	18.1	56.6	98.0	122.4	97.7	73.2
锡林浩特	内蒙古	-18.8	-43.7	24.1	60.5	96.2	162.1	141.8	120.4
二连浩特	内蒙古	-18.1	-41.3	22.8	54.1	93.6	150.4	131.7	111.4
多伦	内蒙古	-17.1	-45.1	24.3	60.7	99.4	178.2	153.8	128.6
乌兰浩特	内蒙古	-15	-38.4	24.8	60.4	88.4	167	148.7	130.6
集宁	内蒙古	-13	-37.4	27.0	62.1	89.8	203.5	178.7	152.5
呼和浩特	内蒙古	-11.6	-36.2	27.8	63.1	91.5	198	174.0	147.9
包头	内蒙古	-11.1	-35.5	26.5	60.3	88.0	187	164.1	141.4
银川	宁夏	-7.9	-32.1	27.8	62.2	93.0	179.1	154.8	127.9
玛多	青海	-16.8	-42.7	37.0	73	96.3	273.3	245.4	227.4
伍道梁	青海	-16.7	-42.0	32.7	71.4	94.0	302.5	260.6	227.3
托托河	青海	-16.7	-51.5	37.9	74.5	101.0	285.3	248.3	223.4
大柴旦	青海	-13.4	-40.8	36.7	72	101.6	251.3	234.3	214.4
玉树	青海	-7.6	-35.2	39.1	76.7	102.2	236.7	205.1	177.2
西宁	青海	-7.4	-30.1	33.2	64.5	89.0	191.9	164.1	139.3

2.4.2 水泥混凝土抗冻性等级的应用

混凝土的冻害程度主要与有害冻融次数、冻结温度、水饱和程度、温差高低有关。水泥混凝土的抗冻设计应根据有害冻融次数和水饱和程度、盐环境等综合确定区域或构件混凝土的抗冻等级。

混凝土的抗冻等级可按照水泥混凝土冻融环境等级和结构设计使用寿命来确定。抗冻水泥混凝土的抗冻等级分为 F450、F400、F350、F300、F250、F200、F150、F100 八个等级。公路工程水泥混凝土材料的抗冻等级按表 2.4-2 确定。

公路工程抗冻水泥混凝土材料的抗冻等级要求 表 2.4-2

冻融环境等级	设计基准期(年)		
	100	50	30
D1	F200	F150	F100
D2	F250	F200	F150

续上表

<table>
<tr><th rowspan="2">冻融环境等级</th><th colspan="3">设计基准期(年)</th></tr>
<tr><th>100</th><th>50</th><th>30</th></tr>
<tr><td>D3</td><td>F300</td><td>F250</td><td>F200</td></tr>
<tr><td>D4</td><td>F350</td><td>F300</td><td>F250</td></tr>
<tr><td>D5</td><td>F400</td><td>F350</td><td>F300</td></tr>
<tr><td>D6</td><td>F450</td><td>F350</td><td>F350</td></tr>
<tr><td>D7</td><td>F450</td><td>F400</td><td>F400</td></tr>
</table>

根据以上成果,在鹤大高速公路(小沟岭至抚松段、靖宇至通化段)全线桥梁的护栏底座、墙式护栏、伸缩缝混凝土确定抗冻等级为F300级,设伸缩装置处盖梁混凝土抗冻等级不低于F250级,承台、扩大基础混凝土抗冻等级不低于F200,均列入鹤大高速公路科技示范工程施工图设计专项文件中。

2.4.3 原材料及配合比优化设计关键技术

根据引气混凝土试验研究结果,参考相关规范,建议引气水泥混凝土的最低强度等级与最大水胶比应满足表2.4-3的要求,引气水泥混凝土的最小胶凝材料用量与最大胶凝材料用量宜满足表2.4-4的要求,浆集比应满足表2.4-5的要求。

引气水泥混凝土的最低强度等级与最大水胶比 表2.4-3

<table>
<tr><th rowspan="3">抗冻等级</th><th colspan="6">设计基准期(年)</th></tr>
<tr><th colspan="2">100</th><th colspan="2">50</th><th colspan="2">30</th></tr>
<tr><th>最低强度等级</th><th>最大水胶比</th><th>最低强度等级</th><th>最大水胶比</th><th>最低强度等级</th><th>最大水胶比</th></tr>
<tr><td>F100</td><td rowspan="2">—</td><td rowspan="2">—</td><td>—</td><td>—</td><td rowspan="2">C_a30</td><td>0.55</td></tr>
<tr><td>F150</td><td rowspan="2">C_a35</td><td>0.55</td><td rowspan="2">0.50</td></tr>
<tr><td>F200</td><td>C_a35</td><td>0.50</td><td>0.50</td><td rowspan="4">C_a35</td></tr>
<tr><td>F250</td><td>C_a40</td><td>0.45</td><td>C_a40</td><td>0.45</td><td rowspan="3">0.45</td></tr>
<tr><td>F300</td><td rowspan="2">C_a45</td><td rowspan="2">0.40</td><td rowspan="4">C_a45</td><td rowspan="4">0.40</td></tr>
<tr><td>F350</td></tr>
<tr><td>F400</td><td rowspan="2">C_a50</td><td rowspan="2">0.36</td><td rowspan="2">C_a40</td><td rowspan="2">0.40</td></tr>
<tr><td>F450</td></tr>
</table>

引气水泥混凝土单位体积的胶凝材料用量 表2.4-4

<table>
<tr><th rowspan="2">强度等级</th><th colspan="2">最小用量(kg/m^3)</th><th rowspan="2">最大用量(kg/m^3)</th></tr>
<tr><th>无盐环境</th><th>有盐环境</th></tr>
<tr><td>C_a30</td><td>280</td><td>300</td><td rowspan="2">420</td></tr>
<tr><td>C_a35</td><td>300</td><td>320</td></tr>
<tr><td>C_a40</td><td>320</td><td>340</td><td rowspan="2">450</td></tr>
<tr><td>C_a45</td><td>340</td><td>360</td></tr>
</table>

续上表

强度等级	最小用量（kg/m^3）		最大用量（kg/m^3）
	无盐环境	有盐环境	
C_a50	360	380	480
$\geqslant C_a55$	380	380	500

抗冻水泥混凝土的浆集比　　表2.4-5

混凝土强度等级	C30～C45	C50～C60
抗冻水泥混凝土的浆集比	≤0.32	≤0.35

引气水泥混凝土的含气量与平均气泡间距系数应满足表2.4-6的要求。引气是提高混凝土抗冻性最有效的方法，同时引气还可以提高混凝土的耐久性和弯拉强度，这对路面混凝土尤为有利。在混凝土引入3%的含气量，即可保证抗冻等级不低于F150，而这个含气量对C30及C30以下混凝土的强度基本不会造成下降，对混凝土抵抗氯离子渗透、化学腐蚀、盐结晶腐蚀和提高钢筋的抗锈蚀能力也有很大的益处，并且还有利于混凝土的施工，同时并不增加混凝土的成本，因而对不同使用年限的混凝土的抗冻等级规定了最低抗冻等级。建议不设防的水泥混凝土引入3%的含气量，以满足一般耐久性要求和提高混凝土的弯拉强度。

引气水泥混凝土的含气量与平均气泡间距系数要求　　表2.4-6

项　目	抗冻等级	强度等级			
		C_a30	C_a40	C_a50	$\geqslant C_a60$
设计含气量（%）	F100	3.5	3.0	2.5	2.5
	F150	4.0	3.5	3.0	2.5
	F200	4.5	4.0	3.5	2.5
	F250	5.0	4.5	4.0	3.0
	F300	5.5	5.0	4.0	3.0
	F350	6.0	5.0	4.5	3.5
	F400	6.5	5.5	4.5	3.5
	F450	6.5	5.5	5.0	3.5
气泡间距系数（mm），≤	F150	0.32	0.37	0.41	0.42
	F200	0.30	0.35	0.39	0.40
	F250	0.28	0.32	0.37	0.39
	F300	0.26	0.30	0.35	0.37
	F350	0.24	0.28	0.33	0.35
	F400	0.22	0.25	0.30	0.33
	F450	0.20	0.23	0.28	0.31

抗冻混凝土用水泥技术指标应满足表2.4-7的要求。

水泥的技术指标 表 2.4-7

项目		要求
细度(比表面积)(m^2/kg)		≤350
游离 CaO(%)		≤1.5
C_3A(%)		≤8
氯离子(%)	钢筋混凝土	≤0.1
	预应力混凝土	≤0.06
含碱量(%)		≤0.6

细集料其他指标应满足规范要求，细度模数宜控制在 2.6 ~ 2.9 之间。人工砂或混合砂中 MB 值及对应石粉含量限值见表 2.4-8。

人工砂或混合砂中 MB 值及对应石粉含量限值 表 2.4-8

混凝土强度等级		C30 ~ C50	≥C50
石粉含量(%)	MB < 1.40	≤7.0	≤5.0
	MB≥1.40	≤3.0	≤2.0

除对原材料提出要求外，还要确定混凝土的级配和最优砂率。

(1)粗集料级配的确定

目前我国规范中给定的水泥混凝土级配范围十分宽泛，不便于实际确定最佳级配。该项目基于混凝土最大密实度原则，借鉴已有成果推广采用密实骨架堆积法和泰勒公式法综合确定最佳级配。

为了确定最佳级配，采用了最大干重度法，测定集料最大紧方密度。利用泰勒公式初步计算三种及以上级配的粗集料，装入 10L 的容积桶并称重，然后将其放在振动台上振动 3min，同时随着粗集料下降，向桶内加入有相同级配的粗集料，当集料没有出现上下翻滚的状态，停止振动，再次称重。绘制几种级配的紧方密度，紧方密度最大的一组各档集料的分布较为均匀，且各级集料之间的空隙均能够被下一级集料所填充，形成了密实的骨架结构，以此确定为最佳级配。

(2)最优砂率的确定

在通常混凝土配合比设计中，砂率的确定是以细度模数为依据，在现行规范所推荐的范围内进行选择。为了得到最佳砂率，项目组在规范推荐砂率基础上进行了最大紧方密度试验和试配混凝土工作性试验，通过试验结果最终确定砂率。采用紧装密度测量方法实测和计算混合料堆积密度，容量筒容积为 10L，结果取混合料堆积密度最大值对应砂率值。确定的合理砂率，后期仍需通过试拌混凝土的工作性进行微调。

(3)抗冻混凝土配合设计关键参数的确定

①最小胶凝材料及最大水胶比要求。

最小胶凝材料用量与最大胶凝材料用量按表 2.4-4 进行选择。

构件用引气水泥混凝土最低强度等级与最大水胶比应满足表 2.4-9 的要求。

构件用引气水泥混凝土的最低强度等级与最大水胶比 表 2.4-9

<table>
<tr><th rowspan="3">抗冻等级</th><th colspan="6">设计基准期(年)</th></tr>
<tr><th colspan="2">100</th><th colspan="2">50</th><th colspan="2">30</th></tr>
<tr><th>最低强度等级</th><th>最大水胶比</th><th>最低强度等级</th><th>最大水胶比</th><th>最低强度等级</th><th>最大水胶比</th></tr>
<tr><td>F100</td><td rowspan="2">—</td><td rowspan="2">—</td><td>—</td><td>—</td><td rowspan="5">C_a30</td><td>0.55</td></tr>
<tr><td>F150</td><td rowspan="2">C_a35</td><td>0.55</td><td rowspan="2">0.50</td></tr>
<tr><td>F200</td><td>C_a35</td><td>0.50</td><td>0.50</td></tr>
<tr><td>F250</td><td>C_a40</td><td>0.45</td><td>C_a40</td><td>0.45</td><td rowspan="3">0.45</td></tr>
<tr><td>F300</td><td rowspan="2">C_a45</td><td rowspan="2">0.40</td><td rowspan="4">C_a45</td><td rowspan="4">0.40</td></tr>
<tr><td>F350</td><td>C_a35</td></tr>
<tr><td>F400</td><td rowspan="2">C_a50</td><td rowspan="2">0.36</td><td rowspan="2">C_a40</td><td rowspan="2">0.40</td></tr>
<tr><td>F450</td></tr>
</table>

②抗冻混凝土采用泵送时,控制坍落度在 140 ~ 180mm 之间。

③抗冻混凝土耐久性指数及氯离子扩散系数。

抗冻混凝土相对耐久性指数不小于 85%,氯离子扩散系数应满足表 2.4-10 要求。

混凝土中的氯离子扩散系数(28d 龄期,10 ~ 12m²/s) 表 2.4-10

设计基准期(年)	环境作用等级	
	D	E 以上
100	<7	<4
50	<10	<6

④矿物掺合料。

矿物掺合料的掺配方法及掺量范围参照表 2.4-11。具体掺量应通过试验最终确定。

矿物掺合料掺量范围 表 2.4-11

掺加类型	类型一	类型二	类型三
	硅灰	硅灰 + 矿渣(S105 级)	硅灰 + 粉煤灰(Ⅰ级)
比例(内掺法,%)	5 ~ 8	(5 ~ 8) + (10 ~ 15)	(5 ~ 8) + (10 ~ 20)

⑤混凝土引气要求。

抗冻混凝土必须掺用引气剂,掺量应通过试验确定,通常掺量为水泥的 0.3‰ ~ 1‰;混凝土含气量应控制在 4% ~ 6% 范围内;气泡特征参数包括平均半径和间距系数应满足设计文件要求,设计无具体要求时,参照表 2.4-12。

气泡特征参数 表 2.4-12

项 目	要 求	项 目	要 求
平均半径(μm)	≤45	间距系数(μm)	≤200

2.4.4 外加剂优选

通过对吉林省工程应用调查及当地实体工程考察,初选三种公路工程常用的引气减水剂,分别为A、B、C高效引气减水剂,通过试配,计算其减水率以及含气量的变化,比较减水率、含气量、抗压强度和经济性来进行外加剂比选(表2.4-13),最终确定吉林地区较适宜的外加剂。

掺加不同外加剂混凝土拌合物及强度试验　　表2.4-13

编号	外加剂掺量(%)	坍落度(cm)	含气量(%)	7d抗压强度(MPa)	28d抗压强度(MPa)
JZ	0	3	0.4	24.7	37.7
K1	0.3	2	2	33.7	44.6
K1	0.4	3	2.7	31.1	38.4
K2	0.75	2.5	2.5	36.7	45.6
K2	1	3	4.7	37.1	47.7
K2	1.2	5	6	31.7	39.6
K3	2.0	1.5	1.7	34.9	42.2
K3	2.5	3	2.4	38.5	39.1

引气剂对硬化混凝土的含气量、气泡间距系数和比表面积均有影响,为保证施工质量,须充分考虑引气剂质量的影响。选用引气剂时,不仅测试新拌混凝土的含气量,还应进行气泡间距系数和比表面积等相关性检验,如图2.4-3～图2.4-8所示。

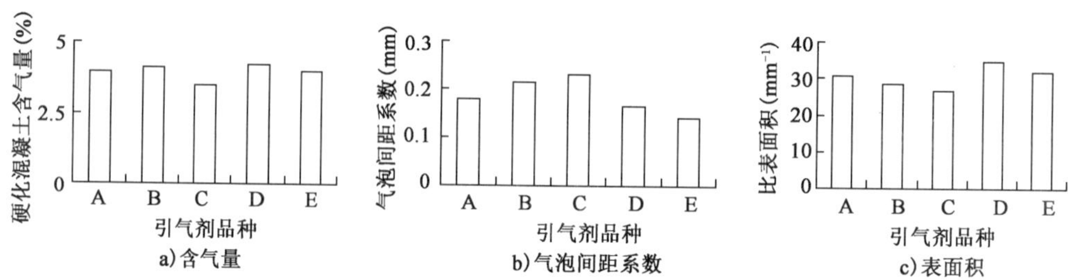

图2.4-3　引气剂品种对硬化混凝土气孔结构的影响

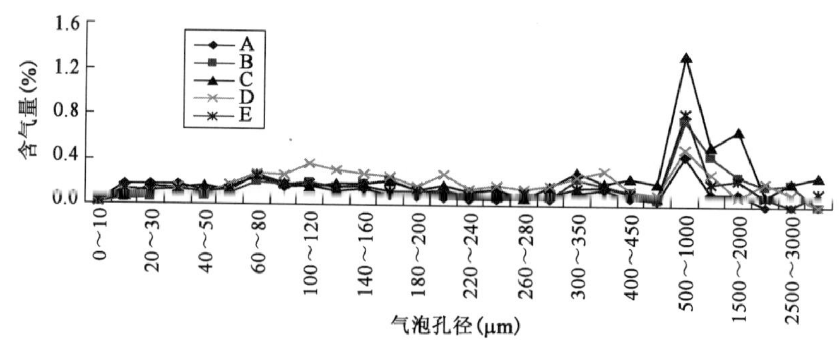

图2.4-4　引气剂品种对混凝土气孔分布的影响

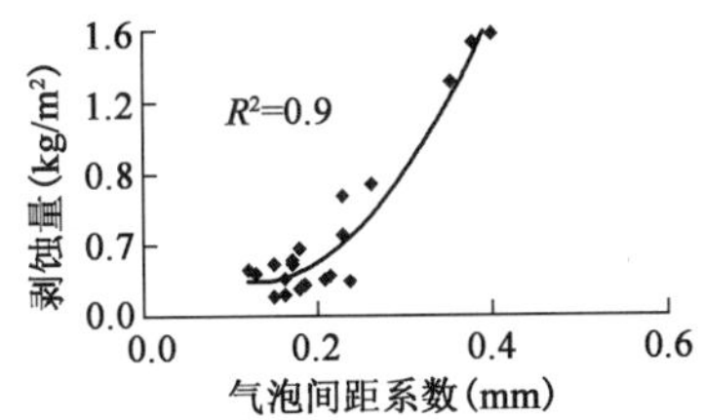

图2.4-5 气泡间距系数与盐冻剥蚀的关系

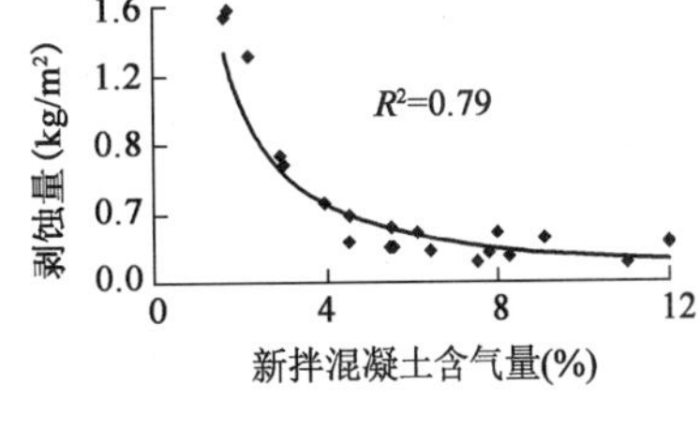

图2.4-6 含气量与混凝土盐冻剥蚀的关系

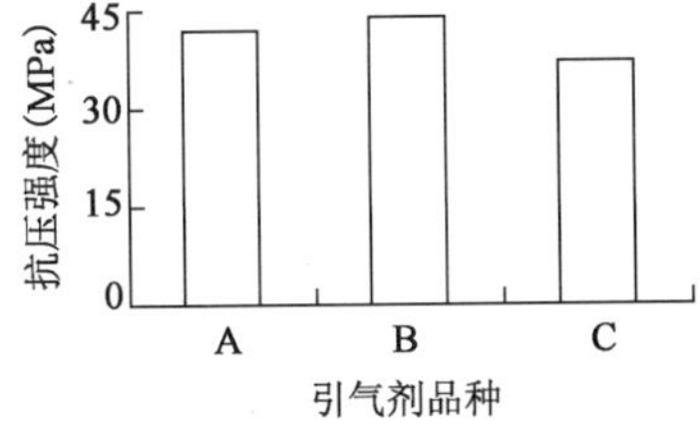

图2.4-7 引气剂对混凝土抗压强度的影响

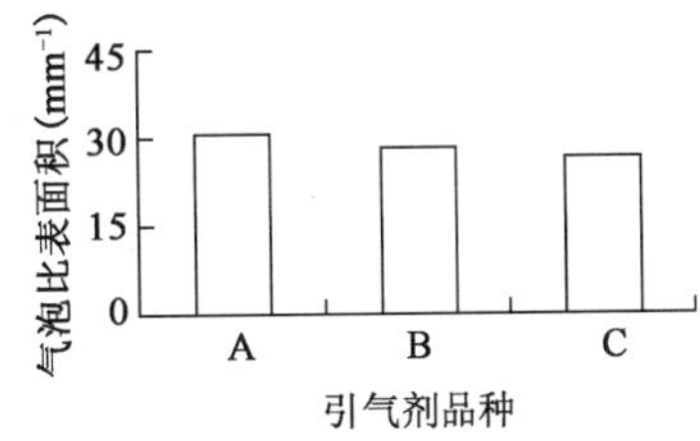

图2.4-8 引气剂对气泡比表面积的影响

随着混凝土拌合物含气量的增大,硬化混凝土的气泡间距系数相应减小,当含气量达到6%时,气泡间距系数约为0.180mm,并随含气量增大其减小幅度开始逐渐减缓如图2.4-9所示;当气泡间距系数从0.400mm减小到0.200mm时,剥蚀量从1.5kg/m^{2}减小到0.3kg/m^{2}左右,减小了约80%,如图2.4-10所示。

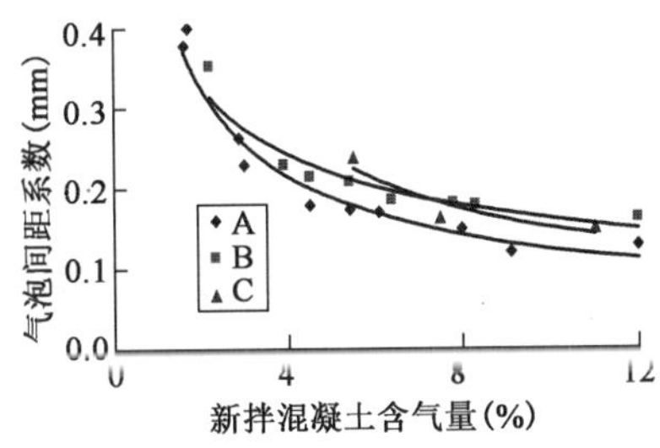

图2.4-9 含气量与气泡间距系数的关系

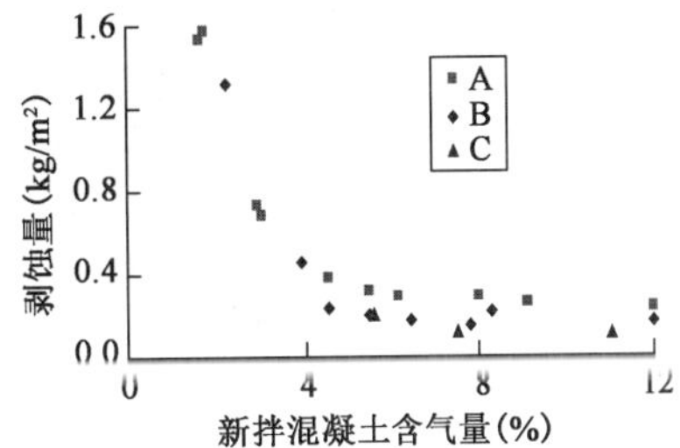

图2.4-10 含气量对混凝土盐冻剥蚀的影响

引气是提高混凝土抗冻性的重要措施,目前市场引气剂种类繁多,效果不一,施工现场仅通过测定混凝土含气量难以达到设计抗冻要求。另外,工程所用的聚羧酸减水剂本身也具有"引气"的效果,但其气泡结构和尺寸却难以满足要求,目前尚缺乏现场快速测定气泡间距系数和气孔结构尺寸的手段,这也是制约混凝土抗冻技术的一大障碍。

2.4.5 外观质量控制措施的研究

引气是提高混凝土抗冻性最有效的措施,也是最常用的手段。但是,引气混凝土在脱模后表面常具有较多的毫米尺度的气孔,这些气孔虽然对混凝土的耐久性、强度并无不利影响,但其影响混凝土的外观,故有时也需设法减少或消除引气混凝土表面的气孔,提高混凝土构件和桥梁结构的外观质量。此外,不正确施工方法还会给混凝土带来其他表面缺陷，如混凝土拌合物保水性不好、振捣过度或模板接缝不好，会因泌水而造成砂线、水纹等。这些缺陷则对混凝土的表面性能有较大的不利作用。该项目推广中提出采用透水模板布和优质脱模剂等混凝土外观辅助产品。涂漆、贴布和支模及拆模后的效果如图 2.4-11、图 2.4-12 所示。

图 2.4-11　涂漆、贴布

图 2.4-12　支模及拆模后的效果

通过透水模板布实施总结了施工中常见问题、原因分析及其预防处治对策(表 2.4-14)。

模板布施工通病及处理对策　　表 2.4-14

序号	外观通病	外观描述	原因分析	预防对策/整改措施
1	假"断层"现象	防撞墙表面会出现一层一层的混凝土，形成冷断层	发现每一层都是在一辆罐车混凝土浇筑完成时出现的。由于模板布在接触混凝土后吸收混凝土中的水分同时粘贴部分水泥浆，此外，罐车浇筑间隔时间不同导致混凝土接触模板布的时间也不同，所以接缝处会出现不同的混凝土颜色	1. 减少罐车之间的时间间隔。 2. 在振捣时振捣棒必须插入到下一层混凝土 10cm 振捣均匀，以减少两层混凝土时间差

续上表

序号	外观通病	外观描述	原因分析	预防对策/整改措施
2	褶皱现象	混凝土外观出现褶皱，高低不平，导致保护层不足	模板布在粘贴或垫垫块时，使模板布产生褶皱，混凝土会按照模板布的样子产生变形、出现褶皱	1. 粘贴模板布时，应选择干燥的天气，胶水喷涂均匀，先固定好模板布位置，然后由中心向四周展开压实，确保模板布密贴在模板表面。 2. 垫垫块时格外小心，不能碰撞模板布，避免使模板布产生扭曲。如有褶皱，可将模板布掀起，重新粘贴
3	出现腰带状凹槽	在防撞墙两块模板布重叠的位置出现了凹槽，深度为3～4mm	由于担心模板接缝处会产生漏浆，将接缝处模板布重叠3～5cm，导致了模板不平整，接缝处高出两块模板布的厚度，使防撞墙表面出现腰带状凹槽	1. 模板布接缝处采用直接对接的方式，对需要拼接的部位采用两张模板布先重叠粘贴，再进行剪裁，避免出现上述情况。 2. 在模板四周和拼接处增加用胶量，确保粘贴牢固
4	存在小坑	拆除模板后发现一些部位混凝土之间夹杂着模板布，将模板布外侧的混凝土凿除后，墩柱表面存在一些坑坑洼洼的地方	1. 振捣时振动棒将模板布破坏，有部分灰浆渗入模板和模板布中间，使模板布处混凝土凝固后将模板布夹杂在墩柱内。 2. 拆除模板后，小部分被破坏的模板布粘在墩身上，将模板布外侧的混凝土凿除后造成混凝土表面出现凹槽	1. 振捣时注意振捣棒与侧模的距离，避免振捣棒碰触模板布，振捣棒应距离模板布20cm进行振捣。在振捣过程中如发现模板布有破损现象，应及时处理对破损部位进行更换。 2. 对振捣人员划分区域，定人定岗，既不能过振也不能漏振，否则会产生严重的外观缺陷
5	出现白色斑点	防撞墙表面存在因模板布粘贴牢固，拆除模板布后出现白色斑点	混凝土从高处自由倾落时，底部发生迸溅，水泥浆粘贴在模板布上，模板布吸水后水泥浆变干凝固，后续混凝土没有及时跟进，造成水泥浆分离	1. 浇筑混凝土时，通过软管进行下落，软管距离混凝土面较高时，易发生迸溅。必须制作铁质串筒，混凝土通过串筒下落，串筒分节串联，现场进行连接。 2. 在整个平截面范围水平分层浇筑，混凝土的浇筑均连续进行、不得随意中断。分层浇筑，每层厚度不大于30cm

按照科技示范工程专项设计思想，在对全线抗冻混凝土配合比进行优化设计的基础上，抗冻混凝土采用精细化施工，护栏底座、防撞墙、伸缩缝处混凝土采用硅烷浸渍，并提出了硅烷的技术指标要求和施工工艺。

2.5 隧道保温防冻技术

2.5.1 隧道冻害分类分级技术

大量工程实践证明,隧道围岩发生冻胀,进而产生冻害,是需要条件的。首先是环境温度需在0℃以下,而且低温的时间要足够长;二是要有水的存在,围岩中需要有一定的含水量,没有水或水很少往往不能形成冰或者形成冰的数量太少,围岩不会发生冻胀;三是围岩性质必须能够允许冻胀,完整坚硬岩层和粗粒土一般不会冻胀;四是设计和施工中对防冻问题没有考虑或考虑不周全,治水措施不当,施工不规范,防排水材料及混凝土施工质量存在缺陷,导致冻害发生。

不难看出,温度和水是隧道发生冻害的必要条件。因此,对于隧道防冻保温设计,应将气温和地下水条件作为根本因素考虑。基于鹤大高速公路隧道实际情况以及项目组前期隧道冻害分级研究成果,将寒冷程度划分为严寒、寒、冷三级,将围岩地下水状况划分为富水、含水、贫水三级,相应的隧道冻害等级划分为一至三级,以此为基础,结合三次全线隧道现场调研结果,对各隧道冻害等级进行了划分,提出了相应的冻害防治措施。

(1)综合各隧道所在区域的最冷月平均气温及地表最大冻结深度指标,将隧道的寒冷程度划分为严寒、寒、冷三个等级,见表2.5-1。根据项目组对鹤大高速公路各隧道气象资料调查,隧道最大冻结深度为1.45~1.84m,最冷月平均气温为-13.6~-16.1℃。由此可知,鹤大高速公路隧道属于寒级到严寒级。

隧道寒冷程度分级　表2.5-1

寒冷程度	气候条件	
	最冷月平均气温(℃)	围岩冻结深度(m)
严寒	<-15	>1.8
寒	-8~-15	1.0~1.8
冷	0~-8	0.2~1.0

(2)综合各隧道围岩地下水赋存与补给形式和地下水渗入隧道情况,将隧道围岩地下水状况划分为富水、含水、贫水三个等级,见表2.5-2。

围岩地下水状况分级　表2.5-2

围岩地下水状况	地下水赋存与补给条件
富水	富水隧道,水平或垂直补给
含水	含水隧道,无补给
贫水	干燥隧道或含少量水隧道,无补给

(3)综合寒冷程度和围岩地下水状况对隧道冻害的影响程度,将各隧道防冻设防等级划分为一级、二级、三级,见表2.5-3。

季冻区隧道抗冻设防等级　　表2.5-3

寒冷程度	围岩地下水状况		
	富水	含水	贫水
严寒	一级	一级	二级
寒	一级	二级	三级
冷	二级	三级	三级

2.5.2　隧道综合保温技术

(1)衬砌结构抗冻措施

研究表明,冻胀力作用对衬砌结构产生附加压应力,对结构受力产生不利影响。抗冻设防等级为三级的隧道区段,由于冻胀力附加应力较小,通常采用钢筋混凝土或适当增加衬砌结构厚度等措施增加衬砌结构安全储备,为减少开挖工程量、避免洞顶掉块,工程上常用钢筋混凝土衬砌结构。对抗冻设防等级为一级、二级的隧道区段,冻胀力作用对衬砌结构产生的附加压应力不可忽略,冻胀力附加应力较大时,单靠隧道支护结构难以解决,并且施工难度及工程造价均会大幅提高,为了减小或消除冻胀力,在工程应用中,一般采用保温防冻的措施。

根据隧道抗冻设防等级选择衬砌结构的抗冻保温措施可按照表2.5-4执行。

隧道衬砌结构冻害预防措施　　表2.5-4

抗冻设防等级	衬砌结构冻害预防措施
一级	应设防冻保温层
二级	宜设防冻保温层、增大衬砌厚度或加强配筋
三级	增大衬砌厚度或加强配筋

(2)防、排水构造抗冻措施

为避免隧道防水及排水系统出现冻害问题,应根据隧道的抗冻设防等级按表2.5-5确定隧道防、排水构造抗冻预防措施。

隧道排水设施冻害预防措施　　表2.5-5

抗冻设防等级	排水设施冻害预防措施
一级	应设防寒泄水洞、深埋中心排水沟、保温边沟
二级	宜设深埋中心排水沟、保温边沟或排水管局部保温
三级	宜设保温边沟或排水管局部保温

最冷月份平均气温在-15~-10℃之间,当地黏性土冻结深度在1.0~1.5m范围时,采用深埋中心水沟;最冷月份平均气温在-25~-15℃之间,当地黏性土冻结深度在1.5~2.5m范围时,在洞口段采用深埋中心水沟,将水沟埋置于洞内相应的冻结深度以下,利用地温达到沟内水流不冻结的目的;最冷月份平均气温低于-25℃,当地黏性土冻结深度大于2.5m,采用明挖中心沟若出现埋深过大,施工困难,且有可能影响边墙和隧道的稳定时,可在主隧道下设

置防寒泄水隧洞。泄水隧洞设置位置要低于当地围岩最大冻结深度,并且不影响主隧道结构稳定。

2.5.3 保温层构造优化及材料优选

(1)保温层构造优化

目前,隧道保温主要有三种方法:中间铺设法、表面铺设法和表面喷涂法。三种方法各有优缺点,如表2.5-6所示。

防冻保温层施工方法比较　　表2.5-6

施工工艺	对比项目						
	保温效果	工程费用	防火		防水	维修	耐久性
			施工	运营			
中间铺设法	良好	低	良好	较好	良好	困难	较差
表面铺设法	较差	较高	良好	较好	良好	容易	较好
表面喷涂法	较好	高	较差	良好	良好	容易	良好

从保温效果来看,中间铺设法的效果最好,同条件下防冻保温层的所需厚度也较薄。表面喷涂法次之,而表面铺设法较差。因为表面铺设法采用龙骨进行固定,钢龙骨存在冷桥热传递问题,影响了保温效果。

从防火及防水角度来看,表面喷涂法和表面铺设法需要喷涂隧道防火材料,运营期间存在火灾隐患,但施工期间并不存在火灾隐患。然而,中间铺设法施工完毕后,后续的施工作业容易引燃保温材料,其火灾隐患更大。表面喷涂法和表面铺设法是在隧道衬砌完毕后施工的,只要隧道防水质量良好,就不存在防水问题。中间铺设法有两层防水板确保防水安全,也不存在防水问题。

从隧道结构耐久性方面考虑,由于防冻保温层材料的耐久性一般较好,项目中只考虑隧道结构的耐久性。中间铺设法的二次衬砌直接暴露在低温环境中,在温度的反复剧烈变化下,必然对结构产生损伤,对整体结构的耐久性产生影响。表面喷涂法和表面铺设法避免了隧道二次衬砌直接暴露在环境中,对隧道结构的使用寿命是有利的。另外,从维修方面来看,中间铺设法一旦施工完毕后出现保温层破坏或失效,维修难度极大,表面喷涂法和表面铺设法相对较为容易。

根据实际情况,经技术比较及经济比选,鹤大高速公路各隧道保温层设置方法采用表面铺设法(图2.5-1)。

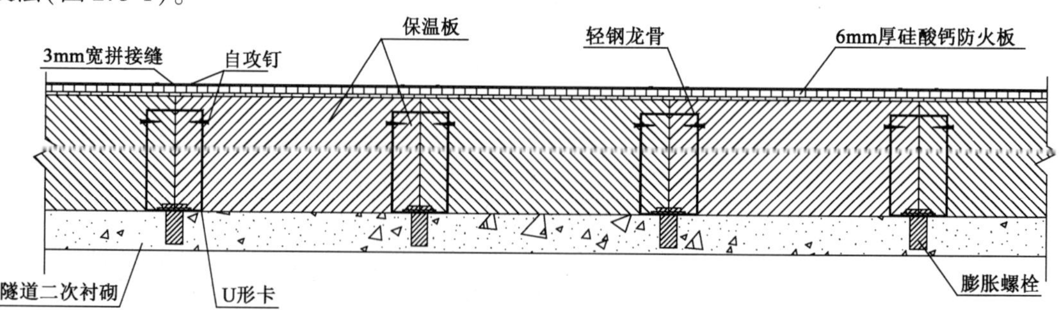

图2.5-1　保温板与防火板横切面

(2)保温材料优选

针对目前工程上主要采用的聚氨酯、酚醛两类保温材料,进行了系统调研。通过对聚氨酯、酚醛两类材料的相关规范进行汇总,总结出一套适合于隧道衬砌表面铺设的材料控制性参数及其检测指标。通过对保温材料生产厂家的直接调研,深入了解聚氨酯、酚醛,以及新型的改性酚醛树脂——聚酚醛三种保温材料的具体性质和特征,并进行比较。

通过对酚醛保温材料进行进一步的改良,得到一种新型的改性酚醛树脂——聚酚醛,其具体的燃烧性能、物理指标和热学参数如表2.5-7、表2.5-8所示。

聚酚醛防冻保温材料阻燃性能　　表2.5-7

材料名称	测试前样品描述	喷烧中情况描述	喷烧后情况描述	测前样品吸水率(%)	烧后样品吸水率(%)	烧后样品简易强度(kPa)	综合评定
聚酚醛保温板	矩形状,淡黄色,表面平整,厚度一般为50cm以上,表面一般有复合铝箔	无浓烟,不滴落	不溶化、不收缩,表面碳化	≤4	≤4	118	聚酚醛保温板继承了酚醛材料的所有优点。同时,为环保绿色产品,不会刺激皮肤,不会对人体造成任何伤害,燃烧时无毒烟释放。 聚酚醛保温板具有非常好的尺寸稳定性,无论在什么环境下,均不会出现收缩、变形等情况

聚酚醛防冻保温材料物理指标及热学参数　　表2.5-8

材料名称	密度(kg/m^3)	吸水率(%)	压缩性能(kPa)	导热系数[W/(m·K)]
聚酚醛保温板	≤50	≤4	≥120	≤0.03

聚酚醛保温材料在继承酚醛材料优点的同时,对导热系数和吸水率进行了一定的改善,导热系数可以达到0.03W/(m·K),甚至更小至0.024W/(m·K),接近于聚氨酯,吸水率基本也可以达到聚氨酯的同等水平,而且能做到较少脱粉,很好地弥补了酚醛材料存在的缺点。另外,聚酚醛保温板密度小、重量轻,可降低建筑物的荷载,而且施工简便、快捷,可显著提高工效。聚酚醛保温板具有良好的化学稳定性和物理稳定性,使用温度在-150~180℃之间,材料不会发生任何性状改变。

通过造价分析,酚醛保温板铺设费用最低,聚酚醛次之,而聚氨酯最高。

基于上述分析,项目组建议鹤大高速公路隧道采用聚酚醛保温材料,在保证保温层效果的同时,降低工程造价。而且,由于聚酚醛具有较高的阻燃性能,有效地增强了保温层在施工、运营期间的安全性,同时在火灾发生时,不产生有毒气体,与聚氨酯相比具有其明显的优越性。该材料的控制性参数及其检测指标如表2.5-9所示。

表面铺设法聚酚醛防冻保温材料检测指标　　表2.5-9

材料名称	密度(kg/m^3)	吸水率(%)	压缩性能(kPa)	导热系数[W/(m·K)]	防火等级
聚酚醛保温板	≥40	≤4	≥100	≤0.024	不低于B1级

2.5.4 保温层长度及厚度计算方法

(1)保温层厚度计算

根据调研结果,隧道保温层厚度计算方法主要有等效厚度法、气象解析法和有限元计算法三种。由于隧道现场温度场监测尚未开展,缺少有效的温度数据,因此,本次保温层厚度计算主要采用等效厚度法,计算具体方法如下。

首先,根据式(2.5-1)计算得到计算围岩的最大冻结深度:

$$\frac{\delta_0}{\lambda_0} = \frac{d}{\lambda_2} \tag{2.5-1}$$

式中:δ_0——气象资料中的最大冻结深度(m);

λ_0——地表覆盖松散岩(土)体的导热系数[W/(m·℃)];

d——换算后围岩的最大冻结深度(m);

λ_2——隧道围岩的导热系数[W/(m·℃)]。

在确定围岩的最大冻结深度基础上,根据热交换原理,推导出表面铺设法保温层厚度计算公式:

$$\frac{1}{2\pi\lambda_2}\ln\frac{r+d}{r} = \frac{1}{2\pi\lambda_1}\ln\frac{r+\delta}{r} \tag{2.5-2}$$

式中:λ_1——保温层的导热系数[W/(m·℃)];

r——隧道当量半径(m);

δ——保温层的计算厚度(m)。

(2)保温层长度计算

防冻保温层长度计算主要有黑川希范公式法、气象资料解析法和隧道温度场公式法三种方法。根据实际情况,该项目采用黑川希范公式法对防冻保温层设置长度进行初步预估。

黑川希范公式来源于日本,是一个经验公式。该公式由相关研究人员通过对日本大量寒冷地区单线铁路隧道的冻害情况进行统计后,发现隧址区最冷月的月平均温度与洞口段可能发生冻害的长度呈指数函数关系,并通过相应的计算拟合得出,具体计算公式如下:

$$L = 154.7\,(-t)^{0.604} \tag{2.5-3}$$

式中:t——洞口最冷月的月平均气温(℃);

L——洞内可能发生冻害位置距洞口的距离(m)。

2.6 技术小结

基于鹤大高速公路建设需求,通过对生态敏感路段湿地路基修筑关键技术、柔性组合基层沥青路面合理结构形式应用技术、季节性冻土地区高速公路路基路面长期使用性能研究应用、结构混凝土抗冻耐久关键技术、隧道保温防冻技术共5个子项目开展创新攻关和推广技术研究,取得了如下几方面创新成果:

(1)针对鹤大高速公路湿地路段公路修筑技术,揭示了季冻区湿地与公路建设之间的相互影响规律,系统评估了高速公路建设对湿地生态的综合影响,研究了草炭土类湿地软土的物理力学特性对路基工程的影响,揭示了湿地水系连通机理及浅表水流运动规律,基于稳定路基和保护湿地提出了湿地水系连通保护技术,研发了横向碎石盲沟+小孔径波纹钢管组合技术,提出了湿地路基修筑关键技术,首次研发了路基稳定和湿地保护综合监测系统,建立了湿地敏感路段公路建设的生态影响评价指标体系。

(2)开展柔性组合基层应用研究,提出了基于广义统一强度理论的沥青面层极限状态分析方法、沥青稳定碎石设计方法、施工质量控制与评价方法,提出了垂直式路面边部结构施工工艺及质量控制要求。

(3)开展季冻区高速公路路基路面长期使用性能研究,建成了首个兼具实际交通荷载和环境因素作用下的实时监测功能和加速加载测试功能的季冻区高速公路路基路面长期使用性能观测基地,搭建了集路基路面结构响应、外界环境气象、车辆轴载信息于一体的路基路面长期性能实时在线监测系统,融合了传统电阻类和先进光纤类测试技术手段,提出了季冻区公路路面使用性能监测和观测一体化评价体系,为季冻区公路路基路面长期性能研究提供了支撑。

(4)在桥涵结构混凝土抗冻耐久关键技术方面,提出了以不同结构部位水泥混凝土有害冻融循环次数为依据的水泥混凝土抗冻等级确定方法、配合比优化设计方法及原材料技术指标要求,提出了复合抗冻水泥混凝土外加剂选择原则和抗冻混凝土配合比关键技术参数的范围,编制了吉林省地方标准,研究成果纳入交通运输部行业标准,为季冻区水泥混凝土抗冻设计与施工提供了依据。

(5)针对寒区隧道防渗及抗冻关键技术问题进行科技攻关,建立了基于环境温度及围岩地下水状况的隧道防冻等级及划分方法,提出了基于材料导热系数、冻结深度等因素的隧道保温层厚度设计方法,提出了一种新型的多功能防冻保温隧道结构形式,并形成了寒区隧道防排水、衬砌保温隔热等防冻成套技术。

通过路基路面桥涵隧道抗冻技术的研究,形成了基于全寿命周期成本理念的季冻区高速公路建设抗冻耐久关键技术,有效提高了公路工程的抗冻耐久性,降低了公路工程使用年限内的养护维修费用。

第3章　地产筑路材料升级利用技术

高速公路的建设和发展，在拉动区域经济发展的同时，给该地区自然资源带来强烈冲击，高速公路建设与资源节约的矛盾日益凸显，公路建设本身需耗费大量的建筑资源，资源开采占用土地且破坏环境。鹤大高速公路地处长白山区，建筑材料料场确定受限，材料运距远、造价高。该区地产矿产资源丰富，火山渣、硅藻土等矿产储量居全国首位，开发利用空间和潜力大。在鹤大高速公路建设过程中，如何因地制宜、就地取材，进行材料的升级利用，替代传统的筑路材料，提高路用性能和建设质量，满足长白山区特殊气候特点对路面使用性能的较高要求，促进公路建设向资源节约型和环境友好的方向发展，减少公路建设中资源不必要浪费和环境破坏等方面，是需重点解决的技术难题。

3.1　地产资源分布

鹤大高速公路所在的长白山区公路沿线火山灰、硅藻土等资源丰富。

(1)火山灰

火山灰是火山喷发时随同熔岩一起喷发的大量熔岩碎屑和粉尘沉积在地表面或水中形成松散或轻度胶结的物质。岩浆喷发时，由于土颗粒内部压力急剧减小，气体迅速逸出，从而土颗粒膨胀形成火山灰和火山渣。火山灰多孔，具备活性、密度小、比表面积大、独特的表面孔结构及含有较多过渡性金属元素 Fe、K、Na、Mn、Ti 和高活性的碱性氧化物 K_2O、Na_2O 等特点，应用于沥青混凝土中，能够与沥青形成相容性好、分散均匀的胶浆体系，从而对沥青混凝土起到良好的高低温改性作用。

长白山是东亚大陆最大的一个火山作用区，火山活动时间长，喷发次数多，活动规模大，爆发性强，是我国少见的、比较典型的火山地貌区域，长白山主峰是一座复合式盾状的休眠火山，最后一次喷发距今约300年。长白山火山群是我国境内保存最为完整的新生代多成因复合火山，以长白山截顶圆锥火山为主，分布着100多座火山。最大的火山口海拔2600m左右，直径达4.5km，呈漏斗形，深达800多米。周围小的锥体，海拔高在1000m左右。火口多为溢出口，呈椅形、新月形，山顶平坦。著名的有西鹅毛顶子、东鹅毛顶子、西土顶子，东土顶子、西马鞍山、东马鞍山、赤峰、老房子小山等。这些多如繁星的小火山拱卫着长白山，构成了壮观的火山群。为此，长白山区火山灰资源丰富，主要分布在辉南、靖宇、抚松、长白、安图、龙井、临江、柳河等8个市县，分布面积约60000km^2。火山灰覆盖层厚度可达几十米，预计火山灰储量可达几十亿立方米以上，开发利用潜力大。

(2)硅藻土

硅藻土是一种稀有非金属矿，是由古代生物硅藻遗骸沉积形成的一种化石性硅藻堆积土矿床，主要由硅藻遗骸和软泥固结而成，其本质是含水的非晶质 SiO_2，并含有少量 Fe_2O_3、CaO、MgO、Al_2O_3及有机杂质。我国硅藻土资源丰富，全国 10 多个省区有硅藻土矿产出，其中已探明储量的有 345 处，总保有量约 3.85 亿 t，是世界上第二大硅藻土生产国。

吉林省是我国硅藻土储量最多的地区之一，储量占全国的 51.68%，居第一位。而吉林省全省 99.7% 的硅藻土储量分布于长白山区某些玄武岩盆地之中，主要为第三纪沉积矿床，品位高，储量在 4 亿 t 左右，分布于长白县、临江市、露水河、桦甸等地，如长白县的马鞍山、敦化市的秋梨沟和高松树镇、永吉县三官地等。由于硅藻土多孔、比表面积大、密度小、吸附性强、化学稳定性好等特点，在道路工程中可以作为高沥青含量的路面和防水卷材的填料，能有效地解决泛油和唧浆现象，能提高防滑性、耐磨性、抗压强度、耐侵蚀能力，并大幅度提高使用寿命，具有广阔的开发利用前景。

3.2　填料型火山灰改性沥青技术

3.2.1　填料型火山灰性能指标

火山灰作为填料型改性剂的主要组分，对沥青混合料的性质和状态中起着重要作用。某些物理化学性质对改性沥青体系有着直接、重要的影响。为了指导工程实际应用中火山灰材料的选择，以火山灰和矿粉为研究对象，除进行了常规填料指标包括表观密度、含水率测试外，还利用先进的试验手段，包括激光粒度仪、氮气吸附比表面积测定仪、电感耦合放射光谱分析仪、X 射线光电子能谱仪、扫描电镜等对粒度、比表面积、孔结构、化学组成及表面几何特性等，进行了物理化学特性测试，全面分析火山灰的特性。

项目选取 13 种火山灰材料和 1 种矿粉材料进行单质材料特性对比试验，材料具体来源见表 3.2-1。

填料类型及产地　　表 3.2-1

矿粉	火山灰												
嘉鹏	辉南1号	辉南2号	抚松1号	抚松2号	抚松3号	长白1号	长白2号	长白3号	长白4号	长白5号	长白6号	靖宇1号	靖宇2号

(1) 密度

密度与矿物组成及岩石构造有着密切关系，是填料化学性能及其物理组成情况的综合反映。测试结果（表 3.2-2）表明，火山灰的密度总体低于矿粉，作为填料来说，密度越小，越有利于增大沥青与填料的接触机会，使填料与沥青间的黏附性增大，从而提高两者之间的黏结力。因此，火山灰较小的密度是其作为沥青混合料填料的有利条件之一。

表观密度测试结果　　表 3.2-2

填料类型	矿粉	辉南1号	辉南2号	抚松1号	抚松2号	抚松3号	长白1号	长白2号	长白3号	长白4号	长白5号	长白6号	靖宇1号	靖宇2号
表观密度 (g/cm^3)	2.67	2.67	2.91	2.62	2.67	2.55	2.38	2.52	2.77	2.39	2.46	2.40	2.63	2.65

(2)粒度

从平均粒径和分散指数PDI(表3.2-3)来看,火山灰的平均粒径小于矿粉颗粒,PDI平均小于矿粉,说明火山灰颗粒的粒径分布越均匀,有利于在沥青中形成较为均匀的体系,从而更好地改善沥青性能。

粒度测试结果(水溶剂) 表3.2-3

序号	填料类型	平均粒径(μm)	PDI(分散指数)
1	矿粉	0.805	0.609
2	辉南1号	0.343	0.364
3	辉南2号	0.332	0.302
4	抚松1号	0.308	0.376
5	抚松2号	0.325	0.388
6	抚松3号	0.269	0.286
7	长白1号	0.310	0.262
8	长白2号	0.270	0.192
9	长白3号	0.428	0.430
10	长白4号	0.318	0.283
11	长白5号	0.767	0.398
12	长白6号	0.657	0.466
13	靖宇1号	0.766	0.746
14	靖宇2号	0.803	0.570

(3)比表面积

比表面积测试结果见表3.2-4,表明火山灰的比表面积大于矿粉,掺量相同时,火山灰比矿粉与沥青接触更充分,与沥青间的黏结力越强。可见,较大的比表面积也是火山灰作为填料型沥青改性剂组分的有利条件之一。

火山灰比表面积试验结果 表3.2-4

填料类型	矿粉	辉南1号	辉南2号	抚松1号	抚松2号	抚松3号	长白1号	长白2号	长白3号	长白4号	长白5号	长白6号	靖宇1号	靖宇2号
比表面积(m^2/g)	1.31	1.79	2.29	2.83	5.44	45.05	7.89	16.41	3.37	4.05	2.67	2.06	4.50	0.04

(4)化学成分及矿物组成

试验结果表明,火山灰中含有大量的非金属元素Si、O,且过渡金属元素Fe^{3+}、Ti^{4+}、Mn^{4+}、Cu^{2+}、V^{5+}、Zn^{2+}的总体含量明显高于矿粉,见表3.2-5,这将有利于火山灰与沥青作用时发生化学吸附;此外,火山灰中Na_2O+K_2O含量越高,岩石的碱度越大,这一特点对于改善沥青的性能也具有不可忽视的作用,是火山灰作为填料所具备的另一个有利条件。

化 学 成 分　　　　表 3.2-5

填料	组分(%)											
	SiO_2	Si	Al_2O_3	TiO_2	Fe_2O_3	MnO	CaO	MgO	P_2O_5	K_2O	Na_2O	K_2O+Na_2O
矿粉	9.76	0.00	0.05	0.01	0.08	0.01	29.46	13.77	0.02	0.02	0.20	0.22
辉南 1 号	34.50	11.12	14.68	2.54	11.94	0.11	6.96	5.85	0.37	2.21	3.44	5.65
辉南 2 号	27.86	6.96	14.12	2.18	11.22	0.10	6.55	5.71	0.31	2.20	3.87	6.07
抚松 1 号	37.03	7.24	14.69	2.23	10.58	0.09	5.67	3.92	0.66	2.81	3.84	6.65
抚松 2 号	31.71	8.83	14.12	2.21	10.67	0.09	5.42	3.72	0.62	2.19	3.10	5.29
抚松 3 号	28.87	5.32	14.48	2.80	12.36	0.11	3.87	2.14	0.43	1.41	2.02	3.43
长白 1 号	44.22	9.29	12.81	0.19	4.17	0.09	0.71	0.29	0.05	4.01	4.42	8.43
长白 2 号	39.53	10.53	13.88	0.03	4.64	0.02	0.45	4.72	0.12	3.25	0.22	3.47
长白 3 号	31.98	12.54	15.10	1.90	9.37	0.12	4.55	2.17	0.51	2.25	4.64	6.89
长白 4 号	40.95	9.21	11.16	0.51	5.25	0.08	0.64	0.46	0.07	2.45	4.18	6.63
长白 5 号	49.98	12.64	9.38	0.30	4.47	0.06	0.59	0.15	0.03	1.98	4.72	6.70
长白 6 号	51.14	12.19	9.81	0.33	4.46	0.06	0.82	0.32	0.04	3.12	4.78	7.90
靖宇 1 号	26.56	11.15	14.26	3.95	7.74	0.133	7.54	3.83	1.06	1.59	4.33	5.92
靖宇 2 号	29.15	12.06	15.89	3.23	5.77	0.111	9.67	4.53	0.135	1.78	4.35	6.13

(5)表面特性

电镜扫描试验结果表明,火山灰颗粒较小,表面粗糙蓬松、颗粒几何外形不规则,孔隙结构发达。正是由于火山灰的表面不规则性高于矿粉,其蓬松的结构及发达的孔隙,更有助于增大比表面积,有利于吸附和储存沥青部分组分,从而提高改性沥青效果。抚松 3 号扫描电镜图片如图 3.2-1 所示。

a)放大300倍

b)放大50000倍

图 3.2-1　抚松 3 号扫描电镜图片

(6)吸附特性

氮气吸附脱附试验结果表明,不同地区的火山灰孔隙结构的情况不同,即使不存在具有吸附和储存氮气能力的内孔隙,但由于间隙孔的作用,也能起到改性沥青的效果。存在内孔隙结构的火山灰吸附、脱附量与相对压强的关系曲线如图 3.2-2 所示。

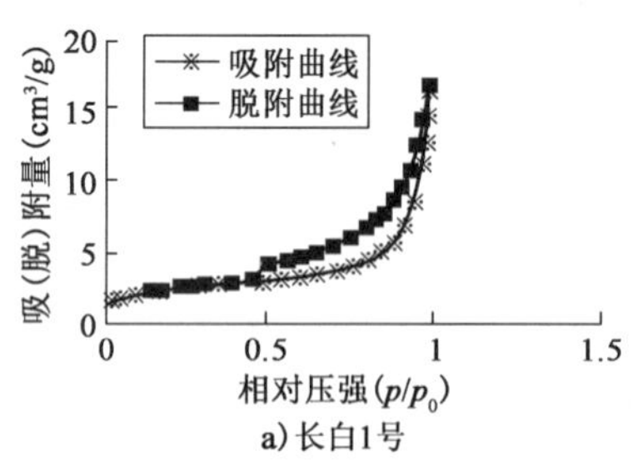

a)长白1号

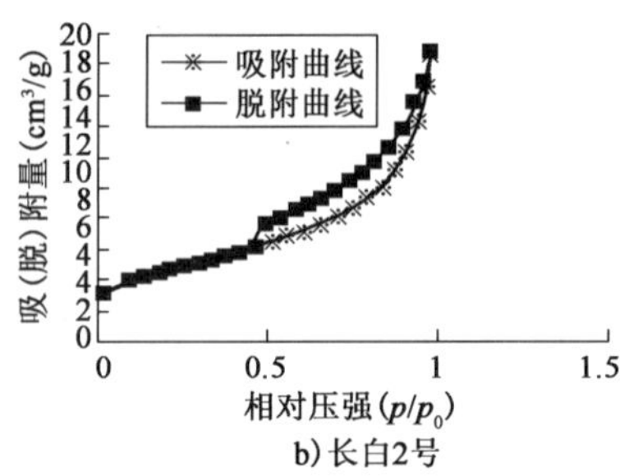

b)长白2号

图 3.2-2 存在内孔隙结构的火山灰吸附、脱附量与相对压强的关系曲线

上述火山灰的物理化学特性和表面特性都是影响火山灰与沥青相互作用的因素,其中任何因素的改变均会导致火山灰与沥青相互作用的变化。但是上述这些因素对火山灰与沥青相互作用的影响程度不同,有的影响显著,而有的影响则不明显。为此,研究中通过采用灰色关联度方法分析火山灰不同指标与沥青相互作用影响因素的关联度。分析表明,比表面积、K_2O+Na_2O 含量、密度以及过渡金属元素含量与火山灰沥青特性关联性都较高,可作为火山灰单质材料的技术指标。基于室内大量的数据,提出了填料型火山灰改性剂的性能指标要求,具体见表 3.2-6。

推荐火山灰材料性能指标 表 3.2-6

指　　标	单　　位	指标要求
比表面积	m^2/g	≥2.0
密度	g/cm^3	≤2.7
K_2O 和 Na_2O 含量	%	≥3
过渡金属元素含量	%	≥3

3.2.2 填料型火山灰改性沥青胶浆性能评价

沥青胶结料的流变性能与沥青混合料路用性能密切相关,尤其是沥青混合料的高温抗车辙性能和低温抗裂性能。在火山灰特性分析的基础上,对多种火山灰改性沥青胶浆的流变特性进行系统的试验研究,分析沥青胶浆的高低温流变特性。

单一火山灰改性沥青胶浆高温和低温流变特性变化规律见图 3.2-3 ~ 图 3.2-5。典型的复合改性胶浆高温车辙因子、低温劲度变化规律如图 3.2-6 与图 3.2-7 所示。

通过对火山灰单一改性和复合改性沥青胶浆的流变特性试验(DSR、BBR),得出以下主要结论:

①火山灰单一改性胶浆的高温黏弹特性比矿粉胶浆明显提高。不同火山灰提高沥青高温特性的能力不同;火山灰对沥青低温流变特性的改善效果与矿粉胶浆基本相当。

②与单一改性相比,SBS 和火山灰复合改性胶浆的高温黏弹特性显著提高,低温特性与矿粉和 SBS 复合改性胶浆相比也有所改善。火山灰复合改性沥青胶浆全温范围(-30 ~80℃)内温度扫描试验结果如图 3.2-8 所示。

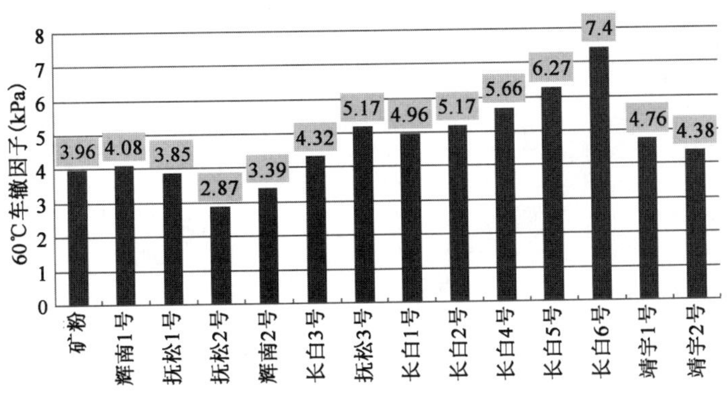

图 3.2-3 60℃车辙因子对比图

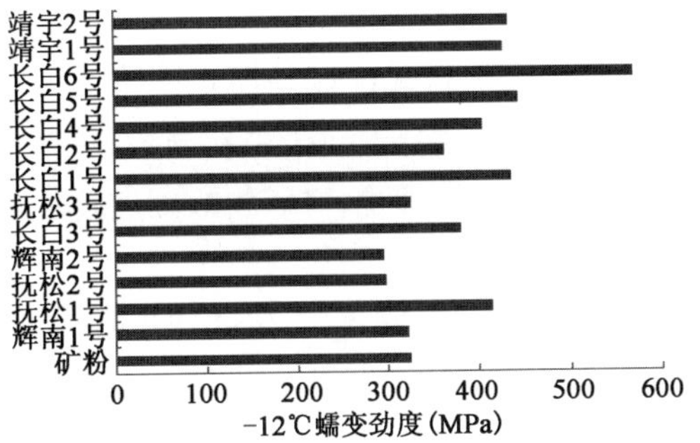

图 3.2-4 －12℃蠕变劲度对比图

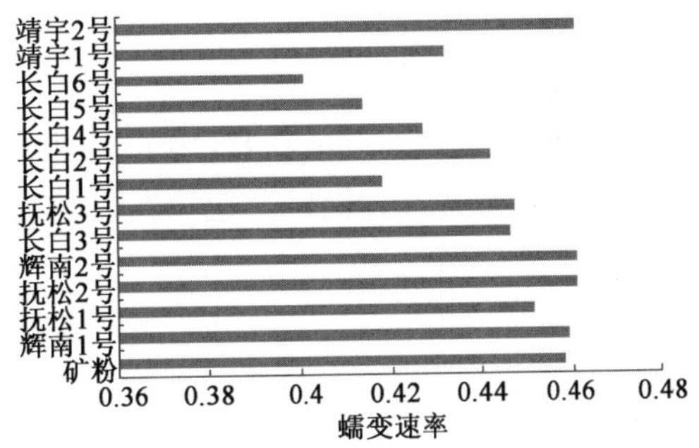

图 3.2-5 －12℃蠕变速率对比图

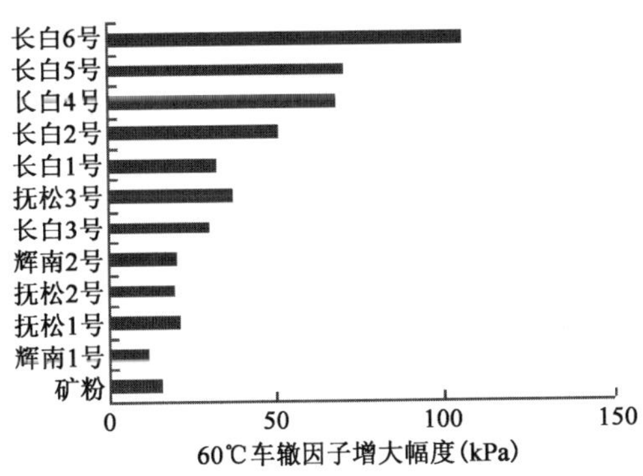

图 3.2-6 复合改性胶浆车辙因子增大幅度对比

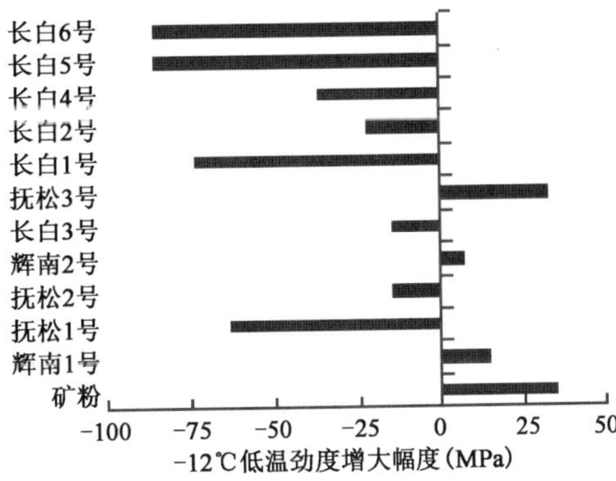

图 3.2-7 复合改性胶浆低温劲度增大幅度对比

研究结果表明，相比矿粉沥青胶浆而言，火山灰复合改性沥青胶浆高温时模量高、相位角小，即黏性小、抗变形能力强；低温时模量小、相位角大，即黏性大、变形能力好。可见，火山灰可同时提高沥青的高低温使用性能，且整个温度范围内火山灰沥青胶浆模量显著提高，抗疲劳性能增强。

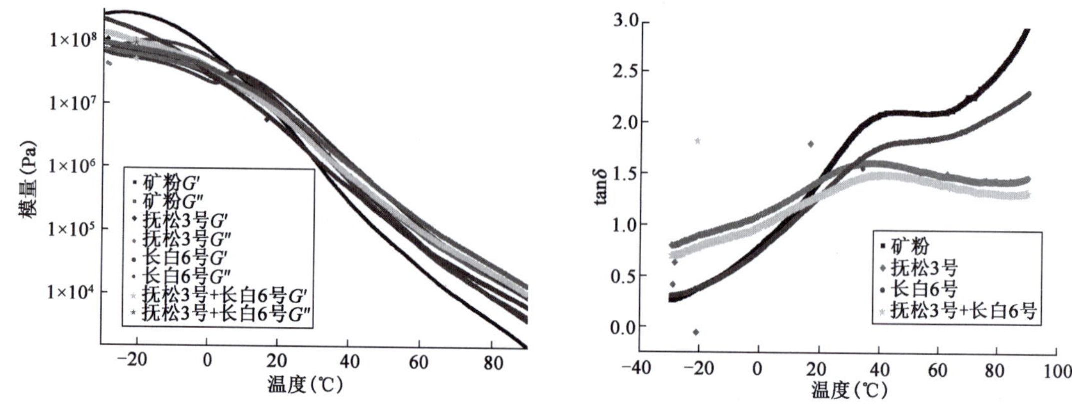

图 3.2-8　火山灰复合改性沥青胶浆温度扫描模量和相位角图谱

3.2.3　填料型火山灰改性沥青混合料配合比设计

对沥青混合料路用性能影响最大的因素是沥青混合料的矿料级配以及沥青胶浆的性能。填料型火山灰改性剂与矿粉材料不同，对于矿粉而言是最佳矿料级配，对于填料型火山灰改性剂并非最佳状态。因此，针对应用路段的石料特性，基于沥青胶浆理论，对矿料级配进行优化。

(1)火山灰掺量确定

由于火山灰与矿粉密度不同，为保证沥青混合料体积指标满足要求，须按体积法换算火山灰混合料的掺量，换算公式为：

$$\frac{M}{\rho_{火}} = \frac{N}{\rho_{矿}} \tag{3.2-1}$$

式中：M——火山灰在矿料中所占的质量；

N——矿粉在矿料中所占的质量；

$\rho_{火}$——火山灰混合料的密度；

$\rho_{矿}$——矿粉的密度。

(2)矿料级配

AC 型沥青混合料矿料级配范围见表 3.2-7。

AC 型沥青混合料矿料配合比设计　　表 3.2-7

项目	下列筛孔(mm)通过率(%)										
	19	16	13.2	9.5	4.75	2.36	1.18	0.6	0.3	0.15	0.075
矿料级配	100	92.6	82.7	68.2	49.1	32.4	23.6	17	12.7	9.0	6.6
级配中值	100	95	84	70	48	34	24.5	17.5	12.5	9.5	6
级配上限	100	100	92	80	62	48	36	26	18	14	8
级配下限	100	90	76	60	34	20	13	9	7	5	4

SMA 沥青混合料矿料级配范围见表 3.2-8。

SMA 沥青混合料矿料配合比设计　　表 3.2-8

项目	下列筛孔(mm)通过率(%)										
	19	16	13.2	9.5	4.75	2.36	1.18	0.6	0.3	0.15	0.075
矿料级配	100	92.2	75.2	49.6	25.7	19.3	16.1	13.5	11.8	11.4	10.7
级配中值	100	95	75	55	26	19.5	18	15	12.5	11.5	10
级配上限	100	100	85	65	32	24	22	18	15	14	12
级配下限	100	90	65	45	20	15	14	12	10	9	8

火山灰具有吸油的特性,研究表明,通过调整火山灰沥青混合料矿料级配,增加火山灰混合料中火山灰沥青胶浆的比例,可以提高火山灰沥青混合料的路用性能。为了区别这种调整级配与规范标准连续级配 AC 的不同,将这种调整级配降低 1.18 ~ 0.075mm 档细集料用量,增加 0.075mm 以下用量,从而形成的由沥青、火山灰以及少量的细集料组成的"火山灰沥青玛琋脂"填充粗集料骨架间隙的嵌挤型密实结构混合料。通过室内试验开展填料型火山灰改性沥青混合料路用性能的对比试验研究,提出了区别于传统的连续级配 AC 型结构的 MAC 结构火山灰沥青混合料矿料级配推荐范围,见表 3.2-9。

火山灰沥青玛琋脂碎石混合料矿料级配范围(%)　　表 3.2-9

筛孔(mm)	AC-13	AC-16	AC-20
26.5	—	—	100
19	—	100	100 ~ 90
16	100	100 ~ 90	92 ~ 78
13.2	100 ~ 90	92 ~ 76	80 ~ 62
9.5	85 ~ 68	80 ~ 60	72 ~ 50
4.75	68 ~ 38	62 ~ 34	56 ~ 26
2.36	50 ~ 24	48 ~ 20	44 ~ 16
1.18	38 ~ 15	36 ~ 13	33 ~ 12
0.6	28 ~ 12	26 ~ 12	24 ~ 9
0.3	19 ~ 10	17 ~ 9	16 ~ 8
0.15	14 ~ 6	15 ~ 6	13 ~ 6
0.075	10 ~ 5	9 ~ 5	9 ~ 5

3.2.4　填料型火山灰改性沥青混合料路用性能评价

采用常规评价沥青混合料高低温性能和水稳定性能的方法,包括车辙动稳定度、低温小梁弯曲试验、浸水马歇尔试验和冻融劈裂试验,以及非常规评价沥青混合料性能的方法,包括汉堡车辙试验、低温冻断试验和疲劳特性试验,对填料型火山灰改性沥青混合料的路用性能进行验证。

(1)高温特性

高温动稳定性试验结果如表 3.2-10 所示。从试验结果可以看出,复合改性调整级配的火山灰沥青混合料更可有效提高沥青混合料的高温性能,其动稳定度可在 5000 次/mm 以上,与原级配火山灰复合改性沥青混合料相比，其高温性能提高了24%。采用级配优化后无论是单一改性还是复合改性，均能有效地提高沥青路面的高温抗车辙性能。

动稳定度试验结果 表3.2-10

填料类型	动稳定度平均值(次/mm)
靖宇1号(原级配，采用AH-90沥青)	1493
靖宇1号(优化后级配，采用AH-90沥青)	1853
靖宇1号(原级配，采用5%SBS改性沥青)	4380
靖宇1号(优化后级配，采用5%SBS改性沥青)	5454

美国汉堡车辙试验结果(表3.2-11)表明，当轮载作用20000次时，靖宇1号SBS复合改性沥青混合料的平均最大变形为2.8mm，较矿粉SBS改性沥青混合料3.1mm小了0.3mm，再次验证了采用火山灰复合改性沥青混合料具有良好的高温抗车辙性能的结论。

汉堡车辙试验结果(mm) 表3.2-11

混合料类型	左轮	右轮	平均值
SBS改性沥青混合料	3.3	2.8	3.1
靖宇1号SBS复合改性沥青混合料	2.1	3.6	2.8

(2)低温特性

从低温小梁弯曲试验结果(表3.2-12)可以看出，优化级配的火山灰改性沥青混合料，其低温性能较原级配火山灰沥青混合料有所提高，单一改性沥青混合料调整级配后低温性能提高幅度约4%，而复合改性沥青混合料调整级配后低温性能提高幅度约12%以上。

低温小梁弯曲应变试验结果 表3.2-12

填料类型	小梁弯曲应变(με)
靖宇1号(原级配，采用AH-90沥青)	2524
靖宇1号(优化后级配，采用AH-90沥青)	2621
靖宇1号(原级配，采用5%SBS改性沥青)	2920
靖宇1号(优化后级配，采用5%SBS改性沥青)	3270

已有的研究表明，断裂强度、转化点温度和斜率评价沥青混合料的低温性能规律性交叉，以断裂温度作为沥青混合料低温抗裂性能评价指标更为稳定，能更好地评价出沥青混合料的低温性能，且断裂温度能够直接反映出沥青混合料的开裂温度。因此，采用断裂温度来评价不同沥青混合料的低温性能，试验结果见图3.2-9。可以看出，无论是填料型火山灰单一改性相比普通矿粉沥青混合料，还是填料型火山灰与SBS复合改性沥青混合料相比矿粉SBS改性沥青混合料，其断裂温度均有所下降，尤其是填料型火山灰与橡胶粉复合改性沥青混合料的断裂温度相比未掺加橡胶粉之前断裂温度降低更为明显，接近8.8℃。

(3)水稳定性

对级配优化后的火山灰改性沥青混合料水稳定性评价采用浸水马歇尔残留稳定度试验和冻融劈裂强度试验，试验结果见表3.2-13。可以看出，级配优化后的火山灰沥青混合料，无论是浸水残留稳定度还是冻融劈裂强度，均有大幅度的提高，级配优化后复合改性火山灰沥青混合料的水稳定性提高得更为显著。由此表明,级配优化后火山灰改性沥青混合料对水稳定性有着明显的改善作用。

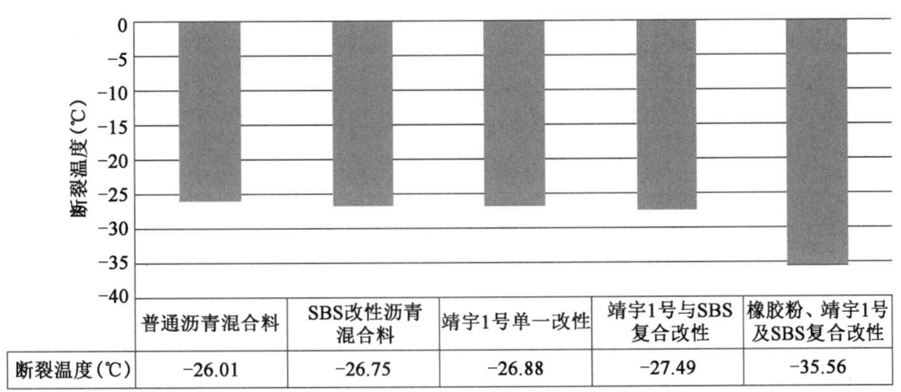

图 3.2-9　不同沥青混合料断裂温度比较

水稳定性试验结果　表 3.2-13

填 料 类 型	浸水残留稳定度(%)	冻融劈裂强度比(%)
靖宇 1 号(原级配,采用 AH-90 沥青)	82.7	76.4
靖宇 1 号(优化后级配,采用 AH-90 沥青)	83.8	86.7
靖宇 1 号(原级配,采用 5% SBS 改性沥青)	88.2	84.1
靖宇 1 号(优化后级配,采用 5% SBS 改性沥青)	90.6	93.6

(4)疲劳特性

三种沥青混合料的疲劳特性试验结果包括初始劲度模量、疲劳寿命以及相位角 δ,见表 3.2-14。

沥青混合料疲劳试验结果　表 3.2-14

混合料类型	应 变 水 平	初始劲度模量(MPa)	疲劳寿命(万次)	相位角 δ(°)
矿粉基质沥青混合料	200	7720	39.82	12.87
	300	7512	30.67	14.26
	400	7265	19.15	14.76
靖宇 1 号单一改性沥青混合料	200	7981	57.63	11.23
	300	7749	38.06	13.62
	400	7307	29.50	13.87
靖宇 1 号 SBS 复合改性沥青混合料	200	8428	63.32	11.05
	300	8112	42.64	12.28
	400	7936	33.71	13.01

就疲劳寿命而言,同一应变水平下,靖宇 1 号与 SBS 复合改性沥青混合料明显大于矿粉基质沥青混合料以及靖宇 1 号单一改性沥青混合料,它们的应变水平与疲劳寿命的双对数曲线见图 3.2-10。

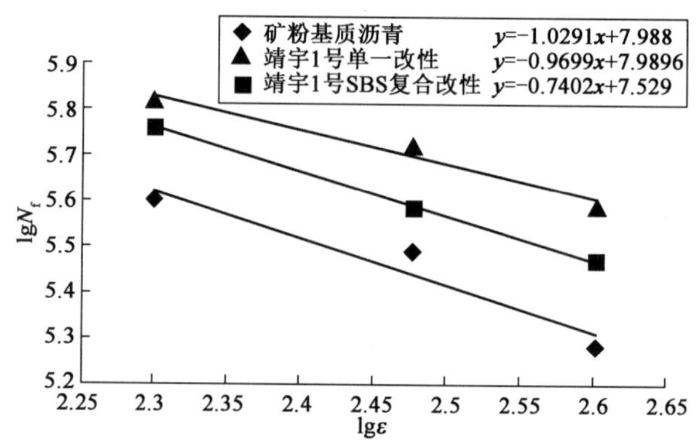

图 3.2-10 应变水平与疲劳寿命双对数曲线

可见，填料型火山灰改性沥青混合料的疲劳寿命受应变水平的影响相对较小，且在各应变水平下的疲劳寿命均高于单一改性和矿粉基质沥青混合料，表现出了良好的抗疲劳特性。

由上述路用性能试验结果可以看出，级配优化有助于发挥填料型火山灰改性沥青胶浆的作用，提高沥青混合料的高温抗车辙性能和低温抗裂性能，并改善混合料水稳定性能，对于填料型火山灰与 SBS 复合改性沥青混合料效果更加明显。

结合路用性能试验结果、沥青路面面层各结构层位的功能和对沥青混合料的要求，以及以往研究中各交通荷载等级高速公路高低温性能要求，推荐了高等级公路填料型火山灰改性沥青混合料适用层位及相关材料指标要求，见表 3.2-15。

填料型火山灰改性沥青混合料路用性能技术标准 表 3.2-15

检验项目	技术要求	
	重交通道路石油沥青 AH-90	改性沥青
车辙试验动稳定度(次/mm)	≥1500	≥4000
浸水马歇尔残留稳定度(%)	≥80	≥85
冻融劈裂试验残留强度比(%)	≥75	≥80
小梁弯曲应变(με)	≥2300	≥3000
渗水系数(mL/min)	≤120	

3.2.5 填料型火山灰改性沥青混合料施工工艺

填料型火山灰改性沥青混合料施工过程与普通沥青混合料基本一致，无论是对混合料的拌和设备、摊铺温度，还是在碾压过程中对碾压次数、碾压时间、碾压温度等方面都没有特殊要求。施工过程应严格执行《公路沥青路面施工技术规范》(JTG F40—2004)中有关规定。此外，在施工过程中还应注意以下问题：

(1)填料型火山灰改性剂进场后，应有专用工棚储存，并用苫布覆盖，避免裸露堆放，导致被雨淋潮湿。

(2)填料型火山灰改性沥青混合料应采用具有准确计量控制的间歇式沥青混合料拌和机进行拌制。

(3)拌和机内应具有填料型火山灰改性剂储料仓,且应配备振动装置,以防止火山灰填料型改性剂起拱。

(4)如没有与其他材料复合时,仅填料型火山灰与SBS复合改性沥青混合料的出厂温度应控制在170～185℃。

(5)填料型火山灰改性沥青混合料拌和完成后,应对混合料的工作性能进行检测,保证混合料均匀一致,所有矿料颗粒表面必须全部由沥青膜裹覆,不得出现花白、团块、粗细集料分离等现象。根据混合料的实际情况适当调整沥青混合料的拌和时间。

为及时准确地评价填料型火山灰改性沥青路面施工质量,按照《公路沥青路面施工技术规范》(JTG F40—2004)施工验收相关规定,具体抽检内容包括沥青混合料的燃烧筛分、油石比检测、现场混合料的性能试验、最大理论密度试验、压实度及渗水试验等。

3.3 火山灰作为胶凝材料在大体积结构水泥混凝土中的应用

3.3.1 火山灰掺合料技术标准

火山灰作为辅助胶凝材料,其成分和物理性质对混凝土的性能有很大影响,通过物理、化学分析方法测试火山灰粉末样品的细度、表观密度、氧化物含量、烧失量、水化放热速率、需水比及火山灰效应等性质,提出物理指标要求和化学指标要求。

(1)化学组成

火山灰化学组成分析试验结果(表3.3-1)表明,吉林省各产地火山灰的主要化学组成均以SiO_2、Al_2O_3两种成分为主,占70%～80%,其中SiO_2的含量大多在60%以上,钠、钾碱金属氧化物含量的比例约占5%,而SO_3的含量较低,基本不存在有害氯离子等,火山灰粉末是属铝硅玻璃质火山灰材料。

火山灰化学组成分析结果 表3.3-1

火山灰产地	化学组成成分(%)						
	CaO	MgO	Fe_2O_3	Al_2O_3	SiO_2	铝硅氧化物	烧失量
抚松北岗	2.4	1.2	12.2	18.8	50.7	69.5	0
靖宇泉阳	3.7	0.9	12.4	17.5	51.3	68.8	0
十五里山	2.7	0.3	5.7	11.9	61.8	73.7	1.5
长白县细	1.4	0.3	4.2	13.1	66.2	79.3	4.8
长白县粗	1.1	1.0	4.0	11.4	65.7	77.1	6.3
长白山南坡K19	2.7	0.7	5.9	12.1	69.4	81.5	2.7
长白山南坡K30	2.9	0.2	5.5	14.6	64.6	79.2	0.7
八号闸	2.1	0.6	5.3	11.3	72.0	83.3	2.6
长白县农场(灰)	2.9	1.5	5.4	15.6	64.6	80.2	4.9
长白县农场(褐)	2.2	1.2	5.4	15.2	65.5	80.7	4.5
长白山南坡K43	2.3	0.2	5.0	10.5	78.0	88.5	2.0
长白山南坡K46	3.5	1.0	6.0	13.2	68.0	81.2	1.3

表3.3-2为火山灰与粉煤灰的化学成分对比。由表中可以看出,两种材料化学组成相似。火山灰材料中的Al_2O_3和SiO_2含量一般均高于粉煤灰(粉煤灰中Al_2O_3含量高于火山灰,但铝硅氧化物总量低于火山灰),这决定了吉林地区火山灰具有较高的活性。

火山灰与粉煤灰的化学成分对比　　表3.3-2

化学成分	SiO_2	Al_2O_3	Fe_2O_3	CaO	MgO	烧失量
火山灰(%)	46.9~78	10.5~18.8	4~13.4	1.1~10.1	0.2~6.2	1~6.3
粉煤灰(%)	45~60	18~27	4.3~9.8	1.7~4.2	1~3	2~10

(2)粒度分析

采用取自靖宇的火山灰材料加工成火山灰掺合料进行了粒度分布测试。图3.3-1给出了靖宇磨细火山灰颗粒与P·O 42.5水泥颗粒的累积筛余对比结果。由图可知,火山灰磨细后的粉末颗粒的粒径较小,粒度分布范围绝大部分在0.2~100μm之间,平均径为11.8μm,80μm方孔筛筛余为4.6%。试验结果表明,火山灰粉末的颗粒粒径小于水泥颗粒,掺入到混凝土体系,颗粒可发挥一定的微集料物理填充效应。

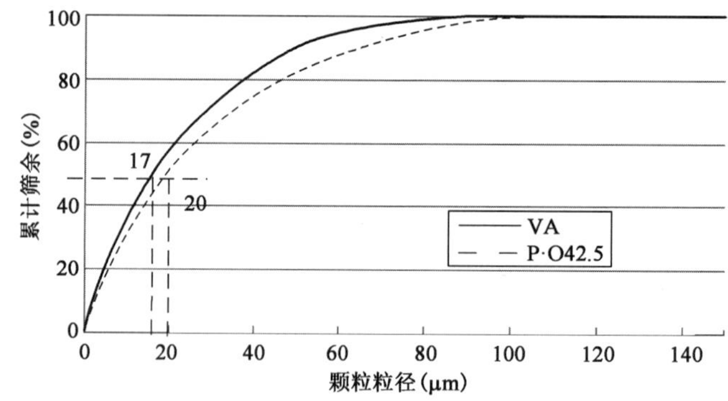

图3.3-1　靖宇磨细火山灰颗粒与P·O 42.5水泥颗粒的累积筛余对比

(3)流动度比

对取自靖宇县和长白山的火山灰进行流动度比试验,结果见表3.3-3。从表中可以看出,掺入火山灰粉末后,拌合物的流动度降低,流动度之比为0.9和0.89,这表明,火山灰作为掺合料掺入混凝土时需水量较大,需要在拌和时加入高效减水剂将孔隙中的水释放出来,从而改善拌合物的工作性。

火山灰掺料对胶砂流动度的影响　　表3.3-3

材料组成(g)				流动度(mm)
P·O 42.5水泥	火山灰	标准砂	水	
450	—	1350	225	132
315	135(靖宇)	1350	225	119
315	135(长白)	1350	225	118

(4)火山灰活性分析

采用抗压强度法来研究火山灰掺合料的火山灰活性,试验结果如图3.3-2和图3.3-3所示。根据试验结果,火山灰活性指数随龄期的延长指数增加,3d龄期的火山灰活性指数为62%,28d龄期的活性指数为74%。掺加20%的靖宇火山灰28d龄期时的活性指数可达81%。所测两种火山灰材料的火山灰活性均满足相关标准对矿物掺合料的活性要求,即活性指数不低于65%。

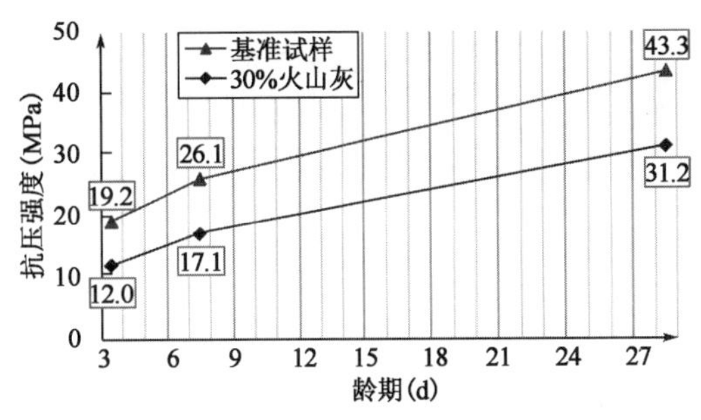

图3.3-2　长白火山灰的抗压强度试验结果

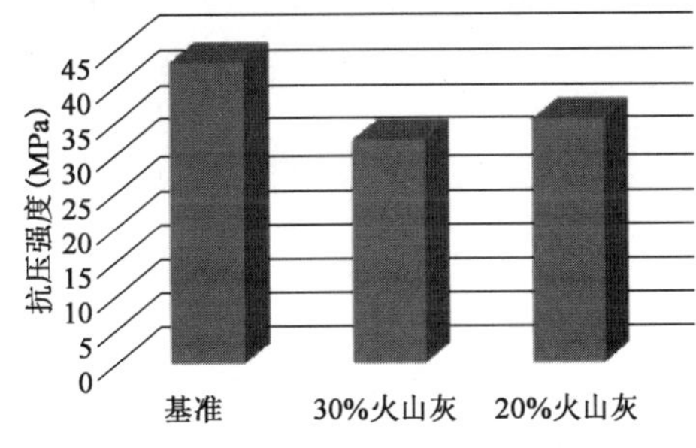

图3.3-3　靖宇火山灰不同砂浆抗压强度的影响(28d)

(5)火山灰掺合料质量技术标准

根据以往试验结果及应用经验,提出火山灰掺合料质量技术标准(表3.3-4)。本标准中,将火山灰掺合料界定为磨细后可直接作为水泥混凝土胶凝材料的天然火山灰粉体材料。

火山灰掺合料质量技术标准　表3.3-4

项　目	技术要求	
细度(45μm方孔筛筛余,%)	≤20	
流动度比(%)	≥85	
活性指数(%)	7d	≥50
	28d	≥65
烧失量(%)	≤8.0	
SO_3(%)	≤3.5	
氯离子含量(%)	≤0.06	
游离CaO含量(%)	≤1.0	
MgO含量(%)	≤5.0	
含水率(%)	≤1.0	

3.3.2　掺有火山灰的水泥混凝土配合比设计

对不同强度等级、不同火山灰掺量的水泥混凝土进行28d抗压、抗拉强度试验及60d抗压强度试验,根据试验结果,总结强度增长规律,确定火山灰掺料最佳掺量,共设计了24组试验,如图3.3-4所示。

图 3.3-4　混凝土配合比试验

(1)28d 抗压强度试验

火山灰掺量对 28d 龄期 C25、C30、C35 混凝土抗压强度的影响及与粉煤灰混凝土强度变化对比关系如图 3.3-5 所示。

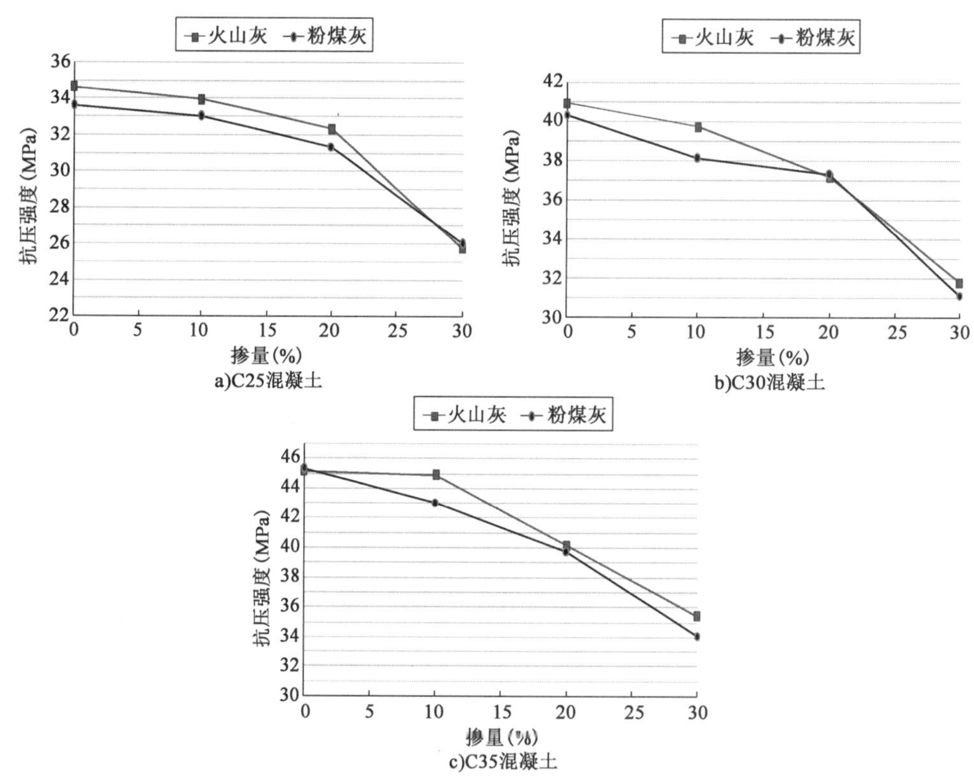

图 3.3-5　火山灰混凝土抗压强度与掺量关系变化曲线

试验结果表明,随着火山灰掺入量的增加,火山灰混凝土的抗压强度出现了慢慢下降的趋势。火山灰掺量小于 20% 时,火山灰混凝土的抗压强度降低的速率较慢,这说明在合理的掺配比例范围之内,可以满足混凝土使用要求。

(2)60d、90d 抗压强度试验

图 3.3-6 为 C25、C30、C35 混凝土抗压强度与火山灰掺量的关系变化曲线。

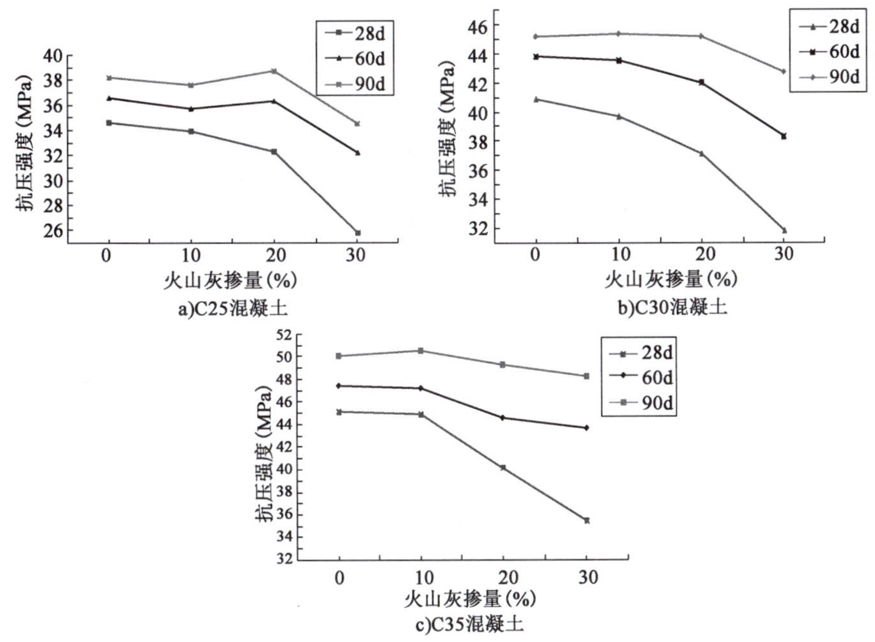

图 3.3-6　混凝土抗压强度与火山灰掺量关系变化曲线

图中表明,从长龄期混凝土强度看,火山灰掺量为 20% 是合理的数值,掺量在 15% 以下能够达到 28d 设计强度,综合考虑早期强度要求及长期强度增长情况,取 15% 为火山灰掺合料在水泥混凝土中的最佳掺量。

3.3.3　掺有火山灰的水泥混凝土性能研究

通过室内试验,对火山灰混凝土的热学性能、抗渗性、抗冻性、抗碳化性等耐久性进行研究。

(1)火山灰混凝土热学性能分析

①水化放热试验

测试了相同条件下火山灰掺量分别为 10%、20%、30% 的胶凝材料体系水化热及水化速率,并与相同条件下未掺火山灰的水泥相比较,试验结果如表 3.3-5 所示。

火山灰对水泥水化热的影响　　表 3.3-5

试验代号	放热总量(J/g)		
	1d	2d	3d
Control	161.3	203.9	228.9
VA-10	145.8	187.2	209.1
VA-20	129.7	172.2	191.9
VA-30	112.6	154.5	173.3

由表中可以看出，随着火山灰掺量的增加，胶凝材料体系水化开始的3d内，水化热呈递减趋势。相同条件下火山灰掺量分别为10%、20%、30%的胶凝材料体系与未掺火山灰的水泥相比较，3d水化热总量分别降低了8.7%、16.2%、24.3%，随火山灰掺量增加，胶凝材料体系的水化速率最大值降低。

②混凝土绝热温升试验

试验结果(表3.3-6)表明，不掺火山灰的C30混凝土绝热温升早期上升较快，而掺火山灰混凝土的绝热温升早期上升较缓慢一些，且随着火山灰掺配比例的增加，混凝土28d绝热温升显著降低，不掺火山灰的为63.5℃，火山灰掺量10%的为61.3℃，火山灰掺量20%的为40.5℃，火山灰掺量30%的为33.7℃。

不同火山灰掺量绝热温升(℃) 表3.3-6

龄期	0	0.5	1	1.5	2	2.5	3	3.5	4	4.5	5	5.5	6	6.5	7	8
1d	0	12.50	30.20	46.23	51.77	53.19	54.62	55.41	55.57	55.72	56.52	56.83	56.99	57.15	57.15	57.07
2d	0.00	1.81	15.06	38.60	48.20	49.70	51.00	51.50	52.87	53.02	53.77	54.07	54.22	54.38	54.38	54.30
3d	0.00	1.20	10.00	29.20	32.70	33.60	34.50	35.00	35.10	35.20	35.70	35.90	36.00	36.10	36.10	36.05
4d	0	0.30	5.70	15.60	30.30	39.60	43.30	44.20	45.20	46.30	47.20	48.00	48.43	48.57	48.57	48.50

在混凝土中掺加火山灰，可降低混凝土绝热温升，改善混凝土性能，特别适用于大体积混凝土，有利于混凝土减少温度裂缝。

③火山灰掺料不同掺量水化热调整系数k的确定

根据本次试验结果，分析水化热调整系数k的取值，以便在没有试验条件的情况下，通过计算的方法确定火山灰混凝土的绝热温升。试验结果见表3.3-7。

不同掺量火山灰水化热调整系数 表3.3-7

序　　号	火山灰掺量(%)	T(℃)	k
1	10	54.3	0.94
2	20	51.5	0.90
3	30	48.5	0.85

(2)火山灰混凝土抗冻性能研究

由于火山灰的掺入会使混凝土早期强度有所损失，一定程度上影响了混凝土的抗冻性能。为了更好地研究火山灰对混凝土抗冻性能的影响，对掺火山灰混凝土进行了抗冻性能测试，结果见表3.3-8、图3.3-7和图3.3-8。

掺火山灰混凝土冻融试验结果(%) 表3.3-8

编号	掺火山灰混凝土冻融循环次数											
	50		100		150		200		250		300	
	W	P	W	P	W	P	W	P	W	P	W	P
MF1	0	99.1	0.1	98.0	0.5	90.4	1.2	76.5	1.9	62.7	2.9	—
MF2	0.1	99.0	0.2	97.5	0.5	93.2	1.1	76.2	1.7	63.1	2.6	—
MF3	0.1	99.2	0.2	97.6	0.6	93.0	1.2	78.2	2.1	65.3	2.7	—

续上表

编号	掺火山灰混凝土冻融循环次数											
	50		100		150		200		250		300	
	W	P	W	P	W	P	W	P	W	P	W	P
MF4	0.2	99.0	0.3	96.5	0.6	90.0	1.3	76.4	2.3	59.2	—	—
MF5	0.2	99.2	0.4	97.0	0.7	96.3	1.2	77.3	2.0	61.3	2.7	50.4
MF6	0.1	99.4	0.3	98.2	0.7	90.5	1.1	76.6	2.4	60.7	2.8	—

注：P 为掺用火山灰混凝土的相对动弹模量；W 为质量损失率。

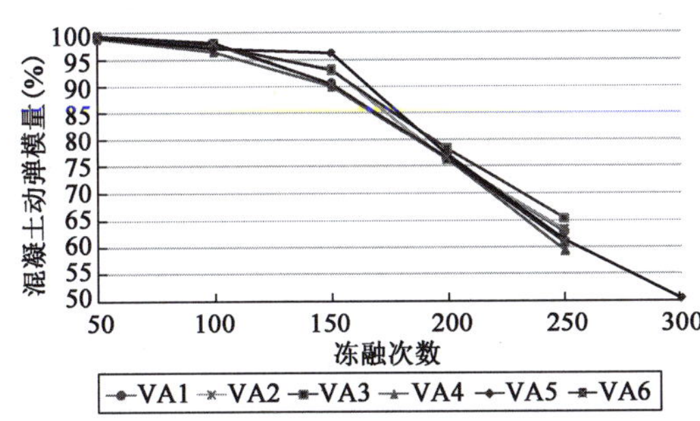

图 3.3-7　相对动弹模量变化曲线

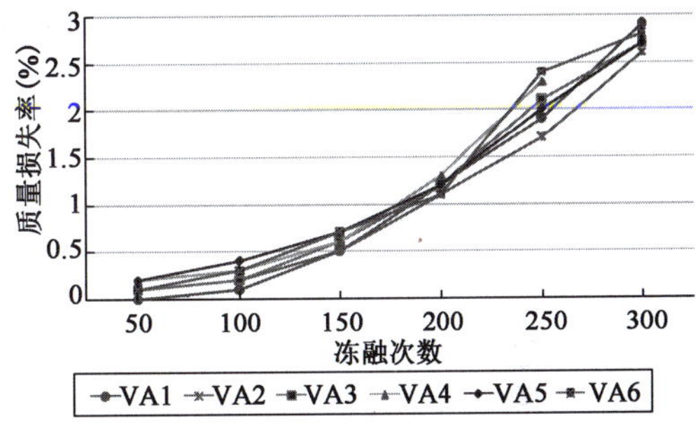

图 3.3-8　质量损失率变化曲线

试验结果表明，火山灰掺量为 20% 以下的混凝土能够达到 F250 抗冻等级，经 250 次冻融循环后，动弹模量≥60%，质量损失≤5%，能够满足标准要求。同时，试验结果还表明，火山灰掺量≤20% 时，混凝土抗冻性能没有明显降低。

(3) 火山灰混凝土抗碳化性能研究

通过加速碳化试验，分别对两种强度等级（C20 和 C40）的基准混凝土、火山灰混凝土、粉煤灰混凝土、掺加硅灰的火山灰混凝土进行碳化试验，分析火山灰混凝土的抗碳化性能。试验结果见表 3.3-9

各混凝土碳化深度(mm)　　表 3.3-9

工　况	试验龄期			
	3d	7d	14d	28d
C20-PO	3.07	4.45	6.37	8.99
C20-VA	9.21	13.96	17.65	22.46
C20-FA	6.72	10.49	13.02	17.78
C20-VA-3%	7.89	11.07	14.63	19.17
C20-VA-5%	6.30	10.58	13.72	17.86
C40-PO	0	0	0	0
C40-VA	4.38	5.63	6.66	7.95
C40-FA	3.84	4.82	5.81	6.96
C40-VA-3%	3.55	4.52	5.49	6.61
C40-VA-5%	3.10	3.86	4.86	5.80

试验结果表明,混凝土中掺加火山灰后,其抗碳化能力显著降低,且掺量越大抗碳化能力越差,差于粉煤灰混凝土。在火山灰混凝土中掺加硅灰能够显著改善火山灰混凝土的抗碳化性能。就抗碳化性能而言,5%硅灰掺量的火山灰混凝土可以替代粉煤灰混凝土。

(4)火山灰水泥混凝土抗渗性能研究

对掺量为10%、20%、30%的火山灰混凝土试件进行了逐级加压抗渗试验,最大加压至1.4MPa。试验结果是所有试件顶面均未出现渗水现象。劈开后观察渗水的情况,试件的渗水高度在30~40mm之间,说明混凝土抗渗等级远大于P12。火山灰混凝土密实性良好,抗渗透能力强,适用于钢筋混凝土防水结构。

3.3.4 掺有火山灰的水泥混凝土施工工艺

掺用火山灰混凝土的施工工法与普通混凝土基本一致,施工过程应严格执行相关标准规范中有关规定。此外,在施工过程中还应注意以下几点。

(1)拌制

①火山灰的计量应采用质量法,称量误差为±2%。

②火山灰混凝土的搅拌程序与基准混凝土相同,火山灰宜与水泥同时加入,搅拌时间应由搅拌机类型决定,并可延长10~20s,以确保搅拌均匀。

③当施工环境温度较高或混凝土搅拌至浇筑的间隔时间较长时,应通过试验确定火山灰混凝土的坍落度经时损失。

(2)运输

①混凝土在运输过程中,不能发生离析、漏浆、严重泌水及坍落度损失超过要求等现象。

②采用无搅拌运输工具运送坍落度较小的混凝土时,应使用内壁平整光滑、不漏浆、不吸水、有顶盖的盛器。每次卸出混凝土后,盛器内不得留有剩余混凝土,还应确保入仓前的混凝土均匀、不离析。

③采用其他运输工具(泵送、输送带、吊斗等)输送混凝土时,应考虑各种运输工具的性能、能力和运输速度,并与拌和、浇筑能力相适应,以确保混凝土在初凝前完成浇筑工作。

(3)浇筑

①混凝土应按一定厚度、顺序和方向分层浇筑,应在下层混凝土初凝或能重塑前浇筑完成上层混凝土。在倾斜面上浇筑混凝土时,应从低处开始逐层扩展升高,保持水平分层。

②火山灰混凝土浇筑时不得漏振或过振,终饰抹面作业应在泌水结束、终凝之前进行。

③大体积混凝土的浇筑应在一天中气温较低时进行。混凝土入模前的模板与钢筋温度以及附近的局部气温均不应超过40℃,混凝土的浇筑温度不宜高于28℃。冬天浇筑时,混凝土的入模温度应不低于10℃。

(4)养护

①火山灰混凝土暴露且在养护期应进行遮盖。保持湿润养护时间一般不得少于14d;低温施工时应采取保温措施,养护时间不得少于21d。

②混凝土强度达到1.2MPa前,不得在其上踩踏;强度达到2.5MPa前,不得使其承受行人、运输工具、模板、支架及脚手架等荷载。

(5)施工质量检验评定

火山灰混凝土的质量检验评定,应按现行《混凝土强度检验评标准》(GB/T 50107)、《混凝土结构工程施工及验收规范》(GB 50204)《公路桥涵施工技术规范》(JTG/T F50)和《公路水泥混凝土路面施工技术规范》(JTG F30)的相关规定执行。

3.4 填料型硅藻土改性沥青混合料技术

3.4.1 填料型硅藻土改性剂物理化学特性研究

(1)微观结构分析

通过电子显微镜可以观察到硅藻土的各种形态,主要有两种类型:一种以圆形为主,壳面大都呈辐射对称;另一种呈披针形、线形和棍棒形等,壳面大都呈两侧对称,见图3.4-1。

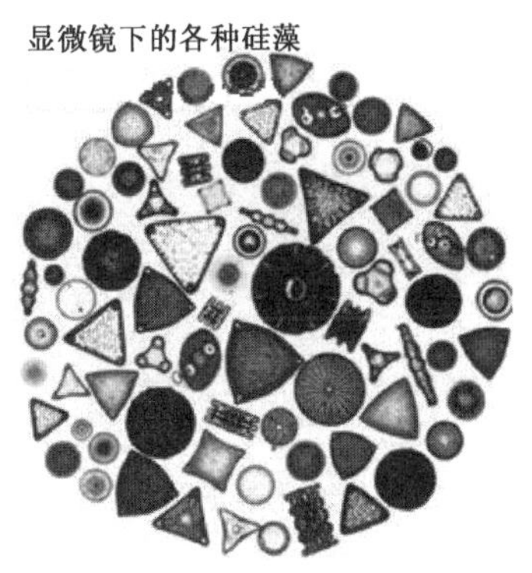

图3.4-1 显微镜下的硅藻土

选取吉林省和云南省部分代表性硅藻土进行电子显微镜观察,见图3.4-2和图3.4-3。

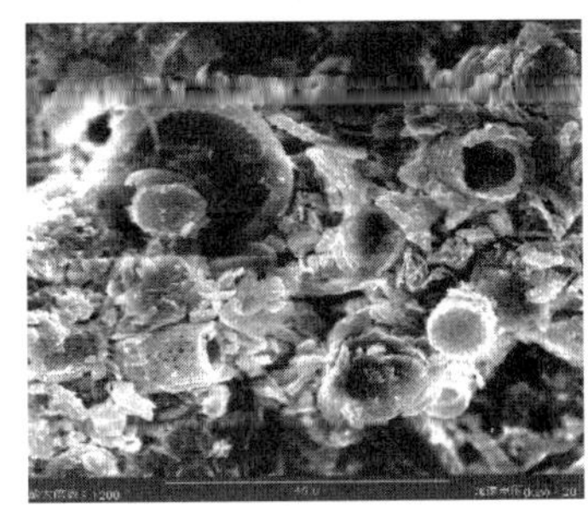

图3.4-2 吉林省部分硅藻土形态

从电子显微镜观察的结果看,吉林省和云南省的硅藻土均存在圆盘藻和直链藻。但是吉林硅藻土的硅藻含量比云南硅藻土多,且圆盘藻占60%以上。

(2)粒度分析

硅藻土属轻质填料,粒径在1.0~20μm之间,且具有多孔、比表面积大的特点,是增加沥青路面强度和附着力的优质填料。硅藻土粒径分析结果见表3.4-1,部分硅藻土比表面积见表3.4-2。

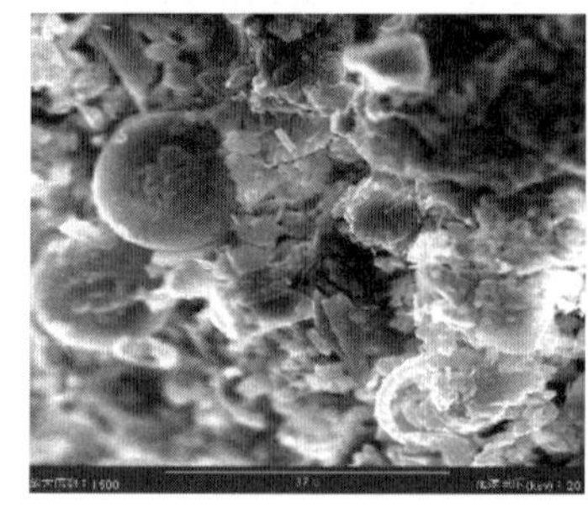

图3.4-3　云南省部分硅藻土形态

硅藻土粒径分析结果　　表3.4-1

样品	长白一级土		长白二级土		临江土		九台土	
	粒径(μm)	含量(%)	粒径(μm)	含量(%)	粒径(μm)	含量(%)	粒径(μm)	含量(%)
粒度	<1.84	10	<2.07	10	<2.63	10	<3.43	10
	1.84~4.35	15	2.07~3.96	15	2.63~5.57	15	3.43~7.07	15
	4.35~8.59	25	3.96~7.63	25	5.57~10.77	25	7.07~15.47	25
	8.59~14.54	25	7.63~13.31	25	10.77~17.71	25	15.47~25.46	25
	14.5~21.58	15	13.31~21.12	15	17.71~24.83	15	25.46~31.72	15
	21.58~30	7.81	21.12~30	7.69	24.83~30	6.01	31.72~80	10
	30~80	2.19	30~80	2.31	30~80	3.99	—	—

部分硅藻土比表面积(m^2/g)　　表3.4-2

长白一级土	长白二级土	临江土	九台土
36.829	33.119	47.143	38.570

(3)化学成分分析

硅藻土测定化学组分(表3.4-3)有SiO_2、Al_2O_3、Fe_2O_3、CaO和MgO,其中,SiO_2含量是评价硅藻土原土质量最重要的一个参数。试验结果(表3.4-4)表明,吉林省的硅藻土只要稍加提纯即可达到一级土的标准,所含非晶态物质非常多,适合作为沥青改性剂。

硅藻土化学成分结果(%)　　表3.4-3

硅藻土	SiO_2	Al_2O_3	Fe_2O_3	TiO_2	CaO	MgO	K_2O	Na_2O	烧失量
长白一级	86.12	3.56	0.94	0.20	0.50	1.97	0.50	0.30	5.73
长白二级	78.76	7.78	2.29	0.40	1.00	0.54	1.16	0.75	6.66
临江	82.88	5.63	2.24	0.20	2.05	0.66	1.24	0.33	4.54
露水河	76.76	10.50	3.32	0.50	0.88	0.71	0.93	0.45	5.73
九台	92.62	2.59	1.51	0.05	1.06	0.64	0.64	0.22	0.30
桦甸	85.15	5.71	1.81	0.45	0.41	0.40	0.59	0.63	4.93
敦化	65.37	15.19	3.99	0.84	1.06	0.90	1.68	2.01	7.23
云南	54.06	11.79	5.75	0.86	9.97	1.14	1.47	0.90	13.02

硅藻土 X 射线矿物衍射分析测试结果　　表 3.4-4

硅藻土	矿物相对含量(%)							
	N. C	I/S	I	K	Q	Fs	Pl	Cri
长白一级	85	—	5	1	7	1	1	—
长白二级	78	3	5	1	8	2	3	—
露水河	74	—	4	—	7	2	2	—
九台	74	—	2	1	4	1	1	17
桦甸	86	—	3	1	4	1	1	—
云南	40	21	5	3	15	2	2	40

注：N. C-非晶态物质；I/S-伊利石/蒙脱石；I-伊利石；K-高岭石；Q-石英；Pl-斜长石；Cri-方英石。

(4)硅藻土技术指标

基于室内大量的数据和吉林省硅藻土性能总体情况，提出了用于改性沥青的硅藻土技术指标要求，见表 3.4-5。

硅藻土改性沥青混合料专用硅藻土技术指标要求　　表 3.4-5

名称	外观	SiO_2含量(%)	硅藻粒径(μm)	硅藻形状	非晶体含量(%)	比表面积(m^2/g)	含水率(%)
指标	灰白色	宜 >80	10 ~ 15	小环藻宜占 90% 以上	宜 >70	>25	<5

3.4.2　填料型硅藻土改性沥青胶浆特性研究

(1)低温流变特性

不同类型硅藻土改性基质沥青的弯曲蠕变劲度 S 值及蠕变速率 m 值的关系分别见图 3.4-4、图 3.4-5。

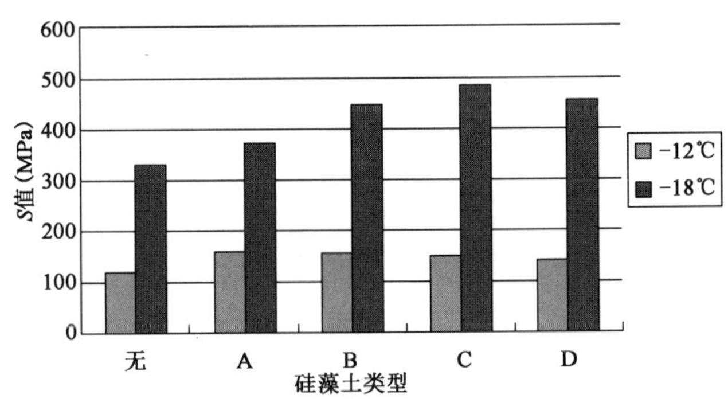

图 3.4-4　不同类型硅藻土单一改性沥青胶浆的弯曲蠕变劲度 S 值变化图

不同类型硅藻土和 SBS 复合改性沥青胶浆的弯曲蠕变劲度 S 值及蠕变速率 m 值的关系分别见图 3.4-6、图 3.4-7。

从图 3.4-6 可以看出，在 −12℃ 和 −18℃ 这两个试验温度下，硅藻土的加入会使得基质沥青和 SBS 改性沥青的弯曲蠕变劲度 S 值增大，表明硅藻土加入使得沥青硬稠度增大。

根据图 3.4-7 可知，在 −12℃ 和 −18℃ 条件下，随着硅藻土的掺入，蠕变速率 m 值变化呈下降趋势,但数值变化不大。这说明硅藻土的加入使沥青的应力松弛性能下降,但不会造成太大的影响。沥青的应力松弛能力下降,会降低沥青胶结料的抗低温开裂性能,14%的硅藻土掺量并没有对沥青的低温抗裂性能产生明显影响,因此该掺量合理。

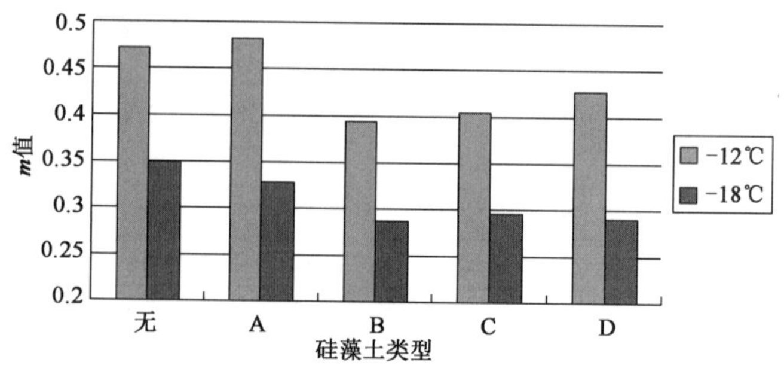

图 3.4-5　不同类型硅藻土单一改性沥青胶浆的蠕变速率 m 值变化图

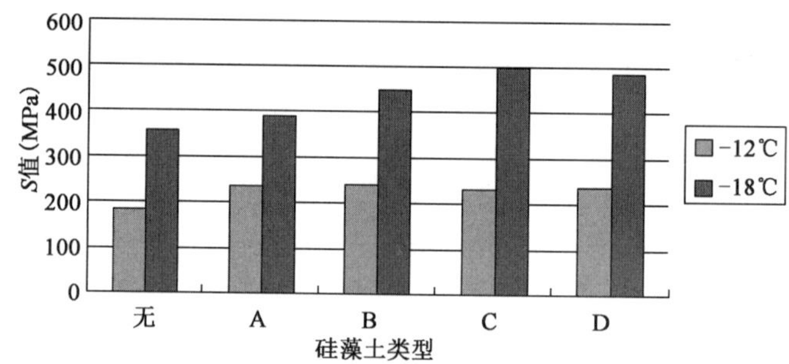

图 3.4-6　不同类型硅藻土和 SBS 复合改性沥青胶浆的弯曲蠕变劲度 S 值变化图

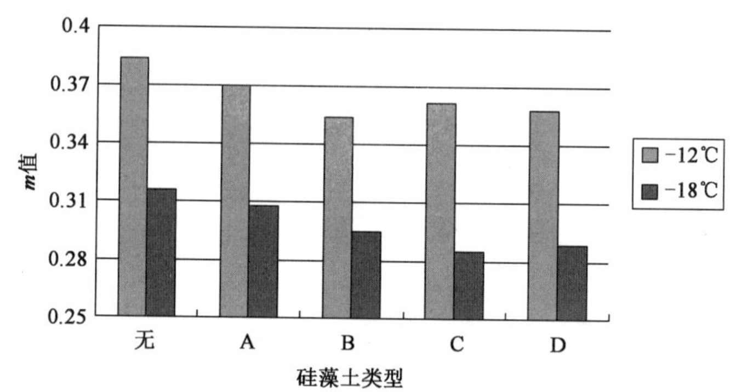

图 3.4-7　不同类型硅藻土和 SBS 复合改性沥青胶浆的蠕变速率 m 值变化图

(2)高温流变特性

本次试验采用固定的速度 $\omega = 10\text{rad/s}$,角频率约为 1.59Hz 进行试验。选取四种硅藻土(A、B、C、D)分别与改性 90 号基质沥青和 SBS 改性沥青形成胶浆,采用动态剪切流变仪(DSR)得到相位角和损失模量随温度变化的综合曲线。

将四种硅藻土分别与 90 号基质沥青和 SBS 改性沥青在高温下高速剪切 20min,制成胶浆,试验结果见表 3.4-6 和表 3.4-7。

各种类型硅藻土改性基质沥青动态剪切(DSR)试验结果　　表3.4-6

硅藻土类型	试验温度(℃)	G^*(kPa)	δ(°)	$G^*/\sin\delta$(kPa)
无(基质)	20	215.2	44	310
	40	76.1	67	82.7
	60	3.93	82	3.97
A	20	277.3	37	461
	40	152.2	65	168
	60	9.62	80	9.77
B	20	266.4	37	443
	40	115	64	129
	60	9.05	81	9.28
C	20	259.8	37	432
	40	129.4	64	144
	60	9.01	81	9.12
D	20	296.5	37	493
	40	126.7	64	141
	60	9.08	80	9.22

各种类型硅藻土 SBS 改性沥青动态剪切(DSR)试验结果　　表3.4-7

硅藻土类型	试验温度(℃)	G^*(kPa)	δ(°)	$G^*/\sin\delta$(kPa)
无(SBS)	20	243.1	38	395
	40	81.6	57	97.3
	60	4.62	71	4.89
A	20	296.2	35	516.6
	40	168.9	53	211.6
	60	10.31	68	11.12
B	20	28.53	35	497.6
	40	157.8	53	197.7
	60	9.82	69	10.52
C	20	279.9	36	476.4
	40	158.6	53	198.7
	60	9.94	68	10.72
D	20	297.9	36	507
	40	163.6	54	202.3
	60	10.02	71	10.60

3.4.3　硅藻土掺量确定

为了更合理地添加硅藻土,确定硅藻土的最佳掺量,在基质沥青混合料的基础上,按照硅藻土掺量的变化共进行了13组试验，方案如表3.4-8所示。

硅藻土掺量试验方案

表3.4-8

试验序号	硅藻土掺量(%)	矿粉掺量(%)	备　注
1	0	—	矿粉量不变
2	0.5	—	矿粉量不变
3	0.6	—	矿粉量不变
4	0.7	—	矿粉量不变
5	0.5	-0.5	减相应矿粉量
6	0.6	-0.6	减相应矿粉量
7	0.7	-0.7	减相应矿粉量
8	0.5	-0.5×矿粉密度/硅藻土密度	按比例减矿粉量
9	0.6	-0.6×矿粉密度/硅藻土密度	按比例减矿粉量
10	0.7	-0.7×矿粉密度/硅藻土密度	按比例减矿粉量
11	0.5	-0.5×(矿粉密度/硅藻土密度)^2	按比例减矿粉量
12	0.6	-0.6×(矿粉密度/硅藻土密度)^2	按比例减矿粉量
13	0.7	-0.7×(矿粉密度/硅藻土密度)^2	按比例减矿粉量

首先，对上述13组试验方案分别进行沥青混合料的马歇尔试验，确定沥青混合料的最佳沥青用量，在最佳沥青用量的条件下，继续制作沥青混合料的车辙试件。每个方案中，4个车辙试件分别进行毛体积比重、构造深度、摩擦系数、渗水系数试验；3个试件进行车辙试验，1个试件进行小梁弯曲试验，同时还利用马歇尔击实仪对沥青混合料进行击实成型。击实次数为双面各50次，进行冻融劈裂试验。试验结果见表3.4-9。

试验数据综合分析表

表3.4-9

添加物	毛体积比重	构造深度(mm)	渗水系数(mL/min)	摩擦系数BPN	动稳定度(次/mm)	冻融劈裂强度比(%)	弯拉强度(MPa)	弯拉应变(με)	劲度模量(MPa)
未加硅藻土	2.455	0.54	37.21	66.6	1092	75.50	12.25	2490	4920
加0.5%硅藻土	2.467	0.56	54.22	69	855	68.44	12.05	2130	5657
加0.6%硅藻土	2.464	0.54	59.99	75.7	993	70.08	9.71	2080	4668
加0.7%硅藻土	2.463	0.54	58.88	66.2	718	61.14	11.86	1730	6855
加0.5%硅藻土-0.5%矿粉	2.468	0.52	63.88	65.7	1211	75.65	11.07	2290	4834
加0.6%硅藻土-0.6%矿粉	2.464	0.56	28.66	65	1142	77.53	9.66	2040	4735
加0.7%硅藻土-0.7%矿粉	2.45	0.54	49.99	69.9	1042	75.54	12.54	1680	7464
加0.5%硅藻土-0.5%矿粉密度/硅藻土密度	2.485	0.55	38.88	73.1	1341	75.52	12.6	2470	5101
加0.6%硅藻土-0.6×(矿粉密度/硅藻土密度)%矿粉	2.444	0.55	52.22	73.6	1883	89.46	12.97	2572	5043

续上表

添 加 物	毛体积比重	构造深度(mm)	渗水系数(mL/min)	摩擦系数BPN	动稳定度(次/mm)	冻融劈裂强度比(%)	弯拉强度(MPa)	弯拉应变(με)	劲度模量(MPa)
加0.7%硅藻土 -0.7×(矿粉密度/硅藻土密度)%矿粉	2.449	0.58	58.88	66.9	1346	67.43	12.45	2585	4816
加0.5%硅藻土 -0.5×(矿粉密度/硅藻土密度)^2%矿粉	2.468	0.54	52.88	64.3	1058	80.38	11.87	2300	5161
加0.6%硅藻土 -0.6×(矿粉密度/硅藻土密度)^2%矿粉	2.437	0.53	33.1	67.4	1652	73.19	11.74	2440	4811
加0.7%硅藻土 -0.7×(矿粉密度/硅藻土密度)^2%矿粉	2.463	0.5	46.66	65.7	1479	73.07	11.25	1670	6737

通过对硅藻土改性沥青混合料进行高温稳定性、低温抗裂性、水稳定性等路用性能试验，确定硅藻土的最佳掺量为第9组：掺加0.6%硅藻土并减少0.6×(矿粉密度/硅藻土密度)%矿粉。

3.4.4 填料型硅藻土改性沥青混合料路用性能验证及评价

采用常规评价沥青混合料高低温性能和水稳定性能的方法，包括车辙动稳定度、低温小梁弯曲试验以及浸水马歇尔试验和冻融劈裂试验，对填料型硅藻土改性沥青混合料的路用性能进行验证。试验结果如表3.4-10～表3.4-13所示。

浸水马歇尔试验结果　　表3.4-10

沥青种类	硅藻土种类	30min稳定(kN)	48h稳定度(kN)	残留稳定度(%)
基质沥青	无	10.87	8.75	80.5
	A	13.47	13.03	96.7
	B	12.43	11.16	89.8
	C	12.16	11.04	90.8
	D	11.12	10.26	92.3
SBS改性沥青	无	11.88	10.63	89.5
	A	13.68	12.79	93.5
	B	12.91	11.90	92.2
	C	13.48	12.47	92.5
	D	12.05	10.93	90.7

冻融劈裂试验结果 表3.4-11

沥青种类	硅藻土种类	未冻劈裂强度(MPa)	已冻劈裂强度(MPa)	劈裂强度比(%)
90号沥青	无	10.05	9.04	89.9
	A	10.05	9.61	95.6
	B	9.75	8.92	91.5
	C	9.75	8.92	90.5
	D	10.33	9.32	90.2
SBS改性沥青	无	10.28	9.26	90.1
	A	12.09	11.30	93.5
	B	10.67	9.90	92.8
	C	11.84	10.81	91.3
	D	10.36	9.39	90.6

硅藻土改性沥青混合料车辙试验结果 表3.4-12

沥青混合料类型	平均值(次/mm)	沥青混合料类型	平均值(次/mm)
90号沥青	775	SBS改性沥青	2586
A+90号改性沥青	1710	A+SBS改性沥青	4629
B+90号改性沥青	1566	B+SBS改性沥青	4039
C+90号改性沥青	1598	C+SBS改性沥青	4436
D+90号改性沥青	1130	D+SBS改性沥青	3710

硅藻土改性沥青混合料小梁弯曲试验结果 表3.4-13

沥青混合料类型	弯曲应变(με)	沥青混合料类型	弯曲应变(με)
90号	1700	SBS改性沥青	3178
A+90号改性沥青	2587	A+SBS改性沥青	3859
B+90号改性沥青	2155	B+SBS改性沥青	3798
C+90号改性沥青	2047	C+SBS改性沥青	3362
D+90号改性沥青	2233	D+SBS改性沥青	3387

通过室内试验验证了硅藻土改性沥青混合料的高温稳定性、低温抗裂性和水稳定性，试验结果表明，硅藻土沥青混合料具有良好的路用性能。推荐填料型硅藻土改性沥青混合料技术指标如表3.4-14所示。

硅藻土改性沥青混合料技术指标要求 表3.4-14

性能指标	单位	技术指标要求
稳定度	kN	≥8
流值	mm	2~5
动稳定度	次/mm	≥1500
残留稳定度	%	≥80
冻融劈裂强度比	%	≥75
弯曲应变	με	≥2300

3.4.5 硅藻土改性沥青混合料施工工艺

施工过程中,硅藻土改性沥青混合料生产宜采用干拌法,即先将硅藻土与矿料在拌和楼内拌和均匀后,再加入沥青进行拌和,最后加入矿粉拌和均匀。

由于硅藻土在沥青混合料中属于外掺剂,在沥青混合料中有一个“熟化”过程。因此,材料拌和时间要适当延长,拌和温度要略有提高。

在粗细集料放料的同时加入硅藻土,硅藻土与粗细集料经适当干拌后投入矿粉,总的干拌时间可比普通沥青混合料增加2~5s,喷入沥青后的湿拌时间也应增加5s左右(改性沥青可增加10s),保证硅藻土能充分均匀地分散在混合物中,并与沥青结合料充分拌和。拌和时间根据具体情况经试拌确定,以沥青均匀裹覆集料为度。其他施工过程无特殊工艺要求。如图3.4-8和图3.4-9所示。

图3.4-8 硅藻土掺加示意

图3.4-9 硅藻土改性沥青混合料摊铺

3.5 技术小结

本着因地制宜,高品质利用地产材料的原则,结合鹤大高速公路工程建设资源特点,本章系统地开展了“填料型火山灰改性沥青混合料技术”“火山灰在大体积结构水泥混凝土中的应用技术”“填料型硅藻土改性沥青混合料技术”共3个子项的推广应用研究,获得如下成果:

(1)实现了填料型火山灰沥青的改性及其在工程中的规模化应用,完善了填料型火山灰改性剂技术指标要求,基于沥青胶浆对沥青混合料性能的影响,提出了一种新的沥青混合料矿料级配设计方法,有效地提高了沥青混合料的综合路用性能;

(2)将火山灰作为掺合料用于桥涵墩台,提出了火山灰用于大体积结构混凝土掺合料的技术指标要求,提高了大体积水泥混凝土的工作性、强度及耐久性,减少水泥用量10%,降低了工程造价;

(3)采用了硅藻土SBS复合改性沥青技术,提出了硅藻土最佳掺量的确定方法,提出了硅藻土改性沥青混合料施工温度的确定方法及其施工工艺,有效地改善了硅藻土改性沥青混合料的路用性能；

通过地产筑路材料升级利用研究，鹤大高速公路建设形成了地产筑路材料的成套综合利用技术，提高了沥青路面高低温综合路用性能，一定程度上改善了水泥混凝土的长期耐久性，降低了全寿命周期成本。同时，有效促进了成熟科技成果转化，实现了资源节约。

第 4 章　高速公路低碳节能技术

随着我国经济水平的不断提高，工业化发展速度越来越快，公路建设过程中的环境污染与能源浪费问题越来越严重。鹤大高速公路沿线地形复杂、桥隧比例高，工程建设能耗高。其隧道和服务区日常运营中照明能耗大，且由于冬季漫长而寒冷，持续 6 ~7 个月，供暖期长达半年之久，服务区、收费站等沿线附属设施冬季采暖的能耗需求大，排放的气体对环境的污染较为严重。为了减少公路建设和运营中的能源消耗，针对高速公路服务区建筑取暖以及公路隧道照明电能浪费问题，在鹤大高速公路建设中开展了房屋建筑工程节能保温技术以及隧道及服务区照明节能与智慧控制技术研究，并设立了示范路段。

4.1　寒区高速公路房屋建筑工程节能保温技术

4.1.1　围护结构保温技术

在采用空气源热泵与电采暖供热实现节能目标的同时，在建筑物外表面与空气接触部分粘贴保温板，采取保温补偿措施等，能够减少热量损耗，更好地保证供暖温度。

建筑节能保温技术主要包括建筑供暖节能和围护结构保温技术两部分。本项目侧重于建筑围护结构的节能保温技术推广应用工程设计。

(1)建筑围护结构保温设计

建筑室内的冷、热和干、湿环境主要受外部气候条件影响，因此建筑节能的关键在于围护结构节能。

处于季冻地区的公共建筑，在冬季会受到冰冻灾害的影响，外墙装饰和保温层一旦进水，结冰后会使其开裂、空鼓甚至脱落。为了减少热量的损耗，应当格外注重围护结构的保温隔热性能。

确保材料的质量和性能，要保证材料保持干燥状态并受到良好的保护，这与围护结构的材料和构造有紧密联系。从基层墙体本身而言，我国早已禁止使用实心黏土砖，因为实心黏土砖不仅破坏耕地，自身的保温性能也较差，后逐渐开始应用多种节能型墙体材料，如煤矸石多孔砖、小型混凝土空心砌块、加气混凝土砌块等。这些砌块具有较低的传热系数以及其他优势，取代了之前大量使用的实心黏土砖。

(2)围护结构保温材料优选

2009 年 9 月公安部与住房和城乡建设部联合发布的《民用建筑外保温系统及外墙装饰防火暂行规定》(公通字〔2009〕46 号)中，明确规定了建筑外保温材料的防火性能，即民用建筑外保温材料的燃烧性能宜为 A 级，且不应低于 B_2 级。目前，市面上有多种保温材料，主要可以分为有机类型和无机类型。其中,有机类型包括 EPS(聚苯乙烯泡沫)、XPS(挤塑聚苯乙烯泡沫)、PU(聚氨酯)、PF(酚醛树脂发泡材料)等材料,导热系数较低,是很好的保温材料,但是防火等级低,需要做好阻燃措施。

无机材料包括泡沫玻璃、泡沫混凝土、岩棉、真空绝热板等,这类材料的保温性能不如有机材料,但是防火等级高,具体数据见表 4.1-1。

各类保温材料传热性能及防火性能对比 表 4.1-1

指标	有机材料					无机材料		
	EPS 板	EPS 模块	XPS 板	PU	PF	岩棉	泡沫玻璃	真空绝热板
传热系数	—	0.019 ~ 0.031	—	0.017 ~ 0.025	0.02 ~ 0.03	—	0.058	0.008
防火等级	B_2	B_2 (B_1)	B (B_1)	B_2 (B_1)	B_1 (A)	B_1(A)	A	A

注:"括号"内表示添加阻燃剂或改性后可以达到的防火等级。

从数据上看,聚氨酯的保温性能很好,事实上不仅是保温性能,其抗风压、抗冲击以及防水能力也相当卓越,但是聚氨酯发泡过程不规则,很难保证保温层的光滑、平整,并且聚氨酯在燃烧时会释放大量有毒物质并产生大量烟尘,从而导致人员伤亡;酚醛树脂发泡材料是有机高分子材料,其防火性能、保温效果丝毫不逊色于无机材料,是目前较为理想的建筑保温材料;相比之下,岩棉等无机材料的防火等级较高,并且近几年施工现场由有机保温材料燃烧酿成火灾的事故时有发生,岩棉等无机材料的使用越来越多,应注意的是,在施工时要做好封闭工作,否则岩棉会出现吸水情况,保温性能降低;泡沫玻璃和真空绝热板是新型材料,具有很好的保温、绝热、防火性能,具有广阔的应用前景。

在有机材料中,EPS 板是成本最为低廉的保温材料,也是目前我国外墙保温工程的主要材料,但是由于它的防火性能太差,极易燃烧,容易导致火灾的发生,应逐渐被淘汰。XPS 板是 EPS 板的升级形式,比 EPS 板具有更高的强度、更好的保温隔热性能,但是由于与 EPS 板的材料相同,其耐火性能较差,在掺入阻燃剂后防火等级勉强可以达到 B_1 级,也易引发火灾。EPS 模块是由可发性聚苯乙烯珠粒经过加热发泡后,根据相关规范和工艺要求用专门的设备和模具加工制成,是我国自主研发的新型材料。这种材料具有传热系数低、力学性能好等优势,在相同的节能标准要求之下,材料的厚度需求仅为 EPS 板的 65% ~75%,并且防火等级可达到 B_1 级,符合防火规范要求,是外墙保温材料的较佳选择。

此外,EPS 模块的制作采用电脑全自动生产线的形式,按照不同种类、不同外观形状和不同规格的需求,模具化一次性高温真空成型并在模腔内完成收缩变形,具有尺寸准确、误差小、技术性能稳定等特点,是值得推广的外墙保温材料。

但是,吉林省最新防火规范要求:"公共建筑的保温层必须采用 A 级防火材料"。公共建筑外墙保温标准提高,而现行市场上 A 级防火保温材料都是无机保温材料,其自重大,大面积用作外墙保温容易脱落,且保温性能不如有机保温材料。

因此,选择了 7 种保温材料进行了性能指标对比,具体如表 4.1-2 所示。

7 种 A 级保温材料性能指标对比 表 4.1-2

指　标	岩棉板	泡沫玻璃保温板	无机保温砂浆	发泡水泥保温板	真空绝热保温板	酚醛保温板	硅质改性聚苯板
导热系数 [W/(m^2·K)]	0.045	0.058	0.068	0.06	0.008	0.025	0.035
表观密度 (kg/m^3)	120	160	280	225	450	65	45
压缩强度 (MPa)	0.045	0.7	0.26	0.54	0.45	0.1	0.2
抗拉强度 (MPa)	0.011	0.5	0.15	0.2	0.4	0.08	0.3
尺寸稳定性 (%)	0.6	0.33	0.18	0.35	0.53	1.2	0.4
体积吸水率 (%)	12	0.2	8.3	8	1.2	3.8	1.4

注：尺寸稳定性指材料在受机械力、热或其他外界条件作用下，其外形尺寸不发生变化的性能。

综上可知，常用保温材料 EPS 板、挤塑聚苯板、石墨聚苯板都是 B 级防火保温材料，在寒区公共建筑中使用不能满足使用要求。所以，该项目对目前正在工程中使用的 A 级保温防火材料进行了对比分析，其保温性能和优缺点如表 4.1-3 所示。

7 种 A 级防火保温材料对比 表 4.1-3

材料名称	优　点	缺　点
岩棉板	保温性能好、具有良好的透气性、燃烧性能级别高等	固定安装困难、吸水率高等，且自重比较大
泡沫玻璃保温板	具有良好的防火性、耐久性、憎水性，而且无毒环保，抗压强度高	价格昂贵，为脆性材料，板缝处易产生应力集中的情况，容易出现开裂现象，不适合采用薄抹灰工艺的北方地区大面积使用
无机保温砂浆	具有极佳的温度和化学稳定性，耐酸碱、耐腐蚀、不开裂；适用范围广，亦可适用于异形墙面，能有效阻止冷热桥产生；强度高，与基层黏结度高，不产生裂缝	无机保温砂浆吸水性较高，厚度不易控制，受施工影响大；导热系数比一般有机类材料略高
发泡水泥保温板	保温系数较好，具有良好的抗压强度及抗老化性，结合性好，与墙体黏结力强，环保性能好，寿命周期长	有一定吸水性，韧性低、脆性大，自身抗冲击强度不大，板材边角容易破损，使得损耗大，成本增加；尺寸规格较小，大多为 300mm × 300mm

(3) 外墙构造优化设计

根据表 4.1-2 中对于 7 种保温材料的分析，该项目选择了 3 种类型保温板构造墙体，其相应指标对比如表 4.1-4 所示。

3 种保温构造墙体性能指标对照表 表 4.1-4

外墙构造类型	保温板传热系数[W/(m^2·K)]	厚度(mm)	整墙传热系数[W/(m^2·K)]	被动式建筑传热系数标准[W/(m^2·K)]
真空绝热保温板构造墙体	0.008	50	0.142	0.15
改性酚醛保温板构造墙体	0.025	150	0.147	
硅质改性聚苯板构造墙体	0.035	210	0.145	

①真空绝热保温板构造墙体

真空绝热保温板是一种新型外墙保温板，具有极低的传热系数，传热系数仅为 0.008W/(m^2·K)。经计算，板的厚度达到 50mm 时，其构造墙体的综合传热系数为 0.142W/(m^2·K)。在板外层再设置一道 20mm 厚的无机保温砂浆，能够有效地降低整体传热系数，最外层设置为抗裂纤维网格外涂 15mm 厚的高强防水砂浆，对保温板起保护作用。

由于采用真空包装，无法现场切割，会给施工带来一定的困难，所用到的真空绝热保温板必须在出厂前就根据建筑尺寸定制好，不允许出现偏差，不像普通保温板可以现场切割，补充边角。另外，50mm 厚的真空绝热保温板虽然不算厚，但由于它的密度较高，为 450kg/m^3，因此自重较大。

真空绝热保温板与墙主体的连接处直接接触的是铝箔玻璃纤维布，它的特性是表面非常光滑，与墙体黏结不容易，所以需要采用螺栓固定以提高安全性。在真空绝热保温板上预留螺栓孔，锚固时使用带圆环专用保温胀栓即可。

②改性酚醛保温板构造墙体

改性酚醛保温板是由经过改良的酚醛泡沫制成，酚醛泡沫本身是一种新型难燃、防火等级可达 A 级的保温材料，具体做法是在酚醛树脂中加入发泡剂、固化剂等制成的闭孔硬质泡沫塑料。由于最初的酚醛保温板强度低，脆性大，易粉化、掉渣，所以使用上受到了很大的限制，经过改良后的酚醛保温板韧性得到提高，强度增加，防火性能也进一步提高，同时改善了酚醛保温板掉渣、粉化等缺点，而且其密度有所降低，一般为 55kg/m^3。

从表 4.1-4 可以看到酚醛板的传热系数较低，为 0.025W/(m^2·K)，经斯维尔节能软件的计算，酚醛板为 150mm 厚时，外墙整体传热系数为 0.147W/(m^2·K)，满足要求。在酚醛板内设一道 20mm 厚的保温砂浆，能降低外墙整体的传热系数，提高保温层的强度。

由于该构造中酚醛保温板较厚，自重大，出于安全性考虑，施工时应采用黏钉结合法。具体的做法是：首先由下至上从支撑部位开始，用聚合物抗裂砂浆，先将酚醛保温板粘贴在墙面上，黏结面积保证在 35% 以上，首层要适当提高要求确保在 50% 以上；下一步开始钉保温钉，每平方米要钉 4～6 个保温钉，最后黏结以及钉完后要等 24h 黏结牢固以后再进行保护层施工，再间隔 24h 进行最外层涂料的施工即可。

③硅质改性聚苯板构造墙体

硅质改性聚苯板是在传统的模塑聚苯乙烯泡沫板的基础上进行改良，改良后防火性能可以达到 A 级效果，能够利用于公共建筑当中。硅质改性板的传热系数为 0.035W/(m^2·K)。对于保温板的铺设可以采用上述提到的整浇模板与模块方式结合，硅质改性聚苯板是目前最适合寒区公共建筑的保温材料，构造墙体如图 4.1-1 所示。

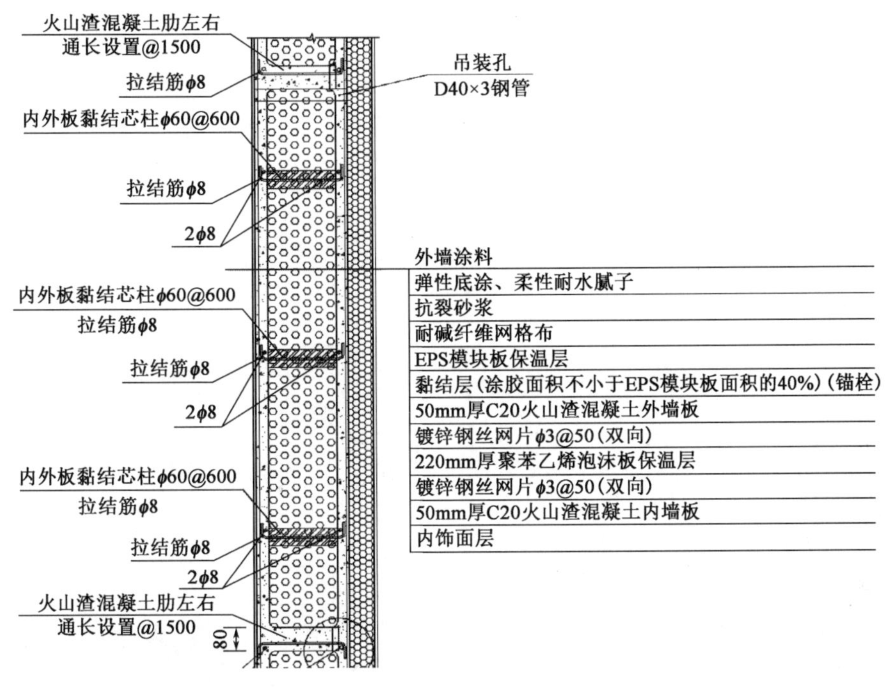

图 4.1-1 硅质改性聚苯板构造墙体(尺寸单位:mm)

④中间夹芯预制保温板

这种复合墙体构造可应用在寒区被动式低能耗建筑的外墙上,保温层被分为两部分,保证了安装时不会因为保温材料过厚而出现连接不牢的弊端。预制夹芯保温板具备 A 级防火等级,可直接用于公共建筑的外墙板,预制板可以在现场直接安装,传热系数可低至 0.17W/(m^2·K),如果将预制夹芯板与其他保温材料复合,可增加墙体的保温效果。其传热系数可低至0.15W/(m^2·K),能够达到被动式建筑对墙体的传热系数要求。建筑采用预制夹芯板、钢结构墙体,施工速度快、噪声小、操作简单、更加环保。

根据上述四种墙体构造分析可知,复合墙体是寒区建筑物围护结构节能保温的必然选择。根据保温材料和主体结构位置的不同,可分为三种节能保温做法,分别是外墙内保温、夹芯保温、外墙外保温,三种节能保温技术都有各自的优缺点。

①外墙内保温

外墙内保温技术是我国最先使用的保温技术,主要使用的材料包括聚苯乙烯板、岩棉板、水泥膨胀珍珠岩、保温砂浆等,做法实例见图 4.1-2。最初外保温技术还不成熟,并且对围护结构的保温要求较低,各地均采用外墙内保温做法。它的优点在于,造价较为低廉,且施工方便。但是随着生活水平提高和我国建筑节能标准的逐步提高,内保温已经不能满足人们日常生活的需要并且已经不再适用。其主要的问题在于保温效果较差,易产生热桥和结露现象;占用室内的使用面积,给室内装修造成了困扰,同时不利于建筑物的节能改造。

②夹芯保温

夹芯保温做法有两种,第一种是使用空心切块砌筑时,在砌块孔洞中填充保温材料,这种做法的优点是不占用室内使用面积,缺点是受到圈梁、构造柱等影响,会导致隔热保温面积不足而产生热桥；另一种是将主要的墙体材料砌筑在保温材料的两侧，这种做法施工比较复杂，还增加墙厚，影响建筑有效使用面积。

③外墙外保温

最初我国的外墙外保温技术是从国外引进的，后来通过我国科研人员的自主研发，我国的外墙外保温技术有了很大的进步。外墙外保温技术的普遍做法，是用聚合物砂浆将聚苯乙烯泡沫板或挤塑板直接粘贴于建筑的结构层上，厚度约为 3mm ~ 5mm，再于保温板表面用聚合物水泥砂浆进行加玻璃纤维网格布抹灰，从而增加其抗裂性，做法实例见图 4.1-3。此外，后期还出现了多种外墙外保温材料，在质量和成本控制上均有较大进步。

图 4.1-2　外墙内保温做法

图 4.1-3　外墙外保温做法

外墙外保温做法是目前较为提倡的保温做法，但是必须保证良好的防火性能，近几年许多新建建筑在做外保温的环节发生了火灾。

外墙外保温的优点在于使用范围广，可在全国各个不同气候的地区使用，南方、北方皆宜；除了新建建筑，亦可以用于旧建筑的改造；并且由于保温材料将结构层均匀保护起来，保温性能良好，可减少热桥，利于改善室内的热工环境，可减少建筑能耗；同时外保温做法可以减少外部环境对建筑物的直接损害，延长建筑物的寿命。

(4)外墙保温设计

在我国，建筑行业普遍存在着能源消耗大且使用率低下的情况，要求必须对建筑外墙的保温设计进行优化，从而减少能源的消耗。在建筑耗热构成中外墙的能量散失仅次于窗户占第二位，对外墙保温的设计有其必然和必要性。外墙保温设计如图 4.1-4 所示。

目前，外墙保温技术的形式主要有三种：外墙外保温、外墙内保温和外墙夹芯保温技术。该项目对于外墙的处理主要应用了外墙外保温设计。

在设计的前期，一直采用酚醛和硅质保温板进行研究；在施工的前期，项目组根据甲方的要求及当地有关文件要求，将外墙保温材料改成了无机保温材料。项目组针对 TM 无机保温材料进行了深入的研究，经过研究及大量的调研工作，决定对该项目采用新型 TM 无机防火保温材料。该新型保温材料施工工艺在环渤海地带广泛地应用，在施工、经济、社会等方面已取得了显著效果。

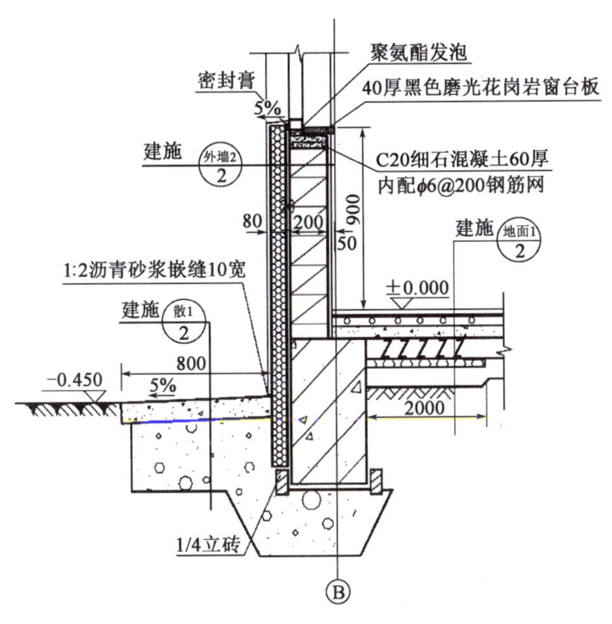

图4.1-4　外墙保温设计(尺寸单位:mm)

保温层采用整体抹灰的工艺做法,墙体基层用界面剂处理,提高了墙体基层与保温层的初期附着力及黏结强度;保温层形成一个整体,避免了传统保温板材造成拼缝多、施工麻烦且有冷桥的现象,从而使建筑物的保温性能趋于均匀。

抗裂防护层采用抗裂砂浆复合镀锌四角钢丝网,使得整个保温系统所受应力均匀,抗裂性能优越;饰面层采用的专用面砖黏结砂浆及面砖勾缝料均具有黏结力强、柔韧性好、抗裂防水效果好。基本构造见表4.1-5。

TM无机防火保温材料面砖饰面外墙外保温系统基本构造　　表4.1-5

面砖或仿砖饰面	①基层	混凝土或砌体	① ② ③ ④ ⑤ ⑥
	②界面层	基层界面处理砂浆	
	③保温防火层	射钉(带孔穿钢丝预留)+TM无机防火保温材料	
	④抗裂防护层	抗裂砂浆+热镀锌四角钢丝网(用带尾孔射钉)+抗裂砂浆	
	⑤饰面层	面砖黏结砂浆	
	⑥预留钢丝绑扎镀锌四角钢丝网与基层固定		

如图4.1-5所示,采用的TM无机保温材料的做法,实际施工时外墙为涂料面层。

①女儿墙保温设计

近年来随着外墙保温节能标准的提高及节能规范要求,所有明露构件均进行封闭保温,对女儿墙的内侧保温也有具体要求。以往女儿墙内侧保温与屋面防水泛水做法为:先粘贴女儿墙内侧苯板后做屋面防水,屋面泛水粘贴于苯板外侧,上口埋设于苯板的槽口内。根据屋面渗漏的原因,有些漏点出现在防水层泛水开口处,并有很多粘贴于苯板外侧的防水层空鼓、翘起。

并且有很多女儿墙压顶檐口鹰嘴制作不规范，水顺压顶流到女儿墙内侧墙面，从开口处漏入屋面内。女儿墙如图 4.1-6 所示。

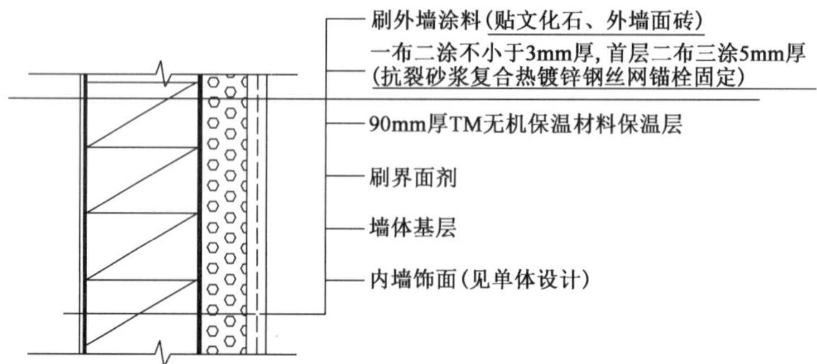

图 4.1-5　无机防火保温材料面砖饰面外墙外保温系统基本构造

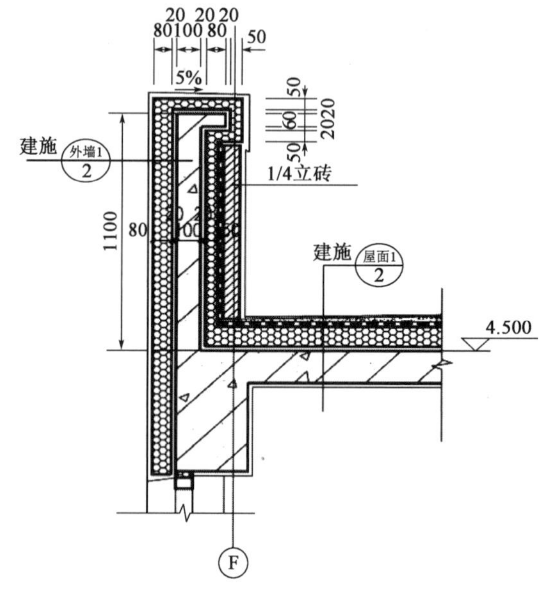

图 4.1-6　女儿墙保温设计(尺寸单位：mm)

为了有效治理屋面渗漏，应采用先做屋面防水层，经闭水试验合格后再进行女儿墙内侧保温板粘贴。

本做法中的保温板同样采用 TM 无机防火保温材料，该材料具有以下特点：

a. TM 无机防火保温材料面砖饰面外墙外保温系统具有良好的保温隔热性能、抗裂性能、抗风压性能、抗火灾性能，还有绿色环保等优点。

b. 该外墙保温系统是一种整体抹灰工艺，施工简单，施工现场只需加水将 TM 无机防火保温材料搅拌成浆状即可直接用于各种墙体，省时、省空间、施工简便、综合造价低。

c. 该外墙保温系统是一种适用范围广、施工可操作性强、施工质量易控、性价比高的外墙外保温系统。

②屋顶保温设计

屋顶作为建筑物的顶盖，除了为满足建筑造型要求，还具有承重、防水、保温、隔热等作用。

季冻地区冬季时间长且十分寒冷，这样的气候特点对建筑屋顶构造有特殊的要求，最重要的就是要有良好的保温性能。另外，在寒冷地区利用太阳能技术不仅能有效缓解生活用能紧张，还能改善能源结构、提高生活质量和减少环境污染。

由于太阳能的辐射在寒冷地区时空分布不均匀，冬季日照率较低，所以该项目利用太阳能主要是为了解决热水供应。因此，在屋顶设计时需要考虑太阳能集热器的安装。在太阳能集热器安装过程中，对于太阳能集热器的固定，需要一些连接件，很难避免热桥存在，只能尽量减少热桥对建筑的影响。

如图4.1-7所示，太阳能集热器的钢筋混凝土支撑是突出于建筑坡屋顶的，这些结构与屋面存在传热性的差异，因此存在热桥。用保温板将突出的位置全部都包围粘贴，避免热桥的产生。

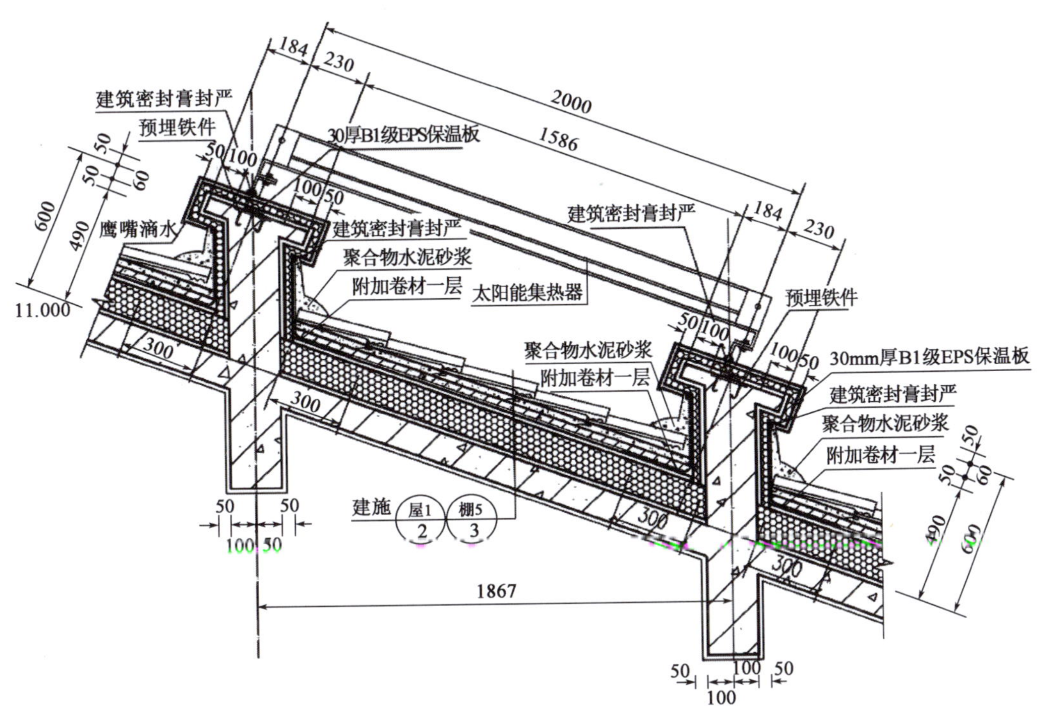

图4.1-7　太阳能集热器的钢筋混凝土支撑(尺寸单位:mm)

钢筋混凝土支撑结构与屋面的交接部分附加卷材一层，外涂聚合物水泥砂浆，上端用建筑密封膏封严。太阳能集热器用预埋铁件固定在支撑结构上，连接部分亦用建筑密封膏封严。

4.1.2　门窗节能技术

随着我国对建筑节能要求的提高，尤其在严寒、寒冷地区，对门窗的要求也越来越严格，包括材料的选择、门窗的性能参数以及门窗安装的气密性等方面。

(1)门窗材料选取

作为建筑外围护结构的可开启部分,外窗很好地起到了采光、通风等作用,为用户提供了安全和舒适的工作居住环境,同时也具有一定保温、隔热功能。数值模拟和对不同类型新旧建筑外窗的实测数据显示,长春地区外窗传热系数集中在1.8~3.2W/(m^2·K)之间,外窗部分传热量占到整个建筑围护结构耗能的40%~50%,因此提高外窗的保温性能对绿色建筑和被动式建筑的性能提高具有重要的意义。

门窗材料的选取影响着窗户的传热系数、太阳得热系数,窗户的传热系数越大,则透过窗户的能量损失就越大。

随着建筑材料的发展,窗户材料也具有越来越多的选择。较早时期,我国使用较多的窗户种类有钢窗、铝合金窗、塑料窗、玻璃钢窗等,这些材料都各有优势。但是随着节能观念的深入人心和科研人员的不断探索,具有节能优势的窗户材料越来越多,目前较为广泛使用的窗户为塑钢窗。

塑钢窗是以聚氯乙烯树脂为主要原料加入一定比例的辅助剂混合融化后,挤压、切割以及焊接制成窗框扇,再配上玻璃等构件制成。由于其型腔内安装了增强型的钢来加强门窗刚性,故称为塑钢窗,其具有良好的隔热保温性能。除了在窗框上的改进,在窗户的玻璃材质上也有很多节能的创新,如中空玻璃、双层玻璃、镀膜Low-e玻璃等,其参数见表4.1-6。

各类型窗户对应的传热系数、太阳得热系数 表4.1-6

玻璃类型	窗框	传热系数	太阳得热系数
白色单玻	铝合金	6.39	0.79
白色单玻	塑钢	4.74	0.62
白色中空玻璃	铝合金	3.60	0.64
白色中空玻璃	塑钢	2.68	0.55
白色双层玻璃	木框	2.67	0.56
茶色中空玻璃	塑钢	2.49	0.42
白色三层玻璃	塑钢	2.01	0.51
中空Low-e($e=0.12$)	塑钢	1.77	0.52
中空Low-e($e=0.07$)	塑钢	1.60	0.42

注:表中$e=0.12$表示Low-e膜的辐射率低于0.12。

通过对比,塑钢材料作为窗框的窗户具有更低的传热性,是很好的保温隔热材料。从最基础的单层玻璃,到中空玻璃、双层玻璃、三层玻璃,其传热性有了明显的改善,表中传热系数最低的玻璃类型为中空Low-e玻璃,Low-e玻璃是近年来兴起的窗户节能技术,由普通玻璃加Low-e镀膜制成,能有效阻挡长波辐射(尤其是热辐射),效果相当于增加了一层玻璃。研究显示,中空充气技术和Low-e镀膜会增加5%的窗户成本,但大大增加了窗户的保温节能性。

近年来,新型铝木复合三玻窗日渐兴起,相比塑钢材料有较大改进。对外窗来说,其传热系数的测定可以分为非稳态传热法和稳态传热法两种。非稳态传热法主要适用于室内外温度难以控制的现场实测上,窗的热惰性致使测量在一定程度上有偏差;相比之下稳态传热法可以通过精确控制冷热室温度,使传热过程达到高度平衡状态来降低热惰性的影响,提高试验精度，稳态传热法主要应用于实验室内检测。

项目选取某企业生产的新型铝木复合三玻窗（内层玻璃为Low-e玻璃），两个空气层均采用16mm厚的惰性气体氩气，玻璃层处结构是6mm+16mmAr+6mm+16mmAr+6mm，窗框尺寸为1460mm×1460mm×100mm，缝隙处采用三元乙丙胶条密封进行了试验。

试验采用基于稳态传热原理的标定热箱法。图4.1-8a）是检测平台的剖面图，箱体一侧为热室，模拟冬季室内或夏季室外环境；另一侧为冷箱，模拟冬季室外或夏季室内条件。检测设备采用JTMC-24建筑外门窗保温性能检测试验平台如图4.1-8b），其主要性能参数如表4.1-7所示。

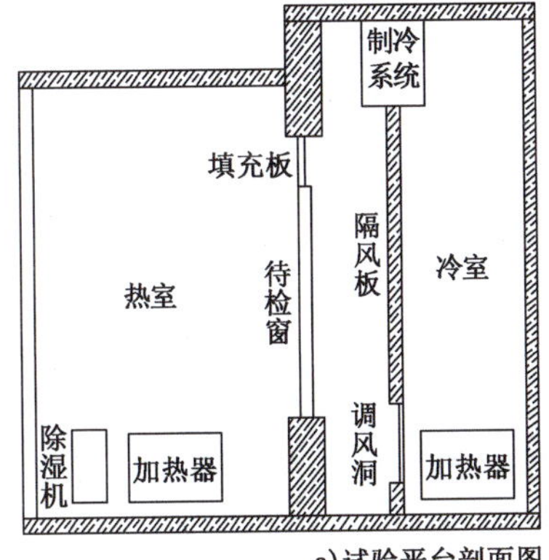

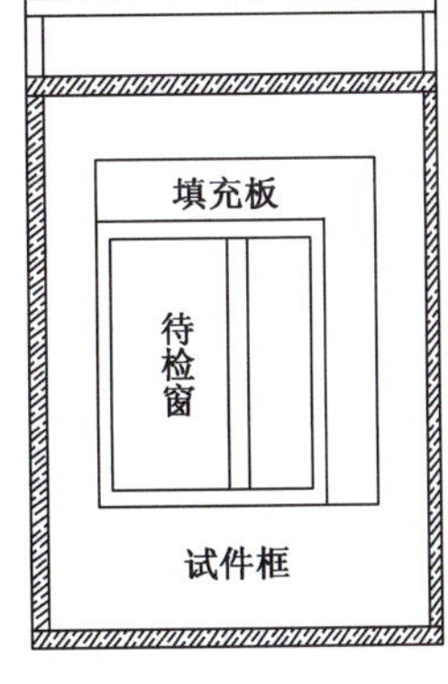

a）试验平台剖面图

b）试验检测设备

图4.1-8 建筑外门窗保温性能检测试验平台

检测平台主要性能参数 表4.1-7

性能	测温精度（℃）	热室控温精度（℃）	冷室控温精度（℃）	热室加热功率（W）	冷室温度（℃）	测试范围［W/（m^2·K）］
参数	≤0.05	<0.1	≤0.2	0~1250	≥-22	<12.8

在对外窗、填充板、试件框之间缝隙进行严格密封处理的基础上，保持冷热室恒定的温度、气流速度和热辐射等条件下，通过计量电加热器的发热功率，减热箱外壁、试件框和填充板的热损失，即可计算整窗的平均传热系数。

如图4.1-9所示，曲线在19:00之后趋于平稳，冷室空气温度在-19.92~-20.03℃之间微小波动，热室空气则稳定在19.99~20.01℃之间，此时$\Delta T_{冷室}=0.11$℃≤0.3℃，$\Delta T_{热室}=0.02$℃≤0.2℃，满足平衡判定条件。

根据上面的传热系数公式计算可知，此种铝木复合窗的传热系数$K=1.421$W/（m^2·K），满足吉林省地方标准《居住建筑节能设计标准（节能65%）》（DB22/T 450—2007）中关于外窗传热系数最小限值1.5W/（m^2·K）的要求。

由于上海市质量监督检验技术研究院轻工与化工产品质量检验所检测圣戈班离线可弯钢化低辐射Low-e三层中空玻璃（6mm+16mmAr+6mm+16mmAr+6mm）的传热系数$K=0.6$W/（m^2·K），外窗的平均传热系数是玻璃层部分的2.3倍，所以在研究如何继续提高的整窗的保温性能时进行了红外热工缺陷分析。

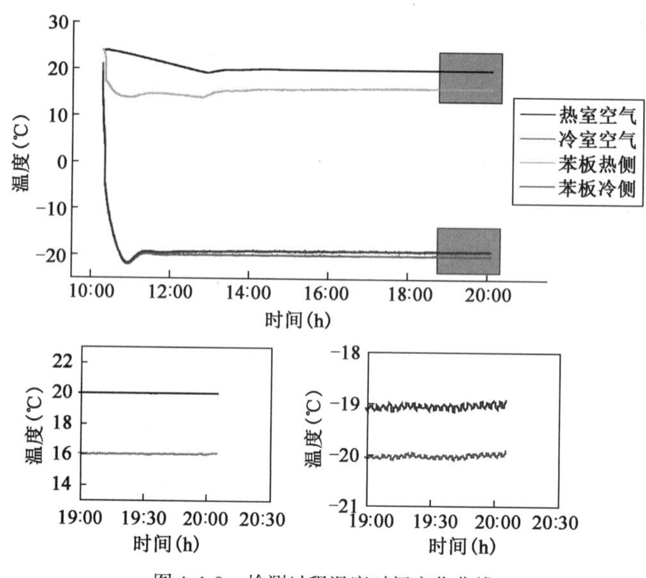

图 4.1-9　检测过程温度时间变化曲线

在进行的检测试验结束后，温度仍然维持在试验条件温度，其检测过程中温度时间功率变化曲线如图 4.1-10 所示。通过对比分析此温度条件下的红外热像图可以直观地显示外窗的热工缺陷部位，进而对改进外窗的设计制造有重要意义。

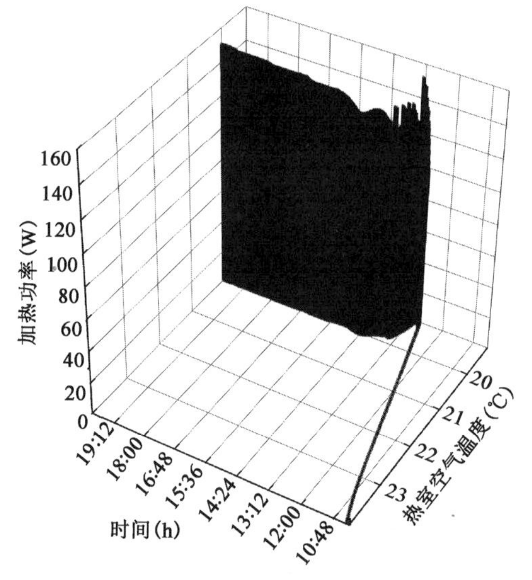

图 4.1-10　检测过程温度时间功率变化曲线

对比图 4.1-11、图 4.1-12 中不同位置的红外热像，可以明显看出外窗的整体温度低于试件框温度。这是因为试件框的传热系数较小 $K_{试件框} < 0.143\mathrm{W/(m^2 \cdot K)}$，而外窗的传热系数 $K_{检测窗} = 1.5\mathrm{W/(m^2 \cdot K)}$，在相同冷热室温度条件下单位面积透过外窗的热量约为试件框的 10 倍。整窗的温度分布不均匀，玻璃层区的温度最高，窗框区的温度略低，外窗压条与外层玻璃的密封条处温度最低。

图 4.1-11 整窗红外热像图

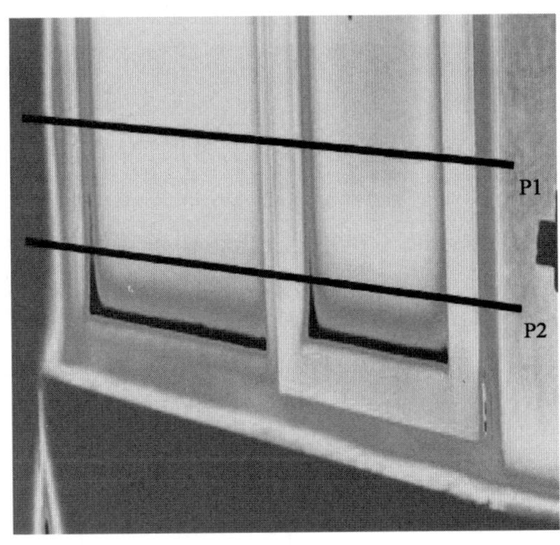

图 4.1-12 温度剖面位置

沿图 4.1-13 中直线 P1 和图 4.1-14 中的直线 P2 分析窗的横向温度分布，可以得出不同剖面相同位置的温度虽然不同，但沿试件框、外窗各部分和填充板之间的温度波动变化明显，并且变化规律保持着高度的一致性，两条曲线的较低谷值均出现在窗框与外层玻璃接触位置的密封胶条处。图 4.1-13 中相对于玻璃层区的平均温度 $T_{avg}=15.2℃$，密封胶条处温度只有 $T_{min}=9.5℃$，$\Delta T=5.7℃$，图 4.1-14 中也有类似的情况，$T_{avg}=14.2℃$，$T_{min}=8.5℃$，$\Delta T=5.7℃$，在窗框压条与外层玻璃之间的密封胶条处出现了较为明显的冷桥，导致整窗的平均传热系数大幅增加。

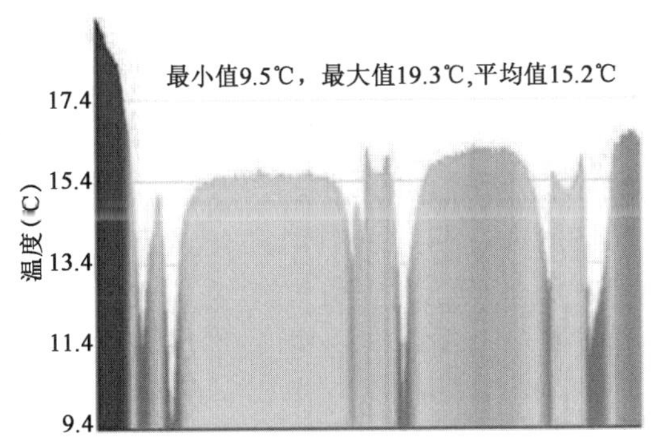

图 4.1-13 直线 P1 温度分布

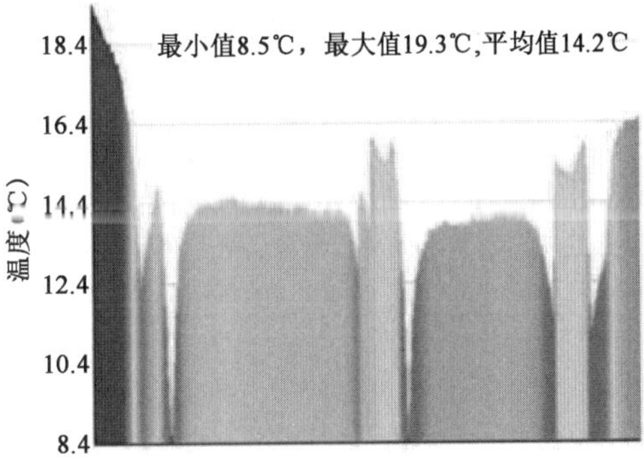

图 4.1-14 直线 P2 温度分布

红外热像仪测试结果显示外窗的温度分布：$T_{玻璃层区}>T_{窗框区}>T_{压条区}>T_{密封胶条}$，因此设计生产中通过改进框扇的材质、改变玻璃层厚度、降低辐射率、调整玻璃层间距、玻璃层间抽真空或填充惰性气体等方面来提高窗的保温性能取得效果有限时，可以通过降低窗框压条和外层玻璃之间的密封胶条处的传热来提高保温性能。

另外，橡胶暴露在空气中，特别是在日光、高温、潮湿等条件下，会失去弹性，变硬变脆甚至收缩脱落，更加重外窗整体的热损失，因此提高密封胶条的保温、密封性和抗氧化能力是改善整窗保温性能一个重要方式。

综上可知,这种铝木复合三玻窗通过在多方面的改进,大大提高了外窗的保温性能,满足各类建筑节能设计中关于外窗传热系数 $K \leqslant 1.50\text{W}/(\text{m}^2 \cdot \text{K})$ 的最低限值,在未来推广使用可以大幅降低建筑能耗。因此,项目在推广过程中并未停留在原有技术的使用,而是对新型材料展开了进一步探索,为未来的推广应用提供了技术支撑。

根据门窗材料的相关研究成果,在设计过程中可根据建筑所在的气候和朝向来选择不同的窗户类型,在季冻地区,北向和东向的房间可选用 Low-e 玻璃来减少室内热量的散失;而西向的窗户则应选用具有反射镀层的玻璃来避免西晒,也减少了夏季西面房间过多的热量进入;对于南侧的房间,应选用能在晴天尽量引入太阳光,获得更多的太阳能,又能在阴雨天减少室内温度流失的窗户,因此可以选用 Low-e 玻璃中太阳得热系数较高的类型,也可在未来进行铝木复合三玻窗的使用。

(2)门窗的气密性

空气渗透率是门窗气密性的重要指标,指单位时间内通过单位面积的空气体积。门窗的气密性好坏主要是由门、窗扇与窗框之间的缝隙大小决定,缝隙过大的窗户会造成冷风的渗透,造成热量流失,不宜用于寒冷地区。

门窗的质量和开窗方式直接影响窗户的气密性,多扇窗组合成的大窗户比单扇窗的窗框面积大,可能产生冷风渗透的部位多,易造成热量损失;窗扇能开启的窗户比窗扇不能开启的窗户更容易产生渗透;而对于窗扇开启的形式,目前主要使用的窗扇开启方式有平开窗、上悬窗、下悬窗和推拉窗(推拉的方向分为水平、垂直方向)。

经测试证明,平开窗和上悬窗的气密性较其他开窗方式更佳,因为平开窗的窗扇与窗框闭合的更紧密,重叠部分较多,有益于减少渗透。

悬挂窗帘等措施也可以减少冷风渗透,从而达到减少室内热量散失的作用。在季冻地区的窗户形式选择上,应尽量选择非大面积组合式窗户,窗户开启方式宜酌情考虑,并尽量使用节能型窗户,且窗户的渗透率标准值应符合规定要求。

(3)门窗构造优化设计

除了窗户自身的节能性,窗户的安装方式也会带来不同的节能效果。

从工程技术的角度来看,窗户安装的方式分为“先立口”和“后塞口”。“先立口”是指在砌筑墙体前先将窗框立好,然后再进行砌筑;“后塞口”是在砌墙时预留洞口,主体完工后再安装窗框。现在更多使用的是“后塞口”的形式,能有效避免砌筑时窗框变形,增加不必要的人工和造价。

从窗框的安装位置来看,传统的安装方式是将窗框安置在外墙的中间(图 4.1-15),这种做法需要在窗框周围都垫入保温材料,否则很容易产生热量损失的薄弱环节,也会给施工带来一定的难度要求。

若将窗框紧贴着外墙的结构层表面进行安装,只需要用角钢在窗户四周牢牢将其固定,即可进行保温处理,并且只需要在外部进行保温处理,周边使用聚氨酯发泡减少热量传递。这种做法可以有效减少热量流失,提高了窗户的节能性,如图 4.1-16 所示。

(4)预制窗台板的设计

窗户的窗台与窗框之间很容易产生渗漏问题,当雨水渗透到保温墙内时,会导致保温材料的保温性能降低,大大降低房屋的保温效果。为了降低此类风险,外墙窗户应设置窗台板。通过调查发现，在节能技术发达的国家，建筑上都应用了预制窗台板，而国内却应用得很少。

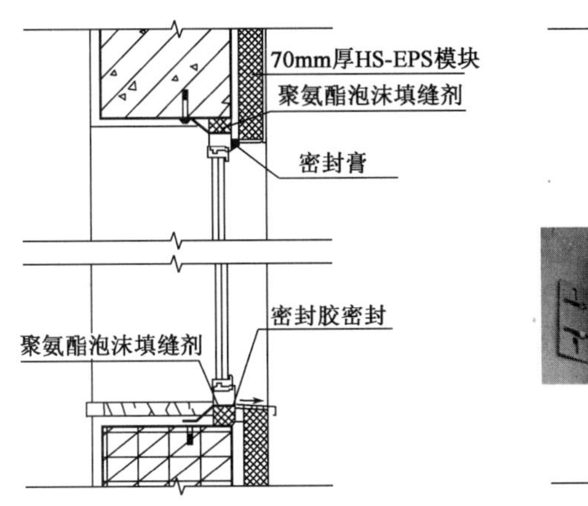

图4.1-15 窗框安装于外墙中间

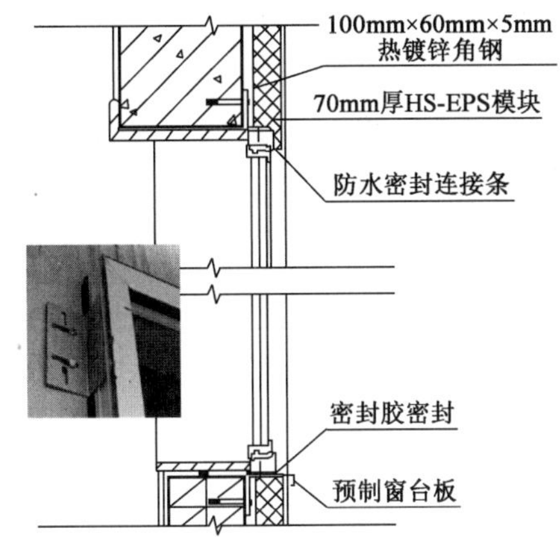

图4.1-16 窗框安装于外墙表面

经过对国外被动式建筑节能技术调研和对预制窗台板使用效果的分析，认为这种方法非常适合用于服务区建筑中。因此，根据寒区EPS模块外保温体系的构造和窗框外置的构造做法，进行了预制窗台板的造型设计。

由于季冻地区冬季会有冻胀现象产生，不宜选用木材或石材作为窗台板材料。考虑到方便造型，可选择防水、防锈、防腐、便于清洁的金属材料。窗台板的安装形式可以采用粘贴或螺钉固定，如图4.1-17和图4.1-18所示。

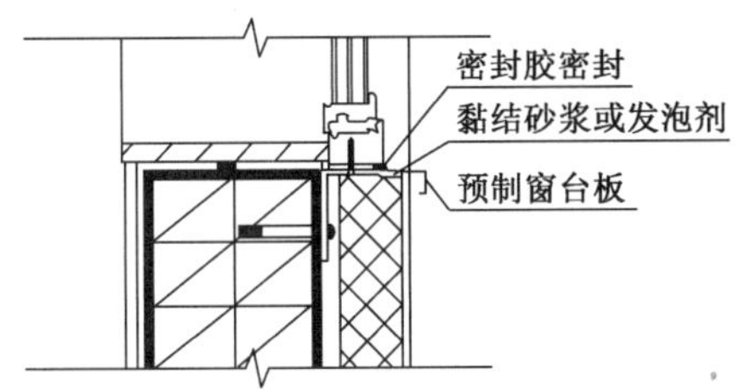

图4.1-17 插入窗框内粘贴固定窗台板

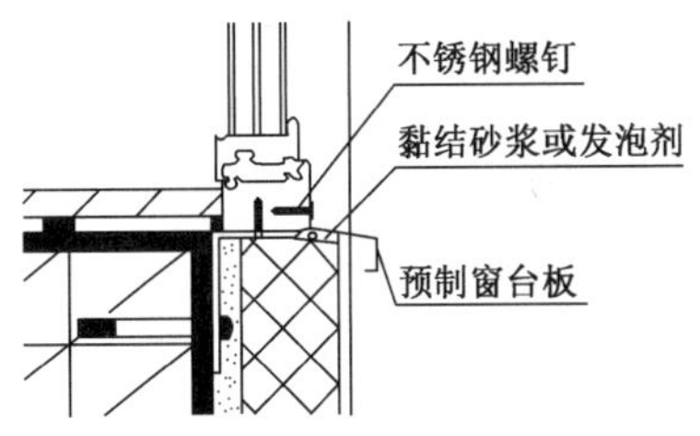

图4.1-18 用不锈钢螺钉固定窗台板

窗台的安装部位有向上的翻折，遮盖了窗框与墙体连接的部位，还可以起到一定的减少冷风渗透的作用，同时能避免雨水通过窗框与窗台的缝隙渗入墙体，对保温层进行破坏。使用不锈钢螺钉进行固定时只将窗台板与窗框进行固定即可。两旁金属盖板应使用粘贴的方式进行固定，用硅胶封堵；并且在安装窗台板的过程中，注意窗台板与窗框之间的缝隙防水问题，用密封胶进行封堵。为了减少雨水打击窗台板而产生的噪声，在窗台板下部的空隙用聚氨酯发泡剂进行填充。窗台板立面详图如图4.1-19所示。

首先，窗台板的尺寸应符合窗户模数，且窗台板伸出墙面的长度以30～50mm为宜；其次，窗台板设置3%～5%的排水坡度，并在排水的下端有滴水设计；再次，在窗台板两端设计了具有缓冲作用的伸缩胶条结构，可在金属窗台板反复热胀冷缩时避免对墙体的应力破坏。

上部用金属盖进行遮挡保护，同时可将流至边缘的雨水集中排至窗台板面，设计得到的金属窗台板功能合理，造型美观，可推广至所有季冻地区高速公路建筑的应用之中。为了更好地展示设计，软件对窗台板的设计建立的模型，如图4.1-20～图4.1-22所示。

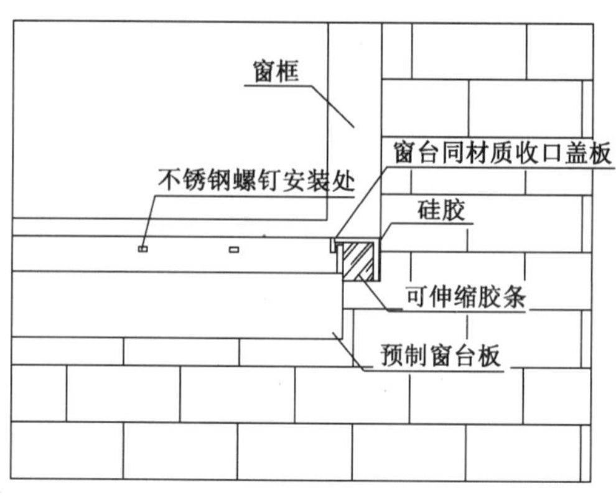

图 4.1-19 窗台板立面详图

图 4.1-20 窗台板设计图

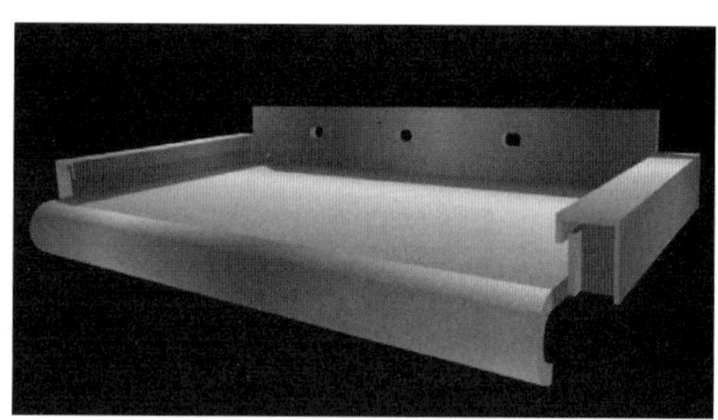

图 4.1-21 窗台板安装效果图

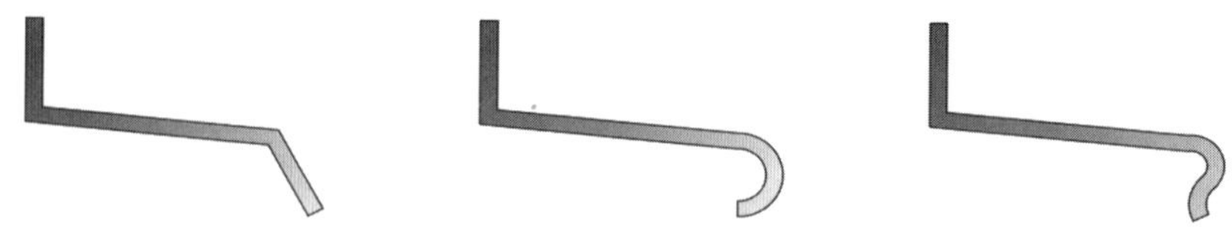

图 4.1-22 窗台板截面设计图

4.1.3 辅助供热及控温方法

鹤大高速公路各段已经不允许使用 10 蒸吨及以下小型燃煤锅炉(包括型煤),目前新建服务区办公楼等房屋建筑供暖采用了替代燃煤锅炉、电供暖和电间供等方式。

(1)不宜采用燃油、燃气锅炉及生物质清洁燃料锅炉(秸秆炉)

通过对抚松县和敦化市相关项目的调研可知,敦化市秸秆燃料采购困难,同时由于秸秆燃烧值低,所需储存秸秆燃料场所也很大,因此秸秆炉使用存在较大问题。另外,即使能满足秸秆燃料的供应,采用生物质清洁燃料锅炉(秸秆炉)作为供暖方式,存在锅炉房中需增设除尘设备,原有锅炉房因场区热负荷改变而需要调整面积大小的问题,对整个场区的面积控制不利。

经各调查了解,雁大、大抚各项目中均不能借助城市已有的燃气燃油市政管网。靖通的项目中,只有江源收费站离城区较近,但经了解也不能借助城市已有的燃气燃油市政管网,所以如若使用，需采用室外储油罐、储气罐形式储存采暖期所需部分燃料。根据《建筑设计防火规范》(GB 50016—2014)4.2.1 及 4.3.8 规定：室外储油罐距离其他建筑物最小防火距离为20m，储气罐距离其他建筑物最小防火距离为30m。目前鹤大高速项目的场区中没有其存放储罐位置。燃料储存、运输等基础设施建造成本过高，不能满足要求。

(2)可采用 CO_2空气源热泵及地源热泵方式

此方法初投资花费，与电热膜采暖相比更高，但运行成本有优势，目前 CO_2空气源热泵系统同其他空气源热泵系统一样，均受环境影响较大。同时 CO_2空气源热泵采暖系统耗电量较多，经外线设计单位校核，外线线径满足要求，部分场区变压器需调整。

(3)宜采用 CO_2空气源热泵 + 电采暖方式

以雁鸣湖收费站为例，通过对各种供暖形式的经济性分析可知，地源热泵采暖初投资是燃煤采暖的1.1倍，生物质锅炉采暖和燃煤采暖基本持平，电热膜采暖的初投资是燃煤采暖的0.77倍，CO_2空气源热泵比电热膜相比要高，但运行成本更有优势。

敦化南服务区采用空气源热泵取暖，使用空气源热泵给储热水箱提供热量，储热水箱向建筑物供热，当提供的供水温度不满足要求时，启动电辅助加热。建筑物内部使用毛细管或非常规地热，热泵原理是，消耗1W电能，产生大于2倍以上的热量。

4.2 隧道及服务区照明节能与智慧控制技术

4.2.1 隧道能见度对隧道亮度的影响模型

在大连海事大学光电信息研究所的模拟隧道实验室中，搭建了密封玻璃钢试验箱。在试验箱内进行了不同能见度条件下，不同的照明亮度对目标物体识别难易程度的影响研究。为照明标准的更新和补充提供理论依据。

该研究部分分析了能见度方程，建立了能见度、照明亮度和视觉对比度三者关系的数学模型，搭建了能见度对照明效果影响的试验系统，利用光透过率仪实时测量透过率(能见度)值，用目标和背景的亮度对比度表征各种照明亮度时的灯具照明效果，通过测量不同透过率下试验图像中目标和背景的亮度对比度，研究能见度对照明效果和视觉效果的影响，从而提出通过调节照明亮度改善能见度和视觉对比度的方法。

为了研究不同透过率(能见度)下环境照明亮度 L 对视觉对比度 C^* 的影响，在大连海事大学光电信息研究所的实验室中模拟隧道环境，并进行试验。在模拟的试验环境下，以LED(发光二极管)可调光源作为照明光源，以美国道路照明标准(RP-8-00)建议的小目标为特征指标，以CCD(电荷耦合器件)摄像机获取的图像中目标和背景的亮度对比度为评价标准，进行试验研究。

(1)硬件系统的说明

试验系统的硬件组成如图4.2-1所示。试验系统由密封玻璃钢试验箱、CCD摄像机、光透过率仪、黑色目标物、LED可调光源及其控制软件、烟雾器和计算机组成。

密封玻璃钢试验箱的尺寸为3m×1.5m×2m(长×宽×高)，用来模拟隧道照明环境，并营造稳定的烟雾场环境。CCD摄像机放置在试验箱的一侧高0.5m处，用来拍摄路面目标，获取的图像用于后续分析处理。光透过率仪放置在试验箱内的空处，用来测量试验箱中的透过率。黑色目标物放置在地面上，体积为 $8m^3$，其大小是按照美国道路照明标准建议的小目标特征指标同比例计算的尺寸。LED 可调光源为试验箱提供照明光源，亮度通过其控制软件进行设定调节。烟雾器释放的烟雾浓度可调节，用来在密封玻璃钢试验箱中产生稳定的烟雾环境，模拟不同透过率的效果。试验时，在密封玻璃钢试验箱外部罩上一层遮光布和一层黑布，防止外界环境光和外界气流对试验结果产生影响。实际的试验系统如图 4.2-2 所示。

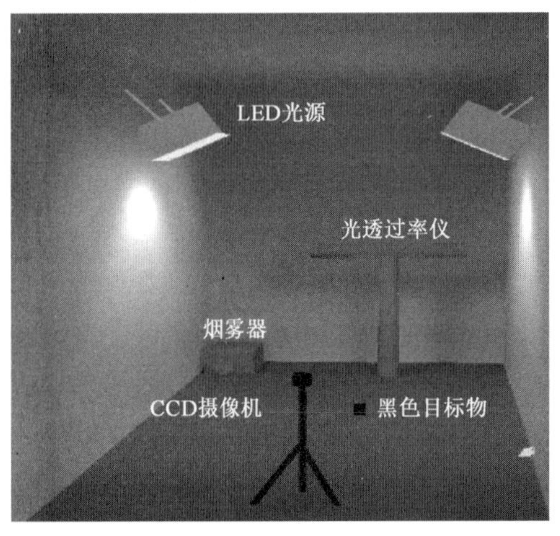

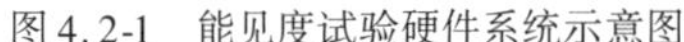
图 4.2-1　能见度试验硬件系统示意图

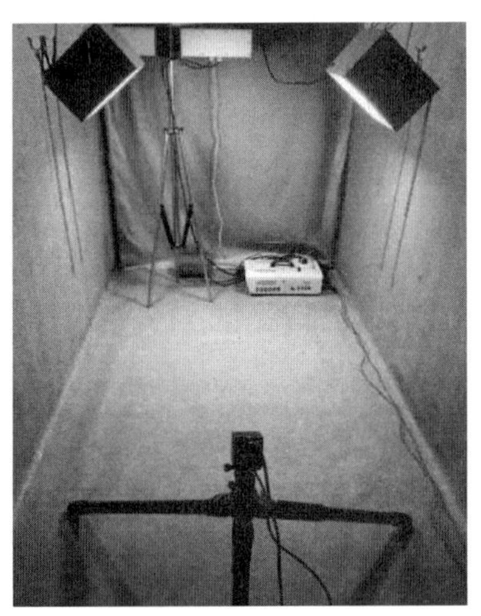

图 4.2-2　能见度试验系统

另外说明的是，试验条件的密闭环境与实际隧道的通风环境不一致，实际的隧道是一个狭长的空间，靠近隧道入口的位置由于通风环境比较复杂，无法在实验室环境中进行模拟。而在远离入口的隧道中，通风量实际上是一个动态平衡的状态，试验中模拟的雾场环境也是一个动态平衡，因此，虽然隧道是半封闭式的，试验环境是封闭式的，但是两者的状态类似。受到实验室空间和环境等限制，在实验室环境中，如果不采用密闭的空间，很难产生雾场环境，所以，选择使用密闭的有雾环境来进行试验。

(2)试验方法和步骤

整个试验分为四个步骤：透过率测量、亮度调节、成像、造烟雾。

①试验箱内不喷烟雾，测量并记录此时的透过率值；

②调节 LED 光源的照明亮度，从 $2cd/m^2$ 调节至 $80cd/m^2$；

③每改变一次照明亮度，采用 CCD 摄像机对目标物进行拍摄图像；

④使试验箱内处于下一种透过率条件，再重复步骤②和步骤③的“亮度调节—成像”过程，最终获得不同透过率对应的不同照明亮度时的目标和背景图像。

试验中，采用摄像机代替人眼作为观测装置，但是两者的光谱特性不同，对同一目标物观测时，获得的观测结果不同。因此，试验中采用两种不同光谱特性的摄像机对目标物进行观测，用以对比不同光谱特性对试验结果的影响。摄像机 1 为：大恒摄像机，型号 DH-SV1421GM；摄像机 2 为：维视摄像机，型号 MV-VE120SC。图 4.2-3 为两种摄像机和人眼在明暗视觉下的光谱特征曲线的归一化结果。

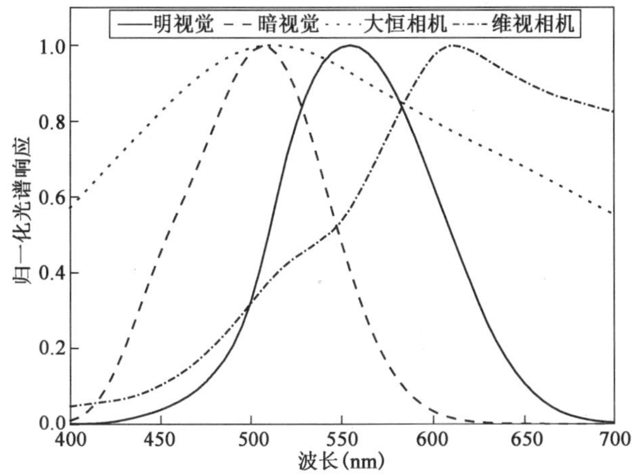

图4.2-3　两台摄像机和人眼的光谱特征曲线

此外,作为观测装置的摄像机的增益参数的调节也会对试验结果产生影响,因此,试验中设置不同的参数,用以对比采用不同的增益参数对试验结果的影响。

(3)试验结论

亮度、透过率和目标/背景对比度三个量之间的变化关系存在以下四个特征:

①在任何透过率条件下,目标亮度对比度都随照明亮度的增大而增大,两者成非线性关系。调节亮度可以提高目标亮度对比度,在一定范围内可以改善低透过率下的能见度。

②在任何透过率条件下,低亮度时($L<30\text{cd/m}^2$),提高照明亮度会使目标/背景对比度明显提高;高亮度时($L>30\text{cd/m}^2$),提高照明亮度对能见度的改善不明显。摄像机的参数固定,人眼的特性可自动调节,两者不同。采用增益不变的摄像机代替人眼带来的后果是:不能模拟当车辆进入隧道时人眼产生的短时的暗适应过程,也就是无法模拟当透过率一定,在车辆进入隧道的瞬时,增大亮度对提高视觉对比度,改善能见度产生的效果。当透过率为0.94时,两个增益不同的摄像机在相同亮度下的获得的摄像机视觉对比度不同,但是差异很小。在高亮度时,提高照明亮度对能见度的改善不明显。

③透过率限定了目标/背景对比度所能达到的最大值,在低透过率条件下,无论如何提高照明亮度都不能使对比度越过一定的极限值。

④对比度阈值越高,亮度与透过率关系曲线的斜率变化越大,即不同透过率下的需要的亮度差别越大。

4.2.2　人眼动视力对视觉效果和照明标准的影响模型建立

在吉林省通化市赤柏隧道利用Dikablis Professional眼动仪进行了历时5天的试验。试验过程中,驾驶员驾驶汽车分别以不同的车速穿过不同照明亮度的隧道。对数据进行分析,得出了人眼动视力对照明效果的影响。并根据分析结果建立了相应的影响模型。

人在高速公路隧道内驾车行驶时,人眼动视力主要与行驶车速、隧道照明亮度以及被试者的年龄及视力状况有关。该项目主要针对行驶速度及洞内照明亮度对人在高速公路隧道内行驶时的瞳孔大小、持续注视时间、持续注视次数、扫视次数、扫视时间及扫视角的影响。在吉林省通化市赤柏隧道利用眼动仪对6名当地有一定驾龄的驾驶员做了大量试验,以得到行驶速度及隧道内照明亮度对动视力的影响规律。

(1)试验原理

由于行车环境以及道路线形等外界因素的变化,以及汽车行驶于隧道入口段、中间段、出口段由于灯具排布不同造成的亮度不同,驾驶员在隧道各段的注视行为特征会有别于普通道路,且相互间也存在一定差异。利用眼动仪记录这些变化,提取注视特征表征参数,分析并获取汽车行驶于隧道各段时驾驶员的注视行为特征。

(2)试验时间

2016年7月22日至2016年7月24日,共3天。

(3)试验地点

吉林省通化市快大茂镇赤柏隧道。

(4)试验所用仪器

面包车(便于安放相应设备),眼动仪(Dikablis眼动仪,如图4.2-4所示),计算机,便携电源。

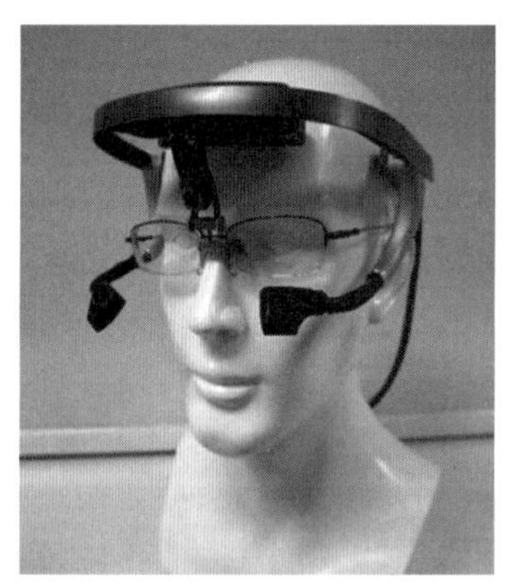

图4.2-4 Dikablis眼动仪

(5)试验人员

6名被试者,为有一定驾龄的驾驶员,试验现场图像如图4.2-5所示。

(6)试验所想要获得的数据(分别分为入口段、中间段和出口段统计):

①瞳孔平均面积大小;

②持续注视时间统计;

③扫视平均时间统计;

④扫视角统计。

(7)试验流程框图(见图4.2-6)。

(8)试验步骤

试验计划分4天进行,第1天带领被试者熟悉路况以保证安全,从第2天开始每天2人进行试验。试验从距离隧道入口100m的地方开始,到出隧道100m的地方结束。试验段赤柏隧道右幅隧道总长1878m,试验路段总长度2078m。白天阶段每位被试者驾驶车辆分别以40、

50、60、70、80、90km/h 的车速通过隧道，行驶期间佩戴眼动仪记录眼部各项生理特征。每个速度下，分别调整光亮度分别为此时计算的标准亮度、低于 15 调光等级的低亮度和高于 15 调光等级的高亮度。用眼动仪记录人眼的各项生理参数，并记录在电脑中。每位被试者进行完一次试验后，换另一名被试者进行试验，第 1 名被试者休息并等待下一次试验。一次试验中分别统计该被试者在入口段、中间段、出口段的眼动特性。试验共分为 3 天进行，每天 2 名被试者，最后共得到 6 名被试者的眼动特性，具体试验流程及框图（图 4.2-6）如下：

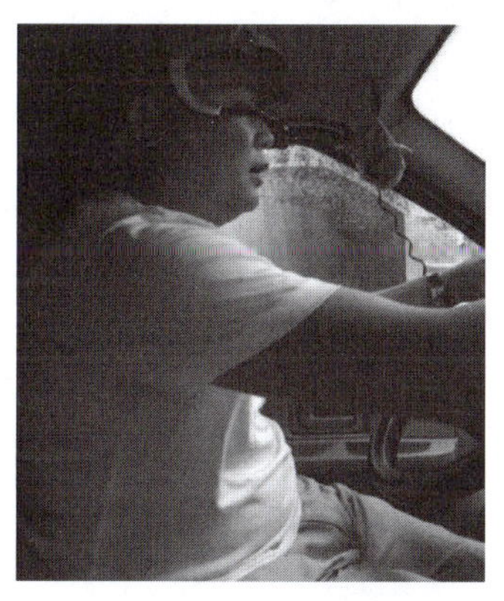

图 4.2-5　现场试验拍摄图片

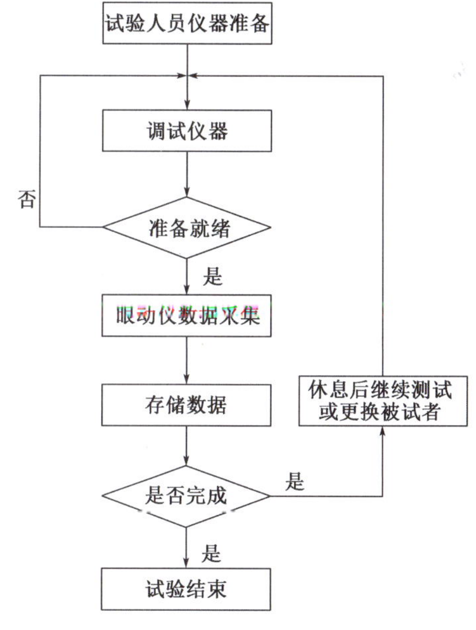

图 4.2-6　现场试验流程框图

①试验人员、仪器准备好后，驱车前往试验路段起点，停车，向被试者描述试验路。

②选择在车外调试眼动仪。首先被试者就座并正确佩戴眼动仪，严格按操作步骤，并明白注意事项。校正期间，尽量保持被试者头部不动。

③校正完毕后，被试者回到驾驶席位置，做好驾车准备，主试及辅助人员完成相关准备工作。

④被试者启动车辆后，仪器开始记录被试者在各个段的眼动数据，时速控制在60km/h左右，被试者可按照自己驾驶习惯自由驾驶。

⑤在试验路线终止处终止记录数据。

⑥保存试验数据。

⑦查看数据保存是否完好，否则，从步骤②开始重复试验。

⑧休息后继续测试或更换被试者，从步骤②开始重复步骤。

⑨试验结束。

(9)动视力试验结果与应用

在试验中主要分析验证了行车速度和光照对人眼动视力的影响，其中分别研究了经过计算得到的标准光照下速度对动视力的影响以及在60km/h的速度下，光照对人眼动视力的影响。试验结果表明，在标准光照下，在隧道内行驶过程中，随着速度的增加，人眼的瞳孔面积也随之增加，原因是其要在高速行驶的过程中获得更多的路况信息；并且随着速度增加，人眼的平均注视时间变短，与之相适应的人眼的平均扫视时间增加，为的也是在高速行驶的状态下，获得更多的路况及周围的信息；随着速度增加，人的扫视视场角变小，整个视野的视场角也会随着相应减小。通过试验结果可以看出，随着速度增加，人的动视力会减弱，所以在隧道这种事故高发的特殊路段，有必要限制车的最高速度，以保证车辆行车安全。

项目组还研究了动视力与光照的联系，动视力好的表现为注视时间长，扫视时间短，扫视及视场角大，这对整个驾驶过程而言也是一个安全的生理表现。在研究过程中选取60km/h这个经过统计大量车辆得到的通过隧道的平均速度进行不同亮度的试验。系统根据外界环境等计算出的标准亮度，还有两种是高于标准亮度15个百分点的高亮度和低于标准亮度15个百分点的低亮度。通过6位被试者的平均数据发现，在标准亮度下，被试者的平均注视时间最长，扫视时间最短，而且拥有最大的扫视视场角。由此可以得到结论：在一定的速度下，在计算得到的标准亮度下，被试者拥有最好的动态视力。

总之，在隧道这种特殊路段下，拥有较好的动视力对于隧道安全具有十分重要的作用，随着速度增加，人的动视力减弱，所以要求在隧道行驶的时候必须控制车速，来保证行车安全；此外，在同等速度下光照同样对于动视力有一定的影响，通过试验发现，在智能调光系统计算得到的标准亮度下，被试者拥有最好的动视力，所以调光系统同样起到保证隧道行车安全的作用，对于减少隧道内的事故率，保证驾驶员安全，也有着积极的作用。

4.2.3 光源色温对视觉效果和照明标准的影响模型建立

在大连海事大学光电信息研究所的模拟隧道实验室中搭建了中间视觉条件下的反应时间测量系统。利用该系统进行不同色温光源对视觉效果的影响试验。根据试验数据分析，建立了光源色温对视觉效果的影响模型。

在中间视觉照明环境下，隧道照明光源的色温对人眼的视觉产生不同的影响。因此，本部分研究内容采用不同色温的光源作为测试光源，研究不同色温光源对人眼反应时间的影响。

由上述研究可知，在中间视觉范围内，即使在明视觉亮度计测量的亮度值相同的情况下，在不同色温光源条件下，人眼的视看亮度也是不同的。且研究结果表明，色温越高，人眼视看亮度值越大，表明驾驶员能越快做出反应。

为了验证这一结果,项目组参考已有研究资料,并结合隧道照明研究的实际需要,搭建了一套反应时间测量系统。

(1)试验装置

试验系统整体设计与中间视觉试验系统基本相同,唯一的不同点在于将光源换为可调亮度和色温灯具,故不再赘述。

(2)试验参数设置

本次试验采用了6个光源色温值、4个背景亮度、2个目标/背景对比度和2个偏心度。具体试验参数设置见表4.2-1。

试验参数表 表4.2-1

目标色温(K)	目标背景亮度(cd/m^2)	目标偏心度	目标光斑亮度(cd/m^2) $C=0.3$	目标光斑亮度(cd/m^2) $C=0.5$	测量色温(K)	测量背景亮度(cd/m^2)	测量光斑亮度(cd/m^2) $C=0.3$	测量光斑亮度(cd/m^2) $C=0.5$
3500	1	0°	1.3	1.5	3470	0.9807	1.3	1.485
		10°						
3500	2	0°	2.6	3.0	3540	1.962	2.612	2.978
		10°						
	3	0°	3.9	4.5	3495	3.045	3.972	4.577
		10°						
	4	0°	5.2	6.0	3529	4.06	5.271	6.063
		10°						
4000	1	0°	1.3	1.5	3975	0.976	1.339	1.512
		10°						
	2	0°	2.6	3.0	4037	1.994	2.63	3.045
		10°						
	3	0°	3.9	4.5	4043	2.949	3.942	4.447
		10°						
	4	0°	5.2	6.0	4027	3.907	5.26	5.808
		10°						
4500	1	0°	1.3	1.5	4522	1.029	1.353	1.439
		10°						
	2	0°	2.6	3.0	4541	2.097	2.596	2.973
		10°						
	3	0°	3.9	4.5	4539	3.118	3.958	4.534
		10°						
	4	0°	5.2	6.0	4545	3.97	5.179	5.968
		10°						

续上表

<table>
<tr><th>目标色温（K）</th><th>目标背景亮度（cd/m²）</th><th>目标偏心度</th><th>目标光斑亮度（cd/m²）C=0.3</th><th>目标光斑亮度（cd/m²）C=0.5</th><th>测量色温（K）</th><th>测量背景亮度（cd/m²）</th><th>测量光斑亮度（cd/m²）C=0.3</th><th>测量光斑亮度（cd/m²）C=0.5</th></tr>
<tr><td rowspan="8">5000</td><td rowspan="2">1</td><td>0°</td><td rowspan="2">1.3</td><td rowspan="2">1.5</td><td rowspan="2">4970</td><td rowspan="2">1.004</td><td rowspan="2">1.353</td><td rowspan="2">1.461</td></tr>
<tr><td>10°</td></tr>
<tr><td rowspan="2">2</td><td>0°</td><td rowspan="2">2.6</td><td rowspan="2">30</td><td rowspan="2">5047</td><td rowspan="2">1.974</td><td rowspan="2">2.597</td><td rowspan="2">2.945</td></tr>
<tr><td>10°</td></tr>
<tr><td rowspan="2">3</td><td>0°</td><td rowspan="2">3.9</td><td rowspan="2">4.5</td><td rowspan="2">5035</td><td rowspan="2">3.076</td><td rowspan="2">3.87</td><td rowspan="2">4.447</td></tr>
<tr><td>10°</td></tr>
<tr><td rowspan="2">4</td><td>0°</td><td rowspan="2">5.2</td><td rowspan="2">6.0</td><td rowspan="2">4972</td><td rowspan="2">3.913</td><td rowspan="2">5.245</td><td rowspan="2">6.127</td></tr>
<tr><td>10°</td></tr>
<tr><td rowspan="8">5500</td><td rowspan="2">1</td><td>0°</td><td rowspan="2">1.3</td><td rowspan="2">1.5</td><td rowspan="2">5541</td><td rowspan="2">0.97</td><td rowspan="2">1.27</td><td rowspan="2">1.425</td></tr>
<tr><td>10°</td></tr>
<tr><td rowspan="2">2</td><td>0°</td><td rowspan="2">2.6</td><td rowspan="2">3.0</td><td rowspan="2">5493</td><td rowspan="2">2.007</td><td rowspan="2">2.586</td><td rowspan="2">3.071</td></tr>
<tr><td>10°</td></tr>
<tr><td rowspan="2">3</td><td>0°</td><td rowspan="2">3.9</td><td rowspan="2">4.5</td><td rowspan="2">5513</td><td rowspan="2">2.954</td><td rowspan="2">3.961</td><td rowspan="2">4.503</td></tr>
<tr><td>10°</td></tr>
<tr><td rowspan="2">4</td><td>0°</td><td rowspan="2">5.2</td><td rowspan="2">6.0</td><td rowspan="2">5454</td><td rowspan="2">4.112</td><td rowspan="2">5.194</td><td rowspan="2">5.931</td></tr>
<tr><td>10°</td></tr>
<tr><td rowspan="8">6000</td><td rowspan="2">1</td><td>0°</td><td rowspan="2">1.3</td><td rowspan="2">1.5</td><td rowspan="2">6030</td><td rowspan="2">1.049</td><td rowspan="2">1.31</td><td rowspan="2">1.513</td></tr>
<tr><td>10°</td></tr>
<tr><td rowspan="2">2</td><td>0°</td><td rowspan="2">2.6</td><td rowspan="2">3.0</td><td rowspan="2">5961</td><td rowspan="2">2.004</td><td rowspan="2">2.546</td><td rowspan="2">3.118</td></tr>
<tr><td>10°</td></tr>
<tr><td rowspan="2">3</td><td>0°</td><td rowspan="2">3.9</td><td rowspan="2">4.5</td><td rowspan="2">6042</td><td rowspan="2">2.971</td><td rowspan="2">3.879</td><td rowspan="2">4.512</td></tr>
<tr><td>10°</td></tr>
<tr><td rowspan="2">4</td><td>0°</td><td rowspan="2">5.2</td><td rowspan="2">6.0</td><td rowspan="2">6037</td><td rowspan="2">3.942</td><td rowspan="2">5.178</td><td rowspan="2">5.948</td></tr>
<tr><td>10°</td></tr>
</table>

一般情况下，隧道中的驾驶员在驾驶过程中的视觉任务目标通常处于低对比度状态，故试验选用视标对比度为0.3和0.5。

(3)试验步骤

共有10名被试试者(5男5女)参与本次实验，所有的被试者都拥有正常的色觉和矫正视力，被试者在进行正式的试验测试前都经过几轮的练习，以保证熟悉试验的操作过程。

在被试者开始每组试验前，用40min来适应较暗的试验环境，并且戴上隔音耳塞和耳罩，避免因听到电子快门打开的声音而预先按下按钮。被试者试验时采用双眼视看，必须保证眼睛一直注视正前方的十字标记，通过眼睛的余光去发现目标，不能转动眼睛对准目标，以满足周边视觉要求。试验时背景亮度是从暗到亮进行的,因为人眼对亮适应的时间要短一些。

设定好背景亮度、视标对比度和光源色温后,在所有的被试者暗适应结束后,一位被试者坐在观测孔前,手拿手握式按钮,眼睛注视正前方的十字标记。在试验过程中,目标随机出现在偏心角0°和10°的位置,以正确反映被试者的周边视觉。当目标在每个偏心角位置都出现3次后,这名被试者在这个试验条件下的试验结束,换另一位被试者,重复上述步骤。当10位被试者都试验完毕,改变试验条件,继续试验。

试验步骤依次为:

①2名试验员和10名被试者到达实验室,试验员进行准备工作,将试验设备调整到所需要的背景亮度,对比度和色温,被试者在模拟隧道环境中暗适应40min。

②暗适应结束,1名被试者戴上耳塞和隔音耳罩,坐在观测箱前,通过观察孔看观测箱内的十字,手握按钮。1名试验员负责记录试验数据,另1名试验员负责通过旋钮实时改变目标光斑的偏心度。

③受试者试验时采用双眼视看,必须保证眼睛一直注视正前方的十字标记,通过眼睛的余光去发现目标,不能转动眼睛对准目标,以满足周边视觉要求。

④背景亮度,对比度和色温都从最小值开始测试。当被试者看到目标光斑,按下手中按钮,此时测试系统会记录下被试者的反应时间,同时目标光斑消失。试验员记录下反应时间,改变目标光斑的偏心度,等待目标光斑的下一次出现。

⑤目标光斑前2次依次出现在0°、10°位置,作为被试者的操作适应过程,这2次的试验数据不被记录。之后目标光斑可以随机出现在0°、10°位置,每个偏心度出现3次,共计6次。

⑥当这名被试者测试了8次之后,换下一位被试者。

⑦当5位被试者都测试完毕后,保持背景亮度和色温不变,调高对比度,再从第1名被试者开始测试。

⑧当2个对比度都测试完毕,保持背景亮度不变,增大色温,重复以上试验。

⑨当对比度和色温都已测量完毕,加大背景亮度,再从对比度和色温最小值开始测试。

(4)试验结果分析

试验共获得2880个反应时间的测量数据。对于每个受试者,一共有288组数据:4个背景亮度×2个对比度×6个目标位置(每个偏心角各3个)×6个光源色温。

由试验结果可知,在中间视觉亮度下,反应时间随着光源色温的增加而减小,而且随着色温的增大,反应时间减小的速度变慢,且逐渐趋于平稳。这说明高色温的光源对于提高驾驶员的反应时间有很大帮助,这有利于交通安全。

4.2.4 隧道照明状态实时监测方法

首先利用图像处理的方法得到图像灰度值,其他利用照度计测量图像对应的亮度值,建立图像灰度与实际亮度之间的计算模型。将得到的亮度值和均匀度值作为反馈信息,实现隧道照明的闭环反馈控制,达到实际的按需照明的目的。

该项目研究基于摄像机图像信息处理和定点照度监测的隧道照明状态实时监测方法。路面照明状态实时检测的方法步骤如图4.2-7所示。

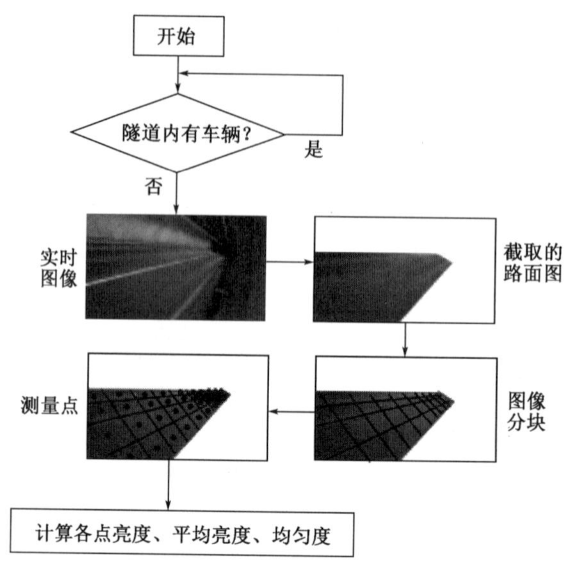

图 4.2-7 路面照明状态实时检测的步骤

由图 4.2-7 可知,基于隧道内监控图像检测隧道路面是否有车辆行驶,是利用监控图像检测路面照度的前提。由于隧道内部监控摄像机拍摄的图像区域固定,且车辆会行驶在有效路面区域中。因此,搜索车辆的区域可由整幅图像缩小为道路边界或车道线内部的区域。为了减少处理区域、降低计算量、加快处理速度,根据隧道内部路面图像的特性,对实时采集的图像和无车背景图像截取 ROI(感兴趣区域)进行处理。后续的车辆检测处理将限制在该区域内。经过调研以及对大量的试验图像进行处理,项目组提出了一种以背景差分法为基础,结合边缘检测、图像分块及阈值检测的隧道内车辆检测算法;该算法能够通过实时更新背景图像的方式去除光照和天气等外界因素对车辆检测的影响,如图 4.2-8 所示。具体的车辆检测流程为:

①当隧道照明系统调节隧道内部亮度时,监控摄像机连续抓取多帧图像,求取平均图像,将其作为当前照明亮度下的背景图像,存放于背景库中;

②监控摄像机实时采集隧道内部图像;

③根据隧道内部路面图像的特征,分别截取实时图像和无车背景图像的 ROI;

④对两张图像的 ROI 进行操作,获得差分图像;

⑤对差分图像利用 canny 算子进行边缘检测处理;

⑥对边缘检测后的图像进行分块处理,统计特定块图像内的非零点个数;

⑦处理各个块,通过阈值检测,判定车辆的有无;

⑧如果检测结果为无车,则用当前的实时图像替代背景库中当前照明亮度下的背景图像,达到实时更新背景图像的目的。

4.2.5 隧道照明系统的闭环反馈自适应调光方法

首先以监控摄像机的图像信息为基础计算洞内路面亮度实际值,实时监测洞内照明亮度。以环境信息感知传感器和车辆信息感知传感器采集到的数据为基础,根据规范计算洞内各个段的设定亮度值。设定亮度值和实际亮度值作为 PID(比例、积分、微分)调节控制单元的输入参数,经过计算后会重新确定灯具的调节亮度值,调节亮度值根据公式转换成调光指令,调光控制器将调光指令转换成对应的脉冲信号通过 PWM(脉冲宽度调制)调光方式实时调整各个灯具的亮度,弥补隧道内部实际亮度与需求亮度的差距。

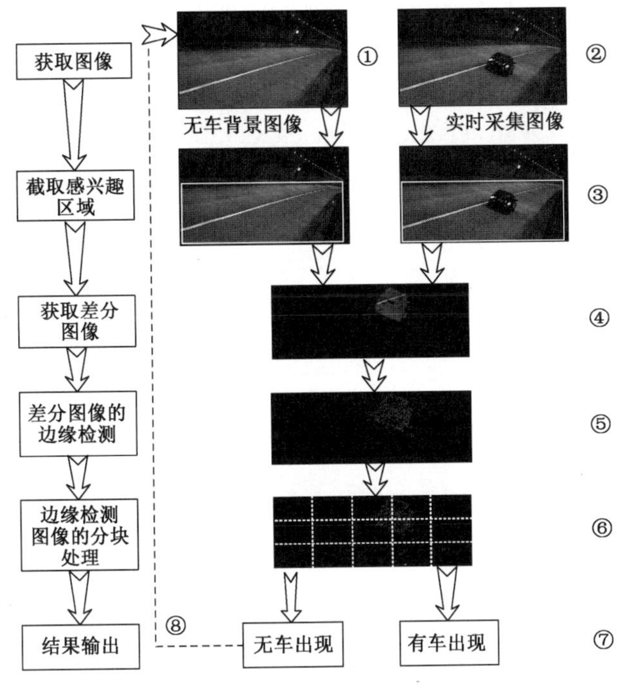

图 4.2-8 隧道车辆检测流程图

为了验证隧道照明闭环反馈智慧控制系统的必要性和有效性,项目组共进行了两类试验。第一类试验是 LED 隧道灯具的灯衰试验,主要目的是验证灯具的衰减,主要证明隧道灯具的照明存在衰减,如果不考虑其衰减特性则不能使灯具亮度达到照明效果。第二类试验是照明闭环反馈控制系统试验,主要目的是验证利用 PID 调节可以较好地控制灯具亮度使照明效果达到实际需求。

试验系统主要由 CCD 数码相机、照度计、四盏 LED 隧道灯具、仿水泥墙纸、两台计算机组成。其中 CCD 数码相机是大恒图像公司开发的千兆以太网络接口工业数字摄像机 DH-SV1421GM,作用是拍摄路面图像,用于计算路面实际亮度;照度计是台湾泰仕的 TES-1339R,用来测量路面实际照度;LED 隧道灯是广东中龙交通科技有限公司提供的大功率 LED 隧道灯 SZ4-D35 ×1.4W,作用是提供亮度;仿水泥墙纸铺设在地面上,模仿水泥地的路面效果;两台计算机主要用于处理试验数据信息。

4.2.6 隧道照明智慧控制系统

应用 C#语言编写程序代码,开发了一套“车进灯亮,车走灯暗”的隧道照明智慧控制系统。该系统实现了传感器监测数据存储功能、隧道控制模式的选择,并且具有工程所需的数据管理、用电量报表、系统日志、硬件日志等功能。

现在隧道照明系统的设计出于对驾驶安全的考虑,一般给予隧道内充足的照明,这样会造成能源的浪费和费用的提高。鉴于现有隧道照明系统的不足,该项目旨在设计一种能够节能的照明系统。该系统的功能是检测到有车进入隧道时,根据车辆及天气信息将隧道内的照明调到所需亮度;无车进入时,隧道内的照明调至低能耗的状态。设计该系统的目的是提高驾驶员驾车进入隧道时视觉的舒适度,降低整个照明系统的电能消耗,达到节能的目的。

隧道照明节能智慧控制系统的组成结构如图4.2-9所示,主要由远端应用层、网络传输层和现场感知控制层组成。其中,远端应用层主要是指运行于隧道管理处计算机上的隧道照明监控软件;网络传输层主要是指负责信息传输的光纤环网;现场感知控制层主要包括:运行于隧道变电所服务器上的隧道照明智慧控制软件、各种车辆检测传感器、各种环境感知传感器、光源、监控摄像机、隧道照明灯具和调光控制器。

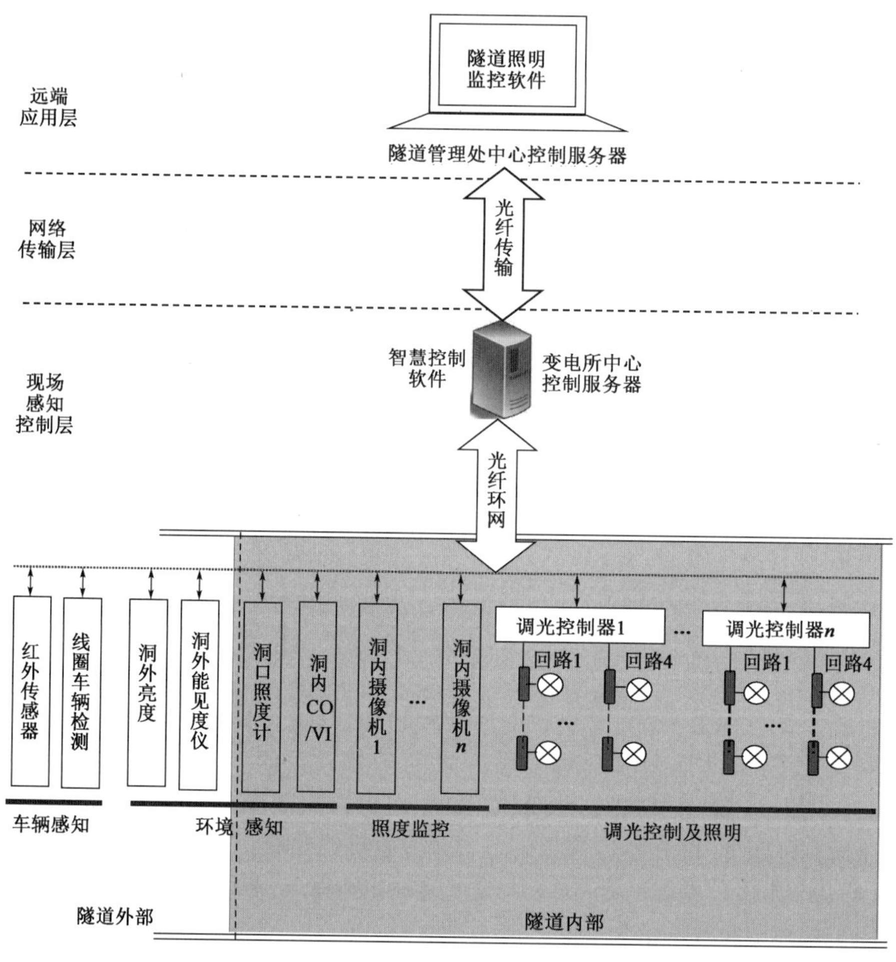

图4.2-9 隧道照明系统结构图

(1)系统结构组成

为了实现隧道照明节能与智慧控制,该项目研制并最终提供的系统组成部分主要是:

①隧道照明监控软件

运行于隧道管理处的计算机上,使隧道管理处或监控中心实时了解各条隧道的亮灯情况、调光率、车流量、平均车速、光照值、功耗等数据和信息；并对照明模式、照明回路和亮度等级进行切换。

②隧道照明智慧控制软件

收集环境信息感知传感器和车辆行为感知传感器采集到的数据，并以这些数据为基础，根据隧道照明规范计算洞内各个段的设定亮度值；将亮度值再转换成调光指令发送给照明及调光系统。

③隧道照明通信子系统

使用光纤通信保证各个设备之间数据可靠、稳定及快速的传输。

④车辆行为感知子系统

采集驶过隧道车辆的车辆速度、车流量等信息作为隧道照明状态切换和照明亮度解算的基础。

⑤环境信息感知子系统

采集洞外亮度值、洞内照度值、洞外能见度和洞内能见度作为隧道照明状态切换和照明亮度解算的基础。

⑥照度实时监测子系统

检测洞内路面各点的照度值和整个路面的照度分布；同时还能够检测洞内灯具的运行状态、是否有车辆停留或车辆事故、是否发生火灾等意外情况。

⑦隧道照明及调光子系统

接收来自隧道变电所服务器发来的调光指令，通过 LED 调光控制器对隧道 LED 灯进行调节，为隧道各段提供指定的照明亮度。

(2)系统功能

①由隧道外车辆检测器检测车辆的有无。当隧道外部没有车辆即将驶入且隧道洞内也没有车辆行驶时，系统会将洞内所有的照明灯具的功率调整到低能耗状态。当有车辆到来时，系统会自动将隧道内各段灯具亮度调到需要的亮度。

②有车时，隧道照明调光智慧控制系统通过光纤环网收集环境信息感知传感器、车辆行为感知传感器、照度实时监测摄像机采集的各种数据和图像信息。采集的信息主要包括车辆有无、车速、车流量、洞内外亮度、洞内外 CO 浓度及烟雾浓度、隧道各段路面实时照度。

③有车时，隧道照明智慧控制软件以环境信息感知传感器和车辆行为感知传感器采集到的数据为基础根据相关规范计算洞内各个段的设定亮度值；以照度实时监测摄像机采集的图像信息为基础，实时计算洞内路面照度实际值；设定亮度值和实际照度值作为 PID 调节模块的输入，确定灯具照明控制亮度，以便及时调整光源亮度达到实际需求。

④照明控制模式有自动、人工、时间控制三种方式。

自动控制方式：当车辆行为感知传感器检测出有车辆驶向隧道时，控制系统软件通过调光控制器控制灯具亮度调节；当无车驶向隧道时，则对隧道提供低能耗照明。

人工控制方式：不使用车辆行为感知传感器检测车辆速度、车辆有无信息，隧道管理员会根据不同的天气情况手动开关供电回路，根据经验调整隧道各段的照明回路。

时间控制方式：不使用车辆行为感知传感器检测车辆速度、车辆有无信息，直接根据不同的时间段设置不同的亮度，时间段有清晨、上午、正午、下午、黄昏、深夜等。

⑤基本照明均兼应急照明功能，通过 EPS（紧急电力供应）电源供电，切换时间 <0.25s；当市电断电后，基本照明由 EPS 备用电源为其供电，控制所有的基本照明按低能耗工作。

隧道照明智慧控制系统的工作过程如图 4.2-10 所示。

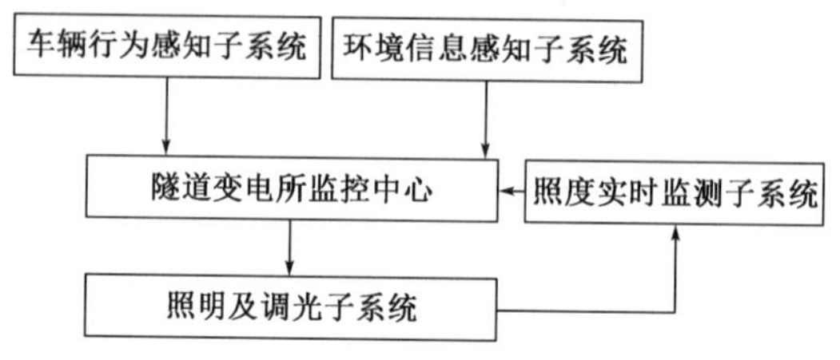

图 4.2-10　隧道照明智慧控制系统工作过程

在隧道照明智慧控制系统中，环境信息感知子系统采集隧道洞内外环境信息，车辆行为感知子系统采集车辆信息，通过光纤网络将其传送到隧道变电所监控中心的服务器上，经服务器上运行的照明监控软件处理后，得出调光值经光纤传送到照明及调光子系统对隧道内各段的灯具进行调光。但是隧道内的灯具使用一段时间之后会出现光衰现象，为保证下发调光指令调光后隧道路面能够达到所要求的亮度，可以将照度实时监控系统作为一个反馈系统，对隧道调光后的亮度进行检测，如若不能达到调光指令指定的亮度，则照度实时监控系统发送反馈信息给隧道变电所监控中心，整个系统再次迅速调光，直至达到要求的亮度值。

4.3　技术小结

鹤大高速公路建设中积极推广应用低碳节能技术，通在服务区、收费站开展房屋建筑工程节能保温技术，增强了建筑物保温性能，减少了能源消耗；在全线隧道及服务区中实施了照明节能与智慧控制技术，通过两个子项目研究取得了如下成果：

①将被动式技术理念引入高速公路服务区设施建筑，推广应用了寒区高速公路服务区节能关键技术。通过采用集成式建筑模式、门窗节能优化设计、预制窗台板技术，实现了服务区提高节能标准 15%，达到 65% 的目标。

②对全线 18 座隧道，利用行为感知、环境感知和光电测控技术，以信息处理与融合为手段，通过定点照度测量和差分图像处理对隧道照度进行实时监测，设计并实现了隧道灯光照明的按需供给，实现节能 48%。

通过房建保温和隧道及服务区照明节能与智慧控制技术的实施，改变了供暖方式，实现了能源的高效使用，节能减排效果十分明显，同时减少了隧道照明用电，节约了能源，效益显著。

第5章 高速公路建设生态恢复与民俗旅游融合技术

鹤大高速公路穿越了长白山区典型的森林生态系统,沿线生物多样性高,森林资源丰富,林下土壤肥沃。路线穿越区域分布有大量的红松、黄檗、水曲柳等国家珍稀保护树种和典型的针阔叶林海景观。鹤大高速公路的建设不可避免地会对沿线宝贵的植物资源产生各种影响,因此需要采取一系列行之有效的手段对沿线植物资源进行保护,减少破坏,降低扰动,实现人与生态的自然和谐。同时,鹤大高速公路所经过的吉林省东部山区,蕴含着深厚的文化底蕴,包含着丰富的民俗文化,而高速公路服务区对高速公路的使用者、管理者以及周围环境和当地民众都有着多方面的长期影响。为此,加强民俗文化及旅游服务与服务区景观的融合研究,对于构建符合当地特色、提供高品质旅游服务的高速公路服务区有着重要意义。

5.1 植被保护与恢复技术

5.1.1 环保施工管理措施

通过对吉林省公路建设长期以来积累的环保施工管理经验进行总结和提炼,并结合鹤大高速公路工程管理组织机构和人员队伍配备特点,项目组提出了鹤大高速公路环保施工管理措施并进行了推动落实,主要包括:环保培训、组织机构建立、技术咨询、奖惩制度。

(1)在工程建设前根据建设人员的机构、职责、层次等不同,开展了两次环保技术培训,分别针对工程建设管理人员和基层施工人员,培训的目的和内容均有所侧重,易于不同人员的理解和实际操作,培训效果更佳。项目组进行了两次较大的针对性技术培训,并进行了十余次非正式技术交流座谈会。

(2)建立环保管理小组,包括领导小组、执行小组、技术咨询小组和宣传小组,形成“政、产、学、研、用”有机结合的机制。其中领导小组由吉林省交通运输厅主要领导牵头、吉林省交通运输厅各处室相关负责人组成;执行小组由吉林省高等级公路建设局主要领导及鹤大高速公路项目建设指挥部、设计代表、项目监理、技术服务、施工单位领导组成;技术咨询小组由行业知名专家组成;宣传小组由吉林省交通宣传中心和吉林省交通运输厅科技处构成,委派有专人及时对工程环境保护进展情况进行跟踪报道。

(3)开展环保咨询工作。关键阶段聘请国内知名专家进行把关,并与专家保持紧密的联系和沟通,及时解决工程实施中可能出现的关键技术问题和技术难题,确保环境保护工程的效果和质量。同时课题组在施工全过程开展了现场指导工作,对施工过程进行有效控制。每期工作结束后课题组向建设单位提交正式的环保咨询工作报告,或者专项咨询报告。建设单位根据咨询报告意见,对施工单位下相应的发整改意见,督促落实。

(4)实施环保奖惩制度。预留了2%的工程额作为项目月度质量、安全和环保综合考评的考核金额,提出了动态考核系数,通过考核奖励调动了施工单位落实植物和表土资源保护的积极性。

5.1.2 植被分级保护技术

首先对获取的公路路线范围的遥感影像进行解译和分析,识别公路经过区域的主要植被类型和土地利用类型;根据每个路基施工标段穿越的植被类型和土地利用类型特点,在遥感解译图上设置现场植物样方调查和表土调查的位置;然后进行现场勘察工作,根据公路占地范围和设计路基宽度等确定植被重要保护区,同时按照设置的调查位置开展现场样方调查和取样工作;统计样方调查数据并计算相关参数;最后根据计算结果制定植物分级保护方法。

(1)遥感解译分析

获取了鹤大高速公路全线的遥感数据,首先采用遥感解译软件对遥感影像进行解译,对遥感影像进行植被分类。然后使用GIS(地理信息系统)分析软件对解译后的植被类型和土壤类型进行合并和赋予属性,同时参考该区域已有的植被类型和土壤资料,初步识别出公路沿线主要植被类型和土壤,以校正的遥感影像为地理底图,利用GIS分析软件与鹤大高速路线分布图数据转换工具,将公路平面布置图叠加到上述分布图上。经叠加后,拟建公路与植被和土壤分布情况能在同一底图上体现。公路沿线植被和土壤类型分布图形成后,相关数据还应与样方调查数据进行比对,根据比对结果确定是否进行数据校准。

(2)现场样方调查

首先在叠加公路路线的植被类型图上设置样方调查位置,公路全线每种植被类型设置至少3个调查位置,每5km里程设置至少1个调查位置。根据设置调查点的位置信息进行植物样方调查,每个调查点至少设置1个植物调查样方。每个调查样方面积不小于400m^2(20m×20m)。20m×20m大样方为乔木调查样方,大样方内应分别设置至少5个2m×2m灌木小样方和1m×1m草本小样方。样方内的调查指标包括:优势种类、样方覆盖度、乔木平均胸径、乔木平均高度、乔木密度、主要灌草种类;同时做好表土剖面信息的测定和记录,并采集表土样品。如在靖宇保护区重点路段根据不同植被类型共计设置了7个大样方进行现场调查,如图5.1-1所示。

图5.1-1 现场样方调查

(3)调查结果统计分析

对植被调查的结果表明,鹤大高速公路全线具有保护植被(红松、水曲柳、黄檗)分布广、本地特色植被数量众多、景观价值高、生态系统完整性好的特点。通过宏观分析和现场调查,掌握了鹤大高速公路沿线植被基本情况,详见表5.1-1。对不同类型表土样品的pH值、有机质、全氮、全磷、全钾、碱解氮、有效磷、速效钾8个基本指标进行了实验室测定,测定方法及结果和分析见表5.1-2、表5.1-3以及图5.1-2。根据分析结果,鹤大高速公路沿线林下表土质量较好,一般厚度可达30cm,表土质量满足种植土养分含量基本要求。

鹤大高速公路沿线常见植被调查结果 表5.1-1

中 文 名	拉 丁 名	保护级别	备 注
红松	*Pinus koraiensis*	Ⅱ	常见
水曲柳	*Fraxinus mandshurica*	Ⅱ	常见
黄檗	*Phellodendron*	Ⅱ	稀少
鱼鳞云杉	*Picea jezoensis*		常见
臭冷杉	*Abies nephrolepis*		常见
红皮云杉	*P. koraiensis*		稀少
朝鲜崖柏	*Thuja koraiensis*		稀少
长白落叶松	*Larix olgensis var. Cangbaiensis*		常见
糠椴	*Tila mandshurica*		常见
枫桦	*Beula costate*		常见
春榆	*Ulmus japonica*		常见
色木槭	*A. mono*		常见
大青杨	*Populus sieboldianum*		常见
胡桃楸	*Juglans mandshurica*		常见
蒙古栎	*Quercus mongolica*		常见
假色槭	*A. pseudosieboldianum*		常见
青楷槭	*A. tegmentosum*		常见
花楷槭	*A. ukurunduense*		常见
茶条槭	*A. ginnala*		常见
山杨	*Populus davidiana*		常见
白桦	*Betula platyphylla*		常见
黑桦	*Betula davurica*		常见
赤杨	*Alnus japonica*		常见
蓝靛果忍冬	*Lonicera edulis*		常见
朝鲜荚迷	*Viburnum koreanum*		常见
疣枝卫茅	*Evonymus pauciflorus*		常见
毛榛子	*Corlus mandshurica*		常见
黄花忍冬	*Lonicera chrysantha*		常见

续上表

中　文　名	拉　丁　名	保护级别	备　　注
东北山梅花	*Philadelphus schrenkii*		常见
刺五加	*Acanthopanax senticossus*		常见
东北溲疏	*Deutzia amurensis*		常见
小檗	*Berberis amurensis*		常见
暴马丁香	*Syringa amurensis*		常见
胡枝子	*Lespedez a bicolor*		常见
稠李	*Prunus padus*		常见
兴安杜鹃	*Rhododendron dahuricum*		常见
珍珠梅	*Sorbaria sorbifolia*		常见
龙牙楤木	*Aralia elata*		常见
忍冬	*Lonicera spp.*		常见
鼠李	*Rhamnus davuricus*		常见
北五味子	*Schisandra chinensis*		常见
山葡萄	*Vitis amurensis*		常见
狗枣猕猴桃	*Actimidia kolomikta*		常见
软枣猕猴桃	*A. arguta*		常见
木通	*Aristolochia manshuriensis*		常见

土壤养分测定方法　　表 5.1-2

指标	pH 值	有机质	全氮	全磷	全钾	碱解氮	有效磷	速效钾	电导率
方法	电位法	重铬酸钾法	硫酸-过氧化氢消煮、扩散吸收法	硫酸-过氧化氢消煮、钒钼黄比色法	硫酸-过氧化氢消煮、火焰光度法	碱解扩散法	钼锑抗比色法	乙酸铵浸提-火焰光度法	电导率法

表土养分测定结果　　表 5.1-3

样品编号	有机质(g/kg)	全氮(g/kg)	碱解氮(mg/kg)	有效磷(mg/kg)	速效钾(mg/kg)	pH 值	电导率(μs/cm)
A-1	44.4	2.55	347	46.8	155	4.78	103.3
A-2	12.5	0.73	95	3.1	46	4.84	39.9
A-3	44.9	2.54	218	8.0	215	4.95	100.6
B-1	103.5	5.81	665	11.1	463	6.10	75.0
B-2	21.2	1.26	129	1.1	255	5.51	25.2
C-1	91.0	5.09	593	4.3	231	5.15	43.1
C-2	39.5	2.25	284	1.3	137	5.17	37.5

续上表

样品编号	有机质（g/kg）	全氮（g/kg）	碱解氮（mg/kg）	有效磷（mg/kg）	速效钾（mg/kg）	pH 值	电导率（μs/cm）
D-1	96.7	5.41	595	3.7	432	5.55	80.1
D-2	47.8	2.71	237	2.8	169	5.14	33.6
E-1	44.4	2.49	195	25.2	371	5.08	119.2
E-2	22.5	1.32	95	12.8	122	5.13	45.9
F	43.2	2.43	242	9.1	138	6.46	34.1
G	45.5	2.61	157	15.6	300	5.97	98.7
H-1	52.3	2.96	252	2.9	385	5.27	43.2
H-2	75.1	4.24	301	2.5	523	5.41	57.1
I-1	71.1	4.01	287	116.0	332	4.52	131.5
I-2	45.8	2.59	183	48.9	172	4.67	64.5
J-1	81.4	4.59	435	31.0	379	5.72	80.2
J-2	31.3	1.78	147	10.9	140	5.93	57.8

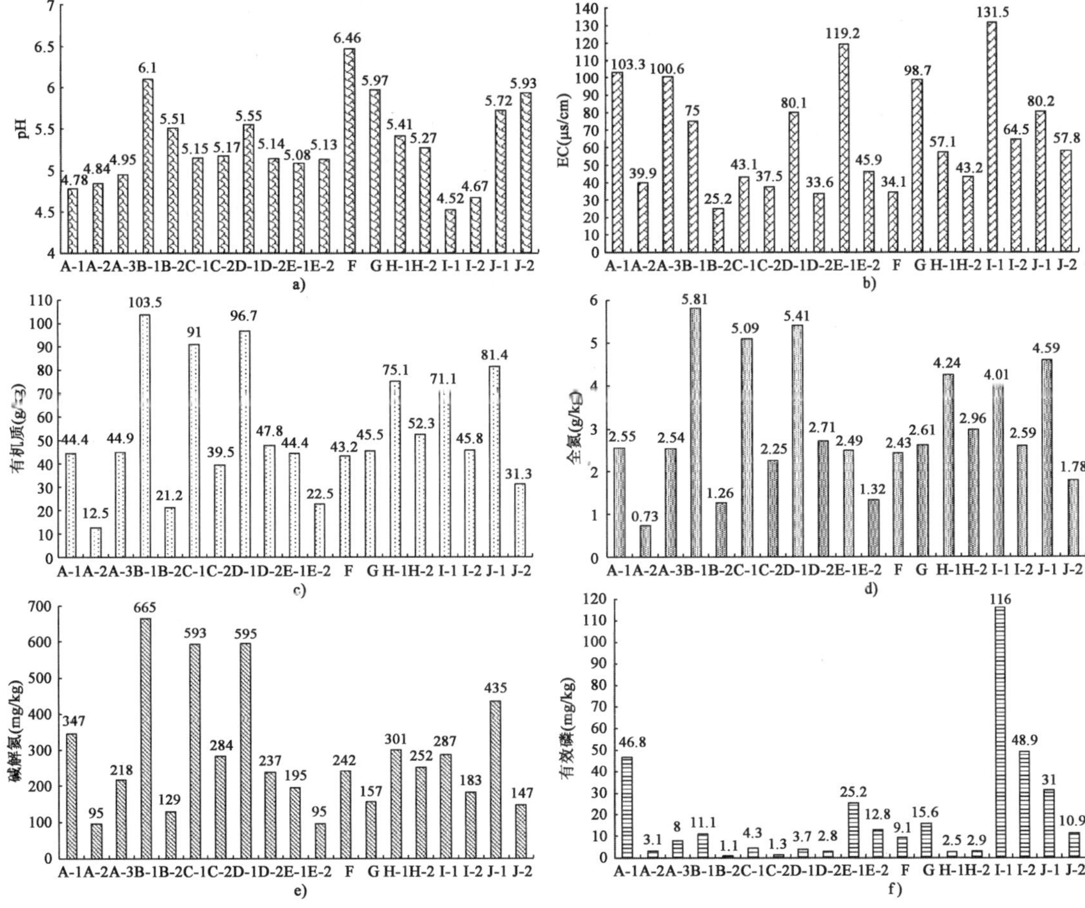

图　5.1-2

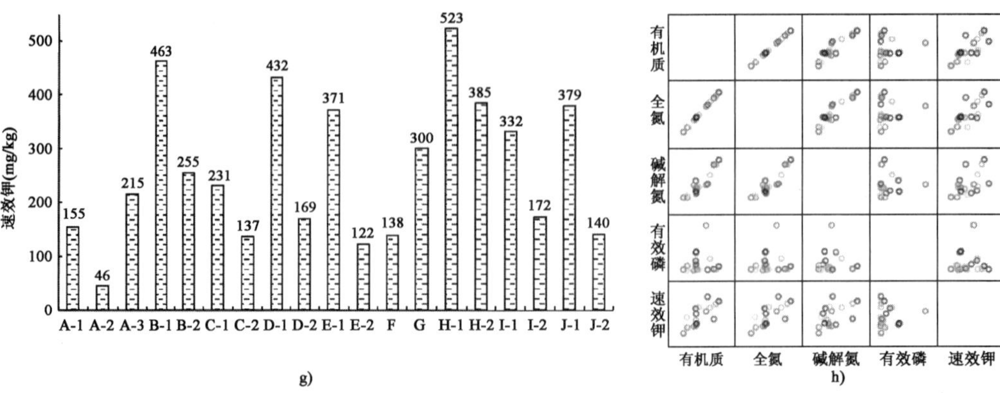

图 5.1-2 土壤养分指标统计分析

(4)植被分级保护技术对策措施

在样方调查和结果统计的基础上,课题组对沿线植物资源进行核查、分类和分级,坚持“重点植物保护、亮点植物利用”的原则,系统提出了植被分级保护的实施细则,有效提高了公路施工中植物资源保护的针对性。根据植被现场样方调查结果,将公路沿线植被按照珍稀程度、树龄、径级和观赏性进行植被保护分级,具体分级保护标准和保护对策见表 5.1-4 和图 5.1-3。吉林省国家级及省级保护植物名录和保护等级应参考《吉林省重点保护野生植物名录》。根据植被分级保护技术提出了针对鹤大高速公路的植被分级保护措施,并编制了《鹤大高速公路沿线主要植被分级保护名录》,对鹤大高速公路全线路域保护植物以及常见的植物分别进行了保护分级,并提供了科属种类、常见习性、照片等识别要点,以便于一线施工人员开展现场保护工作,也为管理人员的保护措施制定和经验总结提供了重要参考。

植被分级保护技术　　表 5.1-4

分　级	植被等级及说明	植被保护对策措施
特级	国家Ⅰ级重点保护野生植物,以及国家和地方明文规定禁止破坏的种类	①避让保护:如果种类形成一定种群面积,应建议设计单位采取路线规避措施; ②迁地保护:单个零星种类应通知当地有关部门对其进行移栽
一级	国家Ⅱ级及吉林省Ⅰ级和Ⅱ级重点保护野生植物、古树名木等。例如东北地区常见红松、黄檗、水曲柳等种类,以及树龄超过百年的古木	①避让保护:如果种类形成一定种群面积,应建议设计单位采取路线规避措施; ②迁地保护:如果占地界内有适宜移栽的种类幼龄树(胸径 < 10cm),应请专业人员或在专家指导下移栽到相似的生境; ③就地保护:占地界线附近不影响施工安全的所有植被应采取砍伐线保留和个体保护等就地保护措施
二级	吉林省Ⅲ级重点保护野生植物及常见树体高大、树形优美的孤植树、点景树。例如东北地区常见的云冷杉、蒙古栎、椴树、杨树、榆树等	就地保护:占地界线附近不影响施工安全的植被宜全部采取砍伐线保留和个体保护等就地保护措施

续上表

分级	植被等级及说明	植被保护对策措施
三级	常见的普通乔木和大灌木。例如东北地区常见的杨树、落叶松、白桦、槭树、榆树、平榛、毛榛、丁香、东北山梅花、忍冬等	①迁地保护：如果占地界内有适宜移栽的种类幼龄树(胸径<10cm)，应请专业人员或在专家指导下移栽到公路其他需要绿化的位置； ②就地保护：占地界线附近不影响施工的植被可进行选择性保护，宜选择胸径15cm以上和观赏性较好的植被采取砍伐线保留和个体保护等就地保护措施
四级	一般常见的灌木和草本	应严格控制施工范围，收集植物残体

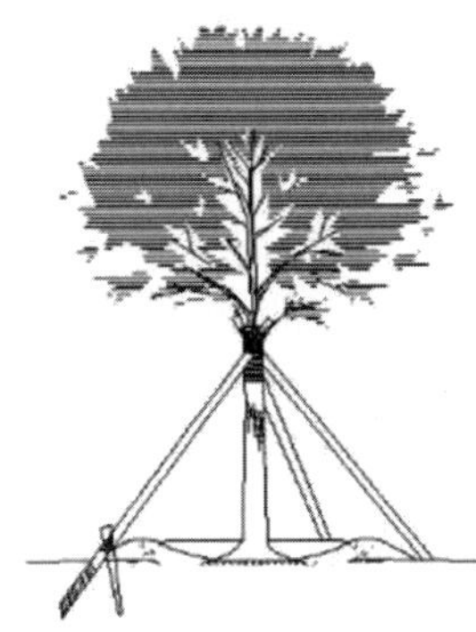

图5.1-3 植被个体保护技术示意图

5.1.3 分步清表施工技术

由于传统施工清表往往对征地界内一步清表到位，通常造成很大的资源破坏和环境影响，其内的植被和表土也得不到有效的保护和利用。该项目提出采用的分步清表技术，将清表过程分步细化为两步，通过精细化施工，最大可能保留了占地界内的植被，对占地界内的表土资源也能进行最大量的收集和后期利用。具体为：

第一步清表应清理出公路设计路基宽度范围，清除表面附着物及表层土，使全线贯通，保证施工车辆、机械和人员能够进入施工作业面。在第一步清表过程中实施植被分级保护对策和原地保护措施。第二步清表应清理设计坡口线及坡脚线至公路用地边界之间的范围，以及隧道口边仰坡、隧道口三角区、互通立交、桥梁桥头位置等，宜采用人工的方法清除影响工程安全的植被，对必须设置排水沟(截水沟)的地方，宜采用人工的方法清除影响排水沟设置的植被，减小创伤面。在第二步清表过程中实施植被分级保护对策和原地保护措施。

在鹤大高速公路全线339.429km全面推广落实了分步清表施工技术，尤其是将地势平坦植被茂密的林地路段作为示范路段。清表过程中开展植被分级保护及表土收集工作，最大限度减少了工程建设对环境的影响。同时开展了分步清表施工技术全过程技术咨询和指导工作，落实分步清表施工具体技术的实施，控制施工红线范围，减少树木砍伐；加强施工中表土资源的收集和各标段标准表土场的选址建设工作。同时指导植被个体保护措施的落实，防止施工二次破坏，制定表土的利用对策。

分步清表施工技术效果显著，全线共保留了约7.6万棵高大乔木，保护原生环境10万m^2，全线共收集表土228.3204万m^3，并完成《鹤大高速植被和表土保护情况统计表》，首次建立施工单位、监理单位签字盖章上报和咨询单位复核的工作制度。

5.1.4 基于表土资源利用的植被恢复技术

（1）吉林省高速公路绿化恢复调查

采用生态样方法调查了已有高速公路绿化恢复现状（表5.1-5、表5.1-6），调查里程超过1200km，调查对象基本能够反映目前吉林省高速公路边坡植被恢复情况，调查目的是初步建立吉林省高速公路植被恢复基础数据资料，为植被恢复设计提供参考。

吉林省主要高速公路绿化现状调查对象　表5.1-5

路线名称	起止位置	里程（km）	路线走向	地貌环境	修建时间
G12	白城—长春	350	西—东	西部平原	2009
	吉林—延吉	330	西—东	东部山区	2007
G45	松原—双辽	225	北—南	西部平原	2007
S26	伊通—靖宇	180	西—东	中东部山区	2010
G1212	吉林—梅河口	180	北—南	中部山区	2010

吉林省主要高速公路绿化现状调查内容　表5.1-6

调查边坡数量	调 查 内 容
调查边坡类型	低缓、一般、高陡、石质等
调查边坡防护形式	普喷、客土、护面墙、主动防护网、叠拱等
调查指标	群落特征结构、种类、盖度、数量、植被生长情况等
绿化恢复效果评价	绿化恢复存在的问题教训和可取的经验

调查结果表明：

①现有高速公路绿化恢复效果，基本满足环保、水土保持相关要求；

②常用种类包括：紫穗槐、胡枝子、山杨、柳树、紫花苜蓿、紫羊茅、白三叶等约30余种；

③紫穗槐、胡枝子使用率高，使用面积大，导致部分项目绿化方式单一、景观效果一般，同时，存在使用密度过高、导致后期竞争性死亡率高等问题。根据调查结果建议增加本地乔灌木种类、花灌木类，提高了生态恢复多样性和景观恢复效果。

（2）表土利用植被恢复试验

根据表土的养分和质地特性，以及吉林省主要高速公路绿化现状调查结果，筛选了部分绿化种类和配置方式，强化了多物种组合搭配和彩色搭配绿化设计（表5.1-7）。全线多个标段的多处边坡和取弃土场等位置进行了表土利用示范应用。后期观测结果表明使用表土进行植被恢复具有可行性，可达到较好的恢复效果，满足环保和水保的要求。

基于表土资源利用的植被恢复试验设计　　表5.1-7

<table>
<tr><th>位置</th><th>标　段</th><th>边坡形式</th><th>恢复方式</th><th>植物配置</th></tr>
<tr><td rowspan="3">雁大段</td><td>4标 K602 +300</td><td>挖方边坡</td><td>客土喷播</td><td rowspan="2">紫羊茅 + 多年生黑麦草 + 石竹 + 白三叶 + 蒲公英</td></tr>
<tr><td>2标 K540 +700</td><td>挖方边坡</td><td>普通喷播</td></tr>
<tr><td>4标 K602 +300</td><td>取土场</td><td>覆土撒播</td><td>紫羊茅 + 石竹 + 白三叶 + 蒲公英</td></tr>
<tr><td rowspan="5">大抚段</td><td>9标 K701 +400</td><td>挖方边坡</td><td>客土喷播</td><td rowspan="4">紫羊茅 + 紫花苜蓿 + 白三叶 + 石竹 + 蒲公英</td></tr>
<tr><td>10标 K732 +124</td><td>挖方边坡</td><td>普通喷播</td></tr>
<tr><td>10标 K731 +700</td><td>下缓边坡</td><td>覆土撒播</td></tr>
<tr><td>10标 K729 +800</td><td>路侧超挖</td><td>覆土撒播</td></tr>
<tr><td>8标 K683 +000</td><td>弃渣场</td><td>覆土撒播</td><td>原设计</td></tr>
<tr><td rowspan="4">靖通段</td><td>20标 K366 +709</td><td>挖方边坡</td><td>客土喷播</td><td rowspan="2">原设计</td></tr>
<tr><td>20标 K366 +850</td><td>挖方边坡</td><td>客土喷播</td></tr>
<tr><td>20标 K365 +000</td><td>路侧加宽</td><td>覆土撒播</td><td>紫羊茅 + 紫花苜蓿 + 白三叶 + 石竹 + 蒲公英</td></tr>
<tr><td>19标段 K358 +800</td><td>取土场</td><td>覆土撒播</td><td>原设计</td></tr>
</table>

5.2　民俗文化及旅游服务与沿线设施景观融合技术

5.2.1　服务区景观规划设计

梳理国内外服务区民俗文化及旅游服务与景观融合的发展情况，提出服务区景观的概念，总结其特点，结合服务区设计的一般流程，提出了服务区景观规划设计的内容。

(1)服务区景观概念

在结合景观概念的基础上，结合服务区的构成要求、功能要求提出了服务区景观的概念：服务区景观是依托高速公路服务区存在的一种景观类型，包括服务区自身景观以及服务区所在区域的自然景观和人文景观三部分。这三者共同作用形成具有提供驾乘人员休息、购物、观赏、娱乐等功能等的综合体，使驾乘人员能够放松身心，感到轻松愉悦，形成“舒适性”的综合效应。

服务区自身景观是服务区景观的核心，是研究的主要对象。主要是指构成服务区的功能要素，包括引道、停车场、旅客休息区（餐饮、购物、休息厅、厕所等）、车辆维修区、加油区（油库、加油站）、旅客休闲广场、绿地及园地等方面，以及这些要素所形成的空间序列（布局及功能分区）。

(2)服务区的特点

——功能性：满足旅客和驾乘人员停车、饮食、休息、购物、观赏、娱乐等功能是服务区设计的重要前提，服务区景观的功能性是其重要特点。因此服务区景观不能为追求绝对的审美要求而牺牲相应的使用功能，故而服务区景观设计应是围绕服务区的使用功能展开，通过艺术化的手法提升服务区设施的景观效果并优化场地空间序列,营造良好的自然环境,形成人与服务区的良性互动。

——地域性:高速公路服务区所在区域具有独特的自然风景、历史文化以及生活风俗,即地域性特征。因此服务区景观应与所在区域独特的地域性特征相结合,从而使驾乘人员尤其是游客,很好地欣赏地区特有的自然景观,品味地区特有的文化。

——多元性:服务区景观由自然的和人文的、有形的和无形的多种元素构成。它既需要满足停车、饮食、休息等功能,同时又要被赋予一定的历史、文化、地域和民俗等内涵,可以说服务区景观所需要表现的内容是多元的。同时驾乘人员感受服务区景观的过程中,虽然以视觉感受为主体,但听觉和嗅觉也同样起着不可忽视的作用,清脆的鸟鸣、潺潺的流水声、混杂着淡淡青草味的新鲜空气都同样能给驾驶人和旅客带来轻松愉悦的感受,可以说驾乘人员感受服务区景观的方式也是多元的。因此服务区景观具有多元性的特点。

——时代性:服务区是在经济社会发展到特定阶段的产物,因此服务区景观应该反映出时代的特点,即具有时代性,表现为服务区功能随着人们需求的变化不断完善。例如近年来自驾出行、自驾旅游逐渐成为人们驾车出行的主要方式,相应服务功能须符合旅游服务的相关要求,同时对于民俗文化的传承结合新技术、新材料、新工艺,使传统民俗文化焕发新的生机。

(3)服务区景观设计的内容及流程

服务区总体规划阶段。该阶段主要根据服务区所在道路及路网中的位置、车流量等因素确定各服务区的主要功能、场地规模、车位数量等指标。在这一阶段,服务区景观规划设计需要系统调查公路沿线自然环境、民俗文化、旅游资源等情况,应综合考虑这些因素,对服务区功能提出完善建议(例如对于一些车流量大、临近交通枢纽的服务区,考虑补充一些地方特色展示及体验的场地,使驾乘人员更好地了解当地特色)有利于提高服务区所在区域土地使用的效率,实现服务区功能的拓展。

服务区选址布局阶段。该阶段主要是根据高速公路路线经过区域工程地质条件以及高速公路服务区间距标准确定服务区位置。在这一阶段,服务区景观规划设计应对高速公路沿线自然风景、附近旅游景点、临近城市村庄等因素综合分析,提出服务区选址布局优化建议(例如,在服务区位置比选过程中,对于不同位置的自然风景进行比较,在保证工程可行的前提下,选择观景较好的位置设置服务区),充分借用服务区所在区域的有利条件(尤其是自然风景),为进一步的服务区景观建设提供良好的基础。

服务区场地布置阶段。该阶段主要包括服务区内部场地布置以及建筑、服务设施、园区绿化、环保设施等专项设计。在这一阶段,服务区景观规划设计应详细考察服务区所在区域地形条件,提出结合地形进行场地布置的要求,避免高填深挖,从而能够有效减少服务区建设对原场地植被地形的扰动和破坏。

服务区专项设计阶段。结合当地的地域特色,确定服务区总体风格,用于指导服务区建筑、种植、服务设施等方面的专项设计。

不同设计阶段景观规划设计内容如表5.2-1所示。

不同设计阶段景观规划设计内容　　表5.2-1

总体设计阶段及工作内容		服务区景观规划设计内容
总体规划阶段	确定服务区主要功能、规模、车位数量	提出功能完善建议，提高服务区所在区域土地利用的效用，实现服务区功能的拓展。并根据沿线自然环境、民俗文化、旅游资源等情况提出服务区的主题定位
选址布局阶段	确定服务区位置	提出选址优化建议，充分借用服务区所在区域的有利条件（尤其是自然风景）
场地布置阶段	场地布置	结合地形条件及功能要求提出场地布置要求，避免高填深挖，从而能够有效减少服务区建设对原场地植被地形的扰动和破坏。确定不同功能分区的景观设计要求
专项设计	建筑专项设计	对建筑风格、形式、材料、室内装饰方面提出建议，指导服务区建筑的设计
	外环境专项设计	对服务区园地、广场等室外环境进行空间划分，进行地形设计，并确定植物种类配置方式以及小品、休憩设施的设置位置及形式
	解说系统专项设计	确定标识的形式、设置位置及内容

5.2.2　民俗文化与服务区景观融合的方法

在总结民俗文化的概念和特点基础上提出服务区景观与民俗文化融合的方法、展示手段及服务区景观设计要点。

(1)民俗文化的概念、特点及价值

民俗文化，是产生并传承于民间、世代相袭的文化事项，是在普通人民的生产生活过程中所形成的一系列物质的、精神的文化现象。民俗文化对一方人民的滋养是潜在的，就像血液一样。看似最草根、最朴素、最具内生性和最具区域性的民俗文化，是我们整个中华民族最宝贵的文化资源，也最能体现民族归属感。这种带有传统印记的文化现象的当代价值是不可估量的，体现在文化、经济、社会等多个领域，是值得发掘和发扬的。具有内容多样、地域性、雅俗共赏的特点。其价值体现在以下几个方面。

①艺术审美价值：民俗文化内容丰富，雅俗共赏，具有极高的艺术审美价值，为服务区景观构建提供了大量的参考素材。通过物质实体（景观造型、材料材质、色彩变化）巧妙地将民俗文化运用到服务区景观中，使传统的审美表达与现代审美展示相融合，有利于提升服务区整体景观效果。

②历史文化价值：中国传统文化得以传承发展的精神动力来自民俗文化丰富多彩的历史积淀和故土情怀。俗话说“一方水土养一方人，难忘故乡情”，民俗文化的景观建构以浓厚的本土气息唤醒了人们的思乡情怀。因此，在服务区景观中融入民俗文化的内容，既是对历史文化的传承，同时有丰富了服务区的文化内涵。

③旅游经济价值：民俗文化对于长期处于现代化生活的城市居民具有很强的神秘感和吸引力，通过在服务区景观中体现民俗文化有利于吸引驾乘人员使用服务区，了解当地民俗文

化，既能增加服务区经营收入，又能很好促进当地旅游发展。

(2)民俗文化融合的流程

通过资料收集、专业座谈以及实地调查等多种手段，全面系统地收集了解项目所在地区的民俗文化，以及产生这些民俗文化的自然环境的特征。并对这些民俗文化进行分类，找出该区域民俗文化的独特性、典型性和差异性，为进一步在服务区展示民俗文化提供支撑。

对于服务区景观来说，由于服务区场地空间限制、服务区功能要求以及服务区景观自身形态的局限，不可能在一个服务区完全体现当地所有的民俗文化，对于某一种民俗文化也不能充分表达。因此在梳理当地民俗文化的过程中需要找出最具当地特点的民俗文化，以及这些民俗文化的最典型特征。

(3)民俗文化展示手段

①民俗文化的重现：展示民俗文化最直接的方式就是将民俗文化直接呈现在人们眼前，例如将民俗文化中某些民间艺术的生产、制作过程通过影像的方式在服务区中播出(图5.2-1)，使驾乘人员直接感受到民俗文化的魅力。此外，通过设计一些雕塑小品，布置在服务区中，可以使驾乘人员进行直接互动，丰富了旅游的体验。

②民俗文化的再生：各地民俗文化在长期发展的过程中，会形成一些固定元素符号，将这些元素符号进行提取重构，成为符合服务区景观特点的形式。再运用到服务区建筑、铺装、小品、休憩设施之中，从而反映出当地的民俗文化。例如，安徽省华阳服务区，考虑到徽派建筑是当地民俗文化的重要体现，因此通过提取当地徽派建筑元素融入服务区建筑中，让驾乘人员仿佛置身于当地徽派村落之中，充分感受当地的民俗文化，如图5.2-2所示。

图5.2-1　电子信息屏展示

图5.2-2　华阳服务区徽派建筑

③民俗文化的叙述：由于各地民俗文化内容庞杂、形式多样，有些民俗文化内容也并不太适合通过物质形态加以展示，同时通过建筑、小品等设施在展示民俗文化方面也缺乏系统性和完整性。因此可利用服务区的标志牌、电子信息屏等设施，系统全面地对民俗文化加以介绍，满足各类人员对相关知识了解的需求。

(4)基于民俗文化的服务区景观设计要点

①运用当地元素符号。当地的元素符号是在长期发展的过程中形成的，最能体现当地地域文化特色。通过对地域文化符号的进一步提炼加工，成为符合服务区景观特点的形式，并将其运用到服务区建筑、铺装、小品、休憩设施之中，从而反映出当地的地域文化。

②使用乡土材料植物。材料的使用也能反映出当地的地域文化特点，这些材料包括当地的石材、木材的建筑材料以及丰富乡土植物。其中当地的石材、木材等建筑材料由于在当地广泛使用，其特有的材质肌理，是当地不同于其他地方的重要表现，是公路沿线地区地域文化的一部分，应充分利用沿线特有的建筑材料。

此外，由于各地自然环境的不同，不同地域的植被也各具特色，在历史发展积淀的过程中，乡土植物在当地也被赋予不同的含义，是反映地域特色的重要内容之一。因此，在设计中应尽量选用乡土植物，乡土植物除了适应当地的自然环境外，更是当地文化的一种体现。

③设置旅游解说标志。服务区的建筑、铺装、小品以及使用的材料在一定程度上可以反映当地地域文化。但为方便人们更为全面系统地了解当地地域文化特色，还应结合服务区标志牌，对当地的地域特色进行介绍，并对建筑、铺装、小品等内容采用的形式与当地地域文化之间的关系进行解释，有利于人们更好地了解所处地区的地方特色，体现传承文化的理念。

5.2.3　旅游服务与服务区景观融合的方法

在总结旅游服务的概念和驾乘人员使用需求分析基础上，提出了基于需求变化的服务区功能提升和拓展方法以及服务区景观设计要点。

(1)民俗文化的概念

旅游服务在旅游学范畴内作为专有名词，被定义为“一切由旅游企业提供的满足旅游者需要的服务内容，包括旅游及旅行相关服务，娱乐、文化和体育服务，金融服务，运输服务等12个类别”，可以说旅游服务贯穿于整个旅游过程的各个环节。

从整个旅游系统的结构来看(图5.2-3)，旅游服务是出行系统、目的地系统的重要方面。而高速公路服务区应属于出行系统的一部分，同时一些特色服务区也成为旅游目的地，可被纳入目的地系统。例如江西省庐山西海服务区，位于永武高速公路，既作为高速公路服务区使用，同时也作为庐山西海景区入口，提供相应的旅游服务。

(2)驾乘人员使用需求分析

通过的服务区服务对象的需求分析，进而总结驾乘人员的活动特点(表5.2-2)。

不同出行目的的人员和车辆活动特点一览表　　　　表5.2-2

出行目的	车辆类型	人员组成及特点	需求特点
旅游观光	旅游大巴	旅行团；人员较多	•在服务区停留时间相对较长； •瞬时服务接待能力要求高； •对服务区品质优劣敏感； •有了解当地的旅游信息和地域特色的需求； •希望借助服务区欣赏服务区周围的自然风景
	私家车	家庭成员或亲朋好友；人数少	•在服务区停留时间相对较长； •对服务区品质优劣敏感； •有了解当地的旅游信息和地域特色的需求； •希望借助服务区欣赏服务区周围的自然风景

续上表

出行目的	车辆类型	人员组成及特点	需求特点
城际往来	长途汽车	旅客;人数多	• 在服务区停留时间相对较短; • 满足如厕、临时休息等基本需求; • 瞬时服务接待能力要求高; • 对服务区品质优劣不敏感
货物运输	货车	货车驾驶员;人数少	• 在服务区停留时间不固定,或短暂加油休息,或长时间休整过夜; • 对服务区品质优劣不敏感; • 注重服务区功能的实用性

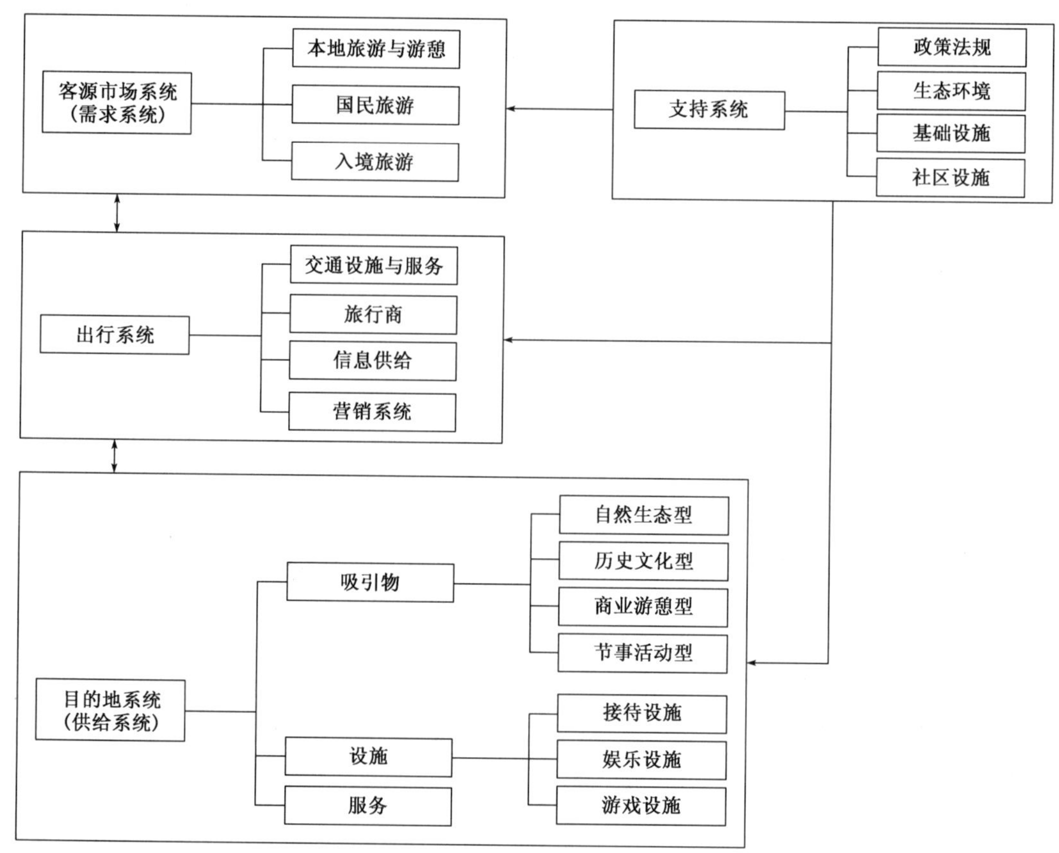

图 5.2-3 旅游系统的结构

(3)基于需求变化的服务区功能提升及拓展

在总结驾乘人员使用需求及活动特点的基础上,提出服务区功能提升及拓展的内容。

在功能提升方面从饮食、如厕、休憩、观景、信息、营地六个方面提出服务提升的内容。

饮食:由于高速公路的封闭性导致通行者基本需求都必须在服务区才能得到满足。以往研究表明,驾乘人员在行驶 4h 的车程后会产生就餐需求,以往通行者就餐均是为了解决饥饿问题,然而开放式高速公路服务区经营特色餐饮的目的在于解决通行者饥饿问题的同时,还能吸引更多通行者在此就餐,提升服务区服务水平,增加服务区收入。当地方特色餐饮的特色强度足够时就能吸引过往旅客,在服务区增设特色餐饮区,有利于刺激旅客在服务区进行消费,在提升服务功能的同时还能提高服务区的经济效益。

如厕:驾乘人员进入服务区有很大的如厕需要,而以往经常出现厕位不足的现象,尤其是女厕往往排队时间较长,使用体验较差。此外,还应考虑老人、小孩以及残疾人等特殊人群的特点,提供相应的设施。

休憩:以往服务区休憩设施比较简陋,一些服务区只设置一些简单座椅。旅游者对整个服务区环境要求比较高。服务区需要营造一个比较安静舒适的休憩观景环境,通过植物将停车区与休憩区进行分割,避免人员在休息过程中受到周围车辆的影响,并栽植一些观赏花卉及果树,让游人感到亲切温馨。

设置观景设施:在整个旅行过程中,游客除了关注目的地的风景,也越来越重视旅行途中的景致。尤其是在服务区的停留休憩场所,游客希望能借助服务区欣赏周围的风光。服务区需要考虑提供相应的观景设施。

旅游信息发布:游客进入服务区有了解当地旅游信息的需要。因此通过设置旅游标志牌、发放旅游宣传册等方式,向游客介绍当地的旅游信息,帮助游客方便到达旅游目的地。

提供房车、自驾车营地:近年来房车作为一种新型旅行工具逐渐得到越来越多人关注并使用。游客驾驶房车进入服务区除了需要服务区为房车提供相应的加油、维修的功能外,还有过夜的需要,应考虑在环境好、景色宜人的服务区内设置房车营地。例如,浙江省杭州湾大桥南岸服务区专门布置有房车营地,在营地内还设置休憩木屋供游人使用,如图5.2-4所示。

图5.2-4　杭州湾大桥南岸服务区房车营地及休憩木屋

在服务区功能拓展方面,服务区除了在其功能配置上需要不断提升,同时需要结合旅游需求进行相应的功能拓展,打造开放式服务区,充分利用公路沿线独特资源,以服务区为枢纽,吸引更多招商引资,推动服务区当地社会经济的发展的同时。也有利于弥补由于服务区服务功能不完善、运营效益低等问题,改善服务区服务设施供需不平衡和服务水平低的现状。应从度假休闲、观光农业、展览陈列三个方面提出相应的拓展思路。

(4)基于旅游服务的服务区景观设计要点

①营造适宜的空间尺度:人们在服务区进行各项活动的过程中,适宜的空间尺度会提供给人们一个的方便舒适的印象。而传统服务区景观设计中,一般只是在主建筑前设置整块的铺

装广场，各区域之间也缺乏一定的分割，各功能分区之间界限不明显，使人们置身于服务区中感觉场地整体比较空旷、缺乏亲和力。而通过国外一些研究可知，具有多样化的颜色、质地、休息空间的广场使用率高，因此，应通过地形植物对不同的功能分区进行适当的分割，尤其是在行车道、停车区与服务区主建筑之间通过有效分割，营造安静舒适的环境，减少车辆行驶对驾乘人员的影响。对于建筑周边场地通过不同材质的铺装（如透水砖、石材、木材等）以及植物对活动场地进行空间划分（图5.2-5、图5.2-6），对于集散场地营造开场空间，对于休憩的场地营造围合的空间，从而提供给人们丰富适宜的空间感受，进而营造适宜的活动空间。

图5.2-5 通过植物进行空间分割

图5.2-6 通过不同形式铺装进行空间分割

②提供完备的标示系统：完备的标示系统应包括方便人们抵达不同区域的指示系统以及让人们了解沿途信息的解说系统，从而方便人们使用服务区的各项功能。

指示系统：由于服务区总体规模较大，各种功能分区较多，需要清晰的指示系统，从而方便人们到达不同的区域。而人们在服务区的主要活动包括两大部分车行和人行。在车行过程中，需要在分流转折的位置设置指示标志，尤其是刚进入服务区，标志牌应将服务区主要功能分布情况指示清楚，在停车区根据车辆类型设置不同的标志牌，包括小客车、大货车、危险品车辆等；人们下车后在停车区需要了解整个服务区的功能分布情况，因此应在相应位置设置场区总体平面图，并标出现在所处位置；服务区主建筑应根据其功能分布设置相应标识。

解说系统：驾乘人员到达服务区之后有了解沿线路况信息、当地旅游资源以及地域文化的需求，需要在服务区设计中设置相应的解说系统，满足人们的需求。这些信息可通过旅游解说牌的形式进行展示，或者通过电子信息栏的方式即时发布。

③形式多样的休憩设施：缓解驾驶疲劳可以有效地提高行车安全性，因此在服务区设计中应设置相应的休憩设施，这些休憩设施应根据不同的使用需要采用不同的形式。对于临时下车休息的活动区域，只设置简单的座椅，供人们短暂停留使用；对于有用餐需要的区域，除设置相应的桌子坐凳外，还应考虑遮荫的需要。如图5.2-7和图5.2-8所示。

5.2.4 公路沿线民俗文化及旅游资源调查分析方法

通过分析鹤大高速公路沿线自然、文化、旅游的情况，总结公路沿线自然环境特点、民俗文化中的典型文化及典型特征以及旅游资源情况，将其作为指导服务区景观设计的基础。

图5.2-7　供临时休息的休憩设施

图5.2-8　结合观景的休憩设施

①总结鹤大高速公路沿线自然环境特征。通过GIS分析、文献总结、现场调查等多种手段总结鹤大高速公路沿线自然环境具有以下特征：四季划分明显、冬季冰雪见长，地形起伏变化、河流湖泊众多，区域环境敏感、自然保护区多，植被类型丰富、原生植物繁茂。吉林省鹤大高速公路沿线地区具有优越的自然环境，其山川、水体、植被都极具特色，同时由于四季分明，又极大地丰富了不同时间的景观体验，为营建良好的服务区景观提供了有利的自然环境基础。此外，公路沿线区域环境敏感、保护区众多，因此在建设服务区过程中应充分重视对自然环境的保护，将保护自然环境作为建设服务区的前提，从而减少破坏，避免环境污染。

②总结鹤大高速公路沿线民俗资源类型、民俗景观特征以及民俗文化特点。发掘当地民俗文化中的典型文化及典型特征。

③分析吉林省旅游发展规划，梳理鹤大高速公路沿线旅游资源。总结公路建设对旅游发展的作用，以及旅游发展对服务区建设的要求。

鹤大高速公路路线走向与鸭长图旅游带相一致，并与长吉图旅游带、长松嫩旅游带相交，并串联五大旅游圈中的东部三大旅游圈（长白山、延吉—珲春、通白集），对于吉林省旅游发展支撑作用十分突出，在设计中应加强其旅游服务功能，把行车过程也作为旅游体验的一部分。

5.2.5　旅游服务与服务区景观融合的方法

项目组总结了服务区主要配置功能及一般布局形式，提出了基于民俗文化及旅游服务的场地布置原则。项目组在鹤大高速公路设计过程中同步跟踪。服务区场地布置时，结合景观需要，配置观景设施，同时结合场地地形条件设置台地式服务区，与周围地形条件相结合。

①总结服务区选址的因素，提出服务区选址的原则，进而提出服务区选址布局优化要点。

选择在自然环境优美的区域。不同地区的优美自然环境，都有其自身特别的品质，其地形地貌、气候条件、动植物景观等都有其内在的合乎自然的完美性和规律性。自然环境优美的差异，突显了服务区的生动、独特、唯一性，能激起服务区对人们的吸引力，从而吸引车流、人流。

驾乘人员行驶在高速公路上可以大致领略风景，不能细细品赏。因此，借助于服务区，驾乘人员可以停留下来，更好地欣赏周围的风景。同时，服务区应能够促使驾乘人员消除在连续行驶中所造成的疲劳，选择良好的地点修建服务区，可引导驾乘人员去休息，从而缓解疲劳，放松压力。因此，在服务区选址过程中，选在自然环境较好的区域，有利于沿线自然风光的展示，并为服务区景观构建提供良好的基础。此外,在服务区功能上考虑观景需要设置观景区,可考虑结合服务区建筑观景,或设置专门的观景台,欣赏周围的景色。

选择在靠近旅游资源的区域。高速公路沿线的旅游资源包括现有的风景名胜区、国家公园等景区,也包括当地秀美的自然景观、特色村落、历史文化遗存等潜在旅游点。这些旅游资源可以改变旅途气氛和调节人们的精神状态,提升整个出行的体验。所以选择景观优美、有名胜古迹的区域设置服务区既能为旅游景区提供全方位的服务,达到发展旅游经济,促进规模经济发展的目的,又能为驾乘人员提供宜人的自然条件,满足旅客休闲和旅游的需求。

选择地方土特产品丰富的区域。不同地域孕育了不同的土特产品,这些土特产品都彰显了当地的地域特征和民俗文化。但不少土特产品丰富的地方,由于交通不便或销售渠道不畅,给富有地方特色的经济发展带来不少困难。利用高速公路服务区宣传、展示土特产品,把服务区作为销售的窗口。利用高速公路的特点,加快当地文化的传播和土特产品的流通。当地政府、企业、群众通过服务区还可接受经济发达地区的辐射,带动当地经济的发展;另一方面也有利于高速公路产业经济的拓展,使服务区成为物流配送中心,从而创造良好的经济效益。例如,沪宁高速公路的阳澄湖服务区建设结合了当地水产品商业运作,有许多旅客在停车休息、观赏湖光山色的同时,还特地停留下来品尝著名的阳澄湖大闸蟹,为服务区创造了巨大的经济效益。

②梳理服务区主要功能配置和一般布局形式,提出服务区布局优化原则。

减少环境破坏原则:不同地区特有的地形地貌是十分重要的景观资源。而以往服务区设计直接将场区整平,这种做法极大地破坏了原有的地形地貌,尤其是在地形起伏变化较大的山区,直接将场区整平的方式会造成很大的山体开挖和填土量,产生很大的工程量,并且破坏了原有的景观效果。因此在服务区景观设计中应最大限度的保护原有地形,尤其是在场地布设方面,需要充分根据地形进行布置,这样有利于减少对地形的破坏,并形成错落有致的服务区整体景观效果。例如,云南省潞江坝服务区,该服务区设置在一个山坡上,将大车位、小车位、服务区综合楼等主要功能要素依照地形特点分级布设,形成台地式布局。这种布局方式符合不同类型车辆的使用特点,又将车流、人流进行合理分隔,更重要的是顺应地形减少破坏,使整个服务区融入周边的自然环境中。

人性化服务原则:服务区进行设施布局的主要目的是为服务对象(即过往车辆和驾乘人员)提供便利。因此布局必须与服务对象活动规律一致。车辆需求与驾乘人员需求有很大差异,为了避免人流与车流交叉,同时也是为了保证出行者在服务区活动的安全,服务区设施布局时应尽可能做到客货分离。

为了能给出行者提供更好地休息环境,服务区需在有限土地资源的前提下,在满足服务对象需求的同时能够使绿化面积尽可能的大。一方面能够提升服务区的环境质量,一方面也利于结合场区绿地设置休憩场地,为驾乘人员提供休闲活动的场所,放松身心,舒缓旅行疲劳,进而使服务水平得到提升。

5.2.6 专项设计考虑因素

本节主要总结服务区建筑、外环境、解说系统等专项设计所需要考虑的因素、特征、要求、原则。

(1)服务区建筑

梳理服务区建筑的功能配置要求进而提出空间设计要求、外观设计要求。在空间设计方面，结合吉林气候特点，服务区建筑应采用集中式的平面布局、被动式的空间结构、人性化的中庭空间、生态化的绿色暖廊（图5.2-9、图5.2-10）。在外观设计方面总结以下要点：对人的心理行为的解读，对地形、地貌的反馈，对民俗文化的诠释。

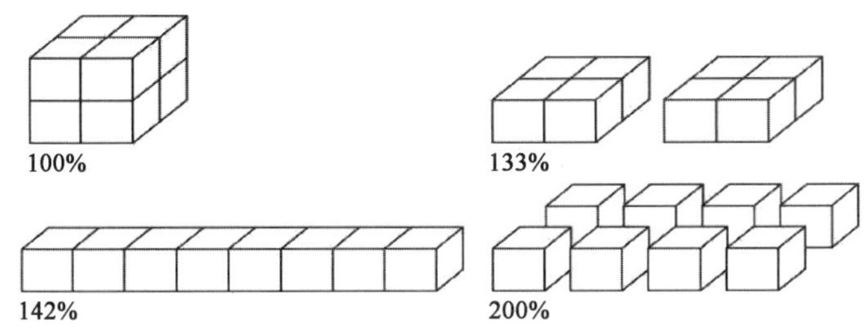

图5.2-9　同体量建筑，外界面的量的差异

图5.2-10　被动式空间结构类型简易图

（2）外环境

梳理总结服务区外环境特征，提出服务区外环境分区及设计策略进而提出外环境设计要点。服务区外环境具有便达性和舒适性的特点。结合驾乘人员使用习惯将服务区划分为四大功能区并提出相应的分区设计策略，并总结了以下设计要点：结合地形，尊重生态环境，合理利用土地；与建筑相融合；民俗文化的巧妙传达；景观的多元化。如图5.2-11所示。

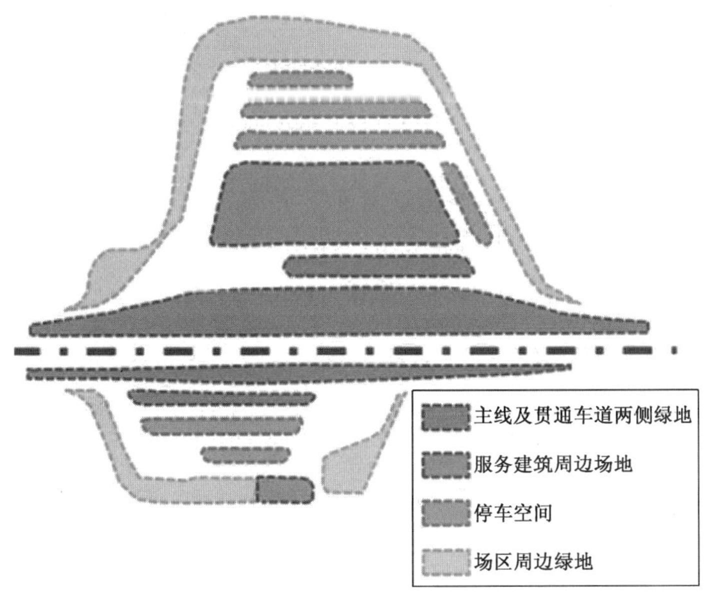

图5.2-11　服务区景观分区示意图

(3)解说系统

结合旅游需求根据服务区需要建立解说系统,以下内容介绍解说系统的功能,构建原则以及内容要求。

基于服务区建筑、外环境、解说系统等专项设计所需要考虑的因素、特征、要求、原则,完成的鹤大高速公路服务区专项设计。在建设设计方面采用集中式布局形式,建筑外观融入当地民俗特色。在外环境设计中结合每个服务区设计主题提出相应的设计思路以及特色景观。在解说系统方面,提取当地元素符号形成统一的 logo 运用到沿线服务区标志牌和建筑装饰中,让驾乘人员对沿线服务区形成整体印象。具体样例参见图 5.2-12 ~ 图 5.2-15。

图 5.2-12　敦化南服务区综合服务建筑效果图

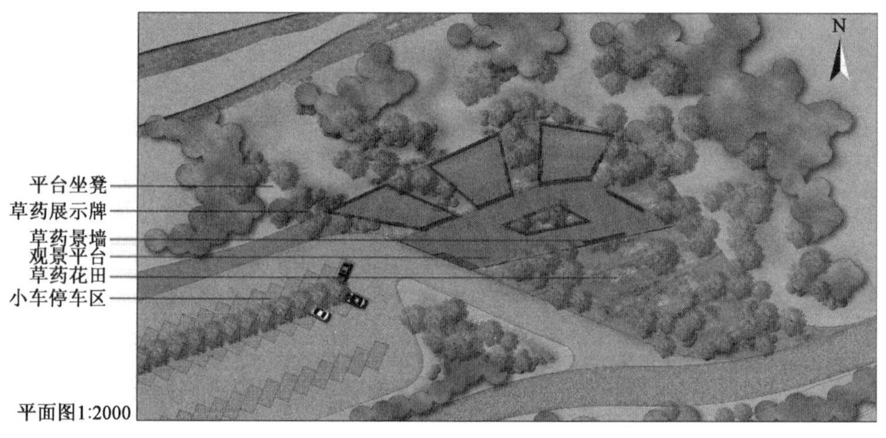

图 5.2-13　通化服务区观景休闲区

5.3　技术小结

鹤大高速公路建设中非常重视沿线生态环境的保护和民俗文化及旅游服务与沿线景观技术融合,开展了“植被保护与恢复技术推广应用”和“民俗文化及旅游服务与沿线设施景观融合技术”2 个子项目研究及应用,通过示范项目的实施得出如下成果:

①在植被保护与恢复技术方面,提出了植被分级保护技术、分步清表施工技术和基于表土利用的植被恢复技术。

②在民俗文化及旅游服务与沿线设施景观融合技术方面,开展了服务区选址、总体布局、

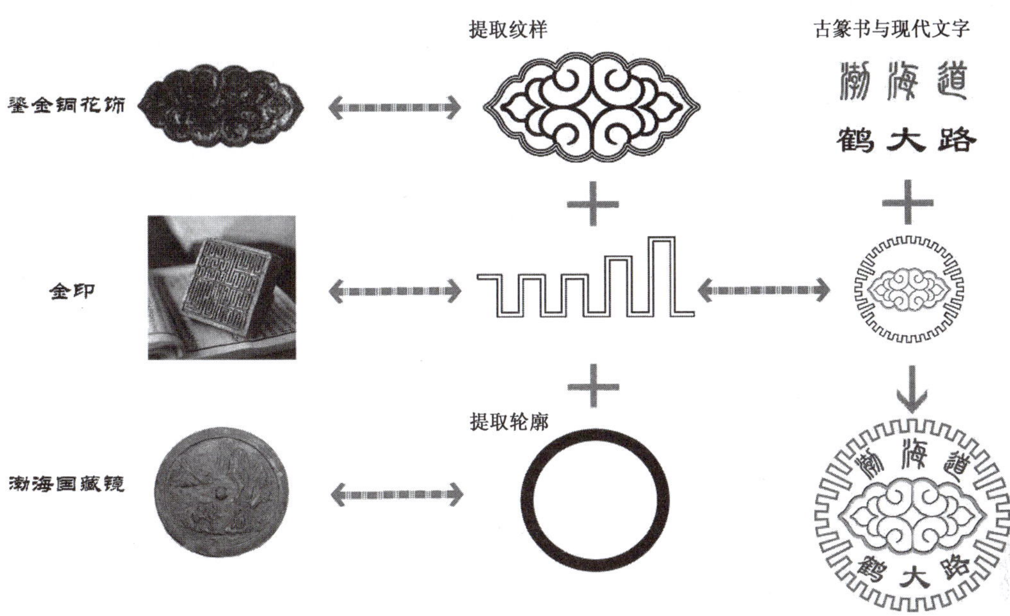

图 5.2-14　主题 logo 构建

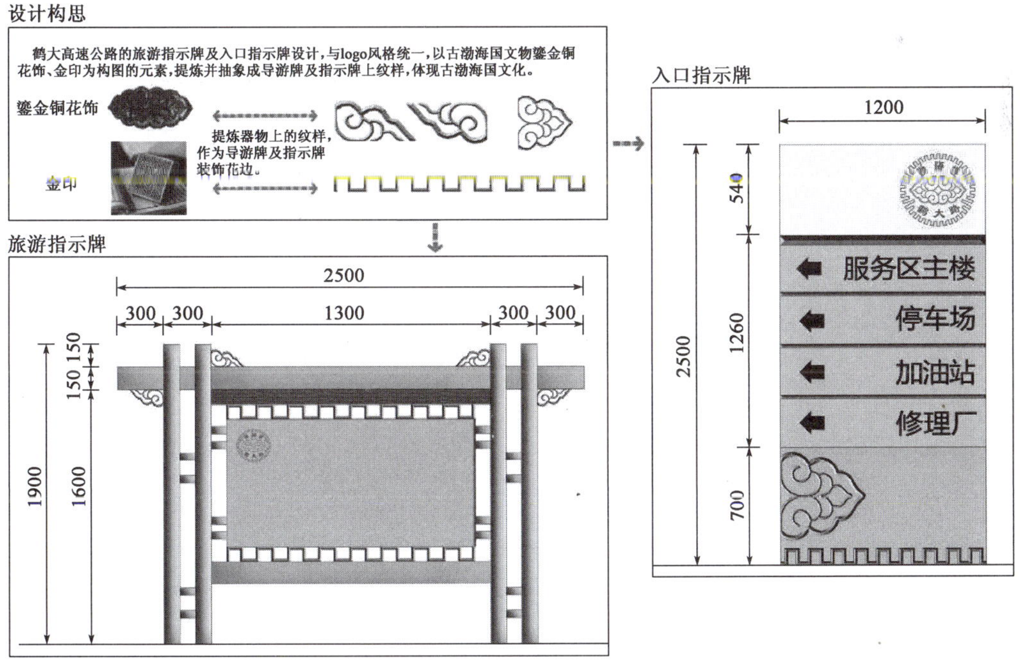

图 5.2-15　解说标志牌(尺寸单位:mm)

专项设计等方面的研究。提出了民俗文化及旅游服务与服务区景观的融合方法、服务区选址原则和服务区景观融合设计流程,指导完成了鹤大高速公路服务区景观专项设计。

高速公路建设生态恢复与民俗旅游融合技术的研究,贯彻了绿色公路建设理念,对鹤大高速公路路域原生植被和自然景观起到了很好的保护作用,提升了高速公路的旅游价值和服务品质。

第6章　废旧材料改性沥青混合料关键技术

“加快推进绿色循环低碳交通运输发展”是交通运输行业发展的目标，鹤大高速公路建设里程长，建筑材料需求量大，如何集成现有技术成果，因地制宜，推动废旧资源循环利用是鹤大高速公路建设中面临的一个技术难题。结合工程需求和废旧资源实际情况，项目组在鹤大高速公路建设过程中，开展了技术攻关项目“应对极端气候条件的废旧橡胶粉SBS复合改性沥青技术”“植物沥青混合料路用性能研究与应用”和“油页岩沥青混合料路用性能研究”。通过系统的研究和刻苦的攻关，实现了废旧轮胎资源、大量的玉米深加工废旧料和矿产油页岩灰渣废旧资源的循环利用，保护了生态环境。同时，提高了沥青路面的使用性能和服务品质，经济社会环境效益显著。

6.1　应对极端气候的橡胶粉SBS复合改性沥青成套技术

6.1.1　改性机理及工厂化制备工艺

(1)改性机理

为了分析CR/SBSCMA(SBS复合改性沥青)中是否发生物理溶胀作用，借助于沥青组分分析、光学显微镜和扫描电镜试验对比分析复合改性前后物质的组分及微观形貌变化。

①化学组分分析结果

采用橡胶粉和SBS对基质沥青进行改性后，芳香分和饱和分的含量均有所下降，这说明分散在沥青中的胶粉和SBS吸附沥青中的饱和分和芳香分轻质油分进行了充分溶胀。如表6.1-1所示。

沥青四组分分析结果　　表6.1-1

沥青型号	饱和分(%)	芳香分(%)	胶质(%)	沥青质(%)
辽河90号	31.18	28.38	32.04	5.53
CR/SBSCMA	20.20	24.54	30.89	12.11

②胶粉颗粒状态分析

图6.1-1为原始胶粉，图6.1-2为从CR/SBSCMA中抽提出来的胶粉，放大倍数为500倍。

复合改性沥青中的胶粉颗粒边缘较原始胶粉更光滑一些，尺寸略大一些，主要是由于橡胶粉吸收了沥青中的轻质组分，发生了溶胀作用，使体积增大。

图6.1-3为放大倍数为100倍的橡胶粉改性沥青以及胶粉与SBS复合改性沥青三种物质的SEM(电子扫描显微镜)图。

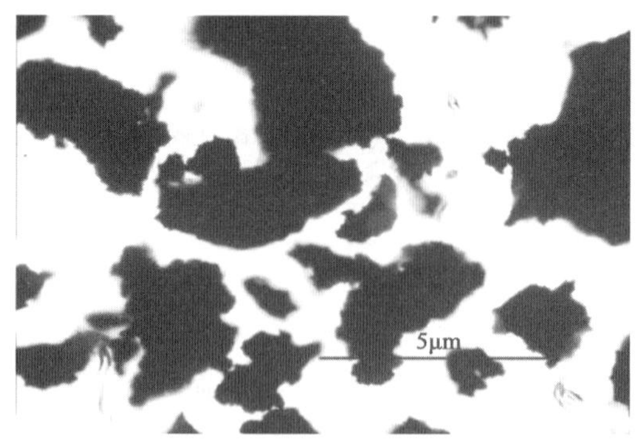

图 6.1-1　胶粉显微镜照片

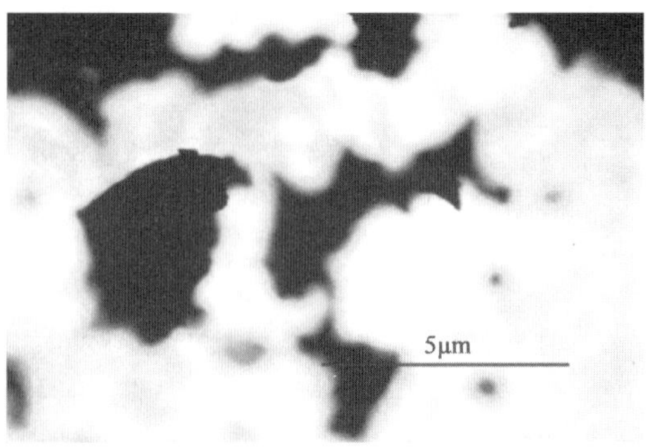

图 6.1-2　抽提后胶粉显微镜照片

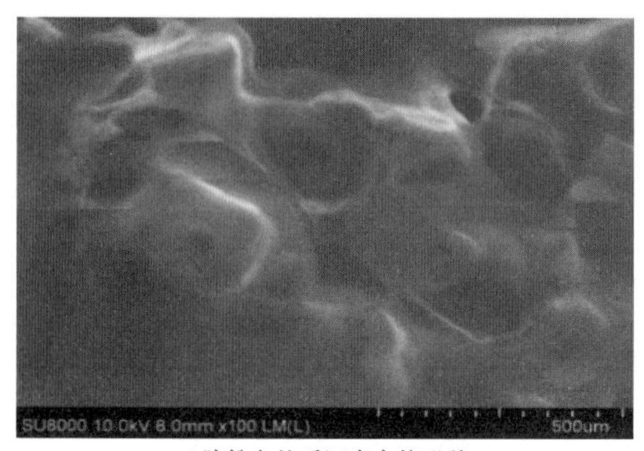

a)胶粉在基质沥青中的形貌

b)CR/SBSCMA形貌

图 6.1-3　不同物质的 SEM 图

复合改性沥青表面有明显的突起，丝状分布更为均匀，主要是由于在高温和剪切的作用下，胶粉发生脱硫，分子链也不同程度地断裂，最终会碎裂为更细小的链段，表现为部分颗粒变小，均匀地分散在沥青体系中。

③固体核磁试验结果

如图 6.1-4 所示，胶粉以及 SBS 改性沥青在化学位移 120 ~ 150ppm 范围内都显示含有明显的双键结构；但 CR/SBSCMA 样品在 120 ~ 150ppm 范围内并未出现明显的双键信号峰。原因主要是由于胶粉高温混融时在脱硫过程中多硫键被脱除，但仍然存在少量 C-S 键，当加入交联剂时，胶粉与 SBS 产生硫化反应生成大分子网络结构（图 6.1-5）。同时部分沥青吸附在大分子表面，使得硫化的大分子进一步发生交联反应，生成以胶粉颗粒为核心的三维空间网状结构（图 6.1-6），改善了沥青低温韧性和力学拉伸性能，提高了改性沥青体系稳定性。

④差示扫描量热试验

表 6.1-2 为废旧橡胶粉颗粒、90 号基质沥青、SBS 改性沥青和 CR/SBSCMA 的 DSC 曲线及峰值温度数据。

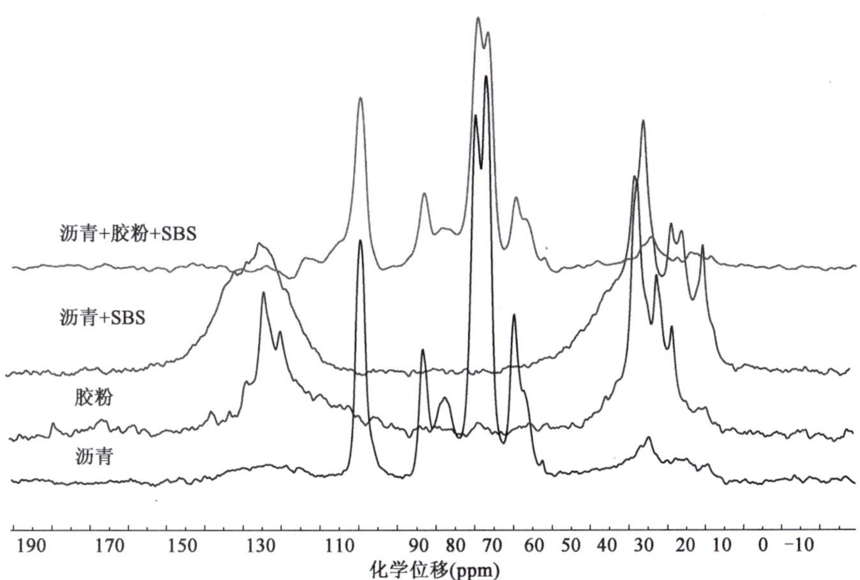

图6.1-4　各组分的固体核磁谱图

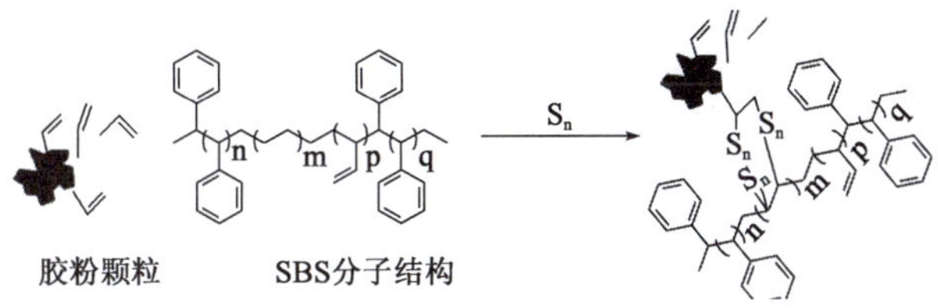

图6.1-5　胶粉与SBS分子间的硫化反应

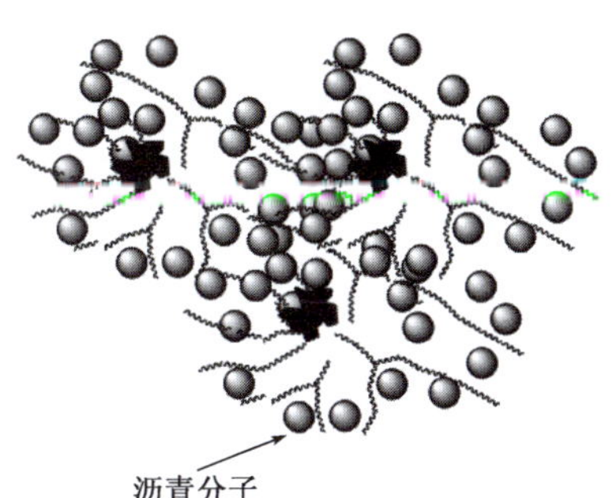

图6.1-6　空间网状结构

DSC曲线峰值对应的温度　　表6.1-2

材料种类	T_g(℃)	
废旧胶粉	-58.8	—
90号沥青	-21.8	47.8
SBS改性沥青	-22.3	53.3
CR/SBSCMA	-47.7	56.9

玻璃化转变温度越高,表明低温特性越差。最理想的状态是玻璃化转变温度小于其最低使用温度,在整个服务温度内沥青混合料都具有良好的变形能力。说明橡胶粉复合改性沥青体系适应的低温和高温范围同时扩宽,可适用于极端低温和极端高温气候条件的要求。

⑤热重试验

表6.1-3为几种沥青的热分解温度试验结果。

DSC 曲线峰值对应的温度 表6.1-3

材料种类	T_g(℃)	
废旧胶粉	-58.8	—
90号沥青	-21.8	47.8
SBS改性沥青	-22.3	53.3
CR/SBSCMA	-47.7	56.9

CR/SBSCMA的热分解温度介于胶粉与沥青之间,这也表明,沥青、SBS、胶粉三者发生了化学反应成为有机的整体,才使改性沥青体系的分解温度向平衡状态发展。

(2)制备工艺

CR/SBSCMA工厂化生产工艺主要包括准备工作、投料预混、研磨分散、发育及储存几个阶段,具体工艺流程见图6.1-7所示。

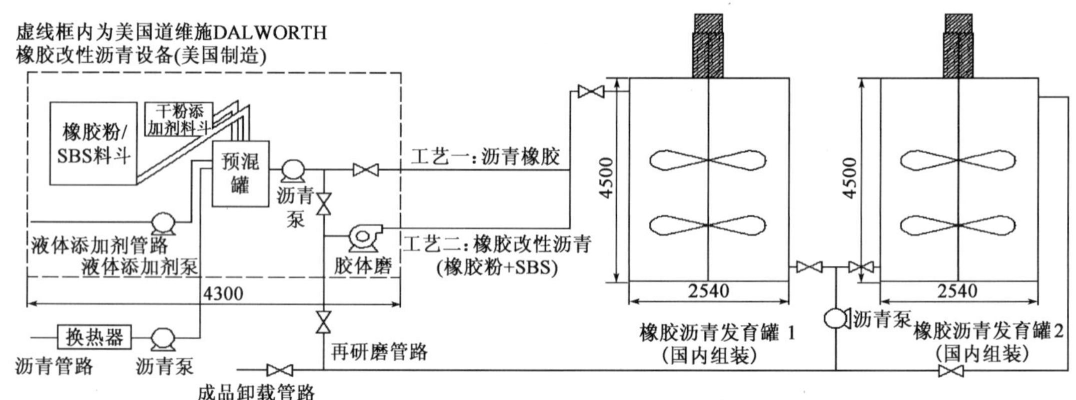

图6.1-7 生产工艺流程(尺寸单位:mm)

工厂化生产工艺使橡胶粉SBS复合改性沥青体系中SBS颗粒和橡胶粉颗粒剪磨得更细,在沥青中的溶胀作用更充分,缩小了橡胶粉颗粒与沥青之间的密度差,降低离析。同时由于稳定剂和助剂的加入,引发高分子聚合物SBS分子自身间的交联反应和SBS与胶粉颗粒和基质沥青之间的接枝反应,形成立体网络结构,增加了体系的稳定性。

通过对不同胶粉掺量和不同SBS掺量的组合进行常规性的试验(表6.1-4),提出用于季冻区工厂化橡胶粉SBS复合改性沥青中的橡胶粉细度为40~60目,橡胶粉掺量不小于20%(内掺),SBS掺量不宜低于2.0%(内掺)。生产时,先加入SBS,再加入胶粉过磨发育的方式较好,适宜的反应温度为175~185℃,发育时间为60~90min。

CR/SBSCMA 试验方案　　表 6.1-4

SBS 掺量(%)	胶粉掺量(%)						
	0	11	14	17	20	23	26
0	—	√	√	√	√	√	√
1.5	√	√	√	√	√	√	√
2.0	√	√	√	√	√	√	√
2.5	√	√	√	√	√	√	√
3.0	√	√	√	√	√	√	√

(3)性能指标

对表 6.1-5 中不同掺配比例的胶粉 SBS 复合改性沥青进行性能等级划分，可见，CR/SBSCMA 高温性能优于 SBS 改性沥青。

PG 分级结果　　表 6.1-5

SBS 掺量(%)	橡胶粉掺量(%)						
	0	11	14	17	20	23	26
0	PG58-22	—	—	—	—	—	—
1.5	—	PG70-28	PG70-28	PG70-28	PG76-28	PG80-34	PG80-28
2.0	—	PG70-28	PG76-28	PG76-28	PG82-28	—	PG88-34
2.5	—	PG76-28	PG76-28	PG82-28	PG88-28	PG88-34	—
3.0	—	PG82-28	PG82-28	PG88-28	PG88-34	—	—
4.5	PG70-28	—	—	—	—	—	—

综合改性沥青的针入度分级指标和材料流变学指标，同时考虑面对季冻区极端气候时，路面使用性能的需求，提出了采用双重指标(即常规的针入度分级指标与流变学性能指标)同时评价 CR/SBSCMA 的性能。其中采用传统的针入度分级直接反映 CR/SBSCMA 的质量，控制其加工工艺；同时，应用基于材料流变学的 PG 分级控制改性沥青性能。在大量的室内试验结果的基础上，提出了季冻地区满足极端气候条件的工厂化 CR/SBSCMA 技术指标要求，见表 6.1-6。

季冻区工厂化 CR/SBSCMA 技术指标　　表 6.1-6

检测项目	指标要求	测试方法
PG 分级	82～28	SH×××
175℃旋转黏度(Pa·s)	1.5～4.0	T 0625—2000
25℃针入度(0.1mm,100g,5s)	60～100	T 0604—2000
软化点(℃)	>60	T 0606—2000
弹性恢复(25℃)(%)	>80	T 0662—2000
48h 离析(℃)	<4.0	T 0661—2000

6.1.2　工厂化橡胶粉 SBS 复合改性沥青的流变性能

对工厂化橡胶粉 SBS 复合改性沥青进行了动态剪切流变性能(DSR)、低温流变性能

(BBR)以及黏温特性测试,并与 SBS 改性沥青流变特性进行了对比,分析了两种改性沥青材料在制备、施工和路面使用状态不同时期的流变特性。

(1)DSR 试验

高温条件下橡胶粉 SBS 复合改性沥青的车辙因子和复数剪切模量均高于 SBS 改性沥青,表明橡胶粉 SBS 复合改性沥青具有更好的抵抗高温变形能力。如图 6.1-8 所示。

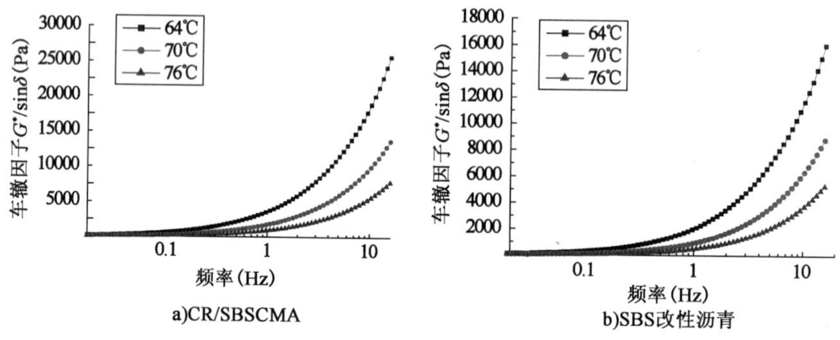

图 6.1-8　车辙因子试验结果

(2)BBR 试验

相比单一的 SBS 改性沥青,橡胶粉 SBS 复合改性沥青在低温时具有较低的蠕变劲度模量和更大的蠕变速率,因此在低温环境中可以减少由于温度下降导致的混合料温度应力,从而提高沥青结合料的低温抗开裂能力。如图 6.1-9 所示。

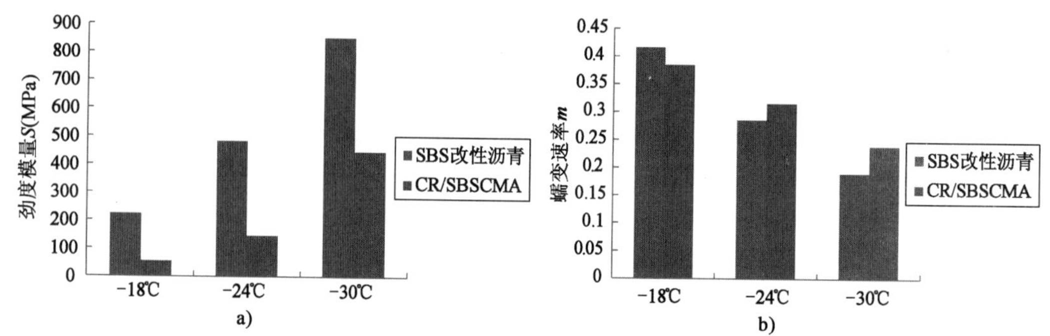

图 6.1-9　两种沥青的劲度模量和蠕变速率值对比

(3)黏温试验

黏度测试结果表明(表 6.1-7),与 SBS 改性沥青相比,高温时橡胶粉 SBS 复合改性沥青与 SBS 改性沥青黏度差距小,低温时橡胶粉 SBS 复合改性沥青与 SBS 改性沥青黏度差距大,具有很好的黏温特性。

两种沥青旋转黏度试验结果　　表 6.1-7

测试温度(℃)	135	175	200
SBS 改性沥青	1.95	0.37	0.23
CR/SBSCMA	21.5	4.44	2.25

(4)拉伸特性试验

如表6.1-8所示,试验结果表明CR/SBSCMA的拉伸强度比SBS改性沥青提高2倍以上,达到0.67MPa,拉伸特性良好。

力学性能测试结果　表6.1-8

样品编号	拉伸强度(MPa)	断裂伸长率(%)
基质90号沥青	0.15	14
SBS改性沥青	0.29	896
CR/SBSCMA	0.67	25

6.1.3　工厂化橡胶粉SBS复合改性沥青混合料路用性能

(1)配合比设计

基于魏茅茨粒子干涉理论,推荐了橡胶粉SBS复合改性沥青混合料合理的矿料级配曲线,并进行了合理性验算。推荐的级配范围见表6.1-9所示。沥青混合料油膜厚度如表6.1-10所示。

推荐矿料级配曲线　表6.1-9

矿料级配	下列筛孔(mm)通过率(%)										
	19	16	13.2	9.5	4.75	2.36	1.18	0.6	0.3	0.15	0.075
AC-20推荐级配	98.8	88.5	74.4	63.0	42.5	31.8	20.3	14.3	8.8	6.5	5.5
SMA-13推荐级配	—	100.0	96.1	62.1	30.6	23.7	20.8	16.8	13.6	10.1	9.2

沥青混合料油膜厚度计算结果　表6.1-10

混合料类型	改性沥青类型	沥青膜厚(μm)
AC-20	SBS改性沥青	7.6
	CR/SBSCMA(原级配)	8.9
	CR/SBSCMA(推荐级配)	7.5
SMA-13	SBS改性沥青	8.1
	CR/SBSCMA(原级配)	9.3
	CR/SBSCMA(推荐级配)	8.1

(2)路用性能

①高温性能

相较于SBS改性沥青混合料,橡胶粉SBS复合改性沥青混合料高温抗车辙性能提高幅度可达70%。结合季冻地区公路使用需求,可得出橡胶粉SBS复合改性沥青混合料动稳定度不低于5000(次/mm)。如图6.1-10和图6.1-11所示。

②低温性能

如图6.1-12、图6.1-13和表6.1-11所示,相较于SBS改性沥青混合料,橡胶粉SBS复合改性沥青混合料低温性能提高幅度在30%以上，且低温冻断温度在-37℃以下。依据季冻地区气候特点，可得出AC结构橡胶粉SBS复合改性沥青混合料低温弯曲指标不低于3300(με)，冻断温度不高于-27℃；SMA结构橡胶粉SBS复合改性沥青混合料低温弯曲指标不低于4000(με)，冻断温度不高于-30℃。

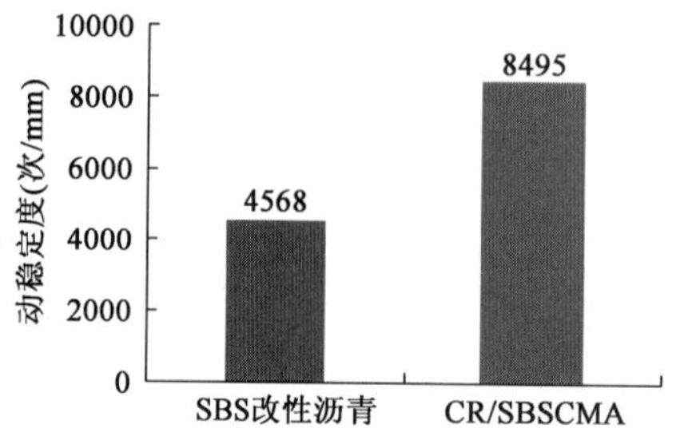

图6.1-10　AC-20混合料动稳定度

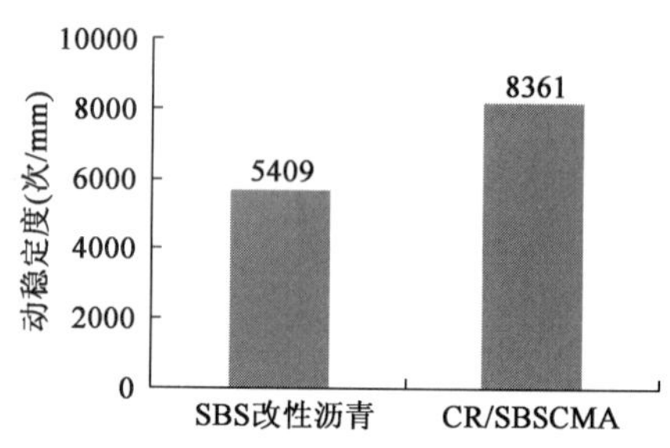

图6.1-11　SMA-13混合料动稳定度

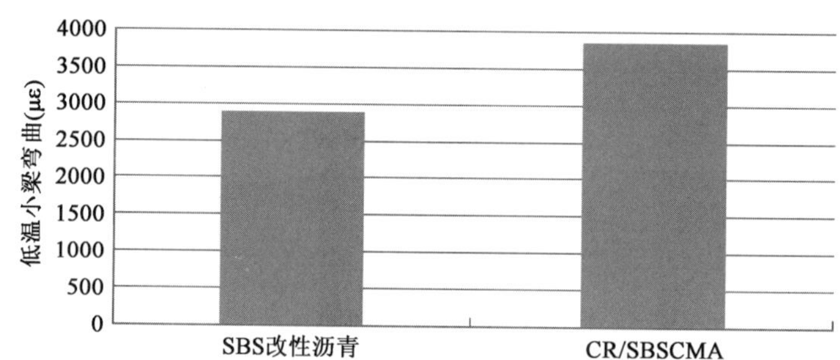

图6.1-12　AC-20混合料低温弯曲性能

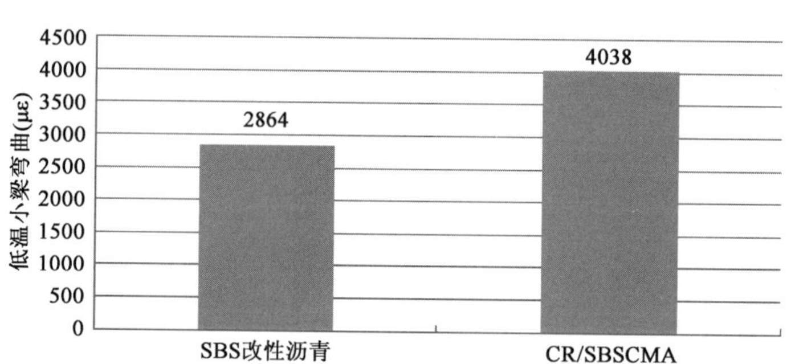

图6.1-13　SMA-13混合料低温弯曲性能

沥青混合料低温冻断试验结果　　表6.1-11

混合料类型	改性沥青类型	冻断时应力值(kN)	转化点温度(℃)	冻断温度(℃)
AC-20	SBS改性沥青	874.6	-12.7	-26.73
	CR/SBSCMA	702.8	-17.2	-37.57
SMA-13	SBS改性沥青	548.4	-13.2	-28.55
	CR/SBSCMA	976.4	-17.8	-37.08

③水稳定性

水稳定性能和抗冻性试验研究显示(图 6.1-14、图 6.1-15),橡胶粉 SBS 复合改性沥青混合料具有良好的水稳定性和抗冻性,适用于季冻地区,可得出 5 次冻融循环后的橡胶粉 SBS 复合改性沥青混合料劈裂强度比不低于 70%。

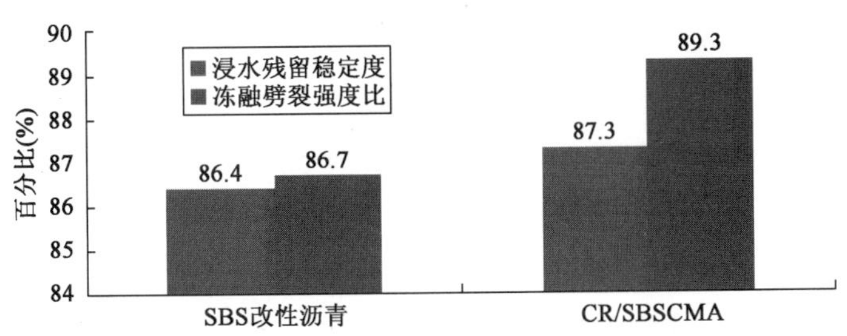

图 6.1-14　AC-20 沥青混合料水稳定性

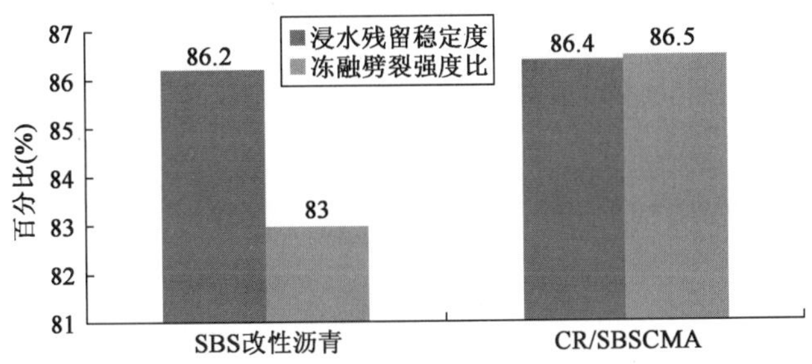

图 6.1-15　SMA-16 沥青混合料水稳定性

④抗冻特性

抗冻特性研究成果如图 6.1-16 和图 6.1-17 所示。

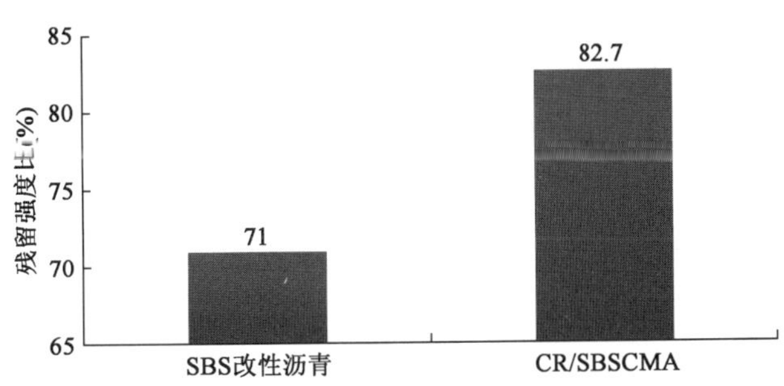

图 6.1-16　AC-20 沥青混合料抗冻性

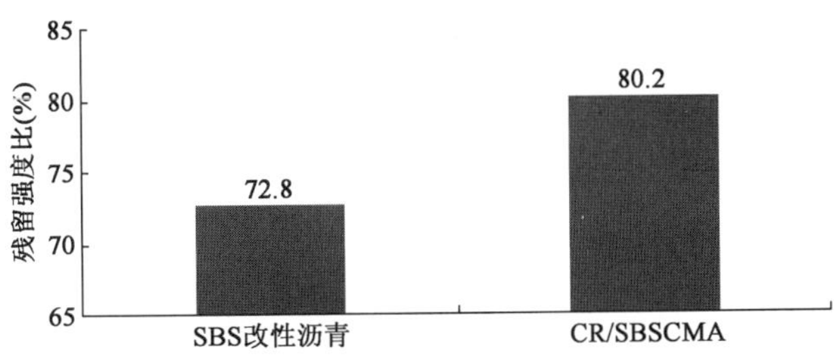

图 6.1-17　SMA-16 沥青混合料抗冻性

⑤疲劳特性

与 SBS 改性沥青相比,采用橡胶粉 SBS 复合改性沥青可将混合料疲劳寿命提高 30% 以上。如表 6.1-12 所示。

CR/SBSCMA 混合料疲劳寿命　表 6.1-12

混合料类型	改性沥青类型	疲劳寿命(周期)
AC-20	SBS 改性沥青	60190
	CR/SBSCMA	469530
SMA-13	SBS 改性沥青	736850
	CR/SBSCMA	988550

6.1.4　橡胶粉 SBS 复合改性沥青混合料力学参数

通过室内试验对工厂化橡胶粉 SBS 复合改性沥青混合料力学性能进行了系统研究,按时温换标的方法建立了橡胶粉 SBS 复合改性沥青混合料全频动态模量主曲线,从力学角度明确了橡胶粉 SBS 复合改性沥青对混合料性能的影响。如图 6.1-18 和图 6.1-19 所示。

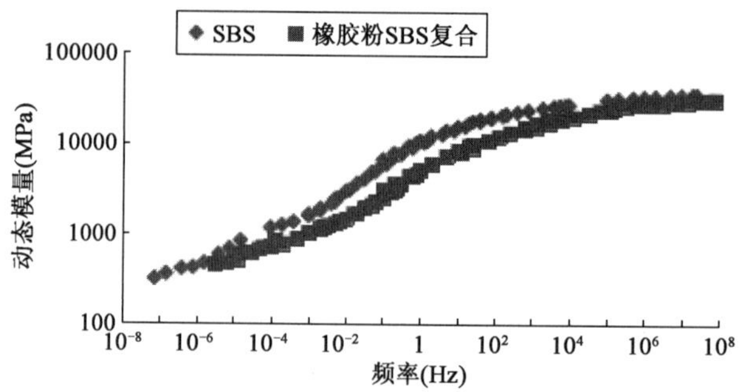

图 6.1-18　AC 结构沥青混合料动态模量主曲线

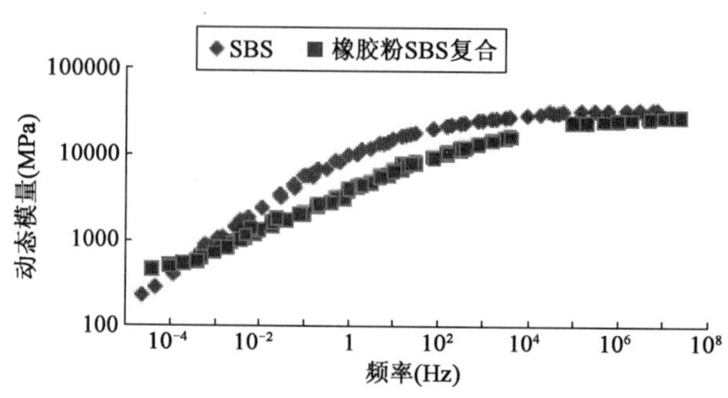

图 6.1-19　SMA 结构沥青混合料动态模量主曲线

橡胶粉 SBS 复合改性沥青混合料不同温度及不同加载频率下的动态模量试验研究显示,与 SBS 改性沥青混合料相比,-20℃低温条件下,橡胶粉 SBS 复合改性沥青混合料模量较低,相位角相对较高,具有较高的柔性。60℃高温条件下,橡胶粉 SBS 复合改性沥青混合料模量较高,具有较高的刚度,这表明橡胶粉 SBS 复合改性沥青混合料在高温条件下具有良好的抗变形能力。

6.1.5 温拌橡胶粉 SBS 复合改性沥青技术

(1)温拌橡胶粉与 SBS 复合改性沥青匹配性

橡胶粉与 SBS 复合改性沥青匹配性试验结果汇总表见表 6.1-13,通过掺加温拌剂后的黏温特性、高低温及老化性能等各项指标性能变化规律找出最合适的温拌剂掺量。

匹配性试验结果汇总表　　表 6.1-13

性能	指标	温拌剂		
		sasobit	EWMA-1	陆路邦
黏温特性	黏度	降	降	降
高温性能	针入度	降	先降后略升	升
	软化点	升	先降后升	降
	抗车辙因子	降	降	降
低温性能	延度	降	降	升
	弹性恢复	降	降	升
老化性能	针入度	降	先升后降	升
	软化点	升	先降后升	降
	延度	降	先升后降	升

从表 6.1-13 中试验数据汇总可以看出:

①掺加温拌剂的橡胶粉 SBS 复合改性沥青旋转黏度均有所降低,相比而言,对黏度降低幅度:陆路邦 > sasobit > EWMA-1。

②就橡胶粉 SBS 复合改性沥青而言,sasobit 的掺入同样会提高其高温稳定性,而 EWMA-1 和陆路邦反而会降低其高温性能;同时,sasobit 的掺入会降低其低温性能,但 EWMA-1 对其并无明显影响,陆路邦提升其低温性能。

③根据以上研究成果,sasobit 的推荐掺量为 3%,EWMA-1 的推荐掺量为 0.6%,陆路邦的推荐掺量为 1%。

(2)温拌橡胶粉与 SBS 复合改性沥青混合料设计方法

传统马歇尔击实成型方法与现场碾压成型方法存在较大差异,特别是对于表面活性类温拌沥青混合料而言,相同温度下,马歇尔击实试件空隙率与现场压实成型试件空隙率存在较大差别,无法指导温拌沥青混合料的施工。

项目分析了相同级配、相同油石比、相同温度条件下的温拌橡胶粉 SBS 复合改性沥青混合料在马歇尔击实和旋转压实两种方法下,当目标空隙率相同的情况下击实温度关系。采用马歇尔击实成型方法,以目标空隙率4%作为主要参考指标得出,掺 sasobit 的为 155℃,掺 EWMA-1 为 152℃,掺陆路邦为 157℃作为推荐击实温度。同样采用目标空隙率为 4%,采用旋转压实方法,推荐掺 sasobit 的最佳压实温度为 137℃,掺 EWMA-1 最佳压实温度为 133℃,掺陆路邦最佳压实温度为 142℃。

根据不同温拌剂温拌橡胶粉与 SBS 复合改性沥青混合料分别在 110℃、130℃、150℃、170℃下采用两种不同压实方法时的试件体积指标。可以绘制两种压实成型方法压实温度与试验空隙率对应关系,从而得出两种成型方法空隙率相同的条件下成型温度的对应关系式,如式(6.1-1)~式(6.1-3)所示。

温拌(sasobit) $x = 0.86a + 2.2$ (6.1-1)

温拌(EWMA-1) $x = 0.88a - 3.07$ (6.1-2)

温拌(陆路邦) $x = 0.95a - 10.78$ (6.1-3)

式中:x——旋转压实成型温度(℃);

a——马歇尔击实成型温度(℃)。

依据式(6.1-1)~式(6.1-3)推导出掺加不同温拌剂的温拌橡胶粉与SBS复合改性沥青混合料在采用马歇尔配合比设计方法时的室内试验温度与现场碾压温度的对应关系,如表6.1-14所示。

温拌CR/CMA混合料室内试验温度与现场施工温度对应关系表 表6.1-14

sasobit 温拌剂		EWMA-1 温拌剂		陆路邦温拌剂	
室内试验温度(℃)	现场对应碾压温度(℃)	室内试验温度(℃)	现场对应碾压温度(℃)	室内试验温度(℃)	现场对应碾压温度(℃)
110	96.8	110	93.73	110	93.72
115	101.1	115	98.13	115	98.47
120	105.4	120	102.53	120	103.22
125	109.7	125	106.93	125	107.97
130	114	130	111.33	130	112.72
135	118.3	135	115.73	135	117.47
140	122.6	140	120.13	140	122.22
145	126.9	145	124.53	145	126.97
150	131.2	150	128.93	150	131.72
155	135.5	155	133.33	155	136.47
160	139.8	160	137.73	160	141.22
165	144.1	165	142.13	165	145.97
170	148.4	170	146.53	170	150.72
175	152.7	175	150.93	175	155.47
180	157	180	155.33	180	160.22

(3)温拌橡胶粉与SBS复合改性沥青混合料路用性能

①高温性能

如表6.1-15所示,EWMA-1、sasobit均有利于提高对抗车辙性能,掺sasobit后提高较为明显,掺陆路邦对抗车辙性能有一定的影响;对橡胶粉SBS复合改性沥青而言,掺EWMA-1、陆路邦对其抗车辙性能有一定的影响,掺sasobit后有较大的提高。

车辙试验结果　　表6.1-15

评价指标	类型							
	普通空白	普通+EWMA-1	普通+sasobit	普通+陆路邦	复合空白	复合+EWMA-1	复合+sasobit	复合+陆路邦
45min变形量(mm)	3.414	2.952	2.818	4.319	2.395	2.796	2.378	3.976
60min变形量(mm)	3.618	3.145	2.967	4.604	2.527	2.946	2.492	4.164
动稳定度(次/mm)	3088.23	3264	4228	2211	4773	4200	5526	3351

②低温性能

掺sasobit后其低温抗裂性略有降低，掺EWMA-1和陆路邦能提高其低温抗裂性，其原因为表面活性剂能有效提高橡胶粉改性沥青的裹覆厚度，增强集料间的黏附力；同理，对橡胶粉SBS复合改性沥青而言，掺sasobit后其低温抗裂性略有降低，掺EWMA-1和陆路邦能提高其低温抗裂性。如表6.1-16所示。

低温弯曲试验结果　　表6.1-16

评价指标	类型							
	普通空白	普通+EWMA-1	普通+sasobit	普通+陆路邦	复合空白	复合+EWMA-1	复合+sasobit	复合+陆路邦
最大弯拉应变(με)	2780	2850	2337	2670	3470	3640	3034	3569

③水稳定性

掺入三种温拌剂后，沥青混合料的水稳定性均有所降低(表6.1-17)。分析其原因为，掺EWMA-1和陆路邦后，致使沥青混合料间的黏附性有所降低。而掺入sasobit后，沥青组分中的蜡含量有一定的提升，导致黏附性也随之降低。

冻融劈裂试验结果　　表6.1-17

评价指标	类型							
	普通空白	普通+EWMA-1	普通+sasobit	普通+陆路邦	复合空白	复合+EWMA-1	复合+sasobit	复合+陆路邦
劈裂强度(冻融前)(MPa)	0.84	0.82	0.93	0.89	0.753	0.87	0.86	0.95
劈裂强度(冻融后)(MPa)	0.76	0.73	0.78	0.78	0.777	0.79	0.72	0.84
劈裂强度比(%)	90.5	89.0	87.1	87.6	96.9	90.8	83.7	88.42

④疲劳特性

掺 sasobit、陆路邦后其疲劳寿命有所损失，sasobit 对疲劳寿命影响明显，掺入 EWMA-1 后其疲劳性能有所提高。分析其原因为，sasobit 中含有一定量的蜡组分，使其水稳定性降低较为明显，陆路邦中由于有一定的水分存在，对混合料的疲劳寿命也有一定的影响。如表 6.1-18 所示。

疲劳试验结果　　表 6.1-18

普通空白		普通 + sasobit		普通 + EWMA-1		普通 + 陆路邦	
劲度模量 (MPa)	疲劳寿命 (次)	劲度模量 (MPa)	疲劳寿命 (次)	劲度模量 (MPa)	疲劳寿命 (次)	劲度模量 (MPa)	疲劳寿命 (次)
8915	48680	11471	39020	9633	55290	8870	49087
复合空白		复合 + sasobit		复合 + EWMA-1		复合 + 陆路邦	
劲度模量 (MPa)	疲劳寿命 (次)	劲度模量 (MPa)	疲劳寿命 (次)	劲度模量 (MPa)	疲劳寿命 (次)	劲度模量 (MPa)	疲劳寿命 (次)
5870	295180	5976	130080	5188	325310	7279	142900

6.2 植物沥青混合料应用技术

6.2.1 植物沥青及传统石油沥青化学组成特性研究

三种植物沥青分别为植物沥青 AN、植物沥青 DC 及植物沥青 SHB。其中 AN 来自华东地区，DC 来自东北地区，SHB 来自华北地区，其来源均为农作物残留物。对于石油沥青，为寻找石油沥青化学组成的共有特性，选择标号相同、油源不同的两种沥青 90 号 A 级沥青，分别记为是 P90 号、H90 号。而在后续改性中，优选一种石油沥青进行改性即可。石油沥青的技术性质见表 6.2-1。

石油沥青的技术性质　　表 6.2-1

指　　标	单　　位	试验结果		技术要求(A 级)
		P90 号	H90 号	
针入度 (25℃,100g,5s)	0.1mm	82.8	85	80 ~ 100
针入度指数 PI	—	-1.38	-1.45	-1.5 ~ +1.0
软化点 $T_{R\&B}$	℃	48.5	46.2	≥45
动力黏度(60℃)	Pa. s	178	164	≥160
延度(10℃,5cm/min)	cm	104	89	≥45
延度(15℃,5cm/min)	cm	>150	>150	≥100
蜡含量(蒸馏法)	%	2.01	2.04	<2.2
闪点	℃	285	278	≥245
溶解度	%	99.85	99.73	≥99.5

续上表

指　　标	单　　位	试验结果		技术要求(A级)
		P90号	H90号	
密度(15℃)	g/cm^3	1.013	1.022	实测
TFOT(或RTFOT)后残留物				
质量变化	%	0.04	0.05	≤±0.8
残留针入度比(25℃)	%	72	68	≥57
残留延度(10℃)	cm	10	9	≥8

(1)元素组成分析

采用Vario EL Ⅲ型元素分析仪，对四种沥青样品的元素分析的结果见表6.2-2。

四种沥青的元素组成分析 表6.2-2

沥青样品	C(%)	H(%)	O(%)	N(%)	S(%)	H/C
植物DC	33.67	7.07	58.86	0.29	0.11	2.45
植物SHB	77.02	10.39	12.14	0.30	0.16	1.57
P90号	87.25	10.76	0.53	0.88	0.58	1.44
H90号	83.67	9.94	0.54	0.39	5.46	1.38

富醇类植物沥青DC与石油沥青的元素组成相差较大，其O含量过高，H/C比值过低，芳香环结构过少，分子芳香度太低，不利于沥青胶体结构的稳定。在进一步应用中，应该降低其O含量，同时降低H/C比值，这只能通过化学改性的手段达到。而非醇类植物沥青，其H/C比值略低于石油沥青，但其C、H相对含量与沥青的相差不大，因此，这类植物沥青仅通过物理改性即可应用路面中。

(2)官能团特性分析

使用PerkinElmer公司生产的傅立叶变换红外光谱仪对石油沥青和植物沥青进行官能团鉴定，以比较两者在分子组成上的异同。四种沥青的红外光谱如图6.2-1所示。

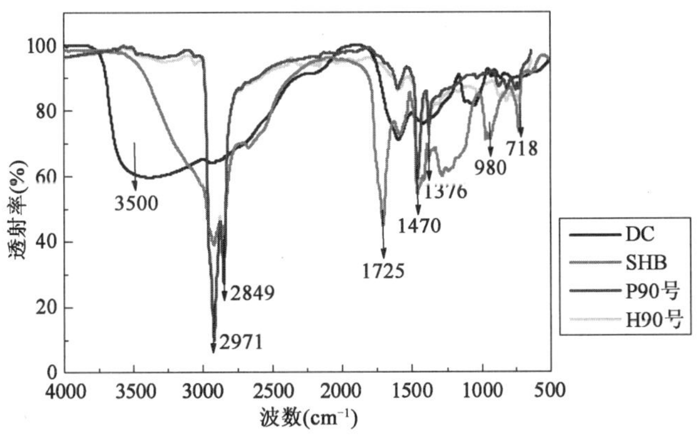

图6.2-1 四种沥青的红外光谱

由图6.2-1可知，两种石油沥青P90号和H90号的官能团谱峰比植物沥青更复杂。植物沥青还有一些特殊的官能团。SHB在$1725cm^{-1}$处强而尖的吸收峰是酯类的C=O特征峰，这说明植物沥青 SHB 中含有酯类。植物沥青 DC 在 3100 ~ 3700cm^{-1}处有一宽的吸收峰,这种宽的吸收峰与大分子间耦合有关,多数研究认为这与分子间的氢键作用有关。1350 ~ 1500cm^{-1}处宽而散的吸收峰是 C = O 双键,酮或酸类。DC 在 1060cm^{-1}处宽的强吸收峰为醇中 C – O 键的变形振动,说明有一元醇存在。

(3)化学成分分析

采用美国安捷伦公司生产的 6890N GC – 5973NMSD 色谱 – 质谱联用仪,表 6.2-3 给出由 GC-MS 获得的四种沥青关键化学组成。

四种沥青的关键化学组成 表 6.2-3

种类	DC	SHB	P90 号	H90 号
烷烃类	异戊烷、正十一烷	正二十二烷、正二十一烷、十八烷	二十一烷、正二十一烷、二十六烷、环烷烃	二十二烷、十八烷、二十四烷、2-甲基-1,3-二氧杂环庚烷
芳烃类	4-乙基-2-甲氧基苯酚	3,5-二叔丁基邻苯二酚	1-乙基-4-异丙基苯、1-甲基-4-(1,2,2-三甲基环戊基)苯	1-甲基-4-(1,2,--三甲基环戊基)苯
酯和酮类	丙酸甲酯、异丁酸异丁酯、4-羟基丁酸内酯	乙二醇二乙酸酯、2-环戊烯酮、4-羟基-1-茚满酮、2-氨基-1,3,4-噻二唑、丁二酸二异丁酯、异丁酸异丁酯	联苯类酯、2-甲基-2-丙烯酸十五烷基酯、二甘醇二丙酸酯	苯乙酸甲酯、4-(3-甲基-2-丁烯氧基)苯甲醛
醇类	丙二醇、乙二醇、丁二醇等二元醇;丙三醇	7-氨基-4-甲基[1,8]萘啶-2-醇	萘醇、吡啶醇	喹啉醇
酸类	油酸、棕榈酸	—	多元脂肪酸	二丙酸二甘醇酯
胺类	N-(羟甲基)乙酰胺	N-(羟甲基)乙酰胺	N-(羟甲基)乙酰胺	N-(2-苯基乙烯基)乙酰胺
稠环芳烃	2-氨基-1,3,4-噻二唑,苯并吡啶、1-甲基-2-苯基吲哚	喹啉、8-羟基喹啉、4-羟基-1-茚满酮、苯并吡啶、1-甲基-2-苯基吲哚、8-羟基氮萘、4-甲基吡啶-2-甲醛	异喹啉、喹啉、苯并吡啶、氮杂萘、8-羟基喹啉、4-羟基-1-茚酮、含硫吡啶	1,1,2,2,3,3-六甲基茚、2-(甲氧基甲基)四氢呋喃、喹啉、苯并吡啶、氮杂萘、嘧啶

由表 6.2-3 可以看出,植物沥青 DC 富含有较多的小分子醇类,其组成物的芳香度均比较低,多为小分子物质。植物沥青 SHB 的组成物分子量相对较大,其醇类物质的分子量较大,其中测出较多的酯类,且 SHB 中的稠化芳烃类与石油沥青的较为相似。植物沥青 SHB 为非醇类,DC 为富醇类。因此在后续研究中需要对其进行化学改性,而非醇类植物沥青 SHB 因富含酯类及芳香度较大的化合物,则可以和石油沥青进行物理共混。

(4)四组分分布

四种沥青的四组分相对含量见表 6.2-4。

四种沥青的四组分相对含量(%) 表 6.2-4

沥青种类	饱和分	芳香分	胶质	沥青质	不溶物
植物沥青 DC	6.60	12.82	14.85	31.17	34.56
植物沥青 SHB	32.50	33.26	20.56	10.36	3.32
P90 号	24.70	39.80	22.30	13.20	0
H90 号	13.60	40.98	31.99	13.43	0

由表 6.2-4 可知,植物沥青与石油沥青相比,其均有一定的不溶物。植物沥青 DC 的饱和分、沥青质相对含量很高,但芳香分、胶质相对含量很低,其与石油沥青相差较大。植物沥青 SHB 的四组分相对含量与石油沥青的较为接近,但其饱和分相对含量较高,芳香分相对含量较低。DC 中沥青质的相对含量过高,而芳香分、胶质的含量过低,且其大分子的芳香度较小,不足以交融大分子,致使其组分无法通过简单的物理共混就得到符合道路石油沥青规范的沥青产品。植物沥青 SHB 虽有一定量的不溶物,但其轻组分、重组分及稳定剂的相对含量与石油沥青的相似,这也从侧面证明了 SHB 直接通过物理改性后可应用到路面工程中。

(5)分子量分布特性

采用凝胶渗透色谱法(GPC)测定沥青样品的分子量分布。试验采用美国 WATERS 公司 1515 型凝胶色谱。试验结果如表 6.2-5 所示。

四种沥青的分子量分布特性 表 6.2-5

沥青样品	DC			SHB	P90 号	H90 号
	1	2	3			
M_n	494	239	121	526	774	676
M_w	562	243	126	2260	2594	2855
M_z	662	246	132	9729	7962	9861
M_{z+1}	788	250	138	21973	14266	18101
M_v	562	243	126	2260	2594	2855
M_z/M_w	1.18	1.01	1.03	4.31	3.07	3.45
M_w/M_n	1.14	1.01	1.05	4.30	3.35	4.22
M_{z+1}/M_w	1.40	1.03	1.09	9.72	5.50	6.34

由表 6.2-5 可知,总体而言,SHB 的各种分子量参数与石油沥青的相差不大,但 DC 的各种分子量参数均低于石油沥青。此外,植物沥青 DC 的分子量均显著低于其他三种沥青,而从其化学成分分析也得出其中含有较多的小分子物质。相比较石油沥青连续的分子量分布而言,DC 的分子量分布过于窄,因此其 M_w/M_n 非常小,说明 DC 不属于多分散性混合物,这对于沥青的改性是不利的。

6.2.2 植物沥青共混及改性机理

(1)分子动力学研究植物沥青与四组分及沥青相互作用

在认识到代表性植物沥青与石油沥青化学特性差异的基础上,借助分子动力学,分析小分子醇、酯类等植物沥青的关键组分对沥青微观结构的影响,为两种植物沥青在道路铺装领域的应用提出合适的改性方案。

图 6.2-2 给出植物沥青 DC 关键组分的分子结构，其主要以分子量较小的醇、酸及酯类组成。图 6.2-3 给出植物沥青 SHB 的关键组分分子结构，其主要由分子量相对较大的酯类组成。

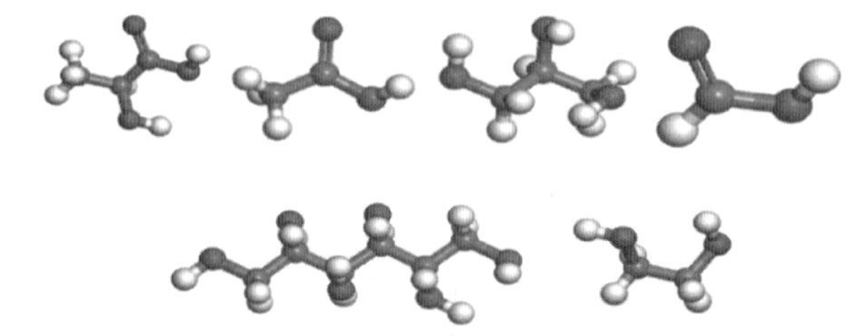

图 6.2-2　植物沥青 DC 的关键组分分子结构

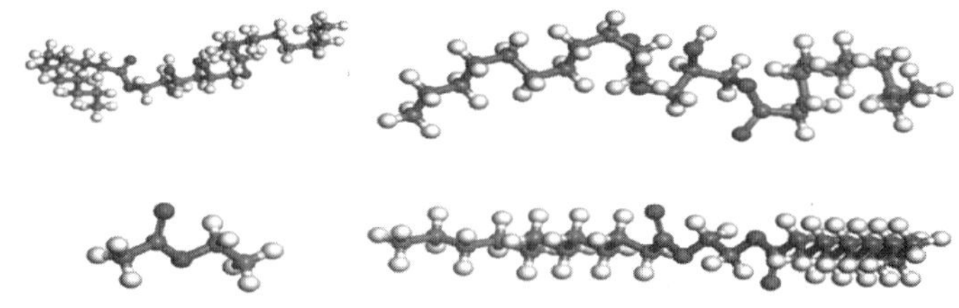

图 6.2-3　植物沥青 SHB 的关键组分分子结构

图 6.2-4 给出植物沥青与石油沥青的相互作用，在 6.2-4a）图中，沥青分子聚集在一起，而 DC 分子围绕在沥青分子外围，这说明沥青分子与 DC 的相容性较小。然而 SHB 分子有的分散在沥青质周围，有的和胶质、芳香分缠绕在一起，SHB 分子的长链就像饱和分的长链烷烃一样，有的穿插在沥青质层间，有的和芳香分交融在一起，因此更容易和沥青分子熔融。综上分析，植物沥青 DC 适合化学改性，而植物沥青 SHB 适合物理改性。

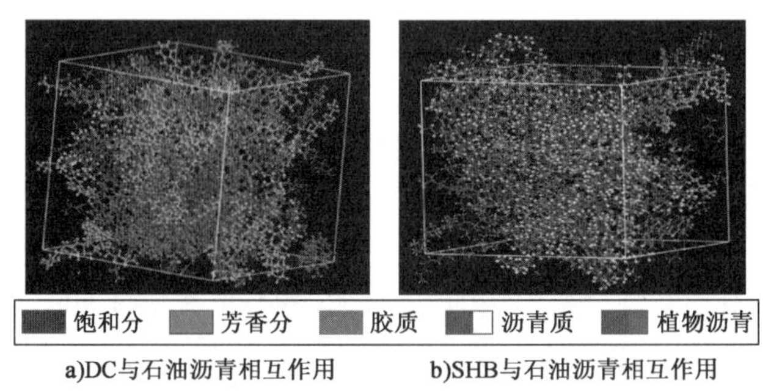

图 6.2-4　植物沥青与石油沥青相互作用

（2）植物沥青 SHB 物理共混及改性工艺

共混工艺就是通过高速剪切法制备改性植物沥青。改性沥青的高速剪切生产工艺一般分为：溶胀发育—研磨剪切—成品发育三个阶段。

溶胀阶段：在 140 ~ 150℃ 将一定掺量的植物沥青 SHB 与石油沥青加热共混，然后将温度加热至 175 ~ 180℃，按比例加入改性剂Ⅰ，掺量一般为 2% ~ 5%，低转速 300r/min 条件下，进行搅拌充分溶胀 40min。在研磨剪切阶段：在剪切速率 5000r/min，剪切温度下剪切 10 ~ 30min，按比例加入稳定剂，继续剪切 30 ~ 50min。成品发育阶段：在 140 ~ 150℃ 温度下以 300r/min 搅拌 20 ~ 30min，充分发育，制得改性混合植物沥青。

而改性剂 SBS 的加工工艺相对简单，参照已有的制备方法和掺配比例，制定的加工工艺如下：将制备的植物沥青与石油沥青共混物加热至 160 ~ 170℃；按比例加入改性剂；采用高速剪切机，以 3000r/min 恒温剪切 10min，之后采用 5000r/min，高速剪切 30 ~ 40min。

(3)植物沥青 SHB 物理改性机理

①红外光谱

图 6.2-5、图 6.2-6 给出不同沥青样品的红外光谱图。

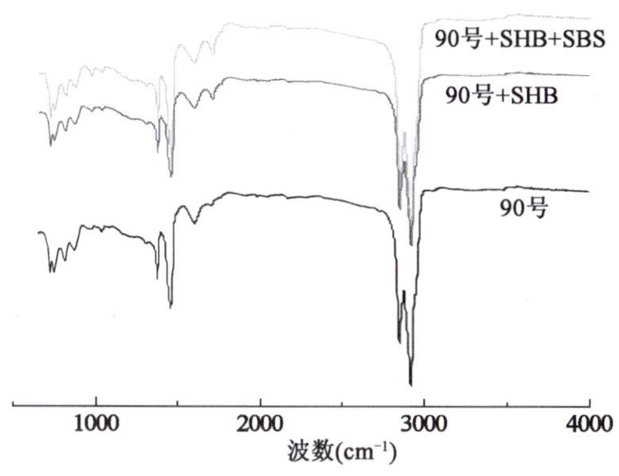

图 6.2-5　基质及单独改性沥青红外谱图

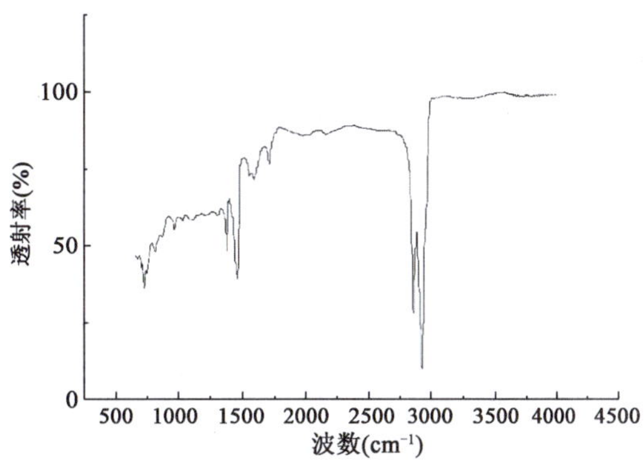

图 6.2-6　成品改性沥青红外谱图

由图 6.2-5 和图 6.2-6 可见，添加改性剂、SHB 后沥青样品的红外光谱图上未出现新的吸收峰。这说明 SHB、SBS 加入沥青后，并不与沥青中组分发生反应，其属于物理共混。

②凝胶色谱

表 6.2-6 给出不同沥青样品的分子量分布参数。三类分子量的物质中，数均分子量达到 25 万的为 SBS，而数均分子量在 190 左右的为油分的分子量。这样的现象也说明 SBS 和沥青之间是不发生化学反应的。此外，对比添加 SHB 前后的样品，SHB 是同类组分的分子量增加，综上所述，添加 SHB 后，聚合物在沥青中溶胀得更加充分，从而使其数均分子量有所增加。同时，SHB 不会改变石油沥青多分散特性。

沥青样品分子量分布参数　　表 6.2-6

沥青样品		M_n	M_w	M_z	M_v	M_z/M_w	M_w/M_n
90 号		774	2594	7962	2594	3.07	3.35
90 号 + SHB		1028	3893	17622	3893	4.53	3.01
90 号 + SHB + SBS	1	206223	224350	248797	224350	1.11	1.09
	2	1381	4235	17725	4235	4.19	3.07
	3	182	262	318	262	1.21	1.44
成品	1	250579	355552	564369	355552	1.59	1.42
	2	1477	7130	40756	7130	5.72	4.83
	3	195	278	335	278	1.21	1.42

③核磁共振谱

表6.2-7给出植物沥青SHB与石油沥青化学结构特性的差异。总体而言,SHB的分子结构不饱和度要小于石油沥青。此外,从平均分子结构来说,一个SHB平均分子中,C原子66个,H原子106个,O原子7个,N原子1个;而对于一个石油沥青,其平均分子中,C原子75个,H原子110个,O原子1个,N原子1个,S原子1个。这也间接说明SHB中含有分子量较小的含氧化合物,比如小分子醇、酮或酯类。

植物沥青SHB的化学结构特性 表6.2-7

结构参数	公式	试验结果	
		石油沥青90号	植物沥青SHB
数均分子量,M_n(g/mol)	来自GPC	774	526
总氢含量,H_T(%)	$H_T = H\% \times M_n/M_H$	83.03	106.37
总碳含量,C_T(%)	$C_T = C\% \times M_n/M_C$	56.23	66.18
芳碳,C_A(%)	$C_A = C_T \times f_a$	19.52	16.55
环烷烃,C_N(%)	$C_N = 4R_N$	6.28	8.34
饱和烃碳,C_P(%)	$C_P = C_T - C_A - C_N$	30.42	41.29
总环,R_T	$R_T = C_T + 1 - H_T/2 - C_A/2$	6	6
芳香环,R_A	$R_A = (C_A - 2)/4$	4	4
环烷环,R_N	$R_N = R_T - R_A$	2	2
芳碳率,f_a	$f_a = [C/H - (H_\alpha + H_\beta + H_\beta)/2]/(C/H)$	0.35	0.25
环烷碳率,f_N	$f_N = C_N/C_T$	0.11	0.13
饱和碳率,f_P	$f_P = C_p/C_T$	0.54	0.62
平均分子结构	来自GPC和元素组成	$C_{75}H_{110}O_1N_1S_1$	$C_{66}H_{106}O_7N_1$

(4)植物沥青DC化学改性工艺及机理

①植物沥青DC-I的化学改性工艺

从高分子材料角度出发,醇类和酸类发生化学反应,生成不易溶于水的酯类,指明了解决水溶性问题的方向。本节即从该角度尝试解决其水溶性。

a.原材料:有机酸类物质,掺加比例为植物沥青的5%~15%(质量分数)。

b.反应容器:反应釜的承受压力为0~25MPa,温度为0~300℃,转速为0~600r/min。

c.反应原理:在190~210℃温度的密封条件下,酯化反应的水形成的水蒸气,自加压脱水,蒸汽压力随出水量增加而升高。在反应过程中,反应釜的压力由于反应过程中水蒸气的产生持续上升。待压力略有下降时,反应完成。

d.反应步骤:将植物沥青加热到190~210℃,加入已经预热到相同温度的反应釜中,约占其体积的1/4~1/3,同时放入相应比例的有机酸,密封并搅拌,20min后压力开始上升,1.5h左右达到最大值1.5MPa左右,维持不变。约2.5~3h后,压力开始下降,反应完成,进行卸压。

采用15%有机酸Ⅰ、Ⅱ、Ⅲ对混合植物沥青DC-Ⅰ进行化学处理,化学处理之后改性混合植物沥青 DC-Ⅰ如图 6.2-7 所示。相比于处理前,植物沥青 DC-Ⅰ的外观颜色变深,更接近于石油沥青。

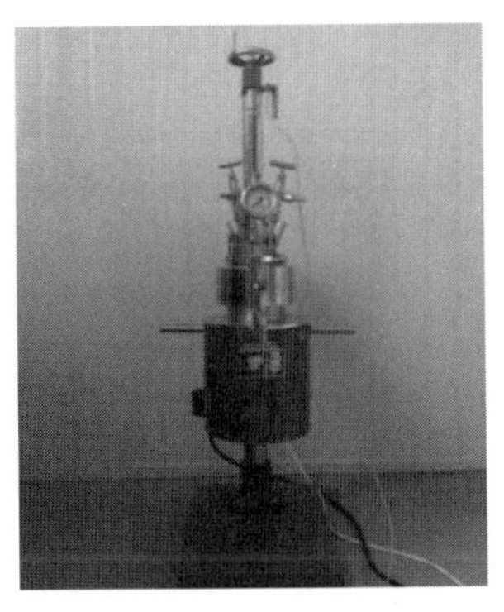
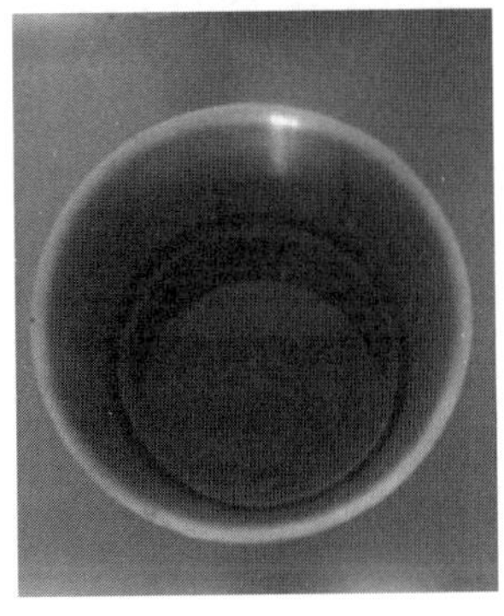

图 6.2-7　植物沥青 DC-Ⅰ酯化处理及处理后的样品

②植物沥青 DC 化学改性机理

植物沥青中存在山梨醇、乙二醇、丙二醇等小分子醇类,此类分子多为含有大量羟基的小分子化合物,由于羟基的存在使得分子极性很强,与水分混溶时羟基与水分子产生氢键,进而表现出很强的亲水性。为了解决其水溶性问题,可使其与含有较长脂肪链的大分子酸酐发生化学反应,生成含有长脂肪链的酯类化合物,如式(6.2-1)所示。

$$\mathrm{R{-}\underset{\underset{O}{\|}}{C}{-}OH} \xrightleftharpoons{H^+} [\mathrm{R{-}\underset{\underset{OH}{|}}{C}{-}OH}]^+ \xrightleftharpoons[-R'OH]{+R'OH} \mathrm{R{-}\overset{\overset{OH}{|}}{\underset{\underset{OH}{|}}{C}}{-}\overset{+}{\underset{\underset{O}{|}}{O}}{-}R'}$$

$$\xrightleftharpoons{\text{重排}} \mathrm{R{-}\overset{\overset{\overset{+}{O}H_2}{|}}{\underset{\underset{OH}{|}}{C}}{-}O{-}R'} \xrightleftharpoons[+H_2O]{-H_2O} \mathrm{R{-}\overset{\overset{OH}{|}}{\underset{+}{C}}{-}O{-}R'} \xrightleftharpoons[+H^+]{-H^+} \mathrm{R{-}\overset{\overset{O}{\|}}{C}{-}O{-}R'} \tag{6.2-1}$$

酯化反应随着酸和醇的结构以及反应条件的不同可以按照不同的机理进行。绝大部分酸与醇的酯化反应是按照酰氧键断裂进行。对于同一种醇来说酯化反应速度与酸的结构有关。酸分子中 α-碳上烃基越多酯化反应速度越慢。这是由于烃基支链越多空间位阻作用越大,醇分子接近越困难,这样影响了酯化反应速度。

研究中采用了多种有机酸。以化学外掺剂Ⅳ为例,典型反应示意方程式如式(6.2-2)~式(6.2-4)所示,从反应方程式中可以看出,生成的酯类化合物通常含有来自反应物化学外掺剂Ⅳ的长碳链。脂肪族分子为只含有饱和键的烃类化合物,其通常为非极性或较弱极性。由于长脂肪链的存在,生成物的分子极性大大减弱,降低与强极性的水分子之间的亲和性,根据相似相容原理,生成的酯类化合物相对原反应物具有较强的疏水性。

$$\underset{\text{乙二醇}}{\mathrm{HO{-}CH_2CH_2{-}OH}} + 2\ \mathrm{C_{11}H_{23}\overset{\overset{O}{\|}}{C}{-}OH} \longrightarrow \underset{\text{月桂酸乙二醇酯}}{\mathrm{C_{11}H_{23}\overset{\overset{O}{\|}}{C}{-}O{-}CH_2CH_2{-}O{-}\underset{\underset{O}{\|}}{C}{-}C_{11}H_{23}}} + 2\ \mathrm{H_2O} \tag{6.2-2}$$

$$\text{2,3—丁二醇} + 2\,C_{11}H_{23}COOH \longrightarrow \text{月桂酸2,3—丁二醇酯} + 2\,H_2O \tag{6.2-3}$$

2,3—丁二醇　　　　月桂酸2,3—丁二醇酯

$$\text{山梨醇} + 2\,C_{11}H_{23}COOH \longrightarrow \text{月桂酸山梨醇酯} + 2\,H_2O \tag{6.2-4}$$

山梨醇　　　　月桂酸山梨醇酯

除发生酯化反应外，植物沥青中的大分子及经酯化反应后生成的大分子有机物在一定的反应条件下将发生缩聚反应或聚合反应，形成高分子有机物。如式(6.2-5)所示。

$$n\text{HOOC}-C_6H_4-\text{COOH}+n\text{HOCH}_2\text{CH}_2\text{OH} \xrightleftharpoons{\text{催化剂}} \text{HO}\left[\overset{O}{\overset{\|}{C}}-C_6H_4-\overset{O}{\overset{\|}{C}}\text{OCH}_2\text{CH}_2\text{O}\right]\text{H}+(2n-1)\text{H}_2\text{O} \tag{6.2-5}$$

综上所述，以酸酐为改性剂，通过亲核进攻使小分子醇变为酯。但酯化反应的副产物是水解反应，生产的水在强酸催化剂的作用下迅速降低，从而使反应向着生成酯的方向进行。总体而言，酸的加入使得植物沥青当中的小分子醇类通过酯化反应转变为脂类，再通过聚合、环化等过程进一步加大其分子量，提高疏水性。

6.2.3　植物沥青及混合植物沥青性能评价

(1)三大指标

图6.2-8为试验用沥青材料的三大指标试验结果。植物沥青AN和植物沥青DC-I的25℃针入度均超出300(0.1mm)，故试验值取为300(0.1mm)，I-C改性沥青测试的为5℃延度，其余沥青为15℃延度。从试验数据来看，三种对比的石油沥青基本路用性能满足《公路沥青路面施工技术规范》(JTG F40—2004)(以下简称《施工规范》)的要求[I-C改性沥青针入度为60~80/(0.1mm)，I-C改性沥青为5℃延度]。而植物沥青本身的性能与路用石油沥青性能差距较大，本身不能单独作为沥青结合料使用。具体而言，植物沥青DC由于具有水溶性(特别是DC-I在软化点试验中，保温15min后试件已部分溶于水)，其针入度偏高，DC-I超过300(0.1mm)，DC-I软化点数据缺失，且其延度较差；相比之下，DC-II由于加工工艺改变，其路用性能略有改善，其针入度、软化点与基质沥青基本相当，但延度性质较差。

(2) 旋转黏度分析

表6.2-8为植物沥青和石油沥青的60℃和135℃旋转黏度值。

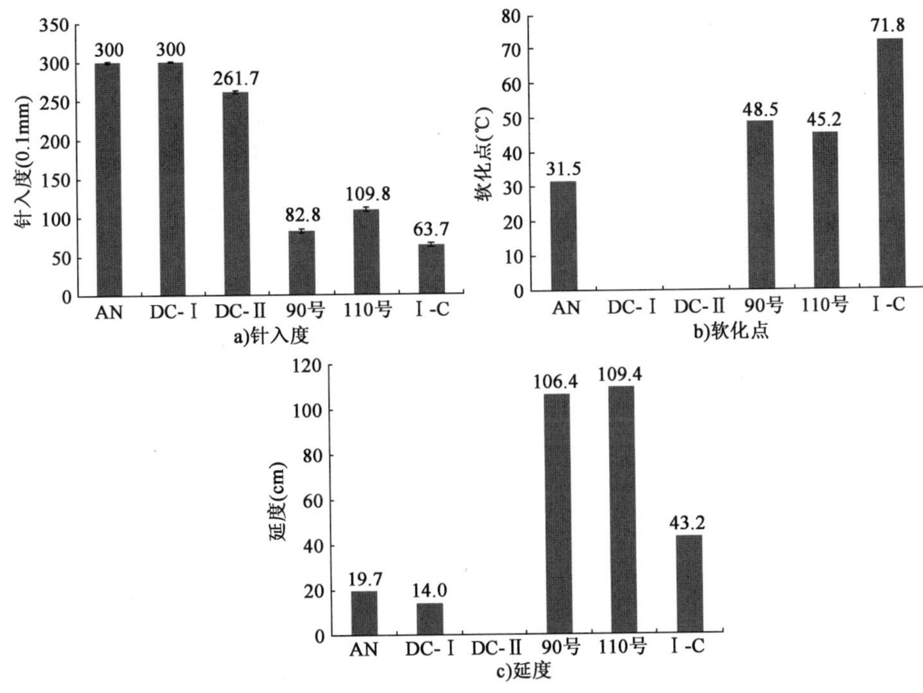

图 6.2-8 六种沥青三大指标

六种沥青的旋转黏度值 表 6.2-8

温度(℃)	黏度(Pa·s)					
	植物沥青 AN	植物沥青 DC-I	植物沥青 DC-II	90 号沥青	110 号沥青	I-C 改性沥青
60	4.635	16.650	5.512	184.667	96.810	3171.00
135	0.193	0.103	0.085	0.420	0.218	3.370

注:植物沥青 AN 的 135℃黏度为 125℃黏度,在 135℃保温时已产生沸腾现象,发生老化,黏度数据反而升高。

从表 6.2-8 中可以看出,90 号沥青、110 号沥青、I-C 改性沥青的黏度随着标号的减小和改性剂的加入而增大,改性效果明显,亦说明 60℃旋转黏度可以一定程度上表征沥青高温稳定性的优劣。而三种植物沥青的 60℃旋转黏度要小得多,即考虑高温稳定性时,单独的植物沥青本身较差;相对而言,植物沥青 DC-I 好于植物沥青 AN 及植物沥青 DC-II。

(3)感温性能

该项目借助60℃和135℃(植物沥青 AN 为125℃)的旋转黏度,计算各沥青的VTS(黏温指数),其绝对值的大小表示感温性能的好坏,以此来比较各种沥青的感温性能。计算结果见图 6.2-9。

从图 6.2-9 可以看出,三种石油沥青中,I-C 改性沥青的 VTS 绝对值最小,感温性能最优,同时 90 号沥青优于 110 号沥青。三种植物沥青相差较大,植物沥青 DC-I 及植物沥青 DC-II 与 90 号沥青的 VTS 绝对值相当,说明其与石油沥青的感温性能相似。而植物沥青 AN 的 VTS 绝对值最小,仅从该数据可以看出其感温性能较好,但结合前述黏度试验过程观察可以得出,尽管其在一定温度范围内感温性能与石油沥青具有相似性,甚至可以改善石油沥青的感温性能,但在较高温度时(高于 125℃),其已经发生严重老化,难以单独进行路用。

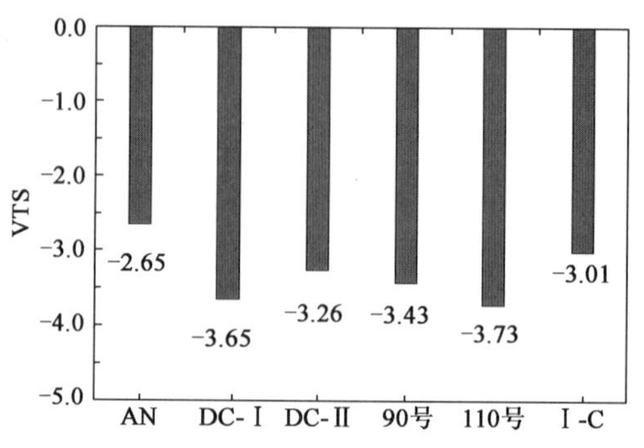

图 6.2-9　六种沥青的 VTS 值

(4)老化性能分析

虽然前文得到三种植物沥青的施工温度比常用的 90 号基质沥青低 20 ~ 30℃左右,但本章为检验植物沥青相比于石油沥青在传统施工温度下的性质,仍参照《公路工程沥青及沥青混合料试验规程》(JTG E20—2011)(以下简称《试验规程》)中的 T 0609—2011 沥青薄膜加热试验。

从表 6.2-9 中可以看出,植物沥青 AN、DC-I、DC-II 在传统施工温度下老化后的质量损失远远超出了《施工规范》对基质沥青的要求(不大于 ±0.8%),说明植物沥青在石油沥青老化温度下的抗老化性较差。因此,若工程应用植物沥青,需要与低标号或者高聚物混合,来吸收“锁住”小分子化合物,抑制质量损失。另一方面,植物沥青可在较低的温度(130℃)就达到了施工要求的流动性,在实际施工时并不需要加热到 163℃(不考虑反应时按照实际掺配比例可能降低 5℃左右)。植物沥青和石油沥青混合时,施工及老化试验的温度需要根据混合植物沥青的黏度重新确定。

植物沥青老化前后质量损失　　表 6.2-9

沥青种类	试验次数	m_0 (g)	m_1 (g)	m_2 (g)	L_T 质量变化 (%)	平均 (%)
植物沥青 AN	1	40.66	90.55	77.62	-25.917	-25.93
	2	40.69	90.58	77.64	-25.937	
植物沥青 DC-I	1	40.60	90.77	80.48	-20.510	-21.37
	2	40.59	91.52	80.20	-22.227	
植物沥青 DC-II	1	34.21	78.43	50.02	-64.247	-64.20
	2	34.22	78.47	50.08	-64.158	

(5)高温性能

沥青作为道路建筑材料,要求其在炎热的夏季具有抵抗车辙变形的特性,而作为典型黏弹性体材料其在高温时为非牛顿流体,高温稳定性与流变性能密切相关。下文通过 DSR(动态剪切流变仪)流变学手段研究混合植物沥青的高温稳定性能。

采用 DSR 对四种沥青材料进行频率扫描试验,根据 WLF(Williams-Landel-Ferry)方程,对四种沥青的复数模量主曲线进行拟合,并将实测值根据移位因子进行移动,结果见图 6.2-10。

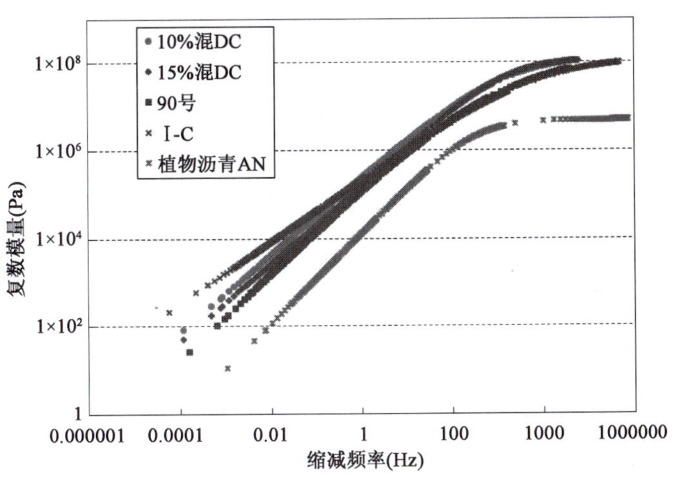

图6.2-10 复数模量主曲线(30℃)汇总

从图6.2-10中可以看出在高频荷载作用下,10%混合植物沥青DC-I、15%混合植物沥青DC-I、90号沥青、I-C改性沥青的模量基本相当,性能相当;低频荷载作用时,10%混合沥青DC-I、15%混合沥青DC-I相对于90号沥青模量较大。根据时温等效原理可知,高频可以表征低温性能,低频表征高温性能,结果则可以说明在低温时四种沥青的性能相差不大。2种混合植物沥青DC-I好于90号沥青,且10%混DC-I好于15%混DC-I,说明掺加一定量的植物沥青DC-I后的沥青高温性能甚至好于90号沥青,这与前文的针入度、软化点、黏度等指标显示的规律相符。即在不降低90号沥青低温性能的基础上,进一步改善了其高温性能。

(6)低温性能

采用美国Cannon公司生产的BBR(弯曲梁流变仪)试验仪。数据结果如图6.2-11及图6.2-12所示。

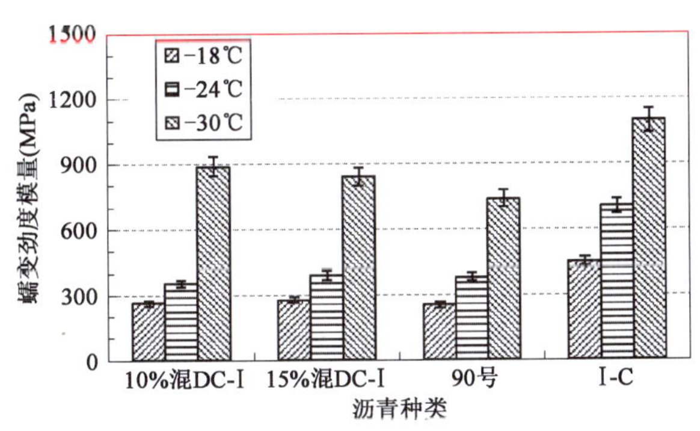

图6.2-11 低温蠕变劲度模量

从图6.2-11和图6.2-12中可以看到,同种沥青的弯曲蠕变劲度模量和蠕变劲度的变化率随着温度降低分别升高和降低,但程度不尽相同。这说明每种沥青的感温性不同,同时劲度模量增大,蠕变劲度变化率降低,沥青变得更加硬脆,温度骤降产生温度应力的能力越差,低温时越易开裂。在不同温度下评价混合植物沥青DC-I与90号沥青发现,在-18℃、-24℃下,

10%混 DC-I、15%混 DC-I 及 90 号沥青的 S 和 m 值相差不大，而在 30℃时，90 号沥青的 S 最小，m 最大，10%混 DC-I 的 S 最大，m 最小。

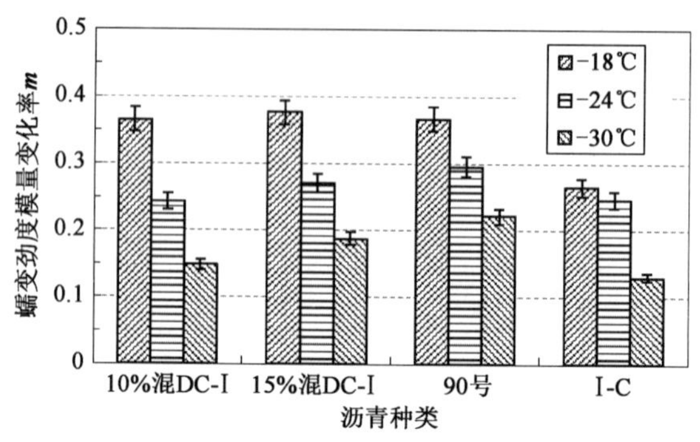

图 6.2-12　低温蠕变劲度模量变化率

(7)贮存稳定性评价

借鉴采用改性沥青的离析试验，评价混合植物沥青 DC 的贮存稳定性，进一步确认混合植物沥青 DC 与基质沥青的相容性。

参照《试验规程》中的 T 0661—2011 聚合物改性沥青离析试验，所得试验数据见图 6.2-13。从图中可以看出，10%混合植物沥青 DC-I 和 15%混合植物沥青 DC-I 的顶部和底部软化点之差相差较小，仅为 0.25℃和 0.85℃，符合《施工规范》要求，说明植物沥青 DC-I 和 90 号基质沥青相容性较好，贮存稳定性良好。

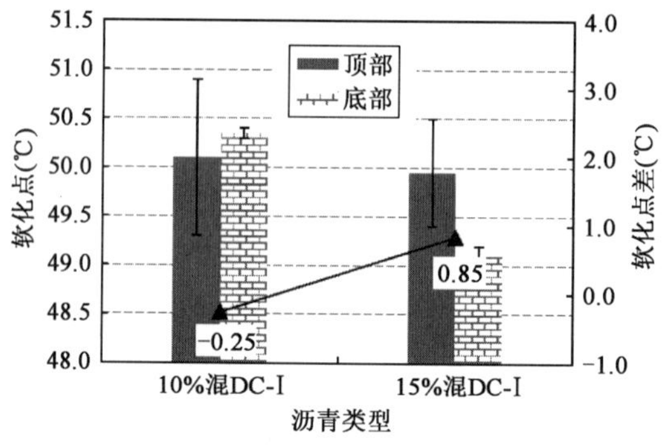

图 6.2-13　沥青离析试验后软化点及其差值

(8)TG-DSC 热稳定性

DC 植物沥青在制备样品时重量为 2.109mg，在以 10℃/min 的升温速率加热到 700℃的过程中共经历了三个失重阶段，最后质量未完全损失，有 0.738mg 的填料及灰质残留(图 6.2-14)。在整个升温过程中，热量一直呈现放热状态，但是没有明显的放热峰，说明加热过程中成分热量变化的复杂性。如果是纯碳氢化合物在加热之后不会发生样品残留的现象，所以最后残留的样品是其成分中存在其他非有机物质，这也说明了 DC 植物沥青成分的复杂性。沥青混合料的拌和温度在 160℃左右，如果按照正常的拌和温度拌和，混合后的植物沥青在加热搅拌过程中会散失 10%左右，对沥青混合料的性能影响较大。

SHB 植物沥青在制备样品时重量为 2.071mg，在以 10℃/min 的升温速率加热到 500℃的过程中共经历了三个失重阶段，最后质量全部损失（图 6.2-15）。在 150℃之前的加热过程中，SHB 植物沥青的质量基本没有变化。这说明在拌制该植物沥青混合料的过程中，植物沥青的质量比较容易控制，对于混合料的性质影响也较小。

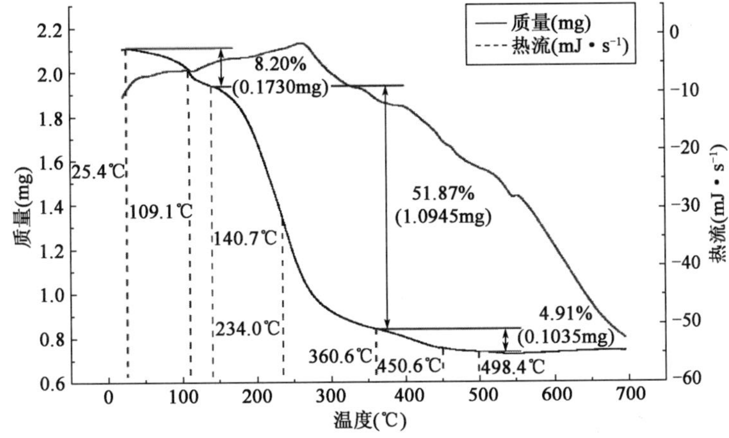

图 6.2-14 DC 植物沥青 TG-DSC 曲线

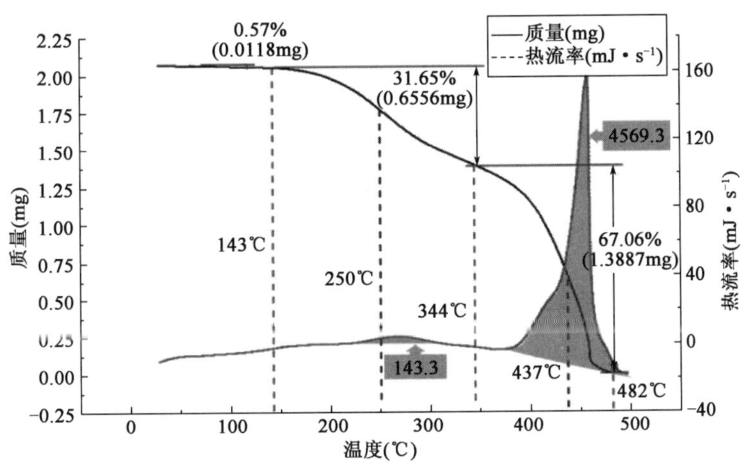

图 6.2-15 SHB 植物沥青 TG-DSC 曲线

6.2.4 植物沥青混合料路用性能评价

(1)高温稳定性

根据《试验规程》规定及相关要求，进行沥青混合料的车辙试验，并将试验结果汇总于图 6.2-16。

从图 6.2-16 中可以看出采用 45% 改性混合植物沥青 DC-I 和 I-C 改性沥青的 AC-20 动稳定度相当，均满足《施工规范》对夏热 2-2 区改性沥青混合料动稳定度不小于 2400 次/mm 的要求；且二者 45min 和 60min 变形量也相差不大，说明二者的高温抗车辙性能相近，即采用掺加

45%植物沥青 DC-I 基础上进行 4.5% 外掺剂I改性的沥青高温性能与改性石油沥青基本一致。

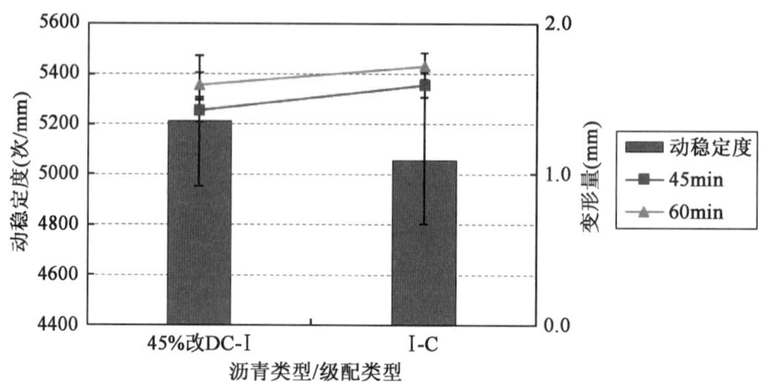

图 6.2-16　车辙试验结果

由图 6.2-17 可以看出,除去 3% 未改性 DC-II 以外,其余均满足《施工规范》车辙试验动稳定度不小于 800 次/mm 的要求;同时可以看到,随着植物沥青掺量的增加,混合料动稳定度呈先上升后下降的趋势,并在 7% 达到最大值,且动稳定度大于基质沥青的 1031 次/mm。从车辙深度来看,无论是 45 min 还是 60min 车辙深度变化趋势与动稳定度同步,不同的地方在于在掺量为 5% 时车辙深度达到最大值。由此结合动稳定度和车辙深度,仅对混合料的高温性能来说,7% 为未改性 DC – II 植物沥青最佳掺量。

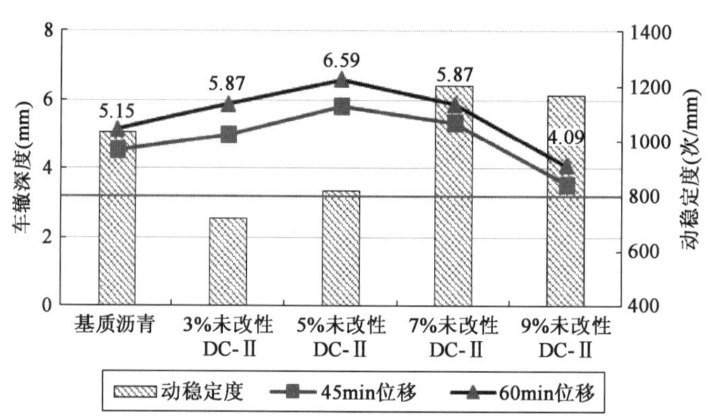

图 6.2-17　90 号基质沥青和未改性 DC-II 车辙动稳定度

图 6.2-18 为 90 号基质沥青和改性 DC-II 混合植物沥青车辙试验结果对比,从中可以看出,除去 3% 改性 DC-II 之外的其他沥青混合料的动稳定度均满足《施工规范》要求。改性 DC-II 植物沥青掺量为 5% 时车辙试验的动稳定度达到最大值,为 1292 次/mm,且随着掺量的增加,动稳定度略有下降,但不明显。从车辙深度来看,总体上是高动稳定度对应较小的车辙深度,7% 掺量时车辙深度最小,60min 为 4.15mm。综合考虑动稳定度和车辙深度,7% 为改性 DC-II 最佳掺量。

图 6.2-19 为未改性 DC-II 和改性 DC-II 混合植物沥青车辙试验结果对比。可以看出,原植物沥青经过有机酸 IV 改性后,车辙试验的动稳定度均有所提高,特别是在 5% 含量时,说明化学改性对植物沥青的高温性能是有益的。

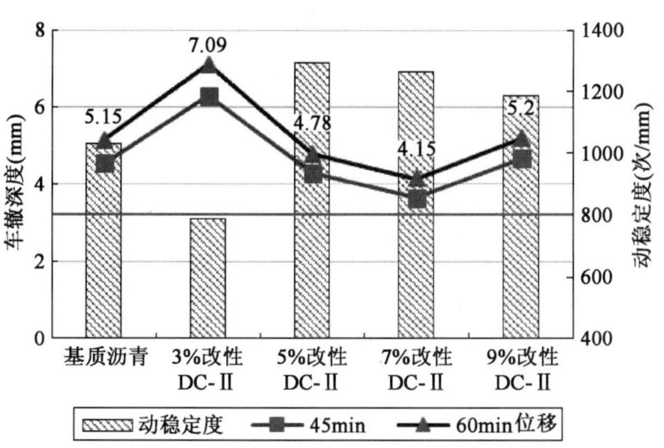

图6.2-18 90号基质沥青改性DC－II车辙动稳定度

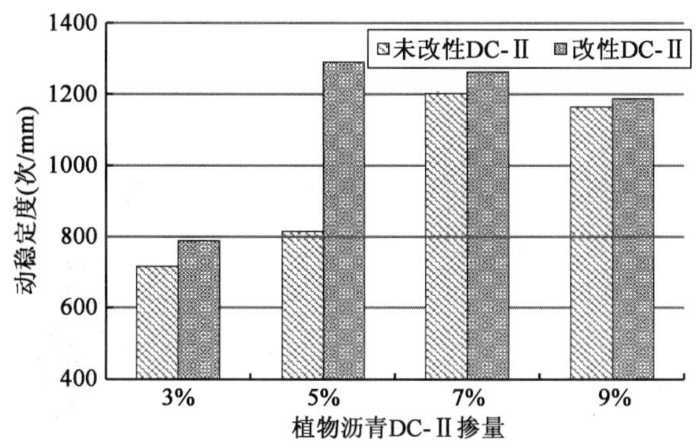

图6.2-19 OB和LB车辙动稳定度

(2)低温抗裂性

采用MTS-810试验机，在－10℃试验温度下，使加载速率为50mm/min进行加载。直至断裂，计算沥青抗弯拉强度，最大拉应变和弯曲劲度模量，评估其低温抗裂性能，试验结果如表6.2-10所示。

小梁弯曲试验结果 表6.2-10

级配	沥青类型	抗弯拉强度(MPa)	极限拉应变(MPa)	规范要求	弯曲劲度模量(MPa)
AC-20	45%改	5.3	2271	≥2800	2319
	I-C	9.4	2849		3299

从表6.2-10中可以看出，使用45%改性混合植物沥青DC-I的AC-20抗弯拉强度、极限拉应变、弯曲劲度模量均小于使用I-C改性沥青的AC-20。在《施工规范》中对低温抗裂性的要求为极限拉应变，针对冬寒2-2区的改性沥青混合料为不小于2800MPa，前者未满足要求。掺加植物沥青DC-I的混合料试件在有水的情况下，会相对于石油沥青更快的失去黏结性，降低强度，而不是由于其掺加而造成低温抗裂性下降。从抗弯拉强度和极限拉应变两个指标矛盾也可以得到进一步证明。

图6.2-20所示为90号基质沥青和改性DC-II混合植物沥青低温弯曲试验结果对比。可

以看出，在对植物沥青改性后加入基质沥青当中去时，和未改性 DC-II 混合植物沥青一样，混合料的低温性能均满足要求；但与未改性 DC-II 混合植物沥青相反的是，随着改性 DC-II 混合植物沥青掺量的增加，混合料的破坏最大弯拉应变是呈下降的趋势。这说明在改性过程中，未改性 DC-II 向改性 DC-II 转化时发生了某些变化、如酯化，醚化和环化等，这使得植物沥青由小分子向大分子转变，其性质由“软”变“硬”。小掺量时其对基质沥青低温性能改善明显，起着“再生剂”的效果，随着掺量增加其效果减弱。

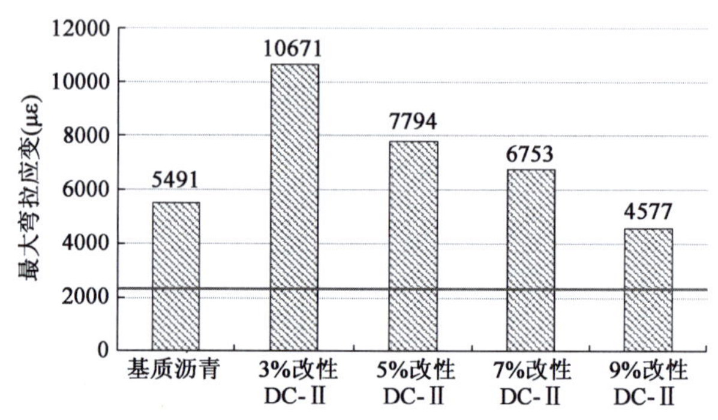

图 6.2-20　90 号基质沥青和改性 DC-II 弯曲试验

(3) 水稳定性

图 6.2-21 所示为 90 号基质沥青和改性 DC-II 混合植物沥青浸水前后强度及残留稳定度对比。由图 6.2-21 可以看出，从混合料的稳定度来看，5 种沥青浸水 0.5h 后其稳定度均大于 8kN，而浸水 48h 后其稳定度只有 90 号基质沥青和 5% 改性 DC-II 达到 8kN。从图 6.2-21 中还可以看出，浸水马歇尔试验测定的残留稳定度有大于 100% 的结果（107%），这与实际工程中沥青混合料在遭受水损害时其整体力学强度降低的事实相不符合，这也说明残留稳定度仅仅是一个经验性指标。

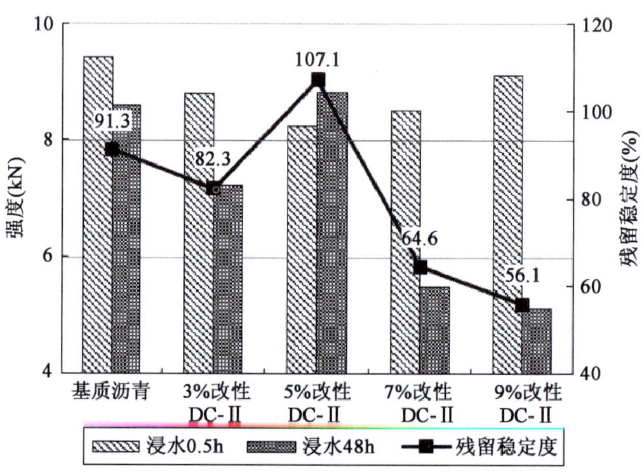

图 6.2-21　90 号基质沥青和改性 DC-II 残留稳定度

图 6.2-22 所示为 90 号基质沥青和改性 DC－II 混合植物沥青浸水前后强度及残留稳定度对比。可以看出，用有机酸 IV 改性后的植物沥青混合料冻融劈裂试验的残留强度比相比基

质沥青均有一定程度的提高，其中3%和5%改性的残留强度比满足《施工规范》要求。但需要注意的是，未冻融之前，掺有改性植物沥青混合料的沥青抗拉强度总体较低。

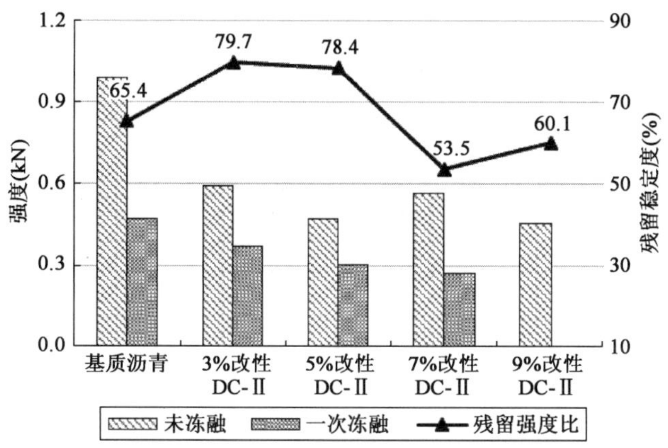

图6.2-22　90号基质沥青和改性DC-II残留强度比

三种化学处理后的植物沥青DC-I与90号沥青进行混合，分别制备15%混合植物沥青DC-I，标记为B、E及N。利用其制备沥青混合料，90号沥青混合料作为对比，级配同前所述，进行浸水马歇尔、冻融劈裂试验，测试酯化处理后混合植物沥青DC-I混合料的水稳定性。残留稳定度、冻融劈裂强度比结果分别如图6.2-23及图6.2-24所示。

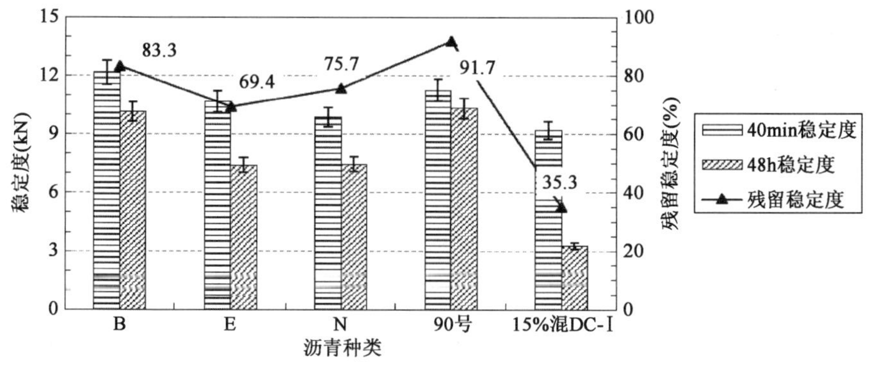

图6.2-23　浸水马歇尔试验结果

从图6.2-23和图6.2-24中可以看到，经过不同酸处理后的效果不同，但是与处理前直接共混的15%混DC-I相比，其水稳定性均有明显的提升。其中有机酸Ⅰ的效果最好，40min稳定度要大于90号沥青，而48h稳定度小于后者，残留稳定度也略小于后者，但满足《施工规范》对于基质沥青水稳定性的要求。而有机酸Ⅱ、Ⅲ处理的效果较有机酸Ⅰ略差，未满足《施工规范》的要求，但较未处理的15%混合植物沥青DC-I的残留稳定度有大幅提高。从冻融劈裂的试验结果可以看到，经过有机酸Ⅰ处理的混合植物沥青DC-I的冻融劈裂强度比虽不及90号沥青，但满足《施工规范》对于基质沥青混合料75%的要求。经过有机酸Ⅱ、Ⅲ处理的15%混合植物沥青DC-I冻融组及对比组的劈裂强度虽然较小，但其劈裂强度比要大于经过有机酸Ⅰ处理的，与90号沥青相当。三种酸处理的混合植物沥青DC-I的劈裂强度比较处理前均大幅提高。

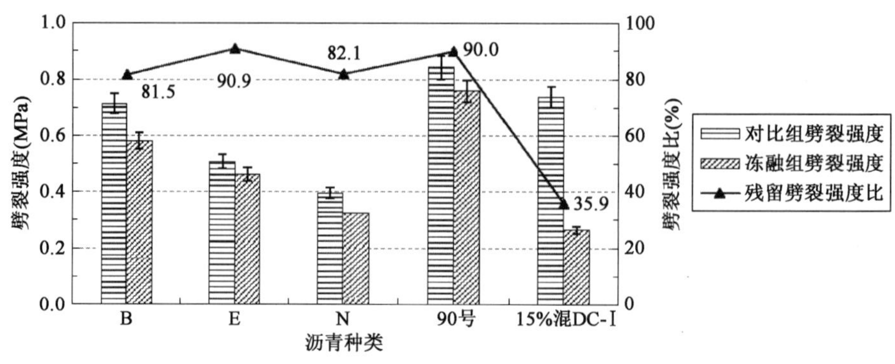

图6.2-24　冻融劈裂试验结果

6.3　油页岩沥青混合料应用技术

6.3.1　油页岩废渣物理、化学特性

油页岩废渣中各种化合物的组成及其含量高低是评价油页岩废渣质量的重要依据之一。一般情况下,油页岩废渣测定的化学组分有 SiO_2、Al_2O_3、Fe_2O_3、CaO 和 MgO。烧失量是指油页岩经过650℃灼烧减少的重量,与油页岩废渣中的有机物含量多少有关。大多数油页岩的烧失量在10%以下。为了验证油页岩本身的物理化学性能对沥青的影响,课题选取了吉林省汪清县油页岩原矿、半焦、电厂灰和粉磨灰进行化学分析。

(1)X 射线光电子能谱分析

X 射线光电子能谱(XPS)能快速测量除 H 和 He 以外的所有元素,属于无损分析。XPS 分析技术能给出样品的元素组成、化学价态以及有关的电子结构重要信息,在固体材料的制备和表征中起着重要的作用。但受多种因素的影响, XPS 的灵敏度和空间分辨率还不够高,其定量分析的准确性较差,并且其测量的只是样品表面元素的含量,因此它给出的仅是一种半定量的分析结果,其数据以原子百分比含量表示。X 射线光电子能谱数据见表6.3-1。

X 射线光电子能谱结果　　表6.3-1

序号	样品名称	元素(%)										
		C	N	Mg	Al	S	Si	Na	Ca	Fe	O	K
1	油页岩母岩	45.15	0.05	2.07	5.10	0.16	10.35	0.79	0.08	0.16	35.36	0.72
2	汪清电厂灰	39.30	—	2.00	4.39	0.54	11.31	0.40	2.60	0.41	38.43	0.63
3	汪清粉磨灰	60.64	0.40	1.43	1.74	0.39	5.50	0.15	0.87	0.06	28.31	0.50
4	汪清半焦	46.51	0.72	2.46	3.52	0.13	10.29	0.40	0.65	0.52	34.59	0.22

根据 X 射线光电子能谱数据结果可知油页岩母岩及其半焦和废渣中各种元素的差异,可将其中的元素分为主要元素和微量元素。其中主要元素包括:C、Mg、Al、Si、Ca、O;微量元素包括:N、S、Na、Fe、K。主要元素中 C、O、Si 的含量较高,其中 C 成分主要为有机质,部分以碳酸盐形式存在,金属元素以氧化物的形式存在。油页岩母岩经燃烧发电后,形成的电厂灰中 S、

Ca、Fe 含量大幅度增加;而加工形成粉磨灰后,其 C 、N、S、Ca 含量增加,Mg、Al、Si、 Na、Fe 含量降低。油页岩母岩经过提炼页岩油形成半焦后,其 N、Ca、Fe 含量增加,Al、Na、K 含量降低。

(2)全分析

X 射线荧光光谱法(XRF)是20世纪60年代得到迅速发展和应用的一种快速元素定量高精密度的分析方法。全分析采用 X 射线荧光光谱法进行测定,样品处理采用熔融法。化学组分全分析结果见表6.3-2。

全分析结果(%) 表6.3-2

序号	样品名称	SiO_2	Al_2O_3	Fe_2O_3	CaO	MgO	K_2O	Na_2O	TiO_2	P_2O_5	MnO	LOI	总和
1	油页岩母岩	47.75	12.91	5.69	5.26	2.30	2.55	3.61	0.62	0.46	0.10	18.53	99.77
2	汪清电厂灰	56.62	15.18	6.14	7.84	2.61	3.03	4.32	0.74	0.61	0.11	2.39	99.57
3	汪清粉磨灰	55.82	15.10	6.32	6.16	2.91	2.89	3.86	0.72	0.45	0.11	5.39	99.73
4	汪清半焦	54.57	14.63	5.95	6.13	2.67	2.98	3.65	0.70	0.49	0.10	7.90	99.75

由分析结果可知,以上样品中主要成分为 SiO_2、Al_2O_3、CaO、MgO、K_2O、Na_2O、Fe_2O_3,次要成分为 TiO_2、P_2O_5、MnO。四种样品的 LOI 值(烧失量)存在着较大的差异,汪清油页岩母岩未经过任何处理,所以其中的有机质含量较多,其 LOI 值较大;而汪清油页岩半焦经过低温干馏处理,其 LOI 值适中;汪清电厂灰和汪清粉磨灰经过高温煅烧后,其中有机质成分减少,烧失量变小。

(3)矿物成分分析

①XRD 分析

X 射线衍射分析(XRD)是通过对材料进行 X 射线衍射,分析其衍射图谱,获得材料的成分、材料内部原子或分子的结构或形态等信息的研究手段。主要用于物相和晶相分析,以判断材料的物理性质。分析结果见表6.3-3。

XRD 分 析 结 果 表6.3-3

序号	样 品	主 要 晶 相	次 要 晶 相
1	油页岩母岩	—	—
2	汪清电厂灰	钾长石、石英、黑云母	伊利石、方沸石
3	汪清粉磨灰	石英、钾长石	黑云母、绿泥石、伊/蒙混层、方沸石
4	汪清半焦	石英、钾长石	方解石、伊利石、黑云母、绿泥石、方沸石

②FIR(傅立叶红外光谱分析)分析

FIR 主要研究在振动中伴随有偶极矩变化的化合物,本试验用于测试材料的物相组成。分析结果见表6.3-4。

FIR 分 析 结 果 表6.3-4

序号	样 品 名 称	主要物相组成	次要物相组成
1	油页岩母岩	—	—
2	汪清电厂灰	石英、长石、方解石	黑云母、有机质
3	汪清粉磨灰	石英、长石、方解石	有机质、绿泥石、伊/蒙混层、黑云母
4	汪清半焦	石英、长石、方解石	有机质、绿泥石、伊/蒙混层、黑云母

通过 XRD 分析和 FIR 分析结果可知，两种来源的油页岩半焦的主要物相或晶相组成基本为石英、长石、方解石，还含有少量的伊利石、蒙脱石、绿泥石、黑云母、有机质等。

③矿物组成分析

矿物组成分析是采用 XRD 分析和 FIR 分析相互结合的方法，以确定材料中各物相的组成，分析结果见表 6.3-5。

矿物组成分析结果 表 6.3-5

送样号	样品名称	矿物组成及含量(%)										
		非晶态	伊/蒙	石英	钾长石	方解石	高岭石	绿泥石	黑云母	有机质	氯化钠	方沸石
1	油页岩母岩	—	13	30	15	8	1	1	2	5	5	20
2	汪清电厂灰	37	10	26	9	2	1	—	6	1	—	8
3	汪清粉磨灰	38	12	24	7	5	2	2	4	4	—	2
4	汪清半焦	33	10	28	8	8	—	2	2	3	—	6

④热重分析

热重分析（TG 或 TGA），是指在程序控制温度下测量待测样品的质量与温度变化关系的一种热分析技术，用来研究材料的热稳定性和组分。热重结果见表 6.3-6。

热 重 结 果 表 6.3-6

送 样 号	样品名称	起始失重温度(℃)	终止失重温度(℃)	失重率(%)
1	汪清电厂灰	443	507	6.42
2	汪清粉磨灰	室温至 1000℃ 无失重		
3	汪清半焦	26	720	12.89

热重数据由于测试样品的取样问题，结果不太可靠，但可做初步判断。由热重结果可知，汪清半焦中有机质含量较低，热重失重率平均为 7% 左右。

⑤扫描电镜分析

扫描电子显微镜（SEM）是目前常见的用于表面形貌的分析技术。具有高分辨率，现代先进的扫描电镜的分辨率已经达到 1nm 左右；有较高的放大倍数，20 ~ 20 万倍之间连续可调；有很大的景深，视野大，成像富有立体感，可直接观察各种试样凹凸不平表面的细微结构，试样制备简单。SEM 分析结果见表 6.3-7。

SEM 分 析 结 果 表 6.3-7

序号	样品	分析编号	主要颗粒形貌特征	次要颗粒形貌特征	粒径范围(μm)
1	汪清电厂灰	1246	粒状	板状	0.3 ~ 10
2	汪清粉磨灰	1248	片状	粒状	0.1 ~ 8
3	汪清半焦	1249	粒状	板状、片状	1 ~ 30

在同样处理情况下，由电镜图片可知，汪清油页岩颗粒形貌呈粒状，表面粗糙度高，粒径较小。放大图片可观察到材料表面无均匀的孔隙存在，为尺寸不一的小颗粒堆积在一起。

⑥比表面积和孔径分析

比表面积为单位质量物质的总表面积,主要用来表征粉体材料颗粒外表面大小的物理性能参数。比表面积大小与材料其他的许多性能密切相关,如吸附性能、表面活性及稳定性等。材料比表面积的大小主要取决于颗粒粒度,粒度越小比表面积越大。同时颗粒的表面结果特征及形貌特性对比表面积大小有着显著的影响,因此通过对比表面积大小的测定,可以对颗粒的特性进行参考分析。比表面积和孔径分析(BET)采用容量法进行分析。

气体吸附法孔径分布测定利用的是毛细凝聚现象和体积等效代换的原理,即以被测孔中充满的液氮量等效为孔的体积。

样品的比表面积和孔径分析结果见表6.3-8。

比表面积和孔径分析结果 表6.3-8

送样号	样品名称	BET比表面积(m^2/g)	单点吸附总孔容积(cm^3/g)	吸附平均孔径(nm)
1	汪清油页岩	4.8186	0.026043	216.1888
2	汪清电厂灰	5.4486	0.024941	183.0960
3	汪清粉磨灰	10.3306	0.040489	156.7734
4	汪清半焦	16.1940	0.040896	101.0153

由吸附-脱附等温线和分析结果可知,油页岩材料的吸附-脱附等温线均为Ⅲ型等温线,为弱的相互作用,在憎液性表面发生多分子层吸附,或固体和吸附质的吸附相互作用小于吸附质之间的相互作用。在低压区的吸附量少,相对压力越高,吸附量越多。根据迟滞环的形状可知,均为H3型,对应材料具有片状颗粒松散堆积形成楔形孔,对比比表面积和孔径分析结果,材料的平均孔径为50mm以上,根据IUPAC(国际纯粹与应用化学联合会)分类,均为大孔。

6.3.2 油页岩废渣路用性能指标

我国油页岩储量主要分布在吉林、辽宁和广东等地,选取吉林省汪清油页岩矿区代表性油页岩废渣样品:油页岩半焦、电厂渣和粉磨灰,对其基本指标进行试验。

(1)颜色

油页岩半焦通常为黑色或灰色,是油页岩低温干馏制取页岩油时产生的废渣。油页岩半焦有时也会呈现红色或灰褐色等,另外当油页岩半焦中水分含量较多时,颜色会变的深一些。油页岩半焦具有页岩的薄片层状节理结构,片状颗粒含量较多。电厂渣为油页岩经燃烧发热发电时产生的废渣,油页岩采用流化床燃烧方式进行发电,经煅烧沉积下来的废渣就是电厂渣,而粉磨灰是油页岩煅烧时挥发出来的粉尘颗粒。油页岩母岩和半焦如图6.3-1和图6.3-2所示。

(2)密度

将油页岩废渣粉替代矿粉运用到沥青混合料中,需要运用李氏比重瓶对三种油页岩细粉进行相对密度试验,结果见表6.3-9。

图6.3-1　油页岩母岩

图6.3-2　油页岩半焦

油页岩废渣粉密度试验结果　表6.3-9

油页岩废渣粉	相对密度(g/cm^3)
矿粉	2.712
油页岩半焦粉	2.567
电厂灰	2.533
粉磨灰	2.417

由结果可以看出,油页岩半焦粉和电厂灰的密度超过2.5g/cm^3,表明二者满足作为高等级公路的矿粉的技术指标要求。但粉磨灰的密度小于2.45g/cm^3,表明其不满足低等级公路对填料指标的要求。但为了明确三种油页岩废渣细粉替代矿粉的可行性,在进行试验时,对三种细粉均进行了相关试验。

(3)亲水系数

油页岩废渣粉的亲水系数即油页岩废渣在水(极性介质)中膨胀的体积与同一试样在煤油中(非极性介质)中膨胀的体积之比。亲水系数是用来评价填料与沥青结合料的黏附性能的。亲水系数大于1,则表示油页岩废渣粉对水的亲和力大于对沥青的亲和力,亲水系数小于1,则表示该油页岩废渣粉对沥青的亲和力大于水的亲和力。

通过试验可知,三种油页岩废渣细粉的亲水系数相差不大,均比矿粉的大,说明油页岩废渣细粉对沥青的亲和力要小于矿粉,但均小于1,满足规范对填料的要求。试验结果见表6.3-10。

油页岩废渣粉亲水系数试验结果　表6.3-10

油页岩废渣粉	亲水系数
矿粉	0.73
油页岩半焦粉	0.82
电厂灰	0.79
粉磨灰	0.81

(4)加热安定性

油页岩废渣粉的加热安定性是指油页岩废渣粉在热拌过程中受热而不产生变质的性能。试验结果如表6.3-11所示。

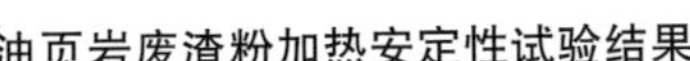

油页岩废渣粉加热安定性试验结果　　表 6.3-11

油页岩废渣粉	加热安定性
矿粉	无变化
油页岩半焦粉	颜色逐渐变为浅灰色
电厂灰	无变化
粉磨灰	无变化

试验结果表明，油页岩半焦粉加热时颜色逐渐变为浅灰色，说明其内部部分油质加热后发生反应，但质量变化很小，说明含油率非常小，对加热安定性影响不大。而电厂灰、粉磨灰和矿粉一样，加热后均无明显变化，加热安定性较好。

(5)塑性指数

液塑限也是评价工程材料水理性质的指标，用塑性指数表示。材料从液体状态向塑性体状态过渡的界限含水率称为液限。当含水率继续降低时，材料能承受较大的剪切应力，在外力作用下不再具有塑性体特性，而呈现出具有脆性的固体特征。材料由塑性体状态向脆性固体状态过渡的界限含水率称为塑限。材料的塑性大小可以用处于塑性状态的含水率变化范围来衡量。此范围即液限与塑限的差值，也称为塑性指数。

为了解油页岩废渣的液塑限相关指标，开展了油页岩废渣的液塑限试验，试验结果如表 6.3-12、图 6.3-3 所示。

油页岩废渣塑性指数试验结果　　表 6.3-12

分　类	液　限	塑　限	塑性指数
油页岩半焦	36.5	27.0	9.5
油页岩电厂渣	—	—	—

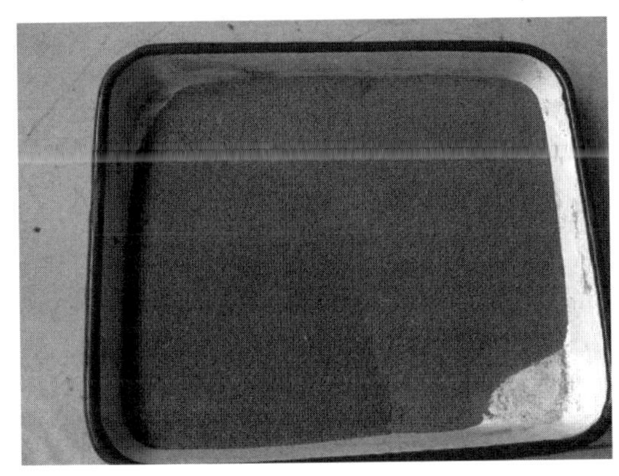

图 6.3-3　油页岩废渣液塑限试验

油页岩电厂渣颗粒基本上不具有可塑性，无塑性指数，属于砂土类。而油页岩半焦的塑性指数为 9.5，属于粉土类。规范规定矿粉的塑性指数值应小于 4，所以油页岩半焦粉直接全部替代矿粉作为沥青混合料的填料不满足规范要求，所以进行了油页岩半焦粉掺入不同比例矿粉的塑性指数试验，结果见表 6.3-13。

油页岩废渣掺入矿粉的塑性指数试验结果 表 6.3-13

掺矿粉比例(%)	液限(%)	塑限(%)	塑性指数(%)
0	36.5	27.0	9.5
25	32.1	26.4	5.7
50	28.5	25.2	3.4
75	26.9	23.5	3.4
100	24.0	20.7	3.3

通过塑性指数试验可知,油页岩半焦粉替代矿粉的合理掺量为50%,如果再增大替代量,会使得塑性指数不满足规范要求。

6.3.3 油页岩废渣粉代替矿粉的沥青混合料性能

将混合料中矿粉的25%、50%、75%以及100%等体积替换为油页岩废渣粉,分别用油页岩半焦灰、电厂灰和粉磨灰三种废渣粉进行马歇尔试验。

(1)矿料级配的确定

根据现有规范和试验用碎石的级配,确定了油页岩废渣粉替代矿粉试验的三种结构SMA-16、AC-20、ATB-25的矿料级配,见表6.3-14~表6.3-16。

SMA-16 矿料级配曲线 表 6.3-14

项目	下列筛孔(mm)通过率(%)										
	19.0	16.0	13.2	9.5	4.75	2.36	1.18	0.6	0.3	0.15	0.075
合成级配	100	96.3	73.1	47.7	28.7	20.1	16.5	13.8	12.0	11.5	10.1
级配上限	100	97	75	52	31	24	20	16	13	12	11
级配下限	100	96	71	44	25	18	14	12	11	10	10

AC-20 矿料级配曲线 表 6.3-15

项目	下列筛孔(mm)通过率(%)											
	26.5	19.0	16.0	13.2	9.5	4.75	2.36	1.18	0.6	0.3	0.15	0.075
合成级配	100	98.9	87.8	76.3	65.3	43.4	25.2	19	13.7	9.6	8.2	6.4
级配上限	100	100	92	80	68	47	32	21	15	12	9	7
级配下限	100	92	80	68	56	39	24	16	10	8	6	5

ATB-25 矿料级配曲线 表 6.3-16

项目	下列筛孔(mm)通过率(%)												
	31.5	26.5	19.0	16.0	13.2	9.5	4.75	2.36	1.18	0.6	0.3	0.15	0.075
合成级配	100	99.8	72.6	59.2	52.2	45.2	31.1	18.6	14.7	11.4	8.4	7.3	5.4
级配上限	100	100	80	68	62	52	35	25	18	13	11	8	6
级配下限	100	90	60	50	43	36	28	18	12	8	5	4	4

(2)矿粉沥青混合料性能

对矿粉沥青混合料进行马歇尔试验,通过试验测得矿粉沥青所有试验指标:孔隙率、矿料间隙率、沥青饱和度、油石比、残留稳定度、冻融劈裂强度比以及动残留稳定度。如表6.3-17所示。

矿粉沥青混合料路用性能指标表

表6.3-17

级配类型	油石比（%）	孔隙率（%）	矿料间隙率（%）	沥青饱和度（%）	残留稳定度（%）	冻融劈裂强度比（%）	车辙（次/mm）
SMA-16	6.4	3.7	17.3	78.8	95.46	92.38	3015
AC-20	4.6	3.53	13.45	73.78	88.23	85.35	2474
ATB-25	3.9	4.3	12.65	66.57	90.56	89.47	2636

(3)油页岩废渣粉沥青混合料体积指标对比分析

通过对比三种结构形式沥青混合料的体积指标，可以得出采用不同的油页岩废渣粉的各项体积指标均相差不大，这也说明了采用等体积替代矿粉的方法，基本没有改变沥青混合料的体积参数。在进行配合比设计时，可以先进行普通沥青的配合比试验，再用等体积替代的方法采用油页岩废渣粉替代部分矿粉，即可得到满足要求的油页岩废渣粉沥青混合料的配合比设计参数。

(4)油页岩废渣粉沥青混合料油石比分析

通过试验得出沥青混合料的油石比随着掺量以及油页岩废渣种类的不同表现了不同的趋势。级配类型为SMA-16和油页岩半焦粉和粉磨灰掺量小于50%时，其油石比相对于纯矿粉沥青混合料均没有变化。但当半焦粉沥青混合料的掺量超过50%以后，油石比降低了1个百分点；而掺入电厂灰后，沥青混合料的油石比呈增大趋势，当掺量达到100%时，油石比提高了3个百分点。说明了级配类型为SMA-16的沥青混合料，电厂灰掺入沥青混合料会增加沥青混合料的沥青用量，而油页岩半焦粉可以降低沥青的用量，粉磨灰的掺入对油石比的影响不大。对于级配类型AC－20和级配类型ATB－25的沥青混合料，三种油页岩废渣粉对其油石比的影响也与SMA-16的基本一致。

(5) 油页岩废渣粉沥青混合料路用性能指标分析

采用油页岩废渣粉替代，混合料中矿粉的25%、50%、75%以及100%分别用半焦粉、电厂灰和粉磨灰三种油页岩废渣粉替代相应质量的矿粉后进行马歇尔试验，通过试验得出油石比、残留稳定度、冻融劈裂强度比以及动稳定度，试验结果见表6.3-18～表6.3-20。

油页岩半焦粉沥青混合料路用性能表

表6.3-18

级配类型	掺量（%）	油石比（%）	残留稳定度（%）	冻融劈裂强度比（%）	车辙（次/mm）
SMA-16	0	6.4	95.46	92.38	3015
	25	6.4	95.13	93.15	3187
	50	6.4	95.32	93.64	3275
	75	6.3	93.74	91.47	3057
	100	6.3	91.46	89.46	3018
AC-20	0	4.6	88.23	85.35	2474
	25	4.6	96.88	91.28	2854
	50	4.5	94.26	88.45	2650

续上表

级配类型	掺量(%)	油石比(%)	残留稳定度(%)	冻融劈裂强度比(%)	车辙(次/mm)
AC-20	75	4.5	91.34	83.27	2267
	100	4.5	95.36	80.40	2571
ATB-25	0	3.9	90.56	89.47	2636
	25	3.9	93.20	96.14	2978
	50	3.9	90.16	91.28	2736
	75	3.9	91.45	89.36	2765
	100	3.8	90.36	90.65	2461

电厂灰沥青混合料路用性能表 表6.3-19

级配类型	掺量(%)	油石比(%)	残留稳定度(%)	冻融劈裂强度比(%)	车辙(次/mm)
SAM-16	25	6.5	93.93	91.67	3146
	50	6.5	93.56	89.68	3085
	75	6.6	92.48	90.28	3026
	100	6.7	90.04	87.19	3997
AC-20	25	4.7	82.45	84.37	2261
	50	4.9	89.87	80.33	2063
	75	4.9	80.58	77.64	2054
	100	5.0	75.23	79.48	2134
ATB-25	25	4.1	86.48	82.56	2474
	50	4.1	83.79	78.41	2185
	75	4.2	80.26	79.47	2269
	100	4.2	76.49	73.58	2318

粉磨灰沥青混合料路用性能表 表6.3-20

级配类型	掺量(%)	油石比(%)	残留稳定度(%)	冻融劈裂强度比(%)	车辙(次/mm)
SAM-16	25	6.4	95.4	91.45	3475
	50	6.4	93.83	82.59	3780
	75	6.4	90.83	86.69	3057
	100	6.4	89.73	87.90	3000
AC-20	25	4.6	84.27	88.54	2514
	50	4.6	82.1	85.25	2211
	75	4.5	76.3	87.83	2166
	100	4.5	80.92	77.50	2246
ATB-25	25	3.9	93.33	87.48	2777
	50	3.9	88.34	82.18	2365
	75	4.0	88.12	78.45	2415
	100	4.0	82.15	71.13	2158

材料性能与低温环境下,材料的收缩、变硬、变脆等密切相关,而沥青混合料又是对温度特别敏感的弹塑性材料。当温度骤降时,沥青混合料的应力松弛性能下降,应力松弛模量逐渐增大,使得应力积累变大,沥青混合料的极限抗拉强度不足以抵抗温度应力的累积应力时,路面就会以开裂的形式将多余的应力释放出去,产生沥青路面的开裂。裂缝产生后使得雨水容易渗入到路面内部,从而导致更为严重的水损害。根据我国的实际情况,沥青混合料的低温性能评价方式多种多样,其中低温弯曲试验结果能够很好地表征混合料的低温性质。使用低温弯曲试验评价油页岩废渣细粉沥青混合料的低温抗裂性能,如表6.3-21所示。

油页岩废渣细粉沥青混合料低温性能表 表6.3-21

级配类型	掺入油页岩废渣细粉种类	掺量(%)	油石比(%)	弯曲劲度模量(MPa)
SAM-16	纯矿粉	0	6.4	4025
	电厂灰	25%	6.5	2893
	粉磨灰	25%	6.4	3647
	半焦灰	25	6.4	4367
		50	6.4	4328
		75	6.3	3642
		100	6.3	3148
AC-20	纯矿粉	0	4.6	2473
	电厂灰	25%	4.7	1698
	粉磨灰	25%	4.6	2574
	半焦灰	25	4.6	2435
		50	4.5	2582
		75	4.5	2358
		100	4.5	2337

针对AC(沥青混凝土混合料)结构,掺入油页岩半焦灰,对沥青混合料低温性能影响不大,均满足规范要求。掺入电厂灰的沥青混合料低温性能较差,不能满足规范的要求。掺入粉磨灰的沥青混合料低温性能变化不大,能够满足规范要求。

6.4 技术小结

鹤大高速公路开展了公路建设资源利用技术研究,通过对“橡胶粉SBS复合改性沥青技术”“植物沥青混合料路用性能”和“油页岩沥青混合料路用性能”3个子项目的技术攻关,取得如下成果。

(1)揭示了橡胶粉、SBS及基质沥青复合改性的机理,提出了橡胶粉与SBS复合改性沥青工厂化生产工艺;建立了季冻区工厂化橡胶粉与SBS复合改性沥青及混合料评价指标;实施建设了季冻区最长的一条橡胶粉与SBS复合改性沥青混合料示范路,路用性能优良;

(2)系统评价及量化了典型植物沥青的化学组成及微观结构特性,揭示了典型植物沥青混合及改性机理；提出了植物沥青与基质沥青物理共混、物理改性及化学改性方法与工艺；系统评价了植物沥青及其混合料的流变特性及路用性能；研制了植物沥青化学反应装置、植物沥青混合料抗水冲刷评价装置；提出了改性植物沥青路面的设计方法及施工工艺；首次成功铺筑了公路改性植物沥青路面试验工程。

(3)揭示了油页岩废渣用于沥青混合料的单质材料特性；提出了考虑沥青黏温曲线和浇筑厚度的油页岩废渣沥青胶浆试验成型新方法和针入度指标评价方法；提出了油页岩半焦粉替代矿粉的合理用量及配合比设计方法；首次修筑了油页岩半焦替代部分矿粉的沥青混合料路面试验路段。

第7章　工程废弃材料综合利用成套技术

鹤大高速公路建设过程中废弃材料多，原因如下。一是由于工程本身隧道多，隧道弃渣开挖量大，废旧材料多，治理难度大，对自然环境产生了重要影响；二是由于鹤大高速公路沿线存在大量的采矿场，尤其是白山、通化地区分布的铁尾矿渣存量及年产量均较大，且地处风景区，沿线还有公益林和基本农田，因此公路建设过程中的路线外取土极为困难；三是由于鹤大高速公路沿线煤矸石储量为6000万t，占吉林省总量的40.64%，不仅占用了宝贵的耕地和林地资源，并且对周边环境造成了污染。基于以上三方面原因，在工程建设过程中，本书开展隧道弃渣主要用于边坡生态砌块及道面铺装、填筑路基、加工机制砂等技术研究，同时，利用工业废料尾矿渣填筑路基以节省大量的路线外取土，节约土地资源，也减少废旧材料占地。

7.1　寒区公路边坡生态砌块及道面铺装技术应用

7.1.1　干硬性混凝土工业化推广配合比设计

(1)混凝土强度试验

本次试验首先采用了五因素、四水平的正交试验方法进行试验设计，见表7.1-1。

正交试验的五因素四水平　　表7.1-1

因　素	水泥用量(kg)	水胶比	石屑/砂(%)	砂率(%)	粉煤灰掺量(%)
水平一	280	0.35	0	50	10
水平二	300	0.37	16.67	55	15
水平三	320	0.39	33.33	60	20
水平四	340	0.41	50	65	25

根据表7.1-1的16组配合比制作试件。试件尺寸为100mm×100mm×100mm，采用模具冲压振动成型，试件制作完成后放入养生箱养护，养护7d后，由液压测力仪测试试件强度，测试结果见表7.1-2。成品试件如图7.1-1所示。

各试验组强度结果　　表7.1-2

因　素	水泥用量(kg)	水胶比	石屑/砂(%)	砂率(%)	粉煤灰掺量(%)	强度(MPa)
试验1	280	0.35	0	50	10	11.86
试验2	280	0.37	16.67	55	15	15.68

续上表

因　素	水泥用量(kg)	水胶比	石屑/砂(%)	砂率(%)	粉煤灰掺量(%)	强度(MPa)
试验 3	280	0.39	33.33	60	20	16.02
试验 4	280	0.41	50.00	65	25	18.7
试验 5	300	0.35	16.67	60	25	17.5
试验 6	300	0.37	0	65	20	16.34
试验 7	300	0.39	50.00	50	15	21.4
试验 8	300	0.41	33.33	55	10	31.48
试验 9	320	0.35	33.33	65	15	25.88
试验 10	320	0.37	50.00	60	10	30.44
试验 11	320	0.39	0	55	25	25.46
试验 12	320	0.41	16.67	50	20	27.44
试验 13	340	0.35	50.00	55	20	27.64
试验 14	340	0.37	33.33	50	25	28.28
试验 15	340	0.39	16.67	65	10	23.76
试验 16	340	0.41	0	60	15	21.5

图 7.1-1　成品试件

经过分析可以得出,水泥用量为五种因素中的显著性因素,对混凝土试块的强度起到最关键的作用;而对后期强度影响显著的粉煤灰还没来得及发挥作用。当水泥用量在280~320kg区间内时,随着用量的增加,强度等级大幅上升;而水泥用量超过320kg后,强度等级上升趋势放缓;340kg的用量与320kg的用量差别不大。考虑到经济因素,可采用320kg的水泥用量来继续试验。

而其他因素中,集料的粗细比例直接影响了试件的强度与表观质量。细集料中较粗的石屑越多、强度越大,砂率越小、强度越大。

(2)强度扩展试验

根据正交试验得出的结果,其强度对比试验方案如表7.1-3所示。其中试验组1、2、3为粉煤灰掺量对比组;试验组3、4、5、6、7为水胶比大小对比组;试验组7、8为砂率对比组。为验证减水剂对强度的促进效果,还以试验组3、4、5的配合比为基础添加了减水剂进行对比。采用测力仪加压直至试件被破坏,失去承受荷载能力为止。

对比试验方案　　表7.1-3

试验组	水泥用量(kg)	粉煤灰用量(%)	粗集料(kg)	石屑(kg)	砂(kg)	用水量(kg)	水胶比	砂率(%)
1	320	0	785	588.5	588.5	118	0.37	60
2	320	15	741	555.5	555.5	139	0.37	60
3	320	20	726	544.5	544.5	158	0.37	60
4	320	20	724	543.5	543.5	162	0.38	60
5	320	20	722	542.0	542.0	167	0.39	60
6	320	20	721	540.5	540.5	171	0.40	60
7	320	20	719	539.5	539.5	175	0.41	60
8	320	20	634	588.5	588.5	162	0.38	65

为了验证粉煤灰对强度的贡献随着混凝土龄期的增加而增长的规律,对加入粉煤灰后的混凝土80d龄期进行了强度试验,强度试验试件及破坏形式如图7.1-2所示。

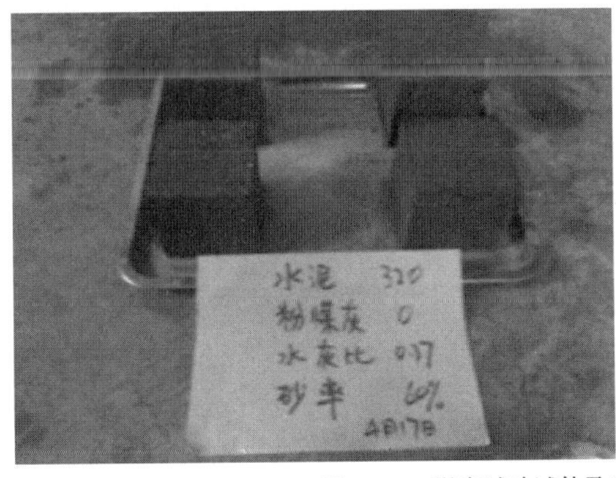

图7.1-2　强度试验试件及破坏形态

粉煤灰掺量对于混凝土强度的后期发展有着非常明显的促进作用。掺入适量的粉煤灰对干硬性混凝土砌块配合比的改良有着非常大的作用。在其他因素保持不变的情况下,0.37~0.38之间的水胶比可以得到较好的强度等级。而在试验组3、4、5加入减水剂后,强度上升幅度却并不相同,水胶比为0.37的试验组强度增加明显,水胶比越大,减水剂的作用越低。

7.1.2 生态砌块耐久性研究

由于橡胶集料与引气剂同样起到提升混凝土抗冻性与削弱混凝土强度的作用，所以耐久性试验的目的是在使用橡胶集料和掺入引气剂这两种提升混凝土抗冻性的途径中，找出最适合产品的方法。

首先根据已有的试验结果，确定能够保证砌块优异质量的配合比，将此配合比设定为原始配合比。在原始配合比的基础上，按照一定比例掺入橡胶集料或引气剂，分别制作试件。其中，橡胶集料替换细集料的替换比例为5%、7.5%、10%。

考虑到粉煤灰与引气剂双掺时对混凝土的综合性能有着协同作用的影响，所以在确定引气剂试验组的原始配合比时，将粉煤灰与引气剂一同纳入变量。其中粉煤灰的掺入比例分别取15%、20%、25%、30%；引气剂的掺入量分别为水泥用量的0.006%、0.008%、0.010%和0.012%。抗冻试件的配合比以正交试验的第10组为依据进行试验。

制作抗冻性能检测试件直接采用吉林久盛建材有限责任公司生产基地的生产设备所配套的试件生产模具，在生产线上制作完成，生产设备和部分试件如图7.1-3和图7.1-4所示。

图7.1-3 砌块生产及操作设施

图7.1-4 抗冻试件

(1)掺入橡胶集料的抗冻性试验结果

掺入橡胶后的橡胶集料混凝土试件强度试验结果见表7.1-4和图7.1-5。

掺入橡胶后的抗压强度 表7.1-4

橡胶集料掺量(%)	0	5	7.5	10
抗压强度(MPa)	34.119	16.623	17.942	11.925

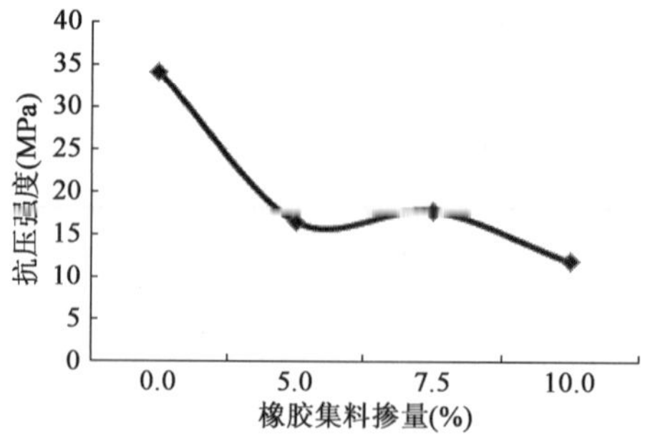

图7.1-5 橡胶集料掺量对强度的影响关系图

在损失一定强度的基础上，利用冻融循环机来测试对比各组试件的抗冻性。四组试件150次冻融循环质量损失见表7.1-5和图7.1-6。

橡胶试验组试件冻融循环前后质量损失（%）　　表7.1-5

橡胶掺量（%）	冻融循环次数					
	0	25	50	100	125	150
0	0.00	1.22	2.50	4.89	5.68	8.45
5	0.00	1.12	2.16	4.36	5.53	5.96
7.5	0.00	0.48	0.87	1.61	2.48	3.38
10	0.00	0.67	1.36	2.68	3.62	4.48

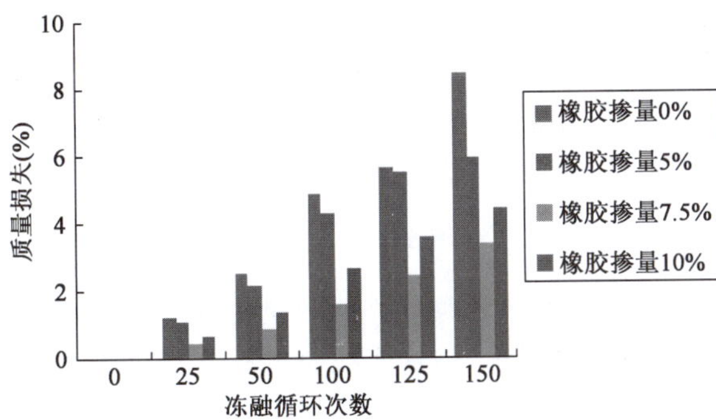

图7.1-6　质量损失

从表7.1-5和图7.1-6中可以看出，当掺入橡胶粉后，干硬性混凝土的抗冻性有明显提高，但是从图7.1-5中可以看出，掺入橡胶粉对抗压强度的影响较大，即使掺入5%的橡胶粉，其抗压强度降低了50%左右，很难满足工程需要。造成这一现象的主要原因为：一方面由于质地柔软、有弹性的橡胶在混凝土中作为集料来使用，另一方面与干硬性混凝土试件的制成方法有关。干硬性混凝土区别于塑性混凝土，采用加压振动成型，而橡胶具备的弹性在加压制作时被压缩，制作完成后反弹，导致刚刚成型的试件产生细微裂痕。该类型裂痕多发生于试件上部的加压面附近，其原因在于试件上层自重更小，而下层几乎不产生裂缝，换言之是试件自重限制了橡胶的弹性。产生的裂痕不仅影响了混凝土的强度，还会使水、空气等外界物质更容易进入混凝土内部，降低了影响混凝土耐久性的各项指标，比如抗冻性、抗渗透性等。而塑性混凝土在静置成型时橡胶不会受到额外的压力，不会产生裂痕，所以才能够更好地发挥橡胶在混凝土中的工作效能。因此，采用橡胶粉来改善抗冻性，对于硬性混凝土而言，适用性不强。

（2）掺入粉煤灰和引气剂的干硬性混凝土抗冻性试验

在配合比中使用常规集料，并以粉煤灰与引气剂的掺量为变量，则混凝土28d立方体抗压强度试验结果见表7.1-6和图7.1-7。

立方体抗压强度（MPa）　　表7.1-6

粉煤灰掺量（%）	引气剂掺量（%）				
	0	0.006	0.008	0.01	0.012
15	33.59	31.18	28.69	27.32	26.67
20	38.09	37.59	36.94	35.62	31.93

续上表

粉煤灰掺量(%)	引气剂掺量(%)				
	0	0.006	0.008	0.01	0.012
25	36.94	34	32.89	30.87	29.51
30	37.18	35.96	33.82	31.81	30.32

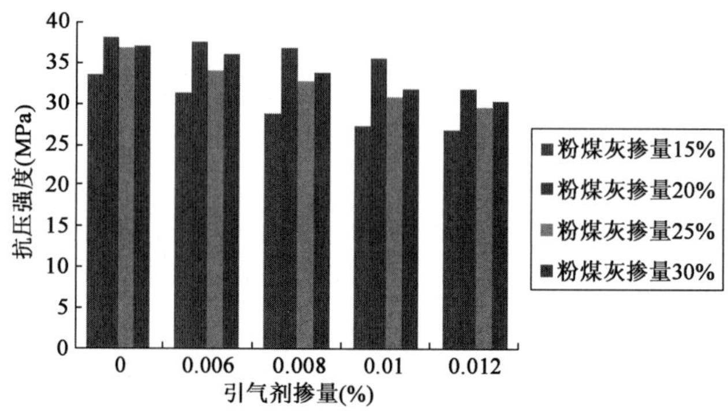

图 7.1-7　掺入粉煤灰与引气剂的混凝土立方体抗压强度

从表 7.1-6 和图 7.1-7 中可以看出,与加入橡胶集料一样,引入引气剂后的混凝土试件强度随着引气剂掺量的增大而被逐渐削弱,当粉煤灰掺量为 20% 时,混凝土强度达到最大,进一步验证了粉煤灰的最佳掺入量为 20%。因此项目组决定采用 20% 粉煤灰掺量的混凝土试件进行抗冻性试验,在测试质量损失的同时监测相对动弹性模量,当相对动弹性模量小于 50% 时停止试验,试验结果见表 7.1-7 和图 7.1-8。

粉煤灰掺入 20% 时的抗冻性试验结果(%)　　表 7.1-7

引气剂掺量(%)	冻融循环次数								抗冻等级
	25	50	100	125	150	175	200	250	
0	0.32	0.56	1.56	2.01	3.82	5.69			F150
0.006	0.27	0.48	1.32	1.87	2.64	3.47	4.38	6.79	F200
0.008	0.24	0.45	1.03	1.67	2.16	2.89	4.01	6.08	F200
0.01	0.22	0.38	0.86	1.28	1.79	2.86	3.87	5.86	F200
0.012	0.18	0.29	0.75	1.01	1.65	2.81	3.61	5.70	F200

从表 7.1-7 中可以看出,随着引气剂的增加,混凝土抗冻性有明显提高,但是结合图 7.1-7 和图 7.1-8 中的数据综合考虑,加入引气剂后,混凝土的强度损失也比较大,引气剂的掺入量应以 0.006% 为宜,在基本满足强度要求的情况下,其抗冻等级能够达到 F200。

7.1.3　生态砌块混凝土微观结构的影响研究

(1)路基混凝土微观结构研究

本次试验混凝土试样的微观结构图像由扫描电子显微镜(SEM)获取。然后通过基于 Matlab 程序的图像处理和分析软件获取微观结构的基本信息,通过分形理论对非确定型结构参数进行量化,最后得到在不同掺灰量和引气剂下微观结构参数的变化规律。

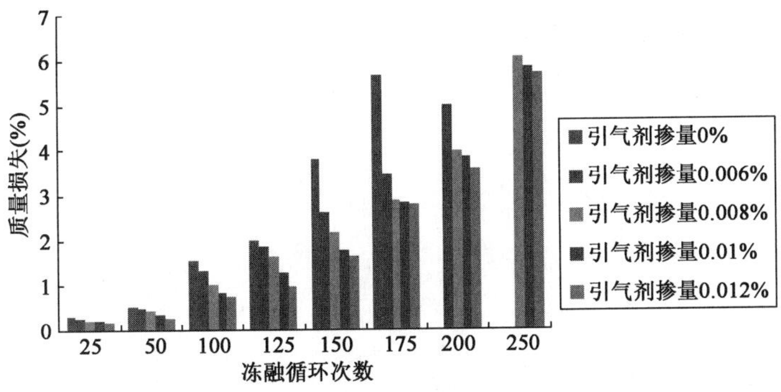

图7.1-8 掺入粉煤灰与引气剂的混凝土

不同放大倍数的扫描图如图7.1-9所示。从图中的低倍率扫描电镜(50倍)下可以观察到混凝土样全貌,颗粒与孔隙清晰可辨。在高倍率扫描电镜(500倍和1000倍)下对混凝土样的局部区域进行特写,发现颗粒呈现不规则的块状,颗粒间有联结且较为疏松。通过分析后发现放大200倍的图像包含更丰富的微观信息,既能反映混凝土样的全貌,又能发现其细微结构。因此该项目统一选用200倍的微观图像来做分析研究。

(2)混凝土微观结构试验结果分析

①颗粒定量分析。

a.粒径大小。

采IPP软件分析微观图片中颗粒的平均直径,按照$<2\mu m$、$2\sim5\mu m$、$5\sim20\mu m$、$20\sim50\mu m$、$>50\mu m$分成5类,分别统计每类颗粒平均直径的百分含量。统计不同粉煤灰掺量及不同引气剂掺量下每组颗粒的百分含量,结果如图7.1-10和图7.1-11所示。

由图7.1-10和图7.1-11可见,混凝土的粒径主要分布在$<2\mu m$、$2\sim5\mu m$和$5\sim20\mu m$之间,在相同粉煤灰掺量条件下,引气剂的加入使小颗粒减少,而较大颗粒增加,尤以粉煤灰掺量在30%时,规律最为明显。

b.平均粒径。

通过不同粉煤灰及引气剂掺量下颗粒的平均粒径求平均值,可得到混凝土颗粒的平均粒径变化情况,见图7.1-12。

c.粒度分维。

人们通常所指的分维大都是立足于图形的自相似性,因此可将图形按尺度ε分为$N(\varepsilon)$个各自相似的部分,则该图形的分维可用式(7.1-1)表示。

$$D = -\lim_{\varepsilon\to 0}\frac{\ln N(\varepsilon)}{\ln\varepsilon} \tag{7.1-1}$$

式中:ε——标度;

$N(\varepsilon)$——该标度下的量度值;

D——研究对象的分维。

粒度分维有许多不同的计算方法,刘松玉根据粒径之间的质量关系推导了粒径分维计算方法之一——质量法,在计算时以粒径r为横坐标,以小于该粒径r的颗粒的质量占总混凝土样质量的百分比为纵坐标，在双对数坐标下绘制二者的散点图，确定其无标度区。如果粒度含量和粒径之间为线性关系，若直线的斜率 b，则粒度分维值 $D=3-b$。分别求得不同粉煤灰及引气剂掺量下混凝土试件颗粒粒度分维，见图 7.1-13。

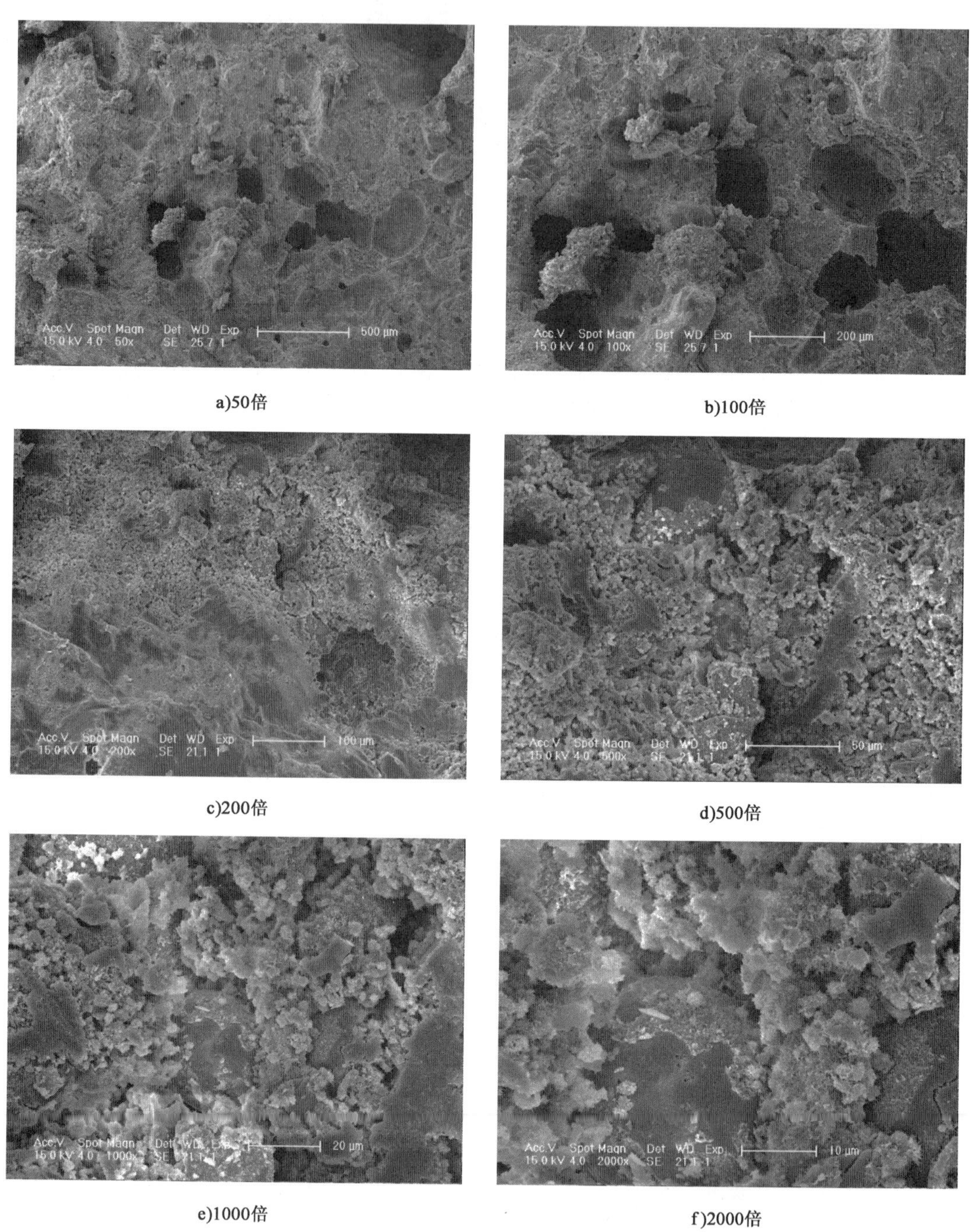

a)50倍　b)100倍

c)200倍　d)500倍

e)1000倍　f)2000倍

图 7.1-9　不同放大倍数下试验的微观图像

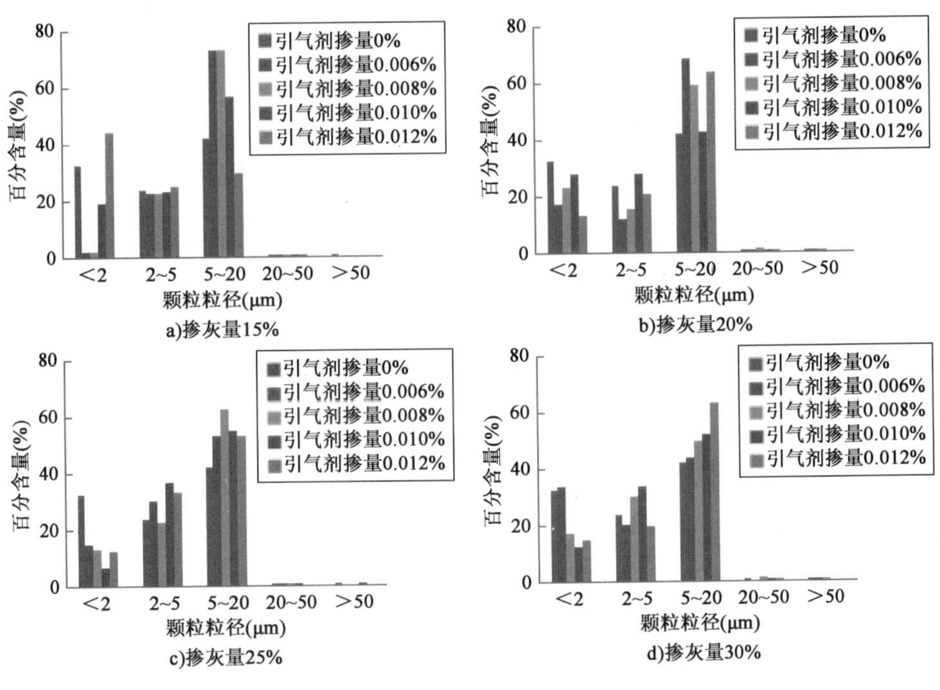

图7.1-10　同一掺灰量、不同引气剂掺量对颗粒粒径的影响

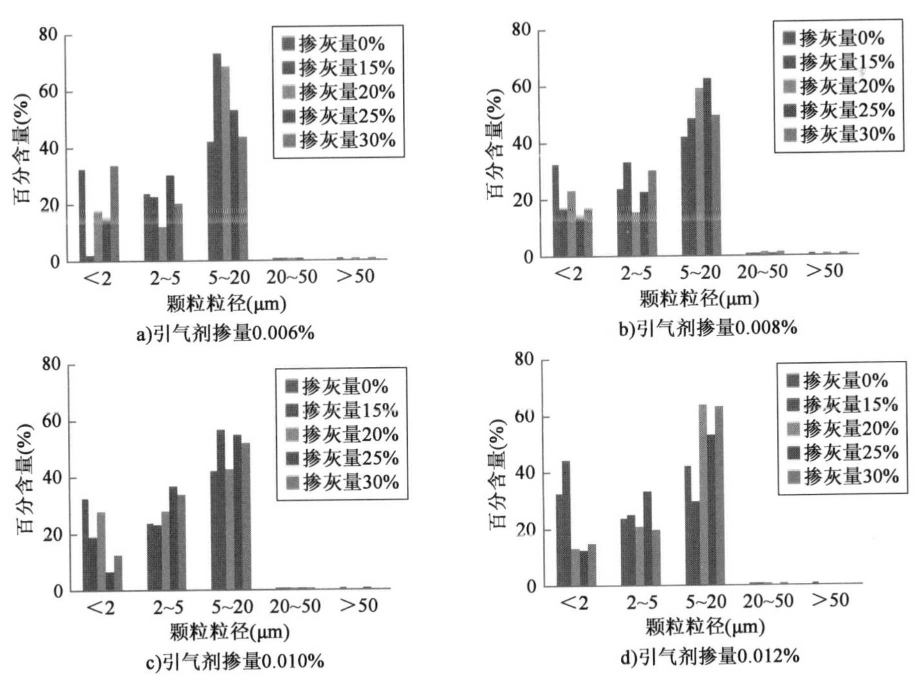

图7.1-11　同一引气剂掺量、不同掺灰量对颗粒粒径的影响

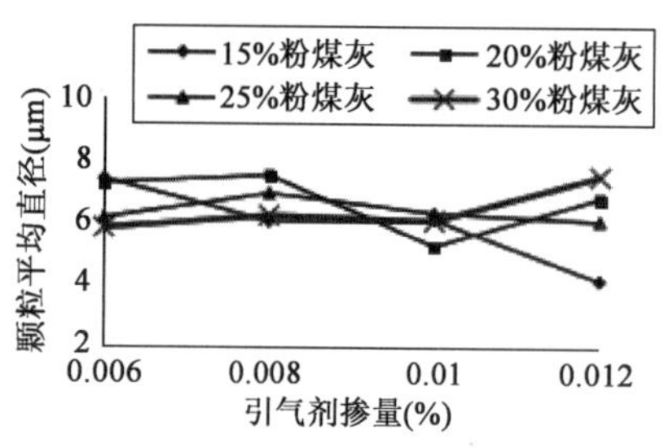

图 7.1-12 不同掺量的粉煤灰及引气剂对颗粒平均直径的影响

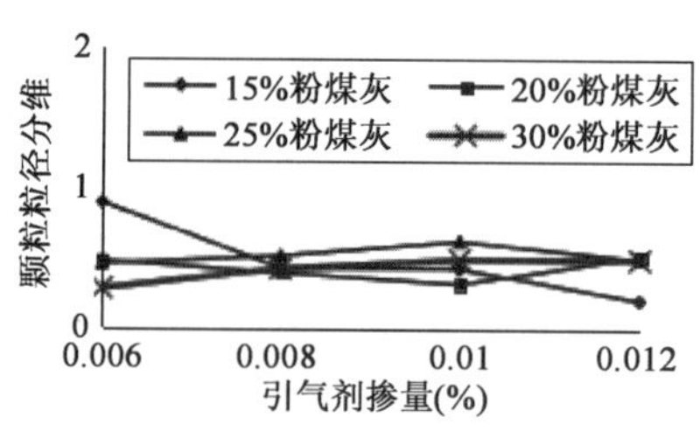

图 7.1-13 不同掺量的粉煤灰及引气剂对粒度分维的影响

②孔隙定量分析。

a. 孔径大小。

孔径即孔隙边缘轮廓的最长弦。将孔隙分为：>16μm，4～16μm，1～4μmm 及 <1μm 4类。通过 IPP 分别测得不同粉煤灰及引气剂掺量下混凝土试件孔隙直径的变化规律，见图 7.1-14和图 7.1-15。

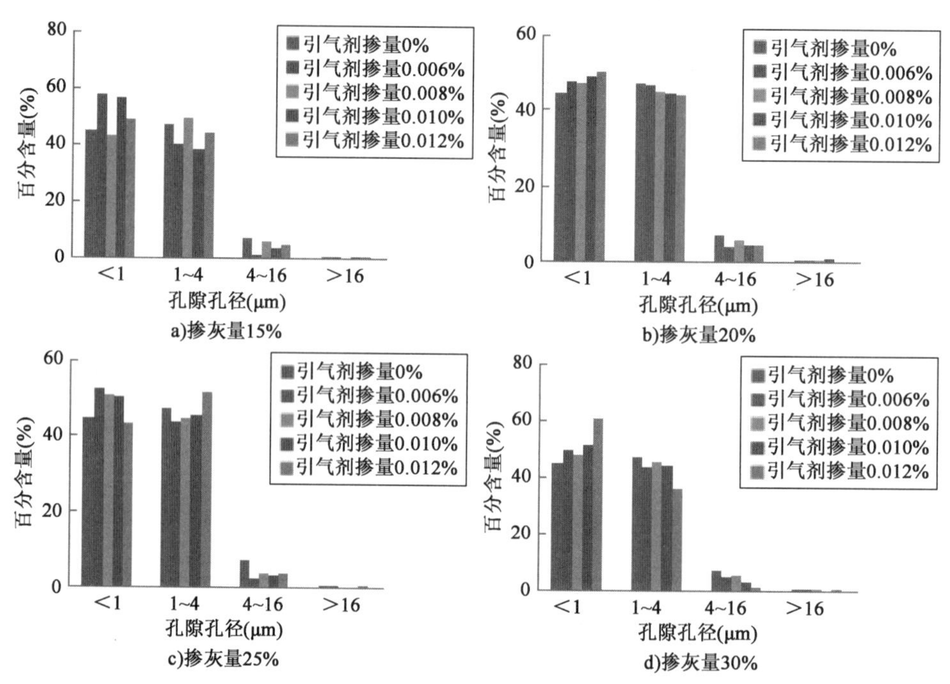

图 7.1-14 同一掺灰量、不同引气剂掺量对孔隙直径的影响

由图 7.1-14、图 7.1-15 可见，混凝土的孔隙主要分布在 <1μm 和 1～4μm 之间，在掺入粉煤灰之前，孔隙在 4～16μm 的含量居多，而在掺入粉煤灰后，4～16μm 的孔隙的百分含量大幅下降，粉煤灰的掺入填充了混凝土的孔隙，从而提高了混凝土的强度。

b. 平均孔径。

通过对不同粉煤灰及引气剂掺量下的混凝土平均孔径求平均值，见图 7.1-16。

a)引气剂掺量0.006%

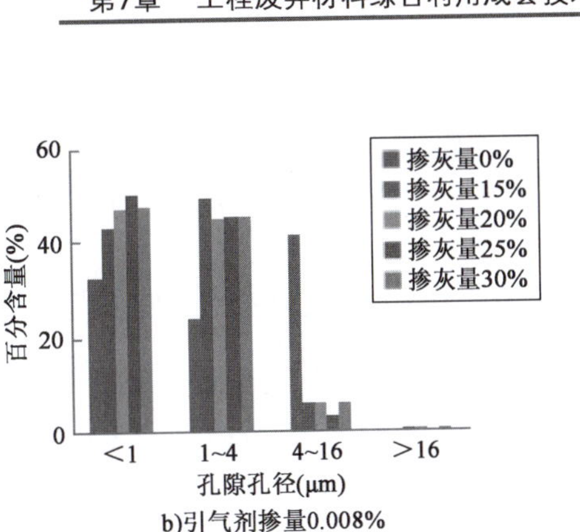

b)引气剂掺量0.008%

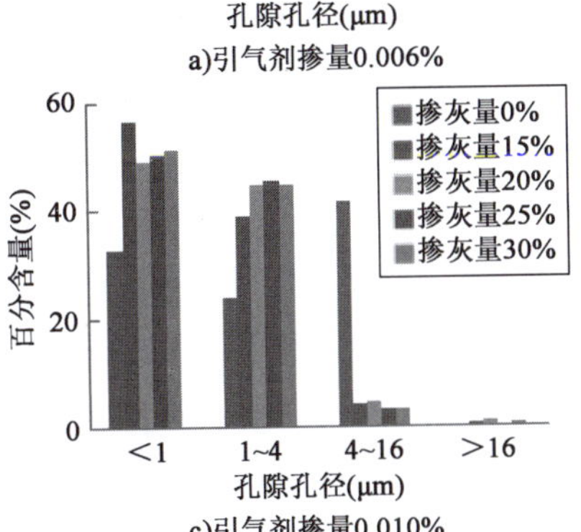

c)引气剂掺量0.010%

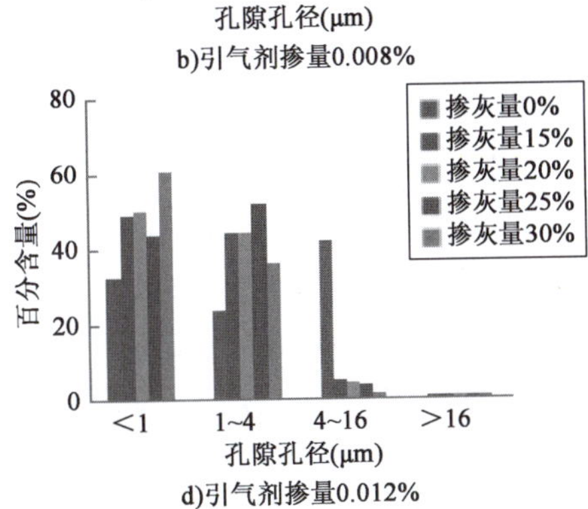

d)引气剂掺量0.012%

图 7.1-15 同一引气剂掺量、不同掺灰量对孔隙直径的影响

c. 孔径分维。

孔径分维的计算方法与粒度分维相似，结果如图 7.1-17 所示。孔径分维值越大，说明孔径的差异性越大，孔径分布具有大小混杂的特点。

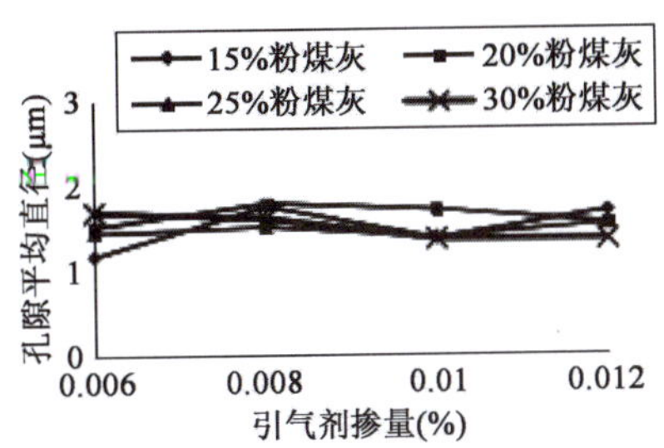

图 7.1-16 不同掺量的粉煤灰及引气剂对平均孔径的影响

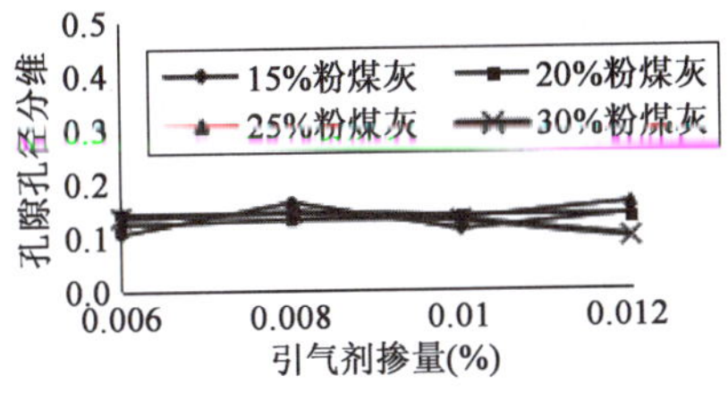

图 7.1-17 不同掺量的粉煤灰及引气剂对孔径分维的影响

总结微观分析数据，可以发现粉煤灰掺量越大，引气剂掺量越大，混凝土内部颗粒平均直径越大，孔隙平均直径越小。更小的孔隙可以获得更好的抗渗性与抗冻性，对混凝土的耐久性有着积极作用。

为了分析干硬性混凝土的微观结构对宏观力学特性的影响，项目组对微观参数与宏观力学特性进行了灰色关联度计算，结果见表 7.1-8。从中可以发现，微观参数中与强度关联度最大的是平均孔径和孔径分维，其中平均孔径与强度之间有着密切的关联性。

混凝土微观结构参数与抗压强度灰色关联度　　表 7.1-8

微观结构参数	平均粒径	粒度分维	平均孔径	孔径分维
关联度	0.719	0.523	0.805	0.782

7.1.4 生态砌块护坡边坡抗融滑稳定性研究

(1)车辆荷载作用下边坡破坏过程

道路基础在承受自重、稳定边坡土体的同时还要在承受车辆荷载的情况下继续工作。在模拟时,需要将车辆荷载换算成一定厚度(h_0)的土体,见式(7.1-2)和式(7.1-3)。

$$h_0 = \frac{NQ}{LB\gamma} \tag{7.1-2}$$

式中:N——横向分布的车辆数;

Q——每辆车的总重(kN);

L——前后轴距加轮胎着地长度(m);

B——横行分布车辆轮胎外缘之间的距离(m);

γ——土的重度(kN/m^3)。

$$B = Nb + (N-1)d \tag{7.1-3}$$

式中:b——每辆车轮胎外缘之间的距离(m);

d——相邻两车辆之间的净距(m)。

为了达到试验目的,本次模拟按照最不利情况布载,即路基宽度范围均有荷载;车道按双车道处理,即 $N=2$。根据式(7.1-2)与式(7.1-3),可以得出 $B=5.5$m。设定每辆车重为 550kN,前后轴距加轮胎着地长度为 13m。代入式(7.1-2)可得:

$$b_0 = \frac{NQ}{LB\gamma} = \frac{2 \times 550}{13 \times 5.5 \times 20} = 0.77(\mathrm{m})$$

将车辆荷载换算成等效压力 0.77m 厚,施加在边坡顶部的土层上。将边界条件设为定量,以有无车辆荷载为变量,研究车辆荷载下的边坡工作情况。考虑车辆荷载作用下路堤填土的塑性应变如图 7.1-18 所示。可以看出,经历多次冻融循环作用、铺筑生态砌块护坡后,路堤填土的融滑破裂面仍然位于冻融交界面处。

在模拟过程开始时,对模型施加模拟车辆荷载的土层,调整边界条件使其达到破坏状态后,保留原边界条件不变,撤掉用于模拟车辆荷载的土层。结果发现撤掉土层后,边坡保持稳定状态,失稳、边坡滑移等现象消失。可以看出,车辆荷载对于边坡的稳定性有很大影响,在道路工程设计过程中是不可忽略的。

综上所述,为了研究考虑车辆荷载作用下土体的最大填筑高度和临界坡度,对给出的两种土质进行了有无车辆荷载作用下的最大路堤填高和临界坡度的对比分析结果。

车辆荷载作用对路堤填土高度影响的计算结果如图 7.1-19 和 7.1-20 所示。从中可以看出,对于砂性土填筑的路堤,在冻融作用后,采用生态砌块进行护坡的路堤最大填筑高度降低了很多,最大降低了 12%。对于粉土填筑的路堤,最大填筑高度降低了 8%,二者均超过了 5%,说明车辆荷载作用下路堤的最大填高有所降低,且降低的幅度不可忽略。

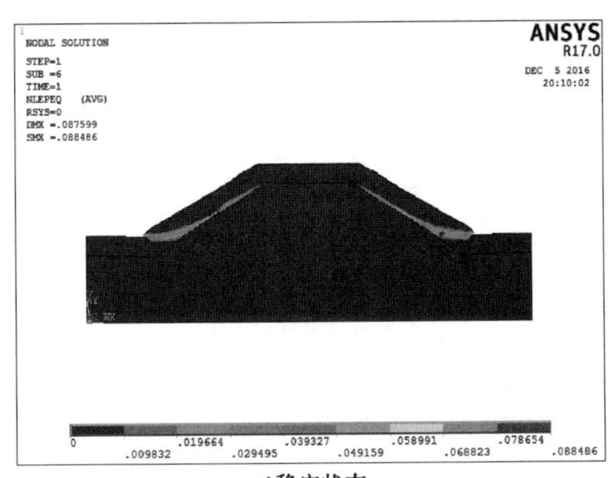

a)稳定状态

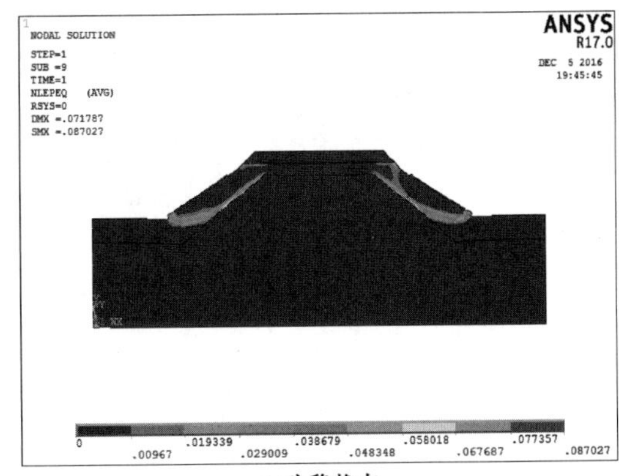

b)失稳状态

图 7.1-18　车辆作用下路堤填土的等效塑性应变云图

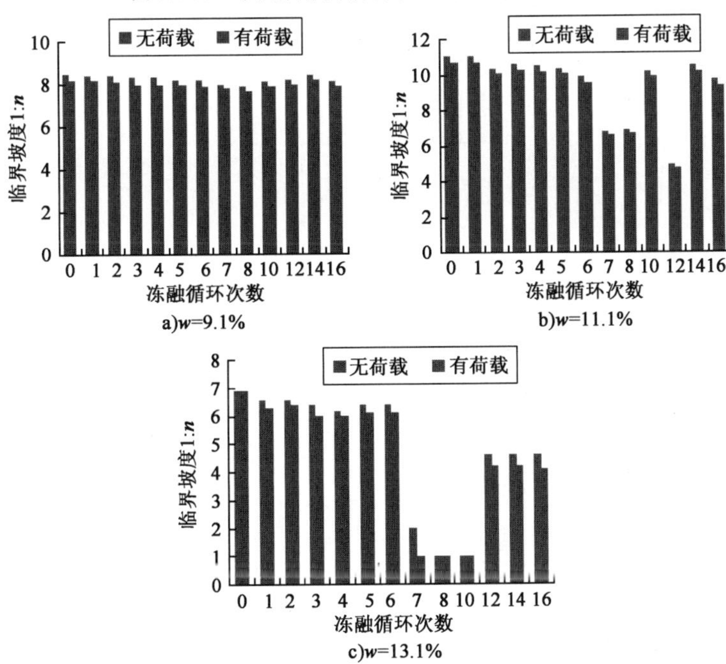

图 7.1-19　车辆作用下土样 1 的路堤填土极限高度

车辆作用对路堤临界坡度影响的计算结果如图 7.1-21 和图 7.1-22 所示，从中可以看出，对于黏聚力和内摩擦角较小的路堤，在冻融作用后，采用生态砌块进行护坡的路堤临界坡度减缓极大，最大减缓了 18%。对于黏聚力和内摩擦角较大的土样 2，临界坡度减缓了 9%，二者均超过了 5%，说明车辆荷载作用下路堤临界坡度有所减缓，且减缓的幅度不可忽略。

(2)路堤填土极限坡度和最大填筑高度的确定

综合分析，采用两种土样的路堤边坡在有无车辆荷载作用下的最大填土高度和临界最陡坡度，得出当路堤填土的黏聚力大于 30kPa 和内摩擦角大于 3°时，可以采用生态砌块进行护坡，其中采用生态砌块护坡的最大填土高度 10m，最大的坡度为 1：1.2，从安全性考虑路堤填方的边坡坡度可定为 1：1.5，对应的最大填土高度不超过 8m。当填土的内摩擦角和黏聚力较小时，应对填筑材料进行处理，否则不可采用生态砌块护坡。

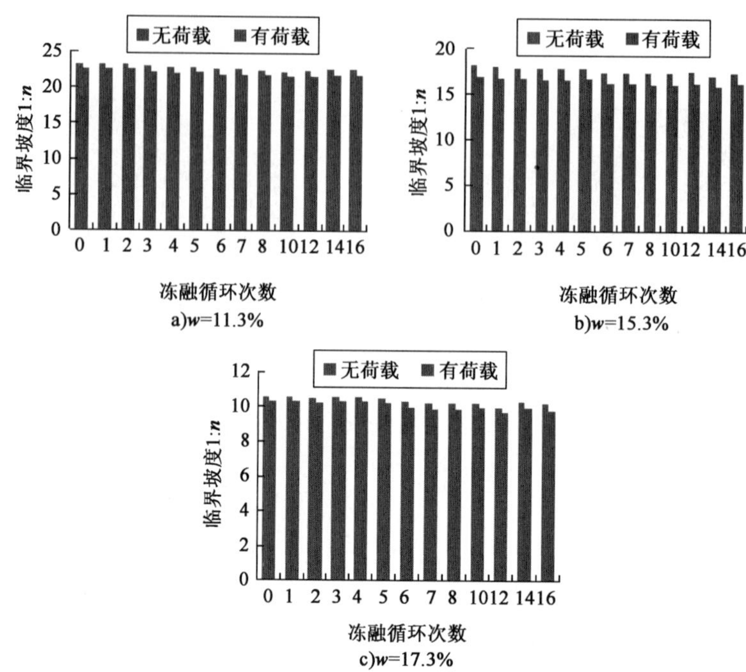

图 7.1-20　车辆作用下土样 2 的路堤填土极限高度

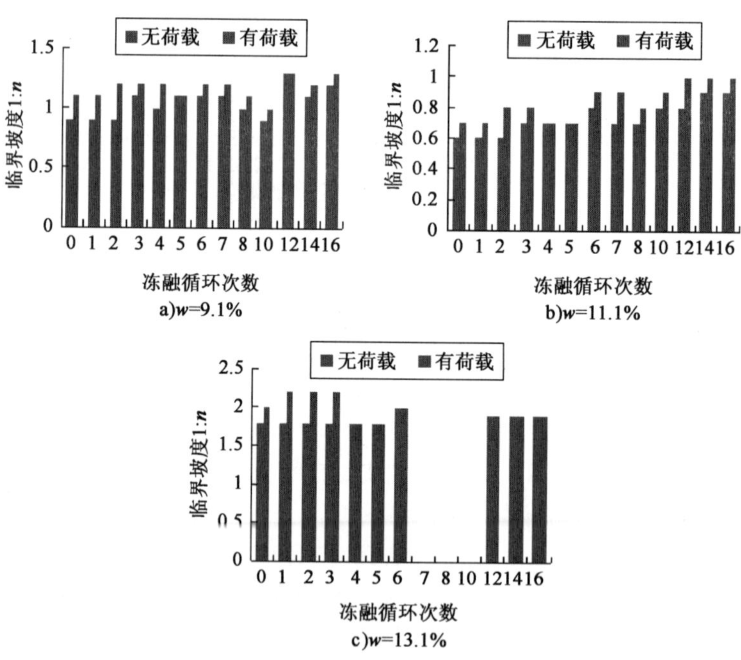

图 7.1-21　车辆作用下土样 1 的路堤填土临界坡度

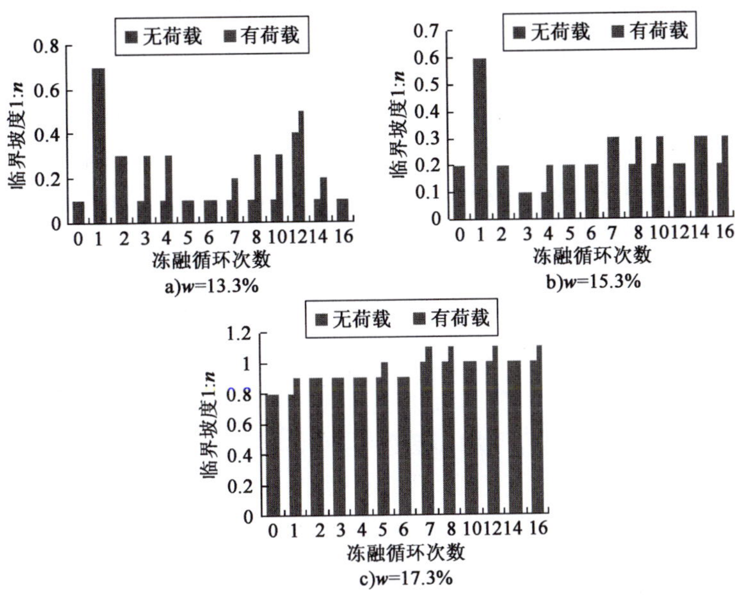

图 7.1-22　车辆作用下土样 2 的路堤填土临界坡度

7.2　弃渣弃方巨粒土路基填筑技术

7.2.1　弃渣弃方巨粒土路基的特点与关键问题

(1)弃渣弃方巨粒土路基的特点

与一般路堤相比,弃渣弃方巨粒土路基具有以下几个特点:①填筑高度大,需要对路堤边坡进行验证,要求路堤本身具有足够的整体强度和边坡稳定性;②由于高巨粒土路堤填筑断面面积很大,填筑工程量巨大,路堤的填筑缺陷相对较多,填筑质量保证较为困难;③路堤本身累积沉降大,对路堤单位填筑高度的工后沉降量要求更严格;④由于荷载相对较大,需对地基强度进行验算,要求地基承载力高、稳定性好;⑤地基沉降大,填筑过程中需对地基进行监测,控制总沉降量和沉降速率,确保高路堤地基的稳定。

(2)弃渣弃方巨粒土路基的关键问题

弃渣弃方巨粒土路基具有与一般路基共有的失稳类型,如地基软弱性失稳、斜坡陡峭失稳、填挖结合不良失稳和降雨地震诱发性失稳等。此外,弃渣弃方巨粒土路基还具有其独特的稳定性问题,即蠕滑失稳。调研结果显示,弃渣弃方巨粒土路基失稳主要发生在高填方路基,其工后沉降值较大,且沉降不均匀,往往路面在横向和纵向表现为严重的沉陷、裂缝和沿纵向裂缝处产生的错台,并伴随有不同程度的向外滑塌现象。

影响弃渣弃方巨粒土路堤质量的主要因素是填石料的工程性质、路堤的压实效果、路基质量控制标准和施工工期。

7.2.2 弃渣弃方巨粒土路基填料的物理力学特性

(1)弃渣弃方巨粒土填料的级配特征

山区公路使用的弃渣弃方巨粒土填料的颗粒级配不仅与岩体的岩性、结构、构造以及风化程度等诸多因素有关,还受到隧道或路堑的开挖方式影响;而隧道或路堑的开挖方式又与岩体的岩性和风化破碎程度有关,因此巨粒土填料的颗粒级配是上述地质因素和施工因素共同作用的结果,十分复杂,并具有显著的变异性。针对巨粒土填料的上述特点,本项目研究依托鹤大高速公路,比选确定了在地质条件和开挖方式上具有一定代表性的隧道或路堑,系统开展了巨粒土填料的颗粒分析试验,初步掌握了鹤大高速公路典型巨粒土料的颗粒级配特征。以朝阳隧道和兴林隧道为例,其填石料的颗粒级配曲线如图7.2-1和图7.2-2所示。巨粒土填料的不均匀性均较好,不均匀系数 C_u 通常均大于5;连续性则不确定,曲率系数 C_c 通常均大于1。此外,曲率系数 C_c 介于1~3之间,不均匀系数 C_u 总体相对偏小;曲率系数 C_c 大于3时,不均匀系数 C_u 总体明显偏大。上述情况表明填石料的颗粒构成主要表现为两种情况:一种情况是颗粒相对不均匀且连续,另一情况是颗粒显著不均匀、不连续,并以相对较大的颗粒为主。

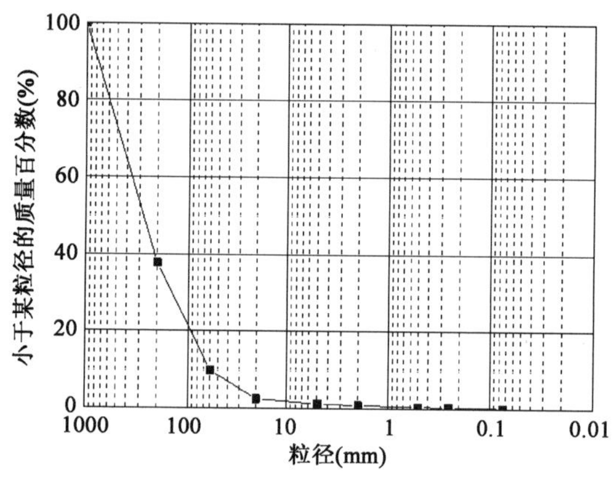

图7.2-1　朝阳隧道填石料的颗粒级配曲线

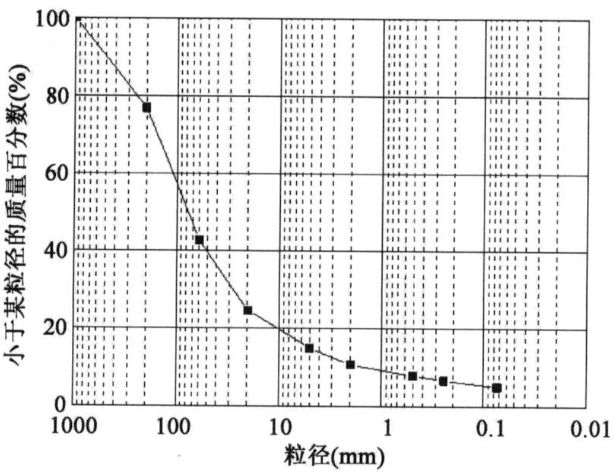

图7.2-2　兴林隧道填石料的颗粒级配曲线

(2)巨粒土填料的强度特性

由于巨粒土填料粒径变化范围较大,本次试验选用SJ-70大型高压三轴仪进行三轴剪切试验研究,主应力差与轴向应变的关系曲线如图7.2-3所示。巨粒土应力-应变受颗粒的影响,在中低压范围内,颗粒破碎主要是受应变大小的控制。随着应变的增加,总破碎量是以减速率增加的,因而应变特性呈硬化型或弱软化型。其抗剪强度随着应力水平的提高,其内摩擦角降低,即强度参数逐渐降低,表现出明显的非线性特性。

(3)巨粒土填料的变形特性

填石料的变形具有应变滞后和蠕变性质。从各组试验可以看出,弃渣弃方填料的压缩模量主要和其密实程度有关,干密度越大,其压缩模量也越高。从试验结果看,良好压实的弃渣弃方填料能达到很高的压缩模量,其后期变形很小,完全可以满足路基填筑的要求。含水率是影响弃渣弃方填料压实效果的重要因素之一,当含水率为零时,干密度值较大;稍增大含水率,干密度反而减小直至曲线上干密度值出现最小的谷点。在谷点之后,干密度值又随含水率增大而增大，曲线出现双峰值。

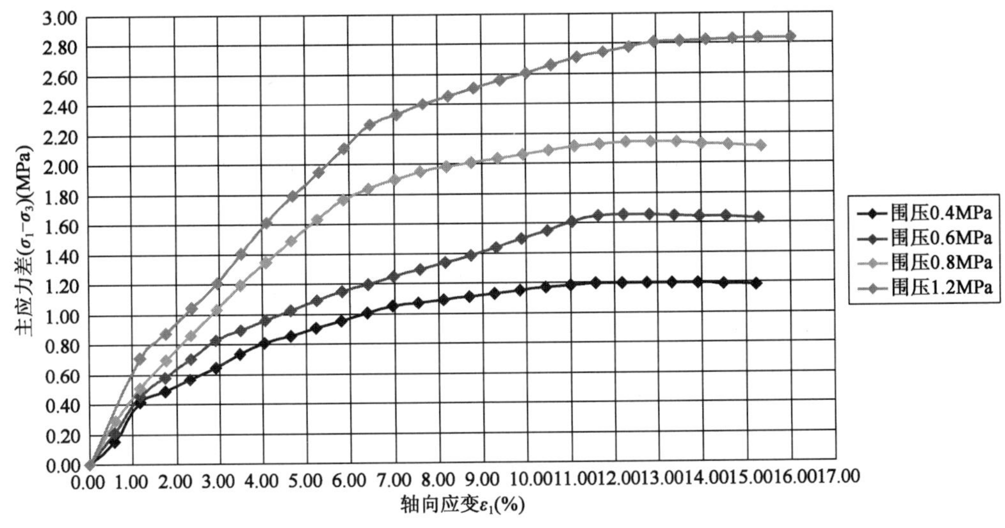

图 7.2-3 主应力差($\sigma_1-\sigma_3$)与轴向应变 ε_1 关系曲线

(4)弃渣弃方填料的破碎特性

破碎特性是弃渣弃方巨粒土路基的一个重要特征，根据大量的试验和观察证明，填石料颗粒的破坏常常表现为脆性破坏、延性破坏和弱面剪切破坏三种形式。填料强度、粒径组成、压实功能、颗粒形状等是影响弃渣弃方填料破碎性的主要因素。破碎性同填料的抗剪强度和变形特性都有着密切关系，从而影响了弃渣弃方路基的整体强度与稳定性。在层厚 60cm 情况下进行破碎率与沉降率的试验，研究表明，其填料的破碎率在 25% 左右时，路基的沉降率将达到较大值，此时被破碎的细小颗粒能够在原颗粒所形成的孔隙中间移动，进入孔隙间减少了孔隙比，导致沉降率增大，从而促进路基密实。因此，在施工中对填料的岩性、粒径组成等施工参数进行控制以使破碎现象朝好的方向发展，保证路基的强度与稳定性。

7.2.3 弃渣弃方巨粒土路基的稳定与沉降变形机理

(1)弃渣弃方巨粒土路基稳定分析

①基于极限平衡法的巨粒土路堤实例工程稳定性分析。

选用某高速公路典型弃渣弃方巨粒土路基标段作为弃渣弃方巨粒土路堤极限平衡法稳定性分析的研究对象，重点比较该巨粒土高路堤在考虑孔隙水压力的影响时边坡稳定性的差别，部分计算结果如图 7.2-4 所示。

研究表明，选取不同的极限平衡条分法，得到的最小安全系数差别较小。其中，Bishop 法计算值最大，M-P 法计算值居中，Ordinary 法与 Janbu 法计算值最小。通过对比分析不同高度高填方路基的最小安全系数，发现填石路基稳定性与路基填筑高度并无线性对应关系。但随着路堤高度的增加，最危险滑动面的位置、形状等都有所变化，土条受力、强度与距离之间的关系也有所不同。而且，高填方路基的稳定性与其地基条件、压力线等因素有关，考虑压力线的影响，当压力线在某一临界高度以下时，最小安全系数并没有改变；当超过该临界高度时，最小安全系数变化较大。

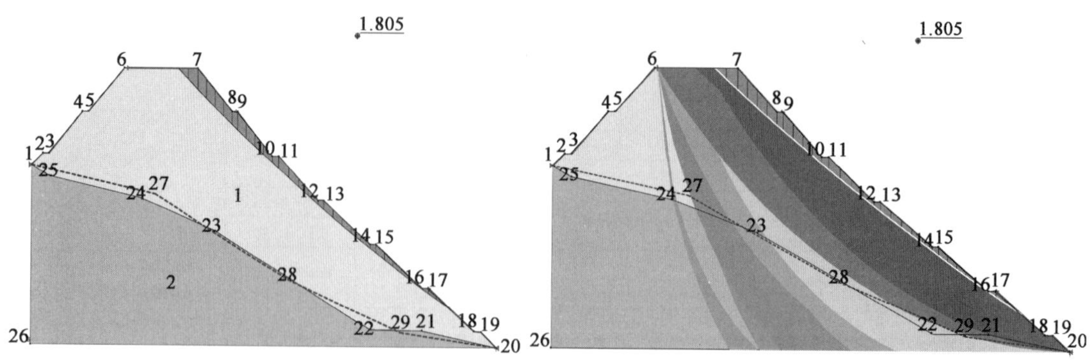

图 7.2-4　部分计算结果

②基于有限元法的弃渣弃方巨粒土填料路基稳定性分析。

根据设计与实测资料,建立计算模型。计算结果如图 7.2-5 和图 7.2-6 所示。结果表明,最大沉降为 0.088m,最大位移为 0.008m,最大塑性应变为 0.0004。路基体在 $F=1.8$ 时已出现较大范围的沉降和位移,塑性应变出现。路基变形主要发生在路基表面,因此认为路基稳定性安全系数大于 1.6 且小于 1.8。

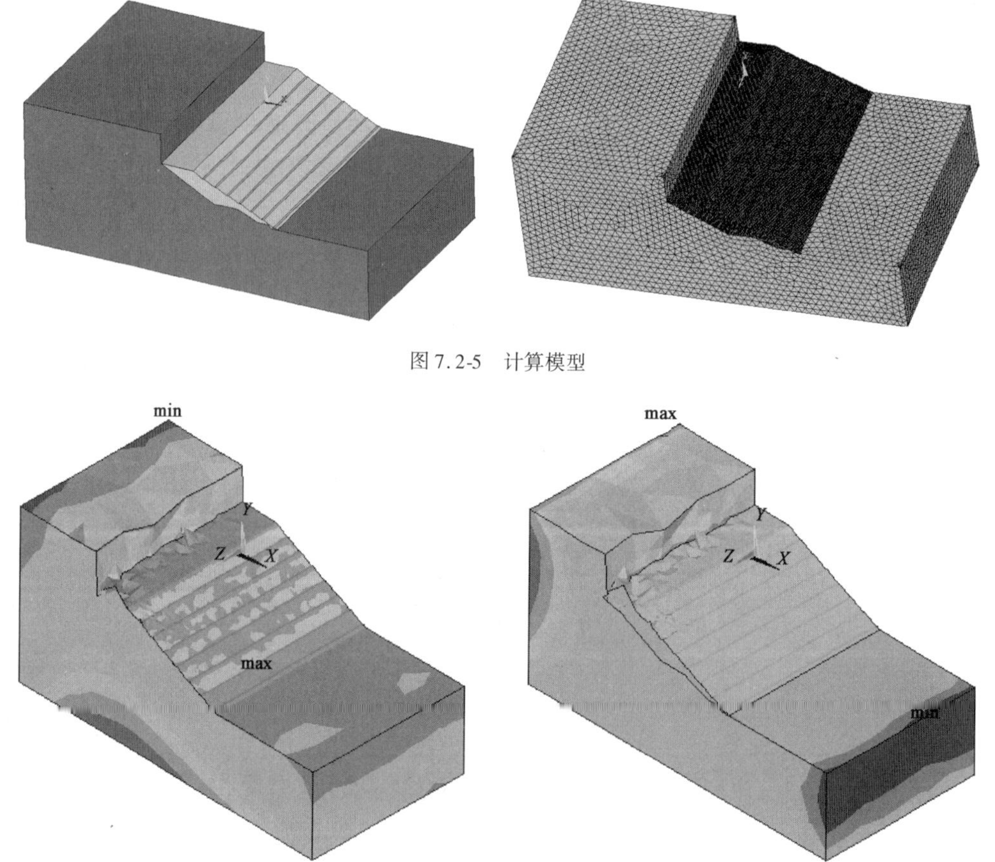

图 7.2-5　计算模型

图 7.2-6　部分计算结果

(2)弃渣弃方巨粒土路基沉降机理

弃渣弃方巨粒土路基的沉降变形主要是由颗粒骨架的压缩变形、颗粒之间的不断挤压棱角破碎以及颗粒细化滑移充填孔隙而不断发生的蠕变变形组成,其曲线如图7.2-7所示。

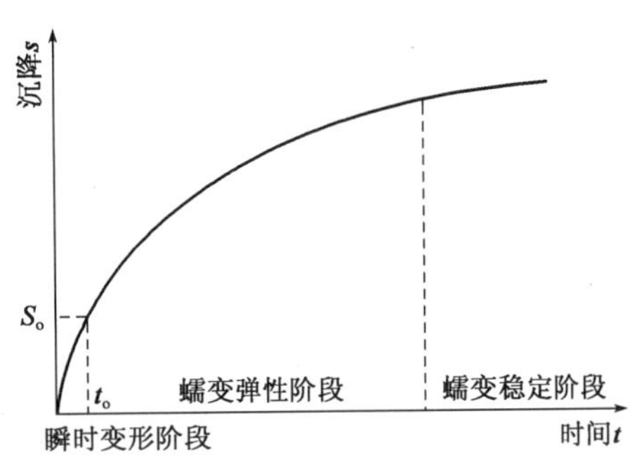

图7.2-7 典型弃渣弃方填料路基沉降变形曲线

在施工填筑过程中,填石颗粒受到振动压路机振动荷载和随着路堤填筑高度增加而逐渐增加的自重荷载的共同作用,填石材料克服颗粒间的摩擦力,产生滑动和滚动,移动到较为密实和更为稳定的平衡位置上去,孔隙被压缩,填石体变密实,体积减小。同时填石材料颗粒本身或棱角在荷载作用下产生破碎,填充到孔隙中去,造成填石体体积减小。而这种破碎作用随着碾压功能的增加和路堤填筑高度的增加,颗粒破碎越来越厉害,向孔隙填充的过程也迅速加快。由于振动荷载和重力荷载的有限性,破碎作用引起的空隙填充不可能十分充分,变形也只能停留在一个相对稳定的水平。此外,填石材料颗粒在荷载作用下产生弹性变形和塑性变形,引起体积压缩和颗粒的剪切变形,也会导致填石路堤发生一定数量的变形。这三部分形成了巨粒土路堤施工期的变形。施工期的变形通常在较短的时间内就能完成,由此产生的沉降增长趋势明显,因此也叫瞬时沉降。

在路堤的运营过程中,由于车辆的振动、摩擦、巨粒土填料自重、环境中水引起的填料软化等作用将导致骨架应力的重新分布,从而使粗大颗粒棱角不断继续发生挤压破碎或者软弱颗粒少量的破碎、细化,细化滑移填充颗粒间的孔隙,颗粒排列进一步产生结构调整而出现蠕变沉降。随着该过程的发展,应力逐渐释放,粗颗粒棱角圆滑,路堤填石材料趋于稳定,这在宏观上表现为填石路堤缓慢变形,即蠕变。填石材料本身的岩性、岩质、级配特征、相对密实程度和外力做功的局限性是堆石产生蠕变的基本条件。显然,堆石的蠕变与细粒土的次固结变形类似,这种变形实际上不会无限发展。蠕变并非严格地在路堤竣工之后才开始发生,因为填石路堤都是进行分层填筑施工的,各层次施工的工序间都可能存在或长或短的时间间隔,因此,在填筑间歇时间内也会发生蠕变沉降。这种蠕变不是连续性的,填石颗粒产生蠕变的主要原因是颗粒间的应力重分布引起颗粒棱角破碎,那么在分层填筑的时间间歇内产生的应力重分布就被下一工序添加的荷载所破坏,蠕变重新开始。蠕变是填石材料的重要特性,是预估高填方工后沉降量的重要依据。填石体在蠕变过程中,蠕变变形速率逐渐减小,但总的变形趋势明显,这个过程需要相当长的时间,直至不再发生破碎为止。这是由于石块的破碎及重新排列等对蠕变过程初期影响较大,在接触应力增加、石块破碎和重新排列以及应力释放、调整、转移的过程中,这种影响越来越小。

(3)巨粒土填料路基沉降的时空变化

沉降中心处沉降变形随时间的发展有渐趋稳定型、等速发展型和加速发展型三种类型,如图7.2-8所示。路堤沿纵向(或横向)不同时间的沉降量变化如图7.2-9所示。

综合研究表明,弃渣弃方巨粒土路堤沉降和不均匀沉降受其粒度组成、密实程度、施工工艺、地质水文条件等多种因素的影响。综合比较各高填方路基沉降结果,认为影响高填方路基沉降的主要因素按比重可依次表示为:施工工艺 > 填筑高度 > 地基条件 > 填料。

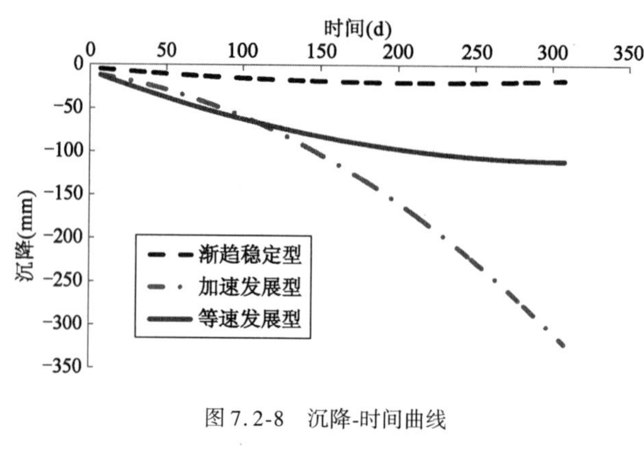

图 7.2-8　沉降-时间曲线

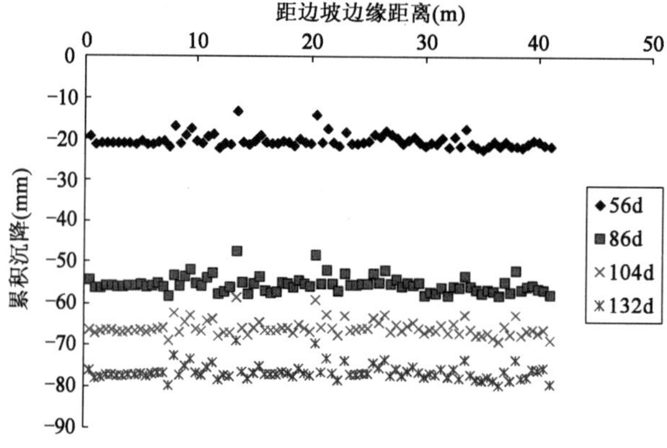

图 7.2-9　沉降的时空不均匀性

7.2.4　弃渣弃方巨粒土路基的施工工艺与质量控制

(1)填料的分级

弃渣弃方填料按石料规格分层填筑、分级使用。按照填筑路基的高度和填料的规格选择层厚和粒径级别。

填料的粒径分为五级七档,以利于工程选择。具体填料分级标准见表 7.2-1。

填料分级标准(cm)　　表 7.2-1

等　级	超 巨 粒	巨　粒	粗　粒	中　粒	细　粒
A 级	80 ~ 120	30 ~ 50	4 ~ 10	2 ~ 4	<2
B 级	50 ~ 80	10 ~ 30	—	—	—

(2)填料的应用条件

①基底及路堤。

a. 填料规格与路基高度、填筑层位相关,原则是大规格填料使用在基底或下路堤,随着路基填高,规格逐步减小。应水平分层、分级填筑,单层厚度一般应为填料最大粒径的 1.2 倍。

b. 填石路基底层的层厚可视路基填筑高度、料源情况而定。一般情况可以选择超巨粒 B 级规格的石料。当路基填高大于 10m 时,可以选择超巨粒 A 级规格的石料。底层的单层厚度宜为粒径的1.2~1.4倍。

②路床填石。

a. 路床填料不得用软质岩。填石路基下路床层厚按50cm控制,分两层铺筑,石料粒径应小于15cm;上路床层厚按30cm控制,分两层铺筑,石料粒径不应超过10cm,下层采用中粒石料嵌缝填筑,上层采用细粒石屑封闭填筑。

b. 路堤与路床之间应在路堤范围内设置过渡层,该层填料最大粒径应小于15cm,层厚应小于30cm,其中小于5mm细料含量不应小于30%。在设置过渡层困难的情况下可采用无纺土工布予以隔离,以防细粒料渗漏。

③边坡码砌。

a. 边坡码砌应与路基填筑同步进行,石块粒径应大于30cm,饱水抗压强度应大于30MPa的硬质岩石,码砌石块应尽量规则,砌块间承力接触面应微微向内倾斜,码砌表面平顺,应根据地形变化合理设置伸缩缝和台阶。

b. 填方边坡较高时,应在边坡中部设置边坡平台,平台宽度为1~3m。

c. 填石路基高度小于5m时,码砌厚度不宜小于1m;填石路基为高度5~12m时,码砌厚度不宜小于1.5m;填石路基高度大于12m时,码砌厚度不小于2m。

④填挖交界处理。

a. 半填半挖段路基在填挖交界处若为硬质岩石,宜采用填石路基。填筑前应对原地表风化层清除干净,填筑时应分层、分级填筑碾压,并在填挖交界处路床范围内铺设土工格栅。当地表斜坡陡于1∶2.5时,应考虑在边坡下方设置支挡工程。

b. 纵向填挖交界处,岩质地段过渡段可采用填石路基,填筑前应对原地表风化层清除干净,填筑时应分层、分级碾压。并在填挖交界处沿路床范围纵向前后各10m铺设土工格栅。

⑤台背回填。

a. 桥涵、挡墙台背回填部分采用填石路基时,石料粒径不宜超过20cm,单层厚不宜超过30cm。

b. 对于挡墙的施工,应注意沉降缝的垂直与贯通、泄水孔的通畅,必要时可在挡墙背设置厚度为50~100cm的砂砾反滤层。

(3)路基填筑技术

施工前的准备、填石料的开采、地基处理技术、试验路的铺筑、填料的摊铺、路堤的碾压、填挖结合部处治、边坡防护和防排水技术等方面对弃渣弃方填料路基的填筑技术进行了详细描述。具体的施工工艺如图7.2-10所示。

(4)质量控制技术

结合国内外研究现状和巨粒土路基的实际情况,提出以下关于弃渣弃方路基的质量控制要求。

①弃渣弃方路基的施工质量宜采用施工过程中的工艺和参数与压实质量检测联合控制,施工中采用压实沉降差检测压实质量。

②施工过程控制包括如下内容:填料最大粒径、填料均匀性、层铺厚度、碾压速度、碾压遍数、压实机具等应符合前述相关规定,并有相应的现场记录。

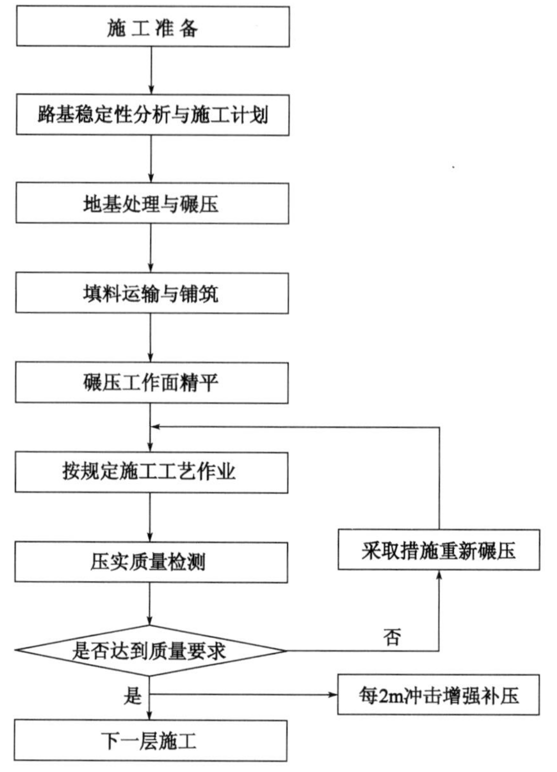

图 7.2-10 弃渣弃方巨粒土路基施工流程图

③沉降率检测是在压实后的填石路基表面，每 20m 检测一个断面，每个断面布设 5 ~ 10 个测点，用铁钉系红布条或铁球标记高程点，高程点避免位于有突出大石和压路机不能压到的地方；然后用静重 18t 以上振动压路机振动碾压 1 遍。检测碾压后各测点高程，其碾压前后应无明显轮迹，检测频率为每 2000m^2 检验至少 16 点，在压实面积不足 2000m^2 时，至少检验 8 点。

弃渣弃方路基具体控制标准通过试验路的铺筑确定。实践证明，弃渣弃方路基采用以下控制标准是合理的：

①弃渣弃方路基成型后的外观质量标准：路堤表面无明显孔洞，大粒径石料不松动，挖动困难；边坡码砌紧贴、密实、无明显孔洞、松动，砌块间承载面向内倾斜，坡面平顺。

②路床的质量标准：最大粒径应小于 10cm，上路床的顶层应为石屑封闭，表面应均匀、密实，顶面横坡应与路拱横坡一致。

③压实指标沉降差平均值一般应小于 5mm，标准差小于 3mm，通过试验路确定，对于不满足要求的应重新碾压或采取增强补压措施。

④局部测点沉降差值大于最大允许值 5mm 的路段，需要进行局部补充碾压。

(5)沉降观测及施工监控技术

①施工工艺监控。

填石路基的施工工艺监控包括地质状况、地基处理、填料、层厚、碾压机械与遍数、边坡防护、地下地表防排水、挡墙施工、填筑时间和工期安排等内容，对原设计进行核实与细化。工期

安排应根据工后差异沉降率进行控制，一般而言，填石路基体填筑完工后本身的沉降量约为路基高度的1.0%～1.5%，因此可根据路基填筑过程曲线预估其沉降曲线。

②位移监测。

施工中的监测指标为地基的竖向位移、深层水平位移和路基的水平位移。观测点的布置应选择位移和沉降量最大的断面。地基的竖向位移可采用沉降板、分层沉降管监测；深层水平位移采用测斜仪观测，路基的水平位移可采用全站仪观测，观测精度在毫米级。

③基于施工过程的稳定分析与预测。

根据施工进展与实测数据，对高填方路基的稳定性与沉降等进行分析预测，并与原设计要求进行对比分析。

④施工建议措施。

根据现场状况与实测数据等反馈信息，提出相应的施工改进措施建议。

⑤监控报告。

监控报告在施工期一般每月提交一份，也可根据实际施工进度进行适当调整。

7.3　机制砂在寒区结构混凝土中应用技术

7.3.1　机制砂混凝土原材料技术指标要求

(1)水泥

机制砂混凝土用水泥应质量稳定，且不得采用立窑水泥，宜采用硅酸盐水泥(P·Ⅰ、P·Ⅱ)或普通硅酸盐水泥(P·O)，其中的混合材料宜为矿渣或粉煤灰。C30及以下混凝土宜选用32.5级水泥，C35～C45混凝土宜选用42.5级水泥；配制C50、C55混凝土宜采用42.5级水泥，28d胶砂强度不宜低于50MPa，也可采用P·O 52.5级水泥；配制C60～C80混凝土宜采用52.5级水泥，28d胶砂强度不宜低于58MPa。

为改善混凝土的抗裂性能和耐久性，水泥的技术要求除满足现行《通用硅酸盐水泥》(GB 175)的有关规定外，还应满足下列要求：水泥比表面积不宜超过350m^2/kg，不得超过400m^2/kg；水泥熟料中C_3A含量不应大于8%；水泥中碱含量(按Na_2O当量计)宜不大于0.6%，应不大于0.8%；水泥中Cl^-含量对于钢筋混凝土应不大于0.10%，对于预应力混凝土应不大于0.06%。水泥应符合《公路桥涵施工技术规范》(JTG/T F50—2011)中水泥的规定；道路硅酸盐水泥应符合《道路硅酸盐水泥》(GB 13693—2005)的规定。

(2)矿物掺合料

机制砂混凝土所用的矿物掺合料宜为粉煤灰、磨细粒化高炉矿渣粉(简称矿渣粉)、硅灰、天然沸石粉以及复合矿物掺合料等。掺合料必须品质稳定、来料均匀，来源固定。粉煤灰应符合《用于水泥和混凝土中的粉煤灰》(GB/T 1596—2005)Ⅱ级以上粉煤灰的规定，粉煤灰应符合《高强高性能混凝土用矿物外加剂》(GB/T 18736—2002)中的规定；矿渣粉应符合《用于水泥和混凝土中的粒化高炉矿渣粉》(GB/T 18046—2008)的规定；硅灰、天然沸石粉应符合《高强高性能混凝土用矿物外加剂》(GB/T 18736—2002)的规定；矿物掺合料还应符合《公路桥涵施工技术规范》(JTG/T F50—2011)的规定。

粉煤灰(包括磨细粉煤灰)在符合标准规定的基础上,还应符合下列规定:粉煤灰来自燃煤工艺先进的电厂;应采用F类粉煤灰,不得采用C类粉煤灰;宜选用Ⅰ级粉煤灰,如达不到,仅应允许细度、需水量比和烧失量三项指标中有一项为Ⅱ级粉煤灰指标,除此之外,不允许采用其他情况的Ⅱ级粉煤灰和Ⅲ级粉煤灰。矿渣粉在符合标准规定的基础上,还应符合下列规定:比表面积应不小于350m^2/kg,但过细的磨细矿渣粉也不利于控制水化热温升和防裂,一般宜不小于550m^2/kg;需水量比应不大于100%;28d胶砂活性指数应不小于95%。硅灰宜用于配制特殊高强或高耐磨、耐久性混凝土,单掺硅灰会增加低水胶比机制砂混凝土的自收缩,并不利于降低混凝土温升,在大体积混凝土中应慎用。在采用硅灰时,一般应与其他矿物掺合料复合使用,复合比例应经试验确定。

使用两种或两种以上的掺合料复合而成的磨细矿物掺合料,其效果通常能明显优于单一矿物掺合料。复合掺合料应有合格的产品标准或经过有关部门鉴定的性能检测证明并附有组成成分和使用说明,不得添加对混凝土有害的成分。为避免增加混凝土的自收缩和温升,复合磨细矿物掺合料也不宜过细。

(3)机制砂

①加工机制砂用母岩选择应满足以下条件:

a.新建砂场应做好石料资源的勘察工作,应避免选用覆盖土层较厚、夹层含泥较多、母岩强度低以及岩石分层成片状等质量差的母岩。

b.经现场取样,用于机制砂加工的母岩不应具有潜在碱集料反应活性。机制砂母岩为岩浆岩时强度不应小于100MPa,变质岩不应小于80MPa,沉积岩不应小于60MPa。对配制C50及以上混凝土的机制砂,其母岩抗压强度与混凝土强度等级之比不应小于1.5。宜使用洁净、质地硬质、无软弱颗粒及无风化石的石灰岩、白云岩、花岗岩、石英岩、辉绿岩和玄武岩等岩石生产机制砂,不宜使用泥岩、页岩、板岩等岩石生产机制砂。

c.石料场确定后,应人工或机械清除表面覆盖土层或软弱风化层,使岩层裸露。在开采时,应防止泥土、风化岩、树根、草皮等杂物混入。

②机制砂生产应满足以下条件:

a.制砂机安装应离采石场爆破区150~200m以外,确保开采与制砂作业安全。

b.生产机制砂时,粗碎、中碎一般分别采用颚式破碎机与反击式破碎机或圆锥式破碎机,细碎制砂机宜选用冲击式破碎机、棒磨机等,不宜采用单纯的锤式破碎机。

c.机制砂生产工艺参数应按设备的特性进行优化,并应加强设备的维护,及时更换易磨损设备,稳定机制砂的质量。制砂机的进料粒度一般控制为20mm左右,机制砂的细度模数通过调试振动筛的角度和筛孔尺寸进行控制,机制砂中石粉含量按除粉工艺和设备特点,选择合理工艺参数进行控制。

d.机制砂的石粉含量应通过干法或湿法除粉工艺进行调整,并根据具体情况选择适宜的除粉设备。干法除粉利用收尘设备可控制机制砂中石粉含量在7%~10%,采用选粉设备适用于各级机制砂生产。湿法除粉应选用轮式洗砂机,不宜选用螺旋洗砂机。

e.加工好的机制砂在连续10次(每小时抽样1次)抽样检测,至少有9次的细度模数与10次抽样的细度模数平均值相差不大于0.2。

f. 机制砂应按规格、级别分别堆放，机制砂的堆放场地要求清洁硬化。为防止颗粒离析，出料皮带上宜喷洒适量水，干砂堆料高度不宜超过5m，并采取必要措施防止粉尘飞扬，污染环境，避免泥土等杂物混入。

③颗粒级配。

机制砂按累计筛余量(以质量百分率计，下同)分成两个级配区(表7.3-1)，其颗粒级配应处于表7.3-1 中的任何一个区以内。机制砂的实际颗粒级配与表中所列数字相比，除4.75mm、0.6mm 筛档外，可以略超出，但超出总量应小于5%。

机制砂的颗粒级配区 表7.3-1

方孔筛筛孔边长尺寸(mm)		9.50	4.75	2.36	1.18	0.60	0.30	0.15
累计筛余(%)	Ⅰ区	0	0~10	5~35	35~65	71~85	80~95	90~100
	Ⅱ区	0	0~10	0~25	10~50	41~70	70~92	90~100

注：1. 当采用机制砂的颗粒级配不符合表7.3-1 的要求时，应采取相应的技术措施，经试验证明能确保工程质量的前提下，经相关部门认可后方允许使用。

2. 配制混凝土时宜优先选用Ⅱ区砂。当采用Ⅰ区砂时，应提高砂率，并保持足够的水泥用量，以满足混凝土的和易性。

3. 对于泵送混凝土用砂，宜选用中砂，细度模数应控制在2.6~2.9 之间。

④泥块含量和石粉含量。

机制砂中的泥块含量以及经亚甲蓝法试验 MB 值判定后的石粉含量应符合表7.3-2 的规定。

机制砂泥块含量和石粉含量的限值 表7.3-2

混凝土强度等级		Ⅰ级	Ⅱ级	Ⅲ级
泥块含量(按质量计,%)		≤0.5	≤1.0	≤1.0
石粉含量(按质量计,%)	MB<1.4	≤5.0	≤7.0	≤10.0
	MB≥1.4	≤2.0	≤3.0	—

注：1. 若石粉含量大于7%但小于10%，根据使用部位和用途，在经试验证明能确保工程质量的前提下，经相关部分认可后方可使用。

2. 若石粉含量大于10%但小于15%，根据使用部位和用途，在经试验证明能确保工程质量的前提下，经相关部分认可后方可使用。

⑤有害物质。

机制砂中不应混有草根、树叶、树枝、塑料、煤块、炉渣、沥青等杂物。机制砂中如含有云母、轻物质、有机物、氯化物、硫化物及硫酸盐等有害物质，应符合表7.3-3 的规定。

机制砂中有害物质含量限值 表7.3-3

项目	含量限值	检验方法
云母含量(按质量计,%)	<2.0	T 0337—1994
轻物质含量(按质量计,%)	<1.0	T 0338—1994
硫化物和硫酸盐含量(折算成SO_3按质量计,%)	<1.0	T 0341—1994

续上表

项　目	含量限值	检验方法
有机物含量（用比色法试验）	颜色不应深于标准色，如深于标准色，应按水泥胶砂强度试验方法，对原状砂和洗除有机物的砂进行胶砂强度对比试验，抗压强度比不应低于0.95	T 0336—1994

注：砂中如含有颗粒状硫酸盐或硫化物，则应进行混凝土耐久性试验，满足要求时方可使用。

⑥压碎指标。

机制砂的压碎指标应符合表7.3-4的规定。

机制砂压碎值指标　　表7.3-4

项　目	指　标		
	Ⅰ级	Ⅱ级	Ⅲ级
单粒级最大压碎指标（%）	<20	<25	<30

⑦表观密度、堆积密度、空隙率。

机制砂的表观密度、堆积密度、空隙率应符合以下规定：表观密度大于2500kg/m^3、松散堆积密度大于1350kg/m^3、空隙率小于47%。

⑧碱集料反应。

在碱集料反应试验前，首先应采用岩相法检验碱活性集料的品种及所含活性矿物的类型和数量。当检验出集料中含有活性二氧化硅时，应采用快速碱硅酸反应法和砂浆长度法进行碱活性检验；当检验出集料中含有活性碳酸岩时，应采用岩石柱法进行碱活性检验。机制砂不得具有潜在碱活性。

⑨磨光值。

路面和桥面混凝土所用机制砂，还应检验砂浆磨光值，其值宜大于35，不宜使用抗磨性较差的泥岩、页岩、板岩等沉积岩类母岩品种生产机制砂。

⑩坚固性。

机制砂的坚固性用硫酸钠溶液检验，试样经5次循环后的质量损失不应大于8%。对同一产源的机制砂，在类似的环境下使用已有可靠的经验和技术资料时，可不进行坚固性检验。

7.3.2 机制砂水泥混凝土的配合比设计

机制砂混凝土配合比设计应符合下列规定：混凝土单方用水量不宜大于175kg/m^3；胶凝材料总量宜采用450～600kg/m^3，其中矿物掺合料最大用量对于硅酸盐水泥不宜大于胶凝材料总量的40%，对于普通硅酸盐水泥不宜大于胶凝材料总量的30%；宜采用较低的水胶比，不应大于0.38；砂率宜采用37%～45%；混凝土中可溶性碱总含量不宜大于3.0kg/m^3；钢筋混凝土中氯离子总含量（包括水泥、矿物掺合料、粗集料、细集料、水、外加剂等所含氯离子含量之和）不应超过胶凝材料总量的0.15%，预应力混凝土的氯离子总含量不应超过胶凝材料总量的0.06%。高性能减水剂掺量应根据坍落度要求确定。对抗冻性机制砂混凝土，一般宜采用优质的引气剂或能适量引气的引气型减水剂。当水胶比小于0.30时,可不掺引气剂;当水胶比不小于0.30时,宜掺入引气剂。混凝土的含气量应根据抗冻等级的要求经试验确定,应达到4%~5%的要求。机制砂混凝土最佳石粉含量按7%~10%进行控制。不同强度等级建议的水胶比、胶凝材料用量和砂率等要求可参照表7.3-5选取。

配合比设计参数 表7.3-5

强度等级	水胶比	胶凝材料用量(kg/m^3)	砂率(%)	减水剂掺量(%)
≤C40	0.35~0.41	350~440	34~42	0.8~1.5(根据试验确定最佳掺量)
C50	0.32~0.38	450~500	37~45	
C55	0.31~0.37	470~520		
C60	0.30~0.36	490~530		
C70	0.26~0.32	510~550		
C80	0.24~0.30	540~580		

注:1. 水胶比中的水应包括液体外加剂中的水。

2. 泵送混凝土的砂率取值宜略高,非泵送混凝土的砂率取值宜略低。机制砂细度模数越小,级配越好,石粉含量越大,合理砂率越小。在保证混凝土拌合物黏聚性良好的前提下,应尽可能选取较小的砂率,以保证混凝土的弹性模量和干燥收缩。

3. 外加剂掺量宜根据外加剂品种,结合试验确定的最佳掺量进行选择。

需水量很大的矿物掺合料,如硅灰、沸石粉等不适合于单掺,宜与其他矿物掺合料复合使用。如将大掺量粉煤灰(不小于胶凝材料总重30%)与占胶凝材料总重5%左右的硅粉复合,能明显增强这种混凝土的抗氯离子侵入能力和早期性能。矿物掺合料的要求满足表7.3-6要求。

矿物掺合料占胶凝材料用量的百分率 表7.3-6

矿物掺合料种类	水泥品种	
	P·Ⅱ硅酸盐水泥(不大于,%)	普通硅酸盐水泥(不大于,%)
粉煤灰(F类Ⅰ级)	30	20
磨细粒化高炉矿渣粉	40	30
硅灰	10	10
沸石粉	10	10
复合矿物掺合料	40	30

如果机制砂的石粉含量或细度模数、级配发生变化,应及时进行砂率的调整。原则是,同一配合比用机制砂的细度模数变化范围不宜超过±0.2,石粉含量变化范围不宜超过±2.0%,否则应对配合比中的砂率进行调整。

由于机制砂的表观密度一般较天然河砂大,导致机制砂混凝土容重高,因此在采用假定容重法进行配合比设计计算时,机制砂混凝土的假定容重应控制在(2500±20)kg/m^3,约比相应的天然砂混凝土高30~40 kg/m^3。机制砂配制预应力混凝土时,应考虑机制砂及所含石粉对混凝土弹性模量、徐变和收缩值的影响。

参照《普通混凝土配合比设计规程》(JGJ 55—2011)的规定,计算单方混凝土中各原材料组分用量,并核算单方混凝土的总碱含量和氯离子含量是否满足要求。如不满足,应重新选择原材料或调整计算配合比,直至满足要求为止。采用工程中实际使用的原材料和搅拌方法,通过适当调整混凝土外加剂用量或砂率,调配出坍落度、含气量、泌水率符合要求的混凝土配合比。试拌时,每盘混凝土的最小搅拌量应在25L及以上。该配合比作为基准配合比,改变基准配合比的水胶比、胶凝材料用量、矿物掺合料掺量、外加剂掺量或砂率等参数,调配出拌合物性能与要求值基本接近的3~5个配合比。拌合物性能主要包括坍落度、扩展度、坍落度经时损失、凝结时间、抗离析泌水等,试验方法应按《公路工程水泥及水泥混凝土试验规程》(JTG E30—2005)和《普通混凝土拌合物性能试验方法标准》(GB/T 50080—2002)的规定执行。按要求对上述不同配合比混凝土制作力学性能和抗裂性能对比试样,养护至规定龄期时进行试验。其中,抗压强度试件每种配合比宜制作4组,标准养护至3d、7d、28d、56d时试压,试件的边长应采用150mm,试验方法按《公路工程水泥及水泥混凝土试验规程》(JTG E30—2005)执行。抗裂性对比试验可参照《混凝土结构耐久性设计与施工指南》(CCES 01—2004)附录A2中的平板试件法进行。条件许可时,重大工程关键混凝土还宜进行绝热温升试验,并采用温度-应力试验机评价不同配合比混凝土的开裂敏感性。从上述配合比中优选出拌和物性能和抗裂性能优良、抗压强度适宜的一个或多个配合比,各成型一组或多组耐久性试件,按规定养护至规定龄期时进行试验。混凝土抗冻性按《公路工程水泥及水泥混凝土试验规程》(JTG E30—2005)的快冻法进行;混凝土氯离子扩散系数按《混凝土结构耐久性设计与施工指南》(CCES 01—2004)附录B1规定的RCM快速非稳态电迁移法进行;混凝土电通量、抗硫酸盐侵蚀试验按《普通混凝土长期性能和耐久性能试验方法标准》(GB/T 50082—2009)进行;混凝土碳化试验按《水工混凝土试验规程》(DL/T 5150—2001)进行。氯离子扩散系数检测56d龄期,电通量检测56d龄期,抗硫酸盐侵蚀、抗冻性和碳化试验检测28d龄期。

预应力混凝土还应进行抗压弹性模量、收缩和徐变试验。混凝土弹性模量、收缩和徐变测定值应符合设计要求。抗压弹性模量、自由收缩和徐变试验按《公路工程水泥及水泥混凝土试验规程》(JTG E30—2005)进行。根据上述不同配合比对应混凝土拌合物的性能、抗压强度、抗裂性以及耐久性能试验结果,按照工作性能优良、强度和耐久性满足要求、经济合理的原则,从不同配合比中选择一个最适合的配合比作为理论配合比。采用工程实际使用的原材料拌和混凝土,测定混凝土的表观密度。根据实测拌合物的表观密度,求出校正系数,对理论配合比进行校正(即以理论配合比中每项材料用量乘以校正系数后获得的配合比作为混凝土配合比)。校正系数按校正系数=实测拌合物密度值/理论配合比拌合物密度值来计算。当混凝土的力学性能或耐久性能试验结果不满足设计或施工要求时,则应重新选择水胶比、胶凝材料用量或矿物掺合料用量,并按照上述步骤重新试拌和调整混凝土配合比,直至满足要求为止。当混凝土原材料、施工环境温度等发生较大变化时,应及时调整混凝土配合比。结合搅拌站试生产,对理论配合比进行生产适应性调整,最终确定施工配合比。

由于鹤大高速工程全线均处于季冻区,冬季混凝土将经受不同程度的冻融循环过程,目前大量的研究结果表明,使用引气剂在水泥混凝土中引入大量均匀分布的微小气泡是提高水泥混凝土抗冻性的有效措施。因此,在专题研究进行配合比设计时,使用引气剂向混凝土中引入一定气泡,以期提高水泥混凝土的抗冻性。引气效果受胶凝材料种类与用量、水泥混凝土和易性、施工时环境温度影响较大。在本次专题研究中,引气剂的掺量以满足水泥混凝土具有足够的含气量来确定,试验中随时调整引气剂用量。各强度等级混凝土含气量控制如下:C50 以下为(4.5 ±0.5)%,C50 为(3.5 ±0.5)%,C55 为(3.0 ±0.5)%,C60 为(2.5 ±0.5)%。同时,通过调整减水剂用量控制混凝土的初始坍落度为(180 ±20)mm。各强度等级水泥混凝土的配合比见表 7.3-7。

混凝土配合比　　表 7.3-7

强度等级	水胶比	水泥(kg)	粉煤灰(kg)	水(kg)	天然砂(kg)	机制砂(kg)	石(kg)
C30	0.41	323	57	156	780	0	1034
		323	57	156	585	195	1034
		323	57	156	390	390	1034
		323	57	156	195	585	1034
		323	57	156	0	780	1034
C40	0.38	340	60	152	773	0	1025
		340	60	152	580	193	1025
		340	60	152	386	385	1025
		340	60	152	193	580	1025
		340	60	152	0	773	1025
C50	0.38	382.5	67.5	171	743	0	986
		382.5	67.5	171	557	186	986
		382.5	67.5	171	372	371	986
		382.5	67.5	171	186	557	986
		382.5	67.5	171	0	743	986
C60	0.34	425	75	170	722	0	958
		425	75	170	542	180	958
		425	75	170	361	361	958
		425	75	170	180	361	958
		425	75	170	0	722	958

7.3.3 机制砂对水泥混凝土和易性及力学性能的影响

在机制砂掺量分别为 0、25%、50%、75% 和 100% 的条件下,研究机制砂掺量对混凝土坍落度和 30min 坍落度损失的影响。试验中减水剂的用量以各强度等级中基准组(机制砂用量为 0 时)的拌合物出机坍落度达到(180 ±20)mm 时的用量为准。所得试验结果见表 7.3-8。

机制砂对混凝土坍落度的影响　　表 7.3-8

强度等级	机制砂掺量(%)	坍落度(mm)	30min 后坍落度(mm)
C30	0	195	190
	25	210	200
	50	200	190

续上表

强度等级	机制砂掺量(%)	坍落度(mm)	30min后坍落度(mm)
C30	75	195	180
	100	165	150
C40	0	200	190
	25	210	195
	50	195	185
	75	190	175
	100	170	155
C50	0	195	190
	25	200	190
	50	185	170
	75	175	155
	100	170	150
C60	0	190	180
	25	190	175
	50	180	165
	75	165	145
	100	150	130

对于C30和C40混凝土,当机制砂掺量在75%以下,水泥混凝土的坍落度和30min后坍落度基本未受影响,与基准组大体相当。当机制砂掺量大于75%时,水泥混凝土的坍落度略有下降。对于C50和C60混凝土,当机制砂掺量在50%以下,水泥混凝土的坍落度和30min后坍落度基本未受影响,与基准组大体相当。对于机制砂混凝土的工作性而言,不同等级的混凝土所对应的最佳石粉含量不同,这种不同更多是受混凝土胶凝材料用量影响。对于低强度等级混凝土,机制砂中石粉含量的最佳范围为10%左右。对于C50和C60的混凝土,机制砂中石粉含量的最佳范围5%~7%。

机制砂取代率对混凝土强度的影响 表7.3-9

强度等级	机制砂掺量(%)	抗压强度(MPa)			抗折强度(MPa)		
		3d	7d	28d	3d	7d	28d
C30	0	18.5	30.9	43.9	2.7	3.8	4.9
	25	19.0	32.1	45.2	3.0	4.0	5.4
	50	19.7	32.9	46.6	2.9	4.5	5.7
	75	20.1	33.1	46.9	3.2	4.5	5.6
	100	17.5	29.6	42.1	2.2	3.4	4.5
C40	0	28.7	41.6	53.8	3.4	4.8	6.2
	25	29.3	42.8	55.1	3.7	5.3	6.7
	50	29.9	43.6	56.5	3.9	5.6	6.9

续上表

强度等级	机制砂掺量(%)	抗压强度(MPa)			抗折强度(MPa)		
		3d	7d	28d	3d	7d	28d
C40	75	30.3	44.6	56.8	3.4	5.0	6.3
	100	27.7	40.3	52.0	3.1	4.7	5.9
C50	0	38.9	52.8	63.5	4.2	5.9	7.3
	25	39.5	53.7	65.4	4.0	5.9	7.4
	50	40.8	54.8	66.2	4.7	6.5	7.7
	75	42.5	55.8	67.5	4.2	5.7	7.1
	100	37.9	51.5	61.7	3.3	5.2	6.8
C60	0	49.4	62.9	75.6	5.3	6.3	8.2
	25	50.5	63.8	76.9	5.6	6.9	8.5
	50	52.4	64.9	78.7	5.8	6.7	8.7
	75	53.6	65.9	80.2	5.3	6.3	8.0
	100	48.4	61.6	74.1	5.0	5.7	7.6

如表7.3-9所示，在机制砂掺量小于75%时，不同强度等级水泥混凝土3d、7d和28d的抗压强度均略有改善，当掺量超过75%时，抗压强度下降，但与基准混凝土大体相当。

机制砂石粉含量对混凝土强度的影响 表7.3-10

强度等级	机制砂掺量(%)	石粉量(%)	抗压强度(MPa)			抗折强度(MPa)		
			3d	7d	28d	3d	7d	28d
C30	50	0	19.5	32.9	42.9	2.6	3.5	4.6
		3	20.8	34.1	46.2	2.9	4.1	5.2
		5	22.3	35.9	47.6	3.2	4.3	5.6
		10	25.1	36.1	47.9	3.3	4.2	5.7
		12	23.2	33.6	44.1	2.4	3.9	5.2
C40	50	0	27.7	42.6	54.8	3.2	4.5	6.2
		3	28.3	43.7	56.1	3.4	4.7	6.6
		5	28.9	45.6	57.2	3.6	4.8	6.7
		10	31.3	46.6	57.8	3.6	4.9	6.9
		12	30.5	43.3	54.0	3.0	4.0	6.0
C50	50	0	36.9	51.8	63.5	3.6	5.3	7.0
		3	40.5	52.7	65.4	3.9	5.5	7.3
		5	42.8	55.8	67.2	4.4	6.1	7.8
		10	43.5	49.8	59.5	4.3	5.4	6.9
		12	41.9	47.2	53.7	3.8	5.5	6.0
C60	50	0	48.6	61.6	70.6	4.7	6.3	8.0
		3	49.7	62.5	73.9	5.2	6.7	8.5

续上表

强度等级	机制砂掺量（%）	石粉量（%）	抗压强度（MPa）			抗折强度（MPa）		
			3d	7d	28d	3d	7d	28d
C60	50	5	51.5	65.9	78.5	5.3	7.0	8.8
		10	47.6	58.9	68.1	5.0	6.8	7.5
		12	45.2	53.7	60.3	4.6	6.3	6.7

如表7.3-10所示，对于机制砂中石粉含量在10%以下的C30和C40混凝土，以及石粉含量在5%以下的C50和C60混凝土，石粉对强度基本上有提高作用。就强度而言，C30和C40混凝土的最佳石粉含量约为10%，而C50和C60混凝土的最佳石粉含量约为5%。

7.3.4 机制砂水泥混凝土耐久性的影响研究

（1）机制砂混凝土的抗冻性研究

在机制砂掺量分别为0、25%、50%、75%和100%的条件下，研究机制砂掺量对不同强度等级混凝土抗冻性能的影响。所得试验结果见图7.3-1。

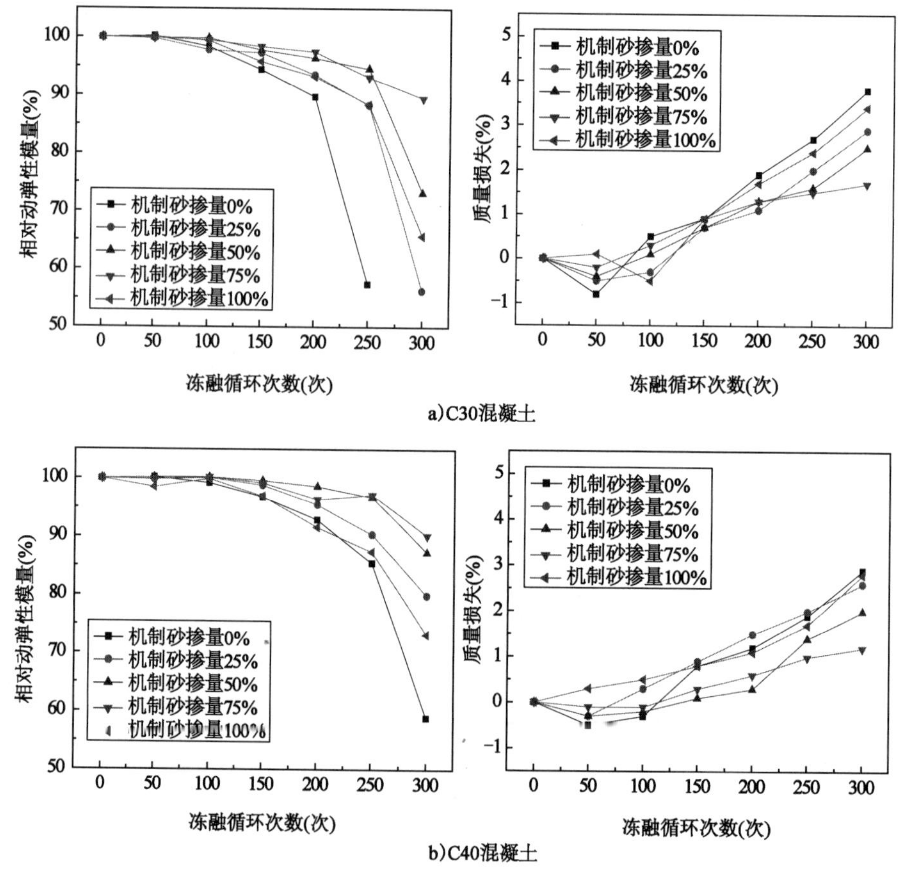

图 7.3-1

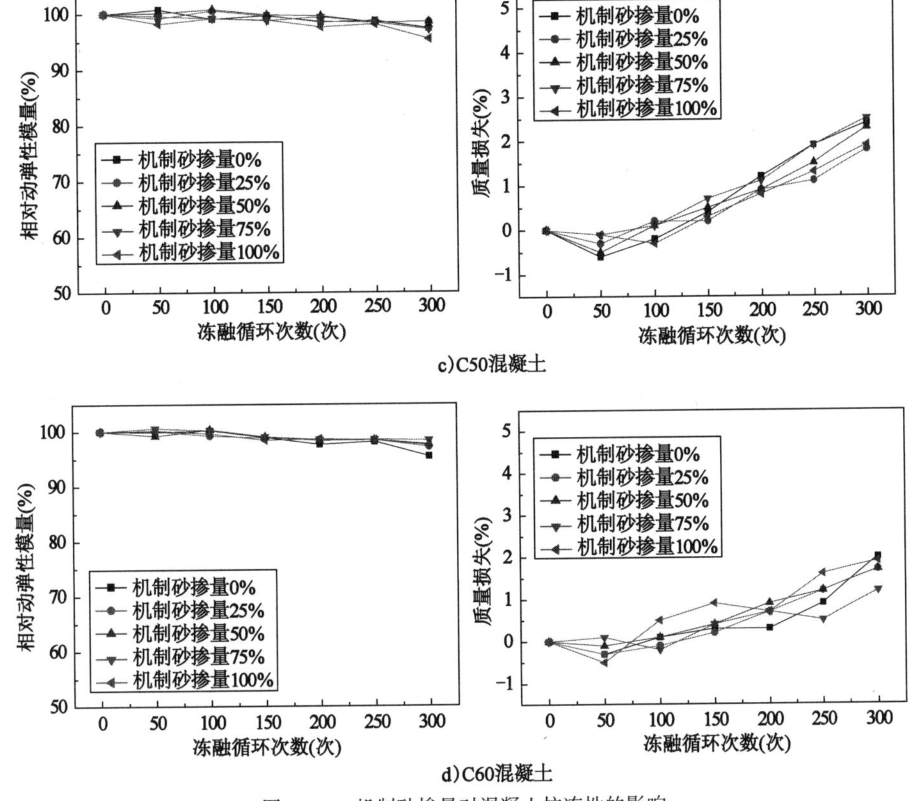

图 7.3-1　机制砂掺量对混凝土抗冻性的影响

由图 7.3-1 可知,对于 C30 和 C40 混凝土,随着机制砂掺量的增加,水泥混凝土的抗冻性先增加后降低,当机制砂用量为 75% 时,混凝土的抗冻性最好。对于 C50 和 C60 混凝土,由于其本身比较致密,抗冻性较好,因此机制砂的掺加对其抗冻性影响不大。

在机制砂石粉含量分别为 0、3%、5%、10% 和 12% 的条件下,研究机制砂中石粉含量对混凝土抗冻性能的影响。所得试验结果见图 7.3-2。

对于 C30 和 C40 的混凝土,随着机制砂石粉含量的增加,混凝土的抗冻性逐渐降低。对于 C50 以上的高强混凝土,机制砂混凝土具有很好的抗冻性。

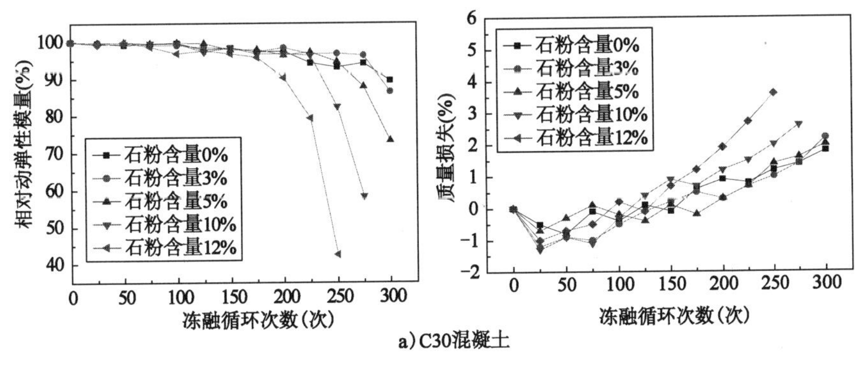

图　7.3-2

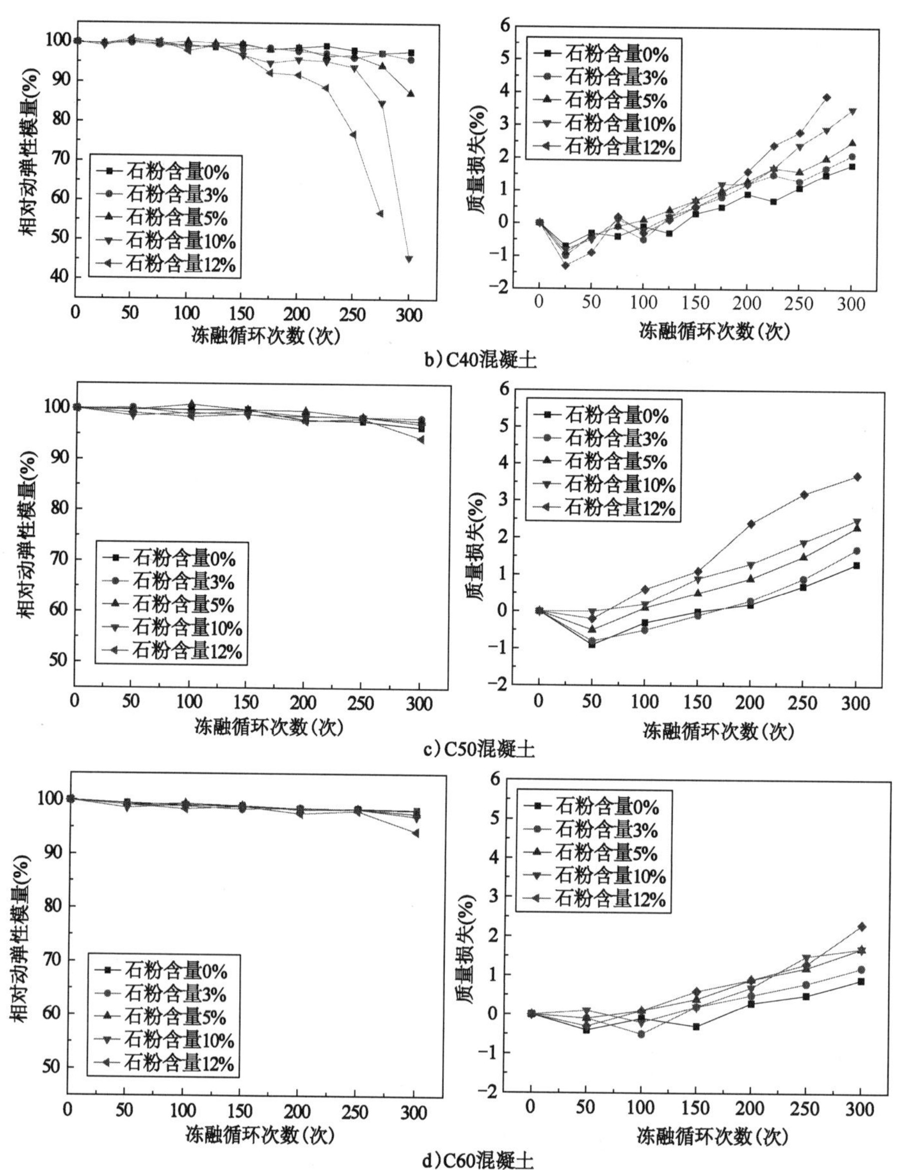

图7.3-2　机制砂掺量对混凝土抗冻性的影响

(2)机制砂对水泥混凝土收缩性能的影响

在机制砂掺量分别为0、25%、50%、75%和100%的条件下,研究机制砂掺量对混凝土收缩性能的影响。所得试验结果见表7.3-11。

机制砂掺量对混凝土干缩的影响　　表7.3-11

强度等级	机制砂掺量(%)	干缩率(10^{-6})				
		1d	3d	7d	28d	56d
C30	0	17	29	95	168	239
	25	22	30	103	149	204

续上表

强度等级	机制砂掺量(%)	干缩率(10^{-6})				
		1d	3d	7d	28d	56d
C30	50	28	35	116	178	236
	75	41	49	130	196	241
	100	56	65	147	211	259
C40	0	24	39	135	219	299
	25	31	47	147	231	246
	50	40	55	149	223	278
	75	63	80	179	243	292
	100	80	98	187	259	301
C50	0	42	59	138	246	322
	25	53	70	148	259	291
	50	60	78	169	269	304
	75	81	95	198	271	321
	100	99	113	201	298	319
C60	0	55	67	198	297	391
	25	62	89	201	309	335
	50	79	121	225	321	378
	75	93	135	251	327	387
	100	119	149	278	336	395

前7d龄期中，机制砂混凝土收缩值大于天然砂混凝土；而后期直至56d，机制砂混凝土收缩值略小于天然砂混凝土。且随着机制砂掺量的增加，收缩值增大。

在机制砂石粉含量分别为0、3%、5%、10%和12%的条件下，研究机制砂中石粉含量对混凝土收缩性能的影响。所得试验结果见表7.3-12。

机制砂石粉含量对混凝土收缩的影响　　表7.3-12

强度等级	机制砂掺量(%)	石粉含量(%)	干缩率(10^{-6})				
			1d	3d	7d	28d	56d
C30	50	0	22	36	117	176	254
		3	29	41	115	183	261
		5	27	32	114	188	267
		10	37	47	123	210	272
		12	29	49	120	203	271
C40	50	0	33	53	139	203	287
		3	40	60	140	209	291
		5	38	52	141	215	301
		10	49	66	149	237	303

续上表

强度等级	机制砂掺量(%)	石粉含量(%)	干缩率(10^{-6})				
			1d	3d	7d	28d	56d
C40	50	12	40	68	144	228	298
C50	50	0	52	76	159	236	326
		3	61	81	161	241	331
		5	58	75	160	248	334
		10	70	88	169	269	346
		12	59	90	164	257	338
C60	50	0	72	101	170	317	404
		3	69	102	215	333	423
		5	75	112	219	343	438
		10	82	123	223	354	448
		12	95	125	203	337	417

对于 C30 和 C40 混凝土而言，石粉含量为 10% 时，混凝土的干缩率最大；对于 C50 和 C60 混凝土，石粉含量为 5% 时，混凝土干缩率最大。

7.4 尾矿渣筑路技术应用

7.4.1 铁尾矿渣原材料特性分析

为使铁尾矿渣填筑在项目中能更好地应用，首先分析铁尾矿渣材料的性质及在吉林省的主要分布特点，同时对铁尾矿渣原材料的矿物组成以及物理、化学特性进行分析，以期指导工程应用。

(1)项目沿线铁尾矿渣的分布特点

该项目依托鹤大高速公路靖宇至通化段，拟建的鹤大高速公路穿越的白山、通化地区分布较多铁矿场。项目组重点调研了鹤大高速公路沿线尾矿渣材料的分布、产出及利用现状，其中，重点是白山、通化地区大量分布的铁尾矿渣材料。该项目沿线距离较近的尾矿渣主要产自白山市八道江区板石沟铁矿，结合项目实际情况，项目组重点对板石沟铁矿的成因和地质构造进行了调查。

经调查分析，板石沟铁矿现有尾矿渣大多是铁矿开采时与磁铁矿岩层共生的斜长角闪岩或并行的片麻岩层破碎后形成，也有少量是磁铁矿中铁矿含量贫乏的石英岩矿，现有储量超过 100 万 m^3。另外，距离路线较远的板石沟铁矿沉渣池中存放的尾矿砂，储量超过1000 万 m^3，多是磁铁矿精选加工后的废弃物。

板石沟铁矿的尾矿废弃物主要为露天堆放的尾矿渣和尾矿沉渣池中的尾矿砂。目前靠近路线附近有 10 余处尾矿渣存渣场，其距离靖宇至通化段回头沟互通较近，平均运距 10km 左右，最近的李家堡子矿井距离路线不超过 5km，存放量超过 100 万 m^3。尾矿渣在粗选矿中以碎块石形式存在，岩石多成灰白色或灰黑色，粒径相对均匀，多在1.3～7cm之间，少量超过15cm，最大粒径在50cm左右。

(2)原材料主要性质

①表观密度。

取3处自然状态下项目研究中用铁尾矿渣各两份，均取自自然堆积表面下1.5～2.0m处具有代表性的铁尾矿渣，每份各取试样3kg左右，依据《公路工程集料试验规程》(JTG E42—2005)中T 0304—2005的试验仪器要求及相关操作规程，对试样铁尾矿渣的表观密度进行测定，结果见表7.4-1。

铁尾矿渣表观密度试验结果　　表7.4-1

编号	1	2	3	4	5	6
浅盘质量(g)	850	895	835	870	860	880
烘干总质量(g)	3259	3158	3096	3211	3017	3112
水中总质量(g)	2188	2118	2067	2155	2018	2077
表观密度(g/cm^3)	3.043	3.037	3.009	3.041	3.020	3.007
平均表观密度(g/cm^3)	3.026					

②天然含水率和界限含水率试验。

取3处自然状态下研究中用铁尾矿渣各两份，均取自自然堆积表面下1.5～2.0m处具有代表性的铁尾矿渣，每份各取试样5kg左右，依据《公路工程集料试验规程》(JTG E42—2005)中T 0305—1994的试验仪器要求及相关操作规程，对试样铁尾矿渣的含水率进行测定，取两次平行试验结果平均值作为最终结果，试验结果见表7.4-2和表7.4-3。

天然含水率试验结果　　表7.4-2

编号	1	2	3	4	5	6
浅盘质量(g)	850	895	835	870	860	880
烘干前总质量(g)	5355	5405	5560	5720	5660	5380
烘干后总质量(g)	5329	5378	5536	5693	5629	5351
含水率(%)	0.58	0.60	0.51	0.56	0.65	0.65
平均含水率(%)	0.59		0.54		0.65	

铁尾矿渣界限含水率试验结果(%)　　表7.4-3

编号	1	2	3	平均值
液限	22.1	22.5	23.3	22.6
塑限	17.2	18.2	17.7	17.7
塑性指数	4.9	4.3	5.6	4.9

③吸水率试验。

将试样铁尾矿渣过4.75mm筛，舍弃筛下细粒部分，每份各取8kg左右做平行试验，严格按照《公路工程集料试验规程》(JTG E42—2005)中粗料吸水率试验(T 0307—2005)的相应步骤，得出结果，见表7.4-4。

铁尾矿渣吸水率试验结果 表 7.4-4

编号	1	2	3	4	5	6
浅盘质量(g)	850	895	835	870	860	880
烘干后总质量(g)	10320	10800	10090	10320	10100	10060
烘干前饱和面总质量(g)	10349	10835	10121	10355	10127	10089
吸水率(%)	0.306	0.353	0.335	0.370	0.292	0.316
平均吸水率(%)	0.329					

④耐崩解性试验。

选取具有代表性的3组铁尾矿渣,根据《公路工程岩石试验规程》(JTG E41—2005)中耐崩解性试验(T 0207—2005)规程试验要求,测得崩解性指数,结果见表7.4-5。

铁尾矿渣崩解性指数试验数据 表 7.4-5

组　号	编　号	崩解性指数 I_{d2}(%)	平均值(%)
一	1	80.3	80.9
	2	79.5	
	3	82.9	
二	4	83.7	82.9
	5	84.2	
	6	80.8	
三	7	78.7	83.1
	8	84.6	
	9	85.9	

⑤颗粒分析试验。

选取填筑前和填筑实后路基中的铁尾矿渣颗粒各10组,烘干后按《公路土工试验规程》(JTG E40—2007)中颗粒分析试验　筛分法(T 0115—1993)试验步骤,得铁尾矿渣颗粒级配组成分析表,见表7.4-6和表7.4-7。

填筑前铁尾矿渣样品筛分通过率(%) 表 7.4-6

编号	孔径(mm)									
	60.0	40.0	20.0	10.0	5.0	2.0	1.0	0.5	0.25	0.075
1	100.0	63.2	20.7	9.7	4.9	3.0	2.6	2.0	1.6	0.4
2	100.0	64.2	22.7	9.3	4.5	2.8	2.5	1.9	1.4	0.2
3	100.0	64.6	36.7	19.7	11.2	6.6	5.7	4.4	3.1	1.0
4	100.0	66.5	33.6	16.2	8.0	4.6	4.0	2.7	2.2	0.5
5	100.0	67.5	33.0	19.2	11.4	7.4	6.6	4.8	3.8	0.9
6	100.0	69.7	37.2	19.1	11.6	7.5	6.7	5.4	3.7	1.2
7	100.0	70.4	30.6	13.7	7.6	5.0	4.6	3.6	2.8	0.6

续上表

编号	孔径(mm)									
	60.0	40.0	20.0	10.0	5.0	2.0	1.0	0.5	0.25	0.075
8	100.0	71.7	35.7	21.5	15.0	7.9	6.8	4.5	3.3	0.5
9	100.0	71.8	33.4	14.2	6.5	4.3	3.9	3.0	2.4	0.7
10	100.0	72.0	33.6	17.2	10.0	6.3	5.5	3.8	3.0	0.9
平均值	100.0	68.2	31.7	16.0	9.1	5.5	4.9	3.6	2.7	0.7

由表7.4-6筛分结果可得到压实前铁尾矿渣,$\bar{d}_{60}=35.7\text{mm}$、$\bar{d}_{30}=19.7\text{mm}$、$\bar{d}_{10}=5.3\text{mm}$。于是,曲率系数 $C_c=2.05$,不均系数 $C_u=6.74$。

填筑后铁尾矿渣样品筛分通过率(%) 表7.4-7

编号	孔径(mm)									
	60.0	40.0	20.0	10.0	5.0	2.0	1.0	0.5	0.25	0.075
1	100.0	72.2	42.4	28.2	17.1	8.4	6.8	4.2	3.1	0.6
2	100.0	73.8	46.3	29.2	17.6	9.7	7.7	6.2	3.0	1.8
3	100.0	73.8	42.7	30.0	19.6	9.9	8.0	4.7	3.6	0.6
4	100.0	74.0	44.0	31.1	17.7	9.7	8.1	4.6	3.3	2.0
5	100.0	74.2	47.9	30.6	19.4	10.0	8.1	4.7	3.6	0.7
6	100.0	74.9	45.6	31.7	20.3	10.3	8.3	4.8	3.5	0.4
7	100.0	77.8	37.4	26.0	19.7	13.4	11.9	8.5	6.7	1.7
8	100.0	80.4	49.5	32.1	20.0	11.2	9.4	5.8	3.9	1.0
9	100.0	83.3	48.9	31.5	21.0	12.8	10.8	69	5.1	0.9
10	100.0	83.3	48.9	31.5	21.0	12.8	10.8	6.9	5.1	0.9
平均值	100.0	76.8	45.4	30.2	19.3	10.8	9.0	5.7	4.1	1.1

由表7.4-7筛分结果可得到压实后铁尾矿渣,$\bar{d}_{60}=29.4\text{mm}$、$\bar{d}_{30}=9.9\text{mm}$、$\bar{d}_{10}=1.8\text{mm}$。于是,曲率系数 $C_c=1.85$,不均系数 $C_u=16.33$。

⑥压碎值和室内CBR试验。

按照《公路工程集料试验规程》(JTG E42—2005)中粗集料压碎值试验(T 0316—2005)的试验操作过程步骤,选取具有代表性的3处铁尾矿渣分别做3次平行试验。得该项目中所用铁尾矿渣的压碎值试验结果,见表7.4-8。

铁尾矿渣压碎值试验结果 表7.4-8

取样编号	压碎值			平均值
	分组1	分组2	分组3	
甲	14.8	16.1	15.9	15.6
乙	14.2	15.6	16.9	15.6
丙	17.0	16.9	15.8	16.6

选取细料铁尾矿渣($d<5\text{mm}$)所占试验粒径范围($d<40\text{mm}$)的比重为35%(自然级配)

条件下，在实度大约相当于93%、95%、96%的水平（干密度分别对应1.95g/cm³、2.01g/cm³、2.15g/cm³）下，依据《公路土工试验规程》（JTG E40—2007）中的承载比（CBR）试验（T 0134—1993）的试验操作过程，得到试验结果，见表7.4-9。

铁尾矿渣 CBR 试验结果 表7.4-9

指标	压实度(%)		
	93	95	96
CBR(%)	17.2	22.3	28.5

⑦击实特性试验。

根据筛分试验可知，铁尾矿渣中 $d>40$mm 的粒径颗粒含量较多，按《公路土工试验规程》（JTG E40—2007）中土的击实试验（T 0131—2007）试验仪器设备要求，选用重型Ⅱ-2 击实试验方法。在铁尾矿渣的取样中，选取其有代表性的样品，按照试验操作步骤获得铁尾矿渣在天然级配下干密度和含水率试验结果，见表7.4-10 和图7.4-1。

铁尾矿渣天然级配下击实试验结果 表7.4-10

	试验次数	单位	1		2		3		4		5	
干密度	筒+湿土质量	g	9755		99930		10120		10115		10055	
	筒质量	g	5235		5235		5235		5235		5235	
	湿土质量	g	4520		4695		4885		4880		4820	
	湿密度	g/cm³	2.13		2.21		2.25		2.24		2.21	
	干密度	g/cm³	1.97		2.07		2.18		2.06		1.96	
含水率	盒号	—	1	2	3	4	5	6	7	8	9	10
	盒+湿土质量	g	82.71	80.43	84.05	82.16	80.70	81.40	78.74	80.06	82.27	78.45
	盒+干土质量	g	80.84	78.37	81.44	79.28	77.49	77.97	74.87	75.96	77.57	74.06
	盒质量	g	24.05	22.67	23.44	22.8	22.15	22.64	23.22	22.71	22.89	21.75
	水质量	g	1.87	2.06	2.61	2.88	3.21	3.43	3.87	4.10	4.70	4.39
	干土质量	g	56.79	55.70	58.00	56.48	55.34	55.33	51.65	53.25	54.68	52.31
	含水率	%	3.3	3.7	4.5	5.1	5.8	6.2	7.5	7.7	8.6	8.4
	平均含水率	%	3.5		4.8		6.0		7.6		8.5	

为了解铁尾矿渣在不同粗细料比例下混合料的压实干密度与最佳含水率的关系，取击实前粗粒（$d>5$mm）含量分别为10%、30%、40%、60%、80%铁尾矿渣混合料进行击实试验，结果见表7.4-11。粗料含量与最佳含水率、最大干密度之间的关系如图7.4-2 和图7.4-3 所示。

不同粗粒含量下铁尾矿渣击实试验结果 表7.4-11

击实前粗粒含量(%)	最佳含水率(%)	最大干密度 ρ_d(g/cm³)
10	9.3	2.05
30	8.4	2.08
40	7.8	2.11
60	7.2	2.15
80	6.3	2.07

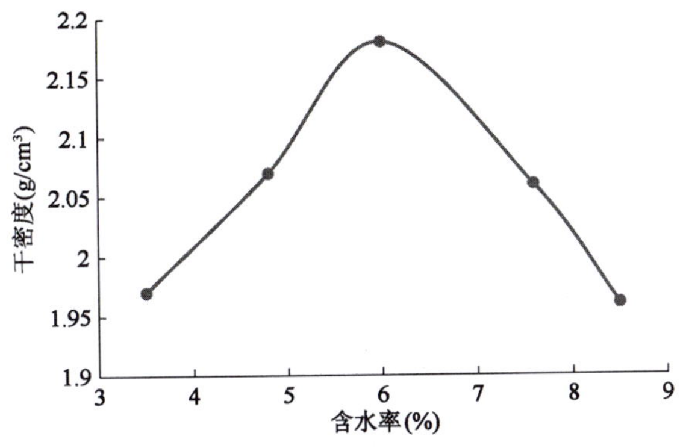

图7.4-1　天然级配下铁尾矿渣含水率和干密度的关系

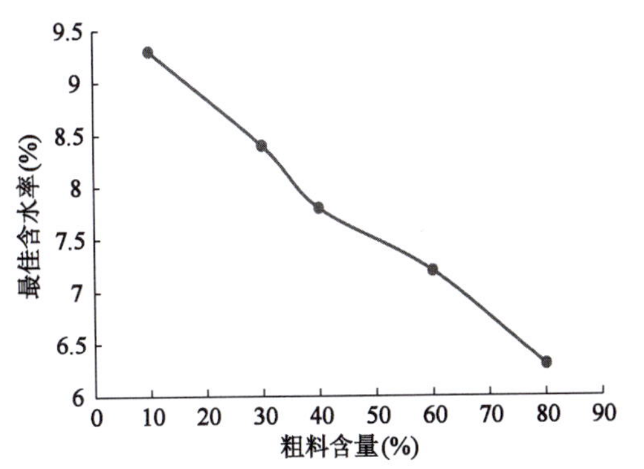

图7.4-2　粗料含量与最佳含水率关系图

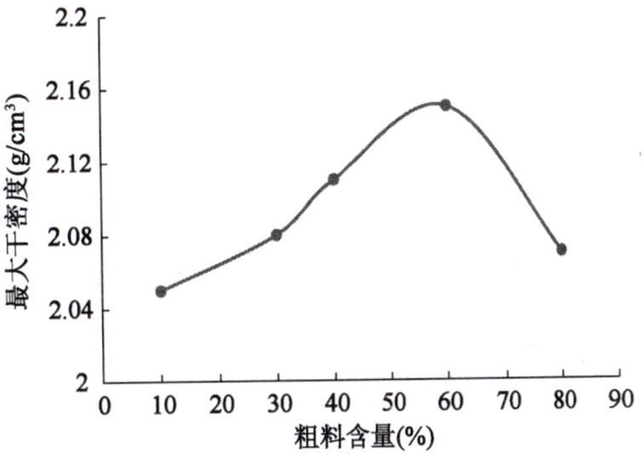

图7.4-3　粗料含量与最大干密度关系图

结果表明，不同粗料含量的铁尾矿渣的最大干密度与最佳含水率的大小各不相同。通过试验可得不同粗颗粒权重时击实后的干密度和含水率值。对应可绘出干密度和含水率的关系曲线，于是可以求得每个级配下的最大干密度和最佳含水率。

⑧抗压强度试验

在所有试验中，最重要的指标是岩石的抗压强度和软化系数。岩石的抗压强度是反映岩石力学性质的重要指标之一，它在岩体工程分类、建筑材料选择以及工程岩体稳定性评价中都是必不可少的指标。该项目进行了铁尾矿渣的抗压强度和软化系数测定试验，试验结果见表7.4-12。

铁尾矿渣抗压强度试验结果　　表7.4-12

试验分组	饱和状态下抗压强度(MPa)	烘干状态下抗压强度(MPa)	软化系数(%)
1	49.6	52.3	94.8
2	42.9	47.6	90.1
3	45.8	49.8	92.0
4	49.1	51.4	95.5
5	46.6	50.1	93.0
6	51.1	53.4	95.7
7	48.4	50.6	95.7
平均值	47.6	50.7	93.8

7.4.2 路用性能分析

根据《公路路基施工技术规范》(JTG F10—2006)、《公路路基设计规范》(JTG D30—2015)、《公路工程质量检验评定标准 第一册 土建工程》(JTG F80/1—2004)、《公路土工试验规程》(ITG E40—2007)和《公路路基路面现场测试规程》(JTG E60—2008)等行业标准对高速公路路基填料的要求和已完成的试验结果,可以得出如下结论。

(1)与水的相关性

铁尾矿渣属于低含水率材料,可以近似认为铁尾矿渣不吸水。最大液限27.0%、最大塑性指数6.4,满足《公路路基施工技术规范》(JTG F10—2006)中液限不得大于50%、塑性指数不得大于26及不超过最大含水率的要求。铁尾矿渣的孔隙率较小,做路基填料具有抗冻性高、水稳定性好的特点。用铁尾矿渣填筑路基能有效防止冻胀、翻浆,具有较好的抵抗软化及崩解的能力。

(2)颗粒分析试验

铁尾矿渣均级配良好,可直接用于填筑;压实前后铁尾矿渣粒径范围发生较大变化,总体颗粒变细,说明在压实功下,铁尾矿渣发生破碎,中间粒径颗粒增多,细小颗粒含量增大形成致密结构,适用于路基填方。

(3)压碎值和室内CBR试验

铁尾矿渣具有较高的抵抗逐级荷载的抗压碎能力,可以直接在工程中使用。根据《公路路基设计规范》(JTG D30—2015)中对填石料抗压强度指标的分类要求,该项目中所使用的铁尾矿渣属于中硬岩石,具有较好的力学性能和抵抗荷载的能力,满足路基填石要求。

(4)击实特性试验研究

在铁尾矿渣施工中,含水率的大小直接影响着控制压实度的实现,应使所采用铁尾矿渣的含水率值在最佳含水率($W_0\pm3$)%范围内,否则应对铁尾矿渣进行加水或晾晒处理。该项目中所使用的铁尾矿渣属于中硬岩石,具有较好的力学性能和抵抗荷载的能力,满足路基填石要求。

最大干密度在粗粒含量60%左右时达到峰值,最佳含水率变化范围较小($<3\%$),在实际工程施工碾压中应采用粗粒量在60%左右的铁尾矿渣作为路基原料,以经济且方便地满足施工规范对于压实度的要求。

7.4.3 铁尾矿渣填筑路基的压实特性

铁尾矿渣作为路基填料的一种,具有粒径大、抗剪强度高、孔隙率大、透水性强的特点,在路基结构、施工工艺、质量检验与控制方面和常规的填土路基有较大区别。

(1)铁尾矿渣的压实特性

由于填料本身特有的工程性质,铁尾矿渣路基的压实特性与填土路基有着显著的区别。

①铁尾矿渣路基的碎石填料属于散体材料,其本身是密实而不可压缩的,颗粒多呈单粒状

排列,颗粒间的连接方式是简单的邻接接触和咬合连接。铁尾矿渣路基的压实过程实际上是石料颗粒在压实功能的作用下克服颗粒间的阻力,大小颗粒重新排列,相互靠近密实,使孔隙体积减小、密度增加的过程。

②与填土路基相比,由于铁尾矿渣填料的粒径较大,现场施工时的离散性较大。一般在缺少足够细料进行填充的条件下,石块之间会产生架空现象,导致填石路基的孔隙尺寸较大,渗透性强,所以可以将其看作自由排水体。因此,一般认为铁尾矿渣路基的压实过程中不存在孔隙气体和孔隙水的排出,仅仅只是克服颗粒间相互作用力之后的颗粒密实过程。

③由于填料的粒径大,透水性强,具有自由排水能力,很难保持水分。所以,与填土路基不同,含水率在铁尾矿渣路基施工过程中起到的作用不甚明显。

④由于铁尾矿渣的工程特性,铁尾矿渣路基压实过程中经常会伴有颗粒破碎从而导致填料粒径组成不断变化的过程,因此说铁尾矿渣路基的压实过程属动态稳定过程。综上所述,铁尾矿渣路基总的压实过程是:摊铺后较为松散的碎石填料在外力压实功能的作用下,内部应力状态发生变化,失去了摊铺时最初的应力平衡状态,颗粒之间克服摩擦力,彼此移动,不断被挤密靠近,同时互相填充,出现新的粒径组成排列,导致路基填筑体的孔隙减小,密度增大;随着施加的外力不断增大,石料颗粒移动、充填的能量亦随之增大,填筑体愈趋密实;当路基填筑体密实到一定程度之后,颗粒间的孔隙较小,达到了新的更加稳定的应力平衡,此时再增大压实功能,颗粒也不易再移动、充填。由此可见,铁尾矿渣路基压实的根本目的在于,使碎石填料之间由松散状态变为接触状态再变为坚实咬合状态,从而形成稳定的结构状态。

因此,总体来说,铁尾矿渣路基的强度、刚度和水稳定性主要取决于填料颗粒之间相互嵌锁挤紧的程度。若施工质量控制不好,在路基和路面的重力及行车荷载作用下,加上外界如雨水冲刷、交替冻融等作用,碎石填料有可能被压碎,重新排列,产生较大沉降、收缩等不均匀变形,甚至造成坍滑等路基危害。

(2)铁尾矿渣路基对压实的要求

目前,施工现场中由于铁尾矿渣粒径较大、变化差异复杂,且细粒土的含量较少,从而导致填料的粒径组成不佳。大块石之间点面接触容易松动,不易嵌锁紧密,再加上铁尾矿渣路基所在的地形一般都较为复杂,斜坡沟谷纵横,如果施工管理上再存在一定的疏漏,将使铁尾矿渣路基不易压实达到稳定的状态,给竣工后公路的正常使用留下较大的隐患。

所以,铁尾矿渣路基的压实质量对于整个公路的使用性能至关重要。正由于铁尾矿渣路基具有以上所述的压实特性,所以路基在压实过程中应着重注意以下几点:

①铁尾矿渣路基的填料粒径较大,均匀性很差,易产生离析现象,这会导致路基不同部位的密度和物理力学性能有很大的差别,压实过程中就要提出相应的、具体的、特殊的要求。所以应针对不同工程性质的填料具体对待,在施工中加强工艺控制,避免盲目施工。

②在压实过程中,矿渣有可能不断被压碎,改变原有的粒径组成,从而对路基密度、强度和稳定性都会产生重要影响。所以,对填石路基填料的破碎特性要高度重视。

③由于铁尾矿渣的透水性良好,路基易产生孔隙,在一定条件下(如雨水冲刷或浸水路堤)会导致路基填筑体中的细料流失,从而发生较大的沉降。所以,应采取必要的措施加以

防范。

(3)现场碾压试验

进行铁尾矿渣路基的现场碾压试验,目的就是希望通过试验得到碾压遍数与碾压沉降之间的关系,寻找出合理的施工工艺。

试验方案考虑松铺厚度分别为35cm、45cm以及25t自行式振动压路机“压路机静压一遍→压路机弱振一遍→压路机强振动四遍→压路机静压一遍(收光)”的碾压工艺。

根据试验方案,在鹤大高速公路K316+600~K316+700和K317+000~K317+100试验段分别进行松铺厚度为45cm和35cm左右的现场碾压试验并测试得出其沉降量,分析对比相同碾压击实功下不同铁尾矿渣松铺厚度的压实压实状态。

7.4.4 现场承载板测定土基回弹模量

在鹤大高速公路HD02-ZT16标段,选择填方较高路段中的断面桩号分别为K316+640和K316+690、选择填方较低路段中的断面桩号分别为K316+840和K316+890,每个断面各取3个点,其中一点在路基中轴线上,另外两点分别为中轴线左右两侧7.6m处,严格按照《公路路基路面现场测试规程》(JTG E60—2008)的相关要求采用承载板测定土基回弹模量。结果如下:

(1)铁尾矿渣路基的回弹模量E_0远远大于《公路沥青路面设计规范》(JTG D50—2006)中“高速和一级公路的土基回弹模量值应大于30MPa,重交通、特重交通公路路基回弹模量值应大于40MPa”的要求,说明铁尾矿渣路基具有良好的路用适用性能。

(2)填方较高路基断面K316+640~K316+690平均回弹模量$E_0=185.70$MPa,小于填方较低路基断面K316+840~K316+890平均回弹模量$E_0=227.76$MPa。其原因在于填方较高路基的压实度(下路堤$K\geqslant93$,上路堤下路堤$K\geqslant94$)比填方较低路基($K\geqslant94$)稍小;且低填方路基先于高填方路基压筑完成,龄期越长、土的结构越趋向凝絮状况,其相应的强度也越高,回弹模量有随龄期增大而略增大的趋势。

(3)压实后铁尾矿渣路基中的粗集料充当骨架作用,密实后土体表现出优良抗变形能力和整体结构性能。

(4)用贝克曼梁测定铁尾矿渣路基回弹弯沉试验。弯沉值的测试方法很多,目前采用最多的是贝克曼梁法,在我国已有成熟的使用经验。现在应用比较普遍的还有法国洛克鲁瓦式自动弯沉仪、丹麦等国家发明的落锤式弯沉仪(FWD)。本次试验采用最常用的贝克曼梁法,其测试点及其布置要求为:在测试试验段分车道,每车道每20m设一测点,不同车道测点交错布置。

7.4.5 铁尾矿渣路基回弹模量和弯沉值相关性研究

将前文试验所测代表性数据整理,选《公路路基施工技术规范》(JTG/T F10—2006)附录C公式:$L_0=9380\ E_0^{-0.938}$($E_0=17029L_0^{-1.0661}$)作为对比分析对象。

拟合关系图如图7.4-4所示,得幂函数拟合关系表达式,见式(7.4-1)。

$$L_0 = 1589.6E_0^{-0.5444}(R^2 = 0.9578, n = 8) \tag{7.4-1}$$

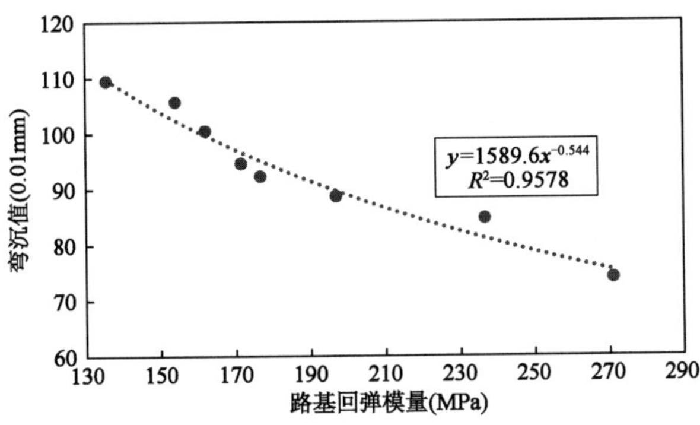

图7.4-4　铁尾矿渣路基弯沉与回弹模量关系图

拟合公式与规范公式计算弯沉值的比较见表7.4-13。从数据对比分析可以看出：

①施工技术规范推荐公式计算的弯沉值与实测值相差较大，最大偏差绝对值为34.8%，最小偏差绝对值为15.0%，平均偏差绝对值达到24.5%；且大体上偏差绝对值大小随路基回弹模量的增大而递增，说明对于高回弹模量的土基，规范推荐公式已经不适用；而使用本项试验拟合得到的公式计算出来的弯沉值与实测值相差很小。最大偏差绝对值仅为4.2%，最小为0.3%，平均偏差绝对值为2.1%。

②因规范推荐公式是建立在低模量土基上的经验公式，若用其计算路基弯沉值会普遍偏小。不能合理反映铁尾矿渣路基回弹模量与回弹弯沉之间的关系；式(7.4-1)却较好地反映出两者间的关系，可用来计算铁尾矿渣路基弯沉检测标准值。

③施工控制中可以在不利季节测定弯沉，直接通过式(7.4-1)反算出模量，以此模量来与设计模量进行比较，确定铁尾矿渣施工的质量。

拟合公式与规范公式计算弯沉值的比较　　表7.4-13

序号	实测回弹模量(MPa)	实测弯沉值(0.01m)	拟合曲线计算弯沉值(0.01m)	拟合值与实测值偏差(%)	《公路路基施工技术规范》附录A计算弯沉值(0.01m)	《公路路基施工技术规范》附录C公式计算值与实测值偏差(%)
1	135.58	109.5	109.84	0.31	93.08	-15.00
2	154.17	105.75	102.42	-3.15	82.51	-21.98
3	162.11	100.5	99.66	-0.84	78.71	-21.68
4	171.56	94.6	96.63	2.15	74.64	-21.10
5	176.65	92.3	95.11	3.04	72.62	-21.32
6	196.72	88.7	89.7	1.12	65.65	-25.99
7	236.56	84.7	81.13	-4.21	55.22	-34.80
8	270.95	74	75.35	1.83	48.62	-34.30

7.4.6 铁尾矿渣填筑路基沉降数值分析

由于路基填料的非均质及非线性的特点和几何形状的不规则、断续状等因素，在路基力学计算方面大多数时候不能获得符合实际的解析解。采用基于拉格朗日算法显示差分法的数值模拟软件 FLAC 对不同填筑高度的铁尾矿渣填料路基进行施工期沉降预测模拟并分析。

(1)本构模型选取

研究人员在土工实验室测试有限的岩土体在弹塑性状态下应力-应变，得出其关系曲线，参考岩土塑性理论及一些重要性假定，将试验数据结论放到混乱的应力组合情况中，以寻求广泛普遍且有规律的应力-应变关系。FLAC 软件中内置的岩土本构模型多达 12 种，选择摩尔-库仑模型研究铁尾矿渣填料路基的沉降分析问题。

(2)模型的建立与材料参数确定

铁尾矿渣路基数值模拟基本假定：

①土层中的材料是均质连续的各向同性理想弹塑性体，土体本构关系满足库仑-摩尔屈服准则。

②地基的固结变形和压缩变形在本身应力影响下已经结束，路堤沉降变形只考虑是由填料自重引起的，忽略路堤上方的行车荷载及外界气候条件。

③施工过程中铁尾矿渣填料路基和包边土相接触形式为台阶模式，结合部位良好，所以进行数值模拟的过程中可视接触部位是完全连续情况。

④路基和地基都当作非饱和土体，忽略路堤填料与地基土固结状态及孔隙水压力的作用，而路基填料当作一次性施加完毕。

⑤边界条件：地基地面所有边界都是固定约束，水平向右为 x 方向，竖直向上为 z 方向，垂直分析平面的方向为 y 方向。

选取合适的路基高度创建数值分析模型，路堤填筑高度取值分别为 5m、10m、15m、20m，路基宽度为 24m，路堤边坡坡度为 1∶1.5；地基层分成两层，由上到下为亚黏土和碎石土。

铁尾矿渣填料的物理性质对于路基沉降量预测及路基应力分析有着重要影响。库仑摩尔模型中要求的材料物理力学参数主要包括材料密度、变形模量、黏聚力、内摩擦角和泊松比，具体数值见表 7.4-14。

路基土材料参数 表 7.4-14

土质类型	变形模量(MPa)	重度(kN/m^3)	泊松比	黏聚力(kPa)	内摩擦角(°)
铁尾矿渣	65	29.7	0.35	30	56
亚黏土地基	15	17.0	0.35	25	20
碎石土地基	60	22.5	0.35	40	30

(3)沉降模拟结果与分析

分析计算结果可以得出：

①水平向最大应力随路基填筑的高度增加而增加，应力等值线总是呈水平带状分布。当铁尾矿渣路基高度为 5m、10m、15m 和 20m 时的铁尾矿渣路基底部中心所受的水平向应力为 0.1MPa、0.2MPa、0.3MPa 和 0.4MPa，所处的位置在路基铁尾矿渣填料底部中心处，离路基边

坡越远，受到的水平应力就越小，渐渐为零；对于每层地基，随着地基深度的加深，地基深处底部中心所受的水平应力也在增大，分别为0.48MPa、0.5MPa、0.57MPa和0.59MPa，由模拟结果可以知，地基所受水平应力大小随填筑高度变化不明显。

②竖向最大应力随路基填筑的高度增加而增加，呈水平波浪状分布。当铁尾矿渣路基高度分别为5m、10m、15m和20m时，地基的底部位置最大竖向应力大约为1.118MPa、1.144MPa、1.154MPa和1.162MPa；在路基边坡处红色区域有数值很小且方向向上的应力，会产生轻微的边坡处填料与整体填料黏合较差的情况。当路基填筑高度大于10m时，竖向应力增长速度缓慢，此时竖向应力对填筑高度不敏感。

③路基底部中心点处并没有水平位移，在路基坡脚底部位置具有方向向右且较大的水平位移，在模拟结果中呈现红色圆形区域。当填筑高度小于5m时，路基从顶部到底部的水平位移几乎没发生变化；铁尾矿渣填筑高度大于10m时，才会产生水平方向的位移，填筑高度为10m时，水平位移最大；在路基顶部边坡处存在最大位移，可能边坡处已发生滑移现象，存在不稳定性。

④竖向沉降随路基填筑的高度增加而增加，当铁尾矿渣路基高度分别为5m、10m、15m和20m时的沉降值为6.75cm、21.69cm、28.66cm和35.06cm，见表7.4-15。最大沉降值发生在路基中心处，在模拟中，距离路基边坡不远处的红色半圆区域有方向向上极小的位移，填筑高度为20m时的隆起值仅仅为0.48cm；当路基填筑高度大于10m时，沉降值急剧增加，随着高度增加，沉降变化速率较快，说明路基填筑高度对铁尾矿渣路基最终沉降量的影响作用较大，施工中需各方面极力控制，如果可以控制填筑高度尽量不要超过10m。

⑤在整个路基填筑高度的影响下，整个路基单元并没有出现剪切破坏或抗拉破坏情形，路基整体稳定不会发生塑性破坏。

因此，可以得出结论，即路堤水平向位移最大的位置位于路堤两侧坡脚处，由坡脚处向内水平位移逐渐减小。随着填筑高度的增加，路基的竖向沉降量逐渐增加，各项应力变化不大；当路基高度大于10m时，最大沉降量超过20cm，在铁尾矿渣路基的设计、施工和养护时应予以考虑，为铁尾矿渣路基预留沉降量提供理论参考。

填料路基沉降数值分析结果数据一览表　　表7.4-15

填高(m)	5	10	15	20
水平应力最大值(MPa)	0.1	0.2	0.3	0.4
竖向应力最大值(MPa)	1.12	1.14	1.15	1.16
水平位移路基顶部最大值(cm)	0	1.26	1.15	1.16
水平位移路基边坡最大值(cm)	1.4	5.0	6.0	8.0
竖向位移最大值(cm)	6.75	21.69	28.66	35.06

7.4.7 铁尾矿渣路基设计要点

(1)路基设计要点

①一般路基设计

尾矿渣路基填筑高度不宜大于20m，大于8m时应分段填筑。当路基高度小于8m时，边坡坡率不宜陡于 1∶1.5。当分段填筑时，下部路基边坡坡率不宜陡于 1∶1.75。

②横断面设计

尾矿渣填筑路堤的边坡宜采用土质包边。包边土宜与路基填筑同步进行，当难以同步时，应采取措施对包边土夯拍压实。尾矿渣路堤边坡采用台阶式开挖，台阶高度 1m。填方边坡高度大于 12m 时，应在边坡中部设置边坡平台，平台宽度不宜小于 1m。路基高度小于 5m 时，包边宽度不宜小于 1m；路基高度为 5～12m 时，包边宽不宜小于 1.5m；路基高度大于 12m 时，包边宽度不宜小于 2m。当采用土质包边时，应在地势较低一侧的填方坡脚设置碎石盲沟，当地势平坦时两侧交错设置，碎石盲沟单侧纵向间距 20m 设置一道。盲沟尺寸 40cm（高）×50cm（宽），宜采用 2～8cm 的单粒径碎石，外包裹渗水土工布。

③路床设计

路床采用正常路基填料填筑，路床底面设置一层反滤土工布隔离层。

④尾矿渣路基压实

尾矿渣路基压实标准参照《公路路基设计规范》（JTG D30—2015）执行。

（2）铁尾矿渣填筑路基对地基处理要求

由于铁尾矿渣路基的填料比较坚硬、压实密度大，且透水性好，水容易从路面、边坡等部位进入基底而造成路基整体的不均匀沉降。同时，铁尾矿渣路基多修筑在山区，其填筑高度较大，地基承载力不足容易导致铁尾矿渣路基整体工后沉降过大，或出现变形模量差异而产生非均匀沉降。因此有必要针对铁尾矿渣路基地基的承载力提出较高的技术要求，尽量减少地基的压缩变形，以保证铁尾矿渣路基的稳定性。

①铁尾矿渣路基对地基承载力的要求

铁尾矿渣路基的填筑高度一般较高，填方量大，再加上填料本身的密度较大，路堤填筑体的自重荷载很大，铁尾矿渣路基对地基的不均匀沉降较为敏感，石料之间的嵌挤作用一旦被破坏后，就难以像填土路基那样慢慢得以恢复。因此，对于铁尾矿渣路基而言，尤其是高填方路堤，地基承载力是保证路基压实质量和正常使用性能的前提条件，如若地基承载力不足，必将会导致路基的坍塌和失稳，进而使路面产生病害破坏。

在调研基础上，初步提出铁尾矿渣路基的地基承载力技术要求与处理要求如下：

a. 当铁尾矿渣路基填筑高度小于 10m 时，地基承载力不宜低于 150kPa；

b. 铁尾矿渣填筑高度为 10～20m 时，地基承载力不宜低于 200kPa；

c. 铁尾矿渣填筑高度大于 20m 时，路基应宜填筑在岩石基底上。

②铁尾矿渣路基的地基处理要求

在铁尾矿渣路基填筑前，首先应该对原地面进行表面清理，清除树木等杂物。一般耕植土地段原地面应清除表土 15cm 深，同时用满足规范要求的土料回填原地面的坑、洞等低凹处，并按规定进行压实。当基底为松散土且含水率较高时，压实前应先进行翻晒，使其重型压实度不小于 90%，当填石路基高度大于 80cm 时，基底压实不应小于 95%。当路堤基底原状土的强度不符合要求时，应进行换填，其换填深度不小于 30cm。若遇到不良地基（膨胀土、盐渍土、黄土等）时，应视具体工程条件采取清淤、排水固结、抛石、换填或复合地基等技术措施进行加固处理。此外，在土质地基上填筑铁尾矿渣路基时，为提高地基的强度与均匀性，应设置过渡层。过渡层填料的粒径组成应符合式（7.4-2）的要求：

$$\begin{cases} M_{15}/F_{15} > 5 \\ M_{15}/F_{85} < 5 \end{cases} \tag{7.4-2}$$

式中：M_{15}——过渡层填料中通过率为15%的粒径；

F_{15}——地基细料土中通过率为15%的粒径；

F_{85}——地基细料土中通过率为85%的粒径。

③铁尾矿渣路基对地基的排水要求

由于铁尾矿渣路基的孔隙较大，水较易从边坡或路面等部位进入路基中，而且由于路基填筑体的渗透性好，水很容易浸湿地基，若地基范围内同时存在地下水，这都会影响铁尾矿渣路基的整体稳定。因此，当路堤基底范围内由于地面水或地下水影响路基稳定时，填石路基应采取必要的引排、拦截等措施，或在路堤底部填筑不易风化的片石、砂砾石或块石等透水性材料来设置透水层，其厚度应不小于30cm，以防止水对地基的不良影响。

④铁尾矿渣路基对地基坡度的处理要求

当原地基有一定的坡度时，为保证铁尾矿渣路基的整体稳定性，应对地基进行如下处理：

a. 在地基横坡陡于1∶5的地段，应将原地面挖成宽度不小于1.0m、高度30cm的搭接台阶，同时对台阶进行内倾处理，然后进行平整压实，使基底强度和密实度达到设计要求。

b. 在地基横坡缓于1∶5的地段，当清除树根草皮或腐殖土后，承载力满足要求时，可直接在天然地面上填筑填石路基。

7.4.8 铁尾矿渣路基施工工艺

(1)施工工艺流程

铁尾矿渣路基施工工艺流程图见图7.4-5。

(2)试铺试验路段

通过试验段的填筑，检验施工机械功能、机械组合、人员配制是否合理，能否达到设计要求；确定铁尾矿渣填筑路基的松铺厚度、压实速度、压实遍数等工艺参数，以利指导大规模施工。试验段的各项技术指标，经检测合格并得到监理签认后，方可施工。

(3)铁尾矿渣路基填筑施工

路基填筑采用大功率推土机和振动机压路机分层填筑、压实。采用网格法布料，自卸车每次卸料都应使填料随卸随向前摊铺，保证大粒径材料的稳定填充，严禁大面积卸料后平整作业。每层填筑宽度应超出设计宽度30～50cm，保证超宽30cm范围内压实质量合格。每层松铺厚度对于下路堤不大于50cm，对于上路堤不大于40cm。压实时用小石块或石屑填缝，确保压实层顶面稳定，表面不再下沉(无轮迹)，石块紧密、表面平整。填石路堤施工过程中的每一压实层，可用试验路段确定的工艺流程和工艺参数控制压实过程。

①摊铺

经试验，大粒径尾矿渣采用渐进式摊铺法铺料，运料自卸车按先两侧后中央的方式逐渐向前卸料，大型推土机跟随及时摊铺整平。对细料含量较多的尾矿渣宜采取后退法铺料。运料汽车在已压实的层面上后退卸料，形成梅花形密集料堆，采用推土机推铺整平。

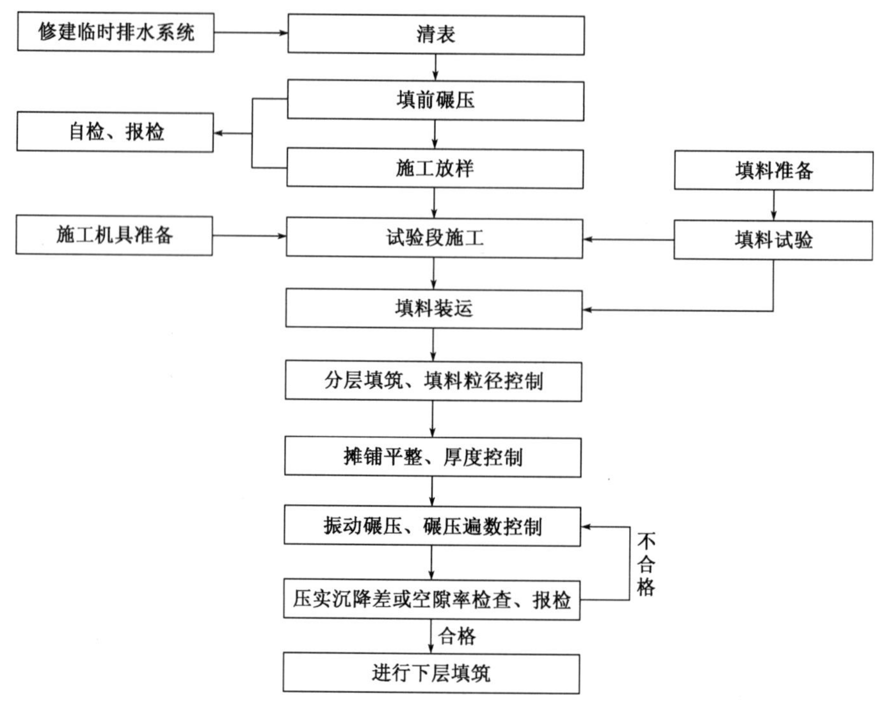

图 7.4-5 铁尾矿渣路基施工流程图

铁尾矿渣路基填料摊铺完成后,其平整度取决于填料的粒径组成,同时平整度会影响压路机的压实效果。因此,应在摊铺后加强人工整平工作,在压实层表面局部填充细料、填补坑槽等,为碾压工序提供一个良好的工作面,最大程度地保证压实效果。

铁尾矿渣路基整平工艺的关键是保证最大的石块位于层底,较细的颗粒位于顶部,并填充大块石料间的孔隙,以确保最佳的嵌锁和压力传递,同时提供一个压路机碾轮在行驶时不会受损的压实表面。对于摊铺后路基表面缺少细料或者明显离析的地方,应补充细料,铺洒一层碎石或石屑料,要使碎石或石屑料填满大粒径铁尾矿渣间的缝隙。鉴于细粒土不耐冲刷容易迁移的特点,严禁使用细粒土填充孔隙,避免降低路基稳定性。

此外,由于填料的不均匀性等特点,现场施工时会出现一些不良现象,如局部有超粒径铁尾矿渣,或填料有明显空洞和空隙等,需要配合工人进行超大粒径碎石的挑拣、清除、破碎或者整平、填充等作业。一般情况下,一台推土机或挖掘机应配备 2 ~ 4 人进行以上工作。对于超大粒径铁尾矿渣的处理,应先就地挖坑,将其大面朝上摆放妥当;如果不便摆放,也可将高于表面的石料部分破碎掉;如果不易破碎,则应将其清除出场。铁尾矿渣易于集中在路基边缘部位,该部位很难整平,因此路肩位置是铁尾矿渣路基摊铺与整平的薄弱环节,应高度重视。铁尾矿渣路基整平后的外观效果应达到表面基本平整顺直,没有明显的石块突出点,工作面上没有多余石料堆放,没有明显的离析现象,方可进行碾压工作。

②压实

a. 一般压实。

路基压实采用25t 重型振动压路机压实,尾矿渣路堤采用激振力 40t 以上的振动压路机进行碾压。压路机压实程序:压路机静压一遍→压路机弱振一遍→压路机强振动四遍→压路机静压一遍。静压时应低速行驶,以 3 ~ 5km/h 速度碾压。振动时由轻到重,由慢到快;从两侧向中间的顺序纵向碾压,每次轮迹重叠 40 ~ 50cm 轮宽,前后相邻区段重叠 2m。桥涵、挡墙台背回填部分采用重型压路基压实困难时,采用小型夯实机械进行补压,以保证压实度。

b. 冲击压路机增强补压。

根据设计要求,尾矿渣填石路堤纵向填挖交界处基底土层及上、下路堤顶面在按规定的压实度碾压后,还需冲击压路机进行增强补压。冲击压路机应采用能量 25kJ 以上的牵引行走式三边形压路机。尾矿渣路基分层补压每层厚度为 2m。路基顶面补压在下路堤顶面进行。冲击碾压施工段长度宜为 300 ~ 500m,行驶速度 10 ~ 15km/h,冲击碾压的转弯路段并入下一冲压施工段。冲击遍数为 20 遍,冲压后平均沉降量小于 30mm 时,不需进行冲击增强补压;若最后 5 遍的压沉量超过 20mm,分析原因并继续冲击碾压 5 遍。冲击碾压时,涵洞顶保护层厚度应大于 3m。

(4)包边土施工

铁尾矿渣路基易被水冲刷,且铁尾矿渣在空气和水的作用下,容易发生质的变化,所以其边坡防护比填土路基更为重要。铁尾矿渣路基填到需要高度后,路床应采用黏土封顶,在路基两侧加做块石码砌或土质(碎石土)包边,其主要作用是防止雨水和地表水浸入路基内部,破坏路基的整体稳定性,造成整个路面结构的耐久性降低。

包边护坡土的塑性指数以不小于 15 为宜。包边材料选用易于植被生长的黏土,包边宽度不小于 1.0m,一般在 1.0 ~ 1.5m 之间。为避免包边土和铁尾矿渣碾压后高程出现差异,包边土松铺系数一般大于铁尾矿渣松铺系数的 10% ~ 15%,所以在修筑包边土时应考虑两者松铺厚度的差值,且施工中采用先填筑包边土再填筑铁尾矿渣的办法。包边土修筑的快慢必将制约铁尾矿渣的填筑速度,实施推土机推平和人工配合整型的措施,是解决这一问题的有效措施。

包边护坡土也采取分层填筑,一般在填筑铁尾矿渣前,先填包边土并进行预压,使其较同层铁尾矿渣高出 5 ~ 8cm,然后再与该层铁尾矿渣填料同步压实,以增加结构整体性。包边土与铁尾矿渣接触面不得有大块矿渣,以保证接触面密实,避免空洞和凹槽等现象。如在雨季施工,两侧的包边土应及时设置盲沟,以利排水。盲沟材料可用砂或粒径 5 ~ 20mm 的铁尾矿渣予以夯实,盲沟间距一般为 20 ~ 30m,在路基两侧互相错开设置。

路床采用正常路基填料填筑,路床底面设置一层土工布隔离层,土工布采用反滤土工布。

(5) 收坡

路基每填筑 2m 左右时需对其进行收坡,收坡时路基宽度每侧超设计宽度不少于 30cm。

(6) 压实度控制

路基压实度是路基施工中一个极为重要的控制指标,直接影响路基的使用要求。从路基顶面到地基分为上下路床、上下路堤和地基,每一结构层的压实度及检测指标都应满足规范的规定。根据以往的施工经验,可用沉降观测法配合弯沉检测来评价其压实度。压实度检测方法:当每一铁尾矿渣摊铺层按前文所述碾压方法压实至无明显轮迹时,以每次所选测点重复碾压后沉降量的代表值小于规定值为合格,其检测频率为 8 ~ 10h/2000m^2。弯沉只在路基顶面进行检测,如果弯沉值满足设计要求,说明路基整体强度已满足要求。

在铁尾矿渣填筑层的施工质量控制过程中,可采用压实沉降量进行施工控制,控制标准为前后碾压二遍的沉降量之差小于规定值(可通过试验或施工经验合理确定),碾压即可以停止。

在实际施工中，碾压遍数确定之后，对于前面几次碾压可不进行观测，当碾压到了最后两至三遍时再测量。用碾压沉降量作为压实质量的控制指标，采用的仪器简单，易于被现场工程人员掌握。

全部施工至设计高后，静置2d，再做弯沉试验检测其强度、做承载板试验检测现场回弹模量。静置过程中应采取防止雨水浸泡措施，若被雨水浸泡，必须在静置晾晒2~3d之后才测试。

7.4.9 铁尾矿渣路基施工控制要点

(1)尾矿渣饱和抗压强度不宜低于15MPa；填料粒径如上所述，并不宜超过层厚的2/3，不均匀系数宜为15~20，岩性相差较大的尾矿渣应分层或分段填筑。路堤过渡层厚度应不大于400mm，最大粒径应小于10cm。压实指标沉降差应小于2mm，对不满足要求的应重新碾压或采取增强补压措施。

(2)尾矿渣路堤填筑施工中认真详细做好每层填石料的厚度、压实遍数、粒径施工记录，以及每一层进行碾压沉降差测量和现场密实检测。

(3)尾矿渣每层填筑厚度，在摊铺时现场由专人负责测量厚度，初平后应立即测量路基每层顶面高程，检查填筑厚度，进行找平补料，然后再用平地机进行上表面整平。

(4)对于碾压过程中尾矿渣路堤表面不平整和局部凸凹之处，人工立即进行修整或补细料，确保路基碾压密实平整，表面不积水。

(5)对于尾矿渣路堤的填料，如料源相差较大，则应将不同料源的填料分层或分段填筑。相邻区段如不在同一时间填筑，则在先填地段按不陡于1:1的坡度分层留台阶，台阶宽度不小于1m。

项目施工后的铁尾矿渣路基如图7.4-6所示。

图7.4-6 施工后的铁尾矿渣路基

7.5 煤矸石筑路技术

7.5.1 水泥稳定煤矸石基层混合料配合比优化研究

水泥稳定煤矸石基层是用水泥和煤矸石按一定配合比，加水拌和、摊铺、碾压及养护而成型的基层。混合料的配合比组成可以参照《公路路面基层施工技术细则》(JTG/T F20—2015)中水泥稳定土的相关规定。

(1) 规范对水泥稳定土混合料组成的要求

《公路路面基层施工技术细则》(JTG/T F20—2015)中对各级公路用水泥稳定土的7d浸水抗压强度作出了规定,具体要求见表7.5-1。水泥稳定煤矸石基层混合料的强度也应在满足表中的强度标准后方可用于公路工程。

水泥稳定材料的7d龄期无侧限抗压强度标准(MPa)　　表7.5-1

结构层	公路等级	极重、特重交通	重交通	中、轻交通
基层	高速公路和一级公路	5.0~7.0	4.0~6.0	3.0~5.0
	二级及二级以下公路	4.0~6.0	3.0~5.0	2.0~4.0
底基层	高速公路和一级公路	3.0~5.0	2.5~4.5	2.0~4.0
	二级及二级以下公路	2.5~4.5	2.0~4.0	1.0~3.0

注:1. 公路等级高、交通荷载等级高或结构安全性要求高时,推荐取上限强度标准。
2. 表中强度标准指的是7d龄期无侧限抗压强度的代表值。

(2)水泥稳定煤矸石基层混合料的试验方案及设计步骤

①试验方案

对水泥稳定煤矸石基层混合料配合比的优化是通过试验选取适宜稳定的煤矸石材料,确定水泥的掺加比例、煤矸石材料的级配、混合料的最佳含水率。试验中选用道清、湾沟两个产地的煤矸石。通过对煤矸石山的现场勘察和单质材料试验,发现煤矸石材料强度较低,因此将水泥稳定煤矸石基层混合料设计成悬浮结构更有利于发挥其强度优势。

影响水泥稳定煤矸石基层配合比的主要因素为水泥与煤矸石的比例和煤矸石材料的级配。由于影响因素较少,试验组数不多,可以采用全面试验法考察所有因素对试验结果的影响,从而确定最佳配合比。《公路路面基层施工技术细则》(JTG/T F20—2015)中给出了水泥稳定土基层的水泥剂量范围,参照此范围确定水泥稳定煤矸石基层水泥与煤矸石的比例。

与二灰稳定煤矸石基层材料相同,以19mm和4.75mm为界,将粒径小于37.5mm的煤矸石材料划分为粗料、中料和细料。参照《公路路面基层施工技术细则》(JTG/T F20—2015)中水泥稳定土的颗粒组成范围,选取规范级配细料:中料:粗料 =44:28:28作为煤矸石级配水平;根据对不同产地煤矸石材料筛分的试验结果选定天然级配作为煤矸石级配的水平,其中道清煤矸石天然级配10:56:34,湾沟煤矸石天然级配8:54:38,分别计算不同煤矸石天然级配和规范级配的中值级配作为煤矸石级配的水平。

通过上述分析,确定水泥稳定煤矸石基层配合比的试验方案如表7.5-2所示。

水泥稳定煤矸石基层配合比试验方案　　表7.5-2

试验编号	水泥:煤矸石	煤矸石级配
1	3:97	天然
2		中值
3		规范
4	5:95	中值
5		规范
6		天然

续上表

试验编号	水泥：煤矸石	煤矸石级配
7	7：93	规范
8		天然
9		中值

②设计步骤

a. 根据表7.5-2中确定的试验方案制备不同配合比的混合料，用重型击实试验法确定各组配合比煤矸石基层混合料的最大干密度和最佳含水率。

b. 按规定达到的压实度，以最大干密度和最佳含水率成型水泥稳定煤矸石基层混合料试件，同一配比同一龄期平行试验的试件数量应满足表7.5-2的要求。

c. 按照《公路工程无机结合料稳定材料试验规程》(JTG E51—2009)中无侧限抗压强度试验方法对试件进行养生，并对养生7d和28d的试件进行饱水无侧限抗压强度试验。

d. 计算试验结果的平均值和偏差系数。如试验结果的偏差系数大于15%，应找出原因，加以解决后重新进行试验。

e. 根据表7.5-1中的强度标准，对各组正交试验结果进行分析，选定水泥稳定不同产地煤矸石混合料的合理配合比。

(3)原材料性质

①水泥

试验选用双阳亚泰复合硅酸盐水泥，强度等级为32.5，其各项性能指标见表7.5-3。

双阳亚泰复合硅酸盐水泥各项性能指标 表7.5-3

检测项目	细度(%)	安定性	凝结时间(min)		抗折强度(MPa)		抗压强度(MPa)	
			初凝	终凝	3d	28d	3d	28d
实测值	1.5	合格	170	225	4.6	6.8	18.6	38.7
要求值	≤10.0	—	≥45	≤600	2.5	5.5	10.0	32.5

双阳亚泰复合硅酸盐水泥各项性能指标都符合技术要求，可以用于试验。

②煤矸石

试验中选用的煤矸石为吉林省道清、湾沟两地煤矸石，其中湾沟煤矸石为已燃，道清煤矸石为未燃。

(4)水泥稳定煤矸石基层混合料的配合比优化

①水泥稳定道清煤矸石基层

水泥稳定道清煤矸石基层的7d、28d无侧限抗压强度试验结果见表7.5-4。

道清煤矸石无侧限抗压强度试验结果 表7.5-4

试验编号	干密度(g/cm^3)	含水率(%)	7d龄期			28d龄期		
			平均值(MPa)	标准差(MPa)	偏差系数(%)	平均值(MPa)	标准差(MPa)	偏差系数(%)
1	2.26	5.3	1.8	0.1840	10.2	2.3	0.2668	11.6
2	2.25	5.4	2.2	0.2638	12.0	2.9	0.3016	10.4

续上表

试验编号	干密度 (g/cm³)	含水率 (%)	7d 龄期			28d 龄期		
			平均值 (MPa)	标准差 (MPa)	偏差系数 (%)	平均值 (MPa)	标准差 (MPa)	偏差系数 (%)
3	2.28	5.7	2.5	0.3175	12.7	3.8	0.5130	13.5
4	2.28	5.3	2.3	0.2975	12.9	3.7	0.3247	8.8
5	2.26	5.1	3.3	0.4569	13.7	4.5	0.3614	8.1
6	2.29	5.6	2.2	0.2993	13.9	3.1	0.4176	13.5
7	2.27	5.4	3.6	0.4752	13.2	4.5	0.5715	12.7
8	2.26	5.6	2.4	0.2574	10.7	3.8	0.4598	12.1
9	2.24	5.2	2.6	0.3536	13.6	3.2	0.4448	13.9

通过对水泥稳定道清煤矸石基层的7d和28d无侧限抗压强度试验结果进行分析，可以看出道清煤矸石采用水泥稳定的强度较低，可以应用于二级公路底基层及二级以下公路基层和底基层中。对正交试验结果的分析表明，第7组试验为最优配合比。7d强度满足规范对基层强度要求的配比均可应用于实际工程中，但是水泥用量过大会对煤矸石基层材料的收缩性能产生影响，因此，经综合分析考虑后确定水泥稳定道清煤矸石的最优级配为水泥：煤矸石＝5：95，煤矸石采用中值级配。

②水泥稳定湾沟煤矸石基层

水泥稳定湾沟煤矸石基层的7d、28d无侧限抗压强度试验结果如表7.5-5。

湾沟煤矸石无侧限抗压强度试验结果　　表7.5-5

试验编号	干密度 (g/cm³)	含水率 (%)	7d 龄期			28d 龄期		
			平均值 (MPa)	标准差 (MPa)	偏差系数 (%)	平均值 (MPa)	标准差 (MPa)	偏差系数 (%)
1	1.98	12.1	1.9	0.1675	8.8	2.7	0.2820	10.4
2	1.95	11.8	2.1	0.2402	11.4	3.3	0.4189	12.7
3	1.93	11.2	2.5	0.2278	9.1	3.8	0.4768	12.5
4	1.91	11.4	2.8	0.2131	7.6	3.6	0.3962	11.0
5	1.94	11.2	3.2	0.3334	10.4	4.4	0.4362	9.9
6	1.96	11.6	2.5	0.2379	9.5	3.1	0.3778	12.2
7	2.01	11.8	3.7	0.4517	12.2	5.3	0.7054	13.3
8	1.92	12.4	3.0	0.4205	14.0	4.2	0.5923	14.1
9	1.96	11.5	3.0	0.3327	11.1	3.9	0.5240	13.4

通过对水泥稳定湾沟煤矸石基层的7d和28d无侧限抗压强度试验结果进行分析，可以看出湾沟煤矸石采用水泥稳定的强度较低，可应用于二级公路底基层及二级以下公路基层或底基层中。对正交试验结果的分析表明，第7组试验为最优配合比，但是第5组试验（水泥：煤矸石＝5：95，为煤矸石规范级配）也满足规范对基层强度的要求。同时水泥用量过大会对煤矸石基层材料的收缩性能产生影响，因此，经综合分析考虑后确定水泥稳定湾沟煤矸石的最优

级配为水泥：煤矸石 = 5：95，煤矸石采用规范级配。

③优化后水泥稳定煤矸石基层材料配合比

两种不同产地煤矸石进行正交试验设计优化后，各种材料的配合比如表 7.5-6 所示。

优化后水泥稳定煤矸石基层配合比 表 7.5-6

煤矸石产地	水泥：煤矸石	煤矸石级配（细：中：粗）
道清	5：95	中值（27：42：31）
湾沟	5：95	规范（44：28：28）

在配合比优化后的各不同产地煤矸石材料配合比基础上进一步研究水泥稳定煤矸石基层混合料的长期强度、抗冻性能、抗冲刷性能和收缩性能等耐久性能。

7.5.2 力学性能

（1）无侧限抗压强度

对配合比优化后的二灰稳定和水泥稳定煤矸石基层材料的不同龄期无侧限抗压强度进行试验，结果如表 7.5-7 和表 7.5-8 所示。

二灰稳定煤矸石基层无侧限抗压强度试验结果 表 7.5-7

产地	配合比	7d 龄期		28d 龄期		90d 龄期		180d 龄期	
		抗压强度（MPa）	偏差系数（%）	抗压强度（MPa）	偏差系数（%）	抗压强度（MPa）	偏差系数（%）	抗压强度（MPa）	偏差系数（%）
道清	8：22：70	1.19	14.6	3.27	14.5	4.34	13.7	5.20	13.7
	8：17：75	0.95	13.1	2.76	11.2	4.07	9.6	4.92	13.7
湾沟	8：22：70	0.99	15.0	1.92	14.7	2.66	14.7	2.96	11.6

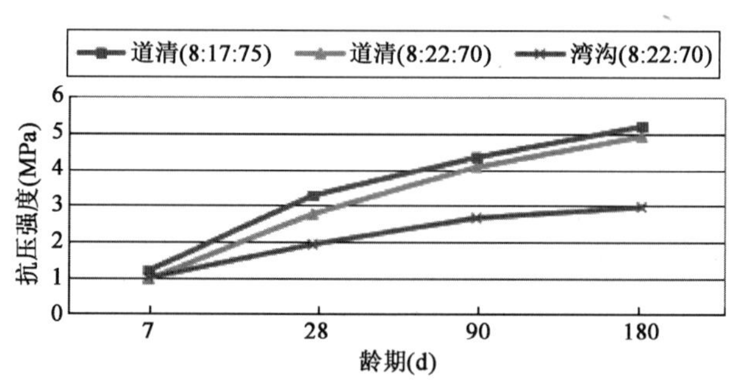

图 7.5-1 二灰稳定煤矸石基层抗压强度结果分析

从图 7.5-1 可以看出，随着龄期的增加，二灰稳定煤矸石基层混合料的无侧限抗压强度不断增加。两种煤矸石基层中道清（8：22：70）的 7d 无侧限抗压强度较高，且后期强度较大，满足基层施工规范对二灰稳定类材料强度的要求，可以应用于高速公路和一级公路的基层；湾沟煤矸石的无侧限抗压强度相对较小，推荐应用于二级及二级以下公路的基层。

水泥稳定煤矸石基层无侧限抗压强度试验结果　　表 7.5-8

产地	配合比	7d 龄期		28d 龄期		90d 龄期		180d 龄期	
		抗压强度（MPa）	偏差系数（%）	抗压强度（MPa）	偏差系数（%）	抗压强度（MPa）	偏差系数（%）	抗压强度（MPa）	偏差系数（%）
道清	5 : 95	2.21	13.2	2.97	13.1	3.67	14.4	4.96	14.6
湾沟	5 : 95	2.89	12.8	3.06	12.4	4.66	10.2	5.88	13.0

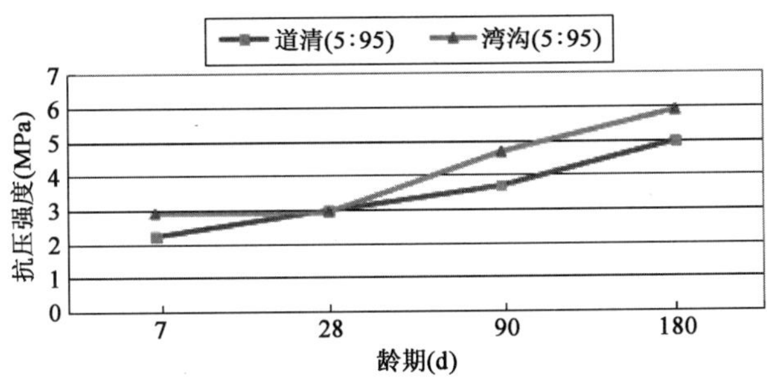

图 7.5-2　水泥稳定煤矸石基层抗压强度结果分析

从图 7.5-2 可以看出，随着龄期的增加，水泥稳定煤矸石基层混合料的无侧限抗压强度不断增加。三种不同配合比的煤矸石基层中湾沟的 7d 无侧限抗压强度较大，可应用于二级及二级以下公路的基层；道清煤矸石的 7d 无侧限抗压强度较小，推荐应用于二级及二级以下公路的底基层。

从二灰稳定和水泥稳定两种煤矸石的试验结果可以看出，道清煤矸石采用二灰稳定具有较高的强度，而湾沟煤矸石采用水泥稳定强度相对较高。

(2) 劈裂强度

路面材料的抗拉强度主要由混合料中结合料的黏结力所提供。绘制应力-应变曲线，取曲线的最大应力值作为抗拉强度，可以采用直接拉伸试验或间接拉伸试验。由于直接拉伸试验易于偏心，会对数值较小的拉伸强度产生较大的误差，而间接拉伸试验（即劈裂试验）在切向受拉应力的同时径向受压，其受力状态较之单向受拉的直接拉伸更接近于实际路面结构，因此，劈裂试验在实际工程中广泛应用。

对配合比优化后的二灰稳定和水泥稳定煤矸石基层材料 28d 龄期间接抗拉强度进行试验，结果如表 7.5-9 所示。

煤矸石基层劈裂强度试验结果　　表 7.5-9

煤矸石产地	二灰稳定煤矸石			水泥稳定煤矸石		
	配合比	劈裂强度（MPa）	偏差系数（%）	配合比	劈裂强度（MPa）	偏差系数（%）
道清	8 : 22 : 70	0.28	13.9	5 : 95	0.52	14.6
	8 : 17 : 75	0.26	12.9			
湾沟	8 : 22 : 70	0.24	14.8	5 : 95	0.50	11.2

从表 7.5-9 中可以看出，二灰稳定煤矸石基层的抗拉强度较水泥稳定煤矸石基层抗拉强

度小;同龄期二灰稳定碎石基层的抗拉强度约为0.22MPa,同龄期水泥稳定碎石基层的抗拉强度约为0.4MPa,煤矸石基层材料的劈裂强度与无机结合料稳定碎石基层材料的劈裂强度相当或略高,说明无机结合料稳定煤矸石基层具有良好的抗拉性能;无论二灰稳定煤矸石基层还是水泥稳定煤矸石基层,未燃煤矸石的劈裂强度高于已燃煤矸石。

7.5.3 变形性能

路面结构层在车轮荷载作用下的应力、应变和位移量不仅与荷载的量级有关,还取决于路面材料的应力-应变特性。无机结合料稳定煤矸石基层材料的应力-应变特性可以采用回弹模量来表征。回弹模量可以通过室内试验确定的应力-应变关系曲线求得,无机结合料稳定基层材料的应力-应变曲线常呈现出非线性特征,但是在应力级位较低时,应力-应变曲线可以近似看作是线性的。

对配合比优化后的水泥稳定煤矸石基层材料成型试件,标准养护90d后进行回弹模量试验,结果如表7.5-10所示。

水泥稳定煤矸石基层材料回弹模量试验结果　　表7.5-10

煤矸石配合比	道清(5:95)	湾沟(5:95)
回弹模量(MPa)	954	452
偏差系数(%)	19.91	19.09

从表7.5-10中的试验数据可以看出,煤矸石基层材料的回弹模量试验数据虽然具有较大的离散性,但是能够满足《公路工程无机结合料稳定材料试验规程》(JTG E51—2009)中对回弹模量试件数量及偏差系数的要求;试验结果中未燃煤矸石基层的回弹模量较已燃煤矸石基层的回弹模量大,与同龄期水泥稳定碎石基层材料的回弹模量相比偏小,采用无机结合料稳定煤矸石基层时应通过计算确定煤矸石基层的合理厚度。

7.5.4 抗冻性能

在寒冷地区应用煤矸石基层,要求其具有足够的抗冻性能。尤其在寒冷气度潮湿路段上,路面基层或底基层内有可能产生聚冰带,到春融化冻期间,基层材料的强度会明显下降,导致路面整体承载能力下降,甚至出现破坏。因此,在寒冷地区修筑的无机结合料稳定煤矸石基层材料要具有良好的抗冻性能。

对配合比优化后的二灰稳定和水泥稳定煤矸石基层材料28d龄期冻融无侧限抗压强度和28d龄期冻融劈裂强度进行试验,结果见表7.5-11和表7.5-12。

二灰稳定煤矸石基层抗冻性能试验结果　　表7.5-11

产地	配合比	28d龄期		28d龄期		残留抗压强度(%)
		抗压强度(MPa)	偏差系数(%)	冻融抗压强度(MPa)	偏差系数(%)	
道清	8:22:70	3.27	14.5	2.88	13.1	88.07
	8:17:75	2.76	11.2	2.37	14.2	85.87
湾沟	8:22:70	1.92	14.7	1.59	12.0	82.81

《公路沥青路面设计规范》(JTG D50—2006)对石灰粉煤灰稳定类材料抗冻性能提出了要求,在重冻区要求残留抗压强度比不小于70%。从表7.5-11可以看出,二灰稳定煤矸石基层材料试件经5次冻融后仍具有较高的抗压强度,其残留抗压强度均在80%以上,说明二灰稳定煤矸石基层混合料具有足够的冻稳性。

水泥稳定煤矸石基层抗冻性能试验结果　表7.5-12

产地	配合比	28d 抗压强度 (MPa)	28d 冻融抗压强度 (MPa)	残留 抗压强度 (%)	28d 劈裂强度 (MPa)	28d 冻融劈裂 (MPa)	残留 劈裂强度 (%)
道清	5:95	2.97	2.60	87.7	0.52	0.37	71.2
湾沟	5:95	2.93	2.13	72.6	0.50	0.44	88.0

参照《公路沥青路面设计规范》(JTG D50—2006)对水泥稳定类材料抗冻性能提出的要求,从表7.5-12的试验结果可以看出,经5次冻融循环后的水泥稳定煤矸石基层材料试件的抗冻性能较好,可以应用于寒冷地区公路基层中。

7.5.5　抗冲刷性能

无论是沥青路面还是水泥混凝土路面,在面层出现裂缝后,都不可避免的要有水分渗入路面结构层。下渗的水分往往不能及时排出,在裂缝中以自由水的形式存在,导致裂缝附近的基层材料过于潮湿。在行车荷载的作用下,路面结构层内或基层材料中的自由水会产生相当大的动压力使得基层材料中的细料受到冲刷。在行车荷载反复作用下,细料浆被逐渐挤压出裂缝,形成面层裂缝处的唧浆现象。一旦基层材料产生冲刷,将导致面层与基层之间形成脱空现象,加速公路的破坏,影响其正常使用性能。因此,应对煤矸石基层的抗冲刷性能进行试验研究。

(1)试验目的

目前半刚性基层材料的抗冲刷性能试验并没有形成统一的试验规程,该项目采用长安大学硕士学位论文《半刚性基层材料抗冲刷性能试验研究》中提出的试验装置和试验方法,在长安大学道路材料实验室对无机结合料稳定煤矸石基层材料进行了冲刷试验,分析煤矸石基层材料的抗冲刷性能。

(2)试验设备

冲刷筒、冲刷试验机、方孔筛、击锤和导管、试模(ϕ150mm×150mm)、拌和工具、刮土刀、烘箱、脱模器、量筒、台秤、水槽、养护室等。冲刷设备见图7.5-3。

图7.5-3　冲刷试验机加载及冲刷筒示意图

(3)试验步骤

①试验试件的制备与无侧限抗压强度相同,为保证冲刷试验的准确性,成型4个平行试件。

②试件脱模称重后,采用塑料袋包覆,并立即放入养护室进行养护,养护时间为90d。养护期结束前一天将试件在

室温下饱水24h。

③将浸水一昼夜的试件从水中取出，用软布吸去试件表面的可见自由水，并称试件的重量。

④将准备好的试件放入冲刷筒内，通过专用夹具将试件固定在筒底面。为保护试件免受夹具的损伤，在试件与夹具间沿着径向垫一层胶皮垫。然后将装有试件的冲刷筒固定在冲刷试验机上。

⑤向筒内注入清水，水面应高于试件顶面5mm。设置冲刷试验机的施力状态，冲击力大小为0.5MPa，冲刷作用的频率为10Hz，冲刷时间为30min。

⑥冲刷完成后，将冲刷筒从冲刷机底板上卸下，把筒中浑浊的水连同冲刷物小心地倒入金属盆中进行沉淀12h后，将盆中上部的清水小心地倒出，剩下的沉淀物放入烘箱中烘干，然后称重，得到30min的累计冲刷量。试验冲刷筒及冲刷沉淀物见图7.5-4。

图7.5-4　试验冲刷筒及冲刷沉淀物

⑦对试验数据进行处理，将平行试件的试验结果取平均值作为最终结果，结果见表7.5-13。

水泥稳定煤矸石基层材料冲刷试验结果　　表7.5-13

煤矸石产地		道清(5:95)	湾沟(5:95)
30min累计冲刷量(g)	试件1	10.63	11.97
	试件2	24.54	16.08
	试件3	13.07	8.99
	试件4	11.89	14.12
	平均值	15.03	12.79

(4)试验结果及分析

对配合比优化后的无机结合料稳定煤矸石基层混合料进行冲刷试验，水泥稳定煤矸石基层材料30min累计冲刷量如表7.5-14所示。

水泥稳定煤矸石试件冲刷中，水稳道清和水稳湾沟煤矸石抗冲刷性能较好，冲刷30min后，整体性保持较好，冲刷物几乎全部为细料，如图7.5-5所示。

二灰稳定煤矸石基层材料30min累计冲刷量如表7.5-14所示。

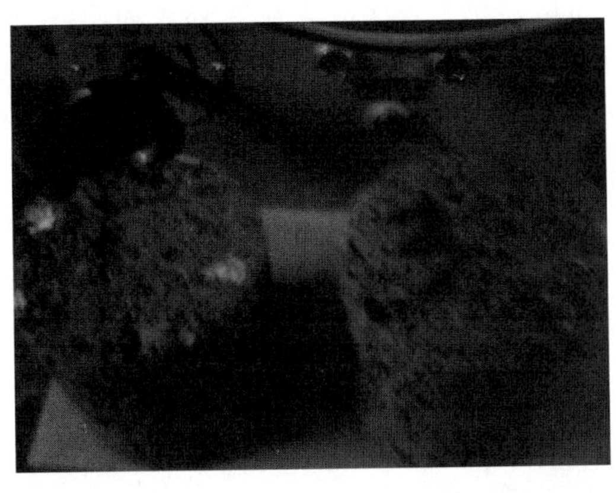

图7.5-5　水泥稳定湾沟煤矸石和道清煤矸石冲刷30min后试件

二灰稳定煤矸石基层材料冲刷试验结果　　表7.5-14

煤矸石产地		道清(8∶22∶70)	道清(8∶17∶75)	湾沟(8∶22∶70)
30min 累计冲刷量(g)	试件1	71.98	247.00	283.46
	试件2	29.95	318.94	360.56
	试件3	50.11	271.18	315.21
	试件4	46.78	324.76	396.54
	平均值	49.71	290.47	339.94

二灰稳定湾沟煤矸石在冲刷15min后，破坏严重，有大约2/5被损坏掉，无法进行后15min冲刷，试件如图7.5-6所示。二灰稳定道清(8∶17∶75)煤矸石冲刷30min后，破坏程度好于二灰稳定湾沟煤矸石。二灰稳定道清(8∶22∶70)煤矸石抗冲刷性能最好，冲刷30min后只是边角出现局部破坏。二灰道清冲刷试件及冲刷后示意图如图7.5-7～图7.5-9所示。

图7.5-6　二灰湾沟冲刷试件

图7.5-7　二灰道清(8∶22∶70)冲刷试件

试验结果分析：

①水泥稳定煤矸石试件的冲刷性能明显优于二灰稳定煤矸石试件。由90d无侧限抗压强度试验结果可知，水泥稳定基层材料强度高于二灰稳定基层材料。在集料一定情况下，由于水泥石的强度较高，细颗粒与细颗粒之间的黏聚力及其细颗粒在粗颗粒上的黏附力较大，结构稳

定,宏观上表现出具有较好的抗冲刷能力,冲刷 15min 后仍大致保持整体性,试件表面的细料被水冲刷损失,粗集料裸露,使表面变得粗糙,冲刷物中基本没有大的颗粒,且后 15min 的冲刷量较前 15min 减少;而二灰稳定基层材料中,在荷载和水的双重作用下,前 15min 的冲刷使材料产生结构性破坏,整体性损失严重,冲刷物中有较大颗粒,使后 15min 的冲刷量明显增多。

图 7.5-8　二灰道清(8:22:70)冲刷后

图 7.5-9　二灰道清(8:17:75)冲刷后

②对于同一集料的二灰煤矸石,二灰比为 8:22 要优于二灰比为 8:17,也就是说,在其他条件不变的情况下,随着结合料的增加,火山灰反应较为充分,相应地生成的水化胶凝产物也较多,集料之间黏聚力增强,抗冲刷能力提高。所以,基层的级配相当重要,不同配合比下的材料对应的水损害存在差异,因而在水易对半刚性基层材料造成冲刷的地区,在配合比设计时,应当考虑材料的抗冲刷性能。

对于无机结合料稳定煤矸石材料来说,在冲刷开始的阶段冲刷量较大,随着冲刷时间的延长,冲刷量增长缓慢,并趋于稳定。其冲刷总量与混合料中细粒部分的含量有很大关系。由于煤矸石的矿物成分、物理力学性质变异性较大,无机结合料稳定煤矸石材料的抗冲刷性能除受到以上结合料种类、剂量影响外,还与煤矸石自身的性质有很大关系,一般而言,煤矸石强度、压碎值能够满足规范要求,且遇水后性质变化不大的煤矸石在通常的结合料用量条件下抗冲刷性能也基本能够满足使用要求。

7.5.6　收缩性能

作为半刚性基层的一种,煤矸石基层同样存在着脆性大、抗变形能力差等缺点,在温湿度变化及荷载的作用下易产生开裂,形成路面反射裂缝。通常情况下因含水率减小而引起的干燥收缩和因温度降低而引起的温度收缩的综合作用导致了道路基层的开裂破坏,引起路面非荷载型裂缝的产生。

(1)温度收缩性能

吉林省三个产地煤矸石的两种不同稳定形式基层混合料温缩试验结果见表 7.5-15。

从温度收缩试验结果可以看出,不同煤矸石基层材料温缩系数具有大致相同的变化趋势,在初期平均温缩系数最大,随后明显减小;已燃煤矸石基层试件相较于未燃煤矸石基层温缩系数偏小,这是由自燃煤矸石的特点决定的。自燃煤矸石经过高温煅烧后往往含有大量的孔隙结构,煤矸石混合料的总体比表面积增大,从而使得胶结物对温缩性的贡献增加,宏观上表现为温缩系数的增大；在试验的其他阶段，各试样的温缩系数随着温度的降低表现出相同的趋势，没有出现大的变化；由道清二灰1、2的温缩系数比较可知，当混合料的级配变细或者煤矸石含量减小时，相应试件的温缩系数增加，这主要是因为混合料中细颗粒成分的增加造成的；在低温状态下，二灰煤矸石基层相比水稳煤矸石基层的温缩系数偏小。

煤矸石温度收缩试验结果　　表7.5-15

煤矸石稳定类型		温度(℃)								平均温缩系数
		35	25	15	5	-5	-15	-25	-35	
水稳道清	温缩应变(με)	3	152	286	371	474	586	681	781	11.2
	温缩系数(με/℃)		14.9	13.4	8.5	10.3	11.2	9.5	10.0	
水稳湾沟	温缩应变(με)	0.0	100.0	243.0	352.0	473.0	584.0	728.0	831.0	11.9
	温缩系数(με/℃)		10.0	14.3	10.9	12.1	11.1	14.4	10.3	
二灰道清1	温缩应变(με)	1	145	256	371	451	555	654	739	10.6
	温缩系数(με/℃)		14.4	11.1	11.5	8.0	10.4	9.9	8.5	
二灰道清2	温缩应变(με)	4	123	224	328	423	494	575	683	9.8
	温缩系数(με/℃)		11.9	10.1	10.4	9.5	7.1	8.1	10.8	
二灰湾沟	温缩应变(με)	0.0	135.0	234.0	346.0	453.0	556.0	672.0	764.0	10.9
	温缩系数(με/℃)		13.5	9.9	11.2	10.7	10.3	11.6	9.2	

(2)干燥收缩性能

无机结合料稳定煤矸石基层作为一种散粒体材料，经拌和压实成型后，由于水分挥发和混合料内部的水化作用，混合料水分不断减少，由此发生的毛细管作用、吸附作用、分子间力作用、材料矿物晶体或凝胶体间层间水的作用和碳化作用等会引起基层材料的体积收缩，进而可形成基层的收缩裂缝。荷载及温度作用下，基层的裂缝会反射到沥青面层中，严重地影响沥青面层的使用品质及寿命。因此，研究煤矸石基层材料的干缩特性，对减少反射裂缝、提高路面使用寿命具有重大意义。该项目采用电测法进行煤矸石基层材料的干燥收缩试验，分析其干燥收缩性能。

①试验设备

高低温环境箱、DH3819应变仪、应变片、方孔筛、击锤和导管、拌和工具、刮土刀、烘箱、中梁试模(100mm×100mm×400mm)、脱模器、量筒、台秤、养护室等。

②试验步骤

根据混合料的最大干密度和最佳含水率,用静压法成型三根中梁平行试件(100mm×100mm×400mm),两根用于应变平行测试,一根用于含水率测定,试验试件见图7.5-10。成型后立即用塑料袋包裹并在标准养护条件下(20℃±2℃,湿度>90%)养护7d。试件养护1~2d后,将用于应变测定的试件上的塑料袋暂时去掉,在试件两个对应侧面上预定的贴片区用相应的结合料浆涂层,然后重新包裹试件。

图7.5-10 试验试件

养护完毕后,对涂层进行打磨,打磨的标准是涂层能够填充试件表面的孔隙或坑槽,但不能成层。然后在试件两侧中轴线方向紧密牢固地贴上应变片。

将两个应变片串联接入应变仪,再将连接好的试样连同温度补偿片一起放入。

对吉林省两个产地煤矸石的两种不同稳定形式基层混合料进行了干燥收缩试验,具体试验结果如表7.5-16和表7.5-17所示。

二灰稳定煤矸石干燥收缩试验结果 表7.5-16

时间	二灰稳定煤矸石								
	湾沟			道清1			道清2		
Δt	$\Delta\omega$ (%)	$\Delta\varepsilon$ (με)	a_{ij} (με/%)	$\Delta\omega$ (%)	$\Delta\varepsilon$ (με)	a_{ij} (με/%)	$\Delta\omega$ (%)	$\Delta\varepsilon$ (με)	a_{ij} (με/%)
23:00—1:00	0.824	-25.5	-30	0.614	-31.5	-51	0.551	-57	-103
1:00—3:00	0.559	-30	-53	0.518	-26.5	-51	0.430	-24.5	-56
3:00—5:00	0.412	-32	-77	0.355	-21	-59	0.269	-14.5	-53
5:00—7:00	0.368	-14	-38	0.355	-21.5	-60	0.296	-24	-81
7:00—9:00	0.294	-36.5	-124	0.286	-21	-73	0.229	-29.5	-128
9:00—11:00	0.235	-4.5	-19	0.205	-20.5	-100	0.175	-5.5	-31
11:00—13:00	0.235	-14.5	-61	0.164	-17.5	-106	0.161	-6	-37
13:00—15:00	0.177	-1	-5.6	0.164	-15.5	-94	0.148	-16.5	-111
15:00—17:00	0.191	-4.5	-23	0.150	-13	-86	0.094	-10.5	-111
17:00—19:00	0.132	-0.5	-3	0.150	-11	-73	0.134	-5	-37
19:00—21:00	0.177	-3	-16	0.123	-11.5	-93	0.121	-7	-57
21:00—23:00	0.132	-4.5	-34.0	0.109	-9.5	-87	0.108	-9	-83
平均a_{ij}(με/%)			-41			-78			-74

从干燥收缩试验结果可以看出,对于同种煤矸石,用二灰稳定的基层材料的干缩系数要小于用水泥稳定的煤矸石基层材料的干缩系数;在两种无机结合料稳定的基层材料中,已燃煤矸

石组成的试件的干缩系数明显小于未燃煤矸石试件，已燃煤矸石中的石英含量普遍高于未燃煤矸石，一定程度上使得已燃煤矸石基层材料具有较好的干缩性能；从二灰道清1、2的干缩结果可以看出，粗集料含量较多时，基层材料的干缩性能略好，混合料偏粗时，最大干密度较大，集料总体比表面积和孔隙率减少，从而较小了表面张力、吸附水和分子间力以及层间水的作用范围，使其干缩性能略有提高。

水泥稳定煤矸石干燥收缩试验结果　　表7.5-17

时　间	水泥稳定煤矸石					
	道清			湾沟		
Δt	$\Delta\omega$ (%)	$\Delta\varepsilon$ (με)	a_{ij} (με/%)	$\Delta\omega$ (%)	$\Delta\varepsilon$ (με)	a_{ij} (με/%)
23:30—1:30	0.286	-52	-181	0.747	-63.5	-85
1:30—3:30	0.191	-40.5	-212	0.611	-40	-65
3:30—5:30	0.167	-23	-137	0.421	-22.5	-53
5:30—7:30	0.155	-25	-161	0.353	-31	-87
7:30—9:30	0.107	-23	-214	0.285	-27	-94
9:30—11:30	0.119	-14.5	-121	0.231	-14.5	-62
11:30—13:30	0.119	-21	-176	0.217	-18	-82
13:30—15:30	0.036	-7	-194	0.122	-23.5	-192
15:30—17:30	0.072	-10	-138	0.136	-12	-88
17:30—19:30	0.084	-20	-238	0.149	-7	-46
19:30—21:30	0.060	-16	-266	0.122	-9.5	-77
21:30—23:30	0.060	-12.5	-208	0.109	-5	-45
平均 a_{ij}(με/%)			-187			-81

7.6　技术小结

鹤大高速公路建设中开展了废弃材料包括隧道弃渣、工业废弃物尾矿渣以及煤矸石在路基、路面中的应用技术，节省了大量的路线外取土，节约了土地资源，也减少了废旧材料的占地。

(1)利用隧道弃渣生产生态砌块用于边坡防护、生产机制砂用于填筑路基，将弃渣就地消化，减少大量的弃方及借土填筑路堤占用的农田耕地面积，最大限度的合理利用资源，降低公路建设给沿线带来的自然环境破坏，并降低工程造价。

(2)为了更好地利用弃渣弃方，系统分析了弃渣弃方巨粒土路基的特点与关键问题、巨粒土填料的物理力学特性以及稳定与沉降机理，结合鹤大高速公路的工程特点，提出了巨粒土填料路基的施工工艺与质量控制技术。

(3)采用隧道弃渣加工机制砂，代替天然河砂用于结构水泥混凝土中，不仅可提高混凝土强度，改善抗冻性，还实现了废弃材料的充分利用，节约了资源，减少河砂开采，最大限度地保护了生态环境。

(4)将尾矿渣、煤矸石作为填料修筑公路基层,不仅能提高路用性能,还大量消耗煤矸石材料,减少对土地资源的占用,降低公路建设成本,具有资源利用、经济环保等优点。

通过系统研究,形成了工程废弃材料综合利用成套技术,推动了工业和矿业废弃材料在公路工程中的循环利用,节约资源,减少占地。

第8章　公路建设水环境保护技术

鹤大高速公路地处典型的寒冷季冻地区，沿线附属服务设施的运营不可避免的会产生大量污水，但当水温低于10℃时，微生物活性迅速降低，导致处理效果急剧下降。为解决服务区污水处理冬季难达标的问题，开展了科技攻关项目"季冻区服务区污水处理与回用技术推广应用"，突破解决了季冻区服务区低温污水处理难达标的关键技术难题。

同时，鹤大高速公路沿线湿地分布众多，公路路线穿过湿地或挤占湿地，对湿地原有生态环境和水流系统造成影响，这种影响在施工期间就逐渐反映出来，会造成湿地内水生植物和树木的死亡，还会污染原有水生鱼类、两栖类动物的生存环境。为了保障路线经过的湿地路段水系连通，保护湿地系统的稳定性，结合鹤大高速公路建设，开展了"基于生态补偿的湿地营造技术研究应用"，使湿地的服务功能得到了更好发挥。

8.1　季冻区服务区污水处理与回用技术

8.1.1　适合季冻区需求的服务区污水处理基础工艺筛选

为了研究季冻区公路附属设施污水处理技术，需要对其所产生污水的水量、水质情况进行科学分析，一方面能保证区域内产生的污水能够全部得到净化，又不造成基建及设备投资浪费，另一方面可以有针对性地采取适宜的污水处理工艺，获得稳定满意的污水处理效果。公路沿线附属设施中收费站、养护工区及管理中心、隧道管理站等人员较固定，常年污水水量及水质变化并不大。服务区污水主要来自流动人员，常驻人员产生的生活污水比例较低，因而污水量在一天中的不同时段会产生较大的波动，在交通高峰时段产生的污水量明显高于其他时段。对敦化服务区的车辆驶入量和污水量进行了实地统计监测（图8.1-1），发现该服务区污水水量的变化与车流量有关。对敦化服务区污水水质进行了分时段监测，同时记录当时的服务区车辆驶入情况。分析结果显示，由于中午的车辆进入服务区数量明显高于其他时段，化学需氧量（COD）、悬浮物（SS）和总磷含量（TP）在中午12点时明显高于其他时间，氨氮含量也随时间的不同而产生变化（图8.1-2）。对靖宇服务区原水进行连续的不同季节水质监测（图8.1-3）。结果表明，不同时间进水水质变化较大，主要表现为COD普遍较高，且春季（2、4、5月）低于秋季（9、10月）；NH_3-N、TP变化较一致，每年的五月份较高，其余月份略低，可能是由于五一旅游导致冲厕及餐饮废水增多的缘故。污水处理过程需要控制的水质指标主要是SS、COD、BOD_5、氨氮、TP，其冬季污水处理很难正常达标排放。

为了解季冻区公路污水处理工艺现状，通过现场调研和查阅环保验收报告，对我国黑龙江、吉林、辽宁、内蒙古、新疆、甘肃、宁夏、青海8个省（自治区）的130处公路沿线附属设施的污水处理工艺进行统计，以接触氧化和A/O等生化工艺为主。生化工艺发挥核心作用的微生物处理效果受温度影响较大，尤其是当水温低于10℃时，微生物活性迅速降低，导致处理效果急剧下降。因此，污水处理工艺的选择对最终处理效果至关重要。

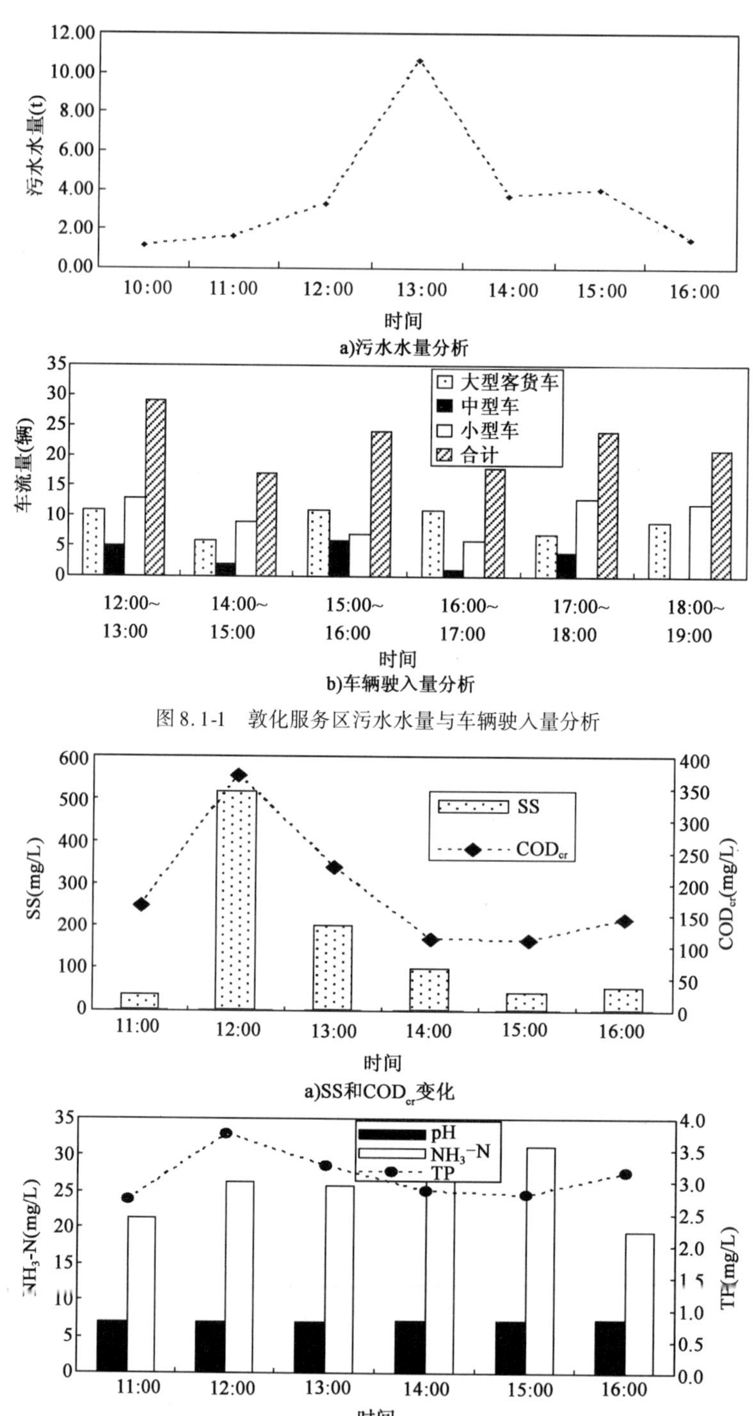

图8.1-1　敦化服务区污水水量与车辆驶入量分析

图8.1-2　敦化服务区水质日变化情况

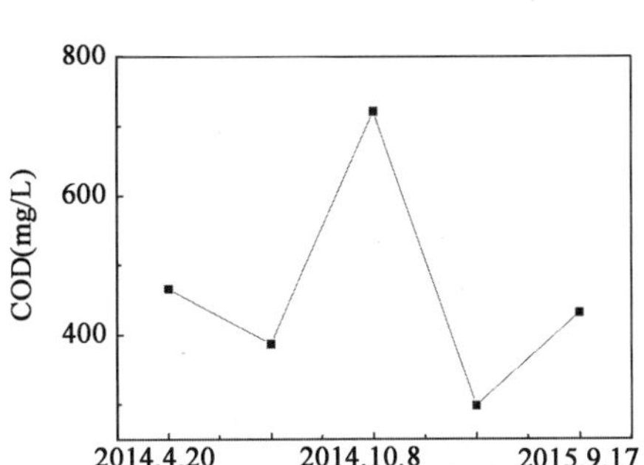

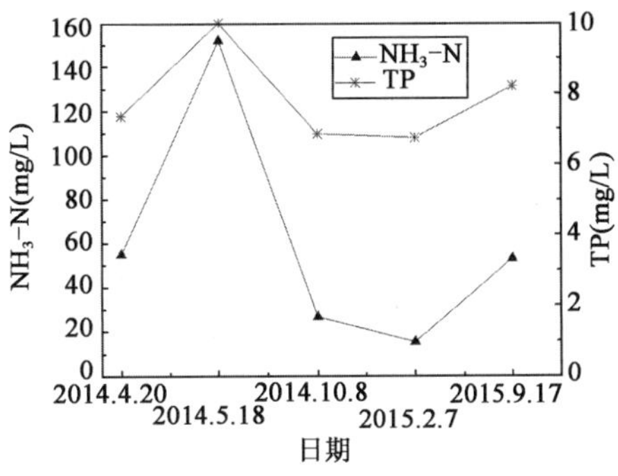

图 8.1-3　靖宇服务区原水水质季节变化情况

结合季冻区公路沿线附属设施污水处理对实现有机物去除和脱氮除磷的实际需求，兼顾降低管理养护和保证经济效益的需求，经过广泛工艺比选（表 8.1-1），提出了生物滤池和人工湿地这两种污水处理技术。在季冻区，如果需达到一级排放标准，可以选用生物滤池工艺；如果希望获得更好的处理效果，可以考虑将生物滤池与人工湿地顺序串联、有机组合、优势互补，生物滤池去除主要的有机物和氨氮，人工湿地深度脱氮除磷。由于主要污染负荷在生物滤池中已经去除，湿地面积可以极大缩小，有机物堵塞问题可有效缓解。

主要污水处理技术对公路附属设施适宜性评估　　表 8.1-1

工艺类型	化粪池	接触氧化	生物滤池	水处理工艺	人工湿地
除 COD 效果	差	一般	好	很好	好
脱氨氮效果	差	一般	好	好	一般
脱总氮效果	差	不好	一般	一般	好
除磷效果	差	较好	一般	一般	很好
运行维护需求	低	日常维护	简单	维护较复杂	低
设备投资	低	中	中	高	中
运行费用	低	较高	低	高	低
低温适应性	有一定适应性	好	一般	很好	差
是否需要深度处理	是	否	否	否	低温时需要
占地面积	小	较小	较小	小	较大

8.1.2　多介质生物生态协同处理技术模式扩充研究

为了进一步提升处理效果和低温适应性，降低运行成本和管理养护操作；通过改良微生物载体、投加专属微生物，优化形成多介质生物滤池技术。从深层布水设计、填充复合滤料、潮汐式运行等方面优化形成潮汐流人工湿地。将多介质生物滤池与多介质生态湿地技术集成形成多介质生物生态协同处理技术，优势互补，实现生物生态协同处理。

作为一项开放的污水处理新技术，为进一步提高技术对不同水质排放要求的可扩充性，开展技术模式的扩充研究。根据多种处理要求，扩充形成了不尽相同的四种多介质生物生态协同处理技术模式：多介质生物滤池、多介质生物滤池 + 潮汐流人工湿地、多介质生物滤池 + 潮汐流人工湿地 + 植物贮水塘、多介质生物滤池 + 多介质生态湿地 + 亚表层渗滤模式。

多介质生物滤池作为多介质生物生态协同处理技术基础单元，是整个处理技术的核心。

多介质生物滤池分隔为不同区域,设置不同的曝气量,多孔载体内部自外而内交替形成好氧、兼氧、缺氧和厌氧不同环境,提高了微生物菌群的生物多样性,增强系统抗冲击性,通过生物降解、吸附和物理化学过程等综合作用,使有机物和氮磷有效降解。在每个区域的多介质生物滤池内,悬浮载体与水呈完全混合状态,微生物生长环境为气、液、固三相,载体在水中的碰撞和剪切作用,使空气气泡更细小,增加了氧气利用率,从而可采用间歇曝气的运行方式,将微生物反应控制在内源呼吸阶段,大幅降低运行电耗,减少污泥排放。由于采取序批式曝气启停的运行方式,悬浮载体在多介质生物滤池内呈翻滚和静置不同状态,实现了载体自身循环冲刷,从而省去设置反冲洗装置及其控制系统,减少运行成本,可实现无人值守管理(图 8.1-4、图 8.1-5)。

图 8.1-4　改性固定微生物载体照片

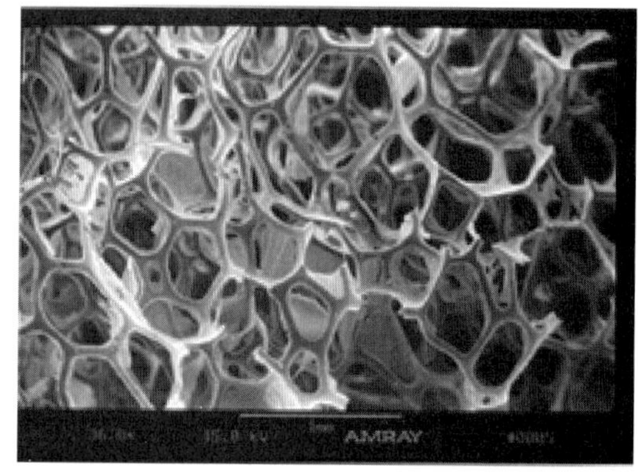

图 8.1-5　改性固定微生物载体 SEM 图

为方便统一加工、运输,研究开发形成标准化结构,根据功能不同,分为兼氧区、好氧区和沉淀区三部分(图 8.1-6)。其中兼氧区设置微曝气除臭设施,并起到一定预氧化作用,调节后续好氧区微生物营养结构,达到微生物筛选目的;好氧区通过间歇曝气,使悬浮载体呈翻滚、静置交替状态,根据功能需要,可投加具备脱氮除磷、噬油或耐低温等功能的专属菌种,强化处理功能;沉淀区分为两格,前一格为普通折流沉淀池,后一格设为斜板沉淀池,实现应急除磷沉淀功能。在高寒地区可增设水热交换等增温设施,提高低温处理效果。采用多介质生物滤池模式处理水质优于综合排放一级标准,可稳定达到城镇污水处理厂一级 B 标准,适合绝大多数服务区应用。

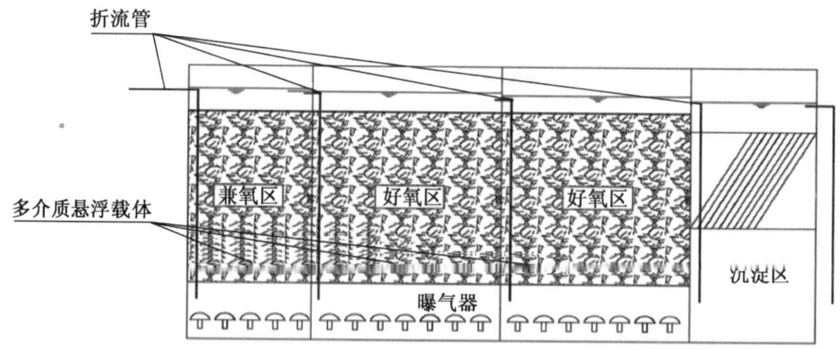

图 8.1-6　多介质生物滤池结构图

当前,我国水体氮磷超标已成为影响地表水环境质量的关键问题,国家“十三五”规划将氨氮列为约束性指标,计划 2020 年单位国内生产总值氨氮排放总量比 2015 年减少 10%。在高污染负荷下，多介质生物滤池对总氮和总磷去除能力有限，无法满足有深度脱氮除磷要求区域的排放标准，可与强化氮磷去除效果的多介质生态湿地结合，能够达到城镇污水处理厂一级A标准或其他对氮磷排放要求高的地方标准。

多介质生态湿地在地面以下50～100cm高度布水，集水系统低于当地冻土深度，有利于湿地冬季运行。采用深层布水湿地床体，内部增加稻草或锯末等碳源，可提高反硝化脱氮效果，填充钢渣、石灰石等填料，增加去除总磷的吸附点位，从而强化了系统深度脱氮除磷效果。设置序批式布水和集水系统(图8.1-7)，通过模拟潮汐起落方式控制进水、淹水、排水、复氧时间，实现系统淹水反应，排空复氧功能，有效缓解湿地床体堵塞问题。

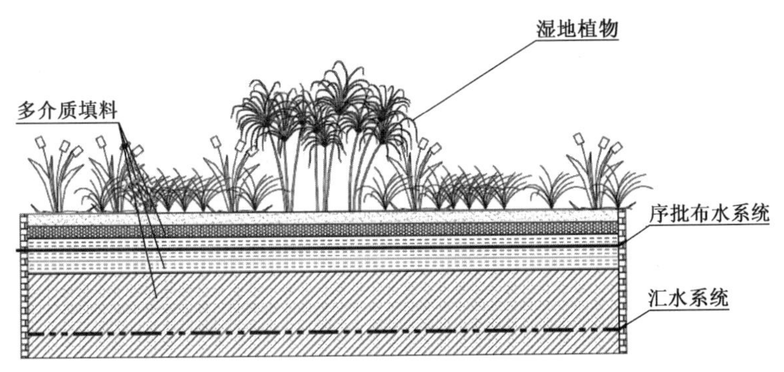

图8.1-7　多介质生态湿地结构图

多介质生态湿地的作用主要是通过基质吸附、植物吸收和植物根区微生物的氧化等多重作用，对污水中有机物和氮磷等污染物进行深度净化(图8.1-7)。其中对氮的去除主要由于采取深层湿地设计和人工添加的稻草增加碳源，强化了反硝化作用。

在北方地区，因冬季服务区绿化需水量小，中水产量会有富余，而夏秋季旅客使用率增加，绿化需水增加，导致中水量不足。因此，在一些有中水回用需求且具备场地条件的服务区，可在多介质生物滤池和多介质生态湿地工艺后，设置植物贮水塘单元(图8.1-8)，做到“冬储夏用”，从时间和空间维度上最大限度实现区域水资源综合利用。植物贮水塘一方面起到中水贮存池作用，调节不同季节间中水用量平衡；另一方面，还作为生物稳定塘，通过水生生态系统物理、化学和生物作用，实现污水深度自然净化；此外，还可为服务区打造水生态景观，起美化环境、调节微气候作用。

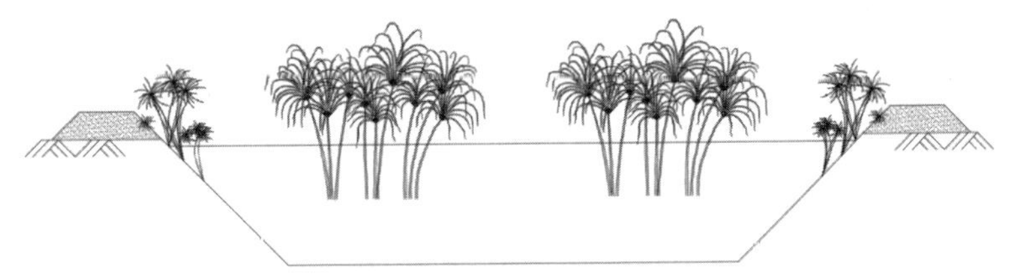

图8.1-8　植物贮水塘结构图

由于植物贮水塘以自然净化为主，对污水深度净化作用有限，对一些地处水环境高度敏感区域的服务区，将植物贮水塘升级为亚表层渗滤技术，强化处理效果，可达到地表水Ⅳ类水标准，除满足正常冲厕、绿化、消防等用水用途外，还可以满足地下水回灌标准，真正实现服务区污水零排放，对环境敏感区分散式污水处理有重要的示范意义。亚表层渗滤技术是一种新型土地处理技术，通过在土壤亚表层构建地下贮水层和基质过滤层，污水在土壤毛管浸润和渗滤作用下向周围运动，通过植物、土壤和亚表层介质对水中污染物吸附、拦截和微生物降解等作用净化污水（图8.1-9）。该技术不仅可强化深度处理效果，而且投资低、占地少、管理方便，具有与服务区周围自然景观协调一致的特点。

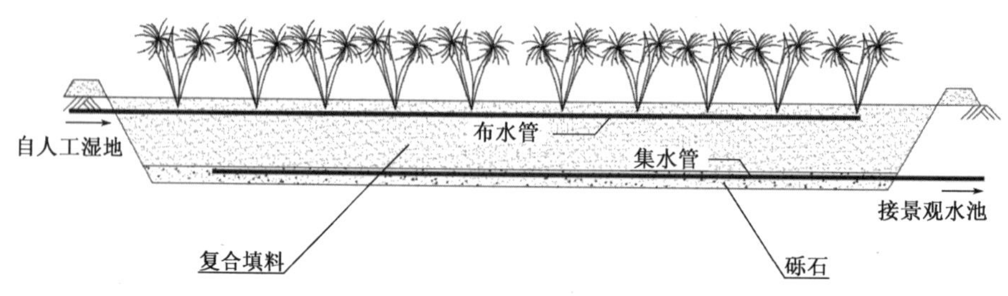

图8.1-9　亚表层渗滤结构图

8.1.3　多介质生物生态协同处理技术冬季稳定运行措施研究

为了适应季冻区的气候特征，从池型结构、运行方式等方面提升多介质生物滤池的耐低温能力，从湿地构型、运行方式等方面提升潮汐流人工湿地的耐低温能力，并根据处理标准不同，研究提出了协同处理技术的低温运行参数。从污水处理系统角度考虑，提出了全过程保温和预热桶水热交换等保温增温工程措施。形成系统解决季冻区服务区污水处理设施冬季稳定运行的工程解决方案。

多介质生物滤池由池体、承托层、载体拦网、支架、布水系统、布气系统、排泥系统、出水系统等部分组成（图8.1-10），可根据实际情况设计成圆形、矩形一体化设备，曝气方式为池底曝气。

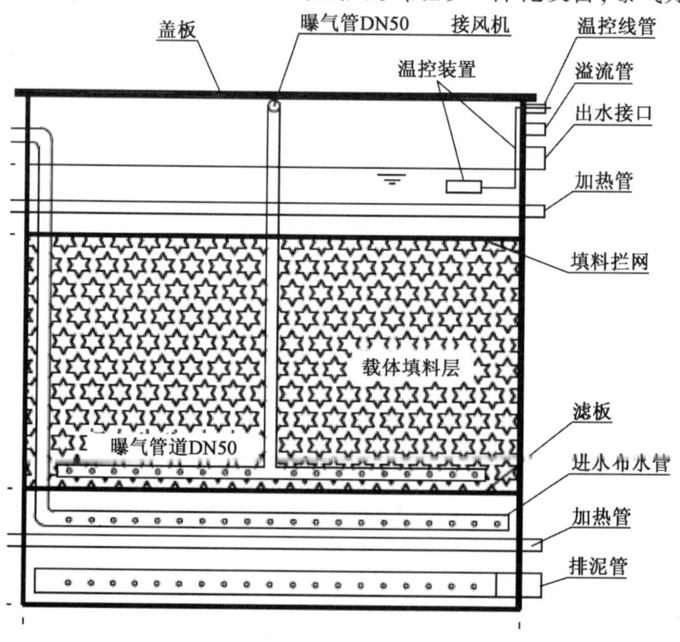

图8.1-10　多介质生物滤池结构图

为方便统一加工、运输,研究开发形成标准化设备,分为环形串联式和水平串联式两种结构。这两种结构均包含核心生化处理单元及其出水系统,分别为多介质生物选择滤池、多介质曝气生物滤池及出水沉淀池。其中多介质生物选择滤池的选择作用与传统概念活性污泥法的生物选择有所不同,该池底部设置曝头的目的是微曝气除臭并起到一定的预氧化作用,生物选择性主要体现在对后续生物滤池营养结构的调节上,通过这种营养结构调节起到选择生物滤池微生物作用。

多介质生物滤池环形串联一体化设备为四槽式桶形装置(图 8.1-11),由 1 个选择槽(A)、2 个好氧槽(B、C)和 1 个沉淀槽(D)构成。选择槽 A 承接调节池出水,其进水由污水泵泵入,选择槽底部设有曝气管,内填孔隙为 8mm 的功能滤料;好氧槽 B 和 C 的分别填充孔隙不同的功能材料,好氧槽底部均设有曝气管;好氧出水经过沉淀槽 D,沉淀后为外排或为后续深层布水人工湿地单元配水。一体化设备的 A、B、C、D 槽超高设为 20 ~ 30cm。选择槽 A、好氧槽 B、好氧槽 C 采用罗茨风机曝气,在每个曝气管上都安装气量调节阀。该结构可将系统核心处理单元高效集成于一桶内,便于标准化集中加工、制作、运输,一般采用桶体高聚物聚丙烯材质。

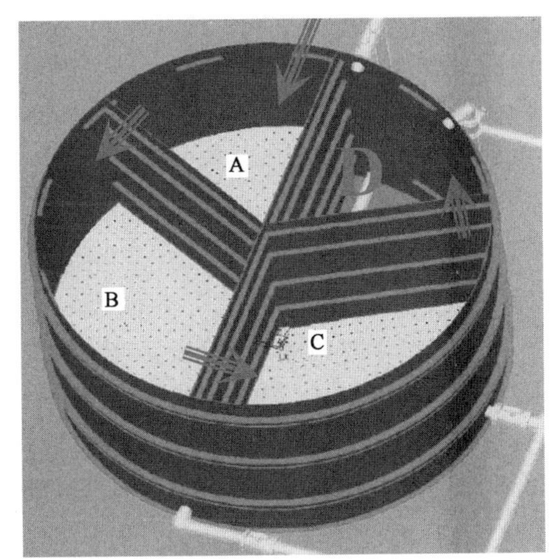

图 8.1-11 多介质生物滤池环形串联一体化设备结构示意图

四槽式桶形一体化装置便于集中加工,适于大范围推广,但由于单槽截面为扇形,对于布气均匀性略有影响。为获得更好地参观展示效果,优化开发出一种四格式矩形池一体化设备结构。该结构采用由 1 个选择池、2 个好氧池和 1 个沉淀池顺次连接构成,各自功能与环形串联结构相同(图 8.1-12)。

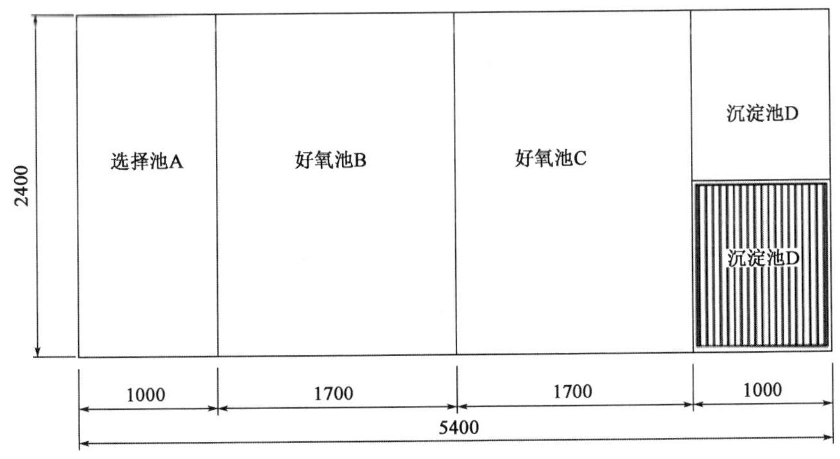

图 8.1-12 多介质生物滤池水平串联一体化设备结构图(尺寸单位:mm)

选择池、好氧池推荐采用涡旋风机曝气,满足溶解氧需求的同时降低能耗,并在每个曝气管上都安装气量调节阀与止回阀；曝气方式为间歇曝气，调试期和正常运行期会有所差异，正常运行期每天曝气时间一般为 8 ~ 10h，周期一般为 1h 或 2h。在填料下方满平面曝气，推荐采用丰字形穿孔管曝气，每根穿孔管的水平长度不宜大于 5m，穿孔管材质可选择 PVC 塑料管或不锈钢管，用电钻打孔制成。为防止堵塞，曝气时应保证开孔朝下。选择池和好氧池均采用丰字型穿孔排泥管，污泥回流入调节池。

沉淀池设置出水口，出水重力流入潮汐流人工湿地单元或直接外排。当多介质生物滤池处理后不经人工湿地直接排放时，沉淀池前设置强化化学除磷系统备用，一次沉淀池内均分为两格，前一格为普通折流沉淀池，后一格设为斜板沉淀池，以去除应急除磷时产生的化学污泥。

多介质生物滤池的运行控制方式采用曝气系统、水泵与液位的联锁控制，调节池根据液位计测量值设高、低水位报警。进水泵的运行采用水位控制。同时控制系统内设有干运转保护控制，以延长水泵的使用寿命。多介质生物滤池推荐采用涡旋风机曝气，满足溶解氧需求的同时降低能耗，并在每个曝气管上都安装气量调节阀与止回阀。根据空气总管上压力计测定的压力值，PLC 通过控制风机的运转时间、调整风机的鼓风量使空气总管的压力稳定在设定值。风机间歇运行，调试期和正常运行期会有所差异，正常运行期每天曝气时间一般为 6 ~ 12h，周期一般为 1h 或 2h，从而极大降低鼓风能耗。曝气系统自动启动、停止。安装三台风机，两用一备，一台停止运行或故障时，另一台自动开启。每台风机自动控制，按时间起停。水温控系统安装自立式温度控制阀门，设定温度范围，达到上限温度时，阀门自动关闭；达到下限温度时，阀门自动开启。

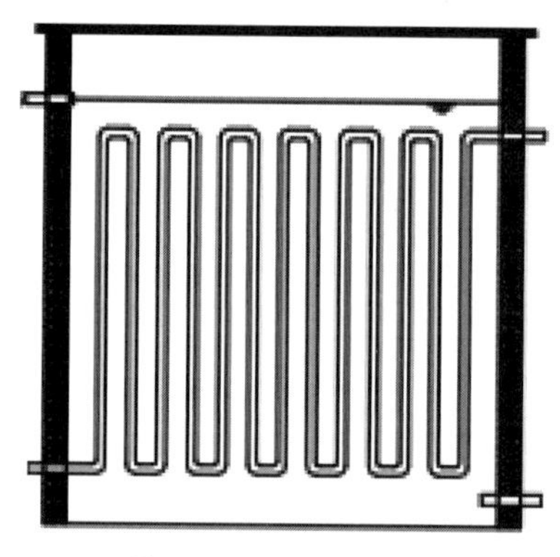
图 8.1-13　预热桶结构图

在多介质生物滤池前设置预热桶（图 8.1-13），桶内安装蛇形污水管路换热器，将供暖管线接入预热桶，提高污水温度。多介质生物滤池外壁设置保温层，保温层内设置保温管，引入供暖回水保温。沉淀槽内，设置热交换管，引入供暖回水热交换，沉淀槽出水循环。预热桶的设计计算例如下。

假定污水流量为 $5m^3/h$，预热桶进水温度为 60℃，出水温度为 50℃，污水管与热水在预热桶内进行热交换。根据前文分析，一般季冻区排放污水温度在 7℃左右，要达到低温微生物最适宜的 15℃温度条件，可按增温 8℃设计。

根据换热过程中的热量衡算，见式（8.1-1）：

$$热负荷\ Q_{冷} = Q_{热} = Q = q_m C(t_2 - t_1) \tag{8.1-1}$$

式中：q_m——质量流量（kg/s）；

C——流体的比热容；

t_2、t_1——流体进出口温度。

①污水的热负荷：

质量流量：$5m^3/h = 1.39kg/s$；$C = 4.2$，$t_2 - t_1 = 8℃$。

则 $Q_{冷} = q_{m冷} C(t_2 - t_1) = 46.7(kW)$，$q_{m热} = 1.11\ kg/s = 4m^3/h$。

②换热面积：

根据公式 $S=Q/(k\Delta t)$，对数温差 $\Delta t=(48-30)/\ln(48/30)=18/\ln 1.6=39℃$，传热系数 k 取 800W/(m^2·K)，则：

计算换热面积 $S=1.5m^2$。热水管管径 $DN25$，$A=2\times3.14\times0.012=0.075$。故需要管径 $DN25$ 的热水管 20m。

根据计算，确定预热桶的直径为 2.0m，高为 2.2m，容积为 6.00m^3。为尽量减少热量，预热桶外围设置保温层。

单个潮汐流人工湿地床体从下至上由防渗底层、反应填料区、种植填料区和湿地植物组成（图 8.1-14），为地下结构，湿地外壁采用砖墙结构，床体底部及外壁铺设防渗土工布。防渗底层上部为反应填料区，根据在改良人工湿地床体前端进水区、后端排水区及中间区需求不同，铺设不同种类及粒径的吸附过滤填料。湿地配水管、湿地排水管选用大孔径填料保护，并起到吸附过滤作用，主体填料区填充包括生态陶粒在内的多种功能吸附材料，在反应填料区顶部铺设无纺布，在无纺布上填充种植土，其上栽种美人蕉、菖蒲等湿地植物。

图 8.1-14　潮汐流人工湿地结构图

在地面以下 50～100cm 深层布水，汇水系统低于一般季冻区冻土层深度，有利于季冻区湿地冬季运行。由于采用深层布水湿地床体设计，增加了反硝化脱氮效果，增加了去除总磷的吸附点位，从而强化了系统深度脱氮除磷效果，有利于服务区污水循环利用。

潮汐流人工湿地采用序批式操作方式，模拟潮汐流控制进水、淹水、排水、复氧时间，实现系统淹水反应，排空复氧功能。

①进水：多介质生物滤池一体化装置出水通过开启采用时间继电器控制的电控阀，实现生化出水进入位于湿地的布水系统，并均匀分散至同层湿地床体。

②反应：在重力作用下，位于湿地上部的布水系统出水以垂直潜流的方式向下流向湿地复合生态填料区，当污水水位达到反应水位时，系统进入反应阶段。污水与复合生态填料充分接触，通过吸附、过滤、沉淀、生物降解、化学反应等复合过程对生物浮动池处理后的生化出水进行深度净化。

③排水：当达到设定反应时间时，通过汇水系统快速排水，湿地床体内水位快速下降。

④复氧：序批式运行过程中床体饱和浸润面瞬间变化产生的基质孔隙水吸力将大气氧通过联通复氧系统和基质孔隙快速吸入床体，从而提高湿地床的氧传输量和氧有效利用率。

从进水到复氧为一个完整的序批运行周期。复氧时间结束后，重新进入进水工序。

潮汐流人工湿地床体外围铺设酚醛树脂泡沫等保温材料，同时为保证床体表层冬季不冻结、正常运行，可采用标准日光温室大棚进行防冻保温。湿地床体四周铺装保温板，与土壤环境隔离御寒。湿地冬季为冰下运行，一般冬季冻冰层深度为 20 ~ 40cm，冰层下为水层，不结冰。湿地围堰内蓄水结冰，可保证冬季潮汐流运行方式正常。

根据处理排放或中水回用的不同需求，多介质生物滤池采取的设计参数见表 8.1-2。潮汐流人工湿地一般串联在多介质生物滤池单元后运行，一般不单独使用，其设计参数见表 8.1-3。根据上述设计参数，可以实现针对不同车流量、不同车道数、不同使用人数等不同处理规模的多介质生物生态协同处理技术的设计实施，从而指导整个季冻区乃至全国的服务区污水处理设施设计、施工等全过程。

多介质生物滤池主要设计参数 表 8.1-2

名　　称	设计参数	
	直接排放	接湿地
HRT(h)	6 ~ 8	4 ~ 6
COD 容积负荷[$kgCOD/(m^3 \cdot d)$]	1.0 ~ 1.6	1.2 ~ 2.4
NH_3-N 容积负荷[$kgNH_3$-$N/(m^3 \cdot d)$]	0.10 ~ 0.16	0.12 ~ 0.24
DO(mg/L)	1.5 ~ 5.0	1.0 ~ 2.5
气水比	5 ~ 10 : 1	3 ~ 6 : 1
长宽比	1 ~ 2 : 1	1 ~ 2 : 1
载体高度(m)	1.2 ~ 1.8	
载体孔径(mm)	2 ~ 8	

潮汐流人工湿地主要设计参数表 表 8.1-3

名　　称	设计参数
HRT(d)	1 ~ 4
水力负荷[$m^3/(m^2 \cdot d)$]	0.3 ~ 0.5
COD 容积负荷[$kgCOD/(m^3 \cdot d)$]	0.04 ~ 0.08
单元面积(m^2)	≤50
长宽比	5 : 1 ~ 15 : 1
深度(m)	1.0 ~ 2.0
坡度(%)	0.1 ~ 0.3

8.1.4 多介质生物生态协同处理技术管理养护措施研究

对水泵、风机、自控箱等机电设备管理养护提出了具体的技术要求，提出了调节池和多介质生物滤池不同的排泥管理养护要求，针对潮汐流人工湿地的进出水控制和运行方式控制提出了基本原理和操作要点，并明确了人工湿地的植物选育栽植、植物收割管理、湿地床体冬季冰下运行等具体管养要求，从而全面保障污水处理设施的长期稳定运行。

多介质生物滤池内部内设有拦挡填料的格栅，每年至少查看一次，若有损坏应及时更换，以免填料流失或堵塞管道。因事故、停电、风机和水泵损害等造成好氧槽停止曝气超过3d时，再次启动反应器需要先闷曝1d，然后再连续进水运行；超过7d时，需投加营养物或重新投加微生物闷曝3d。曝气槽的曝气管设有手动流量调节阀的，可根据需要手动调节曝气量。装置运行过程中，应避免放空作业，注意各分槽水位，尽量保持同步升高或降低，避免因操作不当引起设施受损。多介质滤池在冬季开始供暖时，应及时检查、开启室内及设备内供暖阀门，以保证冬季室内温度及设备内水温，保证设备正常运行。

多介质生物滤池出水进入人工湿地，沉淀槽出水口设置分水器，分为4个支路，平均分配同时进入4组湿地，即各组湿地同时进水，湿地安装水位计，并与电磁阀联动，达到预定水位后，水位计传输信号，控制系统自动开启电动阀门，各组湿地出水同时放水，放水的同时进水不停，继续进水，由于放水速度大于进水速度，所以可在短时间内湿地内的水放空。湿地放空后，关电磁阀，停止放水。

潮汐流人工湿地安装两套出水系统，分别按潮汐流方式运行和淹水方式运行。当潮汐流运行方式出现故障时，按淹水方式运行，即上出水。湿地末端通过填料调整、设置集水井等方式，防止电磁阀卡塞等，保证电磁阀正常开启。

湿地地面一般种植具有美化功能的美人蕉、菖蒲和麦冬等植物，美人蕉冬季需要保护，菖蒲不需特别维护，但要防止其他植物入侵，以免影响湿地净化效果。每月定期清理人工湿地表面淤积杂物，防止堵塞。

秋季应考虑周期性收割枯死植物和去除表面枯枝落叶。杂草的控制可采取定期人工拔除的方式，既要保证高效植株的生长优势，又要适当保持杂草的生长，维系生态系统的平衡，但不宜在人工湿地中使用除草剂、杀虫剂。收割时间宜选择在秋末初冬植物枯萎后。应先降低人工湿地内的水位，待表土干燥后再进行收割，避免工人操作时破坏湿地基质。

8.1.5 服务区水资源利用水平评价指标体系研究

为指导吉林省高速公路服务区污水处理运行状况及水资源利用水平评价工作，促使其走上科学化、规范化的轨道，为吉林省公路建设管理单位开展此方面的工作提供参考，通过现场调研、问卷调查、座谈交流等方式，提出了吉林省服务区及其他沿线附属设施的检查评比建议。本着实事求是、适度提升的原则，提出了包括污水处理达标、雨水及污水再生利用和节水型设备及器具应用三项评价指标，权重依次为0.70、0.20和0.10，三项指标的评价采用定性和定量结合的方式，具体评分规则见表8.1-4。

(1)污水处理达标

服务区排放的污水包括生活污水、餐厅污水、厕所污水及加油站清洗废水等多种类型，总体来说与居民生活污水水质较接近，若不经妥善处理，将对服务区周边环境造成严重污染。采用可靠的污水处理工艺，将服务区全部污水收集处理后，达到要求的污水水质排放或回用标准，是服务区环保的基本要求之一。

高速公路绿色服务区评分项指标评分表

表 8.1-4

评价指标	权重	评分分值			
		100	60	20	0
污水处理达标(A1)	0.70	服务区污水处理设施有专人负责运行,操作管理规范,定期检修,不存在事故隐患;服务区污水处理设施采用低能耗的先进工艺,运行稳定,定期检测出水水质证明全年稳定达标排放或回用;污水处理设施产生的污泥经妥善处理或处置,不会造成二次污染	服务区污水处理设施有专人负责运行,设备运转良好;处理工艺可靠,运行较稳定,污水达标排放;污水处理设施产生的污泥经妥善处理或处置,不会造成二次污染	服务区污水处理设施工艺可靠,设备可以正常运转;处理工艺运行较稳定,未发生因对周边造成污染而引起的处罚或纠纷	服务区污水处理设施因设备损坏不能正常运转,或因运行不当对周边造成污染而引起过处罚或纠纷
雨水及污水再生利用(A2)	0.20	服务区污水全部经处理后达到中水回用水质,回用于冲厕、绿化、景观用水等用途,且回用量占服务区总用水量的比例大于40%	服务区污水或雨水经处理后达到中水回用水质,回用于冲厕、绿化、景观用水等用途,且回用量占服务区总用水量的比例大于25%	服务区污水或雨水部分经处理后进行了回收利用,可满足绿化、冲厕等要求,且回用量占服务区总用水量的比例大于10%	服务区污水及雨水未进行回收利用
节水型设备及器具应用(A3)	0.10	服务区供水管道无跑冒滴漏现象;卫生器具全部采用节水器具,如节水龙头、节水便器、节水淋浴器等;提供洗车服务的,采用无水洗车技术或对洗车水进行循环利用;绿化灌溉采用微灌、渗灌、低压管灌等节水灌溉方式	服务区供水管道无跑冒滴漏现象;卫生器具全部采用节水器具,或绿化灌溉采用微灌、渗灌、低压管灌等节水灌溉方式	服务区供水管道无跑冒滴漏现象	服务区供水管道存在跑冒滴漏现象

(2)雨水及污水再生利用

服务区每日需消耗大量水资源,用于满足生活用水、消防用水、洗车用水、浇灌绿化用水等需求。而这些用水中,除生活用水水质指标要求严格,只能采用市政供水或自备水源外,其他用水均可采用经严格处理后回用的中水。将服务区的雨水或生活污水收集后进行适当处理,可作为中水循环利用,作为冲厕、绿化、洗车用水等非饮用水使用,大大减少服务区新水用量,节约宝贵水资源。

(3)节水型设备及器具应用

从管道供水过程及用水点上减少水的消耗,如采取有效措施避免管网漏损,建筑采用节水型生活用水器具,绿化灌溉采用喷灌、微灌等高效节水灌溉方式等。

评分指标得分为各指标评分与权重乘积之和,满分为100分。

得分计算公式见式(8.1-2):

$$Q=\sum w_i C_i \tag{8.1-2}$$

式中:Q——服务区水资源利用水平评价总得分;

w_i——各项指标的权重,$i=1$、2、3;

C_i——各项指标的评分得分,$i=1$、2、3。

在吉林省高速公路服务区水资源利用水平的实际评价工作中,通过综合评价的总得分判定,见表8.1-5。

服务区水资源利用水平评价等级　　表 8.1-5

评价得分	40～60	60～80	≥80
等级含义	一般	良好	优秀

8.2　基于生态补偿的湿地营造技术

8.2.1　宏观尺度的公路建设对湿地环境影响研究

(1)公路建设对湿地环境影响分析

通过对鹤大高速公路建设前后(2010 年和 2015 年)ALOS－PALSAR 和 TM 影像数据的解译分析,提取了包括湿地面积、水域面积、水系长度、水系密度、土壤湿度等湿地信息,采用图像域值分割法对后向散射数值影像进行阈值分割,实现了水体、湿地、其他用地的分离。将经阈值分割得到的水体数据与 DEM 数据结合提取不同时期水域范围,同时结合 DEM 数据提取水域边界处高程值,确定路两侧不同区域、同一区域不同时期水位,比较不同位置、同一位置不同时期水位差,分析公路对湖泊湿地、河流湿地以及水域面积的影响。

①不同时期路侧湿地面积变化

路段两侧缓冲区内湿地面积变化见表 8.2-1 和图 8.2-1。对比 2010 年和 2015 年两期 K672 至终点两侧缓冲区内湿地面积可知,路右侧缓冲区内湿地面积分布较平均,而路左侧湿地面积差异较大。除此之外,路左侧缓冲区内湿地面积大于路右侧湿地面积。

第一个路段两侧缓冲区内湿地面积变化一览表　　表 8.2-1

桩　号	2010 年路左侧面积(hm^2)	2015 年路左侧面积(hm^2)	面积变化(%)	2010 年路左侧湿地面积占比(%)	2015 年路左侧湿地面积占比(%)	面积比例变化(%)
K692～K702	1223.09	1050.00	－173.09	23.24608	19.96	－3.29
K702～K712	1589.04	1601.04	12.00	42.31009	42.63	0.32
K712～K722	2175.84	1972.67	－203.17	57.2606	56.70	1.51
K722～K732	3772.35	3273.80	－498.55	64.64773	56.10	－8.54
K732～K742	3302.1	3196.36	－105.74	58.69273	56.81	－1.88
K742～K752	3359.7	2970.82	－388.88	63.61948	56.26	－7.36
桩　号	2010 年路右侧面积(hm^2)	2015 年路右侧面积(hm^2)	面积比例变化(%)	2010 年路右侧湿地面积占比(%)	2015 年路右侧湿地面积占比(%)	面积比例变化(%)
K692～K702	1581.39	1493.00	－88.39	35.23078	33.26	－1.97
K702～K712	1541.52	1232.00	－309.52	35.48815	28.36	－7.13
K712～K722	2343.78	2164.78	－179.00	40.20502	37.13	－3.07
K722～K732	2150.27	2114.73	－35.54	35.89365	35.30	－0.59
K732～K742	2031.63	1973.92	－57.71	48.91899	47.53	－1.39
K742～K752	1672.37	1672.83	0.46	38.32424	38.33	0.01
K752～K762	2267	1773.81	－493.19	48.05022	37.60	－10.45

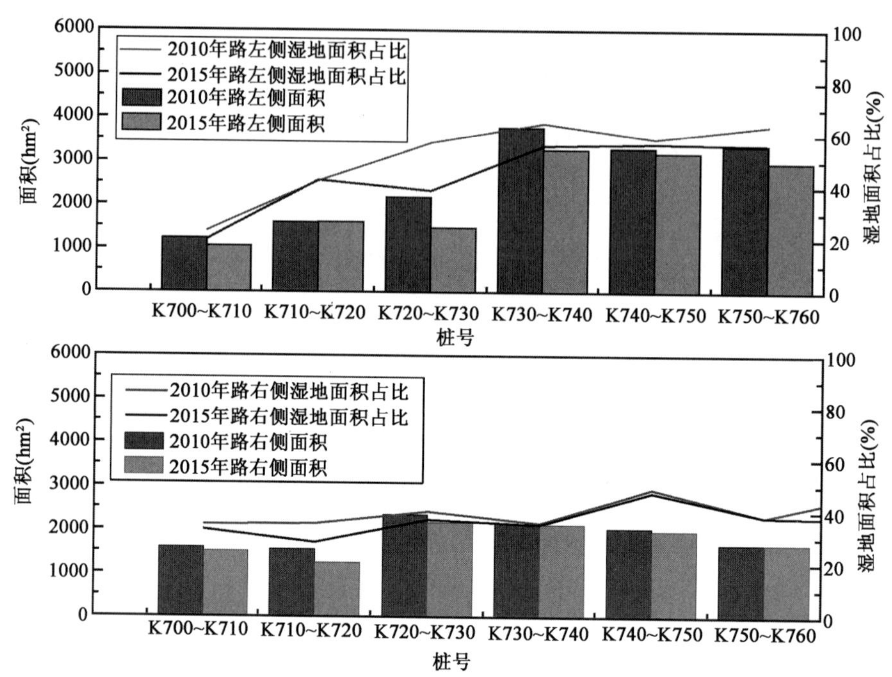

图 8.2-1 2010 年和 2015 年第一个路段两侧缓冲区湿地面积对比

第二个路段两侧缓冲区内湿地面积变化见表 8.2-2 和图 8.2-2。对比 K562 ~ K602 段和 K692 至终点段,从 2010 年至 2015 年,路两侧湿地整体均呈减少趋势,湿地存在一定的退化现象,但总体来看,面积减少比例大部分位于 10% 以下。

第二个路段两侧缓冲区内湿地面积变化一览表 表 8.2-2

桩号	2010 年路左侧面积(hm^2)	2015 年路左侧面积(hm^2)	面积变化(%)	2010 年路左侧湿地面积占比(%)	2015 年路左侧湿地面积占比(%)	面积比例变化(%)
K562 ~ K572	159.06	193.00	33.94	9.50	11.52	2.03
K572 ~ K582	185.71	143.16	-42.55	3.66	2.82	-0.84
K582 ~ K592	210.33	180.02	-30.31	3.95	3.38	-0.57
K592 ~ K602	128.16	166.83	38.67	2.76	3.59	0.83
桩号	2010 年路右侧面积(hm^2)	2015 年路右侧面积(hm^2)	面积变化(%)	2010 年路右侧湿地面积占比(%)	2015 年路右侧湿地面积占比(%)	面积比例变化(%)
K572 ~ K582	217.48	190	-27.48	4.44	3.29	-1.15
K582 ~ K592	184.5	197.02	12.52	3.96	4.02	0.06
K592 ~ K602	171.91	215.47	43.56	3.55	4.63	1.07

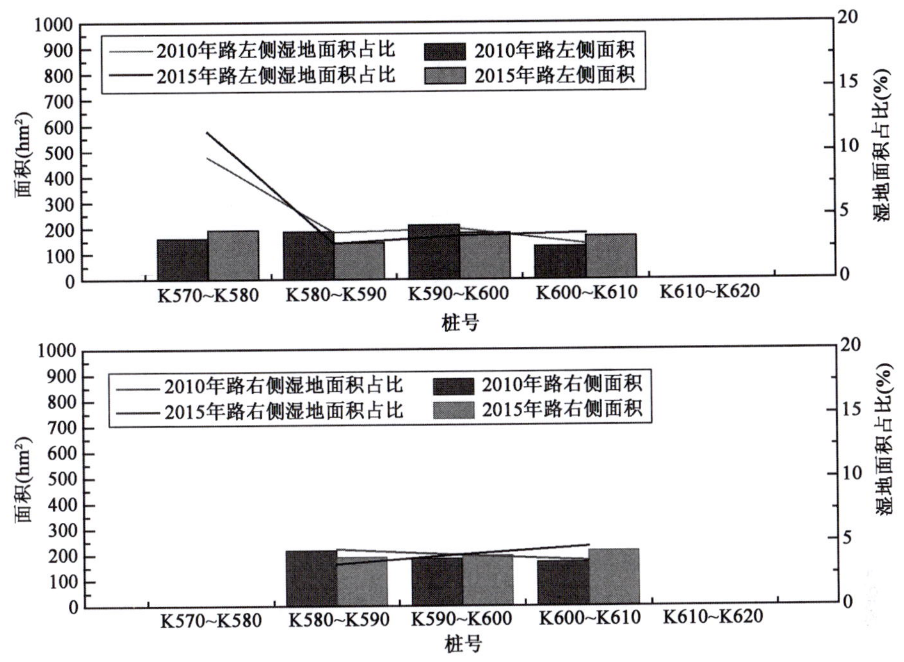

图 8.2-2 2010 年和 2015 年 K562 ~ K602 段两侧缓冲区湿地面积对比

②不同时期路侧水域面积变化

K692 ~ K752 段路侧水域面积变化见表 8.2-3,K582 ~ K612 段路侧水域面积变化见表 8.2-4。对比 2010 年数据提取的路线两侧缓冲区内水域面积可知,K672 至终点路左侧缓冲区内水域面积大于路右侧,K520 ~ K612 段路右侧水域面积及比例总体高于路左侧。而对比 2015 年数据提取的路线两侧缓冲区内水域面积可知,K562 ~ K672 段和 K692 至终点短路左侧缓冲区内水域面积大于路右侧水域面积。K582 ~ K592 段和 K692 至终点段在 2010 年和 2015 年路两侧水域面积整体均呈减少趋势,说明沿线两侧水域存在一定的退化现象。但总体来看,面积减少比例大部分位于 1% 以下。水域面积变化相对较大的路段在 K692 ~ K702、K702 ~ K712 段路左侧,K692 ~ K702 段路右侧。

2010 年和 2015 年 K692 ~ K752 段路侧水域面积变化 表 8.2-3

桩 号	2010 年路左侧面积(hm^2)	2015 年路左侧面积(hm^2)	面积变化(%)	2010 年路左侧水域面积占比(%)	2015 年路左侧水域面积占比(%)	面积比例变化(%)
K692 ~ K702	84.69	0	-84.69	1.61	0.00	-1.61
K702 ~ K712	9.18	22.464	13.284	0.24	0.60	0.35
K712 ~ K722	2.61	0	-2.61	0.07	0.00	-0.07
K722 ~ K732	1.35	0	-1.35	0.02	0.00	-0.02
K732 ~ K742	4.23	0.09	-4.14	0.08	0.00	-0.07
K742 ~ K752	1.26	0.72	-0.54	0.02	0.01	-0.01

续上表

桩　　号	2010 年路左侧面积(hm^2)	2015 年路左侧面积(hm^2)	面积变化(%)	2010 年路左侧水域面积占比(%)	2015 年路左侧水域面积占比(%)	面积比例变化(%)
K692 ~ K702	72.81	0	-72.81	1.68	0.00	-1.68
K702 ~ K712	8.37	14.79	6.42	0.14	0.25	0.11
K712 ~ K722	3.69	0	-3.69	0.06	0.00	-0.06
K722 ~ K732	2.61	0.36	-2.25	0.06	0.01	-0.05
K732 ~ K742	3.69	1.08	-2.61	0.08	0.02	-0.06
K742 ~ K752	0.63	0.36	-0.27	0.01	0.01	-0.01

2010 年和 2015 年 K582 ~ K612 段路侧水域面积变化 表 8.2-4

桩　　号	2010 年路左侧面积(hm^2)	2015 年路左侧面积(hm^2)	面积变化(%)	2010 年路左侧水域面积占比(%)	2015 年路左侧水域面积占比(%)	面积比例变化(%)
K582 ~ K592	71.1	52.56	-18.54	1.3	0.99	-0.35
K592 ~ K602	54.9	168.57	113.67	1.2	3.63	2.45
K602 ~ K612	0.0	71.19	71.19	0.0	1.61	1.61
K582 ~ K592	715.2	0.00	-715.23	12.34	0	-12.34
K592 ~ K602	73.4	0.00	-73.35	1.49	0	-1.49
K602 ~ K612	93.1	51.03	-42.03	1.99	1.09	-0.90

③不同时期相同路段两侧水位对比

2010、2015 年路侧水位对比见表 8.2-5、图 8.2-3。对比 2010、2015 年两个时期路侧水位变化,在 K582 ~ K592 段 2010—2015 年路两侧水位均略有上涨,但上涨幅度较小。在 K592 ~ K602 段,2010—2015 年路左侧水位下降 58m,幅度较大,右侧水位略有增加。从整体上来看,在 K582 ~ K602 段,路两侧水位均略有上涨。

K582 ~ K602 段 2010 年和 2015 年路侧水位对比 表 8.2-5

桩　　号	2010 年左侧水位	2015 年左侧水位	2010 年右侧水位	2015 年右侧水位
K582 ~ K592	472.11	482.27	476.20	481.73
K592 ~ K602	509.79	451.35	448.95	458.92

④公路建设对水系特征的影响

采用 DEM 数据计算鹤大高速公路路线缓冲区内河流水系的水系长度和水系密度,分析公路建设对水系特征的影响,结果见图 8.2-4 和图 8.2-5。结果表明,K520 ~ K542 段内左右两侧水系长度均显著低于之后的路段,在随后路段内路侧缓冲区单元内水系长度相差不大。由起点至终点段水系密度逐渐下降,K600 ~ K642 段内左右两侧水系密度较高,K652 至终点段水系密度较低。路右侧缓冲区内水系长度均值略高于路左侧,路两侧水系密度均值相近,两侧水系长度、水系密度无显著差异。

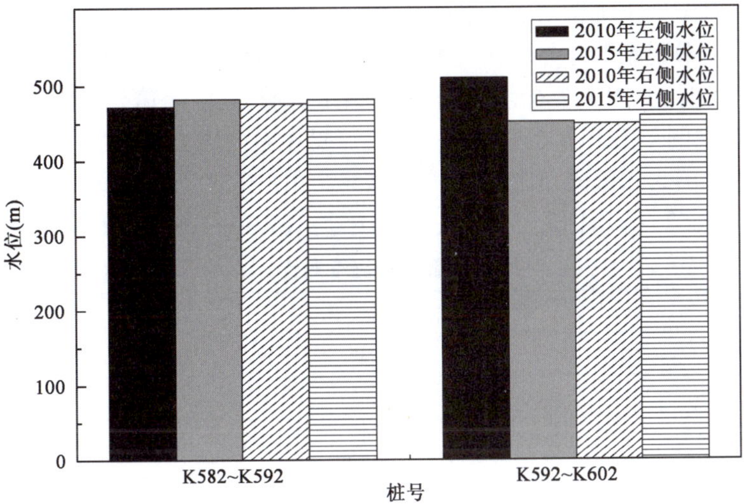

图8.2-3　2010年和2015年路侧水位对比

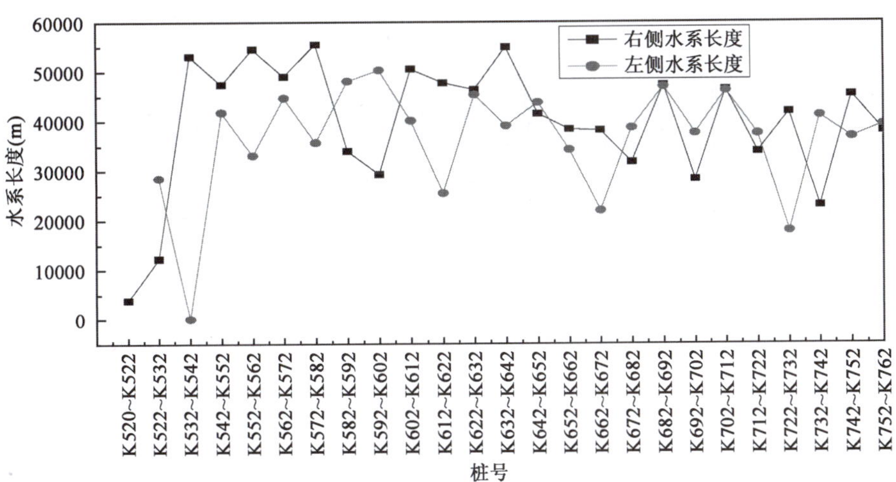

图8.2-4　沿线缓冲区内河流水系长度

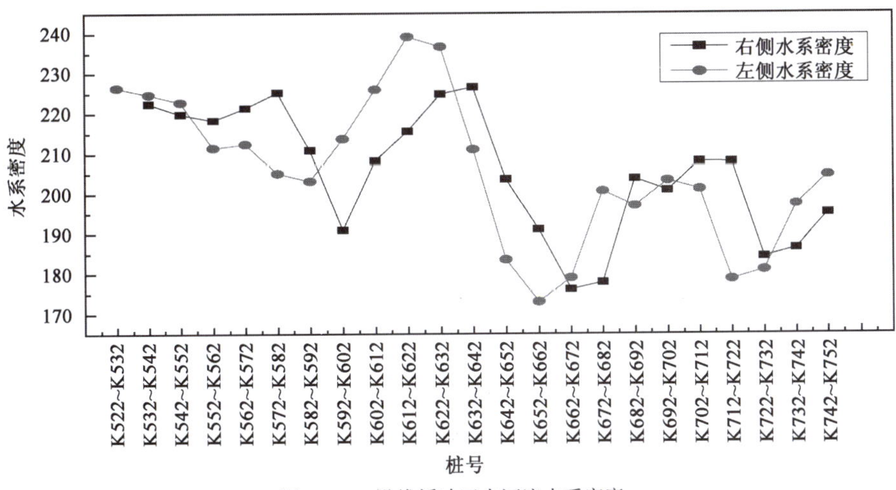

图8.2-5　沿线缓冲区内河流水系密度

⑤公路建设对湿地土壤含水率的影响

通过提取后向散射系数并与湿地土壤含水率建立关系方程,反演湿地土壤含水率,分析不同域土壤含水率差异,见表8.2-6和图8.2-6。结果表明,鹤大高速公路路右侧土壤湿度平均值为34.36%,路左侧平均土壤湿度为33.91%,可见左右两侧土壤含水率相差不大,路右侧土壤湿度略高。由土壤含水率分布来看,K592~K642段土壤湿度最高,平均为路左侧36.67%、路右侧36.67%;K652~K702段土壤湿度较低,平均值为路右侧32.42%、路左侧32.20%。

路侧土壤湿度对比

表8.2-6

项　　目	路　右　侧	路　左　侧
土壤湿度均值(%)	34.36	33.90
K592~K642段土壤湿度(%)	36.67	36.67
K652~K702段土壤湿度(%)	32.42	32.20

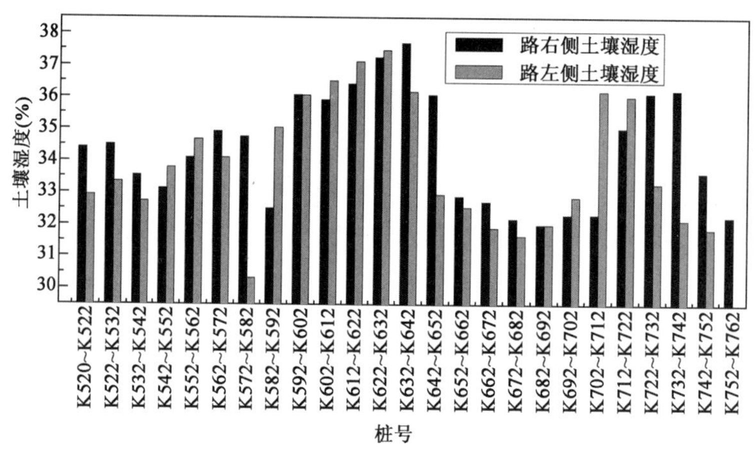

图8.2-6　不同路段路侧土壤湿度对比

(2)湿地生态敏感性综合评价方法

利用层次分析法和主成分分析法确定湿地生态敏感型综合评价指标以及权重,建立湿地生态敏感性综合评价方法,见表8.2-7。

湿地生态敏感性综合评价赋权表

表8.2-7

目　标　层	指　标　层	权　　重	归一化权重	指　标　层	权　　重	归一化权重
湿地生态敏感性综合评价A	湿地特征 B_1	1	1	水域面积 C_1	0.58	0.25
				湿地面积 C_2	1.73	0.75
	湿地生态环境 B_2	1	1	水系密度 C_3	0.48	0.14
				水系长度 C_4	1.44	0.43
				土壤湿度 C_5	1.44	0.43

通过对鹤大高速公路沿线湿地生态敏感型综合评价,表8.2-8和图8.2-7划分沿线湿地水系连通性保护的重点路段。K562~K622、K642~K712段路左右两侧湿地生态敏感性均较高,工程建设时应重点关注湿地保护及湿地水系联通性。路右侧缓冲区应重点关注K582~

K592、K672～K682、K692～K702、K732～K742段,路左侧缓冲区应重点关注K562～K572、K642～K672、K692～K702段。

全线两侧缓冲区湿地生态敏感性综合评价结果　　表8.2-8

路　　段	右侧缓冲区综合评价	左侧缓冲区综合评价
K532～K542	0.897	0.897
K542～K552	0.831	0.855
K552～K562	0.361	0.618
K562～K572	0.331	1.275
K572～K582	0.848	0.988
K582～K592	1.459	0.687
K592～K602	1.286	0.756
K602～K612	0.991	1.184
K612～K622	0.913	1.217
K622～K632	0.766	1.030
K632～K642	0.878	0.956
K642～K652	1.039	1.458
K652～K662	1.250	1.496
K662～K672	1.343	1.464
K672～K682	1.643	0.859
K682～K692	1.431	1.051
K692～K702	1.649	1.432
K702～K712	0.661	1.200
K712～K722	1.143	1.252
K722～K732	1.104	0.989
K732～K742	1.613	0.844
K742～K752	0.740	0.822

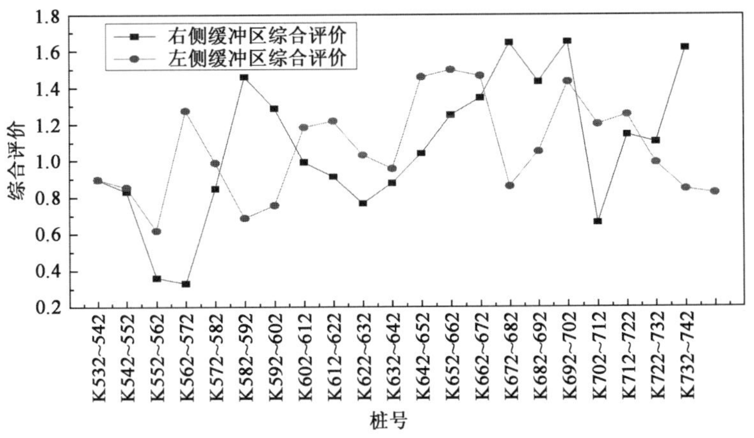

图8.2-7　沿线不同路段内湿地生态敏感性评价

8.2.2 微观尺度的公路建设对湿地环境影响研究

(1)公路建设对湿地阻隔影响分析

对拟建(鹤大高速公路)和已建公路(珲乌高速公路和环长白山旅游公路)穿越湿地典型路段湿地进行现场踏勘,在了解湿地的类型、湿地植物的数量与多样性、水质、土壤的理化性质的现状的条件下,通过对比上下游水位、积水面积、水土比分、含盐量、总氮、总磷、pH 值和植被状况的差异,分析公路对湿地生态系统的影响。结果分析如下。

①国道鹤大线对湿地生态系统的影响

a. 水位。

根据两年的地下水位监测数据(图 8.2-8)发现,K1 +500 段路堤两侧地下水位相差不大,平均值相差约 0.06m,而 K1 +810 段两侧地下水位一直保持着明显的水位差,平均相差在 1.51m左右。K2 +212 段两侧地下水位除了在初夏期没有明显的水位差,左右两侧地下水位差小于 0.5m。

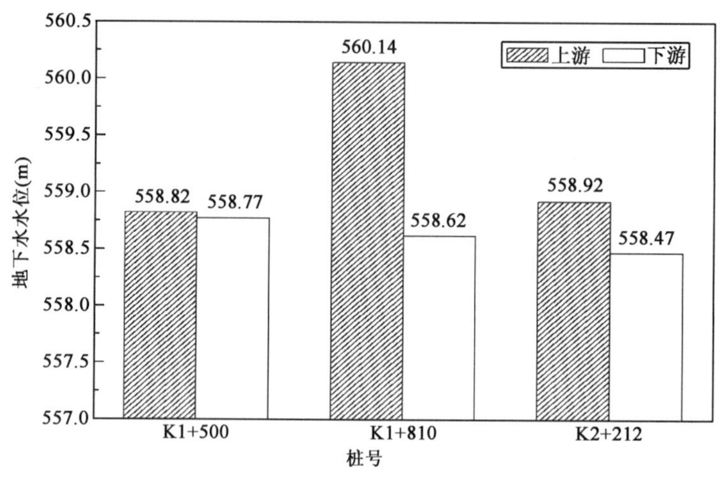

图 8.2-8 国道鹤大线路堤两侧地下水位指标

b. 积水面积。

对公路两侧地表积水情况现场调查发现,在春季融雪期和初夏多雨期,因路基没有彻底解冻,K1 +810 段和 K2 +212 段公路东侧均产生了较深的积水,积水沿排水边沟分布,总面积分别约为 $5m^2$ 和 $3.6m^2$。在夏季除涵洞附近地表水深约为 0.5m,其他区域无明显的积水痕迹,在 K2 +212 段公路西侧发现水流会通过剖面管断断续续地流淌,甚至在前期的调查中还发现,当路基完全解冻后,公路东侧水流会通过风化软岩和砂砾的缝隙流淌,以调整两侧水位。

c. 水土比。

路堤两侧表层水土比的对比结果与水位情况基本一致(图 8.2-9),K1 +810 段最大,K1 +500 段和 K2 +212 段较小。

d. 含盐量。

路堤两侧土壤含盐量的差值在 K1 +810 段达到最大,约为 60μs/cm,远远超过其他两个路段,与水文指标对比结果一致,土壤中含盐量的变化与水流变化情况呈正相关(图 8.2-10)。

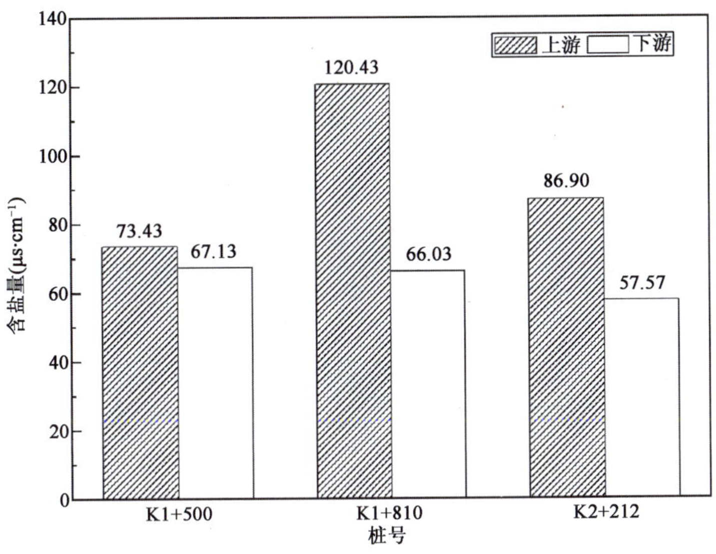

图 8.2-9 国道鹤大线路堤两侧水土比指标

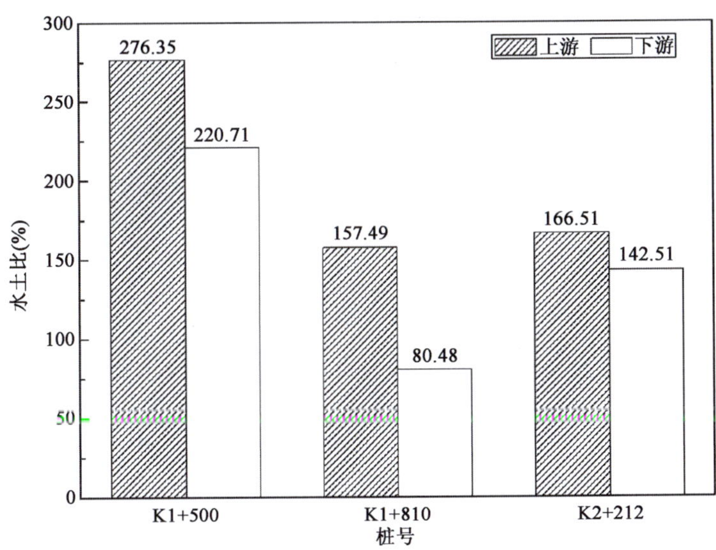

图 8.2-10 国道鹤大线路堤两侧含盐量指标

e. 总氮。

总氮指标中 K1 +500 段和 K2 +212 段路堤两侧含盐量差别较大,与水文指标和含盐量情况不同(图 8.2-11)。

f. 总磷。

土壤总磷指标中 K1 +500 段出现上游土壤中总磷含量低于下游的情况,K1 +810 段及 K2 +212 段土壤总磷对比结果与总氮相同(图 8.2-12)。

g. pH 值。

土壤 pH 值指标中各研究点上下游差异不显著,相差都较小(图 8.2-13)。

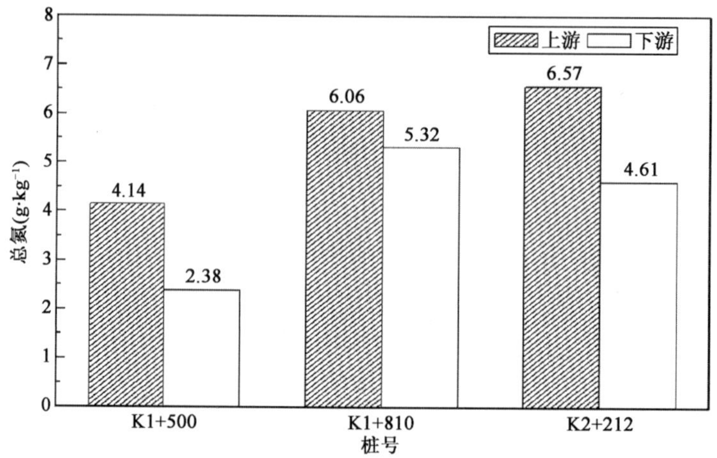

图 8.2-11　国道鹤大线路堤两侧总氮指标

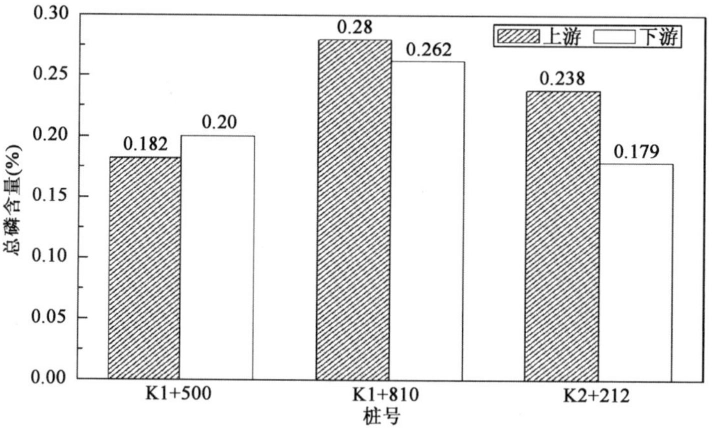

图 8.2-12　国道鹤大线路堤两侧总磷指标

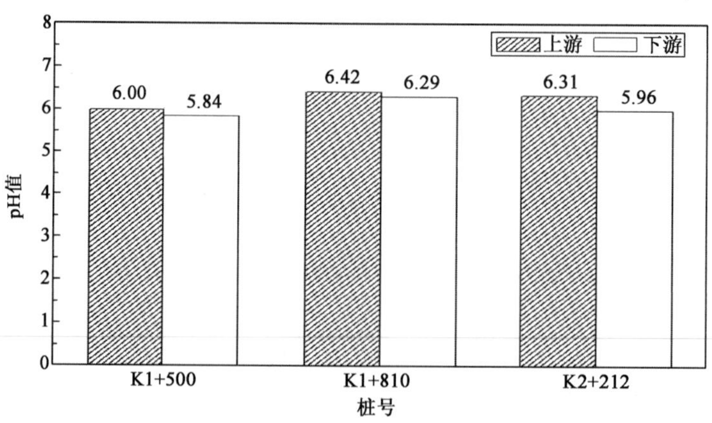

图 8.2-13　国道鹤大线路堤两侧 pH 指标

h. 植被状况。

国道鹤大线公路两侧湿地植被以乌拉苔草群落和臌囊苔草群落为主，零星分布着灌木，尤其在路边灌木层比较显著，两侧植被种类共18种，具体情况见图8.2-14，指标见表8.2-9。公路两侧植物分布略有差异，三个研究区上游植被群落复杂程度均高于下游，且上下游植物种类差别较大、相似性低，尤其是非苔草类物种几乎不一致，但两侧均匀度都较好。

国道鹤大线公路两侧植被指标 表8.2-9

指标	K1+500		K1+810		K2+212	
	上游	下游	上游	下游	上游	下游
S	10	9	8	8	9	9
H	2.040	1.812	1.859	1.755	1.935	1.841
J	0.886	0.825	0.894	0.844	0.881	0.885
I	0.417		0.250		0.385	

图8.2-14 国道鹤大线路堤两侧植被状况

②珲乌高速公路对湿地生态系统的影响

a.水位。

根据水位监测数据显示，公路上游一侧水位在地表0.05~0.10m左右，下游一侧水位在地表0.03m左右。对公路下方草炭土渗透系数进行测定，发现草炭土渗透系数的变化与国道鹤大线变化趋势基本一致。受负荷压力作用，路基下方草炭土压实度提高，浅层草炭土垂向渗透系数下降幅度大于横向渗透系数，深层草炭土横向渗透系数下降幅度大于纵向渗透系数，整体而言下降了21.9%。

b.积水面积。

K185段公路两侧湿地塔头之间常年积水，在冬季公路上游一侧排水沟存在断断续续的小面积积水，延伸长度一般在6~10m，夏季不明显。

c.土壤指标。

珲乌高速公路K185段水土比、含盐量、总氮、总磷和pH值指标见图8.2-15。

d.植被状况。

珲乌高速公路两侧湿地植被以乌拉苔草群落为主，植被种类共8种，复杂度不高，结果见表8.2-10，两侧植被状况见图8.2-16。由于东侧部分地带地表水位较深，适合毛果草和漂筏苔草的生长，部分区域毛果草和漂筏苔草生长旺盛，造成两侧植被的分布略有差异，但相似性较高。总体来说，在公路10m范围内，研究区上游植被群落复杂程度略高于下游。

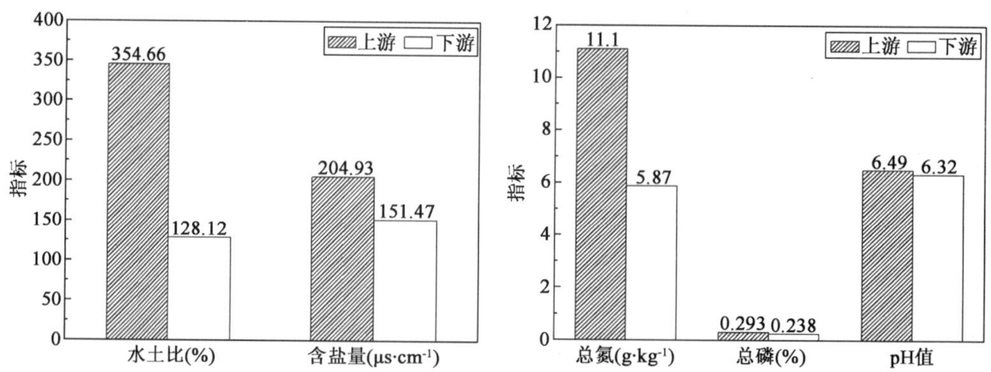

图8.2-15　珲乌高速公路路堤两侧土壤指标对比

珲乌高速公路公路两侧植被指标　　表8.2-10

位　置	S	H	J	I
上游	7	1.522	0.783	0.625
下游	6	1.268	0.708	

图8.2-16　珲乌高速公路路堤两侧植被状况

③环长白山旅游公路对湿地生态系统的影响

a. 水位。

环长白山旅游公路K47+600段设有一道涵洞，上游地表水汇集于此通过涵洞流向下游，水深在0.15m左右，上下游无明显水位差。K49+880段公路上游存在不同程度的积水，水深在0.7~1.0m，下游无明显地表水流痕迹，水位较低。

b. 积水面积。

K47+600段由于设置有涵洞，地表水流动自由，公路两侧地表无明显积水；K49+880段公路上游一侧地势低洼处出现两块大面积的积水区，其中一处积水面积约为12m²，另一处积水面积约为10m²。同流动的活水相比，此处积水浑浊度较高，水中漂浮大量植物残体，水体颜色呈褐色，说明水体交换性极差。

c. 水土比。

环长白山旅游公路路堤两侧积水见图8.2-17。环长白山旅游公路两个研究点土壤均采于无明显地表水流区，水土比均表现为上游较高而下游相对较低，其中，K47+600段水土比差别小于K49+880段，K49+880段下游土壤显著比上游湿度小（图8.2-18）。

图8.2-17　环长白山旅游公路路堤两侧积水情况

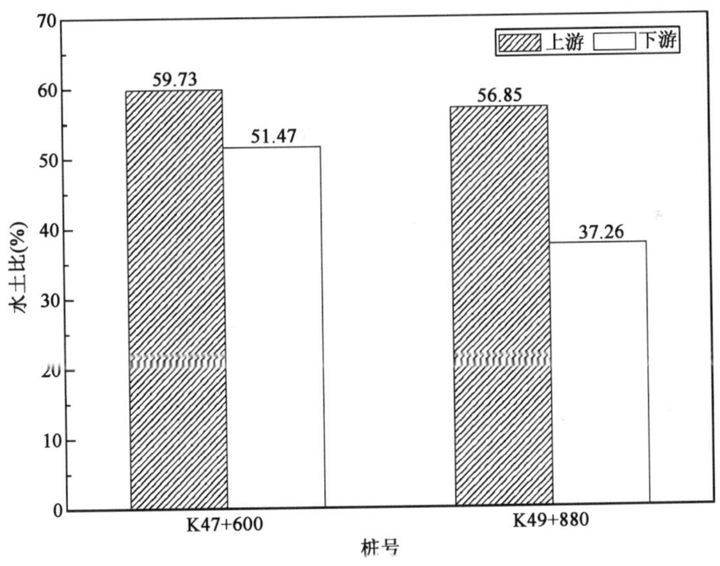

图8.2-18　环长白山旅游公路路堤两侧水土比

d. 含盐量。

环长白山旅游公路两个研究点含盐量的变化与水文指标对比结果一致，即与积水情况呈负相关（图8.2-19）。

e. 总氮。

环长白山旅游公路两个研究点总氮指标与水文指标和含盐量呈正相关（图8.2-20）。

f. 总磷。

环长白山旅游公路两个研究点总磷指标相差不大，K47+600段几乎无差别（图8.2-21）。

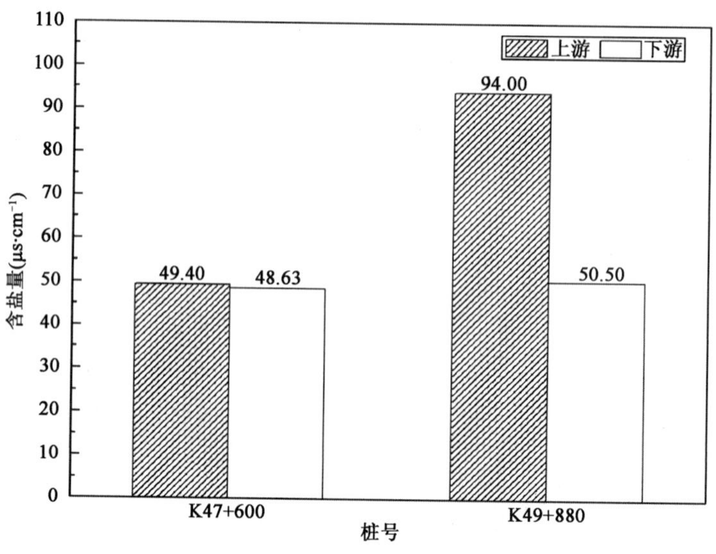

图 8.2-19　环长白山旅游公路路堤两侧含盐量

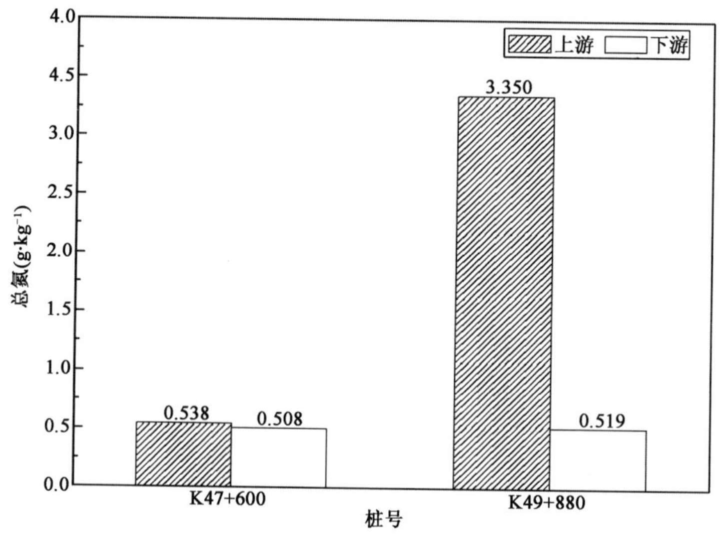

图 8.2-20　环长白山旅游公路路堤两侧总氮指标

g. pH 值。

环长白山旅游公路 K47 +600 段公路两侧土壤 pH 值指标对比结果同其他公路，而 K49 +880 段呈现出相反状况，上游土壤酸性较强（图 8.2-22）。

h. 植被状况。

环长白山公路 K47 +600 段和 K49 +880 段海拔高度在 1000m 以下，所处植被类型区为红松阔叶混交林亚带，植被以红松为主。两个研究点公路两侧植被主要分为草本层、灌木层和木本层，其中，灌木层生长状况不佳，植株较少，见表 8.2-11。在 K47 +600 段处，公路上下游木本层物种相同，主要为红松、紫椴和桦树，草本层主要为小叶章、小叶芹、蚊子草和宽叶苔草等，植物生长状况良好。K49 +880 段木本层下游以桦树和红松为主，还包括紫椴和水曲柳，上游未发现桦树，在积水区有大量死亡的植物残体，无论是木本植物还是草本植物几乎无存活，而在非积水区植被生长良好，但同 K47 +600 段相比，草本植物的盖度较低，在 30% 左右。

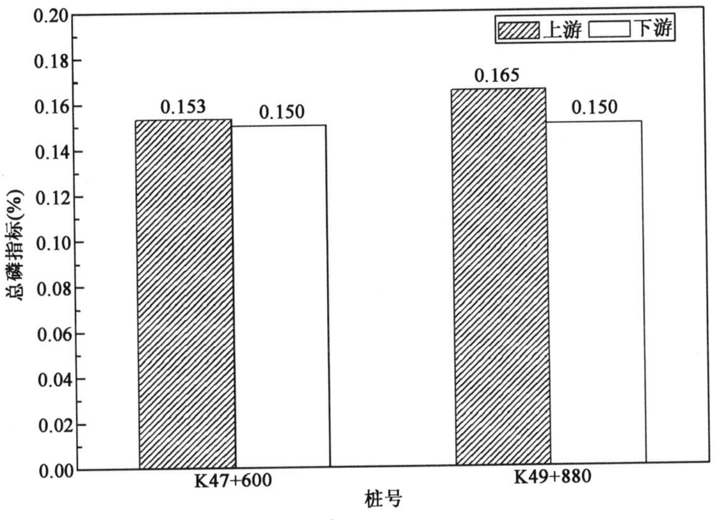

图 8.2-21　环长白山旅游公路路堤两侧总磷指标

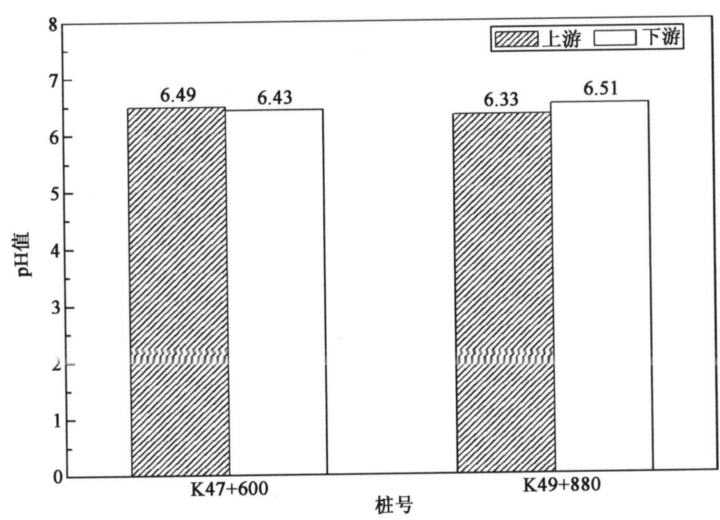

图 8.2-22　环长白山旅游公路路堤两侧 pH 值

环长白山旅游公路两侧植被情况

表 8.2-11

<table>
<tr><th colspan="2" rowspan="2">位　置</th><th colspan="6">本土植物状况</th><th colspan="3">草本植物状况</th></tr>
<tr><th>S</th><th>H</th><th>J</th><th>I</th><th>优势种</th><th>死亡率</th><th>S</th><th>H</th><th>J</th></tr>
<tr><td rowspan="2">K47 +600</td><td>上游</td><td>3</td><td>0.764</td><td>0.696</td><td rowspan="2">1.00</td><td>红松</td><td>约为 0</td><td>6</td><td>1.853</td><td>1.033</td></tr>
<tr><td>下游</td><td>3</td><td>0.620</td><td>0.563</td><td>红松</td><td>约为 0</td><td>6</td><td>1.637</td><td>0.914</td></tr>
<tr><td rowspan="2">K49 +880</td><td>上游</td><td>3</td><td>0.857</td><td>0.780</td><td rowspan="2">0.75</td><td>红松</td><td>约为 0</td><td>6</td><td>1.717</td><td>0.958</td></tr>
<tr><td>下游</td><td>3</td><td>1.276</td><td>0.920</td><td>桦树、红松</td><td>积水区 100%，
非积水区 0</td><td>5</td><td>1.527</td><td>0.939</td></tr>
</table>

(2)公路建设对湿地水系连通性影响的评价方法

从湿地水文、湿地土壤和湿地生物三个特征考虑,遵循互相匹配、综合全面性、可操作性、准确性、动态性和灵活性的原则,选取同水位(C_1)、积水面积(C_2)、水土比(C_3)、含盐量(C_4)、总氮(C_5)、总磷(C_6),pH 值(C_7)和植被状况(C_8)8 个指标构成公路建设对湿地湿地水系连通性的评价的指标层。采用层次分析法对各评价指标进行权重赋值,各评价指标权重结果见表 8.2-12。公路建设对湿地水系连通性影响评价指标体系见图 8.2-23。

各评价指标权重 表 8.2-12

指标层	准则层		权重
	结构连通性	功能连通性	
	0.5	0.5	
C_1	0.4	—	0.2
C_2	0.4	—	0.2
C_3	0.2	—	0.1
C_4	—	0.236	0.118
C_5	—	0.089	0.044
C_6	—	0.089	0.044
C_7	—	0.089	0.044
C_8	—	0.498	0.249

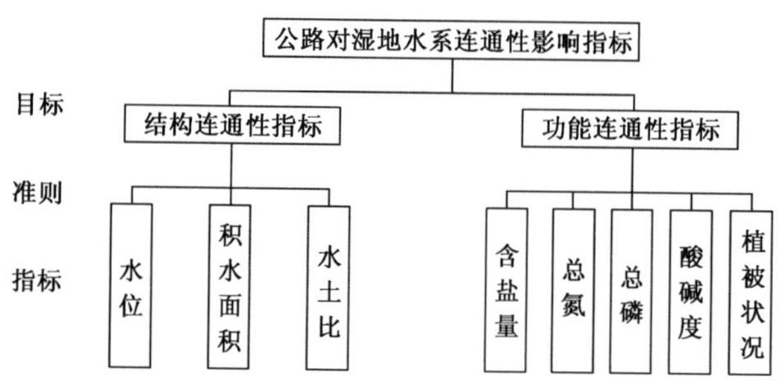

图 8.2-23 公路建设对湿地水系连通性影响评价指标体系

在所有的评价指标中,植被状况(C_8)权重系数排序第一,说明植被受湿地水系连通性影响最大,其后依次为水位(C_1)、积水面积(C_2)和含盐量(C_4),这几个指标在整个评价中较之其他指标更为重要。并且,同草本植物相比,大型木本植物因水系连通性改变而发生的变化更显著。因此,在对湿地水系连通性进行评价时,可以根据植被生长状况和水位情况进行简单判断,也可以根据植被生长状况和水位情况作为选取评价点的基本依据。建立的影响评价体系如图 8.2-23 所示。

选用层次分析法进行公路建设后的湿地水系连通性影响评价,具体评价流程见图 8.2-24。

湿地水系连通性影响评价结果汇总见表 8.2-13。这些路段中,环长白山旅游公路 K47 + 600 段公路对湿地水系连通性影响最小,而该路的 K49 + 880 段对湿地水系连通性影响最大,主要表现为公路上游长时间存在明显积水,植被死亡率高。国道鹤大线三个路段两侧水体的总氮和总磷差异较大，与水文指标、含盐量指标呈现出负相关性，分析其原因主要是与湿地水源的补给大小密切相关，即公路切断了湿地的唯一径流补给源。

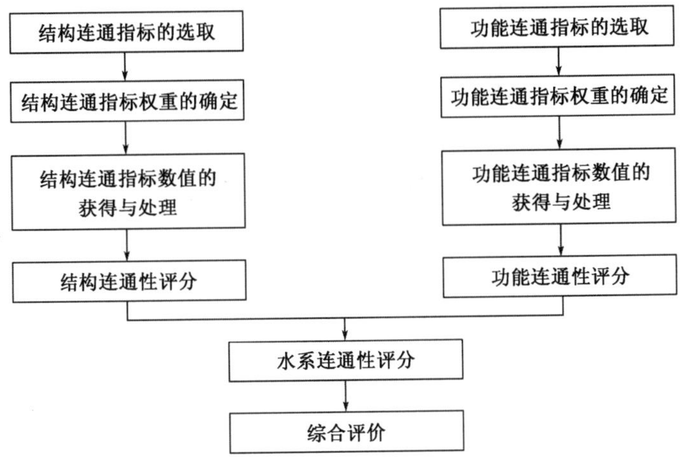

图 8.2-24　评价流程图

不同公路对水系连通性的影响比较　　表 8.2-13

公路位置	国道 201			珲乌高速公路	环长白山旅游公路	
	K1 +500	K1 +810	K2 +212	K185	K47 +600	K49 +800
结构连通性评分	0.960	0.841	0.950	0.833	0.97	0.492
功能连通性评分	0.824	0.763	0.816	0.805	0.931	0.628
水系连通性综合评分	0.892	0.802	0.883	0.819	0.951	0.560
影响程度	较小	较大	较小	较小	极小	极大

8.2.3　高速公路沿线湿地保护技术研究

(1)基于3S技术的公路湿地路段植物资源保护技术

①湿地植被保护技术流程

首先，通过对公路路线范围的遥感影像解译和分析，识别公路经过区域主要植被类型；其次，根据路线穿越的植被类型及斑块数量，设置现场植物样方调查点位；开展现场植物样方调查，划定植被重要保护区和对象；随后，统计样方调查数据并计算相关参数；最后，根据计算结果制定植物保护方法。技术的流程图如图 8.2-25 所示。

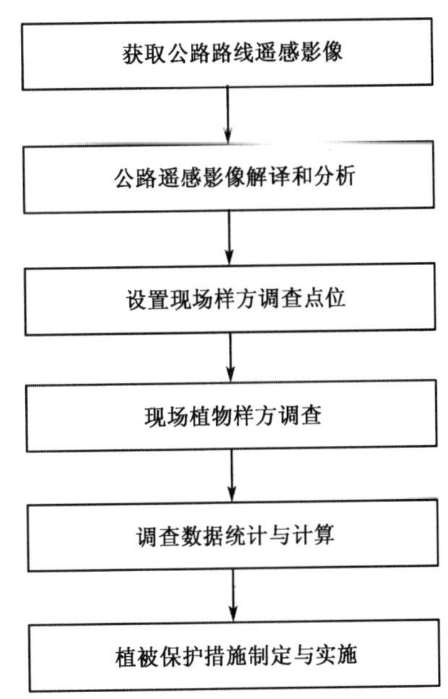

图 8.2-25　公路湿地植被保护技术流程图

②遥感解译和分析

首先采用遥感解译软件对遥感影像进行解译，对遥感影像进行植被分类。同时参考该区域已有的植被资料，初步识别出公路沿线主要植被类型，以校正的遥感影像为地理底图，将公路平面布置图叠加到沿线植被类型分布图上。公路沿线植被类型分布图形成后，相关数据还应与样方调查数据进行比对,根据比对结果进行数据校准。采用3S技术,从宏观大尺度层面对公路路线经过区域的植被情况有整体的了解,克服前期公路沿线林下湿地植被情况了解不够深入的现象,为现场样方调查方案的制定提供了依据。

③现场调查及统计

在解译的公路遥感影像上设置现场植物调查的GPS点位的方法,首先要求湿地路段每一种湿地设置至少5个GPS外业调查点位。这样做是从统计学原理出发考虑,使调查数据能够涵盖所有经过区域的湿地。同时,还对每种湿地的调查样本数量进行最低值限定,确保有足够的统计数据,力求使调查数据能够代表沿线植被的实际情况,保证样本量,减少人为误差,增加调查可信度。

④植被保护措施制定与实施

a.编制植被识别手册。

根据植被调查的结果,对涉及的保护物种编制植被识别手册,以便于施工人员在清表施工前全面排查,记录所有保护植物的位置和数量,防止遗漏。

b.植被移栽保护。

对于公路占地界内的国家保护植物,如果有适合移栽条件的个体应首先考虑进行就近移栽保护。移栽过程应在专业技术人员指导下完成或者委托有资质的园林绿化公司。

c.植被回购保护。

根据以上确定的植被重点保护区域的面积,乘以样方调查的某种植被平均密度,得出某种植被的总量,按照不同胸径和高度规格的单株价格,可以计算出植被重点保护区域内所有植被的总价值,从征地对象处按照计算的价值回购这些植被,回购的植被原地保留尽量避免施工扰动破坏。

d.植被防护与遮挡。

植被的个体保护措施主要包括树干围栏、树干缠绕、根部挡墙、树干支撑。

(2)基于3S技术的公路湿地路段表土资源保护技术

①湿地表土资源保护技术流程

首先获取公路路线的遥感影像,通过对公路路线范围的遥感影像解译和分析,识别土地利用类型,在地图上设置植物样方调查点位,现场放线和开展表土调查;随后统计样方调查数据并计算相关参数;最后根据计算结果制定表土保护与利用措施。

②遥感解译和分析

获取公路全线的遥感数据,首先采用遥感解译软件对遥感影像进行解译,对遥感影像进行土地利用类型分类。在遥感影像上分析路线穿越的土地利用类型区域的种类、数量、里程,以及穿越每一种土地利用类型的总次数,并采用垂线布点法设置现场表土资源调查的GPS点位。

③现场样方调查及统计

按照步骤上述设置的GPS点位,开展表土资源现场调查,在该位置挖掘土壤剖面,测量表土层厚度,包括自然土壤中的腐殖质层厚度和/或耕作土壤中的耕作层厚度,并记录测量数据;分层取样,对各层样品进行实验室养分指标分析,根据试验测定结果和现场调查情况综合反应各种土地利用类型表土质量情况,并明确不同土壤类型最佳的表土收集厚度,为清表施工和表土收集的实施和保护方法的制定提供参考。

④表土保护措施制定与实施

a. 表土堆放场选址。

表土堆放场占地类型为临时用地，不宜占用沿线耕地资源；表土堆放场距离湿地营造区域不宜太远，一般选择在营造区域内进行集中堆放，以便后期利用；表土堆放场尽量选择在利于排水的位置，防止雨季时形成积水或径流冲刷，严禁设置在沿线的河流、水库、池塘和沟谷处。

b. 表土堆放的临时防护。

堆放前在堆放场地来水侧布置断面为0.6m×0.6m临时土质截水沟，开挖土方一并堆置于腐殖土堆放场，如图8.2-26所示。收集的表土四周设置临时编织土袋围堰，围堰采用梯形断面，上宽0.5m、下宽1.50m，围堰土袋用土取自腐殖土。堆放场周围做好临时排水沟等排水设施，防止径流冲刷。表土堆放场通常要修出"馒头"形土包，并对表层进行拍实处理，要达到一定的拍实度，防止雨水渗流对内部土壤养分造成淋溶损失。表土堆放场要留出一定场地，以供后期表土预处理使用。

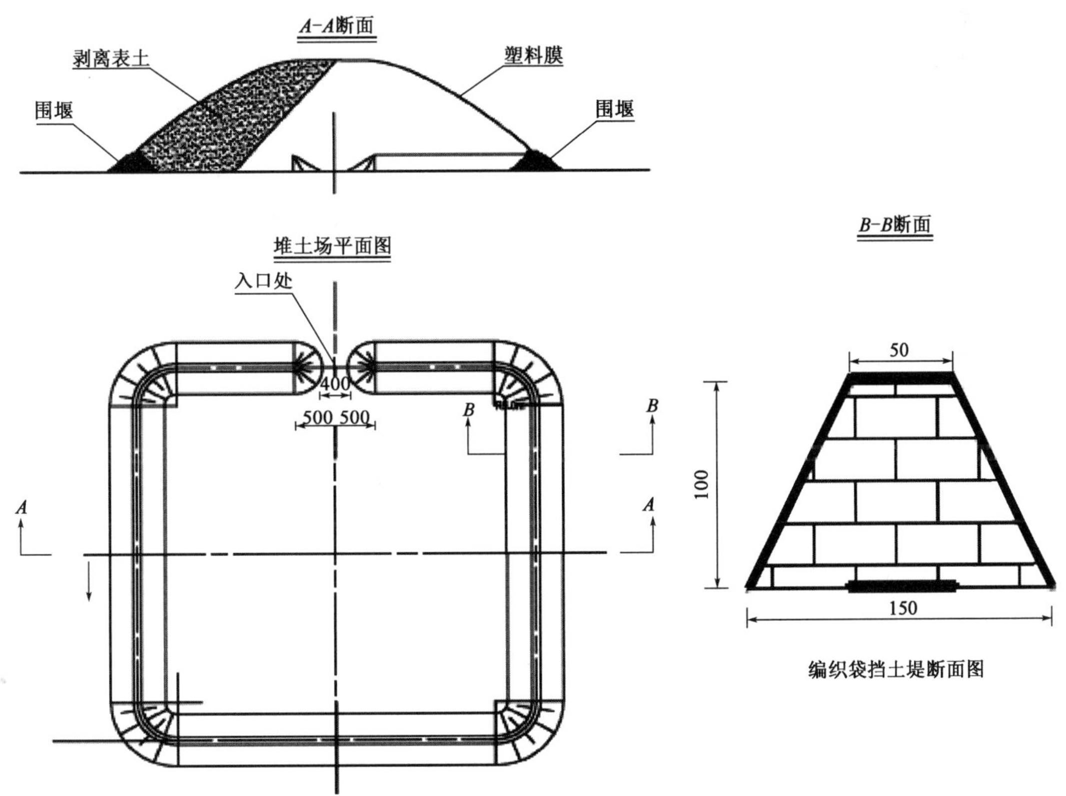

图8.2-26 表土临时堆放场防护设计示意图(尺寸单位:cm)

(3)公路湿地水系连通性保护技术

通过地下水水流模型模拟，预测公路建设对湿地地下水流和溶质迁移产生的影响，采用两种不同的排水系统设计(路基盲管排水系统和排水垫层+路基盲管排水系统)，应用正交设计对比分析不同设计方案对路基两侧水位差以及公路区流量的差异,确定最优的公路排水设计方案,结果见表8.2-14。结果表明,在排水垫层+铺设盲管方案下的路基两侧水位差比只铺设盲管下降低了0.03m,区别不大,而公路区的流量恢复程度比只铺设盲管方案下增加了28.97个百分点,影响较大。

不同排水系统设计方案下结果对比　　表8.2-14

铺设方案	A	B	C	D	E	水位差(m)	流量恢复程度(%)
$A_1B_3C_3$	1	3	3	—	—	0.12	56.97
$A_1B_3C_3D_3E_3$	1	3	3	3	3	0.09	85.94

同时,设置排水垫层+铺设盲管时,公路上、下游观测点在各个时期的平均浓度恢复程度较只铺设盲管时提高了不多(表8.2-15)。因此,在进行排水方案设计时,在铺设盲管的基础上应尽可能地设置排水垫层,以减小公路建设对湿地水系连通性的阻隔效应。

有无排水垫层下流量恢复程度对比　　表8.2-15

铺设方案	铺设盲管流量恢复程度(%)	排水垫层+盲管流量恢复程度(%)	流量恢复程度增加值(%)
1	8.80	52.82	44.02
2	30.56	56.48	25.92
3	56.97	65.28	8.31
4	9.05	52.86	43.81
5	28.61	55.75	27.14
6	30.56	56.48	25.92
7	9.29	52.98	43.69
8	14.91	53.06	38.15
9	33.01	57.21	24.20
平均值	24.64	55.88	31.24

8.2.4 高速公路湿地营造技术研究

①湿地位置和类型的选择

湿地营造位置的选择首先要有一定的空间,一般为汇水面积的3%～5%,水是湿地的关键,水的深度、水位变化及水域变化决定了湿地生态系统的正常运转,所以水源是湿地营造成功与否的关键。其次要有良好的湿生土壤条件,还要有湿生植被。除此之外,湿地要满足一定的功能需求,主要包括污染物的去除、景观需要和湿地修复。

对于湿地选址,一般按照资料收集→遥感图件解译→湿地营造区域确定→环境调查与评估的步骤进行。针对高度公路占地面积的特点,雨水湿地是公路路域湿地营造的最佳选择。针对雨水湿地的建造,参照表8.2-16确定雨水湿地类型。

雨水湿地类型及参数　　表8.2-16

参　数	浅层湿地	扩展型滞留池	池塘/湿地	口袋湿地
长宽比	2:1	2:1	2:1	2:1
扩展型滞留池	无	有	可选择	可选择
水量分配 (塘/湿地/滞留池)(%)	25/75/0	25/25/50	70/30/0	25/75/0
表面积分配 (深水/浅层/高层/半湿)	25/35/40/5	10/35/45/10	45/25/25/5	10/45/40/5
前池	必需	必需	必需	—
微池	必需	必需	必需	必需
出口配置	反坡管或带罩的宽顶堰	反坡管或带罩的宽顶堰	反坡管或带罩的宽顶堰	带罩的宽顶堰

②湿地规格

雨水湿地是公路路域湿地营造的最佳选择,因此应以雨水径流为湿地水源,从而确定湿地的规模。在进行湿地规模确定时,应从保护和恢复角度考虑,在空间允许的条件下可加强除污功能的设计。因此,湿地规模确定的一般步骤为:水量计算→暴雨强度计算→径流系数计算→汇水面积计算→湿地水深范围选取→湿地面积计算。除此之外,还需对植被缓冲带和湿地形态进行确定。根据雨量平衡计算公式,参数选择参考地表漫流处理系统,对植被缓冲带进行相关计算。而湿地形态的确定根据湿地总面积大小进行合理的设计。

③湿地植物配置模式

当雨水径流由路桥面汇入,通过边坡(种植草本植物)汇入植被缓冲带(乔灌带-灌草带-草本带),滨水带(湿地植物带-挺水植物带)、湿地水面(沉水植物带),见图8.2-27。边坡植草可以对初期径流进行拦截,并降低流速。乔灌带一方面可以起到拦截颗粒物的作用,同时兼顾景观和生物多样性的功能;灌草带对地表径流做进一步的拦截和净化,另外兼具稳固堤岸的作用;草本带起到滞留和拦截泥沙等颗粒物作用;滨水带的湿生植物主要起到污染物净化的作用,防止水力侵蚀和冲刷;挺水植物带能起到良好的景观和污染物净化作用。

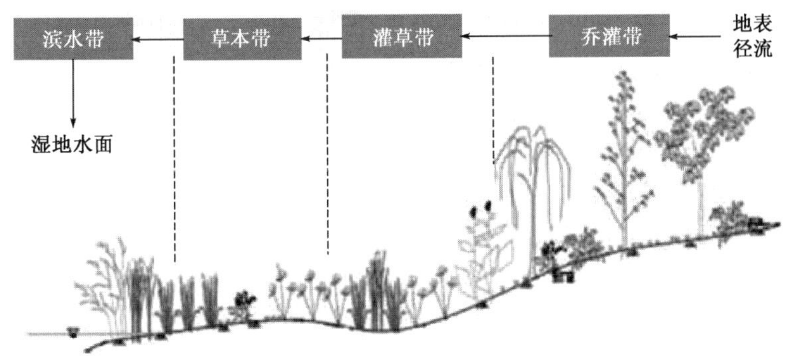

图8.2-27　植被缓冲带植被配置模式

④湿地形式的确定

根据湿地总面积大小,提出湿地设计方案(图8.2-28):湿地外围的植被浅沟将雨水收集后,从入水口进入湿地1号池,如果水量超过池容量,溢流进入2号池,2号池末端接溢流口,并设有排水阀门,当来水量过大时溢流进入排水管道。从径流净化处理的功能角度考虑,为达到污染物去除的目的,将1号池的功能定位于沉淀池,从而结合满足植物生长的湿地水深的范围,可以分别确定每个1号池和2号池的水深和面积。

图8.2-28 湿地剖面示意图

根据湿地的面积和植被缓冲带的大小,可以将人工湿地和绿化带合二为一,为了维持湿地的供水和方便绿化灌溉,提高湿地植物和绿化植物的维护效率,降低维护成本,提出一种基于雨水储存的人工湿地单体地下结构(图8.2-29)。该单体地下结构简单,设计科学合理,能够有效提高雨水的储存量,根据需要进行引水作业提供相应水源。该结构包括一矩形储水结构,其矩形储水结构上面开设有集水孔,集水孔上面的矩形储水结构上布设有过滤框,过滤框为植物滤框。该植物滤框为立方体滤框,植物滤框内可以放置植物根茎、碎石、砂砾,不但可以起到过滤的作用还有保水的作用,更好的保留雨水,减少蒸发,在过滤框上面布设有绿植层,绿植层为带土的绿色植物层。矩形储水结构一侧安装太阳能储能装置以及风能储能装置,在太阳能储能装置下部的矩形储水结构内安装抽水机,该抽水机通过管道连通矩形储水结构底部,抽水机设置有出水口,管道底部安装有过滤器,太阳能储能装置为太阳能电池。风能储能装置为风力发电杆。矩形储水结构一侧下部设置有连接口。矩形储水结构底部设置有溢流墙。太阳能

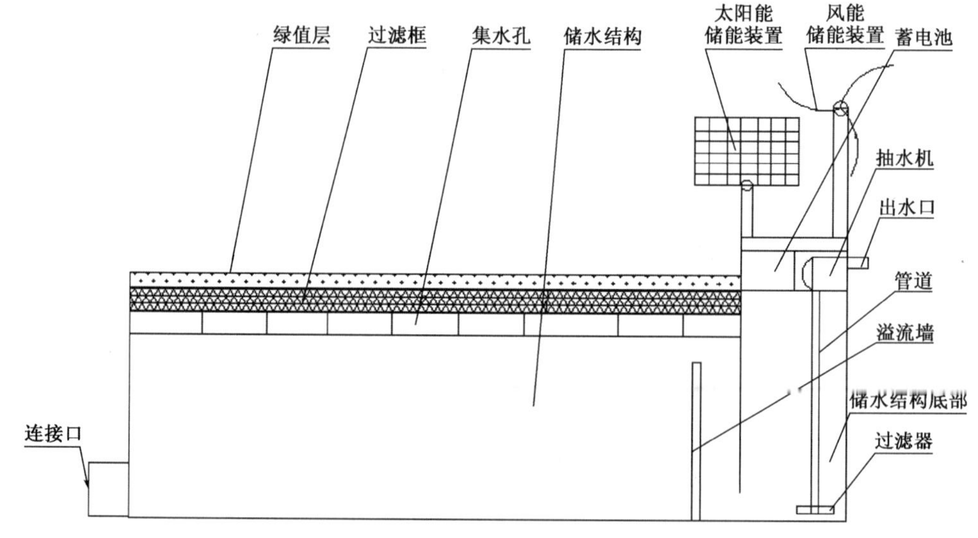

图8.2-29 一种基于雨水储存的人工湿地单体地下结构示意图

储能装置以及风能储能装置连接储能蓄电池。该结构如果需要可以加装远程控制器,实现远距离控制抽水机的开启以及关闭,抽水机出口可以连接浇灌管路,矩形储水结构一侧下部的连接口可以实现多个单体地下结构的连接,形成多组结构。

8.3 技术小结

为了保护水环境,结合鹤大高速公路科技示范工程的实施,开展科技攻关推广项目“季冻区服务区污水处理与回用技术推广应用”和攻关项目“基于生态补偿的湿地营造技术研究应用”,取得了如下创新成果:

(1)针对公路服务区污水处理冬季难达标的问题,通过现场调研、室内外试验及分析,对季冻区服务区污水处理及回用技术开展了系统深入研究,采用DNA测序,筛选耐低温细菌,构建高分子生物载体,揭示细菌除氮机理,研发低温环境下多介质生物滤池和潮汐流人工湿地组合污水处理技术,提出及冬季稳定运行工程措施和管理养护操作要求,出水达到回用标准,突破解决季冻区服务区低温污水处理关键技术难题。

(2)针对鹤大高速公路建设对湿地环境和水系连通的影响,开展公路沿线湿地保护技术和湿地补偿技术等系统研究,建立湿地生态敏感性综合评价方法,划分依托工程湿地水系连通性保护重点路段,定量分析公路建设对湿地生态系统的影响和阻隔效应,提出公路建设对湿地水系连通性影响的评价方法和湿地水系连通性保护技术措施,发明基于3S技术应用的公路湿地表土资源和植物资源的保护方法,系统提出基于生态补偿的公路路域湿地营造技术,有效减轻公路建设对湿地生态系统的影响。

第9章　示范工程实施及效果

鹤大高速公路地处长白山区腹地，路线所经过区域地质条件复杂，公路建设难度大，资源需求高，生态环境脆弱。结合工程建设需求，将基于全寿命周期成本理念的季冻区高速公路建设关键技术、地产筑路材料综合利用技术、高速公路低碳节能技术、高速公路建设生态恢复与民俗旅游融合技术、废旧材料改性沥青混合料关键技术、工程废弃材料综合利用成套技术以及公路建设水环境保护技术共7类技术在鹤大高速公路工程建设中进行示范应用。

9.1　基于全寿命周期成本理念的高速公路建设关键技术示范

9.1.1　生态敏感路段湿地路基修筑关键技术示范

(1)示范路段

通过查阅鹤大高速公路工程施工图设计图纸和现场走访，对沿线气候、水文、地质及湿地分布进行了补充调查，根据沿线湿地分布情况，经过比选，湿地路基修筑关键技术示范工程实施确定为小沟岭至抚松 K692 + 649 ~ K705 + 623 露水河段及靖宇至通化 K283 + 314.5 ~ K283 + 695 东风湿地段，累计长度 13.35km。

示范实施的路段主要位于山岭重丘区，地下水系较丰富，不存在大型滑坡、泥石流、风沙等病害。不良地质地段多为山涧沟谷地表排水不畅，部分路段已沼泽化，腐殖土较厚，典型的地层结构是：表层 0 ~ 1.5m 草炭土及淤泥质土，呈软塑状态，下部土质较好，发现个别段落为软土层，层厚度在 150cm 以内的小范围段落，因此特殊路基主要为软土路基，软土地基主要分布在地形较平坦，呈低洼地势，容易积水的路段，软土地基黏聚力一般在 25 ~ 45kPa 之间，局部地段承载力一般在 80 ~ 100kPa，天然含水率一般在 34.8% ~ 53.4%（旺水季节，局部路段可达 300% 以上），塑性指数 I_p 一般在 11.4 ~ 16.5 之间，液性指数 I_L 一般在 0.5 ~ 1.56 之间，软土处于软塑和流塑状态。

(2)设计方案

工程实施段落位于露水河和东风湿地示范路段，共分为以下几个小段落，具体见表 9.1-1。

示范路段分布及具体桩号　　表 9.1-1

序号	段落桩号	路基平均填高(m)	地质描述	原设计方案（桥涵除外）	采用处治方案	具体桩号（盲沟 + 波纹钢管或 EPS 换填段）
1	K692 + 649 ~ K692 + 774	5.99	1.5m 草炭土	清除泥质土，换填风化碎石	原设计	无

续上表

序号	段落桩号	路基平均填高(m)	地质描述	原设计方案(桥涵除外)	采用处治方案	具体桩号(盲沟+波纹钢管或EPS换填段)
2	K693+999~K694+125	6.25	7.5m淤泥质土(林下湿地)	清除表层土,打入CFG桩	直接填筑+CFG+土工格栅+EPS块	K694+110涵洞(1-4m×3m)左右各6m换填EPS块
3	K694+300~K695+100	3.25	7.8m淤泥质土(林下湿地)	清除表层土,打入CFG桩或排除明水,清除淤泥换填风化碎石	原设计	无
4	K695+100~K696+400	3.25	7.8m淤泥质土(林下湿地)	清除表层土,打入CFG桩或排除明水,清除淤泥换填风化碎石	直接填筑+CFG+盲沟+波纹钢管	K695+120、K695+250、K695+310、K695+370、K695+490、K695+640、K695+780、K695+940、K696+000、K696+060、K696+120、K696+270、K696+330
5	K696+889~K697+159	2.82	1.5m草炭土	清除泥质土,换填风化碎石	直接填筑+土工格栅+盲沟+波纹钢管	K696+890、K696+950、K697+070、K697+130、K697+300、K697+420
6	K697+299~K697+469	4.41				
7	K283+314.5~K283+580	7.54	9m淤泥质软土(林下湿地)	直接填筑,打入碎石桩+60cm碎石垫层+土工格栅	原设计+盲沟+波纹钢管	K283+350、K283+410、K283+470、K283+530、K283+590
8	K283+580~K283+695	5.75	1.4m淤泥质软土(林下湿地)	清除换填强风化岩	原设计+盲沟+波纹钢管	

(3)工程实施

①粒料桩加固软基路段

根据工程地质特性,露水河段设计中采用CFG桩,东风湿地段设计中采用碎石桩。CFG桩与碎石桩均采用直径50cm、桩长穿透厚度较薄的湿地软层或达到较稳定的软土夹层。CFG桩间距1.5m按等边三角形布置,填料采用粒径为5~10cm未风化碎石或砾石;碎石桩间距同原设计。桩径、桩长、桩密度设置需满足规范要求的工后沉降指标。碎石桩(CFG桩)断面示意图如图9.1-1所示。

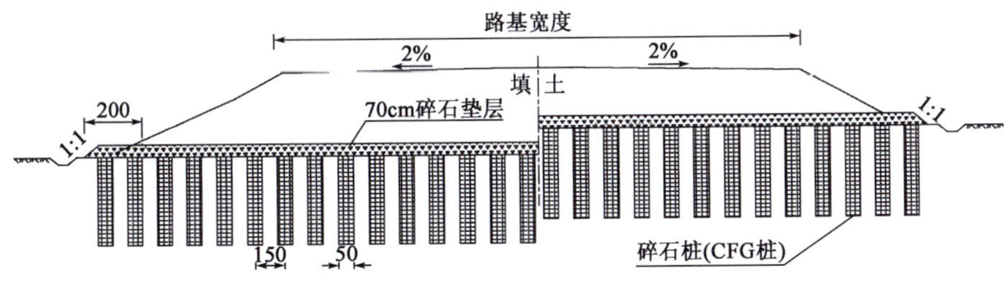

图9.1-1 碎石桩(CFG桩)断面示意图(尺寸单位:cm)

②横向碎石盲沟加强潜水层水系连通

为保证湿地植物根系水系的连通，在桥涵两侧各 50m 以外增加修建横跨路基的碎石盲沟。盲沟宽度为 120cm，高度为 80cm，盲沟进出水口两端设喇叭形端口以增加汇水面积，过渡段长度不小于 1m，喇叭口处盲沟截面尺寸为 160cm × 120cm。盲沟底部距地表面为 100cm（60 ~ 100cm 的地下水埋深为植物生长理想区间），结构底部铺设片石基础，其上设直径为 20cm 的多孔隙中空塑料管形成复合盲沟增加渗流。

碎石盲沟布设应充分考虑地形地貌，盲沟纵坡与路线两侧原地形保持一致，平面上与路线正交，如遇路基两侧高差变化明显，则采用适当的平面交叉角并结合水系走势综合确定。对于设置边沟、排水沟等排水设施的路段，碎石盲沟端部宜跨越排水设施，盲沟端部与坡脚或排水设施边缘距离≥2m。

碎石采用粒径 3 ~ 5cm、水稳定性好的砾石为宜，端口以碎石填筑，盲沟外围用透水土工布包裹。

③波纹钢管涵辅助地表水连通

对于汇水面积较大地段，为保证路基两侧植物根系水系的连贯性，在桥涵两侧各 50m 外，平均每间隔 60m 增加修建横跨路基的波纹钢管。钢管采用直径为 75cm 的波纹钢管，洞口设计为平头式洞口，并延伸至坡脚外 2m，洞口加盖钢筋网过滤杂草、树枝等异物。钢管轴向设置预拱度，沿轴向采用双向 0.8% 横坡度，以防止地基沉降盆对钢管排水性能的影响，管底与原地面高程相同。

波纹钢管布设应充分考虑地形地貌，波纹钢管纵坡与路线两侧原地形保持一致，平面上与路线正交，如遇路基两侧高差变化明显，则采用适当的平面交叉角并根据水系走势综合确定。

安装时从一侧排放第一根管节，使其管中心和基础纵向中心线平行；管壁内外涂沥青，沥青涂层的总厚度应不小于 1mm；波纹钢管基底采用有一定级配的天然砂砾，利用碎石盲沟作为管底基础，设置波纹钢管的碎石盲沟宽度为 120cm（其余指标与未设置波纹钢管的碎石盲沟一致），最大粒径不超过 50mm，小于 0.075mm 细颗粒含量不超过 5%；每节波纹管必须为一个整体。各管节间连接强度必须满足施工中路基填土及压实机械（15t 振动压路机）作业荷载压力要求，不得有变形错位现象。碎石盲沟 + 波纹钢管组合施工如图 9.1-2 和图 9.1-3 所示。

a)铺设碎石盲沟

b)铺设波纹钢管

图 9.1-2　碎石盲沟 + 波纹钢管组合施工（露水河段）

a)铺设碎石盲沟

b)铺设波纹钢管

图9.1-3　碎石盲沟＋波纹钢管组合施工(靖通段)

④EPS路段

不良地基软土厚度超过5m,路基填高大于4m,利用EPS块优良的低密轻质性、较好的稳定性等工程特性降低路基自重,减轻高填方路基对湿地的切割,进而起到保护湿地的作用,EPS块铺设长度与搭板长度相当。项目在1个断面上采用了EPS块换填涵洞两侧填土的处治措施。桩号为K694＋110的涵洞尺寸为1-4m×3m,新设计为左右两侧各6m换填EPS块以降低路基自重,减小路基与涵洞搭接处的不均匀变形。换填EPS块断面示意图如图9.1-4所示,EPS块换填施工如图9.1-5所示。

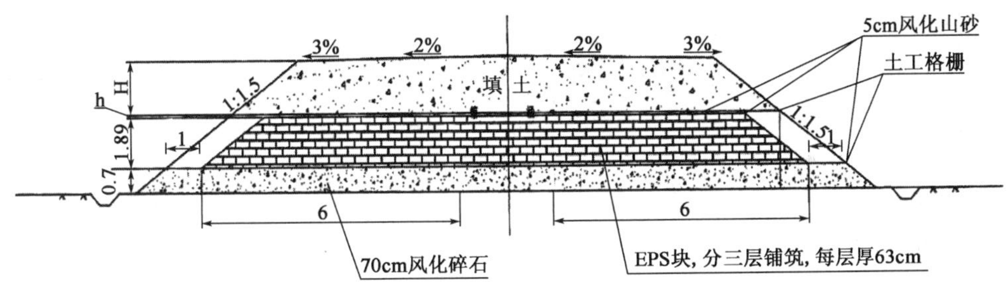

图9.1-4　换填EPS块断面示意图(尺寸单位:m)

图9.1-5　EPS块换填施工(露水河段)

(4)效果监测

项目依托鹤大高速公路露水河与靖宇东风湿地路段,通过对施工期和运营期湿地、地基和路基的水文情况、土壤营养元素变化以及路基稳定性等方面进行了监测,进一步查明湿地路基修筑对生态环境的影响程度,并对生态影响及评价指标体系的建立,为公路建设提供建议和参考。

①路基稳定性监测与分析

针对季冻区生态敏感路段湿地路基,采用人工和自动化采集及无线传输模式进行了稳定性监测。

a. 路基应力的监测与分析。

传感器、双膜土压力盒和孔隙水压计的埋设见图 9.1-6 ~ 图 9.1-8。

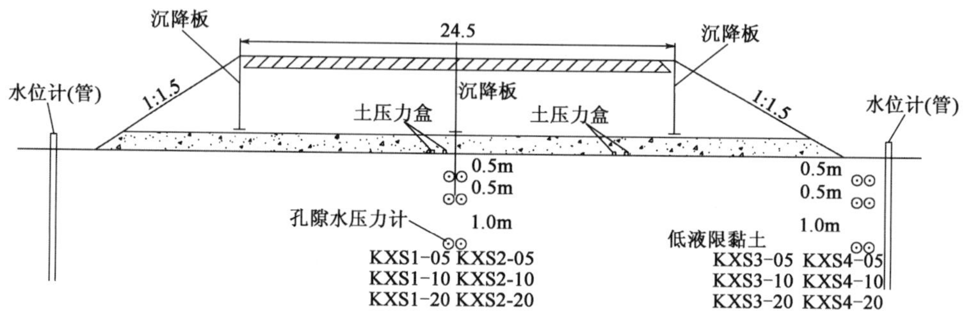

图 9.1-6　传感器埋设剖面图(尺寸单位:m)

图 9.1-7　双膜土压力盒埋设

图 9.1-8　孔隙水压计埋设

从孔隙水压力数据来看,地基中湿地水系受路基切割作用明显,且孔隙水压力值受季节变化影响的地下水位变化而变化,为提高地基承载力而采用的粒料桩处治措施是必要的。从土压力数据来看,路基受冰冻作用明显,路基中设置防冻层及适当抬高路基防止毛细水上升等工程措施也不可或缺。

b. 湿地复合地基静荷载试验。

如图 9.1-9 所示,开展了湿地复合地基静荷载试验,从抽样结果看,复合地基承载力满足设计要求。

②路基沉降变形监测与分析

通过对运营及路基整体稳定性监测,高填方路基受冻胀影响较小,但填方在 3.4m 及以下的路段受冻胀影响较大，在一个全年的监测周期内，总体隆起 2 ~ 3mm，融沉 2mm（图 9.1-10、图 9.1-11）。

图 9.1-9 复合地基静荷载现场试验

图 9.1-10 路基施工期的沉降板监测

图 9.1-11 路表沉降监测

③路域生态环境敏感性监测与分析

a. 生态监测概况。

对野外湿地植被进行调查与温度观测，分别于 2014 年、2015 年和 2016 年 7 月中旬湿地植物地表生物量达到最大时段，对上述 6 个公路段侧湿地系统植被多样性和地表生物量进行调查，如图 9.1-12 ~ 图 9.1-17 所示。

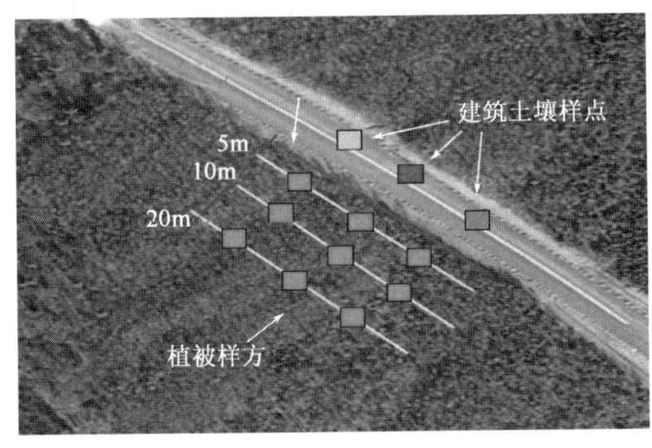

图 9.1-12 植被样方空间布设示意图

图 9.1-13 植被样方设置现场及采样

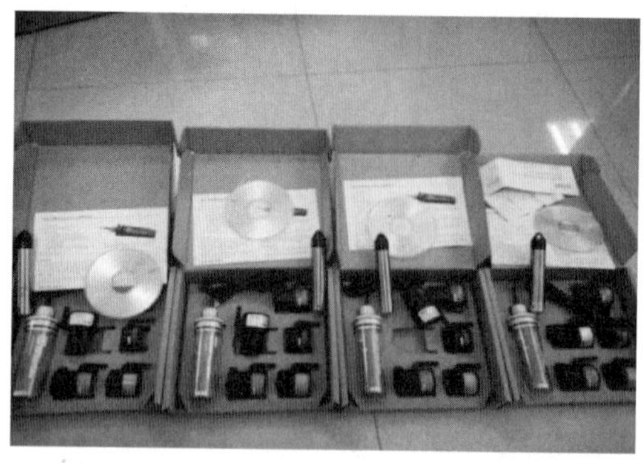

图 9.1-14　自动水位计监测野外地表径流水位变化情况

图 9.1-15　湿地有机土壤采样

图 9.1-16　路基填筑用土采样

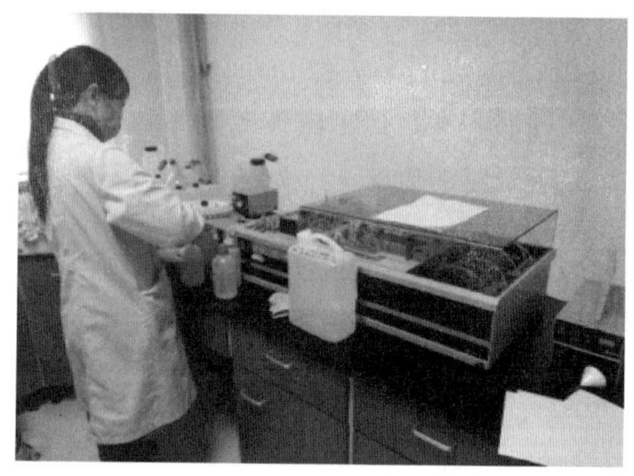

图 9.1-17　土壤和水体样品化学分析

在距离公路路基底部施工范围外 5m、10m 和 20m 的地点，进行 2m × 2m 样方地上植被收割取样调查，样方复数量 3 个。记录每个样方湿地植被生物多样性（湿地物种类别和总数量），将地表湿地植被样品带回，80℃烘干，称量植物样品干重，并进行化学分析。

b. 生态监测结果与评定。

a）公路建设对湿地系统土壤污染监测与风险分析。

对比分析靖宇段和露水河段施工用土和原始湿地土壤营养元素含量，如图 9.1-18 所示。

结果表明路基填料中含量过高的金属铬(Cr)和铁(Fe)存在对湿地的潜在污染风险,但暂时没有对公路旁的湿地土壤造成实际的表层土壤污染。

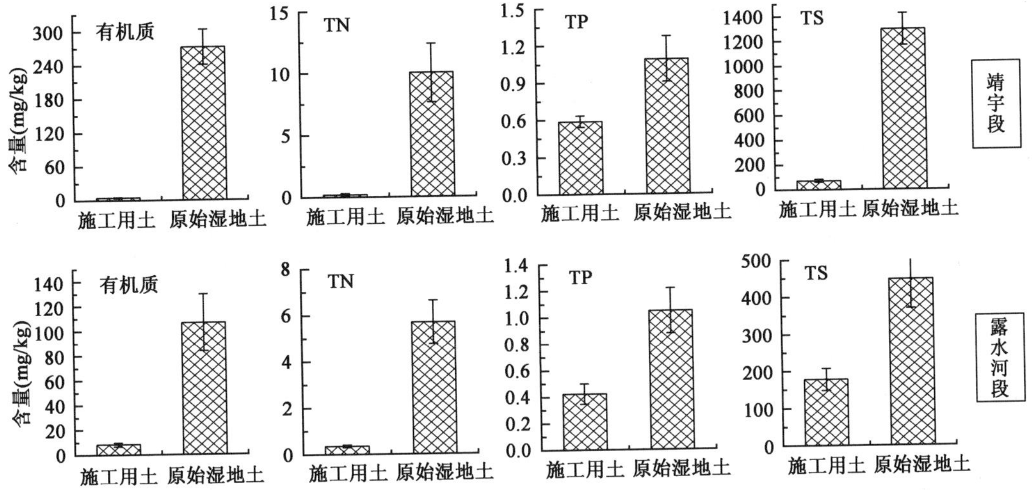

图9.1-18　靖宇段和露水河段施工用土和原始湿地土壤(0~40cm)营养元素含量对比分析

b)公路建设对湿地系统生物多样性影响风险分析。

监测段内总体上湿地植物种类变化不大,但公路的修建使路域范围内温度增加,导致部分段落湿地物种减少,地表生物量增加,即公路建设对部分路段湿地生物量和物种组成产生了一定的影响,如图9.1-19~图9.1-21所示。

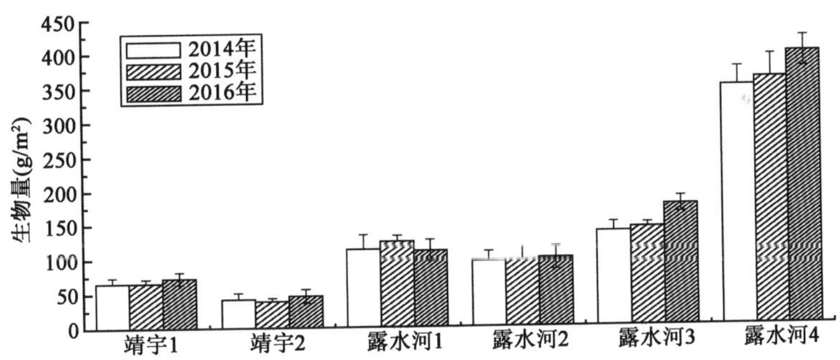

图9.1-19　靖宇段和露水河路段2014—2016年湿地地表生物量对比

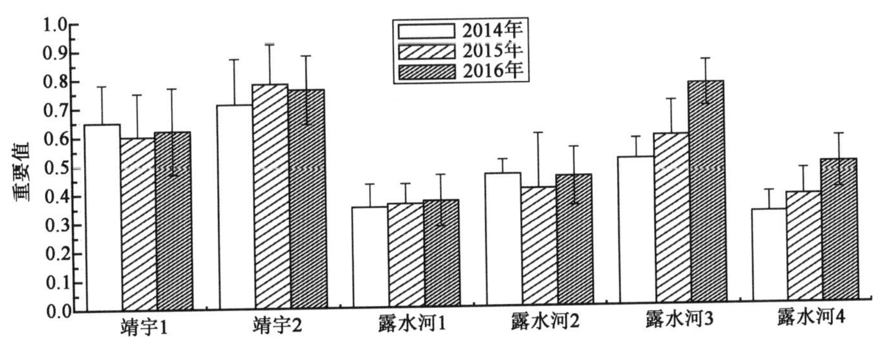

图9.1-20　靖宇段和露水河段2014—2016年湿地系统植被建群种重要值变化情况分析

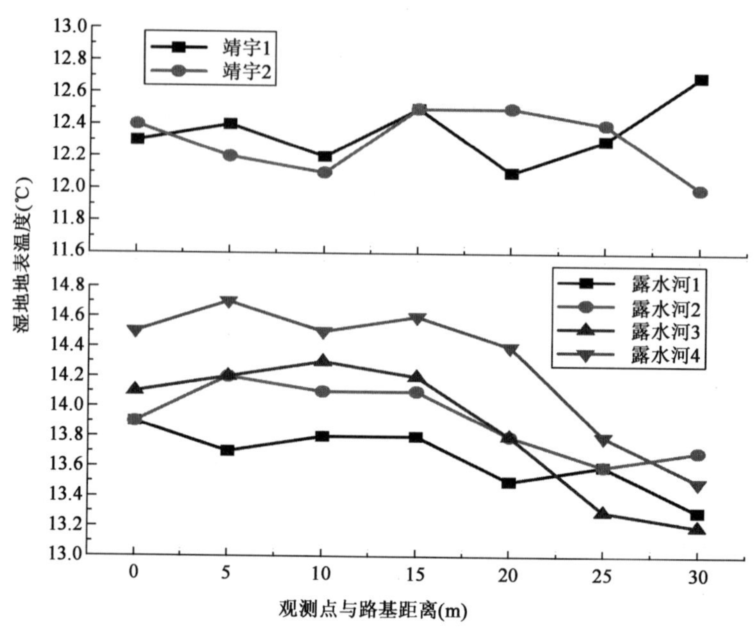

图 9.1-21 靖宇段和露水河路段与路基不同距离湿地地表空气温度变化

c)公路建设对湿地补给径流水文过程的影响评估。

水位计平面布置如图 9.1-22 所示。从径流水文数据来看,新技术的采用对路基两侧湿地水文连通性没有产生显著变化。

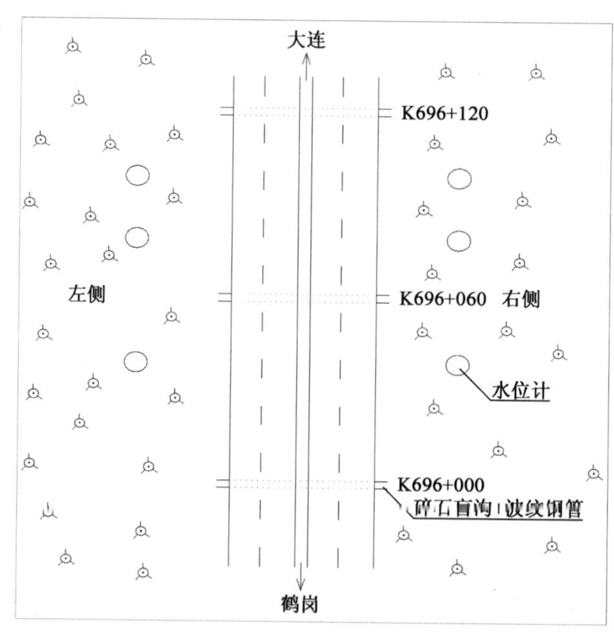

图 9.1-22 水位计平面布置图

9.1.2 柔性组合基层结构应用示范

(1)示范路段

柔性组合基层结构在鹤大高速公路(G11)小沟岭(与黑龙江省交界)至抚松段、靖宇至通化段共339.43km进行推广应用,其中小抚段232.262km,靖通化段107.168km。

鹤大高速公路路面典型结构如图9.1-23所示。

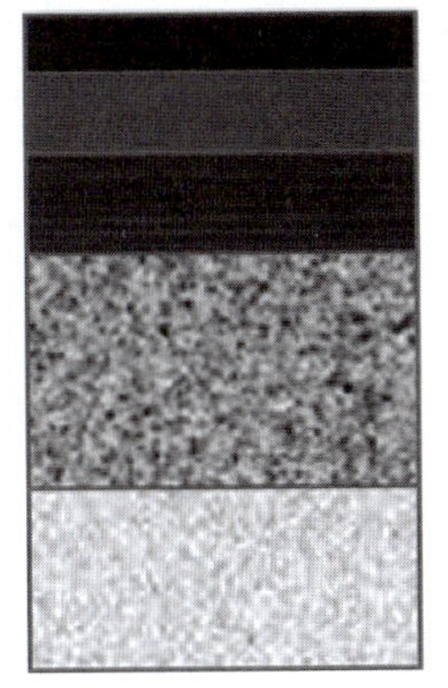

图9.1-23 鹤大高速公路路面典型结构

(2)工程实施

①沥青稳定碎石生产配合比验证

鹤大高速公路全线339.43km,在高速公路主线的中央分隔带两侧全部使用垂直式边部结构,整个柔性基层技术在鹤大高速公路全线进行推广应用,选取典型的鹤大高速公路1标、2标、4标、5标、7标、9标、10标、14标、19标共9个标段进行应用结果统计,根据最佳油石比和生产配合比用拌和锅拌和材料,成型相应试件,进行性能检测,其抗车辙和抗水损害能力检测结果见表9.1-2和图9.1-24。

配合比验证阶段试验结果　　表9.1-2

评价指标	技术标准	1标	2标	4标	5标	7标	9标	10标	14标	19标
动稳定度(次/mm)	>800	3507	3671	3240	3653	4400	4213	3653	1390	—
残留稳定度(%)	≥80	89.4	94.2	86.2	88.4	92.2	92.0	88.4	90.8	84.9
冻融劈裂强度(%)	≥75	85.2	84.2	81.0	81.0	89.4	79.1	81.0	76.1	86.6

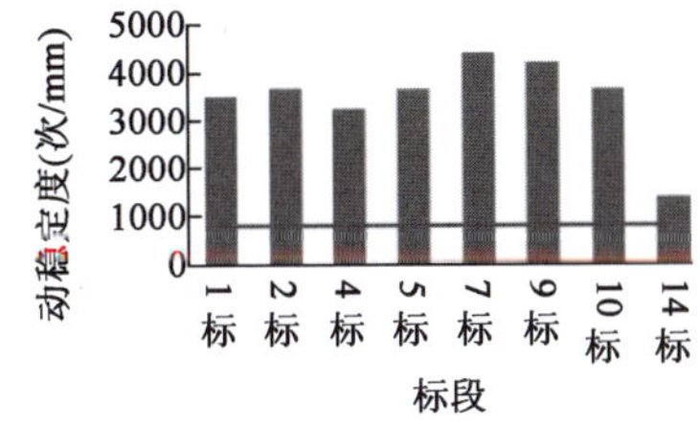

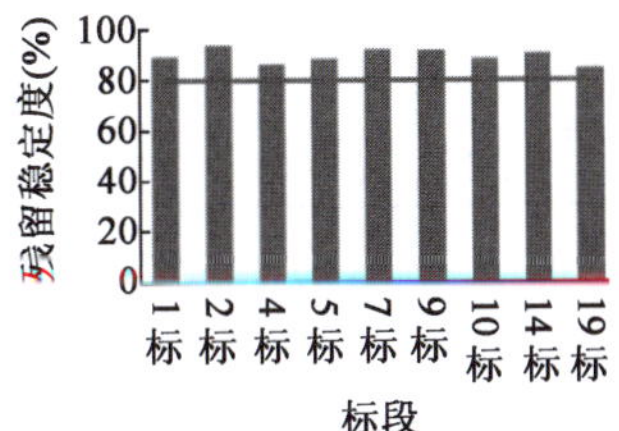

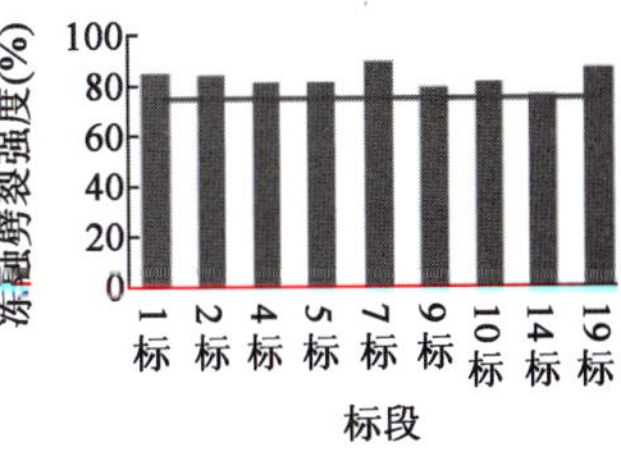

图9.1-24 配合比验证阶段沥青碎石的力学性能

试验结果表明,各标段沥青稳定碎石均具有很高的动稳定度,因此,其具有很高的高温稳定性能,即使14标动稳定度比较低,但仍高于规范对普通混凝土800次/mm的要求。残留稳定度和冻融劈裂强度均能满足规范要求,说明沥青稳定碎石水稳定性整体较好。

析漏试验和飞散试验相配合用于确定沥青混合料的最大沥青含量和最小沥青含量,进而确定一个合理沥青用量范围。析漏损失主要通过检测沥青结合料在高温条件下,从沥青混合料中析出多余的自由沥青,验证沥青混合料中是否具有多余的沥青,进而检测沥青稳定碎石的最大沥青含量。烧杯法是全世界应用最为广泛的一种确定沥青析漏损失的方式,一般规定析漏损失平均值小于0.2%为合格,大于0.3%为不合格。飞散试验主要用于检测沥青混合料中沥青用量的最小值,防止由于沥青与集料黏结力不足,进而产生松散、坑槽等路面损害。为确定混合料最小沥青用量,可以调整几个油石比制作试件,进而绘制飞散损失和油石比的关系曲线，一般拐点处基本不产生飞散损失，往往就是混合料最佳沥青用量。部分标段进行了飞散试验和析漏试验，结果见表9.1-3。

飞散试验和析漏试验结果　　表9.1-3

评价指标	1标	2标	4标	5标
沥青析漏损失(%)	0.17	0.12	1.85	0.13
混合料分散损失(%)	2.4	3.1	4.0	6.6

将各个标段生产配合比进行汇总后，发现其符合规范对于ATB-25级配上下限的要求。经过调整各料仓比例，使其接近目标配合比。对其进行生产配合比验证，检测其马歇尔指标，发现其具有很高的力学指标，具有较高的稳定度。此外，进行高温稳定性和水稳定性检测，各项指标均能满足规范要求。

②沥青稳定碎石施工现场情况

压实度是施工质量管理的最为重要的指标之一，能够反映出沥青碎石混合料的压实密实程度。表9.1-4列举了鹤大高速公路ZT7标段的压实检测数据。

ZT7标段检测压实度　　表9.1-4

芯样编号	取芯桩号	毛体积相对密度	毛体积密度(g/cm^3)	压实度(%)(标准值98%)	压实度(%)(标准值94%)
1	K659+200	2.376	2.369	99.2	94.1
2	K659+400	2.392	2.385	99.9	94.8
3	K659+600	2.377	2.370	99.2	94.2
4	K659+800	2.390	2.383	99.8	94.7
5	K659+570	2.378	2.371	99.5	94.3
6	K659+770	2.371	2.364	99.2	94.0
7	K659+970	2.376	2.369	99.2	94.2
8	K658+240	2.387	2.380	99.5	94.7
9	K658+340	2.388	2.381	99.6	94.7

由图9.1-25和图9.1-26可以看出，沥青碎石混合料拌和均匀、无花白料，经充分压实后沥青碎石表面密实状态良好，有足够的细集料和沥青胶浆填充空隙，在保证嵌挤骨架作用的同时，也控制住空隙率的大小。渗水试验表明水分存留在表面空隙中，没有进一步渗入。

图9.1-25　压实过程

图9.1-26　压实后表面状况

③沥青路面边部结构施工工艺

路面边部结构采用垂直的形式,需要有相应的施工工艺条件作辅助。同时,垂直式的边部结构比起斜坡式边部结构在局部的应力集中程度有所增加。因此,路基路面工程施工中应做到全断面宽度范围内保持均匀一致,材料的选择、CBR 值、施工压实度等均应达到规定的质量要求。另外,垂直式的边部结构形式应重视提高路肩侧培土部分的稳定性。施工工艺有常规的培肩切槽法施工和支立侧模板施工,工艺要求同路面施工一样,不作专门要求,只强调应加强施工作业管理和质量控制。

④施工质量检验

对整个项目的推广应用效果进行了跟踪式的检测,对鹤大高速公路 ZT7 标段、ZT9 标段、ZT11 标段、ZT14 标段热拌沥青碎石混合料进行了筛分和抽提等抽检试验,结果表明生产出的热拌沥青碎石混合料级配控制良好,生产也比较稳定,均在生产配合比上下浮动,处于级配范围中值。对路面进行芯样压实度检验达 98% 以上,均满足规范的要求,满足推广应用的目的(图 9.1-27 ~ 图 9.1-29)。

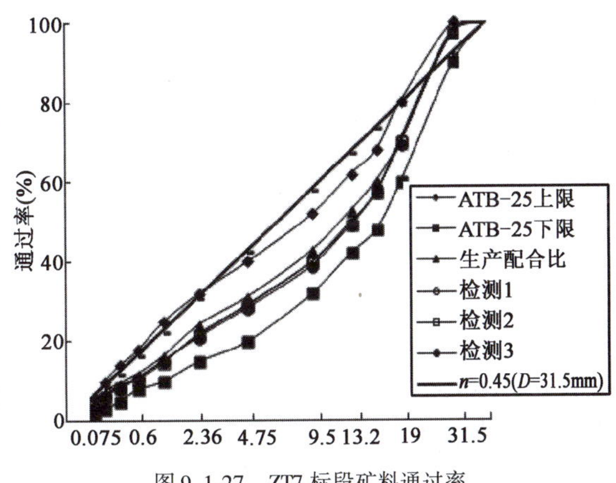

图 9.1-27　ZT7 标段矿料通过率

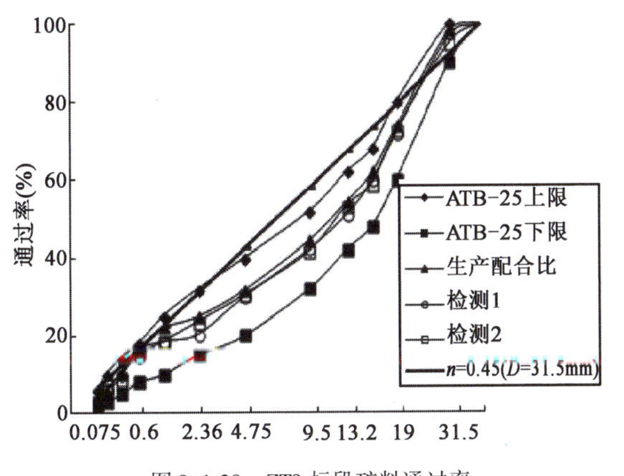

图 9.1-28　ZT9 标段矿料通过率

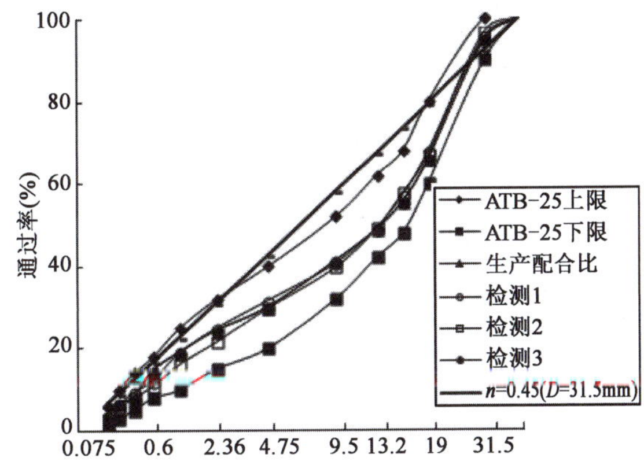

图 9.1-29　ZT14 标段矿料通过率

9.1.3　路基路面长期使用性能研究及应用示范

(1)示范路段

5 种结构 10km 试验路段位于鹤大高速公路小沟岭至抚松段上行方向 K610 ~ K620 右幅。

(2)工程实施

试验路段基层采用的原材料为柞木台隧道花岗岩洞渣加工的粗、细集料,吉林德全 P·S·A32.5 水泥;面层采用的原材料为吉林天承沥青高新技术有限公司生产的橡胶粉 SBS 复合改性沥青(橡胶掺量为 20% 、SBS 掺量为 3% ,稳定剂掺量为 0.3% ,胶粉由桦甸市腾盛橡胶制品有限公司生产),敦化宏发石场生产的 2.36 ~ 31.5mm 玄武岩碎石,郭家店生产的 0 ~ 2.36mm石灰岩机制砂,金刚集团白山水泥有限公司生产的矿粉,长春市双阳区双丰白灰有限公司生产的消石灰及北京天成恳特莱科技有限公司生产的木质素纤维。

按照现行规范和设计文件,兼顾材料的高低温性能,对基层混合料、沥青混合料进行目标配合比优化设计,综合进场石料和拌和站生产能力进行各种混合料的生产配合比设计。

试验段共涉及骨架密实级配碎石、超厚水泥稳定碎石、厚 ATB-30 柔性基层、橡胶粉 SBS 复合改性沥青混合料、SMA-5 应力吸收层 5 种材料施工工艺和施工控制。

①骨架密实级配碎石

骨架密实级配碎石依据“季冻区高等级公路柔性基层沥青路面合理结构及使用性能研究”的施工工艺施工,在铺筑了 3 次试验段后,仍存在级配控制难度大、弯沉检测难达标问题,调整为掺加 2.5% 水泥,通过掺加少量水泥起到润滑和稳定集料颗粒的作用,提高其可压实性和抗变形能力的同时,不失柔性材料的特点,兼具有防止反射裂缝的功能。

②超厚水泥稳定碎石

超厚水泥稳定碎石施工的关键在水泥终凝前或试验确定的延迟时间内完成基层上下两层的摊铺、碾压等施工工序,提高超厚水泥稳定粒料基层施工进度,并增加两层间整体性。现场施工时采用分两层循环施工,当摊铺机摊铺到 90m 时,此时一般已经碾压完毕 60m,然后用一台压路机在未碾压完的 30m 路段碾压出一条通路,宽度与摊铺机的履带相同,将两台摊铺机退回,此时压路机从两台摊铺机中间开到未碾压的 40m 处对该区域进行碾压。碾压期间开展两台摊铺机就位、测量挂线等工作,施工准备完毕后即可进行第二层摊铺。

水稳基层试验段的碾压机械为 2 台自重为 22t 的徐工振动压路机和一台 30t 的 XP301 胶轮压路机。碾压方法为:徐工 220 振动压路机静压 1 遍,碾压速度 1.5 ~ 2.0km/h;徐工单钢振动压路机低频小振幅振压 1 遍,高频大振幅碾压 2 遍,碾压速度 2.0 ~ 2.5km/h;徐工 XP301 胶轮压路机碾压 1 遍,单钢轮振动压路机静压收光 1 遍。

③厚 ATB-30 柔性基层

规范规定:沥青稳定碎石混合料的压实层厚度不宜大于 120mm,压实最小厚度为 7cm,但当采用大功率压路机且经试验证明能达到压实度时,允许增大到 150mm。

为保证压实度,制定了两种试验段铺筑方案,一种是 15 cm ATB-30 分两层铺筑 100m,另一种是全厚摊铺 150m。第一种方案检测结果显示,两层摊铺连接处存在较大的孔隙,影响路面的水稳定性。对于第二种方案,关键在于摊铺机摊铺速度及碾压工艺。由于施工单位配备的是英格索兰 DD130 振动压路机和徐工 303 胶轮压路机,振动压路机重量只有 13.4t,因此,严格控制了碾压工艺。

在摊铺的沥青混合料上面,采用双驱式振动压路机和轮胎压路机尽快在高温下碾压,以达到最佳压实效果。沥青碎石的压实分为初压、复压、终压(包括成型)三个阶段进行,沥青混合料压实遵循“紧跟、少水、慢压、高频、低幅”的碾压原则。

初压:采用双驱双振钢轮压路机静压 1 遍,要求压路机紧跟摊铺机,速度为 2.0 ~ 3.0km/h。初压应在混合料摊铺后较高的温度下进行。压路机从外向路中心碾压,相邻碾压带重叠1/3 ~ 1/2 轮宽。初压时温度控制在 145℃左右。

复压:先使用双驱双振钢轮压路机振动碾压 5 遍,再使用胶轮压路机碾压 5 遍,速度为 2.0 ~ 3.0km/h。复压的目的是使混合料密实、稳定、成型。因此复压应在较高温度下并紧跟初压进行。复压时温度控制在 130℃左右。

终压：终压紧跟复压进行，采用双钢轮压路机静压1遍，消除碾压过程中由于振动引起的微小波纹和轮迹，精心整平所铺筑的路面，碾压速度为4.0km/h。碾压终了的表面温度不低于70℃。

柔性基层取芯压实度试验结果显示，在无大吨位振动压路机的情况下，厚ATB-30柔性基层采用13t的振动压路机和30t胶轮压路机，通过合理的碾压组合，可以满足压实要求。

④橡胶粉SBS复合改性沥青混合料

橡胶粉SBS复合改性沥青具有黏度高、易离析的材料特性，因此，施工过程中要提高施工温度、延长拌和时间，施工时应重视摊铺碾压阶段温度的控制，同时各工序应相互协调，保证施工质量。

施工单位配备了有足够的保温和升温能力的储存罐，罐内设置四排加热盘管。存储罐内配置有搅拌器，对存储的橡胶粉SBS复合改性沥青进行间歇式搅拌，以减轻性能的变化。橡胶粉SBS复合改性沥青混合料施工温度应满足表9.1-5中相关要求。橡胶粉SBS复合改性沥青混合料拌和时间以混合料拌和均匀、所有矿料颗粒全部裹覆沥青结合料为度，并经试拌确定，原则是无花白料、结团和离析。间歇式拌和机每盘的生产周期不宜少于50~60s。

橡胶粉SBS复合改性沥青混合料的施工温度(℃) 表9.1-5

施工工序		橡胶粉SBS复合改性沥青
沥青加热温度		180~190
矿料加热温度		190~220
橡胶粉SBS复合改性沥青混合料出料温度		175~185
橡胶粉SBS复合改性沥青混合料废弃温度，高于		195
运输到现场温度，不低于		170
橡胶粉SBS复合改性沥青混合料摊铺温度，不低于		165
开始碾压的混合料内部温度，不低于		155
碾压终了的表面温度，不低于	钢轮压路机	120
	轮胎压路机	
	振动压路机	
开放交通的路表温度，不高于		50

⑤SMA-5应力吸收层

由于SMA-5碎石含量很多、粒径小、层厚薄，在施工的时候热量散发较快，并且橡胶粉SBS复合改性沥青的黏度高温度敏感性，为保证施工温度，施工的各个环节要注意温度控制。SMA-5粗集料用量较大，所以冷料仓和热料仓的材料分配会严重不均。为防止出现等料、溢料的情况，应设置好热料仓的筛孔，并可考虑在10mm筛和5mm筛之间多加一个冷料仓上粗集料，以防3~5mm碎石在5mm堵筛。SMA-5摊铺机行走速度控制在3m/min以内，压实采用双钢轮振动压路机，紧跟摊铺机，碾压速度为2~3km/h。初压静压1遍，复压振压2遍，终压静压1遍。

(3)应用效果

2017 年 8 月对试验路段及对比路段进行了裂缝调查,表 9.1-6 为试验路路面裂缝观测结果。

鹤大试验路对比段路面裂缝观测结果

表 9.1-6

施工桩号	长度(km)	右幅试验路段			左幅半刚性对比路段		通车桩号
		结构类型	横缝(条)	平均间距(m)	横缝(条)	平均间距(m)	
K610 ~ K612	2	结构二:长寿命	20	100	42	48	K656 ~ K658
K612 ~ K614	2	结构三:柔性基层	1	2000	31	65	K658 ~ K660
K614 ~ K616	2	结构四:组合式	4	500	31	65	K660 ~ K662
K616 ~ K618	2	结构一:抗冻少裂	25	80	43	47	K662 ~ K664
K618 ~ K620	2	结构五:半刚性	39	51	48	42	K664 ~ K666

由裂缝调查结果可看出 5 种典型路面结构裂缝间距由大到小为:柔性基层沥青路面 > 组合式基层沥青路面 > 长寿命沥青路面 > 抗冻少裂沥青路面 > 半刚性沥青路面,这种现象反映出:

①柔性基层的抗裂能力最好。

②从沥青层厚度的角度,柔性基层沥青路面 > 组合式基层沥青路面 > 长寿命沥青路面 > 抗冻少裂沥青路面;和裂缝开裂规律一致,说明沥青层厚度是影响路面开裂的重要因素。

③相同的沥青层厚度下,抗冻少裂沥青路面开裂间距大于半刚性基层,体现出应力吸收层的作用。

9.1.4 结构混凝土抗冻耐久关键技术示范

(1)示范路段

依托工程为鹤大高速公路吉林省内段,包括小沟岭至抚松、靖宇至通化全线主线桥梁,路线全长 339.4km。其中特大桥 2 座、大桥 105 座、中桥 48 座、小桥 5 座、互通 24 座、分离式立交 13 座、通道桥 70 座。鹤大高速公路全线主线桥梁的护栏底座、墙式护栏、伸缩缝、设伸缩装置处盖梁的水泥混凝土,采用抗冻设计。

(2)专项设计

具体专项设计要求为:护栏底座、墙式护栏、伸缩缝混凝土抗冻等级为 F300 级,设伸缩装置处盖梁混凝土抗冻等级不低于 F250 级,承台、扩大基础混凝土抗冻等级不低于 F200;对所有进行抗冻设计的桥梁部位混凝土原材料、配合比优化设计及精细化施工等方面进行了详细的规定,其中墙式护栏混凝土内侧采用透水模板布、设伸缩装置处盖梁混凝土外表层采用硅烷浸渍憎水处理(图 9.1-30、图 9.1-31)。

(3)实施效果

全线共计设计推广抗冻混凝土 65579.61m^3,硅烷 131850.17m^2,透水模板布 10371.84m^2。伸缩缝和护栏底座混凝土运营 1 年后效果如图 9.1-32 所示。

图9.1-30 伸缩缝处混凝土硅烷浸渍施工

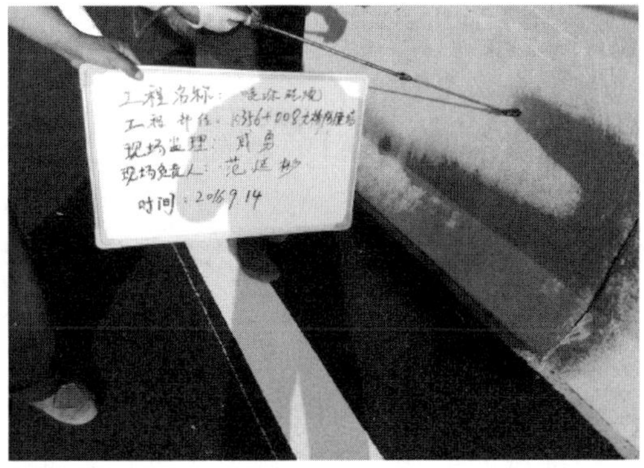

图9.1-31 墙式护栏混凝土硅烷浸渍施工

图9.1-32 伸缩缝和护栏底座混凝土运营1年后效果

9.1.5 隧道保温防冻技术示范

鹤(岗)—大(连)高速公路吉林段全线共有隧道18座,为了保障其运营安全,防止隧道冻害发生,开展了隧道防冻保温技术推广应用。该项目以前期研究成果为基础,结合鹤大高速公路实际情况,对隧道冻害等级划分进行了简化,并以此为基础,结合鹤大高速公路各隧道气候及围岩地下水特征,进行了隧道冻害设防等级判断和归类,并提出了相应的冻害防治措施,如设置防冻保温层、防水混凝土、梯形背贴式止水带、中心深埋水沟、保温出水口等。

(1)实施的基本原则

①综合治理

项目基于“防水是基础、排水是核心、保温是关键”的隧道抗冻原则,将防水、排水、保温三项技术有机结合。根据隧道抗冻等级,选取增加衬砌厚度、衬砌配筋、增设保温层三种不同的衬砌结构抗冻措施,应用防渗漏技术及排水管路局部保温等措施进行综合抗冻,解决冻胀力可变荷载引发的隧道冻害问题。

②动态调整

采取动态设计原则,在设计阶段对18座隧道全部预留保温层净空空间,施工过程中根据围岩含水情况、破碎程度等实际情况,对隧道保温技术具体应用段落进行实时调整。

(2)现场调查

①气象资料调查

鹤大高速公路小沟岭至抚松段、靖宇至通化段位于长白山区,公路沿线地势起伏大、地质条件复杂、气候寒冷、冰冻期长、昼夜温差大,极端最高气温34.5℃,极端最低气温-38.4℃,属于典型的季节性冰冻区,隧道冻害发生的概率高、危害严重。

根据项目组对鹤大高速公路各隧道气象资料调查,隧道最大冻结深度为1.45~1.84m,最冷月平均气温为-16.1~-13.6℃。因此可知,鹤大高速公路隧道属于“寒”级到“严寒”级。

②施工跟踪调查

对18座隧道施工全过程进行了跟踪调查(图9.1-33),主要针对隧道冻害等级划分、放排水技术措施运用、综合保温防冻技术确定等方面,结合施工进程对全线隧道进行了三次专题调研。

根据典型示范工程总体要求,对鹤大高速公路全部隧道进行抗冻保温技术综合推广应用,对每座隧道提出了相应的冻害防治措施,将可能的隧道冻害风险降至最低。

图9.1-33 施工现场调查

(3)分级研究及保温方案优化

①隧道抗冻等级划分

通过大量寒冷地区隧道调研结果发现,隧道洞口排水下坡约1000m,地下水易集聚,受洞外气温影响大,是冻害多发区段,应作为隧道冻害重点设防区段。基于以上隧道冻害设防等级划分,结合鹤大高速公路各隧道气象、围岩地下水等调查结果,进行各隧道冻害设防等级划分,如表9.1-7所示。

鹤大高速公路隧道冻害设防等级　　表9.1-7

<table>
<tr><th>隧道名称</th><th colspan="2">长度(m)</th><th colspan="2">等级划分</th></tr>
<tr><td rowspan="2">小沟隧道</td><td>左线</td><td>1140</td><td rowspan="2">全长</td><td rowspan="2">二级</td></tr>
<tr><td>右线</td><td>1165</td></tr>
<tr><td rowspan="2">荒沟岭隧道</td><td>左线</td><td>1510</td><td>大连端洞口约1000m</td><td>一级</td></tr>
<tr><td>右线</td><td>1547</td><td>其他区段</td><td>三级</td></tr>
<tr><td rowspan="2">马鹿沟岭隧道</td><td>左线</td><td>1362</td><td rowspan="2">全长</td><td rowspan="2">一级</td></tr>
<tr><td>右线</td><td>1389</td></tr>
<tr><td rowspan="6">柞木台隧道</td><td rowspan="3">左线</td><td rowspan="3">2970</td><td rowspan="2">鹤岗端洞口约1000m</td><td rowspan="2">一级</td></tr>
<tr></tr>
<tr><td rowspan="2">大连端洞口约1000m</td><td rowspan="2">一级</td></tr>
<tr><td rowspan="3">右线</td><td rowspan="3">2510</td></tr>
<tr><td rowspan="2">其他区段</td><td rowspan="2">三级</td></tr>
<tr></tr>
<tr><td rowspan="6">大蒲柴河隧道</td><td rowspan="3">左线</td><td rowspan="3">2250</td><td rowspan="2">鹤岗端洞口约1000m</td><td rowspan="2">一级</td></tr>
<tr></tr>
<tr><td rowspan="2">大连端洞口约1000m</td><td rowspan="2">一级</td></tr>
<tr><td rowspan="3">右线</td><td rowspan="3">2275</td></tr>
<tr><td rowspan="2">其他区段</td><td rowspan="2">三级</td></tr>
<tr></tr>
<tr><td rowspan="6">白水滩隧道</td><td rowspan="3">左线</td><td rowspan="3">2250</td><td rowspan="2">鹤岗端洞口约1000m</td><td rowspan="2">一级</td></tr>
<tr></tr>
<tr><td rowspan="2">大连端洞口约1000m</td><td rowspan="2">二级</td></tr>
<tr><td rowspan="3">右线</td><td rowspan="3">2275</td></tr>
<tr><td rowspan="2">其他区段</td><td rowspan="2">三级</td></tr>
<tr></tr>
<tr><td rowspan="2">二道岭隧道</td><td>左线</td><td>820</td><td rowspan="2">全长</td><td rowspan="2">一级</td></tr>
<tr><td>右线</td><td>830</td></tr>
<tr><td rowspan="2">后崴子隧道</td><td>左线</td><td>1777</td><td rowspan="2">全长</td><td rowspan="2">三级</td></tr>
<tr><td>右线</td><td>1752</td></tr>
<tr><td rowspan="2">荒沟门隧道</td><td>左线</td><td>638</td><td rowspan="2">全长</td><td rowspan="2">三级</td></tr>
<tr><td>右线</td><td>660</td></tr>
<tr><td rowspan="2">十道羊岔隧道</td><td>左线</td><td>1325</td><td rowspan="2">全长</td><td rowspan="2">三级</td></tr>
<tr><td>右线</td><td>1270</td></tr>
<tr><td rowspan="2">回头沟隧道</td><td>左线</td><td>720</td><td rowspan="2">全长</td><td rowspan="2">一级</td></tr>
<tr><td>右线</td><td>660</td></tr>
<tr><td rowspan="6">朝阳隧道</td><td rowspan="3">左线</td><td rowspan="3">3085</td><td rowspan="2">鹤岗端洞口约1000m</td><td rowspan="2">一级</td></tr>
<tr></tr>
<tr><td rowspan="2">大连端洞口约1000m</td><td rowspan="2">一级</td></tr>
<tr><td rowspan="3">右线</td><td rowspan="3">3070</td></tr>
<tr><td rowspan="2">其他区段</td><td rowspan="2">二级</td></tr>
<tr></tr>
<tr><td rowspan="2">高丽沟隧道</td><td>左线</td><td>345</td><td rowspan="2">全长</td><td rowspan="2">一级</td></tr>
<tr><td>右线</td><td>305</td></tr>
<tr><td rowspan="2">兴林隧道</td><td>左线</td><td>2533</td><td rowspan="2">全长</td><td rowspan="2">三级</td></tr>
<tr><td>右线</td><td>2520</td></tr>
<tr><td rowspan="6">东南岔隧道</td><td rowspan="3">左线</td><td rowspan="3">1753</td><td rowspan="2">鹤岗端洞口约1000m</td><td rowspan="2">二级</td></tr>
<tr></tr>
<tr><td rowspan="2">大连端洞口约1000m</td><td rowspan="2">二级</td></tr>
<tr><td rowspan="3">右线</td><td rowspan="3">1770</td></tr>
<tr><td rowspan="2">其他区段</td><td rowspan="2">三级</td></tr>
<tr></tr>
</table>

续上表

隧道名称	长度(m)		等级划分	
光华隧道	左线	2024	全长	三级
	右线	2063		
闹枝隧道	左线	3181	鹤岗端洞口约1000m	一级
			大连端洞口约1000m	一级
	右线	3200	其他区段	三级
马当隧道	左线	975	全长	三级
	右线	1018		

②综合保温方案

根据隧道抗冻设防等级选择衬砌结构的抗冻保温措施，增大衬砌厚度或对衬砌结构配筋已在设计中进行了考虑，本次科技示范重点推广应用隧道表面保温技术。

除此之外，设计中采用岩棉保温层对隧道纵向及环向排水管路进行局部保温，采用梯形背贴式可排水止水带防水及排水，设计埋入冻结线以下纵向中心排水沟，加大横向排水管坡度，隧道洞外出水口设在排水顺畅、背风向阳的位置，构造及材料利于其蓄热和保温，通过提高混凝土抗渗等级、强化材料及施工质量控制等技术措施提高衬砌抗渗能力。

通过上述综合技术措施，使隧道在衬砌结构、混凝土材料、防水及排水等整体结构及局部构造等方面具备抗冻保温能力。

(4)实施规模及效果

①实施规模

根据隧址气温及隧道地下水情况、纵坡方向和坡度、洞口朝向等因素，确定必须施作保温层的隧道10座，隧道洞口700～850m范围内需设置防冻保温层，累计长度18.7km，保温层厚度统一采用70mm(表9.1-8)。3座隧道缓做保温层，其余隧道保温层暂时不做；对缓做和不做保温层的隧道应加强运营期间的观测，必要时补做保温层，并且隧道中心排水沟杂物应及时清理，保证隧道内排水通畅，严格控制隧道洞外保温出水口施工质量，确保其出水通畅。

鹤大高速公路隧道保温层铺设厚度与长度表 表9.1-8

隧道名称		荒沟岭隧道	马鹿沟岭隧道	柞木台隧道	大蒲柴河隧道	二道岭隧道	回头沟隧道	朝阳隧道	高丽沟隧道	闹枝隧道
保温层铺设长度(m)	鹤岗端	不设	300	450	400	全长	全长	810	全长	750
	大连端	缓做(830)	750	830	830			810		750
聚酚醛保温层铺设厚度(cm)		7	7	7	7	7	7	7	7	7

隧道名称		小沟隧道	白水滩隧道	东南岔隧道
保温层铺设长度(m)	鹤岗端	缓做(全长)	810	缓做(810)
	大连端		缓做(810)	缓做(810)
聚酚醛保温层铺设厚度(cm)		7	7	7

隧道名称		后崴子隧道	荒沟门隧道	十道羊岔隧道	兴林隧道	光华隧道	马当隧道
保温层铺设长度(m)	鹤岗端	不设	不设	不设	不设	不设	不设
	大连端						
聚酚醛保温层铺设厚度(cm)		7	7	7	7	7	7

②实施效果及后续观测试验

目前为止，已建成通车的鹤大高速公路18座隧道设计保温的隧道及未做保温的隧道运营状态良好，未发现抗冻技术问题，全线隧道满足保温设计要求，说明采用的抗冻等级划分原则及抗冻措施运用是合理的（图9.1-34）。

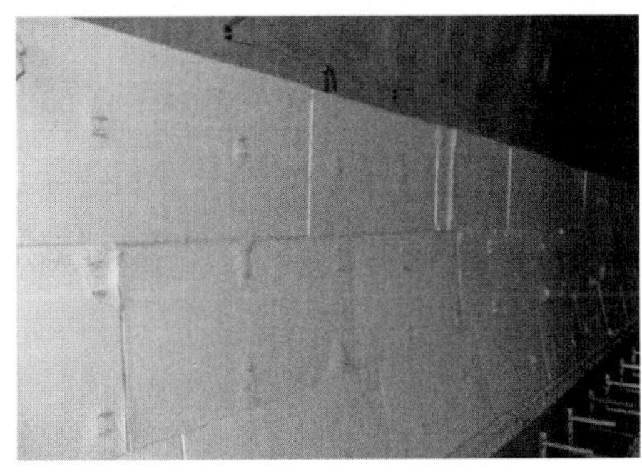

图9.1-34　保温层施工

为进一步积累观测数据，选取柞木台隧道（图9.1-35）、白水滩隧道、回头沟隧道进行保温效果长期使用性能监测，研究隧道沿进深方向及径向温度梯度变化规律，为进一步优化隧道保温抗冻构造及隧道保温隔热设防长度、厚度计算提供依据。

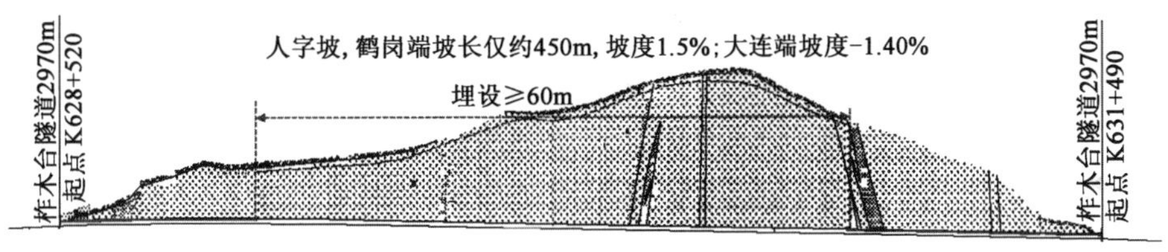

图9.1-35　柞木台隧道剖面图

9.2　地产筑路材料升级利用技术示范

9.2.1　填料型火山灰改性沥青技术示范

（1）示范路段

填料型火山灰改性沥青技术成果在交通运输部“长白山区鹤大高速公路资源节约循环利用科技示范工程”靖宇至通化段11.723km（LK322+605～K335+350）（扣除构造物长度）下面层AC-20沥青混合料中进行推广应用，共使用填料型火山灰改性剂约1760t。

（2）现场施工

①拌和

采用间歇式沥青拌和设备，对拌和的改性沥青混合料进行取样试验，检测结果符合技术指标的规定要求（表9.2-1）。

拌和楼各热料仓集料试验结果　　表 9.2-1

试验项目	理论最大相对密度	毛体积相对密度	空隙率(%)	矿料间隙率(%)	沥青饱和度(%)	稳定度(kN)
标准值	实测	实测	3~6	≥13	65~75	≥8
试验结果	2.525	2.421	4.1	14.4	71.4	13.43
试验项目	流值(0.1mm)	动稳定度(次/mm)	残留稳定度(%)	冻融劈裂残留强度比(%)	渗水系数(mm/min)	
标准值	20~40	≥4000	≥85	≥80	≤120	
试验结果	28.8	4615	90.24	84.9	不渗水	

②运输

改性沥青混合料采用自卸汽车 20 台运输,场前检测出场温度运料车的顶面用篷布覆盖,料车到达摊铺现场,专人负责测温和指挥卸料。车辆的运输能力大于拌和能力和摊铺能力,每台摊铺机前不少于 2 台卸料车等候卸料,确保摊铺机连续均匀不间断地进行铺筑。运料车侧面中部有专用测温孔,孔距车厢底面约 30cm,温度计的插入深度大于 15cm。

③摊铺

采用 2 台 ABG525 摊铺机成梯队单幅一次铺筑,摊铺机两侧利用挡板来控制其摊铺宽度。摊铺机就位后,先预热 0.8h,使熨平板的温度在 115℃,按拟定的 1.25 松铺系数试铺。调整熨平板高度,用木块支垫,其厚度与松铺厚度相等,使熨平板牢固放在上面。采用 2 台摊铺机实施摊铺,靠路肩侧的摊铺机在前,两侧走平衡梁,靠中央分隔带一侧的摊铺机左侧走平衡梁,右侧在摊铺好的中层面上走"滑靴"。2 台摊铺机的纵向接缝采用热接缝,避免出现缝痕,2 台摊铺机的距离不大于 10m,摊铺层重叠 15cm。摊铺中摊铺机螺旋布料器均衡地向两侧供料,并保持一定高度保证铺筑均匀。摊铺过程中熨平板根据铺筑高度,采用中强夯等级保证路面的初始压实度在较高范围内(不小于 85%)。AC-20 混合料摊铺温度控制在不低于 165~169℃。

④碾压

初压采用 1 台戴纳派克 624 双钢轮压路机,以 2km/h 速度行进碾压,碾压顺序为"自低向高"进行,紧跟摊铺机;复压采用 2 台宝马格 2040 双钢轮压路机及 2 台徐工 300 轮胎式压路机,以 3km/h 速度行进碾压,2 台各碾压 1 遍,之后在双钢轮完成复压的段落采用 2 台轮胎式压路机以 3km/h 速度行进前后静压, 2 台各碾压 2 遍;终压采用 1 台戴纳派克 624 双钢压路机驱动轮在前进方向,以 6km/h 速度行进碾压静压 1 遍;总碾压遍数为 8 遍。初压、终压的碾压温度见表 9.2-2,靠中央分隔带及路肩压路机不便重叠处,增加 2~3 遍的压实遍数(图 9.2-1)。

混合料碾压温度明细表　　表 9.2-2

碾压阶段	沥青中面层碾压温度(℃)
初压	152~158
终压	122~145

通过对试验段试铺的总结及效果评价,总结出摊铺速度、振动频率、机械配备、施工温度控制等方案合理可行,大面积施工可按此进行控制。

图 9.2-1　碾压施工过程图

改性沥青混合料温度的控制见表 9.2-3。

施工温度控制表

表 9.2-3

施 工 工 序	设计及要求(℃)	试验段施工情况(℃)
沥青加热温度	180 ~ 190	182 ~ 188
矿料加热温度	190 ~ 220	195 ~ 215
沥青混合料出厂温度	170 ~ 185	175 ~ 182
运输到现场温度	不低于 170	符合要求
混合料摊铺温度	不低于 160	符合要求
初压温度	不低于 150	符合要求
终压温度	不低于 120	符合要求
开放交通的温度	不高于 50	符合要求

(3)性能检测

①矿料级配及油石比

矿料级配及油石比检测结果如图 9.2-2 所示。抽检的沥青混合料的矿料级配与生产配合比非常接近,且均位于推荐的级配上下限范围内。

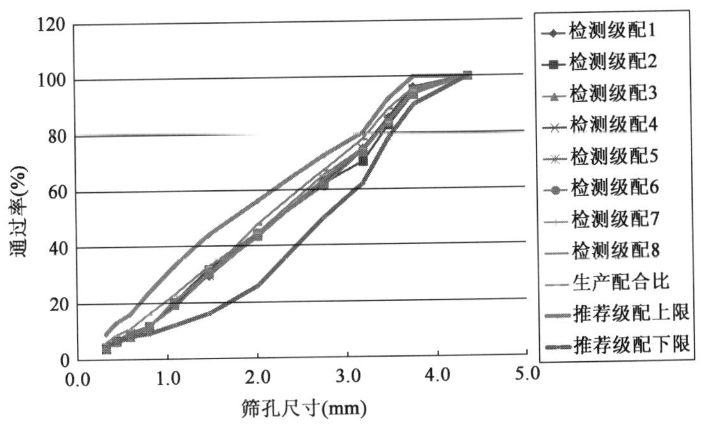

图 9.2-2　矿料级配抽检结果

②性能指标

对填料型火山灰改性沥青混合料的性能指标进行抽检，结果见表 9.2-4，均满足设计要求。

填料型火山灰改性沥青混合料指标　　表 9.2-4

检测项目	检测结果	设计要求
空隙率(%)	3.9	3～5
	3.9	
	4.0	
	3.6	
	3.8	
	3.8	
	3.9	
	4.0	
矿料间隙率	14.2	不小于 13.0
	14.4	
	14.2	
	14.2	
	14.2	
	14.0	
	14.4	
	14.2	
沥青饱和度(%)	72.4	65～75
	73.0	
	71.8	
	74.3	
	73.5	
	72.6	
	72.6	
	71.8	
稳定度(kN)	13.49	不小于 8
	13.78	
	14.14	
	14.10	
	14.03	
	14.40	
	14.32	
	14.14	

续上表

检测项目	检测结果	设计要求
流值(0.1mm)	3.33	2～4
	3.50	
	30.6	
	3.17	
	3.50	
	3.26	
	3.35	
	3.06	

③压实度及渗水情况

压实度及渗水情况检测结果见表9.2-5。可见路面压实度良好，仅局部边缘部位存在渗水，但渗水系数满足规范要求，其他部分基本不渗水。

压实度及渗水检测结果　　表9.2-5

取芯桩号	毛体积密度(g/cm^3)	标准密度(g/cm^3)	压实度(%)	渗水系(mm/min)
LK322+605	2.397	2.421	99.0	0
K323+980	2.409	2.417	99.7	0
K325+770	2.399	2.420	99.1	0
K326+000	2.403	2.420	99.3	0
K328+210	2.398	2.420	99.1	0
K328+980	2.414	2.420	99.8	0
K329+011	2.419	2.425	99.8	0
K329+992	2.393	2.425	98.7	0
K330+005	2.411	2.425	99.4	30
K330+914	2.406	2.425	99.2	0
K331+011	2.405	2.418	99.5	0
K331+990	2.410	2.425	99.7	0
K332+140	2.407	2.418	99.5	0
K332+980	2.412	2.418	99.8	0
K330+010	2.407	2.418	99.5	0
K330+990	2.410	2.418	99.7	0
K334+010	2.397	2.422	99.0	0

(4)使用效果

鹤大高速公路应用了填料型细火山灰沥青改性技术，通过开展系列研究及结合现场集料特性进行配合比优化及试验路的铺筑、总结，填料型细火山灰沥青改性沥青路面施工质量符合设计要求，目前未出现车辙、低温开裂等病害，使用效果良好(图9.2-3)。依据成果编制了吉林省地方标准，为填料型细火山灰沥青改性剂在吉林省其他高速公路项目中的推广应用积累了经验。

图 9.2-3　鹤大高速公路使用路况

9.2.2　火山灰作为胶凝材料在大体积结构水泥混凝土中的应用示范

(1)示范路段

该项目是将火山灰混凝土应用于鹤大高速公路小沟岭至抚松段旧鹤大线分离立交桥和露水河互通匝道桥的桥台承台工程中(表 9.2-6)。其中旧鹤大线分离立交桥设计桩号为 K697+698，桥梁全长 66m，桥面宽 24m，上部构造为预应力混凝土简支变连续箱梁、柱式桥台、钻孔灌注桩基础，承台体积为 263.3m^3。露水河互通匝道桥设计桩号 AK0+198.138，桥梁全长 66m，桥面宽 18.5m，上部构造为预应力混凝土现浇箱梁，柱式桥台，钻孔灌注桩基础，桥台承台体积为 146.3m^3。

推 广 应 用 范 围　　表 9.2-6

桩　　号	工 程 名 称	应用位置	混凝土强度等级	混凝土用量(m^3)
K697+698	旧鹤大线分离立交	桥台、承台	C30	263.3
AK0+198.138	露水河互通匝道桥	桥台、承台	C30	146.3
合计				409.6

在这两座桥梁工程中，桩基础、桩承台采用 C30 混凝土，墩身采用 C40 混凝土，除桥台承台外，其余部位混凝土均掺加了粉煤灰。

(2)现场施工(图 9.2-4)

总结火山灰混凝土在两座桥梁工程中应用的经验，提出火山灰混凝土的质量控制措施。

①原材料质量控制

材料进场后按有关规定对原材料严格进行质量检验，原材料应分仓存储，标识明确，火山灰掺合料要采取防雨防潮措施。除此以外，各原材料还应符合下列要求：

a. 水泥。

宜选用硅酸盐水泥或普通硅酸盐水泥。当采用其他品种硅酸盐水泥时，应注意掺入火山灰后对混凝土早期强度、抗渗、抗冻等性能的影响。

a)添加火山灰掺料

b)拌和

c)浇筑

d)完成

图9.2-4 现场施工

应用于大体积混凝土时，掺火山灰后的胶凝材料3d的水化热不宜大于240kJ/kg，7d的水化热不宜大于270kJ/kg。

b. 集料。

细集料宜采用中砂，其细度模数宜大于2.3，含泥量不应大于3%；粗集料宜选用粒径5～31.5mm，并应连续级配，含泥量不应大于1%。应用于有抗冻要求的地区时，集料中不得含有冰、雪冻块及其他易冻裂物质。

c. 外加剂。

外加剂的品种、掺量应根据工程特点经试验确定，对耐久性要求较高或寒冷地区的混凝土工程宜采用引气剂或引气型减水剂。

②配合比设计

a. 一般要求。

混凝土配合比设计应符合工程设计所规定的强度等级、耐久性、体积稳定性等要求，应用于大体积混凝土时，还应满足大体积混凝土施工工艺特性要求，必要时，应对大体积混凝土浇筑体的温度、温度应力及收缩应力进行试算，确定施工阶段大体积混凝土浇筑体的温升峰值、里表温差及降温速率等控制指标，制定相应的温控措施。

b. 配合比技术参数。

火山灰掺量不超过胶凝材料的30%，水胶比不宜大于0.50，砂率宜为35%～42%。大体积混凝土可采用 60d 或 90d 强度作为配合比设计依据。

c. 其他要求。

应用于大体积混凝土时，除进行常规配合比试验外，应进行水化热、可泵性等对大体积混凝土控制裂缝所需的技术参数试验，在确定混凝土配合比时，尚应根据混凝土的绝热温升、温控施工方案的要求，提出混凝土制备时粗、细集料拌和用水及入模温度控制的技术措施。

③混凝土制备

a. 计量器具应经过计量检定，每盘混凝土原材料计量偏差应符合标准要求；

b. 每一工作班正式称量前，要求对计量设备进行实物计量检查；

c. 生产过程中要求测定集料的含水率，每一工作班不少于 1 次，当含水率有较大变化及雨天施工时，要求增加测定次数，依据检测结果及时调整用水量和集料用量；

d. 要求严格执行标准配合比设计，可以根据情况在允许的范围内进行微小调整，以保证混凝土的工作性能；

e. 要尽量采用机械上料，计算机计量与管理；使用火山灰应以质量计量，称量误差不得超过 ±2%。火山灰中的含水率应在拌和水中扣除；

f. 要按既定顺序上料，不能随意简化或更改，不采用“外掺”“后掺”等做法；

g. 各种原材料要按配合比盘计量，特别应注意不能在搅拌中或使用时另外加水；

h. 火山灰混凝土拌合物必须搅拌均匀，其搅拌时间应比基准混凝土延长 10 ~ 30s；

i. 要求测定每车混凝土坍落度，同时观察混凝土的和易性，不得存在离析、分层等现象，坍落度小于到现场坍落度要求的混凝土不能出站。

④运输

a. 混凝土运输时间在任何情况下不得大于 180min，对到达浇筑点超过 210min 的混凝土不得使用；

b. 长距离运输应采用搅拌车而不能使用翻斗车，现场运输道路应平整以减少颠簸离析，做好泵送规划与管理；

c. 混凝土运输车离开搅拌站后不得掺加任何材料，包括水、外加剂等；

d. 现场拌合物坍落度不满足要求的混凝土不得浇筑；

e. 混凝土到达浇筑点温度低于 10℃的不得使用。

⑤浇筑

a. 对到现场的每车混凝土均要求测定坍落度、温度，观察其和易性，不得存在离析、泌水、黏结、分层等现象，检查不合格的混凝土要坚决退场，并不得重新搅拌后使用。

b. 混凝土从出机到浇筑完毕时间，按有关规定，气温低于 25℃时不超过 90min，气温高于 25℃时不超过 60min。

c. 混凝土的振捣严格按照施工操作规程进行，振捣棒要快插慢拔，振距 定要掌握好，不能漏振、欠振和过振，以混凝土表面出现浮浆和不再沉落为准。

d. 混凝土收面找平后为了防止面层起粉及塑性收缩，修补因混凝土初期收缩、塑性沉陷而产生的非结构性表面裂缝，要求进行至少两次搓压。根据混凝土状态，最后一次搓压要在混凝土终凝前进行，完成搓压后立即覆盖塑料布保水、保温，随后覆盖保温被进入养护期。

e. 混凝土浇筑完成 24h 内，严禁上人踩踏，浇筑完成 36h 内，不得堆放施工材料。

⑥养护

a. 火山灰混凝土振捣完毕后，应加强养护，混凝土表面宜加遮盖，并保持湿润。暴露面的潮湿养护时间，不得少于14d；干燥或炎热气候条件下的潮湿养护时间，不得少于21d。

b. 混凝土采用覆盖的方式进行保温保湿养护。草帘被覆盖层数依据结构厚度、养护期间环境温度、混凝土内外部温差等情况调整。进入冬季后，由于天气恶劣，为防止风雪，还要在草帘外部覆盖一层帆布，在混凝土表面形成双层不透风保温。

c. 对于大体积混凝土，底层塑料布下预设补水管，补水管沿长方向每隔10cm开5mm小孔，根据底板表面湿润情况向管内注水，保证混凝土表面始终处于湿润状态。冬季期间，取消补水软管且不得向保温材料浇水，底层塑料布必须覆盖密实以保证混凝土表面的湿润。

d. 火山灰混凝土在低温条件下施工时应加强表面保温，火山灰混凝土表面的最低温度不得低于5℃。寒潮冲击情况下，日降温度大于8℃时，应加强火山灰混凝土表面的保护，防止产生裂缝。

(3)性能检测

①做好现场试验取样、试样制作、养护和试验工作，真实反映工程混凝土的性能。

②做好强度统计及质量验评工作，并对施工质量控制水平作出分析评价，总结经验教训，不断提高配制水平。

③火山灰混凝土的质量，应以坍落度或工作度、抗压强度进行检验。有特殊要求时，还应增测其他相应的检验项目。

④现场施工火山灰混凝土有坍落度或工作度的检验，每班至少应测定两次，其测定值允许偏差为±2cm。

⑤火山灰混凝土抗压强度检验，应符合下列规定：

非大体积火山灰混凝土每拌制100m^3，至少成型一组试块；大体积火山灰混凝土每拌制500m^3至少成型一组试块；不足上列规定数量时，每班至少成型一组试块。

以边长15cm的立方体试块，在标准养护条件下所得的抗压强度极限值作为标准。

每组3个试块试验结果的平均值，作为该组试块强度代表值。当3个试块的最大或最小强度值与中间值相比超过15%时，以中间值代表该组试块的强度值。

⑥强度评定标准。

当样本容量不少于10组时，其强度应同时满足下列要求：

$$mf_{cu} \geqslant f_{cuk} + \lambda_1 s f_{cu}$$

$$f_{cu,min} \geqslant \lambda_2 f_{cuk}$$

9.2.3 填料型硅藻土改性沥青混合料技术应用

(1)示范路段

填料型硅藻土改性沥青技术成果在交通运输部“长白山区鹤大高速公路资源节约循环利用科技示范工程”小沟岭至抚松段泉阳连接线7.998km下面层AC-20沥青混合料中进行推广应用，共使用填料型硅藻土改性剂65t。

(2)施工检测

硅藻土沥青路面施工完成后，表面平整密实、无明显离析，接缝紧密、平整(图9.2-5)。

为了分析硅藻土沥青路面材料的性能,对施工完成后的路面进行了取芯检测。所取芯样均完整无损,表面密实、无空隙,且上、下面层连接良好(图9.2-6)。

图9.2-5　施工后路面

图9.2-6　沥青路面取芯检测

通过室内试验对硅藻土改性沥青路面芯样的厚度、压实度等指标进行检测。同时对烘散后的芯样进行燃烧法试验,分析混合料的矿料级配和沥青用量。

图9.2-7　硅藻土改性沥青路面取芯厚度检测

①厚度

沥青路面厚度是施工质量控制的关键指标,合理的厚度不仅可以保证路面结构的整体强度,而且可以起到控制路面高程的作用,因此,对硅藻土改性沥青路面芯样的厚度进行了检测(图9.2-7)。

硅藻土改性沥青路面芯样厚度的检测结果见表9.2-7,从表中的检测数据看出,硅藻土改性沥青路面下面层的厚度满足设计要求。

硅藻土改性沥青路面取芯厚度检测结果(mm)　　表9.2-7

桩　号	h_1	h_2	h_3	h_4	均值
K1 +550	59.9	58.8	59.0	58.6	59.1
K2 +350	59.6	59.8	58.8	60.2	59.6
K3 +200	59.4	59.4	59.7	59.5	59.5
K5 +300	60.8	61.1	61.0	60.2	60.83
K7 +200	58.8	58.6	59.3	58.8	58.9

②压实度

沥青混合料的充分压实是保证路面强度、刚度和平整度的必要条件,压实度是评价沥青路面压实程度的重要指标。硅藻土改性沥青混合料是在相对较低的温度下碾压成型的,其压实效果对于硅藻土改性沥青路面的路用性能具有较大的影响,因此,压实度是衡量硅藻土改性沥青路面的重要指标。

采用表干法测定硅藻土改性沥青路面芯样的毛体积相对密度,采用真空法测定芯样烘散后沥青混合料的最大理论相对密度,根据检测结果计算硅藻土改性沥青路面芯样的压实度,具体结果见表9.2-8。

硅藻土改性沥青路面压实度检测结果 表9.2-8

桩　　号	空中质量(g)	表干质量(g)	水中质量(g)	毛体积相对密度	最大理论相对密度	压实度(%)
K1 +550	1185.1	698.8	1192.0	2.403	2.556	94.0
K2 +350	1187.0	693.3	1191.9	2.381		93.1
K3 +200	1186.0	694.5	1189.4	2.396		93.8
K5 +300	1188.5	695.3	1193.0	2.388		93.4
K7 +200	1198.2	716.7	1201.0	2.474		96.8

从表中的检测数据看出,硅藻土改性沥青混合料的压实度能满足现行规范的要求,因此,采用硅藻土替代矿粉技术铺筑的沥青路面能够达到较好的压实度,掺入硅藻土并没有影响到硅藻土改性沥青混合料的压实效果。

③矿料级配和沥青用量

沥青混合料的矿料级配和沥青用量对沥青路面材料性能的影响较大,通过对硅藻土改性沥青混合料进行燃烧和筛分试验,确定混合料的矿料组成和沥青用量,对于分析硅藻土改性沥青混合料的各项性能具有重要意义。

硅藻土改性沥青路面下面层(AC-20)的沥青用量和矿料级配试验结果见表9.2-9和表9.2-10。

硅藻土改性沥青路面沥青用量检测结果 表9.2-9

编　　号	燃烧前质量(g)	燃烧后质量(g)	质量损失(g)	沥青用量(%)	均值(%)	生产配合比(%)
1	2099.1	1980.3	118.8	4.66	4.69	4.6
2	2107.6	2008.1	99.5	4.72		

硅藻土改性沥青路面矿料级配筛分结果 表9.2-10

试验编号及通过率		筛孔尺寸(mm)											
		19	16	13.2	9.5	4.75	2.36	1.18	0.6	0.3	0.15	0.075	底
1	质量(g)	97	364	248	341	282	229	130	101	59	34	11	99
	筛余(g)	4.8	18.2	12.4	17.1	14.2	11.4	6.5	5.0	2.9	1.7	0.8	4.9
	通过率(%)	95.2	77	64.6	56.9	33.4	22.0	15.5	10.5	7.6	5.9	5.1	—
2	质量(g)	64.1	131.0	204.0	241.7	242.1	193.7	88.1	70.6	64.9	49.8	43.6	90.7
	筛余(g)	4.28	8.83	13.70	16.34	16.31	13.07	5.95	4.76	4.38	3.36	2.94	6.12
	通过率(%)	95.8	86.9	73.2	60.8	40.6	27.5	21.6	16.8	12.4	9.1	6.2	—
平均通过率(%)		95.5	82.0	68.9	60.2	37.0	24.8	18.5	13.7	10.0	7.5	5.6	—

从表中的检测数据看出,硅藻土改性沥青路面下面层的沥青用量接近于生产配合比确定的沥青用量,满足现行规范对沥青混合料沥青用量指标质量控制要求。

为便于分析芯样矿料级配与生产配合比的差别,绘制了硅藻土改性沥青路面的级配曲线图,见图9.2-8。从级配曲线图中看出,硅藻土改性沥青路面芯样的矿料级配曲线与生产配合比较为接近。

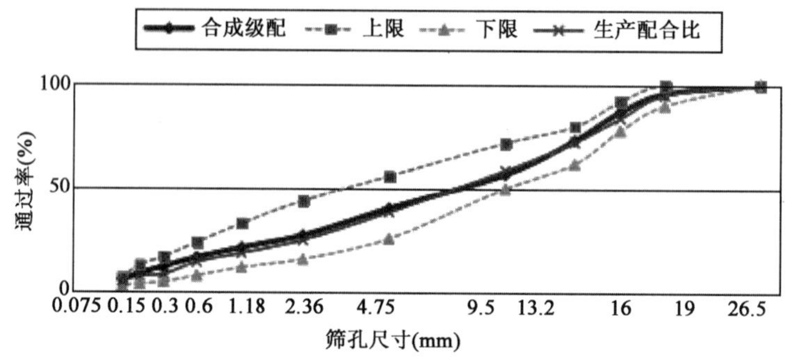

图9.2-8 硅藻土改性沥青路面下面层(AC-20)级配曲线

④抗滑性能

路面抗滑性能是路面表面安全技术性能,一般采用轮胎与路面间的摩擦系数和表面宏观构造深度表示。项目组采用摆式仪和手工铺砂法对硅藻土改性沥青路面的抗滑性能进行了检测(图9.2-9)。

图9.2-9 硅藻土改性沥青路面抗滑性能检测

硅藻土改性沥青路面表面摩擦系数检测结果见表9.2-11。从表中的检测结果看出,硅藻土改性沥青路面表面的摩擦系数较高。

硅藻土改性沥青路面摩擦系数检测结果 表9.2-11

桩号	路表温度(℃)	摆值(BPN)						温度修正值(BPN)	摩擦系数(BPN)
		1	2	3	4	5	均值		
K1 +550	20	74	73	70	70	73	72	0	72
K2 +350	20	73	75	75	74	72	74	0	74
K3 +200	19	82	81	79	78	80	80	0	80
K5 +300	19	78	82	85	76	75	83	0	83
K7 +200	19	69	71	70	69	72	78	0	78

硅藻土改性沥青路面表面构造深度检测结果见表9.2-12，从表中的检测结果看出，硅藻土改性沥青路面表面具有一定的构造深度。

硅藻土改性沥青路面构造深度检测结果　　表9.2-12

桩　号	铺砂直径(mm)			平均直径(mm)	构造深度(mm)
K1 +500	248	252	263	254	0.49
K3 +300	241	248	252	247	0.52
K5 +200	233	246	251	243	0.54

⑤路面车辙检测

采用3m直尺法对试验段进行了车辙深度的检测，试验结果见表9.2-13。

路面车辙检测结果　　表9.2-13

桩　号	读数(mm)										最大值(mm)
	1	2	3	4	5	6	7	8	9	10	
K6 +080	2	2	1	2	2	1	1	2	2	2	2

通过检测可以得出，硅藻土改性沥青路面的车辙最大值为2mm，满足规范的要求。

9.3　高速公路低碳节能技术示范

9.3.1　寒区高速公路房屋建筑工程节能保温技术

(1)示范路段

房屋建筑工程节能保温技术推广工程为鹤大高速公路敦化南(六鼎山)服务区综合楼项目(图9.3-1)，总建筑面积2922.5m^2，建筑层数为地上二层，建筑高度8.85m，结构形式采用框架结构，耐火等级为二级，合理使用年限为50年，经节能设计后实现节能65%。

a)正面

b)侧面

图9.3-1　敦化南服务区综合楼

(2)工程实施

①季冻地区高速公路建筑节能65%的标准研究

在推广应用工程中,外墙按窗体面积控制,围护结构按传热系数、体型系数等控制,具体如下:

a.外墙。

当体型系数≤0.3时,外墙≤0.38kW/(m^2·K);

当0.3≤体型系数<0.4时,外墙≤0.35kW/(m^2·K)。

b.屋顶。

当体型系数≤0.3时,屋顶≤0.28kW/(m^2·K);

当0.3≤体型系数<0.4时,屋顶≤0.25kW/(m^2·K)。

②外墙EPS模块

密度为30kg/m^3;

导热系数为0.033W/(m·K);

热工计算时的修正系数为1.0;

施工时,各种模块组合企口对接,板面带燕尾槽,粘接可靠。

③预制外窗台板

预制窗台板是采用耐腐蚀的金属材料作为面层,内侧贴有特制的保温膜,按照不同窗的尺寸在厂家加工,现场安装窗台板,既解决了窗台顶部漏雨的问题,也阻止了室内热量的渗漏问题,同时也丰富了立面造型。

④窗的安装方法

窗安装在墙外,周边采用聚氨酯发泡,减少热量的传递。

⑤采暖供热技术

采用电采暖、太阳能辅助供热及控温技术,降低能耗。

(3)应用效果

该项目于2016年11月完工,2017年1月试运行,根据建筑节能工程施工质量验收相关规范规定,对建筑运行效果进行跟踪监测,并针对建筑围护结构传热系数进行现场测试(图9.3-2)。

图9.3-2 现场检测图

检测结果如表9.3-1所示，经计算室内平均温度为20℃左右，满足使用要求。

检测结果　　表9.3-1

通道和常数
1. 内侧通道:2,3;外侧通道:4;热流通道:1;Ri=0.11K/W;Re=0.04K/W 2. 内侧通道:2,3;外侧通道:4;热流通道:1;Ri=0.11K/W;Re=0.04K/W
计算结果
1. 时间范围:2017-01-02 18:21:46到2017-01-06 18:21:46,传热系数 $K=0.34\sim0.424$ 2. 时间范围:2017-01-01 18:21:46到2017-01-05 18:21:46,传热系数 $K=0.35\sim0.483$

通过将成套节能技术应用到服务区建筑上，满足了快速发展的高速公路建设需求，为高速公路建筑的建设提供了节能的先进设计理念，推广建造更多具有良好节能效果、低成本、适应发展的节能型服务区。

9.3.2　隧道及服务区照明节能与智慧控制技术

(1)示范路段

本技术示范实施路段包括赤柏试验隧道以及鹤大高速公路吉林段18座隧道。

(2)赤柏隧道实施

赤柏隧道的系统主要包括车辆行为感知子系统、环境感知子系统、照度实时监测子系统、隧道照明及调光子系统以及隧道照明通信子系统。在实际工程中，对各个系统进行了调试与稳定性测试，过程如下：

①车辆行为感知子系统

车辆行为感知子系统的硬件设备包括红外探测器和线圈车检器，根据红外探测器的工作原理，为防止漏检，结合赤柏隧道实际情况进行行为感知子系统的布设，具体布设如图9.3-3所示。

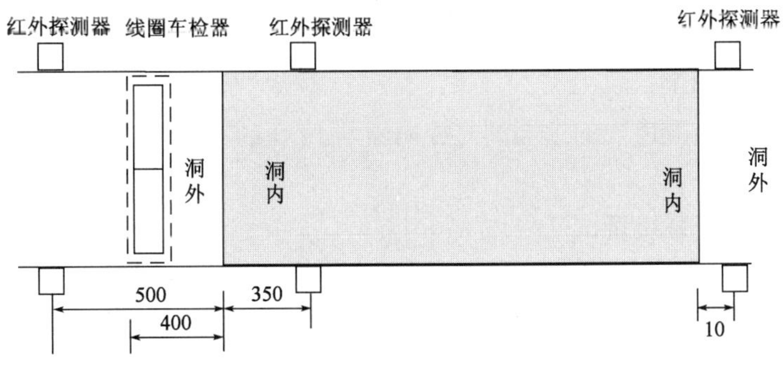

图9.3-3　车辆行为感知子系统硬件设备的布设位置(尺寸单位:m)

a. 红外探测器。

根据赤柏隧道现场环境，红外探测器的安装高度是合理可靠的。经分析发现，红外探测器芯片的扫描光束时间间隔为0.3s，易出现漏检车辆。这是由于红外探测器芯片扫描光束时间间隔过大，快速行驶的车辆很容易从两次扫描光束间隔中穿过，这种情况是检测不到车辆的。

更换红外探测器的快速扫描芯片使扫描间隔变为 0.1s，经过长时间的测试，没有再次出现车辆漏检的情况。

b. 线圈车检器。

硬件连接安装完成后，需要对线圈车检器设备稳定性进行测试，测试过程中发现线圈指示灯出现长亮的情况，进而出现漏检的问题。通过与施工方的沟通和测试，排除了线圈在安装过程中出现的问题，而是由于线圈车检器内部芯片设置的灵敏度过高，导致线圈指示灯出现常亮的情况。利用软件降低其检验的灵敏度，设备恢复正常。

②环境感知子系统调试

a. 洞外光强检测器。

环境信息感知传感器用于检测隧道内外的亮度值，作为隧道内各段调光的重要依据。安装在隧道外 100m 处的洞外光强检测器在采集洞外亮度的过程中，出现采集的数据跳跃幅度大的现象，导致整个系统的调光出现问题。鉴于以上问题，对洞外光强检测器采集的亮度值每 20 次取平均值作为最终亮度值的结果，确保隧道调光的稳定性。

b. 洞内 CO/VI 检测器。

洞内 CO/VI 检测器在系统测试过程中出现无采集数据输出现象。原因是设备在安装时，未按照使用说明书安装步骤操作，未进行两个对射筒对准调试，导致无采集数据输出，校准之后有数据输出。洞内 CO/VI 检测器出现的另一问题是数据输出格式与说明书上的通信协议不一致，经厂商软件设置后，数据输出格式正确。

③照度实时监测子系统调试

照度实时监测子系统采用一台工控机处理三台网络 IP 摄像机的图片，可存储三台网络 IP 摄像机 3 ~6 个月的图片，不会造成工控机卡、慢等现象，满足实时调光的要求。

④隧道照明及调光子系统调试

a. 局端调光控制器接口扩展。

局端调光控制器下行通信只有 1 路且是 485 通信，上行通信为 422 通信。RS485 接口传输的距离大于 1200m，足以满足传输的要求。

b. LED 灯具功能检测。

灯具安装完成并将隧道内的远端调光控制器与 LED 的调光接口连接后，首先进行灯具检查，确保灯具正常工作。

⑤隧道照明通信子系统调试

安装软件，搭建平台，利用软件组网，进行通信子系统调试。

结合上述各个系统与软件程序，赤柏试验隧道实现了“车来灯亮，车走灯暗”的功能，如图 9.3-4所示。

(3)鹤大高速公路隧道实施

在鹤大高速公路隧道上应用赤柏试验隧道的研究成果。与鹤大高速公路隧道照明控制系统相关的硬件设备主要有：洞外光强检测器、洞内光强检测器、洞内 CO/VI 检测仪、红外探测器、数字微波车辆检测器、洞内监控摄像机。鹤大高速公路隧道照明控制系统相关的硬件设备的采购与安装调试等工作由 8 个中标公司负责（表 9.3-2）。

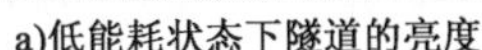
a)低能耗状态下隧道的亮度

b)有车进入隧道内调光效果

图 9.3-4　赤柏试验隧道“车来灯亮，车走灯暗”效果图

公路隧道相关硬件设备所属标段　　表 9.3-2

隧 道 段 落	隧 道 名 称	监控系统标段
小沟岭—抚松	小沟	鹤大高速公路机电 1 标段 山东中创软件工程股份有限公司
	荒沟岭	
	马鹿沟	鹤大高速公路机电 2 标段 黑龙江省北龙交通工程有限公司
	柞木台	鹤大高速公路机电 3 标段 天津市高速公路科技发展有限公司
	大蒲柴河	鹤大高速公路机电 4 标段 科润智能科技股份有限公司
	白水滩	
	二道岭	
	后崴子	鹤大高速公路机电 5 标段 四川晴宇交通科技有限公司
	荒沟门	
靖宇—通化	十道羊岔	鹤大高速公路机电 13 标段 辽宁艾特斯智能交通技术有限公司
	回头沟	
	朝阳	
	高丽沟	鹤大高速公路机电 14 标段 南京凌云科技发展有限公司
	兴林	
	东南岔	
	光华	鹤大高速公路机电 15 标段 安徽汉高信息科技有限公司
	闹枝	
	马当	

由于小沟岭至抚松段落的后崴子隧道与荒沟门隧道之间的距离只有 347m，所以现场把两个隧道作为一个长隧道进行智慧控制。由于靖宇至通化段落的高丽沟隧道的长度只有 300m 左右，所以该隧道实际没有采取智慧控制方法。

2017 年 4 ~ 6 月，鹤大高速公路的 17 座隧道（除高丽沟隧道）先后运行了隧道照明智慧控制软件，实现了"车进灯亮，车走灯暗"的节能控制。其中每个隧道控制系统的具体实现情况如表9.3-3所示。

鹤大高速公路17座隧道照明控制软件运行情况 表9.3-3

隧道段落	隧道名称	照明控制软件完成情况	完成日期
小沟岭—抚松	小沟	已完成	2017.5.16
	荒沟岭	已完成	2017.5.17
	马鹿沟	已完成	2017.5.18
	柞木台	已完成	2017.5.21
	大蒲柴河	已完成	2017.5.27
	白水滩	已完成	2017.5.28
	二道岭	已完成	2017.5.29
	后崴子	已完成	2017.5.30
	荒沟门	已完成	2017.5.30
靖宇—通化	十道羊岔	已完成	2017.5.7
	回头沟	已完成	2017.5.8
	朝阳	已完成	2017.5.9
	兴林	已完成	2017.6.4
	东南岔	已完成	2017.6.5
	光华	已完成	2017.4.11
	闹枝	已完成	2017.4.13
	马当	已完成	2017.4.16

以光华隧道为例，"车来灯亮，车走灯暗"效果如图9.3-5所示。

a)低能耗状态下隧道的亮度

b)有车进入隧道内调光效果

图9.3-5 光华隧道"车来灯亮，车走灯暗"效果图

9.4 高速公路建设生态恢复与民俗旅游融合技术

9.4.1 植被保护与恢复技术应用示范

(1)示范路段

在鹤大高速公路全线339.429 km进行了植被保护与恢复技术的推广应用,重点在靖宇保护区段、山谷洼地的林下和农田等腐殖土肥沃的路段,以及互通立交、服务区、隧道洞口等大型节点位置进行了分步清表施工,保护沿线植被。

(2)实施效果

根据技术反馈和优化要求,提出了最大可能保留砍伐线和征地界线之间的植被,并通过与林业部门的协调和沟通,采取回购的方法对砍伐线和征地界线之间的植被进行了大面积的保留,全线共保留了约7.6万棵高大乔木,保护原生环境100000m^2,维护了原始的植物景观。

①分步清表技术整体保护效果

使用航拍器对保护效果进行拍照,通过与传统清表技术对比,可以看出推广技术取得了很好的保护效果,在互通立交、隧道洞口、桥梁、路侧等位置,原生景观得以保留(图9.4-1~图9.4-6)。

图9.4-1 分步清表技术互通立交整体保护效果(航拍)

图9.4-2 采用分步清表技术和未采用效果对比(航拍)

图 9.4-3　分步清表技术对隧道仰坡、鼻梁端植被大面积保护

图 9.4-4　分步清表技术对路侧植被大面积保护

图 9.4-5　分步清表技术对桥头植被保护

②分级保护技术个体保护效果

在施工过程中以及施工后期，都及时对分级保护各项技术实施的效果进行总结。技术实施的保护效果见图 9.4-7 ~ 图 9.4-10。

同时，在分步清表过程中，课题组开展了保护树种的移栽工作，主要是在二道岭隧道洞口鼻端附近移栽了占地界内的黄檗幼树，数量约 20 棵（图 9.4-11）。施工单位按照施工指南的要求，对保护树种采取了开挖、断根、移栽种植、支撑防护等措施，施工单位的移栽举措受到了指挥部的认可，并在全线施工中产生了积极的影响。但是在移栽、种植和养护的过程中，由于缺乏专业林业专家的指导，造成移栽的黄檗成活率较低，因此项目组在后期环保施工建议中增加了移栽过程的操作要求。部分施工单位按照相关要求进行了落实，提高了树木的成活率。例如树木移栽后进行剪枝和保暖等措施，提高了成活率（图9.4-12）。

图9.4-6 分步清表技术对桥下植被保护

图9.4-7 树木支撑及缠绕技术

图9.4-8 树木围栏防护技术

分步清表技术全线推广实施后，对每个施工标段的推广成果进行了详细的调查统计，包括原生植被保留数量、保护植被情况等。初步统计全线保留树木共计75760棵，其中红松600多棵，黄檗200多棵，水曲柳500多棵。

图 9.4-9　树木挂牌及拦挡

图 9.4-10　树木挡墙防护技术

图 9.4-11　黄檗移栽及后期效果

③表土保护技术实施成效

项目要求参建单位对表土收集高度重视，施工单位采取了施工厂区集中堆放、临时征地集中堆放、路侧临时堆放等措施进行收集，同时按技术指导文件要求在各标段建立了标准表土堆放场，采取码方、标志牌、排水沟、苫盖、挡土袋防护等措施对表土进行保护。据统计，全线共收集表土约 228 万方，全部纳入景观绿化设计进行利用(图 9.4-13、图 9.4-14)。

图9.4-12　高大树木移栽后期展叶成活

图9.4-13　分步清表施工及清理的表土资源

a)标准表土场建设

b)表土收集码方堆放

图9.4-14　分步清表技术对表土的保护和收集

④表土利用植被恢复成效

2016年8月底,对部分表土利用试验边坡恢复情况进行了观测,主要观测指标包括植物种类、覆盖度、高度、水土流失情况等,详见表9.4-1。

根据调查的植物生长情况可以看出,利用表土进行公路植被恢复具有可行性,适用于客土喷播、普通喷播、撒播以及自然恢复等多种恢复方式。生长的植物种类、覆盖度基本满足绿化要求。

表土利用植被恢复效果调查表　　表 9.4-1

<table>
<tr><td>位置桩号</td><td>恢复方式</td><td>植物种类</td><td>覆盖度(%)</td><td>水土流失情况</td></tr>
<tr><td>K540 + 700</td><td>普通喷播</td><td>紫羊茅、白三叶</td><td>90</td><td>无</td></tr>
<tr><td colspan="5">照片</td></tr>
<tr><td colspan="5"> </td></tr>
<tr><td>位置桩号</td><td>恢复方式</td><td>植物种类</td><td>覆盖度(%)</td><td>水土流失情况</td></tr>
<tr><td>K602 + 300</td><td>客土喷播</td><td>紫羊茅、白三叶、雀麦</td><td>70</td><td>无</td></tr>
<tr><td colspan="5">照片</td></tr>
<tr><td colspan="5"> </td></tr>
<tr><td>位置桩号</td><td>恢复方式</td><td>植物种类</td><td>覆盖度(%)</td><td>水土流失情况</td></tr>
<tr><td>K683 弃土场</td><td>客土喷播</td><td>暂时未播种</td><td></td><td></td></tr>
<tr><td colspan="5">照片</td></tr>
<tr><td colspan="5"></td></tr>
<tr><td>位置桩号</td><td>恢复方式</td><td>植物种类</td><td>覆盖度(%)</td><td>水土流失情况</td></tr>
<tr><td>K729 + 800 ~ K730 + 100
超挖区</td><td>撒播</td><td>苜蓿、紫羊茅</td><td>20</td><td>轻微,需补种</td></tr>
</table>

续上表

位置桩号	恢复方式	植物种类	覆盖度(%)	水土流失情况
照片				

位置桩号	恢复方式	植物种类	覆盖度(%)	水土流失情况
K732+124	普通喷播	榆叶梅、苜蓿、紫羊茅、白三叶	80	无
照片				

位置桩号	恢复方式	植物种类	覆盖度(%)	水土流失情况
K732	自然恢复	野稗草、紫羊茅	100	无
照片				

9.4.2 民俗文化及旅游服务与沿线设施景观融合技术示范

(1)示范路段

本技术依托鹤大高速公路服务区进行技术推广,从服务区规划设计的各个阶段进行优化咨询。

(2)实施情况

在选址布局阶段,提出选址咨询意见《鹤大高速公路设计环保及景观的建议》确定服务区初步位置,在初步设计及施工图设计阶段完成选址布局优化2处(敦化南服务区、雁鸣湖服务区)。

在场地布置阶段,结合地形布设,建议采用两侧非对称布局,设置台地式服务区2处(敦化南服务区、通化服务区),考虑大小车分离、避免人车混行,形成以综合服务楼为中心的布置形式5处(雁鸣湖服务区、红石服务区、敦化南服务区、四湖服务区、江源服务区),结合观景需要,设置具有观景台的服务区1处(雁鸣湖服务区)。

在专项设计方面,提出每个服务区的设计主题,分别打造各自的文化特色,并形成1套完整的解说系统。

以上内容均已在服务区设计、建设过程中得到落实。

(3)实施效果(图9.4-15)

图9.4-15　雁鸣湖服务区主建筑

9.5　废旧材料改性沥青混合料关键技术示范

9.5.1　应对极端气候的橡胶粉SBS复合改性沥青成套技术示范

(1)示范路段

以伊开高速公路、鹤大高速公路为依托,分别修筑了15.881km和81km橡胶粉改性沥青路面试验路,伊开高速公路及鹤大高速公路路面结构形式如图9.5-1、图9.5-2所示。

(2)工程施工

①拌和

考虑到橡胶粉SBS复合改性沥青混合料黏度较大、不易拌和的特性,适当延长了混合料拌和时间,同时禁止拌和站满负荷运转(图9.5-3)。出料质量按3t控制,沥青加热温度以及混合料拌和温度根据到场工厂化橡胶粉SBS复合改性沥青黏度做动态调整,沥青加热温度控制范围为180~190℃,集料加热温度控制范围为190~220℃,混合料拌和温度控制范围为175~185℃。

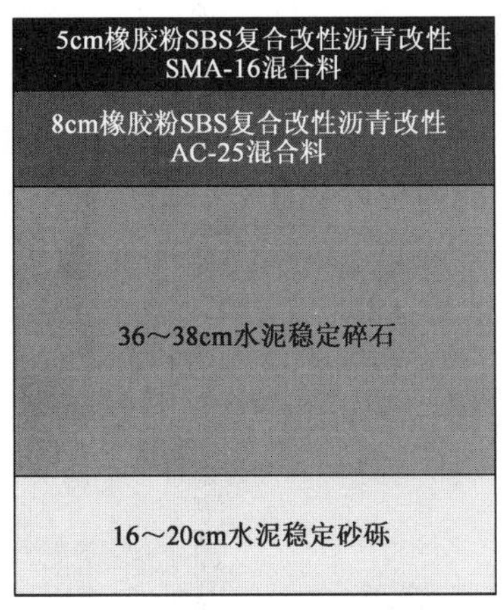

图9.5-1 伊开高速公路路面结构形式

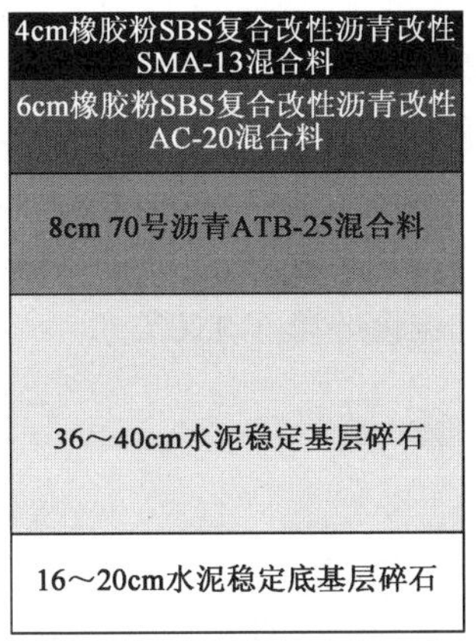

图9.5-2 鹤大高速公路路面结构形式

图9.5-3 橡胶粉改性沥青混合料拌和站

②运输

工厂化橡胶粉SBS复合改性沥青黏度大、施工温度要求高,为此提出所有沥青混合料运料必须采用专用运料车或经过保暖改造的普通运料车(图9.5-4)。车厢顶部的苫盖必须采用石棉被,不得只用苫布,直到摊铺前方可将覆盖物打开。同时,为防止混合料黏结车厢,应在车厢内侧薄涂防止沥青黏结的隔离剂。

图9.5-4 混合料运输及保温措施

③摊铺

摊铺过程中,考虑工厂化橡胶粉 SBS 复合改性沥青黏度较大,为避免摊铺机行走速度过快造成路面拉裂,将摊铺机行走速度设定为 2.0m/min,摊铺机振动夯锤振动调至Ⅲ级,摊铺混合料初步密实度达到75% ~80%(图9.5-5)。工厂化橡胶粉 SBS 复合改性沥青路面摊铺厚度采用钢丝引导的高程控制方式,松铺系数设定为 1.25,施工的最低气温不应低于 15℃,沥青混合料的最低摊铺温度不低于 170℃。

图9.5-5　沥青混合料摊铺情况

④碾压

橡胶粉 SBS 复合改性沥青混合料碾压是其施工中的关键环节之一(图9.5-6)。工程施工时,下面层碾压应配置不少于 4 台压路机,3 台双驱双振钢轮压路机,吨位不低于 13t,1 台胶轮压路机,吨位不低于 30t,碾压遍数不少于 10 遍。上面层 SMA-16 应配置 3 台双驱双振钢轮压路机,吨位不低于 13t,碾压遍数不少于 8 遍。

图9.5-6　混合料碾压

(3)质量检测

①伊开高速公路

图9.5-7 为伊开高速公路下面层 AC-25 混合料和上面层 SMA-16 混合料铺筑后的外观质量,由图中可以看出,上、下面层混合料分布均匀,路面铺筑质量良好,无离析现象,可大面积施工。

路面压实度及渗水系数检测显示,路面压实良好,仅局部边缘部位存在渗水,详见表9.5-1 ~

表9.5-3。

图9.5-7 上、下面层外观质量

下面层压实度及渗水系数检测结果 表9.5-1

检测位置	压实度检测	渗水检测
K121+510(左幅)路面边部位置	取出芯样密实,压实度达到95.7%	渗水系数为30mL/min,满足规范要求
K121+620(左幅)路面离析处	芯样压实度为94.2%	路表处微有离析,下部密实,未出现下渗情况,渗水系数为0
K121+640(左幅)路面拉裂处	裂缝局限于表面,整体压实度良好,压实度检测结果为94.7%	水分基本不渗入,渗水系数为0
技术标准要求	压实度不低于93%(按最大理论密度控制)	渗水系数不高于300mL/min

上面层渗水系数检测结果 表9.5-2

检测位置	渗水检测
桥梁中央分隔带处	渗水系数试验中,水分经开口孔隙由侧面鼓出,未出现下渗情况
桥面边部护栏处(受压路机操作人员影响,该处边部未压实)	边部渗水,渗水系数为198mL/min
技术标准要求	渗水系数不高于200mL/min

上面层压实度、渗水系数检测结果 表9.5-3

检测位置	压实度检测	渗水检测
K116+700(右幅),路面边部,距路缘石1m	路面压实良好,压实度为96.1%	未出现下渗情况,渗水系数为28mL/min
K116+706(右幅),路面边部,距路缘石1m	芯样压实度为95.2%	渗水系数为0
技术标准要求	压实度不低于94%(按最大理论密度控制)	渗水系数不高于200mL/min

路面渗水系数检测表明,橡胶粉SBS复合改性沥青路面抗渗性强,即使在路面离析位置,也不会产生渗水现象,在上面层SMA-16沥青混合料渗水系数检测中,此方面特性表现更为明显,该特性既提高了路面自身的水稳定性,又能够防止水分下渗造成的路基、基层冻融破坏,有利于提高路面使用寿命。

②鹤大高速公路

图9.5-8为鹤大高速公路下面层AC-20混合料和上面层SMA-13混合料铺筑后的外观质量,可以看出,上、下面层混合料分布均匀,路面铺筑质量良好,无离析现象,可大面积施工。

图9.5-8 上、下面层外观质量

路面面层压实度检测结果显示,路面压实良好,满足规范要求,检测数据详见表9.5-4、表9.5-5。

下面层压实度检测数据(按最大理论相对密度控制) 表9.5-4

桩 号	压实度(%)
K599+400(左幅)	96.8
K599+400(右幅)	96.1
K604+400(左幅)	95.3
K604+400(右幅)	96.6
K608+500(右幅)	95.4
K608+000(左幅)	96.3
规范要求	≥93.0

上面层压实度检测数据(按最大理论相对密度控制) 表9.5-5

桩 号	压实度(%)
K604+300(左幅)	94.6
K602+900(左幅)	94.6
K601+400(左幅)	94.4
K595+700(左幅)	96.5
K593+500(左幅)	96.8
K591+000(左幅)	96.9
K588+400(左幅)	94.6
规范要求	≥94.0

表 9.5-6 为上面层渗水系数检测数据，检测结果表明，橡胶粉改性沥青路面具有良好的抗渗性能。

鹤大高速公路橡胶粉改性沥青路面渗水系数检测数据 表 9.5-6

桩 号	渗水系数(mL/min)
K587 +400(左幅)	56
K586 +900(左幅)	82
K585 +900(左幅)	66
K584 +900(左幅)	82
规范要求	≤200

(4)使用效果

①伊开高速公路

图 9.5-9 是伊开高速公路运营 3 年后的使用情况。可以看出，伊开高速公路橡胶粉 SBS 复合改性沥青试验路段整体运营状况良好，无辙痕和修补痕迹，开裂情况调查数据如表 9.5-7 所示，可以看出，橡胶粉 SBS 复合改性沥青路面裂缝数量明显低于 SBS 改性沥青路面，从实体工程角度证明，采用橡胶粉 SBS 复合改性沥青可提高沥青混合料低温抗裂性。

图 9.5-9 伊开高速公路橡胶粉 SBS 复合改性沥青试验路运营期路况

伊开高速公路试验路段路面开裂数量对比表 表 9.5-7

调 查 路 段	混合料类型	裂缝数量(条/km)	裂缝间距(m/条)
K61 +000 ~ K70 +000	橡胶粉 SBS 复合改性沥青路面	25	40
K70 +000 ~ K74 +000	SBS 改性沥青路面	33	30

②鹤大高速公路

图 9.5-10 是鹤大高速公路运营 1 年后的情况。可看出鹤大高速公路橡胶粉 SBS 复合改性沥青示范路段在经过 1 年使用后整体运营状况良好，无辙痕和修补痕迹，路面开裂情况调查数据如表 9.5-8 所示。

图 9.5-10 试验路运营期情况

鹤大高速公路开裂数量对比表 表 9.5-8

混合料类型	调查桩号及对应施工标段	裂缝数量(条/km)	裂缝间距(m/条)
橡胶粉 SBS 复合改性沥青路面	ZT05(K657～K678)	20	50
	ZT17(K894～K914)	24	42
SBS 改性路面	ZT03(K625～K633)	29	34
	ZT16(K883～K889)	28	37

由表中数据可以看出,相比而言,橡胶粉 SBS 复合改性沥青路面开裂数量明显低于 SBS 改性沥青路面。

9.5.2 植物沥青混合料的路用性能研究与应用示范

(1)示范路段

专项设计中,SBS 改性混合植物沥青应用于敦化连接线(K0+000～K4+794.34),路线长度 4.794km。本次植物沥青路面施工长度为 1480m。试验路路面结构见表 9.5-9。

试验路路面结构 表 9.5-9

结构层		材料类型	厚度(cm)
面层	上面层	SMA-13	4
	下面层	AC-20	8
基层		水泥稳定碎石	32
底基层		水泥稳定碎石	18
垫层		砂砾	20

(2)路用性能

①沥青混合料级配组成

根据拌和站各料仓集料的筛分结果,依据《公路沥青路面施工技术规范》(JTG F40—2004)要求的级配范围,适配出 AC-20 型和 SMA-13 型结构的级配曲线,具体筛分结果及级配曲线见图 9.5-11 和图 9.5-12。

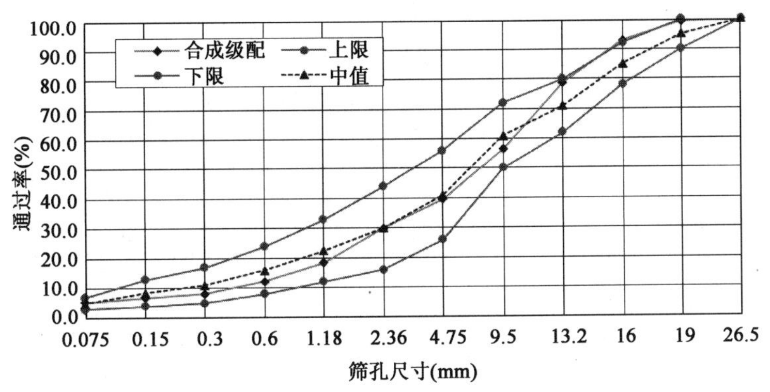

图 9.5-11　AC-20 级配曲线

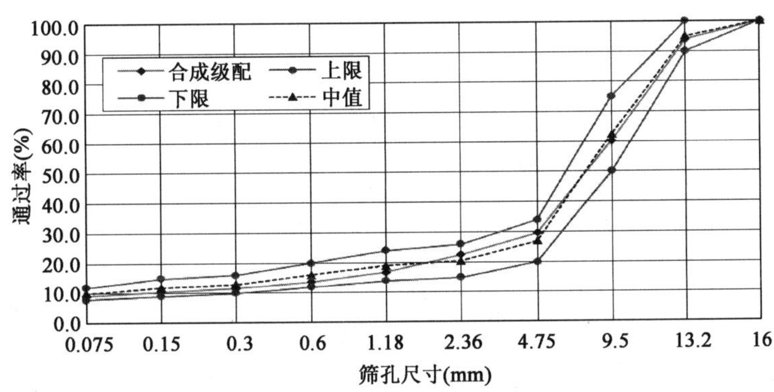

图 9.5-12　SMA-13 级配曲线

②植物沥青混合料最佳油石比的确定

结合各个不同油石比测定的各项指标,确定 AC-20 型沥青混合料的最佳油石比为 5.2%,具体指标见表 9.5-10。

AC-20 级配最佳油石比　　表 9.5-10

项　　目	油石比(%)	密度(g/cm^3)	空隙率(%)	间隙率(%)	饱和度(%)	稳定度(kN)	流值(mm)
植物沥青	5.2	2.428	4.8	14.7	67.7	13.2	3.5
技术要求	—	—	3 ~ 5	≥12	65 ~ 75	≥8	2 ~ 4

结合各个不同油石比测定的各项指标,确定 SMA-13 型沥青混合料的最佳油石比为7.0%,在最佳油石比情况下进行析漏试验及飞散试验,结果满足规范要求,具体指标见表 9.5-11。

SMA-13 级配最佳油石比　　表 9.5-11

项目	油石比(%)	密度(g/cm^3)	空隙率(%)	间隙率(%)	饱和度(%)	稳定度(kN)	流值(mm)	析漏损失(%)	飞散损失(%)
植物沥青	7.0	2.393	3.7	17.2	78.6	8.2	4.2	0.07	7.2
技术要求	—	—	3 ~ 4.5	≤16.5	75 ~ 85	≤6	—	≤0.1	≤15

③植物沥青混合料路用性能

AC-20 和 SMA-13 级配性能检验结果见表 9.5-12 和表 9.5-13。

AC-20 级配性能检验结果

表 9.5-12

沥青种类	残留稳定度(%)	残留强度比(%)	动稳定度(次/mm)	低温弯曲破坏应变(με)
植物沥青	92.8	88.5	4254	4027
技术要求	≤85	≤80	≤2400	≤2800

SMA-13 级配性能检验结果

表 9.5-13

沥青种类	残留稳定度(%)	残留强度比(%)	动稳定度(次/mm)	低温弯曲破坏应变(με)
植物沥青	86.9	89.1	3974	4351
技术要求	≤80	≤80	≤3000	≤2800

(3)工程施工

①拌和

沥青混合料采用具有准确计量控制的间歇式沥青混合料拌和机拌制(图 9.5-13)。拌和机产量达到 320t/h,拌和机内具备储存有 5 种规格集料的热料仓,冷料仓为 6 个。SMA 纤维与粗细集料经适当干拌后投入矿粉,总的干拌时间可比普通沥青混凝土增加 2 ~ 5s,喷入沥青后的湿拌时间也增加 5s 左右,保证纤维均匀分散。

图 9.5-13　植物沥青混合料的拌和

②运输

混合料装车时,顺序为前、后、中,以减少混合料的离析(图 9.5-14)。混合料装车前,在车厢内均匀涂满肥皂水、黄油或食用油等隔离剂,车辆装满后应及时将顶层密封苫盖,然后方可运入施工现场。混合料装车时,必须对混合料的温度进行监控,不合格混合料不得进场。在运料车卸料时,卸料车在摊铺机前方 10 ~ 30cm 处停车,空挡等候,不得撞击摊铺机;卸料过程中运料车应挂空挡,靠摊铺机推动前进。

③摊铺

摊铺机采用履带式摊铺机,摊铺宽度不小于 12m,带有非接触式平衡梁的自动调平和配有调幅与频率的熨平板装置,横向精度 1.8mm,纵向精度 3mm。在摊铺机开始摊铺前,熨平板预热温度不低于 100℃,以防止由于熨平板温度降低而导致沥青混合料表面拉裂。摊铺机摊铺时,调整好振动频率和振幅,保证沥青混合料的初始压实度不低于标准密度的 85%,以免初压时形成过大的轮迹或产生沥青混合料的纵横向推移。摊铺速度缓慢,并尽量均匀一致,保持连续、不停机(图 9.5-15)。

图 9.5-14　植物沥青混合料的运输

图 9.5-15　植物沥青混合料的摊铺

④碾压

混合料压实时，选取配套、大功率的碾压设备，主要有双驱双振钢轮压路机、胶轮压路机、双钢轮压路机等，能够满足工程中较厚路面的碾压质量(图 9.5-16)。碾压过程中，严格控制混合料的碾压温度、压路机的洒水量，并使用热水，以减少由于洒水导致的混合料温度损耗，保证混合料的碾压温度。压路机应紧跟摊铺机，碾压长度应尽量缩短，同时根据施工当天的混合料温度、气温等进行适当调整。整个施工过程中，有专人指挥压路机碾压，并立牌标明路面的碾压区(初压、复压、终压)和碾压遍数，以便压路机驾驶人员掌握实际碾压情况，确保施工质量。

图 9.5-16　植物沥青混合料的碾压

(4)性能检测

试验路铺筑完成后,采用钻芯法测定沥青面层的压实度及厚度,检测结果详见表9.5-14。

路面芯样压实度及厚度检测结果

表9.5-14

桩　　号	结构类型	厚度(cm)	压实度(%)	平均压实度(%)
K1 +000	AC-20	8.09	97.8	98.28
K1 +100	AC-20	7.86	98.2	
K1 +200	AC-20	7.80	97.5	
K1 +240	AC-20	7.97	98.7	
K1 +250	AC-20	8.02	99.2	

从厚度检测结果及压实度计算结果来看,路面实际压实度均超过97%,平均压实度为98.28%,压实效果良好(图9.5-17~图9.5-19)。

图9.5-17　植物沥青混凝土路面压实度及厚度检测

图9.5-18　路面渗水性检测

(5)使用效果

2016年10月,试验路铺筑完成,截至2017年6月,路面已使用8个月,对路面使用状况进行实地考察,分别对右幅和左幅车道的完整性及产生的部分病害进行分析,如图9.5-20和图9.5-21所示。

图 9.5-19　植物沥青试验路

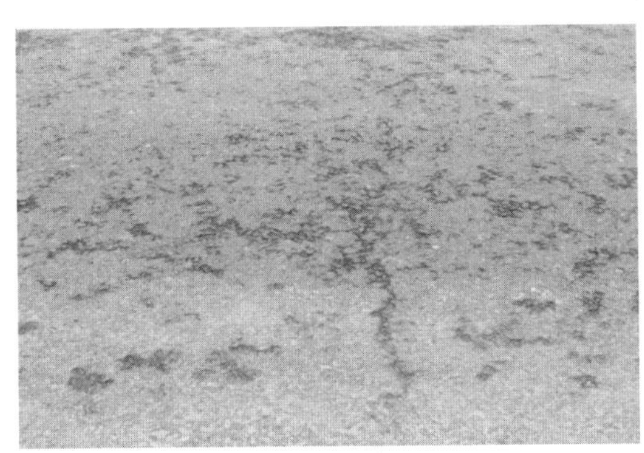

图 9.5-20　植物沥青试验路右幅车道

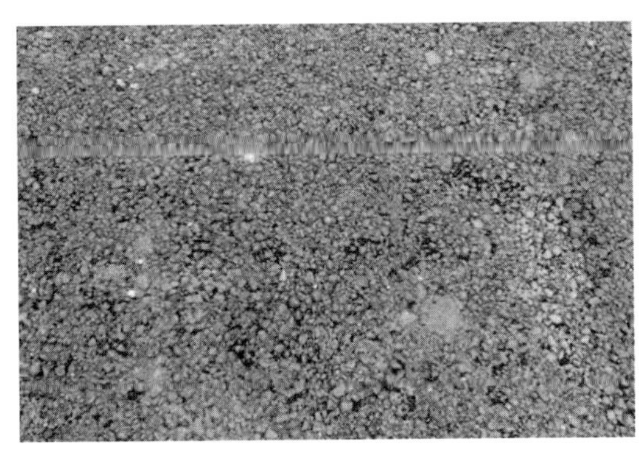

图 9.5-21　植物沥青试验路左幅车道

2016 年 10 月至 2017 年 6 月，试验路段经历了近一年的服役期，虽然处于东北地区，需要经受冬冻、春融、夏热三个季节的气候交替作用，且施工结束后未进行交通管制，阴雨天车辆驶过将泥土等带入试验路的情况时常发生，但整个路段的使用效果良好，未出现高温车辙病害，只有微小裂缝现象，属路面使用后的正常状况，说明植物沥青试验路段施工效果良好。该路段的铺筑成功，为植物沥青在路面工程中的应用奠定了良好的基础。

9.5.3 油页岩沥青混合料路用性能研究与应用示范

(1)示范路段

油页岩半焦沥青混合料科技示范项目的实施路段为 LK5 + 150 ~ LK7 + 183，长度 2.033km。原材料选用汪清的油页岩半焦，经磨细处理后替代 50% 矿粉作为该路段下面层沥青混合料的填料，其他路面结构及厚度均不变。

(2)工程实施

本段示范工程于 2016 年 9 月 27 日实施，铺筑实体工程之前进行了各项单质材料试验和沥青混合料配合比试验，确定了生产配合比。

由表 9.5-15 可知，油页岩半焦粉替代矿粉量为 50% 时，其各项体积指标均满足规范要求，高温性能和水稳定性也满足规范要求，可用于公路下面层的施工。

油页岩半焦粉沥青混合料目标配合比性能指标表 表 9.5-15

半焦粉掺入量(%)	孔隙率(%)	矿料间隙率(%)	沥青饱和度(%)	油石比(%)	残留稳定度(%)	冻融劈裂强度比(%)	车辙(次)
50	3.6	13.5	73.3	4.7	87.46	86.63	2178

油页岩半焦沥青路面的施工简便，采用油页岩半焦与矿粉混合后加入矿粉提升设备的方法，不需专用添加设备，现有国产与进口沥青混合料拌和设备均可生产。油页岩半焦沥青路面的拌和、运输、摊铺、碾压等工序与普通沥青路面的施工基本相同。

①拌和

油页岩半焦沥青混合料采用间歇式拌和设备在沥青拌和厂集中拌制(图 9.5-22)。试拌前应对拌和设备进行全面检查，对不能准确提供油页岩半焦需求量的设备进行技术改造，以满足要求。油页岩半焦投入宜采用专用设备将油页岩半焦自动加入拌和机拌缸中，当无专用设备时，也可用人工投入。当采用人工投入时，油页岩半焦必须在要求的时间内，按规定比例和数量及时地通过投入口加入拌和缸中。

在粗细集料放料的同时加入油页岩半焦和矿粉，总的干拌时间可比普通沥青混合料增加 2 ~ 5s，喷入沥青后的湿拌时间也应增加 5s 左右(改性沥青可增加 10s)，保证油页岩半焦和矿粉能充分均匀地分散在混合物中，并与沥青结合料充分拌和。拌和时间根据具体情况经试拌确定，以沥青均匀裹覆集料为度，本次施工实际拌和时间与纯矿粉拌和时间一致。

②运输

油页岩半焦改性沥青混合料采用不小于 15t 的自卸汽车运输，必须用苫布覆盖，当气温较低时，应采用保温苫布(图 9.5-23)。每次装料前，车厢底板、侧板均应涂刷隔离剂。从拌和机向运料车上放料时，应向车斗的前、后各放一次料，然后向中间放料，对于大型运输车辆，应增加放料次数，以减少混合料离析。运输车辆在结束运输时，必须将车厢中的余料完全清除干净。

③摊铺

在铺筑油页岩半焦改性沥青混合料之前，应对下层表面进行处理(图 9.5-24 ~ 图 9.5-26)。摊铺机采用具备自动找平装置和熨平板振动夯实功能的履带式沥青混凝土摊铺机。开始摊铺前应对熨平板预热至100℃以上。摊铺机的摊铺速度宜控制在1.5～4m/min,最大不超过5m/min,调整到与供料、压实速度平衡,保证连续不间断的摊铺,中间不致停顿等候。在摊铺过程中要保持熨平板前部混合料堆积高度稳定(大于送料口高度的2/3)和沿全宽方向均匀一致。

图9.5-22　沥青混合料的拌和

图9.5-23　沥青混合料的摊铺

图9.5-24　沥青混合料的初压

图9.5-25　沥青混合料的复压

图9.5-26　油页岩半焦粉沥青混合料成型效果

④碾压

油页岩半焦改性沥青混合料摊铺后要立即碾压,不得等候。碾压机械应选用自重10t以上双驱双振刚轮压路机,振动采用高频低幅。振动压路机轮迹的重叠宽度不应超过20cm,初压1～2遍,复压4～6遍,终压1～2遍(终压时应关闭振动),碾压速度不大于4～5km/h,碾压遍数依试验段检测结果确定。压路机跟踪碾压的折返点与摊铺机保持不大于3m的距离(采用滑靴或浮动基准梁的不大于5m),压路机应并列成梯队循环碾压作业。严格按铺筑试验段确定的碾压工艺进行施工碾压控制,不得随意改变碾压工艺、方法、遍数。

⑤接缝及交通控制

接缝处摊铺、碾压应按《公路沥青路面施工技术规范》(JTG F40—2004)有关规定执行,并加强接缝处的平整度控制。

油页岩半焦沥青混合料路面施工结束后,应待路面自然冷却,温度降至不高于50℃后,方可开放交通。

⑥施工中温度控制的问题

油页岩半焦改性沥青混合料的施工温度宜用沥青结合料的黏度-温度曲线确定。当取得黏度-温度曲线数据确有困难时,沥青加热温度及沥青混合料施工温度应参照《公路沥青路面施工技术规范》(JTG F40—2004)规定,并根据沥青品种、沥青标号、改性剂的品种及剂量、黏度、气候条件和铺筑层厚度选择。

(3)现场检测

参照《公路路基路面现场测试规程》(JTG E60—2008),对油页岩半焦粉沥青路面进行现场压实度检测,并采用燃烧法进行沥青含量的测定试验,现场取芯见图9.5-27,具体压实度检测指标见表9.5-16,实验室测定沥青含量见图9.5-28,沥青含量具体情况见表9.5-17。

图9.5-27 油页岩半焦粉沥青混合料的取芯及芯样

油页岩半焦粉沥青混合料压实度试验指标表 表9.5-16

芯样编号	桩号	横距(m)	芯样空中质量(g)	芯样水中质量(g)	芯样表干质量(g)	毛体积相对密度	毛体积密度(g/m^3)	路面压实度(%)
A-027	K5 +309	左2.4	1136.8	682.0	1142.3	2.469	2.462	99.2
A-028	K5 +499	右3.1	1186.5	688.3	1191.5	2.357	2.350	99.7
A-029	K5 +686	左2.9	1125.3	684.9	1127.0	2.545	2.538	99.7
A-030	K5 +929	右2.3	1119.0	683.7	1124.2	2.540	2.533	99.1
A-031	K6 +068	左2.5	1114.1	686.0	1119.2	2.571	2.564	99.9
A-032	K6 +277	右2.8	1156.9	685.2	1159.7	2.438	2.431	98.1
A-033	K6 +511	左3.2	1176.2	688.5	1178.1	2.402	2.395	98.5

续上表

芯样编号	桩号	横距(m)	芯样空中质量(g)	芯样水中质量(g)	芯样表干质量(g)	毛体积相对密度	毛体积密度(g/m^3)	路面压实度(%)
A-034	K6 +693	右3.4	1185.8	688.6	1191.3	2.358	2.351	98.0
A-035	K6 +880	左2.7	1126.0	680.6	1128.6	2.513	2.506	98.2
A-036	K7 +108	右3.5	1168.5	685.8	1170.4	2.411	2.404	99.2

图9.5-28　油页岩半焦粉沥青混合料沥青含量测定

油页岩半焦粉沥青混合料沥青含量试验指标表　　表9.5-17

试验序号	沥青混合料总质量(g)	沥青混合料中矿料部分总质量(g)	沥青混合料中沥青含量(%)	测定油石比(%)	校正值(%)	实际油石比(%)
1	1253.7	1195.1	4.7	4.9	0.2	4.7
2	1283.7	1223.2	4.7	4.9	0.2	4.7
3	1374.8	1309.2	4.8	5.0	0.2	4.8
4	1471.3	1400.2	4.8	5.1	0.2	4.9
5	1361.3	1298.2	4.6	4.9	0.2	4.7

经现场取芯的压实度检测和燃烧法沥青含量测定试验,表明该示范路段施工质量满足相关规范的要求。

(4)使用效果

经过一个冬季的使用,路面表面平整,未发现任何病害现象和易引发病害的迹象,说明采用油页岩半焦粉代替部分矿粉用于沥青混合料修筑下面层在技术上可行。由于工程竣工时间较短,油页岩半焦示范路段使用耐久性还需要进一步实际验证。

9.6　工程废弃材料综合利用技术示范

9.6.1　寒区公路边坡生态砌块及道面铺装技术示范

(1)示范路段

根据吉林省高等级公路建设局“鹤大高速公路双示范工程实施工作调度会会议纪要”

(2014 年 11 月 26 日第四期)精神,尽可能减少砌石工程,建设生态环保的鹤大高速公路,将全线原设计中路基填方路段的叠拱防护变更为生态砌块防护。结合工程实际情况,开展路堑边坡防护动态设计。结合沿线水文及地形情况,明确了砌块防护段落排水设置位置及形式。

(2)生态砌块设计方案

鹤大高速公路科技示范生态砌块专项设计图见图 9.6-1。

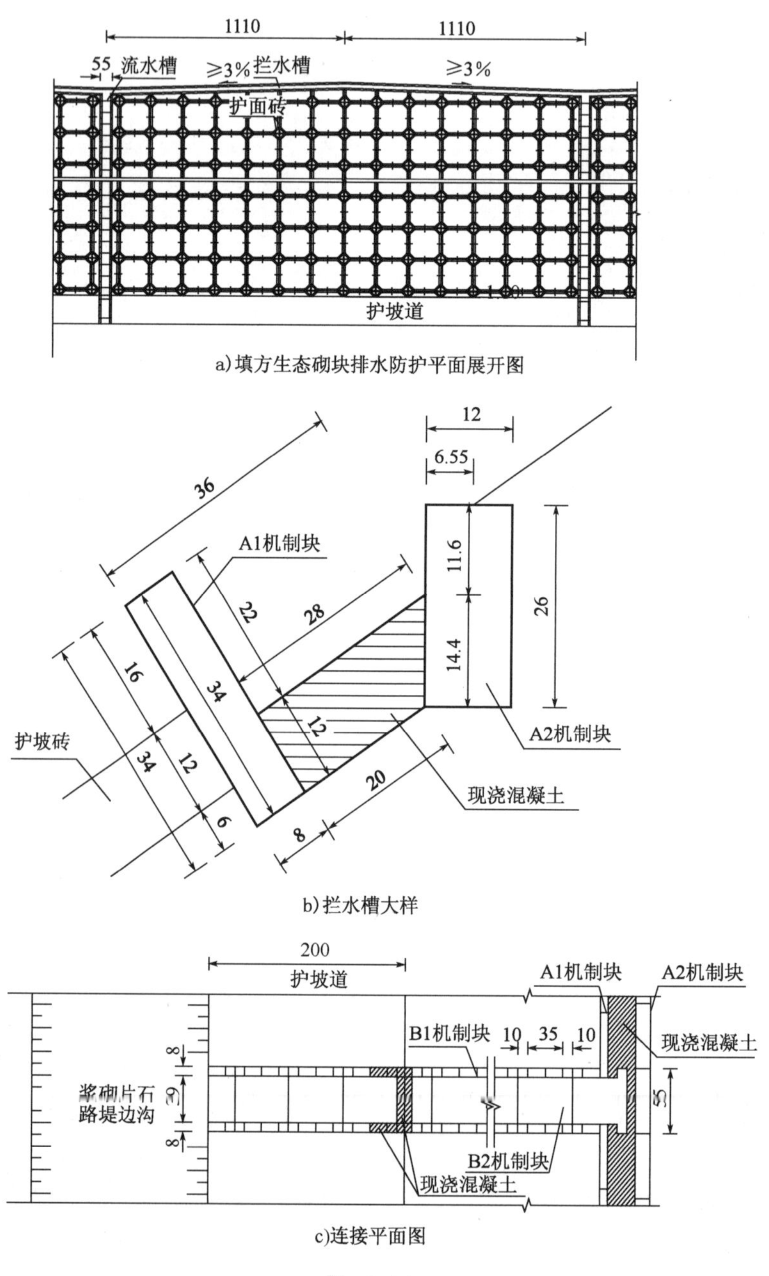

a)填方生态砌块排水防护平面展开图

b)拦水槽大样

c)连接平面图

图 9.6-1

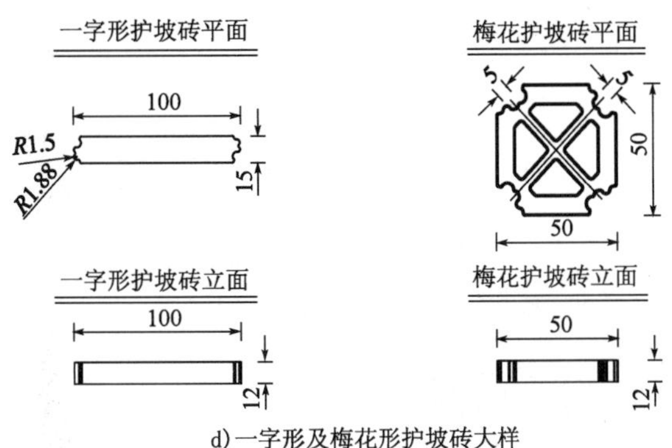

d)一字形及梅花形护坡砖大样

图9.6-1　生态砌块相关设计方案(尺寸单位:cm)

(3)工程应用

施工过程中,在路线附近合适场地(敦化、通化两地)建立了现场生产砌块基地,安装生态砌块生产设备,高效、经济地生产生态砌块,确保坡面防护工程顺利开展(图9.6-2)。

图9.6-2　生态砌块生产基地

鹤大高速公路科技示范工程共完成填方生态砌块870370m^2,桥头路基及锥坡生态砌块35965m^3,挖方采用生态砌块367176m^2,工程总造价9740万元。鹤大高速公路砌块工程实施规模见表9.6-1。

鹤大高速公路砌块工程实施规模表　　表9.6-1

段落项目	雁大段	大抚段	靖通段	合计
梅花、一字形护坡(m^2)	351133	258417	260820	870370
燕尾槽(m^3)	15298		20667	35965
流水槽、拦水槽(m)		37597	49958	87555
道面铺装(m^2)		954		

(4)应用效果(图9.6-3)

9.6.2　弃渣弃方巨粒土路基填筑技术示范

(1)实施规模

弃渣弃方巨粒土路基填筑技术成果在鹤大高速公路全线进行了推广应用。项目共计推广利用石方填筑18178379m^3,其中雁大段(雁鸣湖至大蒲柴河段)利用石方填筑12046587m^3、大抚段(大蒲柴河至抚松段)利用石方填筑 3249023m³、靖通段(靖宇至通化段)利用石方填筑 2882769m³。

a)生态砌块用于路堤边坡

b)生态砌块用于桥头护坡

c)植草成功后的生态砌块护坡

d)四湖服务区的砌块道面铺装

图 9.6-3 鹤大高速公路应用效果

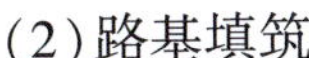

(2)路基填筑

①路基填筑进展

按照《公路填石路基施工技术规范》(DB 22/T 1961—2013)规定的填料规格及填筑层厚进行填筑。以鹤大高速公路5标为例,该填石路基从2014年4月开始填筑,至2014年9月基本结束(表9.6-2)。

路基填筑进展及填料情况　　表9.6-2

桩　　号	日　　期	天数	填筑高度(m)	填 筑 层 位	填　　料
K620 + 155 ~ K620 + 650	2014.05.23	1	0.4	第一层	填料为花岗岩及部分玄武岩
	2014.05.24	2	0.8	第二层	
	2014.05.27	5	1.2	第三层	
	2014.05.30	8	1.6	第四层	
	2014.05.31	9	2.0	第五层	
	2014.06.03	12	2.4	第六层	
	2014.06.04	13	2.8	第七层	
	2014.06.05	14	3.2	第八层	
	2014.06.07	16	3.6	第九层	
	2014.06.10	19	4.0	第十层	
	2014.06.13	22	4.4	第十一层	
	2014.06.16	25	4.8	第十二层	
	2014.06.17	26	5.2	第十三层	
	2014.06.18	27	5.4	下路床	
	2014.06.19	28	5.7		
	2014.06.20	29	6.0	上路床	
K617 + 350 ~ K617 + 875	2014.06.20	1	0.4	第一层	填料为花岗岩及部分玄武岩
	2014.06.28	9	0.8	第二层	
	2014.07.05	16	1.2	第三层	
	2014.07.12	23	1.6	第四层	
	2014.07.19	30	2.0	第五层	
	2014.07.25	36	2.4	第六层	
	2014.07.31	42	2.8	第七层	
	2014.08.11	53	3.2	第八层	
	2014.08.18	60	3.6	第九层	
	2014.08.25	67	4.0	第十层	
	2014.08.31	73	4.2	第十一层	
	2014.09.09	82	4.4	下路床	
	2014.09.14	87	4.7		
	2014.09.17	90	5.0	上路床	

②卸料与摊铺

按照《公路填石路基施工技术规范》(DB 22/T 1961—2013)规定进行填料的运输、摊铺与整平。以鹤大高速公路5标为例,运料车采用重型卡车,卸料与摊铺同步进行,卸料水平分层,先低后高、先路基两侧后中间(图9.6-4)。摊铺采用渐进式摊铺法,使用型号为D85的推土机并配以人工进行整平,并对局部凸起的大石块进行破碎或清除(图9.6-5)。

图9.6-4 自动卸料车卸料

图9.6-5 路基摊铺

填石料可直接堆放在摊铺初面的表面上,由大功率推土机向前摊铺,形成新的工作面。自卸汽车在新的工作面上卸料,大功率推土机再向前摊铺,填料向前推移的距离不宜小于3m。

③路基碾压

按照《公路填石路基施工技术规范》(DB 22/T 1961—2013)规定进行填料的碾压。以鹤大高速公路5标为例,路基的压实采用YZ18重型振动压路机进行压实(图9.6-6)。振动压路机采用的压实参数:碾压速度1~3km/h,频率15~30Hz,振幅大于1.5mm。

图9.6-6 路基碾压

在碾压过程中,由两侧向中间,然后再由中间向两侧碾压,要求每次错轮1/3轮宽以上。碾压时应连续不断地用小石块或石屑填隙,直到石料空隙被小料填满、密实、石料稳定、无下沉、无水平位移、表面平整为止。前后相邻段落应重叠100~150cm。根据试验路的结果,层铺厚度为40cm,碾压遍数为静压2遍、振压6遍,压实后压实层面应稳定无轮迹,石块紧密,表面平整(图9.6-7)。还应做到无漏压、无死角、确保碾压均匀。

路基碾压完毕后,按1∶1.5坡比人工整修边坡。使路基边坡顺直,坡度不陡于设计坡度。

④路基施工质量检测

a. 严格按照规定的施工工艺施工,对石料的选择应采用达到强度要求的石料,层厚应在设计范围内,并同时采用多种方法进行质量控制。

b. 采用压实沉降差法检测(图9.6-8、表9.6-3),压实的最终目的是使被压实体有足够的强度和稳定性,只要被压实体强度达到一定标准,在承受标准荷载时,其变形量和残余变形量将小于某值,本段拟定最后水准测得的压沉量小于5mm、均方差小于3mm便可认为其合格。

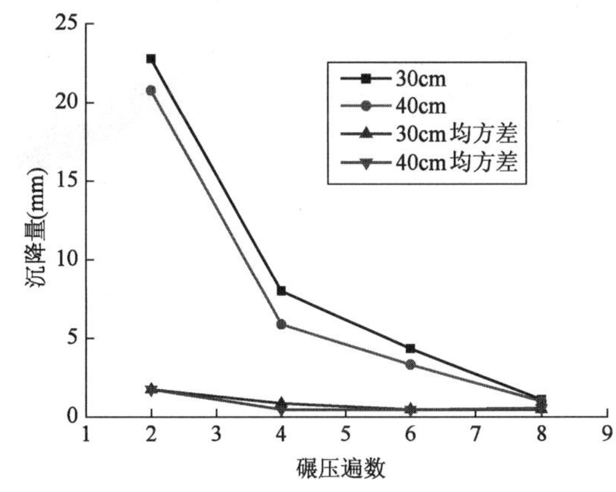

图9.6-7 不同填厚下随碾压遍数的沉降差及均方差

图9.6-8 沉降观测实测图

路基碾压沉降量(mm) 表9.6-3

点号	碾压遍数			
	2遍	4遍	6遍	8遍
1	22	8	4	1
2	21	8	4	1
3	23	8	4	1
4	24	8	4	2
5	25	8	4	2
6	21	9	5	1
7	20	8	5	1
8	25	8	4	1
9	24	7	5	0
平均值	22.8	8.0	4.3	1.1
均方差	1.75	0.47	0.47	0.57

c. 轮迹法检测,路基碾压后表面无明显的压路机轮迹、孔隙空洞,大粒径填石无松动迹象,应达到“以铁锹挖动困难、用撬棍方能使之松动”的状态。

(3)应用效果

鹤大高速公路在全线进行了弃渣弃方巨粒土路基填筑技术推广应用,弃渣弃方填料路基施工质量符合设计要求，目前未出现路面开裂、沉陷等病害，使用效果良好，为弃渣弃方填料在吉林省其他高速公路项目中的推广应用积累了经验(图9.6-9)。

图9.6-9 路基压实及通车后效果图

9.6.3 机制砂在寒区结构混凝土中应用技术示范

(1)示范路段

根据专项设计文件，机制砂在结构混凝土中的应用技术将在小沟岭至抚松HDZT03标段六座桥梁下部结构的桥台、台身、搭板、耳墙中得到应用，共利用机制砂819m^3(图9.6-10～图9.6-12)。

图9.6-10 机制砂生产

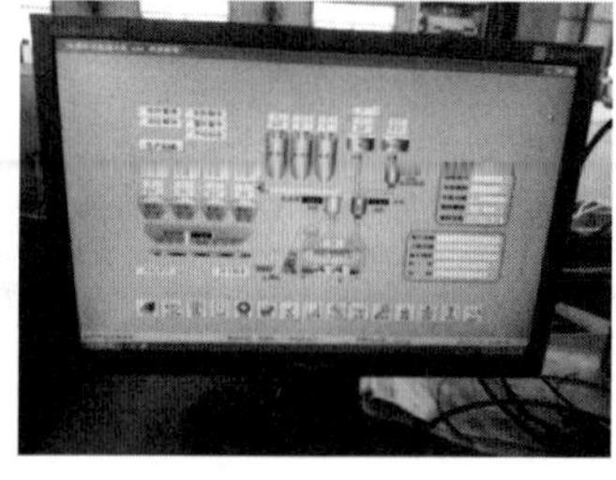

图9.6-11 机制砂混凝土拌制及浇筑

(2)工程实施

项目研究过程中及时编制了配套的吉林省交通行业标准《机制砂在水泥混凝土中的推广应用》,项目组深入施工现场进行技术宣贯。目前项目已按专项设计顺利实施完成,总体取得了较好效果。

图 9.6-12 机制砂混凝土养护

9.6.4 尾矿渣筑路技术应用示范

(1)示范路段

在鹤大高速公路靖宇至通化段选择 ZT-16 标段 K316 ~ K317 近 1km 路段作为尾矿渣筑路技术成果应用试验路段,将铁尾矿渣作为路基填筑材料,应用尾矿渣约 80000m^3。

(2)工程应用

①现场碾压试验

进行铁尾矿渣路基的现场碾压试验,目的是通过试验得到碾压遍数与碾压沉降之间的关系,进而寻找出合理的施工工艺。

试验方案考虑松铺厚度分别为 35cm、45cm 以及 25t 自行式振动压路机"压路机静压 1 遍→压路机弱振 1 遍→压路机强振动 4 遍→压路机静压 1 遍(收光)"的碾压工艺。

根据试验方案,在鹤大高速公路 K316 + 600 ~ K316 + 700 和 K317 + 000 ~ K317 + 100 试验段分别进行松铺厚度为 45cm 和 35cm 左右的现场碾压试验并测试其沉降量,分析对比相同碾压击实功下不同铁尾矿渣松铺厚度的压实状态。

通过试验段现场试验表明,对于项目所用铁尾矿渣路基材料,采用相同的碾压功时,碾压后的路基压实度的大小和填料的松铺厚度有关,对于高速公路填方路基,尽量保证铁尾矿渣每层的松铺厚度小于 40cm(图 9.6-13、图 9.6-14)。

图 9.6-13 路基分层施工铺筑

图 9.6-14 路基铺筑完成后

②现场承载板测定土基回弹模量

在鹤大高速公路 HD02-ZT16 标段选择填方较高路段中断面桩号分别为 K316 + 640 和 K316 + 690,以及填方较低路段中断面桩号分别为 K316 + 840 和 K316 + 890。每个断面各取 3

个点,其中一点在路基中轴线上,另外两点分别为中轴线左右两侧7.6m处,严格按照《公路路基路面现场测试规程》(JTG E60—2008)的相关要求采用承载板测定土基回弹模量,结果如下:

a. 填方较高路基断面K316+640~K316+690平均回弹模量E_0=185.70MPa,小于填方较低路基断面K316+840~K316+890平均回弹模量E_0=227.76MPa。原因是填方较高路基的压实度(下路堤$K≥93$,上路堤$K≥94$)比填方较低路基($K≥94$)稍小;且低填方路基先于高填方路基压筑完成,龄期越长土结构越趋向凝絮状况,相应的强度也越高,回弹模量有随龄期增大而略微增大的趋势。

b. 铁尾矿渣路基的回弹模量E_0远远大于《公路沥青路面设计规范》(JTG D50—2006)中对回弹模量E_0的要求(高速和一级公路的土基回弹模量值应大于30MPa,重交通、特重交通公路路基回弹模量值应大于40MPa)。说明铁尾矿渣路基具有良好的路用适用性能。

c. 压实后铁尾矿渣路基中的粗集料充当骨架作用,密实后土体表现出优良抗变形能力和整体结构性能。

从施工难易程度来看,采用尾矿渣填筑路基,施工工艺的复杂程度与传统方式相差不大。从材料施工组织来看,由于材料来源稳定,减少了线外取土在征拆方面的干扰,从而保证了路基填料的品质和施工连续性。从施工效果来看,最终采用的设计和施工方案,经连续观测,路基稳定效果好,试验路段的各项检测成果均满足相关规定要求。结合近两年的实际检验,试验段路基稳定,未出现任何病害,使用效果良好。

9.6.5 煤矸石筑路技术示范

(1) 示范路段

煤矸石筑路技术推广科技示范项目的实施路段为抚松连接线全线,长度4.98km。原材料选用湾沟已燃煤矸石,采用水泥稳定的方式作为该路段的底基层,即采用水泥稳定煤矸石代替原设计水泥稳定碎石底基层,路面其他结构层不变。

(2)工程实施

①原材料试验

结合煤矸石材料和示范路段的实际情况,在修筑试验路前进行了煤矸石单质材料试验、水泥单质材料试验和水泥稳定煤矸石底基层击实和7d强度试验,试验结果见表9.6-4~表9.6-6。

示范路段采用湾沟煤矸石单质材料性能试验结果 表9.6-4

液限(%)	塑限(%)	塑性指数(%)	粗料吸水率(%)	自由膨胀率(%)	压碎值(%)	活性指数(MPa)
27.2	22.8	4.4	2.1	12	34.8	12.53

白山金刚复合硅酸盐水泥各项性能指标 表9.6-5

检测项目	细度(%)	标准稠度用水量(%)	安定性	胶砂流动度(mm)	凝结时间(min)		抗折强度(MPa)		抗压强度(MPa)	
					初凝	终凝	3d	28d	3d	28d
实测值	4.0	27	合格	182	185	370	3.9	5.9	22.4	35.2
要求值	≤10.0	—	—	≥180	≥45	≤600	2.5	5.5	10.0	32.5

4.5%水泥稳定湾沟煤矸石底基层试验结果 表9.6-6

最佳含水率(%)	最大干密度(g/cm^3)	强度实测平均值(MPa)	变异系数(%)	标准差	代表值(MPa)	设计要求值(MPa)
11.0	1.948	3.2	12.0	0.38	2.6	2.5

结果表明所选的煤矸石材料满足《寒区公路工程煤矸石应用技术指南》(DB 22/T 2062—2014)中一级煤矸石的标准,可用于本段连接线的底基层。经过加工的煤矸石级配基本接近规范要求的上限,满足规范的要求。

②示范路段试验段施工

在进行正常施工前,首先修筑了长度100m的水泥稳定煤矸石底基层试验路段,施工单位于2016年7月31日进行了水泥稳定煤矸石底基层试验段的施工。路面底基层试验段选择在K4+580~K4+680全幅,压实厚度为20cm,宽度15.10m。

本次水泥稳定煤矸石底基层试验段采用水泥剂量为4.5%,最大干密度为1.950g/cm^3,最佳含水率为11.6%,混合料配合比为煤矸石:水泥=95.5:4.5。采用一台400型拌和楼集中厂拌混合料,汽车运至现场,由两台功率相同的摊铺机进行现场摊铺,一次碾压成型。

a.施工前准备工作。

准备工作主要是原材料进场和检测,水泥稳定煤矸石的主要原材料为水泥和煤矸石,所采用水泥、集料等材料的各项技术均应符合规范要求。

水泥:对进场的水泥各项单质材料进行了试验检测,水泥采用符合国家标准的32.5级矿渣硅酸盐水泥,初凝时间3h以上,终凝时间6h以上。

煤矸石:应满足表9.6-7分级指标中一级煤矸石标准,且应为红色或棕色已燃煤矸石。水泥稳定煤矸石底基层选用悬浮密实型结构,对选用的湾沟煤矸石采用破碎方式进行处理,使处理后的煤矸石材料最大粒径不大于37.5mm。底基层的水泥剂量为4.5%,其压实度、7d无侧限抗压强度代表值应符合《公路沥青路面设计规范》(JTG D50—2006)表6.1.5的要求,试验方法采用现行规范规定的基层试验方法。

煤矸石材料路用分级标准 表9.6-7

指标	一级煤矸石		二级煤矸石	
塑性指数 I_p	<10			
压碎值(%)	≤30	30~35		35~42
活性(MPa)	—	≥11.5	<11.5	>8.5

b.拌和(图9.6-15)。

a)拌和楼称量系统在试拌前已通过计量部门标定合格。在试铺前,通过定时取料的方法对拌和楼计量系统的精确性进行了验证,测定拌和楼的性能和各项指标均能满足施工质量控制的要求。

b)参与施工的所有机械操作人员在施工前对各自的机械再次进行全面的检查,确保施工期间机械的完好性。

图 9.6-15　煤矸石底基层的拌和

c)拌和站操作人员根据实验室提供的施工配合比，将各种原材料的用量输入拌和楼的控制电脑。

d)底基层试验段的施工生产从 7 月 31 日 14:00 开始，到 17:00 结束，试验段总长 100m，宽 15.10m，厚 20cm，最佳含水率 11.6%，最大干密度 1.950g/cm^3。

e)施工过程中，拌和站运转正常，配料准确，含水率较最佳含水率略高，混合料成品均匀一致。

f)正常生产后，对水泥稳定煤矸石基层混合料进行取样，检测含水率、混合料级配、水泥剂量，并按试验规程制作 7d 抗压强度试件，进行标准养护。

g)拌和过程中，根据混合料的外观、铺筑效果、混合料的含水率、水泥剂量、最大干密度的检测情况，发现问题及时予以调整，以满足施工质量需要。

c. 运输。

本次试验段铺筑投入 5 辆载重 10t 的卡车，总运量大于拌和产量，运输时主要做到以下几方面：

a)运输车辆清洗干净，无其他杂物。

b)料车在接料过程由专人指挥，尽量避免装料环节出现粗、细集料离析。

c)一经装料，即采用油布覆盖，不停留，直驶施工现场。

d)料车进入摊铺后不得揭开油布，待车上集料摊铺结束后，才能揭开油布，避免料堆顶部混合料失水。

e)运输车辆驶入摊铺现场后，采用倒车方式接近摊铺机，确保车辆不在路基顶面上随意掉头、制动，避免破坏路基表面。

f)由专人指挥卸料，卸料车应井然有序，在摊铺机前 20 ~ 30cm 停车，确保运输车辆不撞击摊铺机，挂空挡，由摊铺机推动料车前进。在运料车下料时，将混合料快速卸下，减少混合料的离析。

d. 摊铺(图 9.6-16)。

a)对施工段路基进行清扫，确保路基表面无浮土和杂物，摊铺前在路基表面洒水湿润，以确保层间联结和水泥稳定煤矸石混合料的最佳含水率。

b)恢复路中线，放出底基层边线。

图 9.6-16 煤矸石底基层的摊铺

c)确定出钢杆的基准杆高度,在钢杆基准杆顶面放扭绕式钢丝绳作为基线控制高程。

d)摊铺时摊铺机摊铺速度设定为 1.8m/min。夯锤和熨平板振动频率均设定为 3.5 级。在摊铺中严格控制速度,保证摊铺的连续性和均匀性。

e)为减少离析,摊铺机摊铺过程中减少拢料次数。

f)在摊铺机后面设专人消除局部粗、细集料离析现象。

g)为保证水泥稳定煤矸石的平整度,摊铺后严禁人员在水泥稳定底基层上走动。

h)本次试验段从 14:00 开始摊铺,到 17:00 结束,平均摊铺速度控制在 1.8m/min。

e. 碾压(图 9.6-17)。

摊铺完成后用压路机进行碾压,按先两边后中间、先慢后快的原则进行碾压。用光轮压路机以 2.5km/h 的速度碾压前两遍、再用 18t 振动压路机以 2.5 ~ 3.0km/h 的速度碾压两遍,最后两遍用 28t 振动压路机以 3.0km/h 的速度进行碾压,碾压完毕后路基不下沉,无碾压轮迹,碾压结束。

用高程法检查虚铺厚度,将检查点的位置做好记录,合格后进行第一遍碾压,碾压速度为 2.5km/h,压完后由测量人员在虚铺时检测高程的位置上测高程,与虚铺时的高程相比较,平均下沉 2.4cm,做好记录。

以 2.5km/h 的速度碾压第二遍,并在上次测量高程的相同点处测高程,与上次结果相比较,平均下沉 1.2cm,有轮迹。

图 9.6-17 煤矸石底基层的碾压

以2.5km/h的速度碾压第三遍，并在上次测量高程的相同点处测高程，与上次结果相比较，平均下沉0.8cm，有轮迹。

以3.0km/h的速度碾压第四遍，并在上次测量高程的相同点处测高程，与上次结果相比较，平均下沉0.4cm，有轮迹。

以3.0km/h的速度碾压第五遍，并在上次测量高程的相同点处测高程，与上次结果相比较，平均下沉0.1cm，无轮迹。

以3.0km/h的速度碾压第六遍，并在上次测量高程的相同点处测高程，与上次结果相比较，高程相同，无下沉，无轮迹，用灌砂法测得压实度达到98.5%，满足规范规定的压实度要求。

通过试铺段现场碾压时间检测，从摊铺至碾压结束所需时间基本在1h内，从拌和加水到碾压结束能控制在2.5h之内。

f. 施工横缝的处理。

试铺段结束处设置有横缝，与路面车道中心线垂直设置，方法如下：

a）摊铺结束后，人工将两台摊铺机摊铺末端的混合料整理整齐，并将摊铺机末端修成一个斜坡。

b）按正常的碾压方式进行碾压。碾压时整个压路机碾压至斜坡下，以保证摊铺末端处的压实度。

c）当天碾压结束后，人工用3m直尺在摊铺末端检测平整度，定出横缝的位置，并垂直路面车道中心线，将线外侧靠摊铺末端平整度不合格的混合料铲除。

d）人工将横缝的横断面修理整齐，并对作业面进行清扫，下次施工时经过再次修整、洒水湿润后起步摊铺。碾压时压路机沿接缝横向碾压，由前一天压实层逐渐推向新铺层，碾压完毕再纵向正常碾压。

g. 养护（图9.6-18）。

a）碾压完毕，即开始养护，人工将洒水湿润后的土工布覆盖在基层表面，2h后对土工布表面进行洒水养护，每天洒水次数视气候而定，整个养护期始终保持水泥稳定煤矸石底基层表面湿润。

图9.6-18　煤矸石底基层的养护

b）养护期不少于7d，养护期内洒水车必须在另外一侧车道上行驶，工人手持喷头，跨过中央分隔带喷洒养护水。洒水车的喷头要用喷雾式，不得用高压式喷管，以免破坏基层结构。

c)在7d内应保持基层处于湿润状态,28d内正常养护。养护结束后,必须将覆盖物清除干净。

d)在养护期间应封闭交通,禁止一切车辆通行,包括养护车辆。

h. 松铺系数和松铺厚度的确定。

试铺过程中,用水准仪分别测量每一点位的下承层高程、松铺后高程和碾压结束后高程,计算出松铺厚度和压实厚度,最终得到每一测点的松铺系数。本次试铺设定松铺系数为1.24,通对碾压方式进行实测,认为该系数能够指导正常施工。

综上所述,试验段的各项检测指标都满足规范要求,证明试铺所采用的施工工艺合理,质量控制方法有效,试铺方案切实可行。针对试铺中出现的问题,制订了合理的解决方案。经总结,本次试铺完成了试铺要求的各项内容,达到了试铺目的,具备指导大面积施工的条件。

(3)路用性能现场检测与评价

煤矸石底基层试验路及正常路段修筑过程中,主要进行了室内试验检测和野外现场检测。室内试验主要包括水泥剂量滴定、7d无侧向抗压强度、煤矸石材料级配等内容;野外观测主要是现场检测压实度,包括现场采用酒精燃烧法测含水率试验、室内采用烘箱测含水率试验等。成型后进行了平整度、纵断高程、底基层宽度、厚度、横坡等质量检验。铺筑7d后对底基层进行了取芯试验。

①煤矸石材料级配试验

煤矸石底基层示范路段采用的是悬浮密实结构,通过室内试验可知,相同水泥剂量、不同粗细煤矸石材料的水泥稳定煤矸石7d强度存在较大差异,若细料比例超过一定范围,甚至出现7d强度不满足规范要求的结果。为了对示范路段水泥稳定煤矸石底基层的施工质量进行监测,首先要掌握煤矸石的级配情况。

通过对每天施工的煤矸石材料进行筛分试验,可以得出煤矸石材料经过破碎加工后基本能够达到规范的要求,只有部分级配曲线偏细,更偏于悬浮结构。在施工中应该控制9.5mm筛孔的通过率,不允许超标10%,以保证煤矸石底基层的强度满足要求。

②煤矸石底基层水泥剂量滴定试验

首先进行水泥稳定煤矸石底基层水泥剂量测定标准曲线试验,通过试验确定了标准曲线(图9.6-19),下一步检测水泥剂量均以此曲线为基准,每天不定期进行滴定试验(表9.6-8),跟踪水泥剂量的波动情况,掌握水泥稳定煤矸石底基层的施工质量。

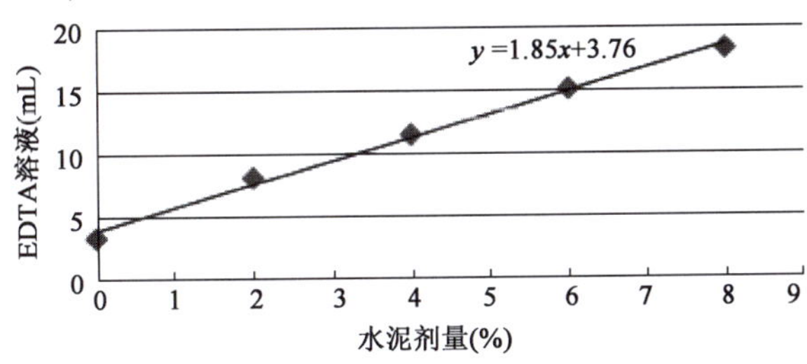

图9.6-19 水泥稳定煤矸石底基层水泥剂量测定标准曲线

水泥稳定煤矸石底基层水泥剂量测定表　　表9.6-8

桩　号	水泥剂量(%)	桩　号	水泥剂量(%)
K0+058	4.8	K0+123	4.6
K0+201	4.8	K0+260	4.6
K0+288	4.6	K0+311	4.6
K0+330	4.6	K0+344	4.5
K0+355	4.8	K0+418	4.8
K0+464	4.8	K0+503	4.6
K2+660	4.6	K2+700	4.8
K2+720	4.6	K2+740	4.6
K2+800	4.8	K2+830	4.8
K2+850	4.6	K2+880	4.6
K4+330	4.8	K4+360	4.8
K4+390	5.0	K4+420	4.8
K4+440	4.6	K4+480	5.0
K4+520	4.6	K4+560	4.8
K4+600	4.6	K4+620	4.6
K4+640	4.5	K4+670	4.6
K4+675	4.6	K4+680	4.6

通过对水泥稳定煤矸石底基层水泥剂量的测定，可以明确各段的水泥剂量处于正常范围内，表明煤矸石底基层的水泥用量满足设计规范的要求。

③煤矸石底基层压实度检测

在施工过程中，每天进行压实度现场检测，并采用酒精燃烧法进行现场含水率检测。在现场含水率检测前，首先进行了酒精燃烧法和室内烘箱检测含水率的对比试验，以明确含水率测定值是否存在误差，对比试验结果见表9.6-9。

酒精燃烧法和烘干法测定含水率试验对比表　　表9.6-9

序号	酒精燃烧法测定含水率				烘干法测定含水率		
	试验次数	烧前质量(g)	烧后质量(g)	含水率(%)	烘干前质量(g)	烘干后质量(g)	含水率(%)
1	1	600.3	558.2	7.5	600.3	529.3	13.4
	2		538.0	11.6			
	3		528.9	13.5			
	4		528.9	13.5			
2	1	528.7	505.3	4.6	735.4	659.1	11.6
	2		484.3	9.2			
	3		473.6	11.6			
	4		473.6	11.6			

通过对比试验可知，对于已燃煤矸石可以采用酒精燃烧法进行现场含水率测定，且酒精燃烧法与烘干法测定含水率试验结果非常接近，但必须以3次燃烧后的含水率测定值作为最终结果。

采用灌砂法进行水泥稳定煤矸石底基层压实度检测，跟踪底基层的碾压质量，具体试验结果见表9.6-10。通过对水泥稳定煤矸石底基层压实度的检测，可知修筑的底基层全部满足规范和设计文件对压实度的要求，煤矸石底基层的压实度合格。

水泥稳定煤矸石底基层压实度检测表 表9.6-10

桩　　号	压实度(%)	桩　　号	压实度(%)	桩　　号	压实度(%)
K0 +020	98.4	K0 +101	98.2	K0 +158	98.4
K0 +199	99.4	K0 +237	98.7	K0 +262	97.7
K0 +289	99.3	K0 +332	99.0	K0 +394	98.4
K0 +428	99.4	K0 +481	98.5	K0 +513	98.6
K2 +320(左)	97.9	K2 +361(左)	97.9	K2 +651(左)	99.3
K2 +670(左)	97.9	K2 +698(左)	99.0	K2 +742(左)	98.6
K2 +773(左)	98.4	K2 +832(左)	98.3	K2 +865(左)	99.1
K2 +311(右)	97.6	K2 +357(右)	98.9	K2 +684(右)	97.9
K2 +702(右)	97.9	K2 +733(右)	98.5	K2 +765(右)	98.4
K2 +785(右)	98.8	K2 +801(右)	98.9	K2 +846(右)	97.6
K4 +395(左)	98.0	K4 +446(左)	98.5	K4 +544(左)	97.6
K4 +571(左)	99.0	K4 +595(左)	97.6	K4 +662(左)	99.2
K4 +413(右)	97.3	K4 +464(右)	99.1	K4 +493(右)	97.4
K4 +512(右)	97.6	K4 +612(右)	97.6	K4 +667(右)	97.6

④煤矸石底基层7d无侧限抗压强度

施工过程中，针对水泥稳定煤矸石底基层材料，每天取料进行7d无侧限抗压强度试验。在成型前到现场取样，回到实验室进行成型，放到标准养护箱中养护6d，保水24h，之后进行无侧限抗压强度试验。具体试验结果见表9.6-11。

水泥稳定煤矸石底基层7d无侧限抗压强度表 表9.6-11

桩　　号	强度平均值(MPa)	偏差系数(%)	强度修正值(MPa)
K0 +000 ~ K0 +270	3.4	10.8	2.6
K0 +270 ~ K0 +350	3.8	13.0	2.8
K0 +350 ~ K0 +520	3.6	11.2	2.8
K2 +360 ~ K2 +770(右)	3.5	10.2	2.7
K2 +350 ~ K2 +770(左)	3.9	12.4	2.9
K2 +770 ~ K2 +890	3.7	13.4	2.7
K4 +300 ~ K4 +380	3.6	11.1	2.8
K4 +380 ~ K4 +580	4.0	11.5	3.1
K4 +580 ~ K4 +680	3.5	9.7	2.7

通过对水泥稳定煤矸石底基层进行7d无侧限抗压强度的检测,可知该底基层无侧限抗压强度均可满足规范和设计文件对强度的要求,也可说明采用煤矸石材料作为公路的基层和底基层结构是可行的。

⑤煤矸石底基层取芯检测

在修筑完成水泥稳定煤矸石底基层后,经过洒水养护,在第7天进行了取芯检测,具体见图9.6-20。

图9.6-20　水泥稳定煤矸石底基层芯样

经检测,芯样成型完整,侧壁光滑,说明水泥稳定煤矸石底基层成型较好。综上,经过级配试验、水泥剂量滴定试验、现场压实度检测、7d无侧限强度试验和取芯检测,表明修筑的水泥稳定煤矸石底基层质量满足规范要求,可以作为二级路的底基层使用。

9.7　公路建设水环境保护技术示范

9.7.1　季冻区服务区污水处理与回用技术示范

(1)示范路段

鹤大高速公路全线7处服务区全部实施污水回用技术,每天回收污水量共1000m³(表9.7-1)。

实际实施工程量　　表9.7-1

序　　号	实 施 范 围	工程量(m³/d)
1	雁鸣湖服务区	160
2	敦化南服务区	120
3	通化服务区	160
4	红石服务区	140
5	四湖服务区	140
6	抚松服务区	140
7	江源服务区	140
合计		1000

为保证污水处理技术的在鹤大高速公路顺利实施，在吉林省营松高速公路靖宇服务区修筑了污水处理试点工程。

(2)鹤大高速公路服务区实施情况及效果

针对鹤大高速公路全线7处服务区所处的环境敏感度不同，设计了不尽相同的工程方案(表9.7-2)，全面响应了多介质生物生态协同处理技术的四种模式，总处理规模达到1000t/d，其中有3处污水处理后可达到回用水标准，其他服务区均可达到国际一级排放标准，并进行了服务区水平衡核算。

鹤大高速公路7处服务区污水处理设计概况 表9.7-2

工程名称	处理量(t/d)	主体工艺	处理标准	排放去向
雁鸣湖服务区	160	多介质滤池+人工湿地+亚表层渗滤床	Ⅳ类水	回用
通化服务区	160	多介质滤池+人工湿地+储水植物塘	一级A	回用
敦化南服务区	120	多介质滤池+人工湿地	城市杂用水	回用
红石服务区	80+60	多介质滤池	综合排放一级	排放
四湖服务区	80+60	多介质滤池	综合排放一级	排放
抚松服务区	80+60	多介质滤池	综合排放一级	排放
江源服务区	80+60	多介质滤池	综合排放一级	排放
合计	1000			

(3)靖宇服务区实施情况及效果

在靖宇服务区南侧建设了以多介质生物滤池为核心的污水处理示范工程(图9.7-1)，建设规模60m^3/d，直接运行成本0.239元/m^3。系统调试周期35d，多介质生物滤池水温在采暖期稳定在20~23℃，停止供暖后为15~16℃，保温增温效果显著。

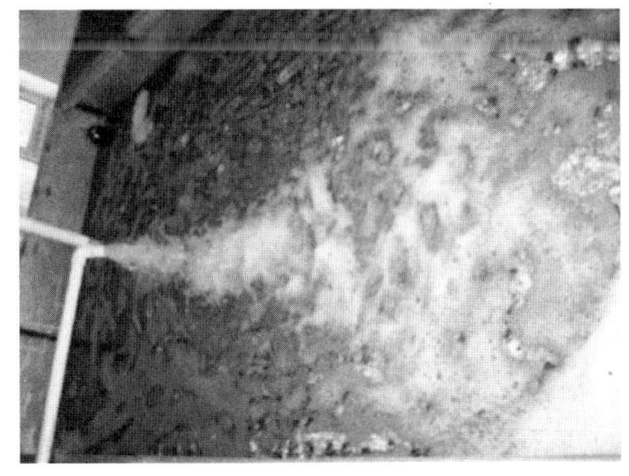

图9.7-1 多介质生物滤池设施图

通过三年不同季节的连续监测(图9.7-2~图9.7-5，表9.7-3)，发现COD去除率稳定在85%~98%，NH_3-N去除率稳定在72%~98%，TP去除率在86%~97%，稳定达到城镇污水处理厂一级B标准。

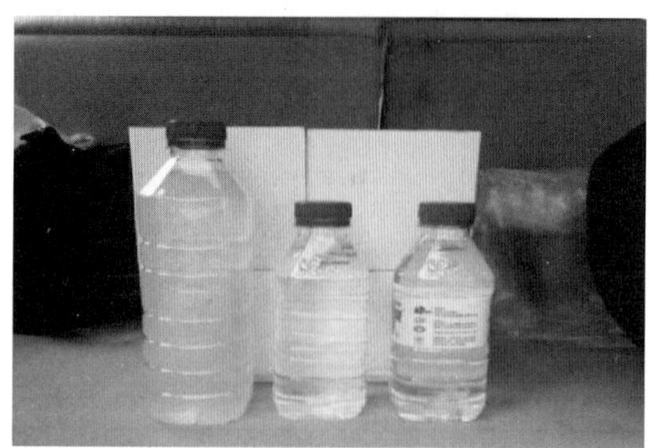

图 9.7-2　靖宇服务区处理水样照片

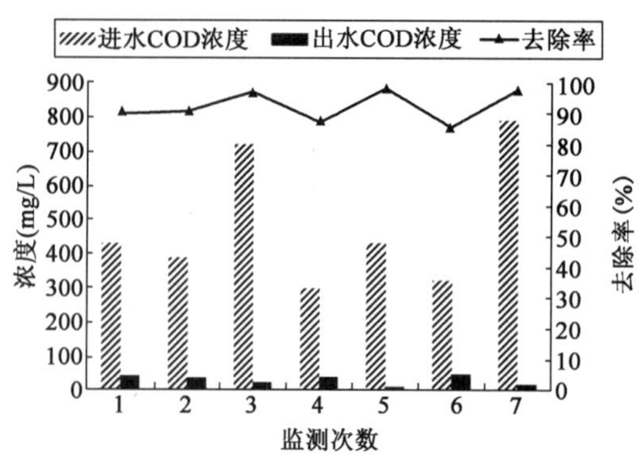

图 9.7-3　COD 去除效果图

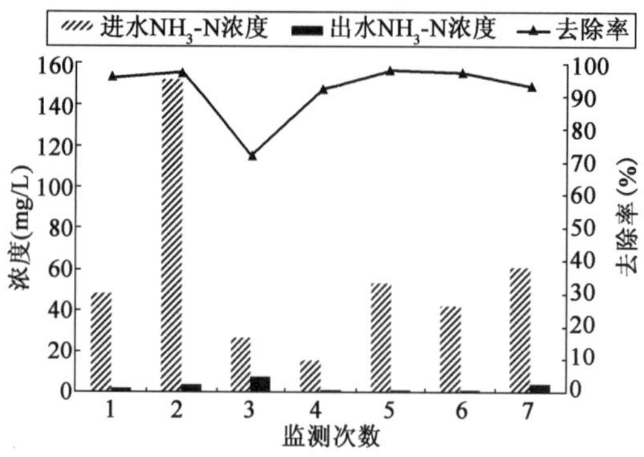

图 9.7-4　NH_3-N 去除效果图

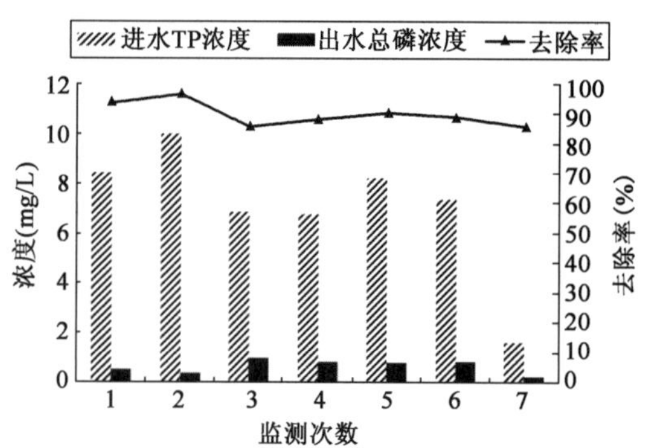

图 9.7-5　TP 去除效果图

靖宇服务区污水处理设施进出水水质监测结果(mg/L)　　表 9.7-3

项目		pH	COD	总氮	氨氮	总磷	BOD_5	石油类	悬浮物
2014.5.18	原水样	5.3	387	—	152	10	—	—	—
	设施出水	6.5	36	—	3.8	0.35	—	—	—
2014.10.8	原水样	7.21	720	48.65	26.73	6.86	158.2	0.09	27
	设施出水	7.76	22.3	18.98	7.47	0.97	5.8	<0.03	2
2015.2.7	原水样	7.06	298.20	—	15.44	6.75	—	—	90.46
	设施出水	7.32	39.40	—	1.20	0.81	—	—	3.14
2015.9.17	原水样	7.18	431	108.71	53.12	8.21	—	—	—
	设施出水	7.41	9.34	10.25	1.18	0.78	—	—	—
2015.12.29	原水样	7.28	321	—	42.15	7.36			
	设施出水	7.72	48.20	—	1.21	0.82			
2016.6.21	原水样	7.16	790.86	72.28	60.7	1.62			
	设施出水	7.54	16.5	12.16	4.16	0.23			
2017.7.8	原水样	6.87	726.48	208.79	117.38	2.16	256.39	—	78.91
	设施出水	7.06	48.64	8.64	3.78	0.47	19.85	—	10.64

续上表

项　目	pH	COD	总氮	氨氮	总磷	BOD_5	石油类	悬浮物
综合排放一级标准	6-9	100	—	15	—	30	10	70
杂用水道路清扫标准	6-9	—	—	10	—	15	—	—
城镇污水厂一级B标准	6-9	60	20	15	1	20	3	20
城镇污水厂一级A标准	6-9	50	15	8	0.5	10	1	10

研究成果在吉林、山东、内蒙古、河南等地的11个沿线附属设施得到了应用，并且多介质生物滤池+潮汐流人工湿地的应用扩展到非寒区的广东省，此外研究成果应用还扩展到交通行业之外，吉林珲春紫金矿业有限公司据此建设了生活污水处理工程，处理效果良好。

9.7.2 基于生态补偿的湿地营造技术示范

(1)示范路段

基于生态补偿的湿地营造技术在鹤大高速公路的雁鸣湖服务区、通化服务区、雁鸣湖互通、贤儒互通、唐家店互通、敦化西互通得到实施。

(2)互通区湿地营造技术实施情况

通过对鹤大高速公路沿线敏感水体、保护区、湿地分布的GIS分析并结合现场调研，在雁鸣湖互通、贤儒互通等地开展湿地营造设计。以雁鸣湖互通为例，雁鸣湖互通周边以水田景观为主，同时互通区内有河流经过，属于典型的湿地环境。由于地形等原因，互通区内汇集的雨水和路面径流排放困难，同时路面径流不宜外排，在此营造湿地既可以增加湿地补偿量，又可对路面径流进行净化处理，同时也与周边景观相融合。

湿地营造设计不同于主体工程设计，很多专业内容难以由设计图纸定量表达，因此在实施过程中，课题组成员进行现场指导，对施工过程进行监督与现场优化。

①由于河流高程(355.445m)低于水塘高程(356.02m)约50cm，因此，河流水源无法直接补给水塘，但是根据现场观测，雨季河流可以通过漫流形式补给，如图9.7-6中箭头所示。如果补给水量过大，水塘水也可以通过漫流流入外侧沟渠进入河道。因此，在漫流区域要进行微地形的休整，保证实现补给与漫流功能。

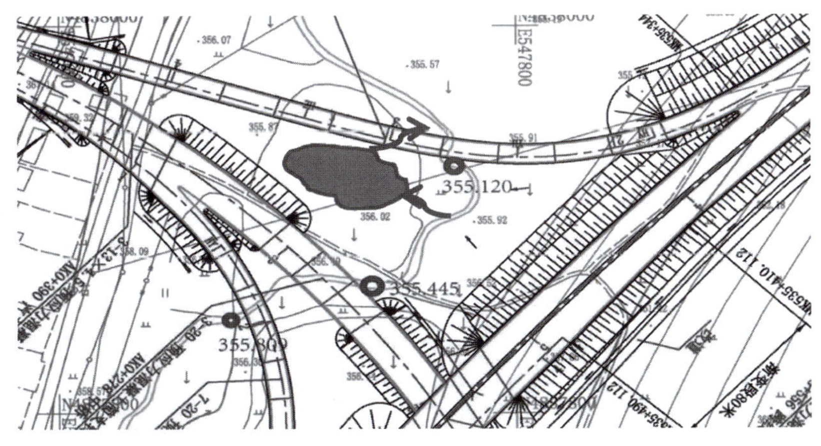

图9.7-6 雁鸣湖互通区水塘与河流水源补给示意图

②扩宽河道,去除小桥,将扩宽河道优化成河流漫滩,在漫滩处移栽塔头苔草(图9.7-7)。

③按设计要求在水塘周围丛植芦苇、香蒲等挺水植物,在水塘内栽植睡莲、浮萍等水生植物(图9.7-8)。

图9.7-7 雁鸣湖互通区湿地进一步优化示意图

图9.7-8 雁鸣湖互通区水塘植物栽植示意图

④由于公路主线经过的湿地路段有很多湿地植物乌拉草(图9.7-9),因此可将这些乌拉草进行移栽,在已经改造好的河流漫滩区点缀移栽乌拉草(图9.7-10)。

图9.7-9 公路沿线湿地植物乌拉草

⑤补栽常绿植物云杉4~5处(在圆形处栽植,见图9.7-11)。

图9.7-10 河流漫滩处乌拉草栽植示意图

图9.7-11 贤儒互通区湿地优化示意图

⑥湿地移栽塔头苔草(在标注的三角处,见图9.7-12)。

⑦将生态边沟与湿地相连通(图9.7-12)。

图9.7-12 贤儒互通区湿地优化示意图

(3)互通区湿地植物生长效果

2016年8月和2017年8月,对雁鸣湖互通和贤如互通的湿地营造植物生长效果进行了跟踪观测,对植物主要生长指标进行了记录(表9.7-4、表9.7-5)。根据结果对营造模式和植物选择的合理性和科学性进行了验证,结果表明,湿地植物生长良好,取得了良好的景观效果(图9.7-13~图9.7-16)。

雁鸣湖互通植物生长情况观测表 表9.7-4

总体盖度	95%		
乔木层生长情况			
种类	平均高度(m)	密度(棵丛 m^2)	生长情况
红皮云杉	3	1	较好
山杨	5	2	一般,有死亡
旱柳	5	2	较好
刺槐	4	2	较好
灌木层生长情况			
种类	平均高度(m)	密度(棵丛 m^2)	生长情况
五角枫	1	1	较好
京桃	1.5	1	较好
花楸	1	1	较好
拧筋槭	1	1	较好
红瑞木	1	1	较好
红刺梅	1.5	1	较好

续上表

总体盖度	95%		
草本层生长情况			
种类	平均高度(cm)	分盖度(%)	生长情况
绣线菊	60	10	一般
蒲公英	15	5	一般
白三叶	10	10	较好
紫羊茅	30	30	较好
多年黑麦草	40	45	好
湿地植物生长情况			
种类	生长情况		
芦苇	长势茂盛		
水葱	长势茂盛		
香蒲	长势较好		
萱草	长势一般		
千屈菜	长势一般		
睡莲	长势一般		

贤儒互通植物生长情况观测表 表 9.7-5

总体盖度	95%		
乔木层生长情况			
种类	平均高度(m)	密度(棵丛 m^2)	生长情况
红松	3	1	一般
水曲柳	5	1	较好
黄檗	4	1	一般
红皮云杉	4	1	较好
山杨	5	1	一般
旱柳	4	2	较好
灌木层生长情况			
种类	平均高度(m)	密度(棵丛 m^2)	生长情况
五角枫	1	1	较好
山杏	1.5	1	较好
丁香	1	1	较好
树锦鸡儿	1.5	1	较好
红瑞木	1	1	较好
红刺梅	0.6	1	较好
东北珍珠梅	1.5	1	较好

续上表

总体盖度	95%		
草本层生长情况			
种类	平均高度(cm)	分盖度(%)	生长情况
景天	30	10	一般
蒲公英	10	5	一般
白三叶	10	10	较好
紫羊茅	30	30	较好
多年黑麦草	40	45	好
湿地植物生长情况			
种类	生长情况		
芦苇	长势茂盛		
香蒲	长势较好		
萱草	长势一般		
千屈菜	长势一般		

图 9.7-13　雁鸣湖互通植物生长情况

图 9.7-14　贤儒互通植物生长情况

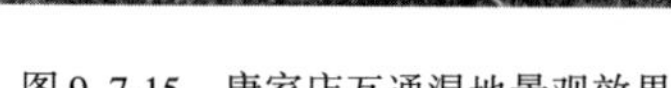

图 9.7-15　唐家店互通湿地景观效果

图 9.7-16　敦化西互通湿地景观效果

(4)互通区湿地动物情况观测

由于湿地营造改善了互通的环境,形成了湿生环境,也为动物的迁入提供了栖息环境。根据观察,以雁鸣湖互通区湿地为例,目前在此区域活动的主要动物种类见表 9.7-6。湿地动物的出现,表明湿地目前初步形成了较为稳定的小型生态系统。

雁鸣湖互通区湿地动物观测情况　　表 9.7-6

物　种	学　名	目	科
两栖类			
东方铃蟾	Bombina orientalis	无尾目	铃蟾科
中国林蛙	Rana chensinesis	无尾目	蛙科
鸟类			
灰喜鹊	Cyanopica cyanus	雀形目	鸦科
家燕	Hirundo rustica	雀形目	燕科
麻雀	Passer montanus	雀形目	文鸟科
山斑鸠	Streptopelia orientalis	鸽形目	鸠鸽科
沼泽山雀	Parus palustris	雀形目	山雀科
绿头鸭	Anas platyrhynchos	雁形目	鸭科

(5)互通区湿地水质情况观测

2017 年 8 月,对雁鸣湖互通和贤如互通等处的湿地水质进行了观测(表 9.7-7)。与吉林东部地区高速公路路面径流水质对比分析发现,湿地生态系统对路面径流污染物的去除作用明显,以悬浮物(SS)为例,去除率均达到 80% 以上,对有机物的降解(COD 表征)也达到 45% ~79%。与污水处理综合排放一级标准相比,湿地水质完全达标,可以进行外排。湿地水质情况表明,湿地发挥了正常净化水质的功能。

营造的湿地水质指标观测　　表 9.7-7

位　置	pH	氨氮	总磷	化学需氧量(COD)	悬浮物(SS)	铅	锌	铜	石油类
雁鸣湖互通湿地	7.07	1.42	0.058	47.62	56	—	—	—	—
贤儒互通湿地	7.16	0.44	0.002	18.52	42	—	—	—	—

续上表

位置	pH	氨氮	总磷	化学需氧量（COD）	悬浮物（SS）	铅	锌	铜	石油类
唐家店互通湿地	6.92	0.87	0.007	26.46	48	—	—	—	—
敦化西互通湿地	6.09	0.46	0.007	29.1	39	—	—	—	—
吉林东部地区高速公路路面径流（平均值）（μg/L）	6.5	3	0.43	86.35	293	15	29.85	18.6	—
污水综合排放一级标准	6~9	15	0.5	100	70	1	2	0.5	10

注："—"表示未检出，pH单位为无量纲，其余指标单位除特殊标注外均为mg/L。

（6）服务区湿地营造技术应用和实施效果

①潮汐流生态湿地整体为地下设计（图9.7-17），地面围堰0.3m。围堰采用砖混结构，湿地槽体四周一并采用土工布防渗。湿地侧壁和底部铺设保温材料。四个潮汐流生态湿地单元分别由布水管与集水管、集水井与阀门井构成各自独立系统，可单独运行，也可串联或并联运行。

图9.7-17 雁鸣湖潮汐流生态湿地建成图

②土壤渗滤净化系统（图9.7-18）：污水经处理达到排放标准后，进入亚表层土壤渗滤系统布水管，并向四周浸润、扩散而进入周围土壤，在地表向30~50cm深度的土壤层内发生着非饱和渗透。符合水质标准的再生水提取后，用于服务区景观用水或冲厕。

图9.7-18 雁鸣湖土壤渗滤系统建成图

9.8 示范工程实施总结

鹤大高速公路科技示范工程的7类22个子示范项目全部得到了实施，具体情况见表9.8-1。通过集中示范项目成果，解决了鹤大高速公路工程建设中遇到的技术难题：

①遵循全寿命周期成本理念，通过采用湿地路基修筑技术、柔性组合基层技术，建立长期使用性能观测基地，推广应用结构混凝土抗冻技术和隧道保温技术，整体提高了鹤大高速公路工程的抗冻性；

②将地产筑路材料火山灰和硅藻土用于改性沥青，不仅实现了资源节约，同时提高了沥青路面使用性能，减少了路面病害，提高了工程建设质量；

③采用服务区房建节能保温技术和隧道及服务区照明节能与智慧控制技术，降低了鹤大高速公路能源消耗，实现了低碳节能；

④推广应用植被保护与恢复技术、民俗文化与旅游服务和设施景观融合技术，有效保护了植被，提升了高速公路的旅游价值和服务品质；

⑤推广应用废弃材料改性沥青混合料，实现了橡胶粉与SBS复合改性沥青技术的规模化应用以及植物沥青技术、油页岩沥青混合料的初步应用，推动了废旧资源的循环利用；

⑥充分利用工程废弃材料，如隧道弃渣、弃方、沿线铁矿渣和煤矸石资源，实现边坡防护、路基填筑以及基层应用，节约了资源，减少了废弃物的占地；

⑦针对鹤大高速公路水环境保护需求，开展了服务区污水处理与回用技术、湿地营造补偿技术示范应用，解决了服务区污水处理难达标及回用技术难题，保护了湿地。

通过各类技术的实施，有效地提升了季冻地区高速公路的建设质量和服务水平。

示范工程项目实施情况 表9.8-1

序号	项 目 名 称	专项设计规模	实际实施规模
1	生态敏感路段湿地路基修筑关键技术研究应用	小沟岭至抚松K692+649~K705+623、靖宇至通化K273+200~K283+760共11km湿地路段	小沟岭至抚松K692+649~K705+623及靖宇至通化K283+314.5~K283+695东风湿地段，累计长度13.35km
2	季冻区柔性组合基层沥青路面合理结构形式的推广应用	全线339.429km	全线339.429km
3	季节性冻土地区高速公路路基路面长期使用性能研究应用	5种典型结构、7个监测断面，100km典型路段观测	5种典型结构、7个监测断面，100km典型路段观测
4	抗盐冻耐久混凝土关键技术推广应用	全线主线桥梁，共计推广抗冻混凝土65579.61m^3，硅烷131850.17m^2，透水模板布10371.84m^2	全线主线桥梁
5	高寒山区隧道保温防冻技术推广应用	全线18座隧道	全线10座隧道实施保温，共计18.7km，3座缓做，其余不做
6	填料型火山灰改性沥青混合料技术推广应用	靖通段主线(LK322+605~K335+350)(扣除构造物长度)11.7km 下面层AC-20	靖通段主线(LK322+605~K335+350)(扣除构造物长度)11.7km 下面层AC-20

续上表

序号	项 目 名 称	专项设计规模	实际实施规模
7	火山灰作为胶凝材料在大体积结构水泥混凝土中的推广应用	小沟岭至抚松段C设计标段露水河互通匝道桥及旧鹤大线分离立交桥承台大体积水泥混凝土,共410m^3	小沟岭至抚松段C设计标段露水河互通匝道桥及旧鹤大线分离立交桥承台大体积水泥混凝土
8	填料型硅藻土改性沥青混合料技术推广应用	小沟岭至抚松段泉阳连接线7.998km 下面层AC-20	小沟岭至抚松段泉阳连接线7.998km 下面层AC-20
9	寒区高速公路房屋建筑工程节能保温技术推广应用	敦化南服务区综合楼	敦化南服务区综合楼
10	基于环境感知的高速公路隧道及服务区照明节能与智慧控制技术研究应用	7处服务区,18座隧道	隧道节能照明:7处服务区,18座隧道以及赤柏隧道试验段; 智慧控制:17座隧道
11	植被保护与恢复技术推广应用	全线339.429km	全线339.429km
12	民俗文化及旅游服务与沿线设施景观融合技术应用	沿线设施	沿线设施
13	应对极端气候的橡胶粉SBS复合改性沥青成套技术研究与应用	主线81km	伊开高速公路15km; 鹤大主线81km
14	植物沥青混合料路用性能研究与应用	敦化连接线路线 长度4.794km	敦化连接线路线 植物沥青实施长度为1480m
15	油页岩沥青混合料路用性能研究与应用	露水河连接线LK5+150~LK7+183段的下面层AC-20,长度为2.033km	露水河连接线LK5+150~LK7+183段的下面层AC-20,长度为2.033km
16	寒区公路边坡生态砌块及道面铺装成套技术推广应用	原设计中路基填方路段的叠拱防护变更为生态砌块防护。路堑边坡防护结合工程实际情况,开展动态设计	共应用填方生态砌块870370m^2,桥头路基及锥坡生态砌块35965m^3,挖方采用生态砌块367176m^2
17	弃渣弃方巨粒土路基填筑技术推广应用	小沟岭至抚松段共计推广利用石方填筑12295236m^3,靖宇至通化段共计推广利用石方填筑4183247m^3	共推广利用石方填筑18178379m^3,其中雁大段利用石方填筑12046587m^3、大抚段利用石方填筑3249023m^3、靖通段利用石方填筑2882769m^3
18	机制砂在寒区结构混凝土中的推广应用	小沟岭至抚松HDZT03标段6座桥梁下部结构的桥台、台身、搭板、耳墙中,共819m^3	小沟岭至抚松HDZT03标段6座桥梁下部结构的桥台、台身、搭板、耳墙中
19	尾矿渣筑路技术推广应用	靖宇至通化段K318~K320段填筑路基,7.6万m^3	靖宇至通化段ZT-16标段K316~K317近1km路段采用铁矿铁尾矿渣填筑路基,应用尾矿渣约8万m^3

续上表

序号	项目名称	专项设计规模	实际实施规模
20	煤矸石筑路技术推广应用	抚松连接线底基层4.98km	抚松连接线全线，长度4.98km
21	季冻区服务区污水处理与回用技术推广应用	7处服务区	7处服务区
22	基于生态补偿的湿地营造技术研究应用	2处服务区、4处立交	2处服务区、4处立交

第 10 章　成果与经验总结

2013 年 5 月,鹤大高速公路科技示范项目实施方案通过评审推荐立项,8 月获交通运输部批复, 2014 年 4 月鹤大高速公路建设开始全面实施,2015 年进入攻坚之年, 2016 年 9 月建成通车,2017 年 11 ~ 12 月示范子项目集中验收。

4 年多的时间里,为将鹤大高速公路打造成集资源节约、循环利用、生态环保、旅游景观于一体的长白山腹地南北向大动脉,全面建设鹤大高速绿色公路体系,树立行业科技创新与应用的“范本”和行业科学发展的鲜活“标本”,在交通运输部、吉林省交通运输厅的组织领导和精心谋划下,吉林省高等级公路建设局发挥主体作用,在技术支持单位吉林省交通科学研究所、吉林省交通规划设计院、吉林省高速公路管理局、交通运输部公路科学研究院、交通运输部科学研究院的全力配合下,通过与设计、施工、监理等全体参建单位精诚协作、通力配合,开展了一系列卓有成效的工作,在“抗冻耐久、循环利用、低碳节能、生态环保”等方面取得丰富技术成果,为科技示范工程的完美收官保驾护航。

10.1　科技示范成果

鹤大高速公路科技示范工程实施的科技项目全部通过吉林省交通运输厅组织专家的验收,其中 7 项攻关项目成果达国际领先水平,15 项推广项目工程应用效果良好,提交了 22 套技术研究报告;编制了行业标准 2 部、省地方标准 11 项、省厅标准 2 项,项目指南 7 项;发表科技论文 77 篇,其中 EI/SCI 检索 24 篇;申请国家专利 40 项,其中授权发明专利 11 项,审查中 5 项,实用新型专利 24 项,软件著作权 4 项;编写科技专著 5 部;依托鹤大高速公路科技示范项目成果,培养中、高级职称 61 名,博士、硕士 15 人,完成了申报实施方案内容和约定的技术指标(表 10.1-1)。依托鹤大高速公路获得国家科技进步二等奖 1 项,中国公路学会科学技术一等奖 2 项。

完成情况一览表　　表 10.1-1

序　　号	考核指标	实施方案	完成情况
1	研究报告	22 套	22 套
2	行业标准	1 项	2 项
3	地方标准	5 项	11 项
4	省厅标准	9 项	2 项
5	项目指南	—	7 项
6	科技论文	30 篇以上(EI/SCI 10 篇)	77 篇(EI/SCI 24 篇)

续上表

序　号	考核指标	实施方案	完成情况
7	论文集	1 部	1 部
8	科技专著	2～3 部	5 部
9	国家专利	5～8 项	40 项(5 项审查中)
10	软件著作权	—	4 项
11	中、高级职称	50 名以上	61 名
12	博士、硕士	10 名以上	15 名

10.2　技术创新成果

(1)提出了基于全寿命周期成本理念的季冻区高速公路建设关键技术

通过系统研究,融合电测和光纤测试手段,建立了首个兼具实际交通荷载和外界环境下的季冻区路基路面长期性能监测基地,构建了实时在线监测系统,开发了鹤大高速公路沥青路面长期使用性能数据库,为季冻区公路路基路面长期性能研究奠定了基础;针对鹤大高速公路湿地路段公路修筑,首次研发了路基稳定和湿地保护综合监测系统,提出了季冻区湿地路基修筑技术,量化了湿地路基修筑水系阻隔影响,研发了横向碎石渗沟与波纹钢管涵组合技术,实现了路基抗冻稳定,过水通量达 85% 以上,有效保护了湿地的连通;提出了沥青稳定碎石柔性基层设计方法、施工质量控制与评价方法以及垂直式路面边部结构施工工艺及质量控制要求,实现了柔性组合基层在鹤大高速公路全线 339km 路面成功应用,可延长道路使用寿命 3～5 年,降低道路维修养护费用 30% 以上;对鹤大高速公路全线所有具有抗冻要求的桥梁部位混凝土进行了原材料、配合比优化设计及精细化施工控制,提高了桥梁结构耐久性;结合鹤大高速公路 18 座隧道的气候及围岩地下水特征,进行了隧道冻害设防等级判断和归类,提出了隧道保温层厚度设计和一种新型的多功能防冻保温隧道结构形式,形成了寒区隧道防排水、衬砌保温隔热等防冻成套技术,减少了隧道渗漏和冻害发生。通过路基路面桥涵隧道抗冻技术的研究,提出了基于全寿命周期成本理念的季冻区高速公路建设关键技术,有效提高了公路工程的抗冻耐久性,降低了公路工程使用年限内的养护维修费用。

(2)形成了地产筑路材料综合利用技术

以充分利用地产材料火山灰和硅藻土、提高沥青路面使用性能为目标,鹤大高速公路科技示范工程推广应用了填料型火山灰和硅藻土改性沥青以及火山灰用于大体积结构混凝土掺合料技术。考虑填料型火山灰的技术特点,完善了火山灰改性剂技术指标要求,提出了一种新的沥青混合料矿料级配设计方法,提出了橡胶粉改性沥青与填料型火山灰改性剂复合改性沥青混合料的性能指标,首次实现了在工程中的规模化应用,有效提高了沥青混合料的综合路用性能;将火山灰作为掺合料用于大体积桥涵墩台,提出了火山灰用于大体积结构混凝土掺合料的技术指标要求,提高了大体积水泥混凝土的工作性、强度及耐久性,减少水泥用量 10%;提出了硅藻土最佳掺量的确定方法和施工工艺,形成了地产筑路材料的成套综合利用技术,降低了全寿命周期成本,促进了成熟科技成果转化,实现了资源节约。

(3)实现了高速公路建设和运营低碳节能

以节约能源为目标，针对鹤大高速公路地处山区、里程长、服务区多、隧道比例高、建设运营能耗高的特点，开展了寒区房屋建筑工程节能技术和基于环境感知的隧道及服务区节能与智慧控制关键技术研究，提出了寒区高速公路房屋建筑工程建筑节能65%的技术指标限值及建筑围护结构节能的关键技术；开发了隧道照明智慧控制系统，研发了基于环境感知、行为预测和智能控制的一体化高速公路服务区照明节能技术与装备系统，在鹤大高速公路的隧道和服务区中得到了成功应用，实现了高速公路建设和运营低碳节能。

(4)促进了高速公路建设生态恢复与民俗旅游深度融合

结合鹤大高速公路建设需求与公路交通发展实际，开展高速公路建设生态恢复、民俗文化与旅游服务的沿线设施景观融合技术应用，提出了植被分级保护技术、分步清表施工技术以及基于表土利用的植被恢复技术，并在鹤大高速公路建设全线应用，保护原生生境90812m^2，保留树木75760株，最大限度地降低了公路建设对林木植被的破坏，取得了良好的保护效果；提出了民俗文化及旅游服务与服务区景观融合方法、服务区选址原则和服务区景观融合设计流程，打造了7处特色服务区，充分展现吉林优美的自然风光、体现吉林深厚的历史文化底蕴，提升了高速公路的旅游价值和服务品质。

(5)实现了废旧材料改性沥青技术应用

针对废旧轮胎胶粉、玉米深加工材料和油页岩灰渣，开展改性沥青技术应用研究，提出了不同物质改性沥青的机理，揭示了橡胶粉、SBS及基质沥青复合改性的机理，提出了橡胶粉与SBS复合改性沥青工厂化生产工艺，建立了季冻区工厂化橡胶粉与SBS复合改性沥青及混合料评价指标，实施了季冻区最长的一条橡胶粉与SBS复合改性沥青混合料示范路，路用性能优良；揭示了典型植物沥青混合及改性机理，提出了植物沥青与基质沥青共混及改性方法与工艺，研制了植物沥青及混合料性能评价装置，首次成功铺筑了公路改性植物沥青路面试验工程；揭示了油页岩废渣用于沥青混合料的单质材料特性，提出了油页岩半焦粉替代矿粉的合理用量及配合比设计方法，首次修筑了油页岩半焦替代部分矿粉的沥青混合料路面试验路段，实现了废旧材料的循环利用，保护了生态环境，推动了绿色交通建设。

(6)推动了工程废弃材料综合利用

鹤大高速公路建设过程中废弃材料多，不仅占用了宝贵的耕地和林地资源，并且对周边环境造成了污染，在工程建设过程中，以隧道弃渣为原料，研发了具有自主知识产权的全自动砌块成型机，现场建厂，实现了生态砌块现场规模化生产，实现了边坡防护及道面铺装，完成填方生态砌块870370m^2，桥头路基及锥坡生态砌块35965m^3，实现了弃渣利用率90%以上；系统分析了弃渣弃方巨粒土路基的特点与关键问题、巨粒土填料的物理力学特性以及稳定与沉降机理，提出了巨粒土填料路基的施工工艺与质量控制技术，并在鹤大高速公路全线路基填筑中进行应用，降低了工程造价；采用机制砂代替天然河砂用于结构水泥混凝土中，提高了混凝土强度，改善了抗冻性；将尾矿渣、煤矸石作为填料修筑公路基层，不仅能提高路用性能，还大量消耗废弃材料，减少对土地资源的占用，降低公路建设成本，通过系统的研究，形成了工程废弃材料综合利用成套技术，推动了工业和矿业废弃材料在公路工程中的循环利用。

(7)有效保护了公路建设的水环境

针对公路服务区污水处理冬季难达标的问题，采用DNA测序，筛选了耐低温细菌，构建了高分子生物载体，揭示了细菌除氮机理，研发了低温环境下多介质生物滤池和潮汐流人工湿地组合污水处理技术，提出冬季稳定运行工程措施和管理养护操作要求，出水达到回用标准，突破了季冻区服务区低温污水处理关键技术难题；针对鹤大高速公路建设对湿地环境和水系连通的影响，建立了湿地生态敏感性综合评价方法，定量分析了公路建设对湿地生态系统的影响和阻隔效应，提出了公路建设对湿地水系连通性影响的评价方法和湿地水系连通性保护技术措施，系统提出了基于生态补偿的公路路域湿地营造技术，维持了湿地生态系统的完整性和稳定性，对于湿地生态服务功能的发挥有重要的保护作用。

10.3 实施经验总结

(1)建章立制，开展管理机制创新

组建实施机构，明确工作职责，成立领导小组和办公室，以及项目实施小组、科技小组、宣传小组，扎实有序推进示范工程实施。制定科技示范工程实施管理办法、科技项目管理办法和宣传管理办法3项管理办法，加强对科技示范实施工作指导，将示范项目实施要求落到实处。加快组织实施，全力推进项目建设，先后组织召开3次科技示范工程推进会议和3次双示范工程调度会，对科技示范工程实施核心工作进行推进，实时关注项目进展，协调解决实施过程相关问题，多角度全方位确保科技示范工程顺利实施。

(2)强抓落实，保障实施内容纳入设计

为保障示范技术实施效果稳定可靠，降低技术风险，采取“先行先试”，对于隧道照明智能控制、火山灰利用、废旧橡胶沥青路面、建筑保温、服务区污水处理等内容均在省内开展试验路段建设，确保各项技术在鹤大高速公路可行、适用才纳入设计。将示范相关技术内容全面纳入专项设计，先后完成了湿地路基修筑技术、路基路面长期性能、抗冻水泥混凝土、地产材料利用、机电照明、景观绿化、废旧材料改性沥青技术、工程废弃材料利用技术、污水处理及回用、野生动物保护、湿地补偿与营造、房建设计等专项设计，确保了各项实施内容的顺利落实。

(3)强化过程监管，注重实施

在鹤大高速公路建设过程中，全过程监督管理，动态记录项目推进的重要阶段、控制节点及主要目标等信息，将科技示范工程的实施纳入月考核，并作为日常巡查的重点，切实做到奖优罚劣；同时监理人员对科技示范工程全过程旁站监督，确保工程质量。除了设立常规的指挥部、监理、驻地等监管单位外，还设有技术服务单位提供工程技术服务，并委托省交科所、省规划设计院、部交科院、大连海事大学等开展示范工程专项技术支持。实施全过程技术支持，将“战线前移”，技术支持单位成立了3个现场办公室，并派专人负责，常驻工地一线，根据工程进度开展现场技术交底与咨询，加强现场的技术指导，确保实施效果。

(4)科技引领，积极推进技术创新与推广

鹤大高速公路围绕绿色公路建设设立了“季节性冻土地区高速公路路基路面长期使用性能研究应用”“生态敏感路段湿地路基修筑关键技术研究应用”“基于环境感知的高速公路隧道及服务区照明节能与智慧控制技术研究应用”等22项省部级科技攻关与推广课题，为试点项目提供强大的智力支持。为了提高科技示范项目研究质量，多次聘请国内专家进行技术和研究思路把脉，7项攻关项目取得了创新的科技成果，成果最高达国际领先水平，15项推广项目也完成了合同约定的研究工作,顺利通过省厅组织的专家验收。依托鹤大高速公路开展绿色公路技术创新与推广,编制行业标准2部、省地方标准11部、厅行业标准2部、项目指南7部,为工程现场顺利实施提供了有效的指导,对季冻区公路节能减排建设起到很好的引领示范作用。

(5)提前谋划,动态实施多种类型培训

为了让鹤大高速公路全体参建人员参与到示范工程中,省高建局有计划、有组织地实施多种类型的动态培训,通过组织专题培训、技术宣贯、专项技术培训、岗位动态培训等方式,确保一线人员掌握各项示范内容,目前鹤大高速公路自开工起已针对不同施工阶段、不同人群开展了6批次培训,培训对象遍及管理人员和全线各参建单位技术人员,培训人次达1200余人,将示范工程理念贯彻到鹤大高速公路参建全员中。

(6)多点开花,开展多渠道宣传交流

以中国公路学会高层论坛、中国公路学会可持续发展分会年会为平台,进行主题汇报,宣传项目成果和经验;策划科技示范工作座谈会、全国绿色公路技术交流会等活动,扩大行业影响力;通过中国交通报、吉林日报等主流媒体,进一步扩大宣传交流示范项目实施的阶段性成果和经验;在中国公路等学术期刊、专题论文集上发表学术成果论文,每季出版"鹤大双示范工程"简报,进行专项报道与总结。积极开展同美国、澳大利亚、日本等国家以及国内20余省份的技术交流,在延吉和长春举办了2次大型的国内外交流,同时在交通运输部上海创新论坛、中国公路学会环境与可持续发展分论坛等国内举办的技术交流会上介绍宣传"鹤大高速公路科技示范工程"成果,极大提升了管理技术水平和鹤大科技示范在行业的知名度,对全国季冻区高速公路资源节约、循环利用工程建设起到示范和带动作用。

(7)推广复制,发挥示范引领带动作用

开展鹤大高速公路先进成熟实用科技成果在省内公路建养工程中的转化应用,实现阶段成果在东南部山区高速公路中的推广和复制,经厅技术专家委员会审查后,火山灰利用、植被保护与恢复、隧道节能照明与智慧控制、房建保温、生态砌块、污水处理等10余项成果先后纳入了吉林省内辉白高速公路、龙蒲高速公路、集通高速公路、长余高速公路扩建工程、吉黑高速公路吉林至荒岗段等累计1000多公里高速公路建设中,并进行复制和推广,充分发挥了鹤大高速公路科技示范的引领和带动作用。

参考文献

[1] 王国军. 大粒径沥青混合料 LSM30 型性能的研究[J]. 公路,2007(04):160-164.

[2] 鲁敏,孔亚菲. 生态敏感性评价研究进展[J]. 山东建筑大学学报,2014(04):52-57.

[3] 解晓光,王龙,王哲人. 沥青碎石基层混合料的功能设计[J]. 公路交通科技,2006(07):5-9.

[4] 高硕晗,周建,徐岩,等. 季冻区绿色公路建设技术管理创新与实践[J]. 公路工程,2019(04):133-137.

[5] 张琴. 矿物纤维对沥青混凝土热稳定性影响分析[J]. 交通世界(建养·机械),2013(06):344-345.

[6] 孟景馨. 橡胶沥青及橡胶沥青混合料水稳性研究[J]. 科技传播,2011(08):111-113.

[7] 李平. 吉林绿色第一路——G11 鹤岗大连高速公路吉林境内段推进绿色公路“双示范”工程的实践[J]. 中国公路,2015(15):69-72.

[8] 柳雁玲,佴磊,江娟. 软基处理路堤极限填高计算分析[J]. 公路,2005(11):120-124.

[9] 解晓光,王哲人. 沥青碎石混合料永久变形评价方法的研究[J]. 公路交通科技,2005(05):8-12.

[10] 张振营,佴磊. EPS 块在鹤大公路 K1840 ~ K1920 段路堤极限填高研究中的应用[J]. 岩土工程界,2006(11):53-55.

[11] 刘成安. TOR 化学改性橡胶沥青 SAC-13 应用研究[J]. 交通世界,2014(31):95-97.

[12] 詹景春,曾广勇. 用分块法检算软土路基稳定性[J]. 路基工程,1996(01):29-31.

[13] 薛磊,孟庆营,张彩利. 基于 GTM 法密级配沥青稳定碎石性能研究[J]. 路基工程,2015(04):99-104.

[14] 姚嘉林,简丽,厉明玉. 新时期绿色公路的内涵特征与建设理念[J]. 交通世界,2018(17):3-6.

[15] 杨松泉. 大广蒙冀界段公路构造物安全环保设计研究[J]. 内蒙古公路与运输,2014(06):47-50.

[16] 蒋海涛. 隧道智能照明远程监控系统的设计与实现[D]. 大连:大连海事大学,2017.

[17] 叶春华. 成层软土路基极限填筑高度研究[J]. 西部交通科技,2009(05):33-38.

[18] 王清,李攀. 胶粉及 PE 复合改性沥青混合料路用性能试验研究[J]. 公路交通科技(应用技术版),2018(7):155-157.

[19] 杨诗骞. 厦门海泥地基处理及设计探讨[J]. 中国市政工程,1995(03):33-36.

[20] 姜蓉,赵娟. 火山灰混凝土强度及耐久性试验研究[J]. 上海应用技术学院学报(自然科学版),2011(02):71-74.

[21] 罗彦斌,陈建勋,王梦恕. 隧道冻害等级的划分[J]. 北京工业大学学报,2010(04):32-36.

[22] 崔圣爱,刘品,沈彬然. 天然火山灰混凝土抗碳化性能试验研究[J]. 铁道工程学报,2015(09):99-104.

[23] 张梓旗,杨韦韦. 漫话长白山[J]. 地球,2004(3):28-30.

[24] 沈化荣,卢小琳,高培伟,等.气孔结构对水泥混凝土抗盐冻性能影响的研究[J].混凝土,2012(08):13-14.

[25] 唐协,李海清,林国进,等.川藏公路高尔寺特长单洞隧道设计关键技术研究[J].现代隧道技术,2012(06):114-121.

[26] 王志军.硅藻土改性沥青路面抗车辙性能研究[J].科技资讯,2011(33):81-82.

[27] 祝安龙.对东北某铁路隧道冻害产生原因的思考[J].铁道标准设计,2013(11):85-87.

[28] 郭瑞军.浅淡长珲公路严格控制施工工序防止路面产生离析[J].科学之友(B版),2008(09):43-44.

[29] 逯文燕.浅谈桥梁施工中混凝土质量的控制[J].价值工程,2011(06):131.

[30] 谭忆秋,张磊,柳浩,等.基于约束试件温度应力试验评价几种沥青混合料的低温性能[J].公路,2010(01):177-181.

[31] 黄石.浅谈后张法预应力箱梁施工质量控制[J].中国科技博览,2011(24):110-111.

[32] 郭杰坡,田刘兵.钢筋混凝土拱涵施工技术[J].科技与生活,2011(16):1-1.

[33] 张辉,潘友强,张健,等.水泥混凝土抗盐冻性能影响因素研究[J].重庆交通大学学报(自然科学版),2013(04):51-54.

[34] 梅军.浅议路桥连续梁的施工方案[J].房地产导刊(中),2014(6):78-80.

[35] 周永祥,王永海,何更新,等.《水泥砂浆和混凝土用天然火山灰质材料》(JG/T 315—2011)解读[J].施工技术,2012(10):90-93.

[36] 高君,谢其盛,李建来,等.大型装配式厂房大截面钢筋混凝土柱预制控制技术[J].安徽建筑,2018(06):272-273.

[37] 戢超,叶伟全,郑勇.浅谈酚醛泡沫应用于彩钢夹芯板及活动房[J].建筑钢结构,2013(18):23.

[38] 张祉道,王联.高海拔及严寒地区隧道防冻设计探讨[J].现代隧道技术,2004(03):4-9.

[39] 王兆瑞,许鹏.地面表层温度场及隧道排水沟埋置深度设计探讨[J].地下空间与工程学报,2015(01):153-159.

[40] 石红艳.混凝土的外观质量控制[J].黑龙江交通科技,2008(11):22-23.

[41] 董丽丽,石娜,张利东,等.低透过率下隧道照明亮度对能见度的影响[J].光子学报,2017,46(2):14-21.

[42] 左小磊.关于光源色温对隧道照明效果影响的研究[D].大连:大连海事大学,2017.

[43] 石娜.能见度对隧道照明效果的影响研究[D].大连:大连海事大学,2017.

[44] 秦莉,董丽丽,许文海,等.隧道照明闭环反馈智慧控制系统[J].光学精密工程,2015(09):51-59.

[45] 王丽颖,谢美君.严寒地区被动式低能耗建筑外墙构造优化设计研究[J].智能建筑与智慧城市,2018(3):61-62.

[46] 薛铸.服务区景观规划设计[J].交通世界,2018(17):14-15.

[47] 王丽颖,牛雪柔,周广忻.严寒地区公共建筑节能65%关键技术研究[J].长春工程学院学报(自然科学版),2016,17(3):51-54.

[48] 蒋海涛.隧道智能照明远程监控系统的设计与实现[D].大连:大连海事大学,2017.

[49] 刘英婴. 用反应时间研究道路照明光源的相对光效[J]. 灯与照明,2007(01):45-49.
[50] 杨挺. 高速公路隧道车辆检测方法研究[D]. 大连:大连海事大学,2017.
[51] 陈仲林,李毅,杨春宇,等. 道路照明中的光生物效应研究[J]. 照明工程学报,2007(03):4-8.
[52] 李长江,王倜,王新军,等. 鹤大高速公路资源环境保护管理及成效[J]. 交通建设与管理,2014(22):14-19.
[53] 王丽颖,王智宇. 严寒地区居住类建筑节能75的关键技术研究[J]. 长春工程学院学报(自然科学版),2015(02):70-72.
[54] 张通,李伟. BIM技术在展示空间设计中的应用研究[J]. 智能建筑与智慧城市,2018(3):63-66.
[55] 程桢,葛贝德,朱福才,等. 寒区外墙保温工程的质量问题及解决措施[J]. 科技创新导报,2013(17):42-44.
[56] 陈仲林,张青文,胡英奎,等. 道路照明中反应时间研究[J]. 灯与照明,2008(01):15-22.
[57] 林建松,吴鸣. 高速公路服务区景观设计新理念研究[J]. 中国水运(学术版),2007(11):147-149.
[58] 苏忠高. 旧水泥路面加铺沥青层技术质量控制[J]. 公路交通科技(应用技术版),2011(01):27-30.
[59] 张振东,蔡丽丹,郭爽. 高速公路收费站收费广场病害维修对策[J]. 科技创新导报,2015(25):51-52.
[60] 周小甜. 街区景观建构中民俗文化的价值体现与表达[J]. 浙江科技学院学报,2015(04):52-56.
[61] 王翠翠,江海涛,潘旭. 地域文化下的高速公路服务区设计研究[J]. 华中建筑,2011(02):72-75.
[62] 王海龙. 民俗文化的当代价值[J]. 山西青年(下半月),2013(10):255.
[63] 王文锦,朱道明,田启国. 论高速公路服务区的设计优化[J]. 江苏交通,2003(04):29-30.
[64] 杨春辉. 民俗文化的艺术价值[J]. 艺海,2015(04):166-168.
[65] 张立香. 纳米 $CaCO_3$SBS复合改性沥青混合料的路用性能[J]. 黑龙江交通科技,2019(02):7-9.
[66] 韦千鹏,范莎莎. 论非物质民俗文化遗产的媒体传播策略[J]. 西安石油大学学报(社会科学版),2013(03):104-109.
[67] 王英姿,吴鸣. 高速公路服务区建筑与景观设计新理念研究[J]. 中外公路,2009(04):21-25.
[68] 徐军. 中国旅游服务贸易国际竞争力的现状及其对策[J]. 芜湖职业技术学院学报,2008(01):46-48.
[69] 刘栋,甄伟磊. 浅谈曲港高速公路安国服务区绿化景观设想[J]. 公路交通科技(应用技术版),2018,14(07):51-53.
[70] 蔡志荣. 民俗文化的当代价值[J]. 西北民族研究,2012(01):208-211.

[71] 卜艳梅. 公路景观的构成特点及设计原理[J]. 交通世界(运输·车辆),2013(04):130-131.
[72] 马惠武. 从环保设计理念谈公路景观设计[J]. 四川建筑,2009(S1):74-76.
[73] 杨秀华. 高速公路景观设计探讨[J]. 孝感学院学报,2009(03):95-97.
[74] 杨瑞华,许志鸿,李宇峙. 沥青混合料水稳定性评价方法研究[J]. 同济大学学报(自然科学版),2007(11):46-51.
[75] 高航,周昊. 布敦岩沥青改性沥青混合料的路用性能[J]. 交通科学与工程,2013(03):17-20.
[76] 谢应赞,杨成忠,夏新桥,等. 高填石路堤沉降机理研究[J]. 公路交通科技(应用技术版),2008(03):29-31.
[77] 郑耕心. C50 高性能混凝土配合比研究[J]. 现代商贸工业,2010(06):333-334.
[78] 尚培培. 高性能混凝土原材料选择及配合比设计[J]. 内蒙古科技与经济,2013(12):124-126.
[79] 杨记芳. 机制砂的制备及在混凝土中的应用[J]. 山西建筑,2009(34):172-173.
[80] 陈智. 客运专线隧道衬砌耐久性混凝土配合比设计及施工控制措施[J]. 铁道标准设计,2007(08):40-43.
[81] 陈文艳. 机制砂在福建地区的发展及工程应用研究[J]. 福建建材,2015(02):22-24.
[82] 张清涛. 机制砂在混凝土中的质量控制[J]. 民营科技,2014(06):202-202.
[83] 张俊锋. 机制砂混凝土在高速公路上的应用研究[J]. 山西建筑,2010(34):166-168.
[84] 刘文萍. 机制砂的浅析与质量控制[J]. 山西交通科技,2008(03):19-23.
[85] 余涛,王宇. 回填高度差引起的填石路基工后不均匀沉降研究[J]. 建筑与设备,2014(4):44-47.
[86] 杨发兵,王法雁,节茂海,等. 后张法预应力混凝土简支箱梁高性能混凝土在哈大客运专线中的应用[J]. 工程质量,2013(S1):303-305.
[87] 靳振波. 高性能混凝土在公路桥梁的应用[J]. 交通标准化,2012(23):91-94.
[88] 秦明星. 高填方填石路堤施工工艺与质量管理[J]. 内蒙古科技与经济,2010(16):71,75.
[89] 杨声检. 机制砂及机制砂混凝土应用与探讨[J]. 广东公路交通,2015(02):53-58.
[90] 陆成,雷新华. 大体积耐久性混凝土的影响因素与质量控制[J]. 建设监理,2009(11):90-94.
[91] 廖荣国. 浅析铁路工程高性能混凝土的配比设计[J]. 中国水运(下半月),2012(03):191-192.
[92] 石谦,陈东波. 黄土地区高填方路堤综述[J]. 商品储运与养护,2008(06):61-62.
[93] 谢永斌,谢大波. 机制砂在桥梁上构砼中的应用[J]. 西部交通科技,2010(06):93-95.
[94] 杨胜江. 对填石路基填料工程施工工艺的几点思考[J]. 科技资讯,2007(16):32.
[95] 章建平,周合宽. 浅谈填石路基的地基处理要求[J]. 商情(教育经济研究),2008(06):402-402.
[96] 王奇志. 公路填石路基压实关键施工技术[J]. 交通世界(运输·车辆),2013(06):

153-154.
[97] 李平浪.对公路施工中填石路基处理技术的探讨[J].赤子,2012(12):293.
[98] 丁明.淮南矿区煤矸石路基填料室内试验研究[J].工程与建设,2012(03):104-106.
[99] 张静.对公路施工中填石路基处理技术的探讨[J].黑龙江科技信息,2012(12):262.
[100] 李校峰.填石路基施工及质量检测探究[J].技术与市场,2011(12):94.
[101] 刘勇.探析填石路基施工质量控制[J].中国科技博览,2010(15):30.
[102] 霍双博.浅谈填石路基压实技术在公路施工中的应用[J].黑龙江交通科技,2011(03):16-17.
[103] 马海雷.煤矸石填筑路基施工质量控制要点[J].交通标准化,2009(17):89-91.
[104] 胡存豪.对公路施工中填石路基处理技术的探讨[J].科学与财富,2012(6):328.
[105] 陆琳.浅谈公路工程填石路基施工[J].黑龙江科技信息,2010(09):212.
[106] 纪明.变电站道路路基工程施工质量控制技术[J].天津电力技术,2012(1):30-32.
[107] 侯献云.高速公路填石路基施工技术[J].交通世界(建养·机械),2013(09):158-159.
[108] 周勇.填石路基施工工艺研究[J].广西质量监督导报,2007(04):79-80.
[109] 杨明足,杨勇.浅谈填石路基施工工艺[J].中国建设信息,2009(16):77-78.
[110] 葛超.特殊填方路基施工技术——张家口市城市快速路环城路施工体会[J].黑龙江交通科技,2010(09):79-80.
[111] 周勇,吴立坚,刘升传.新建高速公路高填石路基碾压试验研究[J].公路,2010(02):76-79.
[112] 刘战峰.填石路堤施工及质量控制[J].中国新技术新产品,2013(03):63-64.
[113] 肖南,彭明祥,刘小刚.CCTV底板超厚大体积混凝土施工技术[J].施工技术,2006(08):10-12.
[114] 张欣,王红旗,李华.公路建设对生态环境水系连通性的影响[J].环境科学与技术,2013(S2):412-417.
[115] 王永周.议卡塔尔路赛CP1项目IR3底板混凝土施工技术[J].水电施工技术,2010(2):16-19.
[116] 郭志军,谭永波.温拌再生沥青路面使用性能分析[J].交通标准化,2013(21):111-113.
[117] 韩全卫,郭群,杨家龙.大体积混凝土裂缝控制技术在中央电视台文化中心地下室的应用[J].商品混凝土,2007(04):26-27.
[118] 吴道敏.江东和谐世纪F3~F6基础工程大体积混凝土施工技术[J].施工技术,2008(S2):18-22.
[119] 颜承越,苏学贤,赵毓周.高性能粉煤灰混凝土配制技术[J].粉煤灰综合利用,2000(01):66-68.
[120] 杨瑞芳,沈玉龙,田晶莹.影响土建大体积混凝土工程质量的因素及措施分析[J].技术与市场,2012(08):33-34.
[121] 刘林田.1000kV荆门变电站大体积混凝土裂缝控制技术[J].电力建设,2009(01):34-37.

[122] 危剑平,刘永胜,陈荣芬.水泥稳定碎石基层双层连铺技术探讨[J].江西公路科技,2014(4):46-50.

[123] 杜育峰.膨胀剂在防水混凝土中的正确应用[J].辽宁建材,2008(01):53-54.

[124] 易显尤.谈大体积混凝土的施工[J].企业科技与发展,2009(10):97-99.

[125] 李晓珂,王红旗,王新军,等.公路建设对湿地水系连通性的影响评价及影响因素研究——以延边地区为例[J].交通建设与管理,2014(22):112-117.

[126] 曹喆.大体积混凝土施工[J].黑龙江冶金,2012(01):18-19.

[127] 韩雨生,周飞,王玉臣,等.山区高速公路 SMA13 施工质量控制要点[J].公路交通科技(应用技术版),2012(03):115-117.

[128] 梁伟红.浅析建筑材料混凝土试件的取样及检测制作方法[J].硅谷,2008(12):64.

[129] 何强.大体积混凝土承台施工控制措施[J].四川建筑,2010(01):196-197.

[130] 刘安龙.水稳基层施工技术的控制措施[J].中华民居(下旬刊),2013(10):350-351.

[131] 李树清.路面工程沥青混凝土成品质量控制[J].交通世界(建养·机械),2010(05):151-152.

[132] 郭瑞军.浅淡长珲公路严格控制施工工序防止路面产生离析[J].科学之友(B 版),2008(09):43-44.

[133] 盛国峰,吕铁锋.浅谈高速公路沥青路面平整度施工控制[J].中国新技术新产品,2010(24):104.

[134] 赵洪兴.填石路基施工及质量控制方法分析[J].交通世界(建养·机械),2008(Z1):106-107.

[135] 沈晖.浅析水泥稳定碎石基层施工质量控制[J].经营管理者,2013(31):379.

[136] 张振东,蔡丽丹,郭爽.高速公路收费站收费广场病害维修对策[J].科技创新导报,2015(25):51-52.

[137] 徐舟军.水泥稳定碎石基层施工控制分析[J].城市建筑,2014(12):305.

[138] 许明娟.浅谈高速公路沥青路面施工的质量控制技术[J].科技创新导报,2011(16):71.

[139] 俞卫春.水稳碎石基层施工技术及质量控制[J].中国高新技术企业,2013(19):82-84.

[140] 李财,郭嘉陵.硅藻土改性沥青路面的设计与施工[J].建筑,2004(05):77-78.

[141] 邓小军,刘肖群.济莱高速沥青路面施工质量控制[J].低温建筑技术,2012(05):141-143.

[142] 李明春,王松涛.马莱高速公路填石路堤施工体会浅谈[J].中国新技术新产品,2011(04):136.

[143] 杨峰.高速公路填石路堤施工若干问题之探讨[J].科技信息,2011(07):294-295.

[144] 王宝述.高速公路土石混填路基的施工工艺和检验方法[J].山西建筑,2007(09):294-295.

[145] 杜昌芬.填石路基施工及质量控制方法分析[J].大科技,2013(17):219-220.

[146] 皮志峰.试论水泥稳定碎石基层施工质量控制措施[J].商品与质量(建筑与发展),2012(8):10-11.

[147] 刘毅,刘俊.公路填石路堤压实质量控制技术研究[J].公路交通科技(应用技术版),2009(07):90-92.

[148] 张正珂.水泥稳定铣刨废料底基层施工工艺[J].河南科技,2010(09):90-91.

[149] 郭建平,柳雁.湖南省高速公路建设与水土保持[J].交通环保,2003(S1):172-175.

[150] 李思敏,杜国帅,唐锋兵.多点进水改良型复合A2O处理低CN污水[J].化工学报,2013(10):336-342.

[151] 朱雪忠,柳福东.我国科研机构专利管理现状及发展对策研究[J].科技进步与对策,2000(01):46-47.

[152] 聂忆华,康彦晶,刘苹.旧沥青路面厂拌热再生利用经济效益分析模型研究[J].公路工程,2013(04):124-127.

[153] 羡雪颖.浅谈河道淤泥填筑路基效益分析[J].城市道桥与防洪,2012(06):246-248,254.

[154] 周南阳,葛岚,周宇弘,等.植物沥青在筑路技术中的应用研究[J].华东公路,2013(01):66-69.

[155] FINI E H,KALBERER E W,SHAHBAZI G. Application of Bio-Binder from Swine Manure in Asphalt Binder[J]. TRB 2011 Annual Meeting,2011:1-14.

[156] SEIDEL J C,HADDOCK J E. Soy Fatty Acids as Sustainable Modifier for Asphalt Binders[J]. Transportation Research Board 2012 Executive Committee Officers. 2012:15-22.

[157] KLUTTZ R. Considerations for Use of Alternative Binders in Asphalt Pavements Material Characteristics[J]. Transportation Research Board 2012 Executive Committee Officers. 2012:2-6.

[158] WILLIAMS R C,SATRIO J,ROVER M,et al. Utilization of Fractionated Bio Oil in Asphalt[C]. Presented at the 88th Annual Meeting of the Transportation Research Board,Washington,D. C.,2009.

[159] SENGOZ,BURAK,ISIKYAKAR G. Evaluation of the properties and microstructure of SBS and EVA polymer modified bitumen[J]. Construction and Building Materials,2007,22:1897-1905.

[160] ROBERTS F L,KANDHAL P S,BROWN E R,et al. Hot Mix Asphalt Materials Mixture Design and Construction [M]. National Asphalt Pavement Association, Lanham, Maryland,1996.

[161] PERALTA J,WILLIAMS R C,ROVER M,et al. Development of Rubber-Modified Fractionated Bio-Oil for Use as Noncrude Petroleum Binder in Flexible Pavements[J]. TRB 2012 Annual Meeting,2012,23-36.

[162] GONZALEZ M N,WAGNER M H. Storage stability of bitumen modified by the addition of ground rubber,swollen SBS and polymeric short fibers[J]. Applied Rheology,2012,22(2):16-23.

[163] BAHIA H. Characterization of modified asphalt binders in superpave mix design[R]. National cooperative Highway research program,2001:131-137.

[164] ATIS C D. Heat evolution of high-volume fly ash concrete [J]. Cement and Concrete Rsearch, 2002, 32(5): 751-756.

[165] KHANDAKER M, ANWAR H. Properties of volcanic pumicebased cement and lightweight concrete [J]. Cem Concr Res, 2004(34): 283-291.

[166] HOSSAIN K M A, LACHEMI M. Strength, durability and mi-cro-structural aspects of high performance volcanic ash concrete [J]. Cem Concr Res, 2007(37): 759-766.

[167] TURANLI L, UZAL B, BEKTAS F. Effect of material characteristicson the properties of blended cements containing high volumes of natu-ral pozzolans [J]. Cem Concr Res, 2004(34): 2277-2282.